Schriftenreihe Recht und Praxis

Herausgeber
Rechtsanwalt Dr. Karl Wilhelm Pohl, Bonn

Ulrike Börger

Eheliches Güterrecht

Eheverträge – Güterstandsrecht in der
Ehe und bei Scheidung – Steuerfragen

unter Mitarbeit von

Rechtsanwalt Dr. Harald Hendel, Köln
(steuerrechtlicher Teil)

Nomos Verlagsgesellschaft
Baden-Baden

CIP-Titelaufnahme der Deutschen Bibliothek

Börger, Ulrike:
Eheliches Güterrecht: Eheverträge – Güterstandsrecht in der Ehe und bei Schei-
dung – Steuerfragen / Ulrike Börger. Unter Mitarb. von Harald Hendel. – 1. Aufl. –
Baden-Baden: Nomos Verl.-Ges., 1989
  (Schriftenreihe Recht und Praxis)
  ISBN 3-7890-1648-9

1. Auflage 1989
© Nomos Verlagsgesellschaft, Baden-Baden 1989. Printed in Germany. Alle
Rechte, auch die des Nachdrucks von Auszügen, der photomechanischen Wieder-
gabe und der Übersetzung, vorbehalten.

5

Vorwort

In der Bundesrepublik Deutschland sind 1986 372.112 Ehen geschlossen und 122.443 Ehen geschieden worden.

Jede Ehescheidung erfordert auch eine vermögensrechtliche Auseinandersetzung der Ehepartner, die in dem Maße an wirtschaftlichem Gewicht zunimmt, in dem allgemein das Vermögen der Bundesbürger wächst.

Das in der Nachkriegszeit aufgebaute Vermögen geht nach und nach im Wege der Erbfolge auf die jüngeren Generationen über. Die rechtlichen und wirtschaftlichen Konsequenzen solchen Vermögenserwerbs spielen zunehmend auch in güterrechtlichen Auseinandersetzungen aus Anlaß einer Ehescheidung eine gewichtige Rolle. Sie geben darüber hinaus Veranlassung, das eheliche Güterrecht in Abweichung von dem gesetzlichen Güterstand der Zugewinngemeinschaft durch Ehevertrag zu regeln.

Dieses Buch hat deswegen zwei Adressatenkreise. Es richtet sich zum einen an mit der Abfassung von Eheverträgen befaßte Praktiker; zum anderen an diejenigen, die mit der güterrechtlichen Auseinandersetzung aus Anlaß einer Ehescheidung befaßt sind.

Das Werk beruht aus den umfangreichen Erfahrungen der Autorin mit Ehescheidungsverfahren. Wenn auch ein Ehevertrag im allgemeinen nicht in der Erwartung eines Scheiterns der Ehe abgeschlossen werden wird, müssen doch die möglichen Auswirkungen für einen Fall der Ehescheidung in besonderem Maße bei der Beratung berücksichtigt werden, da alle güterrechtlichen Vereinbarungen ihre wesentlichen Auswirkungen im Falle einer Ehescheidung entfalten.

Das Buch stellt in einem ersten Kapitel zunächst die Möglichkeiten der Gestaltung des ehelichen Güterrechts durch Ehevertrag vor, und zwar unter Einschluß von Vereinbarungen über den Versorgungsausgleich.

In einem zweiten Kapitel wird der gesetzliche Güterstand geschildert, und zwar in seinen Auswirkungen während der Ehe und bei Beendigung durch Tod oder sonstige Eheauflösung, insbesondere durch Scheidung.

In einem dritten Kapitel werden die Wahlgüterstände der Gütertrennung und der Gütergemeinschaft behandelt, ebenfalls in ihren Auswirkungen auf die bestehende Ehe und für den Fall der Beendigung der Ehe.

Ein vierter Teil ist den steuerlichen Auswirkungen güterrechtlicher Gestaltungen durch Ehevertrag oder im Rahmen der Auseinandersetzung aus Anlaß der Scheidung gewidmet, die für die Ehepartner häufig von besonderem wirtschaftlichem Gewicht sein werden. Auch hier sind die steuerlichen Konsequenzen während bestehender Ehe und bei einer Beendigung der Ehe dargestellt. Rechtsprechung und Literatur sind bis Ende 1987 berücksichtigt.

Bonn, Sommer 1988

Inhaltsübersicht

1. KAPITEL

Gestaltung des ehelichen Güterrechtes durch Ehevertrag und Vereinbarungen über sonstige wirtschaftliche Ehewirkungen

2. KAPITEL

Der gesetzliche Güterstand der Zugewinngemeinschaft

Inhaltsverzeichnis

4. KAPITEL

Steuerfragen

Literaturverzeichnis

Ambrock, Ehe- und Ehescheidung Berlin 1977

Bärmann, Das neue Güterrecht, AcP 157, 145 ff.
Bartholomeyczik, Anm. zu OLG Hamburg JZ 65, 498, JZ 65, 500
Battes, Auseinandersetzung, Rückabwicklung, Entgelt, Festschrift für Heinz Hübner, Berlin–New York 1984, 379 ff.
Baumbach/Lauterbach/ ZPO 45. Aufl. 1987
Albers/Hartmann,
Baur, Zwangsvollstreckungs- und konkursrechtliche Fragen zum Gleichberechtigungsgesetz FamRZ 58, 252
Beck, Der Betrieb eines Handelsgewerbes in Gütergemeinschaft DNotZ 62, 348 ff.
Beitzke, Gesellschaftsvertrag und güterrechtliche Verfügungsbeschränkung, Der Betrieb 61, 21
Familienrecht 24. Aufl. 1985
Anm. zu BGH FamRZ 75, 572, FamRZ 75, 574
Benthin, Probleme der Zugewinngemeinschaft heute, FamRZ 82, 338 ff.
Bergerfurth, Scheidungsantrag nach Ausschluß des Versorgungsausgleichs, FamRZ 77, 440 ff.
Bergner, Inwieweit sind Vereinbarung über den Versorgungsausgleich nach § 1587 o BGB – über den Rahmen des § 1587 b I BGB hinaus – zulässig, FamRZ 79, 993, 996 f.
Böhle-Stamschräder, Anfechtungsgesetz, 6. Aufl., München 1984
Boehmer, Die „erbrechtliche Lösung" des § 1371 BGB n. F. im Lichte des Stiefkinderproblems (§ 1371 IV), FamRZ 1961, 41 ff.
Böhmer, Anm. zu OLG Stuttgart NJW 50, 70 ff.
Bölling, Zur Bewertung eines landwirtschaftlichen Betriebes im Rahmen der Auseinandersetzung des Gesamtgutes gemäß der §§ 1477, 1478 BGB, FamRZ 80, 754 ff.
Anm. zu OLG Karlsruhe FamRZ 82, 286 ff., FamRZ 82, 289 ff.
Auswirkungen des Geldverfalls auf die Auseinandersetzung des Gesamtgutes, FamRZ 82, 254
Bösche, Was ist bei Verkauf, Vermietung und Übergabe einer Praxis zu beachten? Wie hoch kann die Rendite angesetzt werden? Zeitschrift für Allgemeinmedizin 1969, 677 ff.
Bogs, Verfassungs- und Systemaspekte zu Gestalt und Praxis des Versorgungsausgleichs, FamRZ 78, 81 ff.
Borth, Versorgungsausgleich in anwaltschaftlicher und familienrechtlicher Praxis, Frankfurt 1983
Boruttau/Egly/Sigloch, Grunderwerbsteuergesetz, Kommentar, 12. Aufl., München 1986
Bosch, Neues Ehegattenunterhaltsrecht in der BRD? FamRZ 84, 1165 ff.;
Anm. zu OLG Saarbrücken FamRZ 84, 587, FamRZ 84, 588;
Anm. zu BGH FamRZ 64, 421, FamRZ 64, 423;
Erbrechtliche Probleme des Nichtehelichengesetzes – vor allem in der notariellen Praxis – FamRZ 72, 169 ff.;
Widerruf von Schenkung unter (geschiedenen) Ehegatten, Festschrift für Beitzke 1979, 121 ff.;

Braga,

Das neue Ehevermögensrecht, insbesondere das Ehegüterrecht – Grundlinien und Hauptprobleme –, FamRZ 58, 289;
Anm. zu OLG Nürnberg, FamRZ 64, 440, FamRZ 64, 441
Die Ausgleichsforderung im künftigen Ehegüterrecht, FamRZ 55, 1

Buob,

Anm. und Berechnungen zum Realsplitting, DStR 1979, 610 ff.

Daniels,

Verträge mit Bezug auf den Nachlaß eines noch lebenden Dritten, Bonn 1973

Diederichsen,

Die Änderungen des materiellen Rechts nach dem Unterhaltsrechtsänderungsgesetz, NJW 86, 1283 ff.;
Die allgemeinen Ehewirkungen nach dem 1. Eherechtsgesetz und Ehevereinbarungen NJW 77, 217

Doehlert,

Steuerfolgen bei Auflösung der Güter- und Zugewinngemeinschaft, Berlin, 1973

Dölle,

Familienrecht, Karlsruhe I 1964, II 1965

Drenseck,

Neuregelung der Besteuerung des selbst bewohnten Wohnraums, NJW 87, 8 ff.

Eiselt,

Die Bedeutung des § 1365 BGB für Gesellschaftsverträge, JZ 60, 562

Enders,

Steuerfolgen in der Rechtspraxis
Zugewinngemeinschaft I, MDR 80, 991 ff.
Zugewinngemeinschaft II, MDR 81, 107 ff.
Gütergemeinschaft III, MDR 81, 634 ff.
Gütergemeinschaft IV, MDR 81, 813 ff.

Erman-Bearbeiter,

Handkommentar zum BGB in zwei Bänden, 7. Aufl. Münster 1981

Eyrich,

Wende im nachehelichen Unterhaltsrecht? FamRZ 84, 941

Facilides,

Geldentwertung und Recht, JZ 74, 483 ff.

Fichtelmann,

Einkommensteuerliche Auswirkungen in Ansehung eines Gewerbebetriebes eines Ehegatten bei Vereinbarung und Auseinandersetzung der Gütergemeinschaft, DStR 1979, 204 f.

Fischer,

Kollision zwischen Gesellschaftsrecht und ehelichem Güterrecht, NJW 60, 937

Friederich,

Rückabwicklung der Schenkungen und Zuwendungen unter Ehegatten nach der Scheidung, JR 86, 1 ff.

Friederici,

Vereinbarungen zum familienrechtlichen Versorgungsausgleich aus anwaltlicher und richterlicher Sicht, AnwBl. 78, 159 ff.;
das Ergänzungsgesetz zum Versorgungsausgleich NJW 83, 785 ff.

Furthner,

Sicherung des Anspruchs auf Ausgleich des Zugewinns NJW 65, 373 ff.

Gansmüller,

Die Zurechnung der Einkünfte von Gesellschafter-Ehegatten bei Gütergemeinschaft in der Rechtsprechung der BfH, FR 1963, 114 ff.

Gaul,

Die Unwirksamkeit des Ehevertrages über den Versorgungsausgleich infolge der „Rückschlagsperre" des § 1408 II 2 BGB, FamRZ 81, 1134 ff.

Gernhuber,	Geld und Güter beim Zugewinnausgleich, FamRZ 84, 1053 ff. Lehrbuch des Familienrechts, 3. Aufl. 1980
Gerold,	Die Stundung des Zugewinnausgleichs, NJW 60, 1744; Die richterliche Anordnung der Übertragung von Vermögenswerten nach Beendigung der Zugewinngemeinschaft, Dissertation Bonn, 1964
Glockner,	Das Gesetz zur Regelung von Härten im Versorgungsausgleich, FamRZ 83, 221 ff.
Göppinger,	„Unterhaltsverzicht mit Ausnahme des Falles der Not", FamRZ 70, 222 Vereinbarungen anläßlich der Ehescheidung, NJW-Schriftenreihe, 5. Aufl. 1985 Unterhaltsrecht, 5. Aufl., Bielefeld 1987
Goroncy,	Bewertung und Pflichtberechnung bei gesellschaftsvertraglichen Abfindungsklauseln, NJW 62, 1885 ff.
Grasmann,	Klage auf Aufhebung der Gütergemeinschaft nach dreijähriger Trennung der Ehegatten entsprechend der für die Zugewinngemeinschaft geltenden Vorschrift des § 1385 BGB? FamRZ 84, 957 ff.
Großfeld,	Unternehmensbewertung und Gesellschaftsrecht, Köln, 1983
Hahne,	Zur Auslegung der §§ 1578 Abs. 1 Satz 2 und 1573 Abs. 5 BGB in der Fassung des Regierungsentwurfs des Unterhaltsänderungsgesetzes, FamRZ 85, 113 ff.; Das Gesetz zur Regelung von Härten im Versorgungsausgleich, FamRZ 83, 221 ff.
Hahne/Glockner,	Das Gesetz zur Regelung von Härten im Versorgungsausgleich, FamRZ 83, 221
Harms,	Die Sicherstellung des gefährdeten Zugewinnausgleichs, FamRZ 66, 585
Hepting,	Ehevereinbarungen, München, 1984
Herrmann,	Die Vermögensbewertung beim ehelichen Zugewinnausgleich, Dissertation Tübingen 1976
Herrmann/Heuer/ Raupach	Einkommen- u. Körperschaftsteuergesetz m. Nebengesetzen, Kommentar, 19. Aufl. Loseblatt, Köln
Hild,	Einkommensteuer und ehelicher Güterstand, BB 1973, 1205
Hübschmann/Hepp/ Spitaler,	Kommentar zur Abgabenordnung u. Finanzgerichtsordnung, 8. Aufl. Loseblatt, Köln
Halaczinsky,	Der Geschäfts- oder Firmenwert in der Vermögensaufstellung; zur Rechtslage nach dem Steuerbereinigungsgesetz 1985 und dem Bilanzrichtliniengesetz, BB 86, 848 ff.
Hattenhauer,	Die Privatisierung der Ehe, ZRP 85, 200 ff.
Heckelmann,	Abfindungsklauseln in Gesellschaftsverträgen, 1973, 226 ff. Der Zeitpunkt für die Vermögensbewertung bei Beendigung von Zugewinn- und Gütergemeinschaft, FamRZ 68, 59 ff.
Heldrich,	Reform des internationalen Familienrechts durch Richterspruch, FamRZ 83, 1079 ff.
Herden/Gmach,	Die Entwicklung des Steuerrechts, NJW 86, 559 ff.
Hoffmann,	Der vollständige Ausschluß des Versorgungsausgleichs durch einen Ehevertrag NJW 77, 235;

	Zugewinnausgleich bei langjähriger Trennung der Ehepartner NJW 79, 969
Holzhauer,	Schuld- und güterrechtlicher Ausgleich von Zuwendungen unter Ehegatten: BGHZ 82, 227; JuS 83, 830
Huber,	Vermögensanteil, Kapitalanteil und Gesellschaftsanteil an Personengesellschaften des Handelsrechts, Heidelberg 1970
Jäger,	Die Gläubigeranfechtung außerhalb des Konkursverfahrens, 2. Aufl. Berlin 1983; Zur geplanten Änderung des Verfahrensrechts in Familiensachen gemäß dem Reformentwurf der Bundesregierung, FamRZ 85, 865 ff.
Jansen/Wrede,	Renten, Raten, Dauernde Lasten; 6. Aufl., Herne 1976
Johannsen,	Ansprüche der Stiefkinder gegen den überlebenden Ehegatten nach § 1371 IV BGB, FamRZ 1961, 133 ff.; Vermögensrechtliche Auseinandersetzung unter Ehegatten nach Auflösung der Ehe beim Güterstand der Zugewinngemeinschaft, WM 78, 654 ff.
Kanzleiter,	Vereinbarungen unter Ehegatten, 3. Aufl. Köln 1984
Kapp,	Kommentar zum Erbschaftsteuer- u. Schenkungsteuergesetz, 9. Aufl. Loseblatt, Köln
Karakatsanes,	Zum Widerruf von Schenkungen unter (geschiedenen) Ehegatten wegen Ehebruchs, FamRZ 86, 1049 ff., 1178 ff.
Keidel/Kuntze/Winkler,	FGG 11. Aufl. München 1978
Kniebes/Kniebes,	Der Versorgungsausgleich nach dem 1. EheRG in der Praxis des Notars, DNotZ 1977, 269 ff.
Knobbe-Keuk,	Bilanz- u. Unternehmenssteuerrecht, 6. Aufl., Köln 1987
Knütel,	Scheidungsverzicht und Scheidungsausschlußvereinbarungen, FamRZ 85, 1089 ff.
Köhne,	Der Ertragswert landwirtschaftlicher Betriebe, Agrarrecht 84, 57 ff.
Koeniger,	Der Schutz des Ausgleichsschuldners innerhalb der Zugewinngemeinschaft, DRiZ 59, 80 ff.
Körner,	Die Grenzen der Vertragsfreiheit im neuen Ehegüterrecht, Dissertation Tübingen 1961
Kroeschell,	Die Bewertung landwirtschaftlicher Betriebe beim Zugewinnausgleich, Köln, Berlin, Bonn, München 1983
Krüger,	Steuerfolgen ehelicher Güterrechtsgestaltungen, München 1978
Kühne,	Zuwendungen unter Ehegatten und Zugewinnausgleich, FamRZ 78, 221
Lange,	Ehevertrag und Güterrechtsregister, FamRZ 1964, 546 ff., Anm. zu BGH JZ 84, 380, JZ 84, 383
Langenfeld,	Vereinbarungen über den Versorgungsausgleich in der Praxis, NJW 78, 1503 ff.; Vereinbarungen über den nachehelichen Unterhalt in der Praxis, NJW 81, 2377 ff.; Ehevertragsgestaltung nach Ehetypen, FamRZ 87, 9 ff.; Handbuch der Eheverträge und Scheidungsvereinbarungen, München 1984

	Zur Rückabwicklung von Ehegattenzuwendungen im gesetzlichen Güterstand, NJW 86, 2541 ff.
Lenski/Steinberg,	Kommentar zum Gewerbesteuergesetz, Köln 1957
Lenzen,	Der Zugewinnausgleich bei Gesellschaftsbeteiligungen, BB 74, 1050 ff.
Lichtenberger,	Zur Verfassungswidrigkeit der Bestimmung des Ehegüterrechtsstatus nach dem Heimatrecht des Ehemannes, DNotZ 1983, 394 ff.
Lieb,	Die Ehegattenmitarbeit im Spannungsfeld zwischen Rechtsgeschäft, Bereicherungsausgleich und gesetzlichem Güterstand, Tübingen 1970
Lorenz,	Die Verfügungsbeschränkungen im Rahmen der Zugewinngemeinschaft, JZ 59, 105 ff.
Ludwig,	Geschiedenenunterhalt und Schuldprinzip aus kautelarjuristischer Sicht, DNotZ 82, 651
Lübbert,	Der Ausschluß des nachehelichen Unterhalts wegen „grober Unbilligkeit", Dissertation Bonn, 1982
Lutter,	Zum Umfang des Sondergutes, AcP 161, 163 ff.
Mann,	Geldentwertung und Recht, NJW 74, 1297 ff.
Märkle/Wacker/Franz,	Die steuerliche Behandlung selbstgenutzter Wohnungen; sogenannte Konsumgut- oder Privatgutlösung, Beilage 8 zu Heft 22/1986, BB 1986
Maßfeller,	Das Güterrecht des Gleichberechtigungsgesetzes, DB 57, 525
Maydell, von,	Dispositionsmöglichkeiten der Ehegatten im Rahmen des Versorgungsausgleichs, FamRZ 78, 749
	Der Versorgungsausgleich, FamRZ 77, 172
Medicus,	Privatrechtliche Fragen zur Geldentwertung, DB 1974, 759 ff.
Megow/Michel,	Erbschaftsteuer- und Schenkungsteuergesetz, Kommentar 6. Aufl., München 1974
Meincke,	Zugewinnausgleich und Erbschaftsteuerrecht, FamRZ 83, 13 ff.; Das Recht der Nachlaßbewertung im BGB, Frankfurt 1973
Meincke/Michel,	Erbschaftsteuer- u. Schenkungsteuergesetz, Kommentar, 8. Aufl., München 1987
Menzel/Kuhn/ Uhlenbruck,	Konkursordnung, 10. Aufl. München 1986
Merten,	Anm. zu BGH NJW 72, 1414, NJW 72, 1799
Meyer,	Der Ausbildungsanspruch der Stiefabkömmlinge nach § 1371 IV BGB, Kiel 1960
	Güterstandsaufhebungsurteil und Güterrechtsregister, FamRZ 57, 285 f.
Meyer-Stolte,	Anm. zu BGB FamRZ 61, 302 ff. in FamRZ 61, 363 f.
Michaelis,	Die Güterstände in der Praxis, Dissertation Hamburg 1968
Mikat,	Schranken der Vertragsfreiheit im Ehegüterrecht, Festschrift Felsentraeger, Göttingen 1969, S. 326 ff.
Mikosch,	Vereinbarungen über den Versorgungsausgleich, Dissertation Freiburg 1981; Wie steht es mit dem Zugewinnausgleich, wenn ein Partner grundlos aus der Ehe ausgebrochen ist, MDR 78, 886
Morhard,	„Unbenannte Zuwendungen" zwischen Ehegatten-Rechtsfolgen und Grenzen der Vertragsgestaltung, NJW 87, 1734 ff.

Müller,	Die Kostentragungslast bei der Ermittlung des Vermögenswertes im Rahmen des Zugewinnausgleichs nach § 1379 BGB, FamRZ 81, 837 ff.
MünchKomm/ Bearbeiter	Kommentar zum BGB, Band 5 München 1978
Naegele,	Der Versorgungsausgleich, 2. Aufl. Freiburg 1984
Netzer,	Anm. zu OLG Frankfurt, FamRZ 87, 62 ff. u. OLG München, FamRZ 87, 67, FamRZ 87, 67 ff.
Olshausen, von,	Probleme des Zugewinnausgleichs nach der neuen Höfeordnung, FamRZ 77, 361 ff.
	Geldwertänderung im Zugewinnausgleich, FamRZ 83, 765 ff.; Die Anrechnung von Zuwendungen unter Ehegatten auf Zugewinnausgleich und Pflichtteil, FamRZ 78, 755 ff.
Ott/Ott,	Pflichtteilsrecht bei Ausschluß gesetzlicher Erbfolge in Personengesellschaften, BW NotZ 1973, 54 ff.
*Palandt/*Bearbeiter,	Kommentar zum BGB, 46. Aufl. 1987
Petzoldt,	Erbschaftsteuergesetz, Kommentar, Herne/Berlin 1978
Piltz/Wissmann,	Unternehmensbewertung beim Zugewinnausgleich nach Scheidung, NJW 85, 2673 ff.
Plagemann,	Der Versorgungsausgleich nach dem 1. EheRG WM 77, 438
Rasner,	Abfindungsklauseln in OHG- und KG-Verträgen, NJW 83, 2905
Rau/Dürrwächter/Flick/ Geist,	Umsatzsteuergesetz, Kommentar, 3. Aufl. Loseblatt, Köln
Reichart,	Besitzrechtliche Fragen bei der Fahrnisübertragung durch Besitzkonstitut, Dissertation München 1964
Reinartz,	Zweifelsfragen bei der Gestaltung von Vereinbarungen über den Versorgungsausgleich, DNotZ 78, 267 ff.; Vertragliche Gestaltung des Versorgungsausgleichs NJW 77, 81 ff.
Reinicke,	Die Rechtsprechung des BGH zur Zugewinngemeinschaft, DB 65, 1351, 1355
Reinicke/Tiedtke,	Güterrechtlicher Ausgleich bei Zuwendungen eines Ehegatten an den anderen und Wegfall der Geschäftsgrundlage, WM 82, 946 ff.
Reuter,	Privatrechtliche Schranken der Perpetuierung von Unternehmen, Frankfurt 1973
Rid,	Nochmals: Unternehmensbewertung beim Zugewinnausgleich nach Scheidung, NJW 86, 1317 f.
Rittner,	Handelsrecht u. Zugewinngemeinschaft (I): Die Bedeutung des § 1365 BGB im Handelsrecht, FamRZ 61, 1 ff.
Rode,	Vertraglicher Ausschluß des Versorgungsausgleichs, NJW 77, 1763 ff.
Rössler/Troll,	Bewertungsgesetz u. Vermögensteuergesetz, Kommentar, 14. Aufl., München 1987
Rolland,	Das neue Ehe- und Familienrecht, Neuwied 1977
Roth-Stieloff,	Vermögensrechtliche Streitfragen nach der Scheidung, NJW 1970, 1032

Ruland, Das Gesetz über weitere Maßnahmen auf dem Gebiet des Versorgungsausgleichs, NJW 87, 345 ff.;
Die Dispositionsbefugnisse über den Versorgungsausgleich, DRV 1979, 84

Ruland/Tiemann, Versorgungsausgleich und steuerliche Folgen der Ehescheidung, München 1977 (Nachtrag 1980)

*Schmidt/*Bearbeiter, Einkommensteuergesetz, Kommentar, 4. Aufl., München 1985

Schmidt, Nacherbenschutz bei Vorerbschaft an Gesamthandsanteilen, FamRZ 76, 683

Schneider/Schlund/ Haas, Kapitalisierungs- und Verrentungstabellen, Bücher des Betriebsberaters, Heidelberg 1977

Schön, Die Problematik des Zugewinnausgleichs in der Scheidungsvereinbarung, NJW 1969, 1992 ff.

Schoor, RWP Einkommensteuer SG 5.2 S. 1273 ff.

Schröder, Anm. zu OLG Celle, FamRZ 84, 1231, FamRZ 85, 392

Schünemann, Ehegattengesellschaft in Gütergemeinschaft? FamRZ 76, 137 f.

Schubert, Anm. zu BGH vom 9. 6. 1983, JR 84, 21 = NJW 83, 2244, JR 84, 23 f.

Schuler, Der Sonderkonkurs des ehelichen Gesamtgutes, NJW 58, 1609 ff.

Schulze zur Wiesche, Neue Gestaltungsmöglichkeiten zwischen Ehegatten bei Gewerbebetrieben, DB 1986, 1090 ff.
Die Steuerfolgen einer Ehescheidung, FR 1979, 472

Schwab, Gestaltungsfreiheit und Formbindung im Ehevermögensrecht und die Eherechtsreform, DNotZ-Sonderheft 1977, 51 ff.;
Handbuch des Scheidungsrechts, München 1976;
Ehegattenpflichtteil und Zugewinnausgleich – BGHZ 42, 182, JuS 65, 432;
Neue Rechtsprechung zum Zugewinnausgleich FamRZ 84, 429, 525 ff.;
Maß für Maß; zu den Dimensionen des Angemessenen nach dem neuesten Entwurf eines Unterhaltsrechtsänderungsgesetzes FamRZ 86, 128 ff.

Siebert, Gesellschaftsvertragliche Abfindungsklausel und Pflichtteilsrecht, NJW 1960, 1033 ff.

Seutemann, Anm. zu BGHZ 87, 145 ff. = FamRZ 83, 668 ff., FamRZ 83, 990 ff.

Sölch/Ringleb/List, Umsatzsteuergesetz, Kommentar, 3. Aufl. Loseblatt, München

*Soergel/*Bearbeiter, BGB, 11. Aufl. Stuttgart, Berlin, Köln, Mainz

*Staudinger/*Bearbeiter, Kommentar zum BGB, 12. Aufl. Berlin

*Stein/Jonas/*Bearbeiter, Kommentar zur ZPO, 20. Aufl. Tübingen

Stötter, Die Nachfolge in Anteile an Personengesellschaften aufgrund Gesellschaftsvertrages oder Erbrechts II, DB 1970, 473

Streck, Steuerfolgen und Steuergestaltung bei Ehescheidung, KÖSDI 80, 3778 ff.

Stuby, Wertveränderungen an Gegenständen des Anfangsvermögens und ihre Auswirkungen auf die Berechnungen des Zugewinnausgleichs, FamRZ 67, 181 ff.

Stuhrmann, Versorgungsausgleich in einkommensteuerlicher Sicht, DStR 1977, 468 ff.

Stumpp,   Ehevertragliche Vereinbarungen für die Auseinandersetzung des Gesamtgutes, Rechtpfl. 79, 441 ff.

Sudhoff,   Gesellschaftsrechtliche Abfindungsklauseln bei Berechnung des Pflichtteils- und Zugewinnanspruchs, NJW 61, 801 ff.

Taupitz,   Verfassungskonforme Ersatzanknüpfung im Internationalen Ehegüterrecht und maßgeblicher Zeitpunkt, NJW 86, 616 ff.

Thoma,   Steuerprobleme bei Aufhebung der Gütergemeinschaft, DStR 1980, 279

Thomas/Putzo,   ZPO, 14. Aufl. München 1987

Tiedtke,   Vereinbarungen über den Ausgleich des Zugewinns vor Beginn des Scheidungsverfahrens, JZ 82, 538 ff.;

                               Die Umdeutung eines nach den §§ 1365, 1366 BGB nichtigen Rechtsgeschäfts in einen Erbvertrag, FamRZ 81, 1 ff.;

                               Offene Handelsgesellschaft und Gütergemeinschaft, FamRZ 75, 675 ff.;

                               Gesamthand- und Gesamtschuldklage im Güterstand der Gütergemeinschaft, FamRZ 75, 538

Tipke,   Steuerrecht, 10. Aufl., Köln 1985

Tipke/Kruse,   Kommentar zur Abgabenordnung 1977 und Finanzgerichtsordnung, 12. Aufl. Loseblatt, Köln

Ullmann,   Einstweiliges Verfügungsverbot zur Sicherung des Zugewinns vor rechtskräftiger Scheidung der Ehe, NJW 71, 2194 ff.

Viel/Bredt/Renard,   Die Bewertung von Unternehmungen und Unternehmensanteilen, 5. Aufl., 1975

Voskuhl/Pappai/
Niemeyer,   Versorgungsausgleich in der Praxis, Bonn Bad Godesberg 1977

Walter,   Schuldprinzip kraft Ehevertrag, NJW 81, 1409 ff.

Werner,   Zugewinnausgleich bei gleichzeitigem Tod der Ehegatten, FamRZ 76, 249 ff.

Westermann,   Personengesellschaftsrecht, 4. Aufl. Köln 1979

Wiedemann,   Die Übertragung und Vererbung von Mitgliedschaftsrechten bei Handelsgesellschaften, Berlin 1965

Willemer,   Die Steuerfolgen von Vereinbarungen über Privatgrundstücke anläßlich der Scheidung, DB 82, 614 ff.

Zettel,   Verfassungswidrige Handhabung des § 9 a EStG durch die Finanzverwaltung, DStR 1978, 518

Zimmermann,   Pflichtteilsrecht und Zugewinnausgleich bei Unternehmer- und Gesellschafternachfolge, BB 1969, 965 ff.

Zimmermann/Becker,   Versorgungsausgleichs-Verträge in der neueren Rechtsprechung – eine Bestandsaufnahme –, FamRZ 83, 1 ff.

Zöllner,   Vertragsfreiheit und Bindung an den Typus im ehelichen Güterrecht, FamRZ 1965, 113 ff.

ERSTES KAPITEL
Gestaltung des ehelichen Güterrechtes durch Ehevertrag und Vereinbarungen über sonstige wirtschaftliche Ehewirkungen

Vorbemerkung

Die zentrale **Rechtsgrundlage** für den Abschluß von Eheverträgen findet sich in **1** § 1408 Abs. 1.* Danach können die Ehegatten ihre güterrechtlichen Verhältnisse durch Vertrag regeln, insbesondere nach der Eingehung der Ehe den Güterstand aufheben oder ändern. Machen die Ehegatten von der ihnen durch das Gesetz eingeräumten Möglichkeit keinen Gebrauch, gilt der gesetzliche Güterstand der Zugewinngemeinschaft (hierzu 2. Kapitel Rz. 51 ff.). Außerdem gelten in jeder Ehe – unabhängig davon, in welchem Güterstand die Ehegatten leben – allgemeine Vorschriften zur Regelung der wirtschaftlichen Verhältnisse der Ehegatten, insbesondere Vorschriften über wechselseitige Unterhaltsverpflichtungen, den Hausrat und die Ehewohnung sowie die wechselseitige Vertretung und die Schlüsselgewalt. Hierbei handelt es sich nicht um Vorschriften des Güterrechts im engeren Sinne; die Einbeziehung in einen Ehevertrag ist aber dennoch möglich und meist gewünscht, zumal der Gesetzgeber selbst in §§ 1355, 1356, 1360 die Ehegatten darauf verweist, sich über die Ausgestaltung ihres Zusammenlebens und die Rollenverteilung zu einigen.

A. DER EHEVERTRAG
I. Inhalt
1. Regelung güterrechtlicher Verhältnisse

Nach der **Legal-Definition** in § 1408 Abs. 1 ist der Ehevertrag ein Vertrag, durch **2** den die Ehegatten „ihre güterrechtlichen Verhältnisse" regeln. Das Gesetz nennt als Beispielsfall, daß die Ehegatten „insbesondere" die Möglichkeit haben, nach der Eingehung der Ehe den Güterstand aufzuheben oder zu ändern. Eingeschränkt wird diese Möglichkeit durch § 1409 in der Fassung des Gesetzes zur Neuregelung des internationalen Privatrechts vom 25.7.1986. Danach kann der Güterstand nicht durch Verweisung auf nicht mehr geltendes oder ausländisches Recht bestimmt werden. Nach der bis zum Inkrafttreten der Neuregelung geltenden Fassung konnte allerdings nach § 1409 Abs. 2 ausnahmsweise auf ausländisches Güterrecht verwiesen werden, wenn nämlich einer der Ehegatten zur Zeit der Eheschließung oder bei (nachfolgendem) Vertragsschluß seinen Wohnsitz im Ausland hatte. Für diesen Fall war die Verweisung auf das ausländische Wohnsitz-Güterrecht zulässig. Die Möglichkeit der Vertragsgestaltung wurde

---
* §§ ohne Gesetzesangaben sind solche des BGB.

wegen der durch die Neufassung der Art. 14 und 15 EG-BGB eingeführten Rechtswahlmöglichkeiten für überflüssig gehalten und gestrichen (zu Güterrechtsfragen bei Ehen mit Auslandsberührung und zu den Übergangsvorschriften siehe unten Rz. 36 f.).

3 Im übrigen gilt der Grundsatz der **Vertragsfreiheit**, der den Eheleuten gestattet, ihre güterrechtlichen Verhältnisse nach Belieben und nach ihren Bedürfnissen in Abweichung von der gesetzlichen Regelung der Zugewinngemeinschaft zu gestalten. Die Vorschriften über den (gesetzlichen) Güterstand der Zugewinngemeinschaft gelten nur subsidiär, wenn und soweit die Ehegatten nicht durch Ehevertrag etwas anderes vereinbart haben (§ 1363 Abs. 1).

Ihre „güterrechtlichen Verhältnisse" regeln die Ehegatten nicht nur dann, wenn sie durch einen sogenannten **generellen Ehevertrag** einen Güterstand im Ganzen vereinbaren oder aufheben (also z.B. anstelle des gesetzlichen Güterstandes den Güterstand der Gütertrennung vereinbaren), sondern auch dann, wenn sie den gesetzlichen Güterstand oder einen vertraglichen Güterstand in einzelnen Punkten ändern (sogenannter **spezieller Ehevertrag**)[1].

4 Zu unterscheiden sind Regelungen über die güterrechtlichen Verhältnisse der Ehegatten von anderen vermögensrechtlichen Vereinbarungen der Ehegatten und von Vereinbarungen über sonstige personenrechtliche Wirkungen der Ehe. Die Abgrenzung kann im Einzelfall Schwierigkeiten machen; sie ist von Bedeutung insbesondere im Hinblick auf die Formbedürftigkeit nach § 1410 (hierzu unten Rz. 38 ff.).

Vereinbarungen über die **sonstigen persönlichen Ehewirkungen** im Sinne der §§ 1353 bis 1362 sind z.B. Verträge über die Unterhaltspflicht, Abmachungen über die Art und Weise des Beitrags zum Familienunterhalt, Absprachen über die Anstellung eines Ehepartners in dem Geschäft des anderen[2]. Schwieriger ist die Unterscheidung zwischen der Regelung güterrechtlicher Verhältnisse und **sonstigen vermögensrechtlichen Absprachen** zwischen den Ehegatten, die nicht dem Formerfordernis des Ehevertrages unterliegen. Sie wird im allgemeinen in Rechtsprechung und Literatur danach getroffen, ob es sich um eine generelle Regelung mit Bezug auf den zwischen den Ehegatten geltenden (vertraglichen oder gesetzlichen) Güterstand handelt oder ob Rechtswirkungen gewollt und geschaffen werden, die beliebige Personen durch Verträge und Zusammenwirken untereinander nach allgemeinem Zivilrecht erzeugen können, ohne daß sie hierzu verheiratet sein müßten[3].

5 Danach können solche Abmachungen der Ehegatten nicht als Ehevertrag angesehen werden, durch die einzelne vermögensrechtliche Beziehungen geschaffen werden, also z.B. Darlehensverträge, Schenkungen einzelner Vermögensgegen-

---

[1] Vergl. zu dieser Unterscheidung Soergel-Gaul, § 1408 Rz. 8 und Rz. 14 vor § 1408.
[2] Vergl. hierzu z.B. die Zusammenstellung bei Palandt-Diederichsen, § 1408 Anm. 3.
[3] Vergl. z.B. die Zusammenstellung bei Schwab DNotZ-Sonderheft 1977, S. 51 ff., 55 und bei Soergel-Gaul, § 1408 Rz. 7.

stände, Absprachen über die Verwaltung bestimmter Vermögensgegenstände, Absprachen zur Gründung einer Gesellschaft, zum gemeinsamen Betrieb eines Geschäftes oder Absprachen über die Vergütung eines in einem solchen Geschäft mitarbeitenden Ehegatten[3a].

Dabei besteht Einigkeit darüber, daß außerhalb der Vorschriften der §§ 1408 und 1410 den Ehegatten ein weiter Spielraum für die Gestaltung ihrer Vermögensverhältnisse durch Einzelverträge zur Verfügung steht und dementsprechend in restriktiver Auslegung des § 1408 nicht schon jedes Rechtsgeschäft als Ehevertrag zu qualifizieren ist, mit dem der Zweck verfolgt wird, die vermögensrechtlichen Verhältnisse im Rahmen der ehelichen Lebensgemeinschaft zu ordnen[4]. Zu einem Ehevertrag werden Absprachen zwischen den Ehegatten vielmehr erst dann, wenn Grundsätze des in der Ehe bestehenden Güterrechts berührt werden bzw. eine Gesamtregelung der ehelichen Vermögensverhältnisse angestrebt wird[5].

Dem steht nicht entgegen, daß es zulässig ist, in einem Ehevertrag Bestimmungen nur über einzelne Vermögensgegenstände zu treffen, da eine solche Beschränkung in einem Ehevertrag zugleich beinhaltet, daß es im übrigen bei dem gesetzlichen oder dem bereits vertraglich vereinbarten Güterstand bleiben soll. Umgekehrt sind Einzelfälle denkbar, in denen eine Vereinbarung zwischen Ehegatten über einen einzelnen Vermögensgegenstand als Ehevertrag im Sinne des § 1408 Abs. 1 zu werten ist, obwohl die Vereinbarung nicht als Ehevertrag gekennzeichnet ist und weder direkt noch indirekt auf die ansonsten geltenden Bestimmungen eines Güterstandes verwiesen wird. Zur Qualifizierung eines solchen Vertrages als Ehevertrag wird es im Einzelfall kommen können, wenn Vertragsgegenstand der einzige nennenswerte Vermögenswert der Ehegatten oder eines der Ehegatten ist und in dem Vertrag detaillierte Regelungen über die Verwaltung des Vermögens, die Verteilung der Erträgnisse und insbesondere die Auseinandersetzung enthalten sind. Denkbar ist dies beispielsweise für einen Gesellschaftsvertrag unter Ehegatten über ein von ihnen betriebenes Geschäft[6].

Von besonderer praktischer Bedeutung ist für die Partner eines Ehevertrages die **6** Frage, ob und inwieweit in einem Ehevertrag spezielle Vereinbarungen für den Fall einer **Scheidung** getroffen werden können. Eine zeitliche Schranke hierfür ergibt sich schon daraus, daß ein Ehevertrag im Sinne des § 1408 nur zwischen Ehegatten oder Verlobten abgeschlossen werden kann. Nach Rechtskraft eines die Ehe auflösenden Urteils, also insbesondere eines Scheidungsurteils, ist deswegen begrifflich der Abschluß eines Ehevertrages nicht mehr möglich. Auch **Auseinandersetzungsvereinbarungen** nach Scheidung der Ehe oder sonstiger Beendigung des Güterstandes stellen deswegen keinen (formbedürftigen) Ehevertrag dar[7].

[3a] Zu den Anforderungen an eine Ehegatten-Innengesellschaft zuletzt: BGH FamRZ 87, 907 ff.
[4] Vergl. Schwab a.a.O.
[5] Vergl. BGB-RGRK-Finke, § 1408 Rz. 2; OLG Stuttgart, NJW 58, 1972; Gernhuber, Familienrecht, § 32 I 7; Soergel-Gaul, § 1408 Rz. 7.
[6] Vergl. hierzu die bereits oben zitierte Entscheidung des OLG Stuttgart, NJW 58, 1972.
[7] Z.B. BGB-RGRK-Finke, §§ 1408 Rz. 3 und 1410 Rz. 6 m.w.N.

Im übrigen wird diese Frage in Rechtsprechung und Literatur kontrovers behandelt, wobei sich die Auseinandersetzung in erster Linie an der Vorschrift des § 1378 Abs. 3 entzündet hat, wonach eine Vereinbarung, die die Ehegatten während eines Verfahrens, das auf die Auflösung der Ehe gerichtet ist, für den Fall der Auflösung der Ehe über den Ausgleich des Zugewinns treffen, der notariellen Beurkundung bedarf und im übrigen sich kein Ehegatte vor der Beendigung des Güterstandes verpflichten kann, über die Ausgleichsforderung zu verfügen. Der Bundesgerichtshof[8] hat in diesem Zusammenhang auf der einen Seite erklärt, daß über den Wortlaut des § 1378 Abs. 3 Satz 3 hinaus die Ehegatten auch vor Anhängigkeit des Scheidungsverfahrens eine Vereinbarung über den Ausgleich des Zugewinns treffen können, sofern sie die in § 1378 Abs. 3 Satz 2 hierfür vorgesehene Form einhalten (einfache notarielle Beurkundung oder gerichtlich protokollierter Vergleich); erklärt auf der anderen Seite aber ausdrücklich, in diesem Zusammenhang bedürfe die Frage keiner Entscheidung, ob ein Ehevertrag nur eine **allgemeine Regelung der güterrechtlichen Verhältnisse** enthalten und nur die Verhältnisse bis zur Auflösung des Güterstandes ordnen dürfe oder ob durch Ehevertrag auch eine **Einzelregelung** für den Fall der Scheidung getroffen werden könne, wenn der Vertrag noch vor Beendigung des Güterstandes geschlossen werde[9].

Dabei ergibt sich aus den vom Bundesgerichtshof angeführten Fundstellen für die eine oder die andere Auffassung, daß die Problemdarlegung des Bundesgerichtshofs zumindest mißverständlich ist. Der Bundesgerichtshof zitiert für die Auffassung, ein Ehevertrag dürfe nur eine ,,allgemeine Regelung der güterrechtlichen Verhältnisse" enthalten u.a. eine Entscheidung des Bundesgerichtshofs vom 29.4.1970[10] und Kanzleiter[11]. In der genannten Entscheidung wird erklärt, eine Vereinbarung, die eine konkrete Einzelregelung für die bevorstehende Liquidation eines Güterstandes enthalte und die gegenstandslos werde, wenn es nicht zu der ins Auge gefaßten Beendigung des Güterstandes kommt, stelle keinen Ehevertrag dar, da es an dem Erfordernis der allgemeinen Regelung der güterrechtlichen Verhältnisse einer Ehe fehle[12]. Kanzleiter führt an der vom Bundesgerichtshof zitierten Stelle aus, daß im Hinblick auf eine konkret bevorstehende Scheidung Vereinbarungen der Ehegatten über die verschiedensten Fragen möglich seien und daß sich solche Vereinbarungen im Hinblick auf eine Scheidung von den allgemeinen Vereinbarungen über die sachlich gleichen Punkte dadurch unterscheiden, daß diese konkret für eine bevorstehende Scheidung, jene abstrakt für eine evtl. mögliche Scheidung getroffen werden. Kanzleiter macht dabei die Unterscheidung offensichtlich im Hinblick auf die Formfrage, indem er klarstellt, daß z.B. Vereinbarungen zur Auseinandersetzung einer Gütergemeinschaft grundsätzlich formlos möglich sind und Vereinbarungen über die Regelung des

---

[8] FamRZ 83, 157 ff. (159).
[9] S.159.
[10] BGHZ 54, 38 ff. = FamRZ 70, 391, 392.
[11] MünchKomm-Kanzleiter, vor § 1408 Rz. 7.
[12] A.a.O. S. 41/42.

Zugewinnausgleichs wegen § 1378 Abs. 3 Satz 2 beurkundungspflichtig sind. Eindeutig im Hinblick auf diese Formfrage erklärt im übrigen auch Staudinger/ Felgentraeger[13], daß ein Vertrag, der die Ordnung der vermögensrechtlichen Verhältnisse der Ehegatten für die Zeit nach der Auflösung der Ehe im Auge habe, kein Ehevertrag sei.

Aus der jeweils getroffenen Feststellung, daß eine Vereinbarung, die konkret   **7** darauf abzielt, die vermögensrechtlichen Folgen der (eingeleiteten oder in Aussicht genommenen) Ehescheidung zu regeln, kein Ehevertrag sei und dementsprechend eine solche Vereinbarung nicht der Form des § 1410 bedürfe, läßt sich aber nicht die Folgerung ableiten, daß solche Vereinbarungen in einem Ehevertrag nicht zulässig sind. Das eheliche Güterrecht beinhaltet zwangsläufig immer zugleich auch Regelungen für den Fall einer Scheidung der Ehe. Wenn Ehegatten vor Eheschließung oder im Zusammenhang mit der Eheschließung, wenn von einer Ehescheidung noch nicht die Rede ist, Gütertrennung vereinbaren, so treffen sie damit auch eine Vereinbarung für den Fall der Scheidung, nämlich die, daß im Falle der Scheidung ein Zugewinnausgleich nicht stattfindet (Rz. 161).

Es ist auch unstreitig, daß in einem Ehevertrag beispielsweise vereinbart werden kann, daß der gesetzliche Güterstand der Zugewinngemeinschaft gelten soll, daß aber der Zugewinn ganz oder teilweise ausgeschlossen wird, daß eine andere Quote als die gesetzlich vorgesehene, in Ansatz gebracht oder eine andere Art der Teilung vorgenommen wird[14].

Zwischen den ohne konkrete Scheidungsabsichten für eine evtl. mögliche Scheidung in einem Ehevertrag getroffenen Regelungen und solchen Vereinbarungen, die nach erfolgter Scheidung oder im Rahmen eines Ehescheidungsverfahrens zur Regelung der Scheidungsfolgen getroffen werden, sind die Vereinbarungen anzusiedeln, die noch vor Einleitung eines Scheidungsverfahrens, möglicherweise auch unabhängig von einem Scheidungsverfahren getroffen werden, die aber jedenfalls eine Krisensituation in der Ehe zum Anlaß haben. Die Frage, ob in dieser Situation konkrete Vereinbarungen für den Fall einer Scheidung zulässig sind und welcher Form sie bedürfen, ist von eminent praktischer Bedeutung, seitdem eine Ehescheidung nach den §§ 1565, 1566 im allgemeinen nur noch nach mindestens einjähriger Trennung möglich ist und zudem ein Ehescheidungsverfahren sich aus den verschiedensten Gründen (insbesondere wegen des Verbundsystems) länger hinziehen kann, so daß es für die Ehegatten naheliegt, schon im Zusammenhang mit einer Trennung Vereinbarungen über die sich hieraus ergebenden vermögensrechtlichen Folgen zu treffen. Hinzu kommt, daß für den Fall einer einverständlichen Ehescheidung in § 630 ZPO verlangt wird, daß eine Ehescheidungsfolgenregelung getroffen wird, die hinsichtlich etwaiger Zahlungs- und Handlungspflichten (z.B. Unterhalt und Herausgabe von Hausrat) voll-

---

[13] 11. Aufl., § 1408 Rz. 36.
[14] Vergl. die Zusammenstellung bei BGH FamRZ 83, 159.

streckungsfähig ist[15]. Da im Ehescheidungsverfahren selbst grundsätzlich Anwaltszwang besteht (§ 78 ZPO), ein Vergleich also dort nur unter Beteiligung
von zwei Anwälten geschlossen werden kann, wird nicht zuletzt aus Kosten-
gründen häufig der Weg beschritten, daß Scheidungsfolgen, und zwar einschließlich der vermögensrechtlichen Fragen, in einer notariellen Urkunde geregelt werden, damit das Scheidungsverfahren selbst ohne streitige Anträge geführt werden
kann[16]. Es kommt nicht selten vor, daß nach Abschluß eines solchen Vertrages
entweder die Ehegatten längere Zeit getrennt leben, ohne daß einer der Partner
den Ehescheidungsantrag stellt, oder daß es zu einer vorübergehenden Versöh-
nung kommt. In solchen Fällen stellt sich die Frage nach der Gültigkeit der getroffenen Vereinbarungen für die Dauer der Ehe und insbesondere für den Fall,
daß es nach mehr oder weniger großem Zeitablauf doch noch zur Einleitung eines Scheidungsverfahrens kommt.

Bei der Beurteilung der (fortwirkenden) Wirksamkeit solcher Vereinbarungen
wird man von folgendem ausgehen müssen:

8 Ein Ehevertrag im Sinne des § 1408 dient begrifflich dazu, vor oder während der
Ehe die güterrechtlichen Verhältnisse der Ehegatten für die Dauer der Ehe zu regeln, wobei eine solche Regelung naturgemäß auch die mögliche Beendigung des
Güterstandes und die sich hieraus ergebenden Konsequenzen einschließt. Ein vor
der Eheschließung unter Verlobten abgeschlossener Ehevertrag wird hinfällig,
wenn es nicht zu der Eheschließung kommt; bei einer Ehescheidung fällt der
Ehevertrag für die Zukunft weg[17]. Hieraus ergibt sich, daß eine Regelung, die unter der **aufschiebenden Bedingung der** (Rechtskraft der) **Scheidung** getroffen
wird, begrifflich kein Ehevertrag sein kann, weil durch die Ehescheidung der
Ehevertrag sofort wieder gegenstandslos wird und der Ehevertrag also nicht einmal eine juristische Sekunde Wirksamkeit entfaltet[18]. Treffen die Ehegatten also
in einer notariellen Urkunde (bei gleichzeitiger Anwesenheit) neben Vereinbarungen über Unterhalt und Hausratsteilung oder sonstige Scheidungsfolgen auch
Vereinbarungen über die Abwicklung des Güterstandes, also beispielsweise Vereinbarungen über den Zugewinnausgleich oder eine bestimmte Art der Auseinandersetzung der Gütergemeinschaft, so kann man solche Vereinbarungen trotz
der Einhaltung der Form des § 1410 und trotz des güterrechtlichen Bezuges nicht
als Ehevertrag ansehen. Solche Vereinbarungen, die darauf abzielen, auf der Basis

---

[15] Zu einem Vollstreckungstitel wird eine solche Vereinbarung, wenn sie gerichtlich protokolliert wird
oder wenn sie notariell beurkundet wird und der Verpflichtete sich wegen der übernommenen Zahlungsverpflichtungen der Zwangsvollstreckung in sein Vermögen unterwirft, § 794 Abs. 1 Ziff. 5
ZPO. Da diese Vorschrift die Vollstreckungsfähigkeit in notariellen Urkunden nur für Zahlungsverpflichtungen vorsieht, muß dem Erfordernis des § 630 ZPO nicht durch eine notarielle Scheidungsfolgenvereinbarung Rechnung getragen werden, soweit noch Herausgabeverpflichtungen hinsichtlich
Hausrat und der Ehewohnung vorgesehen sind. Ein ausreichender Vollstreckungstitel kann nur geschaffen werden, wenn sich in diesen Punkten die notarielle Scheidungsfolgenvereinbarung auf die
Erklärung beschränken kann, daß die Hausratsteilung erfolgt ist bzw. die Rechtsverhältnisse an der
Ehewohnung geklärt sind.
[16] Der anwaltlichen Vertretung bedarf dann nur noch der antragstellende Ehegatte.
[17] Vergl. BGB-RGRK-Finke, § 1408 Rz. 17/18.
[18] Vergl. Schön, NJW 69, 1992, 1995.

des kraft Gesetzes oder kraft Vertrages geltenden Güterstandes diesen im Hinblick auf die beabsichtigte Scheidung oder für den Fall der Scheidung abzuwickeln, müssen deswegen als reine **Abwicklungsvereinbarungen** angesehen werden, die gegenstandslos werden, wenn es nicht zur Beendigung des Güterstandes durch Scheidung kommt. Anders zu behandeln sind allerdings Fälle, in denen die Ehepartner in einer solchen Vereinbarung Absprachen getroffen haben, die nicht nur die Abwicklung des bestehenden Güterstandes zum Inhalt haben, sondern auch die **güterrechtlichen Verhältnisse** der Ehepartner bis zu einer Scheidung umgestalten. Wenn also getrennt lebende Ehegatten in einer notariellen Urkunde – evtl. neben der Regelung von Unterhalts- und Hausratsfragen – eine Vermögensauseinandersetzung vornehmen und erklären, daß ein Zugewinnausgleich nicht oder in einer bestimmten Weise stattfinden und im übrigen ab sofort zwischen ihnen Gütertrennung gelten solle, so ist dies eine Vereinbarung, die (zumindest auch) die güterrechtlichen Verhältnisse der Ehegatten bis zur Scheidung regelt. Eine solche Regelung ist als Ehevertrag anzusehen und als solche zulässig. Sie wird auch nicht ohne weiteres hinfällig, wenn es wegen eines Versöhnungsversuchs oder aus anderen Gründen entgegen der Annahme bei Abschluß des Vertrages nicht in absehbarer Zeit zur Einleitung eines Ehescheidungsverfahrens kommt. Ist eine solche Vereinbarung nicht ausdrücklich unter der aufschiebenden Bedingung der Ehescheidung getroffen worden (und dann begrifflich schon kein Ehevertrag mehr), entfaltet sie Wirksamkeit während des Bestehens der Ehe und ist bei einer späteren Ehescheidung der Beurteilung der güterrechtlichen Verhältnisse zwischen den Ehepartnern zugrunde zu legen. Etwas anderes könnte nur dann gelten, wenn ein Ehepartner geltend machen könnte, daß trotz Fehlens einer ausdrücklichen Verknüpfung mit einer zu erwartenden Ehescheidung die nachfolgende Ehescheidung Bedingung für die Abänderung der güterrechtlichen Verhältnisse sein sollte und dementsprechend der Vertrag mangels Einleitung des Scheidungsverfahrens hinfällig ist. Die Beweislast für eine solche Behauptung trifft aber den Ehegatten, der sich hierauf beruft, weil der notarielle Vertrag die Vermutung der Vollständigkeit und Richtigkeit für sich hat.

Zusammenfassend läßt sich also folgendes sagen: Nicht als Ehevertrag zu werten **9** sind solche **Vereinbarungen**, die im Hinblick auf bzw. **für den Fall der Scheidung** getroffen werden und lediglich dazu dienen, auf der Basis des geltenden Güterstandes diesen im Hinblick auf die (beabsichtigte) Ehescheidung abzuwickeln. Nachdem der Bundesgerichtshof in der zitierten Entscheidung[19] klargestellt hat, daß die Vorschrift des § 1378 Abs. 3 Satz 2 über den Wortlaut hinaus eine Vereinbarung über den Ausgleich des Zugewinns auch vor Anhängigkeit eines Scheidungsverfahrens zuläßt, ist die Notwendigkeit einer Konstruktion über das Rechtsinstitut des Ehevertrages zur Ermöglichung solcher vorgezogenen Auseinandersetzungen[20] in Wegfall geraten.

[19] FamRZ 83, 157 ff.
[20] Vergl. hierzu insbesondere Tiedtke, JZ 82, 538 ff.

Abstrakte Regelungen für den Fall einer möglichen Scheidung bei Abschluß des Ehevertrages vor Eheschließung bzw. nach Eheschließung unabhängig von einer bereits bestehenden Krisensituation sind (nur) in der Form des Ehevertrages unter Beachtung der allgemeinen gesetzlichen Schranken im Rahmen der Disponibilität der güterrechtsbezogenen Vorschriften zulässig. Verträge, die zur Regelung güterrechtlicher und vermögensrechtlicher Fragen in einer Krisensituation in Erwartung einer Ehescheidung abgeschlossen werden, sind danach zu beurteilen, ob die anstehende Ehescheidung ausdrücklich oder stillschweigend Bedingung für die Geltung des Vertrages sein sollte oder ob der Vertrag unabhängig hiervon die güterrechtlichen Verhältnisse der Ehegatten bis zu einer Ehescheidung neu gestalten sollte. Im letzteren Fall muß die Form des Ehevertrages eingehalten werden. Der Vertrag behält Gültigkeit, auch wenn es nicht zu der ursprünglich geplanten Ehescheidung kommt.

2. Grundsatz der Vertragsfreiheit – güterrechtliche Schranken –

10 Die §§ 1363 Abs. 1, 1408 Abs. 1 geben den Ehegatten **Vertragsfreiheit** hinsichtlich der Gestaltung ihrer güterrechtlichen Verhältnisse. Gesetzlich normierte Einschränkungen ergeben sich zunächst aus § 1409 (dazu oben Rz. 2); im übrigen ergibt sich weder aus der Gesetzessystematik noch aus dem Gesetzeswortlaut, daß die Ehegatten etwa darauf beschränkt wären, von den gesetzlich geregelten Wahlgüterständen der Gütertrennung oder der Gütergemeinschaft Gebrauch zu machen. Heftig umstritten ist in Rechtsprechung und Literatur, wie weit die Gestaltungsfreiheit der Ehegatten geht, ob sie also nach Belieben „Phantasiegüterstände"[21] bilden können oder ob **güterrechtsimmanente Schranken** bestehen, also Vereinbarungen unzulässig sind, die dem „Wesen eines Güterstandes" widersprechen, ihn denaturieren oder nicht mit einem bestimmten „Güterstandstyp" in Übereinstimmung zu bringen sind[22]. Der Entscheidung des Gesetzgebers, der den Grundsatz der Vertragsfreiheit ohne Einschränkungen normiert hat, liefe es zuwider, wollte man grundsätzlich davon ausgehen, daß die Vereinbarung sogenannter **Mischgüterstände** unzulässig ist. Eine Bindung der Ehegatten an ein dem jeweiligen Güterstand zugrunde gelegtes Leitbild verbietet sich deswegen[23].

Weder die gesetzliche Regelung noch die Systematik des ehelichen Güterrechtes bieten Anhaltspunkte für die Annahme eines **numerus clausus** der gesetzlich formulierten und als geschlossenes Regelungssystem zur Verfügung gestellten Wahlgüterstände[24]. Gegen diese Auffassung spricht schon die Vorschrift des § 1409, die verbietet, auf nicht mehr geltendes oder ausländisches Recht zu verweisen, es aber nicht ausschließt, durch die Aufnahme aller Einzelregelungen in

---

[21] Vergl. Soergel-Gaul, Vormerkung 13 vor § 1408.
[22] Vergl. die Zusammenstellung bei MünchKomm-Kanzleiter, § 1408 Rz. 13.
[23] Vergl. z.B. Mikat Festschrift Felgentraeger, S. 326, 327; Schwab, DNotZ-Sonderheft 1977 S. 51; BGB-RGRK-Finke, § 1408 Rz. 14.
[24] So aber z.B. Staudinger-Felgentraeger, (11. Aufl.) § 1408 Rz. 65; anders Staudinger-Thiele, 12. Aufl., Vorbem. 22-24 vor §§ 1408 ff.

den Ehevertrag ein früher geltendes oder ausländisches Güterrecht weiterhin zu vereinbaren[25].

Wenn schon durch das Gesetz selbst die Möglichkeit geboten wird, letztlich einen auf ausländischem Recht basierenden Güterstand oder einen nicht mehr gesetzlich geregelten Güterstand zu vereinbaren, muß es erst recht zulässig sein, **Mischformen** zwischen den gesetzlich geregelten Güterständen vorzusehen. Die Schranken für die Vereinbarung von Mischformen lassen sich deswegen nicht dem Wesen eines Güterstandes oder gesetzlichen Leitbildern entnehmen; sie müssen vielmehr nach allgemeinen Grundsätzen ermittelt werden.

Auch dem **Gleichheitsgrundsatz** des Grundgesetzes (Art. 3 Abs. 2 GG) lassen **11** sich keine Schranken für die Vertragsfreiheit der Ehegatten entnehmen. Der Gleichheitsgrundsatz hindert die Ehegatten nicht, ihre Rechtsbeziehungen zueinander aufgrund freiwilligen Entschlusses „ungleich" zu regeln und einem Ehegatten weiterreichende Befugnisse einzuräumen als dem anderen[26]. Ein gesetzlicher Anwendungsfall ist z.B. die Vorschrift des § 1421, der eine Bestimmung der Ehegatten darüber zuläßt, daß die Verwaltung des Gesamtgutes nur durch einen von ihnen erfolgen soll[27]. Im Einzelfall kann allerdings eine Beschneidung der Rechte des einen Ehepartners zugunsten des anderen Ehepartners zu dem Ergebnis führen, daß der Vertrag insgesamt wegen Verstoßes gegen die guten Sitten nach § 138 nichtig ist (dazu näher unten Rz. 14 f.).

Im übrigen können sich Einschränkungen der Ehevertragsfreiheit aus zwingen- **12** den Bestimmungen des Ehegüterrechts selbst ergeben. Beispielsfall hierfür ist neben § 1409 Abs. 2 die Vorschrift des § 1518, wonach die Vorschriften über die fortgesetzte Gütergemeinschaft zwingendes Recht sind.

Nicht abänderbar sind auch solche güterrechtliche Bestimmungen, die dem Schutz Dritter, insbesondere dem **Gläubigerschutz** dienen. Dementsprechend kann ein Ehevertrag nicht vorsehen, daß die Eigentumsvermutungen des § 1362 nicht oder nur in veränderter Form gelten sollen[28]; die Vorschriften über die Schuldenhaftung des Gesamtgutes bei der Gütergemeinschaft und die persönliche Haftung der Ehegatten für Gesamtgutsverbindlichkeiten sind mit Wirkung gegenüber Dritten nicht abänderbar[29]. Auch die gesetzlichen Vorschriften über **Erbteilsquoten** bei gesetzlicher Erbfolge und entsprechende **Pflichtteilsansprüche** sind nicht zu Lasten Dritter abänderbar, so daß die Vorschriften des gesetzlichen Güterstandes über den Ausgleich des Zugewinns durch Erhöhung der Erbquoten nur eingeschränkt der Disposition der Ehegatten unterliegen[30]. **Allgemeine Einschränkungen** ergeben sich schließlich daraus, daß sich auch die Vereinbarungen von Ehegatten in Eheverträgen im Rahmen der institutionellen Mög-

---

[25] So ausdrücklich MünchKomm-Kanzleiter, § 1409 Rz. 1.
[26] Vergl. z.B. Soergel-Gaul, Rz. 19 vor § 1408 m.w.N.
[27] Vergl. zu Vorstehendem auch BGB-RGRK-Finke, § 1408 Rz. 8.
[28] Staudinger-Felgentraeger, (11. Aufl.) § 1408 Rz. 67
[29] Z.B. Zöllner, FamRZ 65, 118 f; Soergel-Gaul, § 1408 Rz. 16.
[30] Z.B. Staudinger-Felgentraeger, (11. Aufl.) § 1408 Rz. 86; wohl auch Staudinger-Thiele Vorbem. 15 vor §§ 1408 ff.; MünchKomm-Kanzleiter, § 1408 Rz. 14 (jedenfalls keine Auswirkungen auf Pflichtteilsansprüche Dritter).

lichkeiten des BGB halten müssen[31], so daß auch Ehegatten an den **numerus clausus** der absoluten Rechte und an den grundsätzlichen Ausschluß vertraglicher **Verfügungsbeschränkungen**, § 137, gebunden sind. Die erbrechtlichen Vorschriften über die **Universalsukzession** sind zwingend. Ebenso können nicht beliebige **Gesamthandskonstruktionen** geschaffen werden[32].

Eheverträge, die sich nicht allein darauf beschränken, insgesamt einen anderen als den gesetzlichen Güterstand zu vereinbaren, sind also darauf zu überprüfen, ob einzelne Bestimmungen oder der Vertrag in seiner Gesamtheit gegen zwingende Vorschriften der dinglichen Güterzuordnung, der Verfügungszuständigkeit der Ehegatten, der Schuldenhaftung gegenüber Dritten, gegen erbrechtliche Wirkungen oder nicht disponible schuldrechtliche Beziehungen verstoßen[33].

3. Allgemeine Schranken der Ehevertragsfreiheit

13 In Rechtsprechung und Lehre besteht Einigkeit darüber, daß auch für Eheverträge die **allgemeinen Wirksamkeitsschranken** gelten, daß also insbesondere Eheverträge wegen Verstoßes gegen die §§ 134, 138 nichtig sein können, daß sie unter den Voraussetzungen der §§ 119 durch die Ehegatten und unter den Voraussetzungen des Anfechtungsgesetzes bzw. der Konkursordnung der Einzelanfechtung durch Gläubiger bzw. der Anfechtung durch den Konkursverwalter unterliegen können. Hinsichtlich der allgemeinen Wirksamkeitsschranken ergeben sich aber wiederum Ausnahmen für die §§ 310, 312, da güterrechtliche Vereinbarungen schon ihrem Begriff nach regelmäßig auf das gesamte derzeitige und künftige Vermögen der Ehegatten bezogen sind und damit potentiell auch Nachlässe noch lebender Dritter einbeziehen können[34].

a) Nichtigkeit wegen Sittenwidrigkeit, § 138

14 Gerichtsentscheidungen, die sich mit dem Problem der **Sittenwidrigkeit** von Eheverträgen befassen, sind erstaunlich selten. Meist beziehen sie sich zudem auf Versorgungsausgleichsverträge, also auf einen Vertragsgegenstand, der überhaupt erst zum 1.7.1977 eingeführt worden ist (dazu nachstehend Rz. 25 ff.). Ältere Entscheidungen beziehen sich im allgemeinen nur auf Unterhaltsvereinbarungen, also keine güterrechtlichen Vereinbarungen im engeren Sinne. Dies legt den Schluß nahe, daß die mit der Beurkundung von Eheverträgen befaßten Notare (§ 1410) ihre Beratungspflicht außerordentlich ernst nehmen und inhaltlich keinerlei Risiken eingehen, sondern sich streng an die gesetzlich vorgesehenen Normaltypen eines Ehevertrages halten[35].

---

[31] So Soergel-Gaul, Rz. 12 vor § 1408.
[32] Vergl. hierzu insbesondere Lange, FamRZ 64, 546 f; Schwab, DNotZ-Sonderheft 1977, 51 ff.; nach Bärmann, AcP 157, 201 soll allerdings § 137 bei Eheverträgen durch § 1408 als generelles Statut der güterrechtlichen Vertragsfreiheit ausgeschlossen sein.
[33] Vergl. insbesondere Zöllner, FamRZ 65, S. 113 ff.
[34] Vergl. hierzu MünchKomm-Kanzleiter, § 1408 Rz. 10 und Soergel-Gaul, § 1408 Rz. 13.
[35] Zur praktischen Bedeutung der Eheverträge und der Häufigkeit von Modifizierungsverträgen die Darstellung bei Soergel-Gaul, Rz. 22 bis 24 vor § 1408 und Michaelis, Die Güterstände in der Praxis, Dissertation Hamburg 1968.

Da mit der Einführung des Versorgungsausgleichs, der Möglichkeit seines Ausschlusses und der gesetzlichen Einführung des Verbundsystems im Rahmen des Scheidungsverfahrens einschließlich des damit verbundenen Zwanges einer Regelung der Scheidungsfolgen nach § 630 ZPO das praktische Bedürfnis für den Abschluß von Eheverträgen gestiegen ist und die Zahl der Fälle ansteigen wird, in denen eine Scheidungsvereinbarung in die Form eines Ehevertrages gekleidet wird, ist damit zu rechnen, daß die Gerichte in Zukunft häufiger Veranlassung haben werden, sich mit der Frage der Sittenwidrigkeit von Eheverträgen zu befassen.

Nach den von Rechtsprechung und Literatur zu § 138 entwickelten Grundsätzen ist ein Rechtsgeschäft wegen Sittenwidrigkeit nichtig, wenn es nach seinem aus dem Zusammenhang von Inhalt, Zweck und Beweggrund zu entnehmenden **Gesamtcharakter** gegen die guten Sitten verstößt[36].

Erforderlich ist eine umfassende Gesamtwürdigung des Vertrages unter Berücksichtigung aller in Betracht kommenden Umstände. In die Bewertung eines Ehevertrages müssen also inbesondere einbezogen werden:

– die **objektiven Verhältnisse**, unter denen der Vertrag zustande gekommen ist, insbesondere die bei Vertragsschluß bestehende rechtliche Situation der Ehepartner und ihrer Einkommens- und Vermögensverhältnisse,

– die **Auswirkungen** auf beide Ehepartner oder außenstehende Dritte,

– der von den Ehepartnern mit dem Vertrag verfolgte **Zweck**,

– der **Beweggrund** der Ehepartner, insbesondere desjenigen Ehepartners, der objektiv durch den Vertrag begünstigt wird.

Es sind Verträge denkbar, die allein deswegen gegen die guten Sitten verstoßen, **15** weil ihr **objektiver Inhalt** unsittlich ist. Hierzu hat die Rechtsprechung Rechtsgeschäfte gezählt, in denen ein unsittliches Verhalten, ein unsittlicher Erfolg oder deren Förderung versprochen werden. Unter diesem Gesichtspunkt sind im familienrechtlichen Bereich folgende Rechtsgeschäfte für sittenwidrig erklärt worden:

ein Eheversprechen eines Verheirateten[37],

eine Vereinbarung über die Beschränkung der Kinderzahl[38],

ein Vertragsstrafenversprechen, wenn es der Sicherung ehegemäßen Verhaltens dienen soll, weil dies dem Wesen der Ehe widerspreche[39].

Das Reichsgericht hat sich auf den Standpunkt gestellt, daß das Verbot von Geschäftsreisen des Ehemannes ohne Begleitperson, das Verbot, Verwandte in das Geschäft aufzunehmen, und das Gebot, den Bruder aus derzeitigen und künfti-

---

[36] Vergl. z.B. Soergel-Hefermehl, § 138 Rz. 18 m.w.N.
[37] RG Seuff A 78, Nr. 191.
[38] RGJW 08, 28.
[39] RGZ 158, 300.

gen Unternehmungen zu entfernen, die Sittenwidrigkeit eines entsprechenden Vertrages begründe. Die Sittenwidrigkeit wurde u.a. in einer mit dem Wesen der Ehe nicht zu vereinbarenden Beschränkung der persönlichen Freiheit des anderen Ehepartners gesehen[40]. Unter Hinweis auf eine unzulässige Beschränkung der persönlichen Bewegungsfreiheit ist eine Vereinbarung für sittenwidrig erklärt worden, in der ein Ehepartner sich verpflichtet hatte, seinen Wohnsitz aus einer bestimmten Stadt zu verlegen[41]. Unter der Geltung des alten Scheidungsrechtes mit dem Verschuldensgrundsatz wurden auch häufiger Verträge für sittenwidrig erklärt, die darauf abzielten, die Scheidung durch das Vorbringen eines nicht mehr bestehenden Scheidungsgrundes zu erwirken[42]. Diese Entscheidungen haben aber alle keine Eheverträge im engeren Sinne, also Verträge über die güterrechtlichen Beziehungen der Ehegatten im Sinne des § 1408 zum Gegenstand.

Vereinbarungen, die nicht schon wegen ihres objektiven Inhaltes sittenwidrig sind, können dann sittenwidrig sein, wenn sie **objektiv** einen Ehepartner **benachteiligen** – insbesondere ein auffälliges Mißverhältnis zwischen Leistung und Gegenleistung besteht – und in **subjektiver** Hinsicht der durch den Vertrag begünstigte Ehepartner eine Zwangslage des anderen Ehepartners, dessen emotionale Abhängigkeit, eine erhebliche Willensschwäche oder auch nur Unerfahrenheit, Mangel an Urteilsvermögen oder Übersicht über die ehelichen Einkommens- und Vermögensverhältnisse zu seinen Gunsten **ausnützt** (vergl. insbesondere die Legaldefinition in § 138 Abs. 2).

Alleine die Feststellung, daß – gemessen an der gesetzlichen Regelung- einer der Ehepartner durch eine ehevertragliche Regelung objektiv benachteiligt wird, kann im allgemeinen das Urteil der Sittenwidrigkeit nicht begründen. Es ist den (zukünftigen) Ehegatten unbenommen, in einem Ehevertrag für den Fall der Scheidung auf Zugewinnausgleich, Unterhalt und Versorgungsausgleich[43] zu verzichten. Der hiermit zum Ausdruck gebrachte Wunsch der Ehegatten, für den Fall eines Scheiterns ihrer Ehe die vermögensrechtlichen Sphären möglichst getrennt zu halten, ist grundsätzlich zu respektieren. Sogar ein anläßlich der Eheschließung vereinbarter Ausschluß nachehelichen Kinderbetreuungsunterhaltes im Sinne des § 1576 ist nicht ohne weiteres unwirksam, auch wenn ein Kind schon vorhanden ist oder erwartet wird[44.] Auch ehevertragliche Vereinbarungen, die bereits anläßlich einer Krisensituation getroffen werden und zum Nachteil eines an sich anspruchsberechtigten Ehepartners einen völligen oder weitgehenden Verzicht auf Zugewinnausgleich, Versorgungsausgleich und Unterhalt vorsehen, können nicht allein wegen der objektiven Benachteiligung gegenüber der gesetzlichen Regelung als sittenwidrig angesehen werden. Auch in solchen Situationen kann ein Verzicht auf bereits entstandene Rechte wirksam sein, wenn er in voller

---

[40] A.a.O. S. 299 f.
[41] BGH NJW 72, S. 1414 f mit ablehnender Anmerkung Merten, NJW 72, 1799.
[42] Z.B. BGHZ 41, 167 ff., 170.
[43] Zur Zulässigkeit von Vereinbarungen über Unterhalt und Versorgungsausgleich unten Rz. 48 f und 25 ff.
[44] Z.B. OLG Hamm, FamRZ 82, 1215 mit Anm. Bosch; OLG Bamberg, FamRZ 84, 483, 484 und BGH FamRZ 85, 788 ff. 790.

Kenntnis der eigenen Rechte und ohne äußeren Druck bzw. außerhalb einer Zwangslage erklärt wird[45].

Sittenwidrig wird eine solche Vereinbarung erst dann, wenn der hierdurch begünstigte Ehepartner **unlautere Mittel** zur Herbeiführung dieser Vereinbarung einsetzt, insbesondere also psychischen Druck ausübt. So kann sich die Sittenwidrigkeit daraus ergeben, daß durch verschleiernde und unklare Formulierungen der benachteiligte Ehepartner über die Tragweite eines Vertrages **getäuscht** bzw. im unklaren gelassen wird[46], oder daraus, daß eine besondere **Notlage** des anderen Ehepartners ausgenutzt wird[47].

Selbst wenn bei Abschluß des Vertrages solche unlauteren Verhaltensweisen des objektiv Begünstigten nicht festzustellen sind, kann sich ausnahmsweise die Sittenwidrigkeit eines Vertrages daraus ergeben, daß beide Vertragspartner wissen, daß einer der Ehepartner wegen des in dem Vertrag enthaltenen Verzichtes auf Unterhalts- oder Versorgungsansprüche sowie ggf. Zugewinnausgleichsansprüche zwangsläufig der **Sozialhilfe** anheimfallen muß. Nach der Rechtsprechung des Bundesgerichtshofs soll es dabei nicht einmal auf die Feststellung einer Schädigungsabsicht gegenüber dem Rentenversicherungs- oder dem Sozialhilfeträger ankommen. Es soll vielmehr ausreichen, daß die Ehegatten bewußt die **Unterstützungsbedürftigkeit** eines der Partner zu Lasten der Sozialhilfe herbeiführen[48].

Auch in einem solchen Fall wird man aber zugunsten der Wirksamkeit des Vertrages in die Bewertung einbeziehen müssen, ob nicht die Ehegatten evtl. in nicht zu beanstandender Weise lediglich sicherstellen wollten, daß nicht durch die Aufteilung sehr geringen Vermögens und einer ohnehin schmalen Versorgung eine Situation eintritt, die letztlich beiden Ehepartnern die Bestreitung des notdürftigen Unterhaltes ohne Inanspruchnahme öffentlicher Mittel nicht mehr ermöglicht. In der Praxis recht häufig sind Fälle, in denen die Zustimmung zu benachteiligenden Eheverträgen mit der **Drohung** erzwungen wird, daß andernfalls das Sorgerecht für gemeinsame Kinder streitig gemacht werde. Eine solche sachlich nicht gerechtfertigte **Verknüpfung** güterrechtlicher und/oder unterhalts- bzw. versorgungsausgleichsrechtlicher Fragen mit Fragen des Sorgerechts für gemeinsame Kinder kann zur Sittenwidrigkeit eines Ehevertrages führen[49].

b) Nichtigkeit nach § 134 und wegen Überschreitens der Grenzen der Gestaltungs- und Verfügungsmacht

Nach § 134 ist ein Ehevertrag nichtig, wenn er gegen ein **gesetzliches Verbot** **16** verstößt, sofern sich nicht aus dem Gesetz etwas anderes ergibt.

---

[45] Vergl. z.B. OLG Frankfurt, FamRZ 83, 176 ff.; problematisch wegen der Betonung der objektiven Diskrepanz zur gesetzlichen Regelung OLG Köln, FamRZ 81, 1087 (Leitsatz) = DNotZ 81, 444 mit kritischer Anm. von Hornhardt.
[46] Z.B. OLG Stuttgart, FamRZ 83, 498 f.
[47] So z.B. für einen Unterhaltsverzicht OLG Karlsruhe, FamRZ 83, 174 f.
[48] Vergl. BGH FamRZ 83, 137, 139 für einen Unterhaltsverzicht.
[49] Vergl. z.B. Staudinger-Dilcher, § 138 Rz. 71; Soergel-Hefermehl, § 138 Rz. 192 sowie BGH FamRZ 84, 778; FamRZ 86, 444 f und OLG Frankfurt, FamRZ 86, 596 f.

Verbotsgesetze im Sinne des § 134 sind Vorschriften, die ein Rechtsgeschäft seines Inhalts wegen unterbinden[50]. Daraus, daß die Nichtigkeit davon abhängig ist, daß sich aus dem Verbotsgesetz nicht etwas anderes ergibt, haben Rechtsprechung und Lehre den Grundsatz entwickelt daß sich „etwas anderes" aus dem Verbotsgesetz nicht nur dann ergeben kann, wenn dieses ausdrücklich eine andere Sanktion anordnet, sondern auch dann, wenn das Ausbleiben der Nichtigkeit dem Sinn und Zweck des Verbotsgesetzes besser gerecht wird[51].

Von der Nichtigkeit nach § 134 ist die Nichtigkeit eines Vertrages wegen Überschreitens der **Grenzen der Gestaltungs- und Verfügungsmacht** der Ehegatten zu unterscheiden (zu den güterrechtsimmanenten Schranken der Ehevertragsfreiheit siehe auch oben Rz. 10 – 12).

Nach § 134 tritt die Nichtigkeit ein, wenn ein **Verbotsgesetz** den Inhalt des Vertrages mißbilligt und sich aus dem Charakter des Verbotes die Rechtsfolge der Nichtigkeit ergibt. § 134 setzt also das grundsätzliche Bestehen rechtsgeschäftlicher Gestaltungsmöglichkeiten voraus. Hieran fehlt es, wenn Ehegatten Vereinbarungen treffen, die das Gesetz deswegen nicht zuläßt, weil es den Vertragspartnern in diesem Punkt keine Gestaltungsfreiheit einräumt. Solche Verträge sind nicht nur nichtig, wenn dies dem Sinn und Zweck des Verbotsgesetzes entspricht, sondern sie sind deswegen nichtig, weil es den Vertragspartnern an der notwendigen **Gestaltungsmacht** fehlt[52]. Nach dieser Unterscheidung können als Verbotsgesetz im Sinne des § 134 insbesondere nicht angesehen werden die allgemeinen Beschränkungen der rechtsgeschäftlichen Gestaltungsbefugnisse, wie das Verbot des Selbstkontrahierens, § 181, das Verbot nachträglicher Verfügungsbeschränkungen, § 137, oder die Vorschriften über den Ausschluß der Übertragbarkeit von Rechten, §§ 399, 400, 719, 847 Abs. 1. Hierzu gehört auch die gesetzlich angeordnete Beschränkung auf bestimmte Rechts- oder Geschäftstypen, insbesondere der sogenannte numerus clausus der Sachenrechte. Dieser schließt die Begründung dinglicher Rechte durch Ehegatten in einem Ehevertrag aus, die nicht im Gesetz vorgesehen sind[53].

Die **Grenzen** zwischen der Nichtigkeit nach § 134 und der Nichtigkeit wegen Fehlens entsprechender Gestaltungsmacht sind allerdings fließend; scharfe Unterscheidungen werden nicht immer gemacht, dürften aber auch häufig entbehrlich sein[54].

Die **Nichtigkeit** eines Vertrages nach § 134 oder wegen Fehlens entsprechender Gestaltungsmacht kann sich nach diesen Grundsätzen aus folgendem ergeben:

---

[50] Vergl. z.B. Staudinger-Dilcher, § 134 Rz. 2 m.w.N.
[51] Z.B. Staudinger-Dilcher a.a.O. Rz. 2 MünchKomm-Mayer-Maly, § 134 Rz. 1.
[52] Vergl. insbesondere MünchKomm-Mayer-Maly, a.a.O. Rz. 5; Soergel-Hefermehl, § 134 Rz. 2, 3; Palandt-Heinrichs, § 134 Anm. 1 a.
[53] Z.B. BGHZ 23, 293, 299.
[54] Vergl. z.B. die Aufzählung bei BGB-RGRK-Finke, § 1408 Rz. 10, 11 und – allerdings mit ausdrücklichem Hinweis auf die Vermischung – bei Palandt-Heinrichs, § 134 Anm. 3 i.V.m. Anm. 1 a.

– Der **numerus clausus der Sachenrechte** verbietet es z.B., den früheren gesetzlichen Güterstand der Verwaltung und Nutznießung durch Ehevertrag zu vereinbaren, weil das Gesetz die Begründung eines allgemeinen dinglichen Nutznießungsrechtes für einen Ehegatten am Vermögen des anderen nicht mehr kennt. Es ist allerdings möglich, eine ähnliche rechtliche Wirkung dadurch zu erzielen, daß einem Ehegatten die Verwaltung des Vermögens des anderen Ehegatten ganz oder teilweise übertragen wird und ihm außerdem der Nießbrauch überlassen wird[55]. Dies ist allerdings nach § 1085 nur in der Weise möglich, daß der Nießbrauch an jedem einzelnen zu dem Vermögen gehörenden Gegenstand bestellt wird. Die Bestellung bedarf nicht der Form eines Ehevertrages.

– Das Gesetz läßt die Begründung von **Gesamthandsgemeinschaften** nur in den gesetzlich vorgesehenen Fällen zu (Gütergemeinschaft, Miterbengemeinschaft, BGB-Gesellschaft und Gesellschaften des HGB). Die Schaffung einer neuen Gesamthandsgemeinschaft durch einen Ehevertrag ist deswegen nicht möglich[56]. Aus diesem Grund können die Errungenschafts- und Fahrnisgemeinschaft nicht mehr in der früher geltenden Form vereinbart werden. Allerdings können die Wirkungen dieser Güterstände dadurch erreicht werden, daß die Ehegatten Gütergemeinschaft vereinbaren und ihr voreheliches Vermögen bzw. sämtlichen Grundbesitz zu Vorbehaltsgut erklären[57].

– Ebenso können die gesetzlich vorgesehenen Fälle einer **Gesamtrechtsnachfolge** (bei fortgesetzter Gütergemeinschaft und im Erbrecht) nicht beliebig durch Ehe- oder Erbvertrag erweitert werden[58].

– Nichtig ist ein Ehevertrag, der einen **Verzicht auf zukünftigen Unterhalt** enthält, sofern nicht der Verzicht – wie von § 1585 c ausdrücklich zugelassen – für die Zeit nach der Scheidung erklärt wird (dazu unten Rz.48 f.) Als zwingendes Recht sind die **Eigentumsvermutungen** des § 1362, die für jeden Güterstand gelten und dem Gläubigerschutz dienen, der Vereinbarung durch Ehevertrag entzogen[59].

Die dem **Schutz der Gläubiger** dienende Vorschrift des § 1378 Abs. 2 kann ebenfalls nicht durch Ehevertrag abbedungen werden[60].

– Unzulässig ist im Hinblick auf § 225 die **Verkürzung der Verjährungsfristen** für den Zugewinnausgleichsanspruch.

– Aus der Vorschrift des § 1421 für die Gütergemeinschaft ist abzuleiten, daß die Ehegatten das Gesamtgut entweder gemeinsam verwalten oder die Verwaltung einem von ihnen übertragen müssen. Unter Gläubigerschutzgesichtspunkten ist eine Vereinbarung unzulässig, wonach jeder der Ehegatten unabhängig von dem anderen das **Gesamtgut verwalten** darf (dazu auch unten Rz. 182)[61].

---

[55] Vergl. z.B. Soergel-Gaul, § 1408 Rz. 14; Dölle, Familienrecht I S. 677 a.A. Mikat, Festschrift Felgentraeger, S. 326, der die wirksame Vereinbarung des früheren Güterstandes der Verwaltung und Nutznießung durch Aufnahme der einzelnen Bestimmungen in den Vertrag für möglich hält.

[56] Z.B. BGB-RGRK-Finke, § 1408 Rz. 11 und Soergel-Gaul, § 1408 Rz. 14.

[57] Vergl. hierzu insbesondere Zöllner, FamRZ 65 116 m.w.N.; MünchKomm-Kanzleiter, § 1408 Rz. 16.

[58] Z.B. RGZ 152, 349, 355; Soergel-Gaul, § 1408 Rz. 14.

[59] Z.B. Palandt-Diederichsen, § 1362 Anm. 1.

[60] Z.B. BGB-RGRK-Finke, § 1408 Rz. 10 und § 1378, Rz. 29; Palandt-Diederichsen, § 1378 Anm. 2 und 4.

[61] Z.B. Staudinger-Thiele, § 1421 Anm. 10; BGB-RGRK-Finke, § 1421 Rz. 5 jeweils m.w.N.; a.A. Körner, Dissertation S. 181 ff.

– Aus Gründen der Rechtssicherheit im Geschäftsverkehr und des Gläubigerschutzes und im Hinblick auf das Verbot des § 137 sollen auch die **Verfügungsbeschränkungen der §§ 1365, 1369** im gesetzlichen Güterstand der Zugewinngemeinschaft nicht für andere Güterstände vereinbart werden können, wenn sie auch nach allgemeiner Auffassung abgedungen werden können[62].

c) Anfechtbarkeit von Eheverträgen nach §§ 119 ff.

17 Eheverträge sind nach den allgemeinen Vorschriften der §§ 119 ff. **anfechtbar.** Hier gelten keine Besonderheiten; allerdings enthalten die Vorschriften der §§ 31 ff. des Ehegesetzes eine Spezialregelung für die Auswirkungen eines Irrtums oder Hier gelten keine Besonderheiten; allerdings enthalten die Vorschriften der §§ 31 ff. des Ehegesetzes eine Spezialregelung für die Auswirkungen eines Irrtums oder einer arglistigen Täuschung im Zusammenhang mit der Eheschließung selbst.

Anfechtungstatbestände im Sinne des § 119 Abs. 1 (**Erklärungs- oder Inhaltsirrtum**) dürften im Hinblick auf das Erfordernis der notariellen Beurkundung eines Ehevertrages (§ 1410, dazu unten Rz. 38 f.) außerordentlich selten sein. Von größerer praktischer Relevanz ist die Frage, ob ein **Irrtum über die Rechtsfolgen** eines Ehevertrages zur Anfechtung berechtigt.

Die Rechtsprechung unterscheidet bei der Frage nach der Relevanz eines Rechtsfolgenirrtums danach, ob das Rechtsgeschäft nicht die tatsächlich gewollten, sondern davon wesentlich verschiedene Rechtsfolgen erzeugt oder ob das Rechtsgeschäft außer den erstrebten Wirkungen noch andere, nicht erkannte und nicht gewollte Nebenfolgen hervorbringt. Im ersten Fall wird die Anfechtbarkeit bejaht; im zweiten Fall wird sie verneint[63].

Ein zur Anfechtung des Ehevertrages berechtigender Irrtum wäre danach beispielsweise denkbar, wenn der Vertragswille darauf gerichtet war, das gesamte Vermögen der Ehepartner zu gemeinsamem Vermögen zu machen, also Gütergemeinschaft zu vereinbaren, tatsächlich aber nur Modifizierungen des gesetzlichen Güterstandes vereinbart worden sind, es also prinzipiell bei der Gütertrennung und dementsprechend getrennten Vermögensmassen der Ehepartner geblieben ist. Im Hinblick auf die Beratungspflichten der Notare nach § 17 Beurkundungsgesetz dürften solche Fälle ebenfalls außerordentlich selten sein. Jedenfalls bringen sie erhebliche Beweisprobleme mit sich, weil die Voraussetzungen eines Anfechtungsrechtes von demjenigen nachgewiesen werden müssen, der sich auf die Anfechtbarkeit beruft[64].

In der Praxis nicht selten sind Fälle, in denen der durch einen Ehevertrag benachteiligte Ehepartner (z.B. die nicht berufstätige, die Kinder versorgende Ehefrau) zum Abschluß eines Ehevertrages mit der Erklärung veranlaßt worden ist, der Vertrag (insbesondere die Vereinbarung von Gütertrennung) sei im Hinblick auf geschäftliche Schulden zur Erhaltung des ehelichen Hausrates oder des sonstigen

---

[62] Vergl. insbesondere BGB-RGRK-Finke, § 1408 Rz. 12.
[63] Vergl. z.B. Palandt-Heinrichs, § 119 Anm. 5 d mit zahlreichen Nachweisen aus der Rechtsprechung.
[64] Z.B. MünchKomm-Kramer, § 119 Rz. 130.

Vermögens notwendig. Im Innenverhältnis solle dies aber nicht „gelten". Gefördert wird die Zustimmung des benachteiligten Ehepartners noch durch die weit verbreitete Vorstellung, im gesetzlichen Güterstand hafte jeder Ehegatte „automatisch" für die Schulden des anderen Ehegatten mit. Anfechtbar ist ein solcher Ehevertrag nicht, wenn die zustimmende Ehefrau die wesentlichen Rechtsfolgen der Vereinbarung der Gütertrennung kennt, also weiß, daß der Ausgleich des Zugewinnes im Falle einer Scheidung oder des Todes durch die Vereinbarung der Gütertrennung ausgeschlossen wird und sie nur (fälschlicherweise) darauf vertraut, daß der Ehemann sich ihr gegenüber nicht auf die Gültigkeit des Vertrages berufen werde oder daß er sie in anderer Weise an seinem Vermögenszuwachs beteiligen werde. **Anfechtbarkeit wegen arglistiger Täuschung** nach § 123 kann im Einzelfall aber gegeben sein, wenn in arglistiger Weise der Irrtum hervorgerufen wird, ein wegen drohender Vollstreckungsmaßnahmen oder aus steuerlichen Gründen abzuschließender Vertrag entfalte im Innenverhältnis zwischen den Ehegatten keine rechtlichen Wirkungen. Auch in diesem Fall müßte der beweispflichtige anfechtende Ehepartner allerdings die Vermutung der Vollständigkeit und Richtigkeit des notariellen Vertrages widerlegen, einschließlich eines etwaigen ausdrücklichen Hinweises auf die erfolgte umfassende Belehrung durch den Notar. Eine solche Belehrung spricht für die Kenntnis von den Rechtsfolgen eines Ehevertrages. Dabei darf freilich nicht außer acht gelassen werden, daß nicht selten juristische Erläuterungen von Laien nicht oder jedenfalls nicht in allen Einzelheiten verstanden werden, ohne daß dies dem Notar kenntlich gemacht würde oder erkennbar wäre.

Die Anfechtung wegen Irrtums muß **unverzüglich** nach Kenntnis des Anfechtungsgrundes erfolgen, § 121; für die Anfechtung wegen arglistiger Täuschung oder Drohung, die insbesondere bei Eheverträgen in „Scheidungsnähe" in Betracht kommt, steht eine **Anfechtungsfrist** von einem Jahr ab Kenntnis von der Täuschung bzw. ab Beendigung der Zwangslage zur Verfügung, § 124.

Die erfolgreiche Anfechtung führt zur **Nichtigkeit** des Ehevertrages, und zwar mit Wirkung ex tunc, § 142.

d) Teilanfechtung und Teilnichtigkeit

Eine **Teilanfechtung** ist möglich, wenn das Rechtsgeschäft als solches teilbar ist, **18** wenn also nach Abtrennung des anzufechtenden Teils der verbleibende Vertragsrest als selbständiges Rechtsgeschäft Bestand haben könnte[65]. In diesem Fall bleibt das Restgeschäft gültig, wenn dies dem mutmaßlichen oder erklärten Parteiwillen entspricht[66]. Die Voraussetzungen hierfür wird man bei dem Abschluß von Eheverträgen nur selten bejahen können, insbesondere dann nicht, wenn der Ehevertrag sich darauf beschränkt, statt des gesetzlichen Güterstandes einen anderen Güterstand zu bestimmen. Abtrennbar ist dabei ggf. eine Vereinbarung über den Güterstand von einer solchen über den Ausschluß oder die Modifizie-

---

[65] Z.B. Palandt-Heinrichs, § 139 Anm. 4 a.
[66] Z.B. RGZ 146, 239; BGH, BB 83, 927 g.

rung des Versorgungsausgleichs (dazu unten Rz. 25 ff.). Hier kommt es auf eine Würdigung der Gesamtumstände an. Bestand eine zur Anfechtung berechtigende Zwangslage oder beruht die Anfechtbarkeit auf einer arglistigen Täuschung, wird im Zweifel von der **Gesamtanfechtbarkeit** und Gesamtnichtigkeit auszugehen sein.

Anhand der gleichen Kriterien ist zu entscheiden, ob die Nichtigkeit eines Teil-komplexes zur Nichtigkeit des Gesamtvertrages führt oder der Restvertrag wirksam bleibt, § 139. Haben die Ehegatten eine komplexe güterrechtliche Regelung getroffen, wird die Nichtigkeit einer Teilregelung im allgemeinen zur Nichtigkeit des gesamten Vertrages führen, sofern er nicht trotz der nichtigen Bestimmungen und mit Hilfe ergänzender Vertragsauslegung seine Regelungsfunktion behält[67]. Die Aufrechterhaltung der nicht von der Nichtigkeit tangierten Vertragsteile wird eher in Betracht kommen, wenn mit einem Ehevertrag im engeren Sinne nach § 1408 Abs. 1 Vereinbarungen über den Versorgungsausgleich nach § 1408 Abs. 2 (dazu unten Rz. 25 ff.), Vereinbarungen über sonstige Ehewirkungen (dazu unten Rz. 48 ff.) oder ein Erbvertrag verbunden worden sind. Die Nichtigkeit eines Vertragsteils führt zur Nichtigkeit des gesamten Vertrages, wenn sich feststellen läßt, daß die Ehegatten den einen Vertrag nicht ohne den anderen Vertrag abgeschlossen hätten. Beweispflichtig ist hierfür derjenige, der die Wirksamkeit des Vertrages oder Vertragsteils behauptet; die Aufnahme zweier oder mehrerer Geschäfte in eine Urkunde begründet eine tatsächliche Vermutung dafür, daß die Parteien das Rechtsgeschäft als einheitliches gewollt haben[68]. Die Schwierigkeiten der Feststellung des **hypothetischen Willens** lassen sich vermeiden, wenn in dem Vertrag Bestimmungen darüber aufgenommen werden, welche Auswirkungen eine evtl. Nichtigkeit oder Unwirksamkeit einzelner Vereinbarungen haben soll[69].

e) Gläubigeranfechtung nach Maßgabe des Anfechtungsgesetzes

19   Eheverträge sind grundsätzlich hinsichtlich der Anfechtbarkeit nach den Vorschriften des Anfechtungsgesetzes so zu behandeln wie andere Einzel-Rechtsgeschäfte zwischen Ehegatten: Sie können für Gläubiger nach §§ 3 Abs. 1 Ziff. 1, 2 oder 4 AnfG anfechtbar sein[70].

Auszugehen ist allerdings von dem Grundsatz, daß im Hinblick auf die Vertragsfreiheit der Ehepartner (§ 1408) außenstehende Dritte einschließlich zukünftiger Gläubiger keinen Anspruch darauf haben, daß ein einmal bestehender Güterstand für die Zukunft aufrechterhalten wird und ihnen damit eine Zugriffsmög-

---

[67] Vergl. insbesondere Staudinger-Thiele, § 1408 Rz. 44 und Palandt-Diederichsen, § 1408 Anm. 4 c m.w.N.
[68] Vergl. z.B. MünchKomm-Kanzleiter, § 1410 Rz. 10; Palandt-Edenhofer, § 2276 Anm. 5 für das Verhältnis zwischen Ehe- und Erbvertrag; OLG Stuttgart, FamRZ 87, 1034 f.
[69] Vergl. z.B. Staudinger-Ruland, § 1408 Rz. 67.
[70] Vergl. z.B. RGZ 57, 81, 83; 57 161, 163; BGHZ 57, 123 und Böhle-Stamschräder/Kilger § 3 Anfechtungsgesetz, Anm. V 1; zum Verhältnis zwischen § 3 Abs.1 AnfG und § 138 vergl. BGHZ 53, 174, 180 und NJW 73, 513.

lichkeit erhalten bleibt, die sie bei Fortbestand dieses Güterstandes gehabt hätten[71]. Dementsprechend ist es problematisch, einen Ehevertrag schon dann als objektiv gläubigerbenachteiligend anzusehen, wenn sich aus ihm für die Gläubiger eines Ehegatten das Erfordernis ergeben sollte, einen anderen oder einen weiteren Vollstreckungstitel beschaffen zu müssen[72].

Der Bundesgerichtshof geht davon aus, daß alleine der Wechsel von einem Güterstand zum anderen keine die Möglichkeit einer Anfechtung nach § 3 Abs. 1 Ziff. 4 AnfG eröffnende unentgeltliche Verfügung eines Ehegatten ist[73].

Die noch offengelassene Frage, ob der **Wechsel** von einem Güterstand zum anderen anfechtbar ist, wenn die Ehegatten in Gläubigerbenachteiligungsabsicht gehandelt haben, wird man verneinen müssen. Wenn von Zugewinngemeinschaft zu Gütertrennung gewechselt wird oder umgekehrt, bleibt es in beiden Fällen für die Dauer des Bestehens der Ehe bei der Gütertrennung, da auch die Zugewinngemeinschaft prinzipiell Gütertrennung beinhaltet (dazu unten Rz. 52). Wechseln die Ehegatten von Gütertrennung oder Zugewinngemeinschaft in den Güterstand der Gütergemeinschaft, bleibt es hinsichtlich des eingebrachten Vorbehalts- oder Sondergutes eines Ehegatten bei den früheren Haftungsverhältnissen (dazu unten Rz. 220 ff.); soweit Vermögensgegenstände in das Gesamtgut überführt werden, bedeutet die Vereinbarung der Gütergemeinschaft zunächst einmal, daß den vorhandenen Gläubigern auch der Ehepartner haftet, der bis dahin nicht Schuldner war (dazu unten Rz. 170 f., 210). Dies ist ein die Gläubiger begünstigender Umstand.

Anfechtbar sein können demgegenüber **Auseinandersetzungsvereinbarungen**, die im Zusammenhang mit dem Ehevertrag getroffen werden, also entweder in der gleichen Urkunde oder in einer gesonderten Auseinandersetzungsvereinbarung[74]. Solche Auseinandersetzungsvereinbarungen können insbesondere **unentgeltliche Verfügungen** im Sinne des § 3 Abs. 1 Ziff. 4 AnfG beinhalten, die in einer Frist von 2 Jahren anfechtbar sind. Vereinbaren beispielsweise bis dahin im gesetzlichen Güterstand lebende Eheleute Gütertrennung und vereinbaren sie weiter, daß zur Auseinandersetzung der Zugewinngemeinschaft der Ehemann der ansonsten vermögenslosen Ehefrau seinen gesamten, im wesentlichen sein ganzes Vermögen darstellenden Grundbesitz überträgt, ist dies mindestens in Höhe der Hälfte des Wertes eine Zuwendung, die ihren Rechtsgrund nicht in einem Zugewinnausgleichsanspruch des anderen Ehepartners hat. Sie kann deswegen, wenn nicht besondere Umstände hinzutreten, als unentgeltliche Verfügung im Sinne des § 3 Abs. 1 Ziff. 4 AnfG angesehen werden. Maßstab für die Beurteilung der **Unentgeltlichkeit** muß in erster Linie sein, was sich aus den güterrechtlichen Regelungen der §§ 1371 ff. an wechselseitigen Ansprüchen aus der Beendigung des Güterstandes ergibt. Zu messen ist dies nicht allein an objektiven Be-

---

[71] BGHZ 57, 126.
[72] So Böhle-Stamschräder/Kilger a.a.O.; a.A. Jäger, Die Gläubigeranfechtung außerhalb des Konkursverfahrens, § 3 Anm. 71.
[73] BGHZ 57, 126.
[74] Vergl. insbesondere BGHZ 57, 127 ff.

wertungsmaßstäben, sondern vom Standpunkt der an der Auseinandersetzung Beteiligten. Nur wenn die wechselseitig zugeteilten Vermögensgegenstände in einem groben Mißverhältnis zueinander stehen und die Ehegatten den ihnen zustehenden **Bewertungsspielraum** bei der Auseinandersetzung mißbräuchlich überschritten haben, kann von einer insgesamt unentgeltlichen und damit anfechtbaren Zuwendung gesprochen werden. Eine solche Bewertung scheidet aus, wenn die Eheleute im Ergebnis eine Auseinandersetzungsvereinbarung getroffen haben, die den dispositiven gesetzlichen Bestimmungen hierfür in etwa entspricht. Die Beurteilung unter dem Gesichtspunkt der Anfechtbarkeit verlangt also eine fiktive Berechnung eines Zugewinnausgleichsanspruchs oder der wechselseitigen Ansprüche im Zusammenhang mit der Auseinandersetzung einer Gütergemeinschaft und einen Vergleich des fiktiven Ergebnisses mit der vertraglichen Auseinandersetzungsvereinbarung. Einzubeziehen sind der Grundsatz des § 1475, wonach vor einer Teilung die Gesamtgutsverbindlichkeiten zu berichtigen sind, und der Grundsatz des § 1480, wonach beide Ehegatten auch persönlich als Gesamtschuldner haften, sofern das Gesamtgut geteilt wird, bevor eine Gesamtgutsverbindlichkeit berichtigt worden ist.

Einzustellen in die Beurteilung sind etwaige Ausgleichsverpflichtungen (§§ 1467, 1468) oder andererseits Ansprüche auf Übernahme oder Erstattung eingebrachter Sachen, §§ 1477, 1478[75] (zur Auseinandersetzung der Gütergemeinschaft unten Rz. 246 ff.).

20 Bei der Prüfung, welche Verfügungen der Ehegatten als unentgeltlich im Sinne des § 3 Abs. 1 Ziff. 4 AnfG anzusehen sind, ist zu berücksichtigen, daß der Begriff der „unentgeltlichen Verfügung" in § 3 AnfG und (gleichlautend) in § 32 KO umfassender als bei der Schenkung nach §§ 516 ff. ist. Insbesondere setzt der **Begriff der unentgeltlichen Verfügung** als Voraussetzung für Konkurs- oder Gläubigeranfechtung keine vertragliche Einigung über die Unentgeltlichkeit voraus, wie sie in §§ 516 ff. verlangt wird und dementsprechend Voraussetzung eines Rückgewährsanspruches nach § 530 ist[76]. Es muß also nicht auf die neuere Rechtsprechung des Bundesgerichtshofs zurückgegriffen werden, wonach zwar grundsätzlich auch unter Ehegatten der Widerruf von Schenkungen nach § 530 denkbar ist (und nicht im gesetzlichen Güterstand durch die Spezialvorschriften der §§ 1380, 1381 verdrängt wird), allerdings davon auszugehen ist, daß Zuwendungen unter Ehegatten in der Regel keine Schenkungen im Sinne der §§ 516 ff. darstellen, sondern der Ausgestaltung der ehelichen Lebensgemeinschaft dienen und selbst dann nicht als unentgeltlich anzusehen sind, wenn die Ehegatten ihre voneinander abweichenden finanziellen Beiträge wegen ihrer unterschiedlichen Vermögensverhältnisse und Einkommenserwartungen nicht als gleichwertig betrachten[77].

[75] Vergl. für die Auseinandersetzung einer Gütergemeinschaft insbesondere BGHZ 57, 128 ff.
[76] Vergl. hierzu insbesondere BGH, Betrieb 78, 930 f.
[77] Z.B. BGH FamRZ 82, 778; FamRZ 82, 246; FamRZ 83, 668 ff.

Wenn in die Auseinandersetzung **Lebensversicherungsverträge** einbezogen
werden, gilt folgendes:

Der Lebensversicherungsvertrag ist als solcher entgeltlich und damit der Anfechtung nach Maßgabe des § 3 Abs. 1 Ziff. 4 AnfG entzogen. Die Benennung des
anderen Ehegatten als bezugsberechtigter Dritter kann allerdings eine Zuwendung bzw. unentgeltliche Verfügung sein. Ist der andere Ehegatte schon bei Abschluß des Versicherungsvertrages unwiderruflich als Bezugsberechtigter bezeichnet worden, entstand der Anspruch auf Auszahlung der Versicherungssumme bei Eintritt des Versicherungsfalles schon mit Abschluß des Versicherungsvertrages in der Person des anderen, bezugsberechtigten Ehegatten. Dieser Anspruch hat in diesem Fall nie zum Vermögen des Ehegatten gehört, der zwar
Versicherungsnehmer ist, aber nicht bezugsberechtigt. Für eine Anfechtung
kommen nur die während der letzten zwei Jahre gezahlten Prämien unter Einschluß der Nebenkosten und Steuern in Betracht.

Ist die Lebensversicherung demgegenüber von einem Ehegatten zunächst zu seinen Gunsten oder zugunsten des nur widerruflich bezugsberechtigten anderen
Ehegatten abgeschlossen worden, kommt eine Anfechtung innerhalb der letzten
zwei Jahre in Betracht, wenn der Ehegatte sie innerhalb dieser Frist **unwiderruflich** dem anderen Ehegatten zugewendet hat. Wird also in einem Auseinandersetzungsvertrag der andere Ehegatte erstmalig als unwiderruflich Bezugsberechtigter bestimmt, ist dies eine Zuwendung, die unter den sonstigen Voraussetzungen
der Anfechtung unterliegen kann. Die widerrufliche Begünstigung ist vor dem
Versicherungsfall der Anfechtung entzogen. Erst wenn durch Eintritt des Versicherungsfalles aus einer Anwartschaft des widerruflich begünstigten Ehepartners
ein Vollrecht geworden ist, gilt für die Anfechtung dasselbe wie für die unwiderrufliche Begünstigung. Wird schließlich ein Ehepartner, der zunächst nur widerruflich bezugsberechtigt war, durch nachträglichen Verzicht auf das Widerrufsrecht unentziehbar zum Begünstigten eines Lebensversicherungsvertrages, kann
nur die Prämienzahlung innerhalb der Anfechtungsfrist angefochten werden.
Wieder anders zu beurteilen ist es, wenn der Ehepartner, der Versicherungsnehmer ist, die Versicherung zunächst zu seinen Gunsten oder zugunsten seines
Nachlasses abgeschlossen hat, diese dann nachträglich mit zunächst widerruflicher Bezugsberechtigung dem Ehepartner zugewendet hat und er dann schließlich in dem Auseinandersetzungsvertrag oder außerhalb des Vertrages auf das
Widerrufsrecht verzichtet hat. In diesem Fall kann der Verzicht auf das Widerrufsrecht als unentgeltliche Zuwendung angefochten werden[78].

Sofern ein Ehevertrag oder eine Auseinandersetzungsvereinbarung nach diesen **21**
Kriterien einen Anfechtungstatbestand begründen, ist der begünstigte Ehepartner nach § 7 AnfG zur **Rückgewähr** verpflichtet. Er muß sich im Verhältnis zu
dem Anfechtungsgläubiger so behandeln lassen, als gehöre dem anderen Ehepartner der in anfechtbarer Weise weggegebene Vermögensgegenstand noch. Er hat
die durch die anfechtbare Handlung ausgelösten Zugriffshindernisse zu beseiti-

---

[78] Zu allem Vorstehenden vergl. Böhle-Stamschräder/Kilger, § 3 AnfG Anm. VI.

gen und dementsprechend grundsätzlich die Sachen zur Zwangsvollstreckung bereitzustellen bzw. die Zwangsvollstreckung in den übertragenen Vermögensgegenstand zu dulden[79].

Der Ehevertrag und der Auseinandersetzungsvertrag sind insoweit der Anfechtung entzogen, als ein Ehegatte ein gesetzliches **Recht auf Aufhebung** des Güterstandes oder – im gesetzlichen Güterstand – ein Recht auf vorzeitigen Ausgleich des Zugewinns hat (§§ 1385, 1386, 1447, 1448, 1469, 1495) und die Ehegatten bei vertraglicher Aufhebung des Güterstandes und ggf. vertraglicher Auseinandersetzung nur den Erfolg herstellen, der bei Durchführung der Aufhebungsklage bzw. der Klage auf vorzeitigen Zugewinnausgleich eintreten würde[80]. Der Anfechtung entzogen ist im übrigen die von dem Schuldner/Ehegatten nicht beeinflußbare Beendigung eines Güterstandes durch Ehescheidung.

f) Anfechtung durch den Konkursverwalter im Konkurs eines Ehegatten nach §§ 30 ff. KO

22 Die dargestellten Grundsätze für die Einzelanfechtung durch Gläubiger gelten im Prinzip auch für die Anfechtung durch den Konkursverwalter im **Konkurs** eines Ehegatten nach Maßgabe der §§ 30 ff. KO. Auch hier kommt neben der immer zulässigen **Absichtsanfechtung** im wesentlichen eine **Anfechtung unentgeltlicher Verfügungen** zwischen den Ehegatten innerhalb der letzten zwei Jahre vor der Eröffnung des Konkurses in Betracht, § 32 Ziff. 2 KO. Hinzuweisen ist jedoch auf folgende Besonderheiten:

Im Sinne der §§ 30 ff. KO kann schon ein Ehevertrag **objektiv** die Konkursgläubiger **benachteiligen**, der noch keine Auseinandersetzungsvereinbarungen enthält, sondern lediglich den Wechsel von einem Güterstand in den anderen vorsieht. Der Unterschied zur Einzel-Gläubigeranfechtung außerhalb des Konkurses besteht darin, daß der Konkursverwalter nur die zur Konkursmasse gehörenden Vermögenswerte zur Masse ziehen kann, nicht aber berechtigt ist, die sich aus dem Ehevertrag durch Wechsel von einem Güterstand in den anderen unter Umständen ergebenden Ansprüche der Gläubiger gegen den anderen Ehepartner geltend zu machen, z.B. also einen Anspruch gegen die Ehefrau nach § 1480 wegen Teilung des Gesamtgutes vor der Berichtigung aller Gesamtgutsverbindlichkeiten. Unter den weiteren Voraussetzungen der §§ 30 ff. KO kann dementsprechend der bloße **Wechsel des Güterstandes** eine Konkursanfechtung ermöglichen[81]. Auch im Rahmen der Konkursanfechtung kann der Wechsel von einem Güterstand in den anderen dann nicht als unentgeltliche Verfügung angesehen werden, wenn sich aus dem Vertrag zunächst nur ein wechselseitiger Anspruch der Ehegatten auf Auseinandersetzung ergibt, durch den sie prinzipiell

---

[79] Vergl. im einzelnen die Kommentierung bei Böhle-Stamschräder/Kilger, § 7 AnfG; ebenso dort die Kommentierung zu den sonstigen Anfechtungsvoraussetzungen (objektive Gläubigerbenachteiligung, Titelfordernis, Fristfragen und Art und Weise der Geltendmachung des Anfechtungsrechtes).

[80] Z.B. RGZ 57, 83, 87; Böhle-Stamschräder/Kilger, § 3 AnfG Anm. V 1.

[81] Vergl. insbesondere OLG Zweibrücken, OLGZ 65, 304 ff. Für den Fall der Vereinbarung von Gütertrennung anstelle der bis dahin geltenden Errungenschaftsgemeinschaft.

beide in gleicher Weise berechtigt und verpflichtet werden. Dies gilt insbesondere für Verträge, in denen die Gütergemeinschaft aufgehoben und in Gütertrennung oder Zugewinngemeinschaft umgewandelt wird. Dies gilt auch für die Aufhebung des früheren Güterstandes der Errungenschaftsgemeinschaft[82]. Eine **unentgeltliche Verfügung** kann der bloße Wechsel von einem Güterstand in den
anderen aber darstellen, wenn anstelle bis dahin geltender Gütertrennung **Gütergemeinschaft** vereinbart wird und damit gemeinschaftliches Vermögen entsteht,
§ 1416 Abs. 2. Sofern danach nicht der Ehevertrag als solcher schon als unentgeltliche Verfügung anzusehen ist, richtet sich die Anfechtbarkeit nach § 31 KO,
der im wesentlichen der Regelung in § 3 Abs. 1 Ziff. 1 und 2 AnfG entspricht
und die sogenannte Absichtsanfechtung und die Anfechtung der unter Eheleuten
in dem letzten Jahr vor Eröffnung des Konkursverfahrens geschlossenen entgeltlichen Verträge eröffnet. Die Anfechtung muß nach § 41 KO innerhalb eines Jahres seit Konkurseröffnung erfolgen. Die Absichtsanfechtung ist nach § 41 Abs. 1
Ziff. 3 KO erst dann ausgeschlossen, wenn seit der Vornahme der benachteiligenden Handlung 30 Jahre verstrichen sind. Für die Voraussetzungen der Absichtsanfechtung trägt der Konkursverwalter die volle **Beweislast**[83]. Demgegenüber muß der bei der Anfechtung der innerhalb des letzten Jahres vor Konkurseröffnung abgeschlossenen entgeltlichen Verträge in Anspruch genommene Ehegatte beweisen, daß ihm zur Zeit des Vertragsschlusses eine Gläubigerbenachteiligungsabsicht des späteren Gemeinschuldners nicht bekannt war. Der Konkursverwalter seinerseits hat in diesen Fällen nur die Darlegungs- und Beweislast dafür, daß der Vertrag im letzten Jahr vor der Konkurseröffnung abgeschlossen
worden ist und objektiv gläubigerbenachteiligend wirkt[84].

Eine **unentgeltliche Verfügung** unter Ehegatten im Rahmen eines Ehevertrages,
die zur Anfechtung durch den Konkursverwalter nach § 32 KO berechtigt, sofern sie in den letzten zwei Jahren vor Eröffnung des Konkursverfahrens vorgenommen worden ist, kann nach den bereits bei der Einzelanfechtung nach dem
Anfechtungsgesetz dargestellten Grundsätzen (oben Rz. 19 f.) insbesondere dann
vorliegen, wenn durch eine Auseinandersetzungsvereinbarung dem Ehegatten
des späteren Gemeinschuldners mehr zugewandt worden ist, als ihm nach der gesetzlichen Regelung unter Berücksichtigung aller Anrechnungs- und Ausgleichs-
vorschriften zustand, und die Ehegatten sich nicht nur im Rahmen des ihnen zustehenden **Bewertungsspielraums** bewegen[85]. Ist eine unentgeltliche Zuwendung
zwar innerhalb von zwei Jahren vor Konkurseröffnung, aber vor Eheschließung
erfolgt, kommt allenfalls eine Anfechtung nach § 32 Ziff. 1 oder § 31 KO als Absichtsanfechtung in Betracht, weil von der Anfechtung nach § 32 Nr. 2 KO nur
während der Ehe vorgenommene unentgeltliche Verfügungen erfaßt werden[86].
Für die Fristberechnung kommt es darauf an, ob der die Vermögensverschiebung
vollendende (letzte) Akt in die 2-Jahres-Frist fällt[87]. Wird also ein die Güterge-

---

[82] Vergl. OLG Zweibrücken, a.a.O. S. 309.
[83] Vergl. Mentzel-Kuhn-Uhlenbruck, KO, § 31 Rz. 15.
[84] Vergl. z.B. BGHZ 58, 22 f und Mentzle-Kuhn-Uhlenbruck, a.a.O. Rz. 31.
[85] Siehe insbesondere BGH NJW 72, S. 49.
[86] Vergl. z.B. BGH WM 56, 703 ff.
[87] Vergl. Mentzel-Kuhn-Uhlenbruck, § 32, Rz. 19 m.w.N.

meinschaft begründender Ehevertrag unter Verlobten geschlossen, kann eine Anfechtung nach § 32 Nr. 2 KO eröffnet sein, wenn zwar nicht der Abschluß des
Ehevertrages, aber die Eheschließung selbst noch in die 2-Jahres-Frist fällt. Aufgrund der vor Eheschließung für den Fall der Ehe vereinbarten Gütergemeinschaft tritt der Vermögenserwerb nach § 1416 Abs. 2 mit der Eheschließung ein,
so daß die Anfechtung eröffnet sein kann, wenn der spätere Gemeinschuldner
der vermögenslosen späteren Ehepartnerin durch die Vereinbarung der Gütergemeinschaft die gesamthänderische Mitberechtigung einräumt.

23 Nach Uhlenbruck[88] soll eine Anfechtung nach § 32 Ziff. 2 KO evtl. auch dann
eröffnet sein, wenn zwar eine Vermögensauseinandersetzung vorgenommen
wird, die auf der Ehescheidung beruht, und dementsprechend nur etwas vereinbart wird, was der Ehefrau ohnehin kraft Gesetzes zustand, wenn aber die Ehe
vor Konkurseröffnung aufgrund einer Absprache zwischen den Ehepartnern in
Erwartung des Vermögensverfalls nur geschieden worden ist, um über den Zugewinnausgleich den Gläubigern des Ehemannes **Haftungsvermögen zu entziehen.** Diese Auffassung ist problematisch, weil durch eine durch Gerichtsurteil
ausgesprochene Ehescheidung der Güterstand endgültig und rechtswirksam aufgehoben wird und sich hieran kraft Gesetzes gewisse Rechtsfolgen knüpfen, die
unabhängig davon eintreten, aus welchem Grund und ggf. mit welchen Hinter-
gedanken die Ehescheidung betrieben worden ist. Zur Anfechtbarkeit von Ver-
mögensübertragungen, mit denen sich aus der Ehescheidung ergebende Ansprüche des Ehepartners des späteren Gemeinschuldners erfüllt werden, wird man allenfalls dann kommen können, wenn die geschiedenen Ehepartner in rechtlich
verbindlicher Form Absprachen getroffen haben sollten, die darauf hinauslaufen,
die durch die Auseinandersetzungsvereinbarung vorgenommene Übertragung
zugunsten des späteren Gemeinschuldners wieder rückgängig zu machen.

g) Zulässigkeit eines vertraglichen Scheidungsausschlusses

24 Im Hinblick darauf, daß das katholische Kirchenrecht die Ehescheidung völlig
ausschließt und auch nach § 1353 Abs. 1 die Ehe auf Lebenszeit geschlossen
wird, wird gelegentlich in der Literatur die Frage diskutiert, ob die Ehegatten
vertraglich ganz oder zum Teil (auf Zeit) auf das gesetzliche Scheidungsrecht der
§§ 1564 ff. verzichten können[89]. Solche Vereinbarungen – ihre Zulässigkeit zunächst einmal unterstellt – haben nur mittelbar güterrechtliche Auswirkungen,
indem sie über die Vereinbarung des Scheidungsausschlusses das Wirksamwerden gesetzlicher oder vertraglicher Regelungen für den Fall der Scheidung verhindern. Dies gilt aber unabhängig von dem jeweils geltenden Güterstand. Es
handelt sich also nicht um eine Regelung „güterrechtlicher Verhältnisse" im Sinne des § 1408 Abs. 1.

Das Recht, unter gewissen Voraussetzungen die Ehescheidung zu verlangen, ist
ein das Persönlichkeitsrecht und die Eheschließungsfreiheit garantierendes, **un-**

---

[88] In Mentzel-Kuhn-Uhlenbruck, § 32 Rz. 22 und Insolvenzrecht, Rz. 835.
[89] Hierzu insbesondere Hattenhauer, ZRP 85, S. 200 ff. und Knütel, FamRZ 85, 1089 ff.

verzichtbares Schutzrecht, auf das de lege lata nicht generell verzichtet werden kann. Art. 6 Abs. 1 GG garantiert die Ehe in ihrer Ausgestaltung durch das bürgerliche Recht, also unter Einbeziehung der prinzipiellen Scheidbarkeit. Art. 4 Abs. 1 GG schützt die **Glaubens- und Gewissensfreiheit** umfassend, also auch das Recht, entgegen einer anderen Glaubenshaltung bei Eheschließung sich später auf die nach weltlichem Recht vorgesehene Auflösbarkeit der Ehe durch Ehescheidung zu berufen. Auch entspricht die Zulassung einer Ehescheidung dem zivilrechtlichen Grundsatz, daß auch auf unbestimmte Zeit oder Lebenszeit getroffene Vereinbarungen jedenfalls aus wichtigem Grund kündbar sein müssen[90]. Dogmatisch begründet ist allenfalls eine Vereinbarung über ein bereits entstandenes Scheidungsrecht, und zwar dahingehend, daß die Scheidung erst nach Ablauf der 3-Jahres-Frist des § 1566 Abs. 2 zulässig sein soll. Auch in diesem Fall wird man aber einen vor Ablauf der Frist gestellten Scheidungsantrag für zulässig halten müssen, wenn trotz der Vereinbarung die Fortsetzung der Ehe für den antragstellenden Partner aus Gründen, die in der Person des anderen Ehegatten liegen, eine unzumutbare Härte im Sinne des § 1565 Abs. 2 darstellen würde[91]. Da Voraussetzung ein bereits entstandenes Ehescheidungsrecht ist, handelt es sich nicht um eine Vereinbarung, die die Ehegatten generell und losgelöst von einer (bevorstehenden) Scheidungssituation treffen können. Solche Vereinbarungen sind auch einem Ehevertrag im weiteren Sinne[92] nicht zugänglich.

4. Ausschluß des Versorgungsausgleichs, § 1408 Abs. 2

Zusammen mit der Einführung des Versorgungsausgleichs für den Fall der Ehescheidung (§§ 1587 ff.) ist durch das erste Eherechtsreformgesetz mit Wirkung zum 1.7.1977 in § 1408 Abs. 2 den Ehegatten die Möglichkeit eingeräumt worden, in einem Ehevertrag durch eine ausdrückliche Vereinbarung auch den Versorgungsausgleich auszuschließen. Da der Versorgungsausgleich eine vom Güterstand unabhängige selbständige Scheidungsfolge ist[93], stellt die Eröffnung des Ausschlusses des Versorgungsausgleichs durch Ehevertrag nur eine äußere Anknüpfung an die Vertragsform des Ehevertrages dar. Sie dient dazu, die Schutzvorschriften der §§ 1410, 1411 anwendbar zu machen. Dementsprechend muß ein Vertrag über den Ausschluß des Versorgungsausgleichs nicht zwangsläufig auch güterrechtliche Regelungen beinhalten[94], wenn auch ein **Versorgungsausgleichsausschluß** ohne güterrechtliche Vereinbarungen die Konsequenz hat, § 1414 Satz 2 (dazu unten Rz. 34, 162), daß Gütertrennung eintritt. Nach § 1408 Abs. 2 Satz 2 ist der Ausschluß unwirksam, wenn innerhalb eines Jahres nach Vertragsschluß Antrag auf Scheidung der Ehe gestellt wird (dazu unten Rz. 32 ff.).

25

---

[90] Vergl. zu Vorstehendem insbesondere Knütel, a.a.O., S. 1090 gegen Hattenhauer, a.a.O., 201 f.
[91] Knütel, a.a.O., S. 1096.
[92] Zu den Vereinbarungen über sonstige Ehewirkungen siehe unten Rz. 48 ff.
[93] BGHZ 74, 38, 50 = FamRZ 79, 477, 480; BGHZ 75, 241, 245 f = FamRZ 80, 29, 31.
[94] Vergl. insbesondere Soergel-Gaul, § 1408 Rz. 26

a) Abgrenzung zu Vereinbarungen über den Versorgungsausgleich nach § 1587 o

Zu unterscheiden ist eine Vereinbarung über den Versorgungsausgleich nach § 1408 Abs. 2 zunächst von einer Vereinbarung nach § 1587 o. Nach dieser Vorschrift können Ehegatten „im Zusammenhang mit der Scheidung" eine Vereinbarung über den Ausgleich von Anwartschaften oder Anrechten auf eine Versorgung wegen Alters oder Berufs- oder Erwerbsunfähigkeit schließen. Auch die Vereinbarung nach § 1587 o bedarf der notariellen Beurkundung oder der sie ersetzenden gerichtlichen Protokollierung (§ 127 a); darüber hinaus bedarf sie allerdings zu ihrer Wirksamkeit noch der Genehmigung des Familiengerichts (§ 1587 o Abs. 2).

Beide Bestimmungen sollen sicherstellen, daß auch im Bereich des Versorgungsausgleichs dem Prinzip der **Privatautonomie** Geltung verschafft wird, da der Versorgungsausgleich im Zusammenhang mit dem ehelichen Güterrecht zu sehen ist und dieses ebenfalls der Regelungsfreiheit der Ehegatten unterliegt[95]. Dem Umstand, daß eine Vereinbarung nach § 1587 o im Zusammenhang mit einer Ehescheidung getroffen wird, trägt das Gesetz dadurch Rechnung, daß die Vereinbarung zur Wahrung der Rechte des sozial schwächeren Ehepartners der **Überprüfung** durch das Familiengericht unterstellt wird und solche Verträge nach dem Gesetzeswortlaut nicht genehmigt werden können, wenn unter Einbeziehung der Unterhaltsregelung und der Vermögensauseinandersetzung offensichtlich die vereinbarte Leistung nicht zur Sicherung des Berechtigten für den Fall der Erwerbsunfähigkeit und des Alters geeignet ist oder zu keinem nach Art und Höhe angemessenen Ausgleich unter den Ehegatten führt, § 1587 o Abs. 2 Satz 4. Die für den konkreten Scheidungsfall mögliche Vereinbarung nach § 1587 o muß dementsprechend jedenfalls im Regelfall einen Ausgleich der beiderseitigen Versorgungsrechte vorsehen, während die Vereinbarung nach § 1408 Abs. 2 den Ausschluß des Versorgungsausgleichs unabhängig davon zuläßt, ob die Ehepartner unterschiedlich hohe Ansprüche auf Altersversorgung bzw. Versorgung wegen Berufs- und Erwerbsunfähigkeit erworben haben oder voraussichtlich erwerben werden. Ein Ausschluß des Versorgungsausgleichs nach § 1408 Abs. 2 ist nicht mehr möglich, wenn das Ehescheidungsverfahren zum Zeitpunkt des Vertragsschlusses bereits anhängig ist, und zwar unabhängig davon, ob der zur Ehescheidung führende Verhandlungstermin innerhalb der Jahresfrist oder nach Ablauf eines Jahres stattfindet. Die Wirksamkeit einer solchen Vereinbarung hängt also von ihrer Genehmigung nach § 1587 o ab[96]. Wird der Ehescheidungsantrag aber zurückgenommen, kann dies dazu führen, daß ein während des Verfahrens mit dem Ziel der Aufrechterhaltung der Ehe vereinbarter ehevertraglicher Ausschluß des Versorgungsausgleichs wirksam wird[97].

26 Die **Jahresfrist** des § 1408 Abs. 2 Satz 2 ist eingefügt worden, um Mißbrauch mit

---

[95] Vergl. z.B. Schwab, Handbuch des Scheidungsrechts, Rz. 670; PalandtDiederichsen, § 1587 o Anm. 1.
[96] OLG Düsseldorf, FamRZ 86, 68 ff.; BGH FamRZ 87, 467 ff. = NJW 87, 1768 ff.
[97] OLG Koblenz, FamRZ 86, 1220.

Rücksicht auf die bevorstehende Scheidung der Ehe zu verhindern[98]. Diese
Schutzfrist kann nicht abbedungen werden. Sie beginnt bei Abschluß des Vertrages vor Eheschließung erst mit der Eheschließung[99]. Enthält ein Vertrag, mit dem
der Versorgungsausgleich für den Fall der Scheidung ausgeschlossen wird, keine
sonstige güterrechtliche Regelung, tritt mit Abschluß des Vertrages nach § 1414
Gütertrennung ein. Es empfiehlt sich deswegen auf jeden Fall, bei Abschluß einer Vereinbarung nach § 1408 Abs. 2 in dem Vertrag auch ausdrücklich festzulegen, welche güterrechtlichen Bedingungen in Zukunft gelten sollen, wobei, wenn
eine sonstige Abweichung von der gesetzlichen Regelung nicht gewollt ist, auch
der Hinweis genügt, daß es bei dem gesetzlichen Güterstand der Zugewinngemeinschaft bleiben soll[100].

Die Formulierung des § 1408 Abs. 2, die Fristenregelung und der Zusammenhang mit den Vorschriften der §§ 1587 ff., insbesondere § 1587 o, schließlich die
Verbindung zu der Frage des Güterstandes über § 1414 haben eine ganze Reihe
von Zweifels- und Streitfragen aufgeworfen, die nur nach und nach, insbesondere durch höchstrichterliche Rechtsprechung und „Reparaturgesetze" geklärt
bzw. überflüssig gemacht werden[101].

b) Zur Zulässigkeit eines Teilausschlusses und sonstiger modifizierender Vereinbarungen

Umstritten ist zunächst, ob § 1408 Abs. 2 nur den vollständigen Ausschluß des   **27**
Versorgungsausgleichs oder auch einen **Teilausschluß** oder sonstige modifizie-
rende Vereinbarungen zuläßt. Zum Teil wird unter Bezugnahme auf den Gesetzeswortlaut (der nur von Ausschluß spricht, während § 1487 o von Vereinbarungen die Rede ist) die Auffassung vertreten, zulässig sei nur ein **vollständiger**
Ausschluß des Versorgungsausgleichs[102].

Weitere Argumente für diese Auffassung werden aus einem Umkehrschluß aus
§§ 1408 Abs. 1, 1411 Abs. 1 Satz 2, 1412 Abs. 1 und dem Fehlen sozialrechtlicher
Verfügungsschranken nach dem Vorbild des § 1587 o Abs. 1 Satz 2 hergeleitet
sowie daraus, daß die Gütertrennung des § 1414 Satz 2 als Folge des Verzichts
auf den Versorgungsausgleich mangels sonstiger Regelung eine für Teilverzichte
und andere Abänderungen ungeeignete Lösung sei. Schließlich müsse jeder Ehegatte von Anfang an wissen, ob er mit dem Versorgungsausgleich rechnen könne
oder nicht. Demgegenüber vertreten andere die Auffassung, wenn das Gesetz

---

[98]   Vergl. Rolland, 1. Eherechtsreformgesetz, 2. Aufl. § 1408 Rz. 4 unter Hinweis auf die Gesetzge-
       bungsmaterialien.
[99]   Bergerfurth FamRZ 77, 440, 441 (zu Fristfragen siehe im übrigen unten Rz. 32 ff.).
[100] Zur Zulässigkeit dieser Kombination vergl. Diederichsen, NJW 77, 217, 223.
[101] Vergl. hierzu insbesondere die Bestandsaufnahme von Zimmermann/Becker in FamRZ 83, 1 ff., ins-
       besondere 7 ff.; Gesetz zur Regelung von Härten im Versorgungsausgleich vom 21.2.1983
       (BundGBl. I, S. 105) und Gesetz über weitere Maßnahmen auf dem Gebiet des Versorgungsaus-
       gleichs vom 8.12.1986 BundGBl. I 1986, 2317.
[102] So insbesondere Voskuhl/Pappai/Niemeyer, Versorgungsausgleich in der Praxis, S. 10; BGB-
       RGRK-Finke, § 1408 Rz. 25, Plagemann, Der Versorgungsausgleich nach dem 1. EheRG WM 77,
       438 ff.; Rode, NJW 77, 1763, 1764; Ambrock, Ehe und Ehescheidung 1977, S. 85; Bogs, FamRZ 78,
       81, 88; Friederici, AnwBl 78, 159, 160.

schon einen völligen Ausschluß des Versorgungsausgleichs zulasse, müsse den Ehegatten erst recht vorbehalten ein, nur einen Teilausschluß oder sonstige Modifikationen zu vereinbaren (**argumentum a majore ad minus**)[103], zumal § 53 d FGG auch für den Ehevertrag über den Versorgungsausgleich eine Teilentscheidung des Gerichts offenhalte[104]. Zwischen diesen beiden Auffassungen stehen einige Mittelmeinungen, die lediglich Verträge zulassen wollen, die sich als Teilausschluß definieren lassen oder die Modifikationen nur unter dem Gesichtspunkt des erforderlichen Vertrauensschutzes zulassen, also beispielsweise einen Ausschluß des Versorgungsausgleichs mit Rücktrittsvorbehalt oder unter der Bedingung, daß jeder der Ehegatten sich im Alter mit seinem eigenen Vermögen angemessen versorgen kann oder daß eine zu erwartende Erbschaft anfalle[105]. Für die Zulassung von Teilregelungen oder modifizierenden Regelung sprechen sich schließlich auch Zimmermann/Becker aus[106], die zusätzlich darauf hinweisen, daß wegen der abschließenden Aufzählung in § 1587 f. der Ehevertrag nach § 1408 Abs. 2 nicht den schuldrechtlichen Versorgungsausgleich im Sinne der §§ 1587 f ff. vorsehen könne. Möglich sei es allerdings, in einen Ehevertrag die gesetzliche Regelung bis auf die Verdrängung der Pfändungsgrenzen in § 1587 i Abs. 2 zu übernehmen. Demgegenüber vertritt die herrschende Meinung die Auffassung, daß die Vereinbarung des schuldrechtlichen Versorgungsausgleichs anstelle des öffentlich-rechtlichen Wertausgleichs zulässig sei, wofür insbesondere spricht, daß diese Möglichkeit für die Vereinbarung nach § 1587 o sogar ausdrücklich in § 1587 f Nr. 5 vorgesehen ist[107].

Die Gerichte waren bisher, soweit ersichtlich, verhältnismäßig wenig mit der Problematik befaßt.

Während das Amtsgericht Lörrach, das Amtsgericht Berlin-Charlottenburg und das OLG Koblenz[108] ehevertragliche Modifizierungen bzw. einen Teilausschluß des Versorgungsausgleichs für zulässig halten, hat sich das Landgericht Kassel[109] in einer Entscheidung aus dem Jahre 1978 auf den Standpunkt gestellt, die Ehegatten könnten den Versorgungsausgleich durch Ehevertrag nicht auf die Dauer der ersten fünf Jahre ausschließen. Der Bundesgerichtshof hat die Streitfrage für die Praxis eindeutig dahingehend entschieden[110], daß § 1408 Abs. 2 Satz 1 auch einen Teilausschluß des Versorgungsausgleichs ermöglicht, allerdings nur im Rahmen der durch die §§ 1587 ff. umrissenen Dispositionsbefugnis der Ehegatten. Für die Richtigkeit dieser Entscheidung sprechen die unklaren Gesetzesfor-

---

[103] So insbesondere MünchKomm-Kanzleiter, § 1408 Rz. 19; Reinarz, NJW 77, 81, 83; Rolland 1. EheRG 2. Aufl., § 1408 Rz. 7 c; Erman/Heckelmann, § 1408 Rz. 9; Kniebes/Kniebes DNotZ 77, 269, 284; Ruland, Die Dispositionsbefugnisse über den Versorgungsausgleich, DRV 79, 84, 97; Naegele, Der Versorgungsausgleich, 1980 Rz. 168; von Maydell, FamRZ 78, 749, 753; Soergel-Gaul, § 1408 Rz. 33; Borth, Versorgungsausgleich, S. 248; Langenfeld, NJW 78, 1503, 1505 und Eheverträge Rz. 427/428.
[104] Vergl. hierzu auch Schwab, DNotZ-Sonderheft 1977, 62.
[105] Vergl. im einzelnen Palandt-Diederichsen, § 1408 Anm. 3 b bb; Schwab, Handbuch des Scheidungsrechts, Rz. 673 und Naegele, a.a.O., Rz. 168.
[106] A.a.O. S. 10.
[107] Vergl. hierzu insbesondere Soergel-Gaul, § 1408 Rz. 37.
[108] NJW 80, S. 58 f, FamRZ 83, 76 f, FamRZ 86, 273 ff.
[109] Rechtspfleger 78, S. 443 f.
[110] FamRZ 86, 890 ff.

mulierungen und vor allem die grundsätzliche Entscheidung des Gesetzgebers für den Vorrang der Privatautonomie und der Ehevertragsfreiheit der Ehepartner. Sinnvoll können neben Vereinbarungen über die in den Versorgungsausgleich einzubeziehende oder hiervon auszuschließende Ehezeit[111] insbesondere solche Vereinbarungen sein, durch die Teilbereiche ausgeklammert werden, also z.b. Ansprüche aus einer betrieblichen Versorgungszusage, die nach der jetzigen Gesetzeslage ohnehin nur dem schuldrechtlichen Versorgungsausgleich unterfallen würden. Ein solcher **Teilausschluß** des Versorgungsausgleichs durch Ausschluß der Einbeziehung einer betrieblichen Altersversicherung ist auch dann möglich und wirksam, wenn dadurch mittelbar eine Erhöhung der Beteiligungsquote eines Ehepartners bezüglich der Anwartschaften in der gesetzlichen Rentenversicherung erreicht wird[112]. Soweit Rechtsprechung und Literatur Modifikationsverträge zulassen, sprechen sie sich überwiegend für die Zulässigkeit einer Vereinbarung aus, wonach anstelle des öffentlich-rechtlichen Versorgungsausgleichs insgesamt nur der schuldrechtliche Versorgungsausgleich stattfindet[113]. Für zulässig gehalten wird auch die Vereinbarung, daß anstelle des an sich in Betracht kommenden schuldrechtlichen Versorgungsausgleichs Beiträge zur Begründung von Rentenanwartschaften in die gesetzliche Rentenversicherung eingezahlt werden[114].

Hierfür spricht umso mehr, als zwar das Bundesverfassungsgericht zunächst die Vorschrift des § 1587 b Abs. 3 (Begründung von Rentenanwartschaften zugunsten des ausgleichsberechtigten Ehepartners durch Einzahlung von Beiträgen in die gesetzliche Rentenversicherung) für verfassungswidrig erklärt hat[115], durch das Gesetz über weitere Maßnahmen auf dem Gebiet des Versorgungsausgleichs den Familiengerichten für enger begrenzte Ausnahmefälle aber wiederum die Möglichkeit eingeräumt worden ist, dem ausgleichsverpflichteten Ehegatten die Begründung von Rentenanwartschaften durch Beitragszahlung aufzugeben, sofern ihm dies wirtschaftlich zumutbar ist und anders ein Wertausgleich nicht möglich ist, § 3 b.

28 Da auch für eine Vereinbarung über den Ausschluß des Versorgungsausgleichs die allgemeinen Regeln über den Abschluß von Eheverträgen gelten, ist es prinzipiell zulässig, die Vereinbarung **befristet**, unter einer (auflösenden oder aufschiebenden) **Bedingung** oder mit einem **Rücktrittsrecht** versehen abzuschließen[116].

---

[111] Die Einbeziehung von Anwartschaften in den öffentlich-rechtlichen Versorgungsausgleich die außerhalb der gesetzlichen Ehezeit erworben worden sind, ist nach OLG Koblenz, FamRZ 86, 273 ff. nicht zulässig, zur Problematik des „Super-Splittings" siehe auch unten Rz. 29.

[112] Vergl. hierzu insbesondere OLG Zweibrücken FamRZ 87, 76 f unter Bezugnahme auf die Entscheidung des Bundesgerichtshofs FamRZ 86, 890 ff. unter Aufgabe der entgegenstehenden eigenen Rechtsprechung und gegen OLG Koblenz, FamRZ 83, 406 und OLG Bremen, FamRZ 81, 973; zur Problematik des sogenannten „Super-Splitting" siehe auch unten Rz. 29.

[113] Gegen Zimmermann/Becker, FamRZ 83, 1,10; siehe oben Rz. 27.

[114] Vergl. z.B. Soergel-Gaul, Nachtrag zu § 1408 Rz. 37; Hanisch/Glockner, FamRZ 83, 221, 222 unter Hinweis auf die Gesetzgebungsmaterialien und Friedrici, NJW 83, 785, 788.

[115] Urteil vom 27.1.1983 BundGBl. 83, 375 = NJW 83, 1417 = FamRZ 83, 342.

[116] Vergl. z.B. die Zusammenstellung bei Langenfeld, NJW 78, 1503, 1505 und Eheverträge Rz. 425 ff., dort auch insbesondere Rz. 430 zu den Bedenken gegen die Zulässigkeit der Vereinbarung des schuldrechtlichen Versorgungsausgleichs.

Die oben bereits zitierte Auffassung des Landgerichts Kassel, wonach ein Ausschluß des Versorgungsausgleichs für die ersten fünf Jahre unzulässig sein soll, vermag deswegen nicht zu überzeugen[117].

Bei Benutzung dieses Instrumentariums lassen sich also im Rahmen eines Vertrages nach § 1408 Abs. 2 insbesondere folgende Regelungen treffen:

– Die Ehegatten können den Versorgungsausgleich vollständig ausschließen, auch ohne Gegenleistung, sofern nicht im Einzelfall die Schranken der Sittenwidrigkeit überschritten sind (dazu oben Rz. 14 f. und unten Rz. 29).

– Die Ehegatten können vereinbaren, daß bestimmte Versorgungsrechte nicht berücksichtigt werden sollen, beispielsweise Ansprüche eines der Ehepartner auf eine betriebliche Altersversorgung.

– Sie können vereinbaren, daß der Versorgungsausgleich nur stattfindet, wenn die Ehe eine bestimmte Zeit gedauert hat, oder vorsehen, daß die ersten Jahre der Ehe für den Versorgungsausgleich nicht berücksichtigt werden.

– Sie können vereinbaren, daß der Versorgungsausgleich nur unter der (aufschiebenden) Bedingung ausgeschlossen wird, daß eine zu erwartende Erbschaft oder ein anderer Vermögenszuwachs anfällt. Sie können schließlich vereinbaren, daß der Versorgungsausgleich nur unter der (auflösenden) Bedingung ausgeschlossen wird, daß nicht einer der Ehegatten aus Krankheitsgründen oder sonstigen familiären oder zwingenden persönlichen Gründen seine bisherige Berufstätigkeit aufgeben muß.

– Sie können schließlich auch vereinbaren, daß insgesamt anstelle des öffentlich-rechtlichen Versorgungsausgleichs der schuldrechtliche Versorgungsausgleich stattfinden soll[118].

c) Schranken der Vertragsfreiheit

29 **Schranken der Vertragsfreiheit** der Ehegatten ergeben sich zunächst aus den allgemeinen Vorschriften, also insbesondere den §§ 134, 138, 119 ff.. Hier gelten die allgemeinen Grundsätze (siehe oben Rz. 13 ff.).

Aus dem Grundsatz der **Privatautonomie** ergibt sich auch für einen Vertrag nach § 1408 Abs. 2, daß der vollständige Ausschluß des Versorgungsausgleichs ohne Gegenleistung nicht schon deshalb sittenwidrig ist, weil damit der verzichtende Ehepartner möglicherweise im Falle des Alters oder der Invalidität der Sozialhilfe anheimfallen könnte[119].

Die **Sittenwidrigkeit** kann sich aber im Einzelfall ergeben, wenn bei Abschluß des Vertrages den Ehepartnern bekannt war, daß sie einen der Ehepartner durch den Verzicht auf den Versorgungsausgleich der Sozialhilfe überantworten und

---

[117] Ebenso z.B. Zimmermann/Becker, a.a.O. S. 9; Soergel-Gaul, § 1408 Rz. 29 und Nachtrag zu § 1408 Rz. 39.
[118] Hierzu auch Schwab, Handbuch des Scheidungsrechts, Rz. 674 und Rolland 1. EheRG, § 1408 Rz. 8.
[119] Vergl. z.B. BGH FamRZ 83, 44, 46 und BGH FamRZ 82, 471, 472 wo der BGH den entschädigungslosen Ausschluß des Versorgungsausgleichs im Rahmen des § 1587 o BGB für genehmigungsfähig hält; außerdem z.B. Soergel-Gaul, § 1408 Rz. 39; Zimmermann/Becker, a.a.O. FamRZ 83, 1, 9; MünchKomm-Kanzleiter, § 1408 Rz. 19.

bewußt die Unterstützungsbedürftigkeit zu Lasten der Sozialhilfe beigeführt wird[120].

Besondere **Schranken der Gestaltungsfreiheit** der Ehegatten können sich aus den gesetzlichen Vorschriften der §§ 1587 ff. i.V.m. den sozialversicherungsrechtlichen und beamtenrechtlichen Vorschriften über die Berechnung und die Abwicklung des Versorgungsausgleichs selbst ergeben. So hat der Bundesgerichtshof die bis dahin sehr umstrittene und in der Praxis besonders wichtige Frage der Zulässigkeit der Vereinbarung eines sogenannten **Super-Splittings** negativ entschieden[121]. Dem haben sich die Oberlandesgerichte weitgehend angeschlossen[122]. In seiner Begründung hat der BGH darauf abgestellt, daß grundsätzlich Anwartschaften der gesetzlichen Rentenversicherung als Grundlage der sozialen Sicherheit nicht übertragbar seien und Einschränkungen nur auf der Basis der gesetzlichen Vorschriften der §§ 1587 a Abs. 2 Nr. 1 und Nr. 2 zugelassen seien. Aus § 1587 o Abs. 1 Satz 2 ergebe sich ausdrücklich, daß die Ehepartner durch eine Vereinbarung Anwartschaftsrechte der gesetzlichen Rentenversicherung nach § 1587 b Abs. 1 oder 2 nicht begründen und nicht übertragen könnten. Durch die Verweisung auf diese Vorschrift schließe das Gesetz im übrigen in § 1587 b Abs. 4 auch für den Fall der anderweitigen Regelung des Versorgungsausgleichs durch gerichtliche Entscheidung die Möglichkeit einer im Gesetz nicht vorgesehenen Übertragung von Rentenanwartschaften aus. Unzulässig sind danach also Eingriffe der Ehepartner in das den Versorgungsträgern vorbehaltene Ordnungsgefüge, wobei sich die Nichtigkeit entweder aus § 134 oder aus dem Gesichtspunkt fehlender Gestaltungsfreiheit ergibt[123].

Hinzunehmen sind allerdings **mittelbare Auswirkungen** zulässiger Modifikationsverträge auf den Versorgungsausgleich, so daß sich die Unwirksamkeit eines ehevertraglichen Teilausschlusses nicht schon dann ergibt, wenn durch die ehevertragliche Ausklammerung einzelner Versorgungsrechte eine Aufstockung von Rentenanwartschaften zugunsten des ausgleichsberechtigten Ehegatten erreicht wird, die sich bei Anwendung der gesetzlichen Vorschriften der §§ 1587 a ff. nicht ergeben hätte[124].

Weitere Vorbehalte gegen die Unzulässigkeit der Vereinbarung eines sogenannten „Super-Splitting" ergeben sich im übrigen daraus, daß der Gesetzgeber inzwischen selbst die Möglichkeit eröffnet hat, im Scheidungsfalle ein der Höhe nach **begrenztes Super-Splitting** durchzuführen[125]. Das Super-Splitting darf insgesamt 2 % der für das Ende der Ehezeit maßgebenden Bezugsgröße nicht über-

---

[120] Vergl. FamRZ 83, 137, 139 für den Fall eines Verzichtes auf Unterhalt und oben Rz. 15.
[121] BGHZ 81, 152 ff = FamRZ 81, 1051, 1060 und FamRZ 86, 250 ff. vergl. auch OLG Koblenz, FamRZ 86, 273 ff (Unzulässigkeit der Einbeziehung von Zeiten außerhalb der Ehezeit).
[122] Z.B. OLG Bremen, FamRZ 81, 973, 974; OLG Frankfurt, FamRZ 83, 405, 406; OLG Koblenz, FamRZ 83, 406, 407.
[123] Dazu oben Rz. 16 und z.B. Langenfeld, Eheverträge, Rz. 425 ff.; Soergel-Gaul, § 1408 Rz. 34 m.w.N.
[124] Siehe die bereits zitierte Entscheidung OLG Zweibrücken FamRZ 87, 76 f im Anschluß an BGH FamRZ 86, 890 f. a.A. Bergner, FamRZ 79, 993, 996 f und Soergel-Gaul, § 1408 Rz. 36.
[125] § 3 b Abs. 1 Nr. 1 des Gesetzes über weitere Maßnahmen auf dem Gebiet des Versorgungsausgleichs.

steigen. Die dynamische Obergrenze beträgt 1987 60,20 DM, womit zwischen 80 % und 90 % aller auszugleichenden Betriebsrenten erfaßt werden können[126].

Im Hinblick auf den zwingenden Charakter der Vorschriften über die Durchführung des Versorgungsausgleichs nach Rechtskraft eines Scheidungsurteils ist auch eine Vereinbarung unzulässig, die den Verzicht auf den Versorgungsausgleich für den Scheidungsfall vorsieht, nach der aber der Versorgungsausgleich für den Fall durchgeführt werden soll, daß der ausgleichspflichtige Ehegatte nach der Ehescheidung stirbt; nach der also die Durchführung des gesetzlichen Versorgungsausgleichs nicht im Zusammenhang mit der Scheidung, sondern bei einer bestimmten Versorgungssituation nach einer Scheidung stattfinden soll[127].

30 Kontrovers diskutiert wird schließlich die Frage, ob vertraglich eine Anknüpfung an das bis zum 1.7.1977 geltende **Verschuldensprinzip** möglich ist, ob also demjenigen Ehepartner, der nach altem Recht „schuldig" geschieden worden wäre, vertraglich der Versorgungsausgleich im Falle der Scheidung versagt werden kann. Unter Hinweis auf die Ausführungen von Walter zur Zulässigkeit von an das Verschuldensprinzip anknüpfenden Unterhaltsvereinbarungen[128] werden solche Vereinbarungen zum Versorgungsausgleich meist für zulässig, wenn auch für bedenklich und nicht empfehlenswert, gehalten[129]. Gegen die Übertragung der Überlegungen zur Zulässigkeit entsprechender Unterhaltsvereinbarungen auf den Versorgungsausgleich spricht, daß hier – wie beim Zugewinnausgleich – der Grundsatz der Teilhabe des anderen Ehepartners an dem während der Ehe erwirtschafteten Vermögen im Vordergrund steht und nicht die künftige Absicherung seines laufenden Lebensunterhaltes. Der Bundesgerichtshof hat mehrfach auf die Rechtsähnlichkeit der Institute des Versorgungsausgleichs und des Zugewinnausgleichs hingewiesen und dementsprechend die Rechtsprechung zur Verwirkung eines Zugewinnausgleichsanspruchs auf § 1587 c übertragen[130]. Nach dieser Rechtsprechung kommt eine Herabsetzung oder ein Ausschluß des Versorgungsausgleichs aufgrund ehelichen Fehlverhaltens nur in besonders gelagerten Ausnahmefällen in Betracht[131]. Vereinbarungen, die den Ausschluß des Versorgungsausgleichs an das Verschulden an der Ehescheidung anknüpfen[132], sind jedenfalls dann unwirksam, wenn sie sich nicht in dem vom Bundesgerichtshof in der Rechtsprechung zu § 1587 c gesteckten, sehr engen Rahmen halten. Bleiben sie aber in diesem Rahmen, sind sie nicht mehr sinnvoll, weil das Vorliegen der tatsächlichen Voraussetzungen auch ohne entsprechende vertragliche Vereinbarungen den Rückgriff auf § 1587 c ermöglicht.

[126] Vergl. hierzu insbesondere Ruland, NJW 87, 345, 348.
[127] Palandt-Diederichsen, § 1408 Anm. 3 b bb und Diederichsen, NJW 77, 217, 223; kritisch hierzu Soergel-Gaul, § 1408 Rz. 41.
[128] NJW 81, 1409 ff. und FamRZ 82, 7 ff., dazu auch unten Rz. 49.
[129] Langenfeld, Handbuch Rz. 448; Soergel-Gaul, § 1408 Rz. 29 und Nachtrag zu § 1408 Rz. 29; Zimmermann/Becker, FamRZ 83, 1 ff., 11; Ludwig DNotZ 82, 651 ff. Reinarz DNotZ 78, 267, 279 f.
[130] Vergl. insbesondere BGH FamRZ 83, 35 f und FamRZ 83, 32 f.
[131] Vorauszusetzen ist nach der Rechtsprechung des Bundesgerichtshofs insbesondere, daß Pflichtverletzungen über eine längere Zeit der Ehe hinweg begangen worden sind und wegen ihrer Auswirkungen ganz besonders ins Gewicht fallen, FamRZ 83, 32 f.
[132] Womit in der Mehrzahl der Fälle das „Trennungsverschulden" gemeint sein dürfte (Hinwendung zu einem anderen Partner, böswilliges Verlassen etc.).

Die Folgen der Nichtigkeit einer Vereinbarung über den Versorgungsausgleich **31**
richten sich auch hier nach § 139 (siehe dazu oben Rz. 19). Ist nur eine einzelne
Klausel einer umfassenden Regelung des Versorgungsausgleichs nichtig, wird
man im Zweifel davon ausgehen müssen, daß die gesamte Vereinbarung über den
Versorgungsausgleich unwirksam ist, weil sie als Gesamtregelung gedacht war.
Ob sonstige mit der Vereinbarung über den Versorgungsausgleich verbundene
Regelungen wirksam bleiben, hängt von dem wirklichen oder mutmaßlichen
Willen der vertragschließenden Ehegatten ab und bedarf jeweils sorgfältiger Prü-
fung. Im Zweifel ist davon auszugehen, daß ein eine Gesamtregelung der wirtschaftlichen Verhältnisse der Ehegatten beabsichtigender Vertrag insgesamt hin-
fällig ist, wenn Teile hiervon nichtig sind[133].

Um spätere Unklarheiten zu vermeiden, empfiehlt sich, schon in dem Ehevertrag
durch eine sogenannte **Teilwirksamkeitsklausel** die Frage der Aufrechterhaltung
des Rest-Vertrages bei Unwirksamkeit einzelner Klauseln zu regeln[134].

d) Die Sperrfrist des § 1408 Abs. 2 Satz 2

Die **Jahressperrfrist** des § 1408 Abs. 2 Satz 2 ist in letzter Minute als Kompro- **32**
mißregelung durch den Vermittlungsausschuß in das Gesetz eingefügt worden
und wird zu Recht allgemein als mißglückt bezeichnet[135]. Die Vorschrift hat eine
ganze Reihe von Streitfragen aufgeworfen und bewirkt im Hinblick auf die Verknüpfung mit der Güterrechtsfrage durch § 1414 Satz 2 unter Umständen erhebliche Rechtsunsicherheit.

Im einzelnen ergeben sich folgende Zweifelsfragen:

Die Sperrfrist sollte nach der gesetzlichen Intention verhindern, daß ein Ehepartner mit einem noch nicht zugestandenen Scheidungswunsch den ahnungslosen
Ausgleichsberechtigten zu einem Verzicht überredet, um die wirtschaftlichen
Scheidungsfolgen für sich selbst zu mindern und die Genehmigungspflicht des
§ 1587 o zu umgehen[136]. Da sich die Schutzfrist allein schon dadurch ausschal-
ten läßt, daß der scheidungswillige Ehepartner ein Jahr und einen Tag mit der
Stellung des Scheidungsantrages wartet, ist verschiedentlich die Auffassung vertreten worden, daß eine solche **auffällige Nähe des Scheidungsantrages** zu dem
notariellen Vertrag zur Anfechtbarkeit des Vertrages führe oder in einem solchen
Fall auch nach Ablauf der Jahresfrist eine **familiengerichtliche Genehmigung**
Wirksamkeitserfordernis sein solle[137]. Diese Auffassung dürfte wegen der un-
zweideutigen Gesetzesformulierung nicht haltbar sein[138]; angesichts der eindeutigen Fristenregelung des Gesetzes, die – wie jede Fristenregelung – durchaus et-

---

[133] Vergl. OLG Stuttgart, FamRZ 84, 806, 808 für eine Scheidungsfolgenvereinbarung; OLG Düsseldorf, FamRZ 80, 798, 799, das sich im Einzelfall für die Wirksamkeit der Vereinbarung nach § 1408
Abs. 2 trotz Unwirksamkeit des damit verbundenen Unterhaltsverzicht ausspricht.
[134] Vergl. z.B. Langenfeld, Eheverträge Rz. 420.
[135] Vergl. z.B. Gaul, FamRZ 81, 1134, 1135; Schwab, Handbuch Rz. 677.
[136] Vergl. z.B. OLG München FamRZ 81, 465; OLG Frankfurt, FamRZ 79, 594; KG FamRZ 82, 823,
824 und Zimmermann/Becker FamRZ 83, 1, 7.
[137] Z.B. Diederichsen, NJW 77, 217, 223 und Bogs, FamRZ 78, 81, 88.
[138] Vergl. hierzu auch OLG Frankfurt, FamRZ 79, 594 und OLG München, FamRZ 81, 465, 466.

was Willkürhaftes haben kann, bleibt vielmehr nur die Bewältigung etwaiger Mißbrauchsfälle mit dem allgemeinen Instrumentarium der §§ 123 ff., 138 [139]. Selbst nachgewiesenes Bestehen einer konkreten Scheidungsabsicht steht der Wirksamkeit der Vereinbarung über den Ausschluß des Versorgungsausgleichs grundsätzlich nicht entgegen und führt nicht zu der Notwendigkeit einer familiengerichtlichen Genehmigung nach §§ 1587 o[140].

Umgekehrt läßt sich eine Vereinbarung nach § 1408 Abs. 2, die der benachteiligte Ehegatte durch einen Scheidungsantrag innerhalb der Jahresfrist zu Fall gebracht hat, nicht über eine **Umdeutung** in eine nach § 1587 o genehmigungsfähige Vereinbarung halten[141], sofern sich nicht aus der Vereinbarung selbst eindeutig ergibt, daß sie für den Fall der Unwirksamkeit durch Scheidungsantrag innerhalb der Jahresfrist als Vereinbarung nach § 1587 o Bestand haben und der Genehmigung des Familiengerichts unterstellt werden soll [142]. Die fristgerechte Stellung des Scheidungsantrages macht auch nicht etwa den Versorgungsausgleich zu Lasten des anderen Ehepartners „grob unbillig" im Sinne des § 1587 o, sofern nicht besondere Umstände hinzutreten[143].

Die stark umstrittene Frage, ob bei der Bestimmung der Jahresfrist des § 1408 Abs. 2 Satz 2 auf den Zeitpunkt der Zustellung des Scheidungsantrages abzustellen ist oder auf einen anderen Zeitpunkt, z.B. die Einreichung des Ehescheidungsantrages bei Gericht, hat die Rechtsprechung überwiegend dahingehend entschieden, daß es auf die **Zustellung** des Ehescheidungsantrages ankommen soll, wobei allerdings unter den Voraussetzungen des § 270 Abs. 3 ZPO die Zustellung auf den Tag der Einreichung bei Gericht zur Fristwahrung **zurückwirken** kann[144].

Dieser Auffassung folgt ein Teil der Literatur[145], während nach anderer Auffassung die bloße Einreichung des Ehescheidungsantrages genügen soll[146]. Schließlich wird noch die Auffassung vertreten, es komme auf den Tag der mündlichen Verhandlung an, weil erst hier der Antrag nach §§ 137 Abs. 1, 608, 624 Abs. 3 ZPO im prozessualen Sinne gestellt werde[147]. Gegen die zuletzt genannte Auffassung spricht, daß der Zeitpunkt der Anberaumung des Termins außerhalb der

---

[139] Vergl. z.B. Ruland/Tiemann, Rz. 568, 591, 596; MünchKomm-Kanzleiter, § 1408 Rz. 20.
[140] OLG München, FamRZ 81, 465, 466, AG Berlin-Charlottenburg, FamRZ 83, 76, 77; OLG Bamberg, FamRZ 84, 483 f., OLG Frankfurt FamRZ 86, 1005; s. auch BGH FamRZ 83, 459 und BVerfG NJW 87, 179.
[141] BGH, FamRZ 83, 459.
[142] Vergl. z.B. Göppinger, Vereinbarungen anläßlich der Ehescheidung, Rz. 356 und Langenfeld, Eheverträge, Rz. 421 bis 423.
[143] BGH FamRZ 85, 45, 47.
[144] Vergl. BGH FamRZ 85, 45 ff., 47, der sich (bejahend) mit der Verfassungsmäßigkeit befaßt, und die Oberlandesgerichte Düsseldorf, FamRZ 80, 798, 799; Koblenz, FamRZ 81, 901, 902; KG FamRZ 82, 823, 824; Hamm, FamRZ 82, 1215, 1216; Bamberg FamRZ 84, 483, 485; OLG Zweibrücken, FamRZ 85, 72.
[145] Z.B. Erman-Heckelmann § 1408 Rz. 12; Gernhuber, Familienrecht, § 28 II 9, Bergerfurth, FamRZ 77, 440, 441 f; Voskuhl/Pappai/Niemeyer S. 11; Rolland § 1408 Rz. 6.
[146] So z.B. Palandt-Diederichsen, § 1408 Anm. 3 b dd, der allerdings demnächstige Zustellung der Antragsschrift voraussetzt, so daß sich im Ergebnis kein Unterschied zu der oben zitierten Auffassung ergibt; BGB-RGRK-Finke, § 1408 Rz. 32.
[147] So Ruland/Tiemann, Rz. 592; Kniebes/Kniebes, DNotZ 77, 269, 288; Reinartz, NJW 77, 81, 83.

Einflußsphäre der Ehegatten liegt und von einer Vielzahl nicht beeinflußbarer Faktoren abhängig ist und hierdurch der vertragsreuige Ehepartner unangemessen beeinträchtigt wird[148]. Da bei der Jahresfrist des § 1408 Abs. 2 Satz 2 der Schutzgedanke im Vordergrund steht und zudem das Gebot der Rechtssicherheit möglichst kurzfristig Klarheit über den Bestand des Vertrages (auch im Hinblick auf die Folgewirkungen für den Güterstand nach § 1414) verlangt, kann nur die Frage sein, ob die Einreichung der Antragsschrift genügt oder diese zugestellt sein muß. Für letzteres spricht, daß die Formulierung in § 1408 Abs. 2 Satz 2: „Antrag gestellt wird" als Parallele zu dem Begriff der „Klageerhebung" gemeint gewesen sein dürfte, da es andernfalls nahegelegen hätte, von der Einreichung des Antrages zu sprechen[149]. Diese Auffassung hat jedenfalls den Vorzug der einheitlichen Behandlung vergleichbarer Fälle der Fristwahrung durch gerichtliche Geltendmachung eines Anspruches. Die Einreichung eines Prozeßkostenhilfegesuchs reicht zur Wahrung der Frist nicht aus. Ggf. muß die mittellose Partei die sofortige Zustellung des Scheidungsantrages ohne die Einzahlung des Gerichtskostenvorschusses nach § 65 VII Nr. 3 und 4 GKG beantragen[150].

Welcher der Ehegatten den Ehescheidungsantrag stellt, ist unerheblich[151]; er muß allerdings durch einen postulationsfähigen Anwalt vertreten sein[151a]. Ebenso ist weitgehend unstreitig, daß bei Vertragsschluß zwischen Verlobten die Jahresfrist erst mit Eheschließung beginnt[152].

Da das Gesetz ausdrücklich von einem Scheidungsantrag spricht, gilt die Sperrfrist nicht für **Aufhebungs- und Nichtigkeitsklagen**[153].

Stark umstritten ist schließlich auch die Frage, welche Wirkungen die **Rücknahme und Abweisung des Ehescheidungsantrages** haben, ob also mit Rücknahme oder Zurückweisung des Scheidungsantrages der Vertrag wieder auflebt oder ob ein innerhalb der Jahresfrist gestellter Ehescheidungsantrag den Vertrag endgültig unwirksam macht, unabhängig von dem weiteren Schicksal des Scheidungsantrages. Für die Auffassung, daß allein die Stellung eines Scheidungsantrages genüge und die Unwirksamkeitsfolge auch dann aufrechterhalten bleibe, wenn der Scheidungsantrag in mehr oder weniger kurzem Zeitabstand zurückgenommen wird, wird die Überlegung angeführt, daß es dem Schutzgedanken der Vorschrift widerspreche, einen Ehepartner, der sich ahnungslos auf den Ausschluß des Versorgungsausgleichs zugunsten des insgeheim schon scheidungswilligen Ehepartners eingelassen habe, zu zwingen, durch Aufrechterhaltung des Scheidungsan-

34

---

[148] Vergl. z.B. OLG Düsseldorf FamRZ 80, 798, f, OLG Zweibrücken, FamRZ 85, 72, 73, OLG Köln, FamRZ 86, 68.
[149] Vergl. auch Bergerfurth, FamRZ 77, 440, 442.
[150] Vergl. hierzu insbesondere OLG Bamberg, FamRZ 84, 483, 485.
[151] Vergl. z.B. OLG Stuttgart, FamRZ 82, 614 und Zimmermann/Becker, FamRZ 83, 1, 8.
[151a] BGH FamRZ 87, 365 mit Anm. Bosch.
[152] Z.B. Palandt-Diederichsen, § 1408 Rz. 3 b dd; Bergerfurth, FamRZ 77, 440 S. 441, Erman-Heckelmann, § 1408 Rz. 12; aA MünchKomm-Kanzleiter, § 1408 Rz. 20 der die Fristenregelung bei einem Ehevertrag, der vor Eheschließung abgeschlossen wurde, überhaupt nicht für anwendbar hält; ähnlich Zimmermann/Becker, FamRZ 83, 1, 8 und Mikosch, Vereinbarungen über den Versorgungsausgleich, S. 243 und Schwab DNotZ-Sonderheft 77, 51, 66.
[153] Vergl. Zimmermann/Becker, FamRZ 83, 1, 8 m.w.N.

trages eine möglicherweise gar nicht gewollte Ehescheidung selbst herbeizuführen, nur um die Wirkungen des Ausschlußvertrages zu Fall zu bringen[154].

Im praktischen Ergebnis würde man damit allerdings den Ehegatten ein einseitiges Rücktrittsrecht innerhalb eines Jahres einräumen. Wäre ein solches einseitiges Rücktrittsrecht vom Gesetzgeber gewollt gewesen, wäre die Vorschrift sicherlich anders formuliert worden[155]. Wenig hilfreich dürfte es auch sein, darauf abzustellen, ob der Scheidungsantrag ernstlich gewollt ist[156], weil damit auf innere Umstände und Tatsachen abgestellt wird, die kaum überprüfbar und nachweisbar sind[157]. Entsprechend dem in den Vorschriften der §§ 269 Abs. 3, 271 ZPO, 212, 941, 1599 zum Ausdruck gekommenen Rechtsgedanken wird man deswegen im Ergebnis davon ausgehen müssen, daß mit der Rücknahme eines Scheidungsantrages auch dessen materiell-rechtliche Folge der Unwirksamkeit des Vertrages nach § 1408 Abs. 2 Satz 2 entfällt und deswegen rückwirkend die Wirksamkeit dieses Vertrages wieder hergestellt wird[158].

Es kommt also darauf an, daß der **Ehescheidungsantrag wirksam aufrechterhalten** wird, während es nicht darauf ankommen kann, daß der Ehescheidungsantrag auch erfolgreich ist[159]. Gegen die Richtigkeit der gegenteiligen Auffassung spricht insbesondere der Umstand, daß die Zurückweisung eines Scheidungsantrages keineswegs immer den Grund haben muß, daß der Scheidungsantrag mißbräuchlich oder gar nicht gewollt war, sondern nur dem Zwecke diente, sich einseitig von einem Vertrag nach § 1408 Abs. 2 zu lösen. Die Zurückweisung eines Scheidungsantrages kann vielmehr auf anderen Gründen beruhen, beispielsweise darauf, daß der Ablauf des Trennungsjahres nicht als nachgewiesen angesehen wird oder das Familiengericht von einem Anwendungsfall der Härteklausel des § 1568 ausgeht[160]. Problematisch bleibt das Anknüpfen an einen wirksam aufrecht erhaltenen Scheidungsantrag im Hinblick auf das Gebot der Rechtssicherheit, insbesondere dann, wenn von der Wirksamkeit des Vertrages über den Ausschluß des Versorgungsausgleichs über § 1414 abhängt, ob zwischen den Parteien Gütertrennung oder Zugewinngemeinschaft gilt. Dies gilt umso mehr, als konsequenterweise einem erneuten Scheidungsantrag nach Rücknahme des ersten Scheidungsantrages wiederum die Wirkung des § 1408 Abs. 2 Satz 2 zuzuerkennen ist, wenn auch der neue Antrag noch innerhalb der Jahresfrist gestellt wird[161]. Die wenig durchdachte Verknüpfung des Güterstandes mit dem Aus-

---

[154] So z.B. Palandt-Diederichsen, § 1408 Anm. 3 b dd; Rolland, § 1408 Rz. 5; MünchKomm-Kanzleiter, § 1408 Rz. 21 und OLG Köln, FamRZ 86, 68.
[155] Vergl. hierzu insbesondere Gaul, FamRZ 81, 1134, 1139; Soergel-Gaul § 1408 Rz. 28; Schwab DNotZ-Sonderheft 1977, 65.
[156] So insbesondere MünchKomm-Kanzleiter, § 1408 Rz. 21.
[157] Ebenso Zimmermann/Becker, FamRZ 83, 1, 9; Gaul, FamRZ 81, 1134, 1139 und Soergel-Gaul, § 1408 Rz. 51.
[158] So insbesondere Gaul, FamRZ 81, 1134, 1138; Soergel-Gaul, § 1408 Rz. 52 und Nachtrag zu § 1408 Rz. 51, 52; Reinartz, NJW 77, 81, 83; Bergerfurth, FamRZ 77, 440,. 443; Ruland/Tiemann, Rz. 593 und AG BerlinCharlottenburg, FamRZ 79, 44, 45 a.A.: OLG Zweibrücken, FamRZ 85, 72 f.
[159] So aber Schwab, DNotZ-Sonderheft 77, S. 65 und Handbuch Rz. 677; Ruland, DRV 79, 84, 86, Naegele, Rz. 176.
[160] Vergl. z.B. Zimmermann/Becker, FamRZ 83, 1, 8; OLG Stuttgart, FamRZ 82, 614 f = NJW 83, 458.
[161] Vergl. Bergerfurth, FamRZ 77, 440, 443 und den Fall AG-Berlin-Charlottenburg FamRZ 79, 44 f.

schluß des Versorgungsausgleichs wird in der Praxis den Notaren allerdings Veranlassung geben, jeweils auf Klarstellung der güterrechtlichen Verhältnisse in dem Vertrag zu drängen, so daß es nur selten zu einem Hin und Her zwischen Gütertrennung und Zugewinngemeinschaft kommen wird.

e) Übergangsrecht nach Art. 12 Nr. 3 Abs. 3 1. EheRG

Die Übergangsbestimmungen des Art. 12 Nr. 3 Abs. 3 des 1. Eherechtsversorgungsrechts sehen vor, daß es bei einer Scheidung der Ehe nach dem 1.7.1977 dann nicht zur Durchführung des Versorgungsausgleichs nach Maßgabe der §§ 1587 ff. kommt, wenn der Ausgleichsberechtigte für seine Unterhaltsansprüche (nicht Versorgungsausgleichsansprüche im Sinne der §§ 1587 ff.) durch Übertragung von Vermögensgegenständen endgültig abgefunden wurde[162] oder die Ehepartner vertraglich die Auseinandersetzung hinsichtlich der nach neuem Recht aufzuteilenden Versorgungsanwartschaften geregelt haben. Diese Vereinbarungen mußten allerdings vor dem 1.7.1977 getroffen sein. Spätere Änderungen solcher Vereinbarungen sind nach §§ 1408 Abs. 2, 1587 o zu beurteilen und nur unter den dort genannten Voraussetzungen wirksam. Die **Überleitungsvorschriften** sehen schließlich vor, daß bei Ehen, die vor dem Inkrafttreten des Gesetzes geschlossen worden sind, der Versorgungsausgleichsanspruch bis auf höchstens die Hälfte des auf die Trennungszeit entfallenden gesetzlichen Anspruches herabgesetzt werden kann, wenn die Ehe allein wegen des Widerspruchs des anderen Ehegatten (§ 48 Abs. 2 EheG) nicht geschieden werden durfte und die uneingeschränkte Durchführung des Versorgungsausgleichs für den ausgleichsverpflichteten Ehegatten auch unter Berücksichtigung der Interessen des anderen unbillig wäre[163]. In diesem Rahmen muß auch eine Parteivereinbarung im Sinne der §§ 1408 Abs. 2 bzw. 1587 o für zulässig gehalten werden[164]. Umgekehrt war es vor Inkrafttreten des neuen Ehescheidungsrechtes und für Scheidungen, die aufgrund des alten Eherechts ausgesprochen worden sind, nicht möglich, die Durchführung des Versorgungsausgleichs nach neuem Recht vertraglich zu vereinbaren[165].

5. Eheverträge mit Auslandsberührung

Ob sich das eheliche Güterrecht in einer Ehe zwischen Ausländern oder einem Deutschen und einem ausländischen Partner nach deutschem Recht richtet, beurteilt sich nach Art. 15 EG-BGB[166]. Die Vorschrift ist mit dem gesamten internationalen Privatrecht durch das Gesetz zur Neuregelung des internationalen Pri-

35

36

---

[162] Wozu der Abschluß eines Gütergemeinschaftsvertrages nicht ausreicht, BGH FamRZ 85, 263 = NJW 85, 2706.
[163] Zur Berechnung der Herabsetzung vergl. BGH FamRZ 86, 252, 253 m.w.N. gegen OLG Frankfurt FamRZ 81, 908, 909 ff. und OLG Frankfurt, FamRZ 86, 178 f sowie zuletzt BGH FamRZ 87, 149 f.
[164] Vergl. zum Übergangsrecht insbesondere Zimmermann/Becker, FamRZ 83, 1, 11, 12, auch zu in der Rechtsprechung aufgetretenen, heute nicht mehr sehr relevanten Streitfragen zu Form und Inhalt der nach dem Übergangsrecht zulässigen Vereinbarungen.
[165] Vergl. z.B. OLG Frankfurt, FamRZ 81, 563 f.
[166] Vergl. zur Grundsatzanknüpfung und zum Anwendungsbereich z.B. Palandt-Heldrich, Art. 15 EG-BGB Anm. 2, 4 und BGH NJW 69, 369.

vatrechts vom 25.7.1986 neu gefaßt worden. Mit der Neuregelung sind die Konsequenzen daraus gezogen worden, daß das Bundesverfassungsgericht in einer Entscheidung vom 22.2.1983[167] die bisherige Fassung des Art. 15 Abs. 1 und Abs. 2, 1. HS mit der Anknüpfung an das Heimatrecht des Ehemannes für verfassungswidrig erklärt hat und im übrigen wegen des in der Anknüpfung an das Heimatrecht des Ehemannes liegenden Verstoßes gegen den Gleichheitsgrundsatz auch Art. 17 EG-BGB a.F. für verfassungswidrig erklärt worden ist[168].

Nach Art. 15 Abs. 1 richten sich die **güterrechtlichen Wirkungen** der Ehe nach dem bei der Eheschließung für die allgemeinen Wirkungen der Ehe maßgebenden Recht, sofern die Ehegatten keine andere **Rechtswahl**, Art. 15 Abs. 2 EG-BGB, getroffen haben. Auch für das **Ehescheidungsfolgenrecht** wird in Art. 17 Abs. 1 an das Recht angeknüpft, das im Zeitpunkt des Eintritts der Rechtshängigkeit des Scheidungsantrages für die allgemeinen Wirkungen der Ehe maßgebend ist.

Nach Art. 14 Abs. 1 Ziff. 1 ist für die **allgemeinen Ehewirkungen** in erster Linie das Recht des Staates maßgebend, dem beide Ehegatten angehören oder während der Ehe zuletzt angehört haben, wenn einer von ihnen diesem Staat noch angehört; hilfsweise gilt das Recht des Staates des gewöhnlichen gemeinsamen Aufenthaltes, Art. 14 Abs. 1 Ziff. 2, oder das Recht des Staates, mit dem die Ehegatten auf andere Weise gemeinsam am engsten verbunden sind, Art. 14 Abs. 1 Ziff. 3.

Die **Anknüpfungskriterien** des Art. 14 EG-BGB entsprechen im wesentlichen den in Rechtsprechung[169] und Literatur[170] vor Inkrafttreten der gesetzlichen Neuregelung entwickelten Kriterien[171].

In der Rechtspraxis können sich erhebliche Schwierigkeiten daraus ergeben, daß nach Art. 15 Abs. 1 i.V.m. Art. 14 Abs. 1 EG-BGB das Güterrechtsstatut grundsätzlich unwandelbar ist und an die Verhältnisse bei Eheschließung anknüpft. Im Scheidungsfall muß also unter Umständen ein viele Jahre zurückliegender Sachverhalt aufgeklärt und festgestellt werden, ob es sich bei einem möglicherweise zeitlich befristeten Auslandsaufenthalt zu Beginn der Ehe um einen gemeinsamen „gewöhnlichen Aufenthalt" gehandelt hat und ggf. welchem Staat die Ehegatten „gemeinsam am engsten verbunden" waren[172].

Bei gemischt-nationalen Ehepartnern empfiehlt sich deswegen auf jeden Fall eine **Rechtswahl** nach Art. 15 Abs. 2 EG-BGB, die nach Art. 15 Abs. 3 i.V.m. Art. 14 Abs. 4 EG-BGB notariell beurkundet werden muß, wenn sie im Inland getroffen wird. Im Ausland genügt die Beachtung der für einen Ehevertrag nach dem gewählten Recht oder am Ort der Rechtswahl bestehenden Formvorschriften.

---

[167] FamRZ 83, 562 ff. = NJW 83, 1969 ff.
[168] BVerfG NJW 85, 1282 = FamRZ 85, 463 f vergl. hierzu auch Heldrich, Reform des internationalen Familienrechts durch Richterspruch, FamRZ 83, 1079, 1084 m.w.N.
[169] BVerfG, FamRZ 83, 562 ff.; BGH FamRZ 83, 876 und FamRZ 83, 255 f zu Art. 17 EG-BGB.
[170] Vergl. hierzu insbesondere Heldrich, a.a.O., FamRZ 83, 1079 ff. und Taupitz, NJW 86, 616 ff.
[171] Siehe BR-Drucksache 222/83.
[172] Zur Rechtfertigung des Grundsatzes der Unwandelbarkeit vergl. insbesondere Taupitz, NJW 86, 616, 619 m.w.N.

Für die allgemeinen Ehewirkungen können die Ehegatten nach Art. 14 Abs. 2 u. 3 ebenfalls eine Rechtswahl treffen. Sie können das gemeinsame Heimatrecht wählen, wenn dieses wegen Art. 5 EG-BGB nicht schon nach Abs. 1 maßgebend ist. Nach Art. 14 Abs. 3 EG-BGB können die Ehegatten eine Rechtswahl treffen, wenn sie kein gemeinsames Heimatrecht haben und in einem Drittland wohnen oder ihren gewöhnlichen Aufenthalt nicht in demselben Staat haben.

Nach den **Übergangsvorschriften** des Art. 220 Abs. 1 EG-BGB, eingeführt **37** durch das Gesetz zur Neuregelung des internationalen Privatrechts, bleibt das bisherige Recht anwendbar, soweit es um vor dem 1.9.1986 abgeschlossene Vorgänge geht. Spezielle Übergangsvorschriften enthält Art. 220 Abs. 3 für das Ehegüterrecht. Danach sollen sich die güterrechtlichen Wirkungen von Ehen, die zwischen dem 1.4.1953 und dem 8.4.1983 abgeschlossen worden sind, in erster Linie nach dem gemeinsamen Heimatrecht, in zweiter Linie nach dem Recht richten, dem sich die Ehegatten unterstellt haben oder von dessen Anwendung sie ausgegangen sind und schließlich hilfsweise nach dem Recht des Staates, dem der Ehemann bei der Eheschließung angehört hat. Die Übergangsvorschrift wirft damit erneut die Frage nach einem Verstoß gegen Art. 3 Abs. 2 GG auf[173].

Ob die Ehegatten rechtswirksam einen Ehevertrag nach den Bestimmungen des BGB abschließen können, richtet sich also danach, ob nach den dargestellten Grundsätzen des IPR deutsches Recht Anwendung findet oder ob die Ehegatten eine gültige Rechtswahl für deutsches Recht getroffen haben.

Da nach den Grundsätzen des internationalen Privatrechts jeder Staat seine eigenen Regeln dazu hat, welches Recht bei **Kollision** zweier Rechtssysteme Geltung haben soll, bedeutet die Feststellung, daß nach deutschem Recht ein Ehevertrag als gültig anerkannt wird, noch nicht zwangsläufig, daß der Ehevertrag auch in dem Heimatstaat des ausländischen Ehepartners anerkannt wird und daß nicht ggf. dem ausländischen Ehegatten nach seinem Heimatrecht die Möglichkeit offensteht, ein Ehescheidungsverfahren oder ein vergleichbares Verfahren nach anderen Vorschriften und ohne Berücksichtigung des Ehevertrages durchzuführen. Vor Abschluß eines Ehevertrages muß deswegen anhand der beiderseitigen Heimatrechte der Ehepartner genau überprüft werden, ob ein solcher Vertrag in dem jeweiligen Heimatstaat des anderen Ehegatten anerkannt wird und ob ggf. gesonderte Vorschriften für Form und/oder Inhalt zu beachten sind.

II. Form des Ehevertrages, § 1410

1. Gleichzeitige Anwesenheit beider Ehepartner

Nach § 1410 muß der Ehevertrag bei gleichzeitiger Anwesenheit beider Teile in **38** notarieller Form abgeschlossen werden. Die ansonsten zugelassene getrennte Beurkundung von Vertragsangebot und Annahme (§§ 128, 152) genügt den Form-

---

[173] Vergl. BVerfG FamRZ 83, 562 ff. zu Art. 15 I und II a.F. und Rauscher, NJW 87, 531 ff.; für die Verfassungsmäßigkeit: BGH FamRZ 87, 679 ff.; zu den Übergangsvorschriften auch OLG Frankfurt, FamRZ 87, 1147 f.

vorschriften also nicht. Aus der Notwendigkeit **gleichzeitiger Anwesenheit** beider Teile ergibt sich aber nicht, daß sich die Ehegatten (oder Verlobten) nicht durch einen Bevollmächtigten vertreten lassen könnten. Die **Bevollmächtigung und Vertretung** ist vielmehr nach Maßgabe der allgemeinen Vorschriften der §§ 164 ff. zulässig, wobei die Vollmacht bzw. nachträgliche Zustimmung nicht der für den Ehevertrag selbst bestimmten notariellen Form bedürfen §§ 167 Abs. 2, 182 Abs. 2. Es ist schließlich sogar zulässig und wirksam, daß ein Ehegatte zugleich als Bevollmächtigter des anderen Ehegatten den Vertrag abschließt, wenn der andere ihm Befreiung von dem Verbot des Selbstkontrahierens nach § 181 erteilt hat. Hierzu genügt wiederum die allgemeine Ermächtigung eines Ehegatten durch den anderen, etwa durch eine sogenannte Generalvollmacht[174].

Wenn auch der Schutzzweck des § 1410 durch die Möglichkeit der formlosen Vollmacht, der nachträglichen formlosen Genehmigung und durch die (ebenfalls formlos mögliche) Befreiung von den Beschränkungen des § 181 unterlaufen werden kann, verbietet der eindeutige Wortlaut der §§ 167 Abs. 2, 182 Abs. 2, de lege lata auch für Vollmacht und Genehmigung die notarielle Beurkundung vorzuschreiben[175]. Eine unwiderrufliche Vollmacht muß allerdings auch nach geltendem Recht in notarieller Form erteilt werden[176].

Der besonderen Form des § 1410 bedürfen auch **Vorverträge**, durch die Ehegatten oder Verlobte sich verpflichten, demnächst einen Ehevertrag abzuschließen[177].

Ebenso bedarf die (zulässige) wechselseitige **Verpflichtung** der Form des § 1410, innerhalb einer bestimmten Frist einen anderen Güterstand zu vereinbaren[178].

Wird mit dem Ehevertrag in derselben Urkunde ein **Erbvertrag** verbunden, genügt auch für den Erbvertrag nach § 2276 Abs. 2 die für den Ehevertrag vorgeschriebene Form. Der Rücktritt von erbvertraglichen Verfügungen nach Maßgabe der §§ 2294, 2295 läßt die Geltung des Ehevertrages grundsätzlich unberührt, weil durch den Rücktritt nur die von ihm betroffene erbvertragliche Verfügung vernichtet wird[179].

Nichteinhaltung der durch § 1410 vorgeschriebenen Form bewirkt nach § 125 die **Nichtigkeit** des Vertrages. Für die Beurkundung durch den Notar gelten die Vorschriften des Beurkundungsgesetzes.

2. Ersetzung der notariellen Beurkundung nach § 127 a

39   Nach § 127 a kann die notarielle Beurkundung durch die Aufnahme in ein nach den Vorschriften der Zivilprozeßordnung errichtetes Protokoll ersetzt werden, insbesondere also durch einen **gerichtlich protokollierten Vergleich**. Es muß

---

[174] Vergl. z.B. BGB-RGRK-Finke, § 1410 Rz. 3.
[175] Vergl. MünchKomm-Kanzleiter, § 1410 Rz. 5 Anm. 5 gegen Reinarz, NJW 77, 81, 83 ff.
[176] MünchKomm-Kanzleiter, § 1410 Rz. 4.
[177] BGH FamRZ 66, 492, 495.
[178] RGZ 68, 322 ff. und BGB-RGRK-Finke, § 1410 Rz. 4.
[179] BGHZ 29, 129, 133 f; zu Fragen der Teilnichtigkeit (§ 139) siehe im übrigen oben Rz. 18.

sich nicht um ein Erkenntnisverfahren handeln, das den Vorschriften der ZPO unterliegt. § 127 a gilt vielmehr auch für FGG-Verfahren[180], Privatklage- und Adhäsionsverfahren[181] sowie für Vergleiche vor den Gerichten der besonderen Gerichtsbarkeit. Der Vergleich darf über den Rahmen des Streitfalles hinausgehen, ohne den Rechtsstreit ganz oder teilweise zu beenden. Es genügt, daß er in einem inneren Zusammenhang mit dem Rechtsstreit steht[182]. Der Vergleich kann auch vor dem ersuchten oder beauftragten Richter oder sogar vor dem Rechtspfleger abgeschlossen werden, sofern dieser für das betreffende Verfahren zuständig ist[183].

Es müssen jeweils die Vorschriften der ZPO über die Protokollierung (§§ 160 ff. ZPO) beachtet werden; der Vergleich muß also neben den sachlich-rechtlichen auch den besonderen prozessualen Erfordernissen genügen[184]. Hierzu gehört insbesondere die Beachtung der Vorschriften über den **Anwaltszwang** (§ 78 ZPO), die nur für einen etwa beitretenden Dritten nicht gelten[185].

Wird also ein Ehevertrag in einem Verfahren abgeschlossen, für das Anwaltszwang besteht[186], ist zur Wirksamkeit des gerichtlich protokollierten Vergleichs die Mitwirkung eines Anwaltes für jede Partei notwendig. Da § 1410 für den Abschluß eines Ehevertrages – im Gegensatz zu § 2274 für den Abschluß eines Erbvertrages – nicht den persönlichen Abschluß durch die Ehegatten vorschreibt, ist deren persönliche Mitwirkung in einem Verfahren, in dem Anwaltszwang besteht, nicht unbedingt notwendig. Nicht möglich ist durch gerichtlich protokollierten Vergleich die Errichtung eines Testamentes oder dessen Widerruf[187], sofern dies nicht durch Erbvertrag geschieht[188], dessen Abschluß im Zusammenhang mit dem Ehevertrag trotz § 2274 wiederum ohne persönliche Mitwirkung der Ehegatten möglich ist, §§ 2276 Abs. 2 i.V.m. 1410, 127 a.

3. Analoge Anwendung des § 1410 auf Vereinbarungen über den Ausschluß des Versorgungsausgleichs vor dem 1.7.1977?

40 Umstritten ist die Frage, ob Verträge, durch die vor dem 1.7.1977 der Versorgungsausgleich ohne Abfindung und ohne Absicherung des ausgleichsberechtigten Ehegatten ausgeschlossen worden ist, der Form des § 1410 genügen mußten[189]. Die **Übergangsvorschrift** des Art. 12 Ziff. 3 Abs. 3 1. Eherechtsreformgesetz sieht vor, daß ein Versorgungsausgleich nicht stattzufinden hat, wenn der nach neuem Recht ausgleichsberechtigte Ehepartner von dem anderen vor In- **40**

[180] BGHZ 14, 381 ff,; Palandt-Heinrichs, § 127 a, Anm. 2 a.
[181] OLG Stuttgart, NJW 64, 110 ff.
[182] BGHZ 84, 333, 335 = FamRZ 82, 991, 992.
[183] Vergl. Palandt-Heinrichs, § 127 a Anm. 2 a m.w.N.
[184] BGHZ 16, 388, 390.
[185] BGHZ 86, 160 ff.
[186] Verfahren vor den Landgerichten oder auch beim Familiengericht zu führende Ehescheidungsverfahren (§ 78 Abs. 1 ZPO).
[187] BGH Betrieb 59, 790.
[188] OLG Köln, OLGZ 70, 114, 115.
[189] So z.B. Ruland/Tiemann, Rz. 608; von Maydell, FamRZ 77, 172, 181 f; Kniebes/Kniebes DNotZ 77, 269, 283; Reinartz, NJW 77, 81, 84; Palandt-Diederichsen, § 1408 Anm. 3 b ee.

krafttreten des Gesetzes durch Übertragung von Vermögensgegenständen für künftige Unterhaltsansprüche endgültig abgefunden worden ist oder wenn die nach neuem Recht auszugleichenden Anwartschaften oder Aussichten auf eine Versorgung „Gegenstand eines vor Inkrafttreten des Gesetzes abgeschlossenen Vertrages" sind. Diese Übergangsvorschrift des Gesetzes sieht keine besondere **Formbedürftigkeit** vor. Eine unmittelbare Anwendung des § 1410 scheitert daran, daß es sich bei der Vereinbarung über dem zukünftigen Recht unterliegende Anwartschaften oder Aussichten auf eine Versorgung nicht um eine Vereinbarung über güterrechtliche Fragen handelt, die als Ehevertrag im Sinne des § 1408 Abs. 1 alter Fassung formbedürftig war.

Da auch der Ausschluß des Versorgungsausgleichs eine nach der Übergangsvorschrift des Art. 12 Ziff. 3 Abs. 3 zu beachtende und zulässige Vereinbarung über die Versorgungsanrechte ist[190], Formvorschriften als Ausnahmen zu dem Grundsatz der Formfreiheit von Rechtsgeschäften (§§ 125, 126) nicht beliebig erweiterbar sind und auf der anderen Seite keine Anhaltspunkte für eine Gesetzeslücke vorliegen, sind solche Ausschlußvereinbarungen formlos möglich. Inhaltlich unterliegen sie natürlich den allgemeinen Schranken, insbesondere einer Überprüfung nach § 138[191].

4. Verträge zwischen Ausländern oder zwischen einem Deutschen und einem Ausländer

41 Für die **Form** eines Ehevertrages zwischen Ausländern oder zwischen einem deutschen und einem ausländischen Ehegatten gilt folgendes:

Nach Art. 11 Abs. 1 EG-BGB n.F.[192] ist ein Rechtsgeschäft gültig, wenn es die Formvorschriften des auf seinen Gegenstand anwendbaren Rechts oder die Formvorschriften des Ortsrechtes einhält. Eine Ausnahme hiervon macht Art. 11 Abs. 5 n.F. für Rechtsgeschäfte, durch die ein Recht an einer Sache begründet oder über ein solches Recht verfügt wird.

Insoweit entspricht die Neuregelung inhaltlich Art. 11 Abs. 1 und 2 EG-BGB a.F.. Für Verträge über **Grundstücke** ist nach Art. 11 Abs. 4 n.F. zwingend das Recht des Belegenheitsortes maßgebend, sofern dieses Recht die maßgebliche Geltung der lex rei sitae fordert. Nach Art. 11 Abs. 2 EG-BGB n.F. genügt für sogenannte **Distanzverträge,** geschlossen zwischen Personen, die sich an verschiedenen Orten aufhalten, die Einhaltung der Formerfordernisse des Geschäftsrechtes oder der Formerfordernisse des jeweiligen Aufenthaltstaates.

Für den Abschluß eines Ehevertrages im **Inland** ergibt sich aus Art. 11 Abs. 1 EG-BGB zunächst, daß eine formwirksame Beurkundung auf jeden Fall durch einen Notarvertrag erfolgen kann. Demgegenüber hängt die Formwirksamkeit

---

[190] BGH FamRZ 81, 533 f.
[191] So insbesondere KG (3. Zivilsenat) FamRZ 82, 305 f gegen KG, 17. ZS, FamRZ 82, 304 und Rolland, Anhang zu § 1587 - 1587 p Rz. 3/4.
[192] Zu der Neuregelung des IPR durch das Gesetz zur Neuregelung des internationalen Privatrechts vom 25.7.1986 oben Rz. 36 f.

eines Ehevertrages, den die Ehepartner nach den für ihr Heimatland geltenden Formvorschriften abgeschlossen haben, davon ab, ob nicht das Heimatrecht **Rück- und Weiterverweisungen** auf das Ortsrecht, also das Recht der Bundesrepublik enthält. Für von Ausländern in der Bundesrepublik abzuschließende Eheverträge empfiehlt sich deswegen auf jeden Fall die Einhaltung der Ortsform, also notarielle Beurkundung[193]. Wird allerdings mit dem Ehevertrag eine vertragliche Bestimmung verknüpft, die eine sachenrechtliche Verfügung im Sinne des Art. 11 Abs. 5 EG-BGB enthält, kann dies im Einzelfall zur Formunwirksamkeit dieses Teils des Vertrages führen, wenn sich dies aus dem Recht des Heimatstaates ergibt.

Soll ein Ehevertrag im **Ausland** geschlossen werden, genügt nach Art. 11 Abs. 1 EG-BGB zu dessen Wirksamkeit die Einhaltung der örtlichen Formvorschriften. Ist mindestens einer der Partner des Ehevertrages Deutscher und keiner von ihnen Angehöriger des Staates, in dem die Beurkundung erfolgen soll, ergibt sich daneben aus dem **Konsulargesetz** die Möglichkeit des Vertragsabschlusses (und auch der Eheschließung) vor einem deutschen Konsularbeamten[194]. Der im Ausland vor einem Konsularbeamten abgeschlossene Ehevertrag ist allerdings nach Art. 11 Abs. 1 EG-BGB wiederum nur wirksam, wenn sich das eheliche Güterrecht selbst nach deutschem Recht richtet, was sich nach Art. 15 EG-BGB beurteilt (siehe hierzu oben Rz. 36 f.). Ein sogenannter **Distanzvertrag** ist immer unwirksam, wenn deutsches Recht gilt, § 1410 (dazu oben Rz. 38); er kann nach Art. 11, Abs. 2 EG-BGB im Einzelfall wirksam sein, wenn einer der Ehepartner sich in einem Land aufhält, das keine gleichzeitige Anwesenheit der Vertragspartner fordert.

Die Art. 15 Abs. 2 und 3, Art. 14 Abs. 3 und 4 EG-BGB n.F. enthalten **Sondervorschriften** für eine Rechtswahl der Ehegatten hinsichtlich der allgemeinen Ehewirkungen und der güterrechtlichen Wirkungen der Ehe (dazu auch oben Rz. 36 f.). Danach ist für einen im Inland abgeschlossenen Vertrag notarielle Beurkundung zwingend vorgeschrieben. Im Ausland genügt die Einhaltung der nach dem gewählten Recht oder am Ort der Rechtswahl vorgeschriebenen Form für einen Ehevertrag.

Übergangsvorschriften enthalten Art. 220 Abs. 1 und Abs. 3 EG-BGB; (dazu oben Rz. 37).

---

[193] Vergl. insbesondere Palandt-Heldrich, Art. 11 EG-BGB Anm. 1 (2 b) m.w.N. und OLG Stuttgart, Rechtspfleger 82, 137.

[194] Es handelt sich dabei um vom Auswärtigen Amt im Benehmen mit dem Bundesinnenministerium besonders bezeichnete Konsularbezirke und hierzu besonders berufene Konsularbeamte, § 8 Abs. 1 Konsulargesetz. Die Konsularbeamten sind nach den §§ 2, 10 Konsulargesetz u.a. befugt, Beurkundungen vorzunehmen, wobei die von einem Konsularbeamten aufgenommenen Urkunden nach § 10 Abs. 2 Konsulargesetz den von einem inländischen Notar aufgenommenen gleichstehen. Nach § 10 Abs. 3 Konsulargesetz gelten die Vorschriften des Beurkundungsgesetzes mit gewissen Einschränkungen.

III. Eheverträge bei beschränkter Geschäftsfähigkeit und Geschäftsunfähigkeit, § 1411

1. Eheverträge beschränkt Geschäftsfähiger

42 Beschränkt Geschäftsfähige können einen Ehevertrag nur selbst schließen. Unabhängig von dem Inhalt des Vertrages und davon, ob der gesetzliche Vertreter die Eltern oder ein Vormund sind, scheidet der Vertragsschluß durch den gesetzlichen Vertreter aus, § 1411 Abs. 1 Satz 3. Der in der Geschäftsfähigkeit Beschränkte bedarf allerdings für den Abschluß des Ehevertrages der **Zustimmung des gesetzlichen Vertreters**, § 1411 Abs. 1 Satz 1. Ist der gesetzliche Vertreter ein Vormund, ist außerdem die **Genehmigung des Vormundschaftsgerichts** erforderlich, sofern durch den Ehevertrag der Ausgleich des Zugewinns ausgeschlossen oder eingeschränkt werden soll oder Gütergemeinschaft vereinbart oder aufgehoben wird, § 1411 Abs. 1 Satz 2 i.V.m. §§ 1828 bis 1830. Ist der Vertrag für den in der Geschäftsfähigkeit beschränkten Ehepartner durch einen vollmachtlosen **Vertreter** abgeschlossen worden, hängt seine Wirksamkeit von der Genehmigung durch den Minderjährigen (§ 177) und der Zustimmung des gesetzlichen Vertreters bzw. der Genehmigung des Vormundschaftsgerichts ab. Bloße Abänderungen der Vereinbarungen über die Gütergemeinschaft bedürfen nicht der Genehmigung des Vormundschaftsgerichts, sofern nicht in diesen Abänderungen faktisch eine Aufhebung des Güterstandes der Gütergemeinschaft liegt [195]. Das Genehmigungsverfahren durch das **Vormundschaftsgericht** richtet sich nach den §§ 35 ff. FGG. Es entscheidet der Rechtspfleger, § 3 Ziff. 2 a RechtspflG.

2. Eheverträge Geschäftsunfähiger

Ist einer der Ehepartner **geschäftsunfähig** – befindet er sich also in einem dauernden, die freie Willensbestimmung ausschließenden Zustand krankhafter Störung der Geistestätigkeit, § 104 Ziff. 2, oder ist er wegen Geisteskrankheit entmündigt, § 104 Ziff. 3 –, kann nach § 1411 Abs. 2 ein Ehevertrag nur durch den **gesetzlichen Vertreter** abgeschlossen werden. Dieser kann nicht den Güterstand der Gütergemeinschaft vereinbaren oder aufheben (wohl aber abändern) und bedarf der Genehmigung des Vormundschaftsgerichtes, wenn er ein Vormund ist. Auch hier entscheidet der Rechtspfleger, § 3 Ziff. 2 a RechtspflG, und zwar nach dem FGG, §§ 43 ff.. Da nach § 2 des Ehegesetzes eine Ehe nicht eingehen kann, wer geschäftsunfähig ist, kommt der Abschluß des Ehevertrages für einen geschäftsunfähigen Ehegatten durch seinen gesetzlichen Vertreter nach § 1411 Abs. 2 nur in Betracht, wenn die Geschäftsunfähigkeit nach Eheschließung eingetreten ist. Sind beide Ehepartner nach Eheschließung geschäftsunfähig geworden, ist der Vertragsschluß ohne Beteiligung der Ehegatten durch die beiderseitigen gesetzlichen Vertreter möglich. Da nach § 1 Abs. 1 EheG in Ausnahmefällen die Ehe auch durch einen über 16 Jahre alten Minderjährigen geschlossen werden

---

[195] Vergl. Palandt-Diederichsen, § 1411 Anm. 1.

kann, sind schließlich Fälle denkbar, in denen auf beiden Seiten die Voraussetzung des § 1411 Abs. 1 gegeben ist oder in denen für einen Ehepartner § 1411 Abs. 1, für den anderen § 1411 Abs. 2 Anwendung findet.

IV. Zeitpunkt des Ehevertrages

Für den Zeitpunkt des Ehevertrages ergibt sich aus § 1408 Abs. 1 zunächst, daß **43** ein Ehevertrag zwischen Verlobten, also vor Eheschließung, oder nach der Eheschließung abgeschlossen werden kann. Ein Ehevertrag ist nach erstmaligem Abschluß durch einen neuen Vertrag zwischen den Ehegatten jederzeit wieder abänderbar. Eine einseitige Abänderung ist nur möglich, wenn sich die Ehegatten den einseitigen Widerruf oder den Rücktritt generell oder unter bestimmten Voraussetzungen vorbehalten haben. Nach Auflösung der Ehe kommt der Abschluß eines Ehevertrages begrifflich nicht mehr in Betracht. Auch der Vertrag, der die güterrechtliche Auseinandersetzung „für den Fall der Scheidung" regelt und deswegen erst mit Rechtskraft eines Ehescheidungsurteils Wirksamkeit erlangt, ist begrifflich kein Ehevertrag mehr (siehe oben Rz. 8).

V. Eintragung im Güterrechtsregister und Wirkung gegenüber Dritten, §§ 1412, 1558 ff.

Nach § 1412 können die Ehegatten Dritten gegenüber aus dem zwischen ihnen **44** abgeschlossenen Ehevertrag nur dann etwas herleiten, wenn der Ehevertrag im Güterrechtsregister eingetragen oder dem Dritten bei Vornahme des Rechtsgeschäfts bekannt war. Auch Einwendungen gegen ein rechtskräftiges Urteil, das zwischen einem der Ehegatten und einem Dritten ergangen ist, sind nur zulässig, wenn der Ehevertrag, auf den die Einwendungen gestützt werden, eingetragen oder dem Dritten bekannt war. Gleiches gilt nach § 1412 Abs. 2, wenn die Ehegatten eine im Güterrechtsregister eingetragene Regelung durch Ehevertrag wieder aufheben oder abändern.

Dem Güterrechtsregister kommt eine umfassende **Publizitätsfunktion** hinsichtlich aller güterrechtlichen Umstände zu, die für Dritte unmittelbar von Bedeutung sind[196].

Das Güterrechtsregister dient also zum einen dem **Verkehrsschutz**, zum anderen der **Verkehrserleichterung**, indem es den Nachweis der güterrechtlichen Verhältnisse im Rechtsverkehr ermöglicht. Die Eintragungen sind nur **deklaratorisch**. Die Eintragung eines Ehevertrages ist also zu dessen Wirksamkeit nicht notwendig; umgekehrt hat die Eintragung eines unwirksamen Ehevertrages auch

---

[196] Hierzu insbesondere BGHZ 66, 203, 207 = NJW 76, 1258, 1259 mit Nachweisen zu der bis dahin streitigen Frage, ob der bloße Ausschluß des gesetzlichen Güterstandes im Güterrechtsregister eingetragen werden kann oder ob die Eintragung deswegen ausscheidet, weil ehevertragliche Vereinbarungen nicht eintragungsfähig sind, durch deren Nichtkenntnis Dritte im Rechtsverkehr mit den Eheleuten nicht benachteiligt werden können, so bis da hin BGHZ 41, 370, 376.

keine heilende Wirkung. Der gute Glaube an die Richtigkeit einer im Güterrechtsregister eingetragenen Tatsache wird nicht geschützt; nach § 1412 genießt
das Register nur negative Publizität [197].

Eintragungsfähig sind alle Tatsachen, die die Rechtsverhältnisse Dritter zu den
Ehegatten unmittelbar beeinflussen können, nicht aber Vereinbarungen, die nur
das Innenverhältnis der Ehegatten betreffen. In der Praxis ist allerdings die Grenze zwischen eintragungsfähigen und nicht eintragungsfähigen Vereinbarungen
nur schwer zu ziehen. Es spricht vieles dafür, im Zweifel die Eintragung zuzulassen [198].

Im einzelnen sind **eintragungsfähig:**

- Der Übergang zum Güterstand der **Gütertrennung,** unabhängig davon, ob dies auf
  Vereinbarung, Gesetz oder Gerichtsurteil nach §§ 1388, 1449 oder 1470 beruht; unabhängig auch davon, welcher Güterstand vorher gegolten hat [199];

- die Vereinbarung des Güterstandes der **Gütergemeinschaft** nebst Einzelregelungen, also
  z.B. die Regelung der Verwaltung des Gesamtgutes, der Umfang des Vorbehaltsgutes,
  der Einspruch eines Ehegatten gegen den selbständigen Betrieb eines Erwerbsgeschäftes
  durch den anderen Ehegatten und der Widerruf der Einwilligung (§§ 1431 Abs. 3, 1456
  Abs. 3);

- jede **Aufhebung** oder **Änderung** des eingetragenen Güterstandes oder des gesetzlichen
  Güterstandes. Im Hinblick auf die Publizitätsfunktion des Güterrechtsregisters muß dies
  auch für den Ausschluß oder die Beschränkung des Zugewinnausgleichs bei Aufrechterhaltung des gesetzlichen Güterstandes im übrigen gelten, obwohl hierdurch die Rechtslage Dritter nicht unmittelbar, allenfalls mittelbar beeinflußt wird [200];

- Beschränkungen und Ausschluß der **Schlüsselgewalt,** § 1357 Abs. 2, und deren Aufhebung durch den Ehegatten oder das Vormundschaftsgericht, wenn die Beschränkung
  oder der Ausschluß eingetragen waren. Nicht eintragungsfähig ist das Ruhen der Befugnis nach § 1357 Abs. 3 während des Getrenntlebens der Ehegatten, weil das Ruhen kraft
  Gesetzes mit dem Vorliegen tatsächlicher Umstände eintritt, deren Änderung jederzeit
  möglich ist und dann wiederum zwingend zum Aufleben der Schlüsselgewalt führt [201];

- der Ausschluß oder Modifikationen der **Verfügungsbeschränkungen** der §§ 1365 ff. [202];

---

[197] Vergl. z.B. MünchKomm-Kanzleiter, Rz. 1 und 2 vor § 1558 und Palandt-Diederichsen, § 1412
Anm. 1.

[198] Vergl. insbesondere BGB-RGRK-Finke, § 1412 Rz. 5 und 6 sowie Lange, FamRZ 64, 546 ff.

[199] Z.B. MünchKomm-Kanzleiter, Rz. 8 vor § 1558; BGHZ 66, 203 ff.

[200] Vergl. hierzu insbesondere BGHZ 66, 203 ff. = NJW 76, 1258 f; MünchKommKanzleiter, Rz. 7 vor
§ 1558; Palandt-Diederichsen, Vorbemerkung 2 a vor § 1558; Lange, FamRZ 64, 546, 550 gegen
Soergel-Gaul, Rz. 5 und 7 vor § 1558.

[201] Vergl. z.B. MünchKomm-Kanzleiter, Rz. 10 vor § 1558; OLG Hamm, MDR 51, 740; BGB-RGRK-
Finke, § 1412 Rz. 21; a.A. Soergel-Gaul, Rz. 5 vor § 1558.

[202] Z.B. Soergel-Gaul, Rz. 5 vor § 1558; Lange FamRZ 64, 546, 549; Bosch FamRZ 64, 423 Münch-
Komm-Kanzleiter, Rz. 7 vor § 1558 Palandt-Diederichsen, Vorbemerkung 2 a vor § 1558; Staudinger-Thiele, Rz. 7 vor § 1558 gegen Staudinger-Felgentraeger, Vorauflage, Rz. 10 vor § 1558, Gernhuber Familienrecht § 33 II 42, 370 ff., weil die Beschränkung eines Veräußerungsver-
bots den Geschäftsverkehr begünstige, nicht belaste; Palandt-Diederichsen § 1365 Anm. 1; der BGH
hat seine Auffassung in BGHZ 66, 203 dahingehend revidiert, daß Zweck und Funktion des Güterrechtsregisters nicht auf die Eintragung rechtlich erheblicher Tatsachen beschränkt seien, sondern
daß ihm umfassende Publizitätsfunktion zukomme (S. 207).

Nicht eintragungsfähig sind der Ausschluß oder **Modifikationen des Versor-**   **45**
gungsausgleichs, weil es sich hierbei nicht um güterrechtliche Vereinbarungen
und zudem um Vereinbarungen handelt, die nur im Verhältnis der Ehegatten untereinander wirken[203]. Nicht eintragungsfähig ist weiter die **fortgesetzte Güter-**
gemeinschaft, weil das Güterrechtsregister nur zur Unterrichtung über die güterrechtlichen Verhältnisse von Ehegatten bestimmt ist und dementsprechend
Eintragungen nur für die Dauer der Ehe zuläßt[204].

Richtige Eintragung vorausgesetzt, erstreckt sich der **Schutz** des § 1412 nur auf
den Dritten in seinem Verhältnis zu den Ehegatten. Der Schutz erstreckt sich
nicht auf die Ehegatten untereinander, auch nicht auf Dritte untereinander, die
im Vertrauen auf die Richtigkeit der Eintragung miteinander ein Rechtsgeschäft
tätigen. Ferner bezieht sich der Schutz nur auf Einwendungen gegen Rechtsgeschäfte und Urteile, nicht aber auf einen Erwerb im Rahmen der Zwangsvollstreckung. Auch im Rahmen von Ansprüchen, die auf einer unerlaubten Handlung oder gesetzlichem Unterhaltsrecht beruhen, ist § 1412 nicht anwendbar[205].
Der Dritte kann sich auf die Eintragung berufen, um davon abweichende Einwendungen zu entkräften. Umgekehrt muß er sich solche Einwendungen entgegenhalten lassen, die sich aus dem zu seinen Gunsten angenommenen Güterrecht
ergeben. Die Berufung auf die Eintragung im Güterrechtsregister kann schließlich nicht dazu dienen, sich von einem mit einem Ehegatten abgeschlossenen
rechtswirksamen Rechtsgeschäft zu befreien.

Haben z.B. Ehegatten die Gütergemeinschaft in Gütertrennung umgewandelt,
ohne daß eine Eintragung erfolgt wäre, kann ein Dritter, der von dem früheren
Verwalter des Gesamtgutes nach Eintritt der Gütertrennung ein diesem allein gehörendes Grundstück erworben hat, sich nicht darauf berufen, daß der Ehegatte
nach dem Stand des Güterrechtsregisters zur alleinigen Verfügung über das
Grundstück nach § 1424 nicht berechtigt gewesen sei und dementsprechend der
Vertrag nicht wirksam sei. Umgekehrt ermöglicht § 1412 nicht etwa den Zugriff
auf das Vermögen des anderen Ehegatten, wenn Gütertrennung (noch) eingetragen ist, tatsächlich aber inzwischen Gütergemeinschaft vereinbart wurde und
sich hieraus eine Mithaftung des anderen Ehegatten ergeben würde[206].

Da das **Grundbuch** im Gegensatz zum Güterrechtsregister öffentlichen Glauben
genießt, wird ein gutgläubiger rechtsgeschäftlicher Erwerb von einer zu Unrecht
im Grundbuch als berechtigt eingetragenen Person durch § 892 geschützt, auch
wenn ein rechtswirksamer Ehevertrag im Güterrechtsregister eingetragen worden ist und danach die Verfügungsberechtigung über das Grundstück anders zu
beurteilen ist als sie sich aus dem Grundbuch ergibt. Läßt z.B. der das Gesamtgut
verwaltende Ehegatte ein allein auf seinen Namen im Grundbuch eingetragenes
Grundstück einem gutgläubigen Dritten auf, so ist diese Verfügung gemäß § 892

---

[203] Z.B. MünchKomm-Kanzleiter, Rz. 11 vor § 1558;Soergel-Gaul, Rz. 7 vor § 1558.
[204] BGB-RGRK-Finke, § 1412 Rz. 9.
[205] Vergl. im einzelnen Palandt-Diederichsen, § 1412 Anm. 4 und BGB-RGRKFinke, § 1412 Rz. 11.
[206] Vergl. z.B. Palandt-Diederichsen, § 1412 Anm. 4; BGB-RGRK-Finke, § 1412 Rz. 13.

wirksam, auch wenn der Gütergemeinschaftsvertrag im Güterrechtsregister eingetragen ist und obwohl der veräußernde Ehegatte nach § 1424 zu dieser Verfügung nicht (alleine) berechtigt war[207]. Im Einzelfall kommt allerdings eine **Rechtsscheinhaftung** des handelnden Ehegatten in Betracht. Gleiches gilt, wenn die Ehegatten eine unrichtige Eintragung im Güterrechtsregister veranlaßt oder die Berichtigung einer unrichtigen oder unrichtig gewordenen Eintragung schuldhaft unterlassen haben[208].

46 Ein **ausländischer Güterstand** steht einem vertragsmäßigen Güterstand auch dann gleich, wenn es sich um den gesetzlichen Güterstand handelt. Nach Art. 16 EG-BGB findet § 1412 entsprechende Anwendung, wenn ausländische Ehegatten oder Ehegatten, die nach Eingehung der Ehe die deutsche Staatsangehörigkeit erworben haben, ihren Wohnsitz ins Inland verlegen. Sie können sich Dritten gegenüber nur auf den ausländischen Güterstand berufen, wenn er eingetragen oder dem Dritten bekannt ist.

Nach Art. 16 Abs. 1 EG-BGB n.F. ist Voraussetzung für die analoge Anwendung von § 1412 nur noch die Anwendbarkeit ausländischen Güterrechts und gewöhnlicher Aufenthalt oder Gewerbebetrieb eines Ehegatten im Inland. Der Schutz des § 1412 endet mit der **Verlegung des Wohnsitzes** auch nur eines Ehegatten in einen anderen Bezirk, §§ 1558, 1559. Soll der Schutz aufrechterhalten werden, muß die Eintragung im Register dieses Bezirks wiederholt werden, § 1559. Die Neufassung dieser Vorschriften durch das seit dem 1.8.1986 geltende Gesetz zur Neuregelung des Internationalen Privatrechts hat die verfassungsrechtlich bedenkliche Anknüpfung nur an den Wohnsitz des Ehemannes beseitigt[209]. Bei ausländischen Ehegatten endet der Schutz darüber hinaus, wenn sie ihren Wohnsitz wieder ins Ausland verlegen, weil dann Art. 16 EG-BGB nicht mehr anwendbar ist[210].

Nach § 1559 Satz 2 gilt die frühere Eintragung als von neuem erfolgt, wenn ein Ehegatte den gewöhnlichen Aufenthalt in den früheren Bezirk zurückverlegt. Es bedarf also keiner Neueintragung, sofern nicht die in dem früheren Bezirk erfolgte Eintragung bereits gelöscht war. Wegen der Möglichkeit des **Wiederauflebens** durch Rückverlegung soll eine Eintragung nur wegen der Verlegung des Wohnsitzes nicht gelöscht werden[211].

Eintragungen erfolgen nur auf in öffentlich-beglaubigter Form zu stellenden Antrag, §§ 1560, 1561. Die Einsicht in das Register ist jedem ohne Nachweis eines berechtigten Interesses gestattet, § 1563[212].

---

[207] Vergl. z.B. BGB-RGRK-Finke, § 1412 Rz. 24.
[208] Vergl. insbesondere BGHZ 22, 234 ff. (für Eintragungen im Handelsregister) und Staudinger-Thiele, § 1412 Rz. 51 m.w.N.
[209] Zur Frage der Verfassungsmäßigkeit der Anknüpfung an den Wohnsitz des Ehemannes siehe Staudinger-Thiele, § 1558 Rz. 1.
[210] Zu der Neuregelung des IPR und den Übergangsvorschriften siehe oben Rz. 36 f.
[211] Vergl. Palandt-Diederichsen, § 1559 Anm.1.
[212] Staudinger-Thiele, § 1563 Rz. 1.

VI. Kosten

Die Kosten für die Beurkundung von Eheverträgen durch den Notar richten sich **47**
nach §§ 141 ff. Kostenordnung (KostO) im wesentlichen nach § 36 ff. KostO.
Nach § 39 Abs. 3 KostO bestimmt sich bei Eheverträgen der **Geschäftswert**
nach dem zusammengerechneten Wert der gegenwärtigen Vermögen beider Ehegatten oder, wenn der Ehevertrag nur das Vermögen eines Ehegatten betrifft,
nach dessen Wert. Die Schulden werden bei der Ermittlung des Geschäftswertes
von dem Vermögen abgezogen. Betrifft der Ehevertrag ausnahmsweise nur bestimmte Gegenstände, ist deren Wert maßgebend. Nach dem so ermittelten Gegenstandswert entsteht im Normalfall eine doppelte Gebühr, § 36 Abs. 2 KostO.
Wird mit dem Ehevertrag ein **Erbvertrag** verbunden, gilt § 46 Abs. 3 KostO.
Auch in diesem Fall entsteht die doppelte Gebühr, der der Geschäftswert des
Vertrages zugrunde gelegt wird, der den höheren Wert hat, §§ 46 Abs. 1 und 3
KostO. Zusätzliche Gebühren für das Betreiben der **Eintragung** des Ehevertrages im Güterrechtsregister entstehen nur, wenn der Eintragungsantrag näher be-
gründet werden muß, § 146 Abs. 2 KostO, oder der die Eintragung betreibende
Notar den Entwurf der Urkunde nicht selbst gefertigt hat, aber die Unterschrift
oder das Handzeichen unter dem Entwurf von ihm beglaubigt worden ist[213].

B. VEREINBARUNGEN ÜBER SONSTIGE EHEWIRKUNGEN

1. Unterhaltsverträge

Obwohl Unterhaltsansprüche der Ehegatten nicht zu den „güterrechtlichen Ver- **48**
hältnissen" im Sinne des § 1408 Abs. 1 gehören (siehe oben Rz. 4), können mit
einem Ehevertrag Vereinbarungen über den Unterhalt verknüpft werden. Dem
wird allerdings durch die §§ 1585 c, 1614, 1360 a Abs. 3 ein recht enger Rahmen
gesteckt. Aus der Verweisung auf § 1614 in § 1360 a Abs. 3 ergibt sich nämlich,
daß während des Bestehens der Ehe ein vertraglicher Verzicht auf Unterhalt für
die Zukunft unzulässig ist, und zwar auch dann, wenn eine Abfindung vorgesehen ist. Zulässig sind lediglich Vereinbarungen über Art und Höhe der Zahlungen, so daß sich Unterhaltsvereinbarungen für die Zeit des Getrenntlebens unabhängig von dem zwischen den Ehepartnern geltenden Güterstand im Rahmen
dessen halten müssen, was sich aus der Anwendung der gesetzlichen Vorschriften der §§ 1360 a, 1361 ergibt[214].

§ 1585 c läßt allerdings Vereinbarungen über die **Unterhaltpflicht nach Scheidung** zu, wobei weitgehend unstreitig ist, daß trotz des engeren Wortlautes und

---

[213] Nach diesen Kriterien kostet die Beurkundung eines Ehevertrages nach der derzeit gültigen Tabelle
(Anlage zu § 32 KostenO) bei einem angenommenen Geschäftswert von 100.000,– DM 520,– DM
plus Nebengebühren (Auslagenpauschale, Mehrwertsteuer, Schreibauslagen etc.). Die einfache Gebühr erhöht sich um 30,– DM für jede weitere 20.000,– DM Gegenstandswert bis zu einem Gesamtwert von 10 Million DM; die Kosten belaufen sich also bei 200.000,– DM Geschäftswert auf 820,–
DM, bei 500.000,– DM Geschäftswert auf 1.720,– DM, bei 1 Million DM Geschäftswert auf 3.220,–
DM, bei 1,5 Million DM Geschäftswert auf 4.720,– DM, jeweils zuzüglich Nebenkosten.
[214] Vergl. z.B. Palandt-Diederichsen, § 1361 Anm. 1 c und § 1614 Anm. 2, m.w.N.

der systematischen Stellung der Vorschrift im Recht der Ehescheidung eine Unterhaltsvereinbarung für die Zeit nach der Scheidung auch von Verlobten im Hinblick auf eine beabsichtigte Eheschließung getroffen werden kann[215] und daß Vereinbarungen über den nachehelichen Unterhalt auch unabhängig von einer Krisensituation oder bereits bestehenden Scheidungsabsichten zulässig sind[216].

Gerade für Unterhaltsverträge, die etwaige Unterhaltsansprüche für die Zeit nach einer Ehescheidung einschränken oder ausschließen, muß das erhebliche Risiko berücksichtigt werden, das immer in Vereinbarungen liegt, die unter Umständen in weiter Ferne liegende Sachverhalte regeln sollen, ohne daß bei Abschluß des Vertrages einigermaßen sicher erkennbar ist, wie die tatsächlichen Verhältnisse sich dann gestalten. Ein rechtswirksamer Unterhaltsverzichtsvertrag bringt nach allgemeiner Meinung nicht nur die einzelnen Unterhaltsansprüche, sondern das **Stammrecht** insgesamt zum Erlöschen, so daß bei wirksamem (nur durch Verzichtsvertrag möglichen, § 397 Abs. 1) **Unterhaltsverzichtsvertrag** die Unterhaltsansprüche auch dann nicht aufleben, wenn sich die Verhältnisse unvorhergesehen ändern und z.B. einer der Ehepartner bei Scheidung der Ehe in wirtschaftlicher Not ist[217]. Wegen des Erlöschens des Stammrechtes durch einen wirksamen Unterhaltsverzicht können Unterhaltsansprüche auch nicht über die Anwendung der Grundsätze über den Wegfall der Geschäftsgrundlage aufleben, wenn sich seit Abschluß des Vertrages die Verhältnisse wesentlich verändert haben[218].

Die Tatsache, daß bei Wirksamwerden des vertraglichen Unterhaltsverzichtes einer der Ehepartner unterhaltsbedürftig und – ohne den Unterhaltsverzicht – auch unterhaltsberechtigt wäre, kann für sich alleine genommen auch noch nicht zur **Sittenwidrigkeit** des Unterhaltsverzichtsvertrages führen, weil es für die Frage der Sittenwidrigkeit auf die Umstände zum Zeitpunkt des Vertragsschlusses ankommt[219]. Nur im Einzelfall kann unter besonderen Umständen einer Berufung auf eine Unterhaltsverzichtsvereinbarung der Einwand des § 242 entgegengehalten werden[220].

Ein endgültiger und vorbehaltloser Unterhaltsverzicht sollte deswegen in einem Ehevertrag nur erklärt werden, wenn die Geburt von Kindern mit Sicherheit nicht mehr zu erwarten ist oder auch für den Fall der Aufgabe der Berufstätigkeit der Unterhalt aus dem Vermögen auf jeden Fall gesichert ist. In anderen Fällen empfiehlt es sich, zumindest einen **Rücktrittsvorbehalt** für den Fall der Geburt gemeinschaftlicher Kinder oder das sonstige Auftreten nicht vorhergesehener, eine Unterhaltsbedürftigkeit begründender Umstände vorzusehen[221]. Soll der Un-

---

[215] Z.B. OLG Hamm, FamRZ 82, 1215; Palandt-Diederichsen, § 1585 c Anm. 2 d; Langenfeld, NJW 81, 2377, Walter, NJW 81, 1409, 1410 m.w.N.
[216] Z.B. OLG Hamm, FamRZ 82, 1215, Diederichsen, NJW 77, 217, 223.
[217] Z.B. BayOLG FamRZ 67, 224 f; MünchKomm-Richter, § 1585 c Rz. 29 und 45 m.w.N.
[218] Vergl. OLG Düsseldorf, FamRZ 84, 171 f (Geburt eines gemeinsamen Kindes nach Scheidung und Unterhaltsverzicht).
[219] Z.B. Walter, NJW 81, 1409, 1411 und BGHZ 20, 71 f.
[220] BGH JR 86, 17 f mit zustimmender Anm. Richter.
[221] Vergl. z.B. die Zusammenstellung bei Langenfeld, NJW 81, 2377, 2378.

terhaltsanspruch generell ausgeschlossen, hiervon aber der krasse Fall ausgenommen werden, daß der verzichtende Ehepartner in Not gerät, kommt ein eingeschränkter Verzicht in Betracht, etwa mit der Formulierung „mit Ausnahme des Falles der Not". Ein solch **eingeschränkter Unterhaltsverzicht** ist als durch den Eintritt der Notlage auflösend bedingt anzusehen. Tritt die Bedingung ein, kann der Berechtigte den notwendigen Unterhalt verlangen, ohne daß er auf den nur notdürftigen Unterhalt verwiesen werden könnte. Der Unterhalt kann allerdings nur solange verlangt werden, wie er zur Beseitigung der Notlage erforderlich ist[222].

Das seit dem 1.7.1977 geltende prinzipiell **verschuldensunabhängige Unterhaltsrecht** konnte im Einzelfall zu unangemessenen Ergebnissen führen, beispielsweise durch die Überbürdung des Arbeitsmarktrisikos auf den geschiedenen Ehegatten trotz unter Umständen nur kurzer Ehe und durch die Lebensstandardgarantie der §§ 1573, 1578, bei krassen Einkommensunterschieden und kurzer Ehe[223]. Nachdem das Bundesverfassungsgericht im übrigen die negative Härteklausel des § 1579 Abs. 2 in der ursprünglichen Gesetzesfassung für teilweise verfassungswidrig erklärt hat[224], ist eine Korrektur des Unterhaltsrechts durch das Gesetz zur Änderung unterhaltsrechtlicher, verfahrensrechtlicher und anderer Vorschriften, in Kraft seit dem 1.4.1986, erfolgt[225]. Da auch die Neufassung des Unterhaltsrechts mit unbestimmten und durch die Rechtsprechung zunächst ausfüllungsbedüftigen Begriffen arbeitet[226] kann trotz der Neuregelung im Einzelfall Anlaß für mit einem Ehevertrag verbundene Unterhaltsvereinbarungen bestehen, die den Unterhalt nicht vollständig ausschließen, wohl aber die Höhe und die Dauer regeln. Denkbar ist beispielsweise eine Vereinbarung über eine Begrenzung oder einen **Ausschluß des Aufstockungsunterhaltsanspruches** bzw. darüber, daß sich der Unterhalt nicht nach den ehelichen Lebensverhältnissen, sondern nach der beruflichen Ausbildung oder Stellung des unterhaltsberechtigten Ehepartners bemessen soll. Auch kann vertraglich der Unterhalt auf eine **Höchstdauer** beschränkt werden, die sich beipielsweise an der Dauer der Ehe orientieren kann[227].

Das häufig als problematisch empfundene verschuldensunabhängige Unterhaltsrecht hat im übrigen zu der Frage geführt, ob es zulässig ist, in einem Ehevertrag bzw. einem Unterhaltsvertrag im Sinne des § 1585 c das Entstehen von Unterhaltsansprüchen an das seit dem 1.7.1977 nicht mehr geltende frühere **Verschuldensprinzip** anzuknüpfen, also beispielsweise in einem schon vor Eheschließung notariell beurkundeten Ehevertrag neben Gütertrennung und Ausschluß des Versorgungsausgleichs vorzusehen, daß im Falle der Scheidung für denjenigen Ehegatten ein Unterhaltsanspruch ausgeschlossen ist, den an dem Scheitern der

49

---

[222] MünchKomm-Richter, § 1585 c Rz. 30; Göppinger, FamRZ 70, 222 und Unterhaltsrecht, Rz. 1611.
[223] Standardbeispiel: Ehe des Chefarztes mit einer Krankenschwester.
[224] NJW 81, 1771 ff.
[225] Vergl. hierzu insbesondere Bosch, FamRZ 84, 1165 ff. Eyrich, FamRZ 84, 941 ff., Hahne, FamRZ 85, 113 ff., Jäger, FamRZ 85, 865 ff.; Diederichsen, NJW 86, 1283 ff.
[226] Vergl. insbesondere die Glosse von Schwab, „Maß für Maß" FamRZ 86, 128 ff.
[227] Vergl. im einzelnen die Anwendungsfälle bei Langenfeld, NJW 81, 2377 f.

Ehe das alleinige oder überwiegende Verschulden trifft[228]. Die Frage nach der Zulässigkeit solcher Vereinbarungen kann im Hinblick auf die Disponibilität der Vorschriften über den nachehelichen Unterhalt und die hierdurch begründete Vertragsfreiheit der Ehepartner nur bejaht werden. Gesetzlich verboten (§ 134) ist eine solche Vereinbarung nicht. Sittenwidrig kann sie schon deswegen nicht sein, weil immerhin jahrzehntelang der verschuldensabhängige Unterhaltsanspruch geltendes Recht war[229]. Gegen die Zweckmäßigkeit solcher Vereinbarungen sprechen allerdings letztlich alle Gründe, die für die Änderung des alten verschuldensabhängigen Scheidungs- und Scheidungsfolgenrechts angeführt worden sind. Die überzeugende Feststellung, welcher der Ehegatten die Zerrüttung der Ehe (schuldhaft) verursacht hat, ist selten möglich. Es fehlen verbindliche Maßstäbe dafür, wann ein Verhalten eine Eheverfehlung darstellt und wann nicht. Unerfreulich ist das sogenannte „Waschen schmutziger Wäsche" und die Notwendigkeit der Erörterung persönlichster Dinge vor Gericht[230]. Soweit gerade grob einseitiges Verschulden des an sich unterhaltsberechtigten Ehepartners die Inanspruchnahme des anderen Partners unbillig erscheinen läßt, erlaubt die Billigkeitsvorschrift des § 1579 die notwendige Korrektur[231].

2. Vereinbarungen über sonstige allgemeine wirtschaftliche Ehewirkungen

50 Die Ehegatten können mit einem Ehevertrag im engeren Sinne und einer Vereinbarung über den Versorgungsausgleich und/oder nachehelichen Unterhalt auch Vereinbarungen über sonstige Ehewirkungen verbinden. Sie können Vereinbarungen über die nähere Ausgestaltung ihrer Lebensgemeinschaft, Fragen der Haushaltsführung, Namensführung und der Berufstätigkeit einbeziehen (§§ 1353, 1355, 1356) und insbesondere, was in der Praxis häufiger vorkommt, Fragen der Ehewohnung, des Hausrates und evtl. der Schlüsselgewalt regeln[232].

---

[228] Vergl. hierzu insbesondere Walter, NJW 81, 1409 ff.
[229] Neben Walter, a.a.O. für die Zulässigkeit z.B.: Palandt-Diederichsen, § 1585 c Anm. 2 d.
[230] Vergl. z.B. die Begründung zum „Entwurf eines ersten Gesetzes zur Reform des Ehe- und Familienrechts", herausgegeben vom Bundesjustizministerium, Juli 1971.
[231] Vergl. hierzu z.B. Lübbert, Der Ausschluß des nachehelichen Unterhalts wegen grober Unbilligkeit, 1982.
[232] Vergl. insbesondere Langenfeld, Eheverträge, Rz. 23 bis 48 und 64 ff.

ZWEITES KAPITEL
Der gesetzliche Güterstand der Zugewinngemeinschaft

A. ENTSTEHEN DES GÜTERSTANDES

Die Ehegatten leben kraft Gesetzes im Güterstand der Zugewinngemeinschaft, **51**
wenn sie nicht durch Ehevertrag etwas anderes vereinbaren, § 1363 Abs. 1. Eingeführt wurde die Zugewinngemeinschaft als „gesetzliches Güterrecht" durch
das am 1.7.1958 in Kraft getretene **Gleichberechtigungsgesetz.**

I. Nach dem 1.7.1958 geschlossene Ehen

Der Güterstand der Zugewinngemeinschaft gilt in jeder Ehe, die nach dem
1.7.1958 geschlossen worden ist, sofern die Ehegatten nicht schon vor der Eheschließung für den Fall der Eheschließung etwas anderes vereinbart haben. Aufgrund der Formvorschrift des § 1410 (dazu oben Rz. 38 ff.) und der subsidiären
Geltung der §§ 1363 ff. gilt dies bis zum formwirksamen Vertragsschluß auch
dann, wenn die Ehegatten von Anfang an die Absicht hatten, einen Ehevertrag
zur Änderung des gesetzlichen Güterstandes zu schließen.

II. Ehen, die bis zum 30.6.1958 geschlossen worden sind

Das am 1. 1. 1900 in Kraft getretene Bürgerliche Gesetzbuch führte erstmals einen einheitlich gestalteten gesetzlichen Güterstand ein, und zwar den der ehemännlichen Verwaltung und Nutznießung. Daneben regelte es eine Reihe weiterer Güterrechtstypen, nämlich die allgemeine Gütergemeinschaft, die Errungenschaftsgemeinschaft und die Fahrnisgemeinschaft, zu denen noch als hilfsweise
geltender gesetzlicher Güterstand die Gütertrennung kam. Der gesetzliche Güterstand der Verwaltung und Nutznießung durch den Ehemann widersprach
dem durch das Grundgesetz eingeführten Grundsatz der Gleichberechtigung
und trat dementsprechend nach Art. 117 Abs. 1 GG als Art. 3 Abs. 2 GG entge-
genstehendes Recht zum 1.4.1953 außer Kraft. Da bis dahin eine gesetzliche
Neuregelung des Güterrechts nicht erfolgt war, trat ab dem 1.4.1953 nach herrschender Meinung anstelle des gesetzlichen Güterstandes der ehemännlichen
Verwaltung und Nutznießung Gütertrennung ein. Bei den übrigen Güterständen
war, falls dies vereinbart war, die Verwaltung des Vermögens durch den Ehemann oder die Ehefrau möglich; in den übrigen Fällen war die Verwaltung eine
Obliegenheit beider Ehegatten[1].

Durch das **Gleichberechtigungsgesetz** wurden die bei seinem Inkrafttreten am
1.7.1958 bestehenden Ehen wie folgt in den gesetzlichen Güterstand übergeleitet:
Der Güterstand aller Ehen, die vor dem 1.4.1953 geschlossen wurden, wurde in
den neuen gesetzlichen Güterstand übergeleitet, und zwar auch, wenn für diese
Ehen infolge des Außerkrafttretens des damaligen gesetzlichen Güterstandes der

---

[1] Vergl. die Darstellung bei Palandt-Diederichsen 41. Aufl., Einführung 1 bis 4 vor § 1363.

subsidiäre Güterstand der Gütertrennung galt. In den neuen gesetzlichen Güterstand wurden auch die Ehen übergeleitet, die in der Zeit vom 1.4.1953 bis zum
30.6.1958 geschlossen wurden. Ausgenommen von der Überleitung waren Ehen,
in denen die Ehegatten etwas anderes vereinbart hatten, also in denen ein vertraglich vereinbarter Güterstand galt (Art. 8 Ziff. 5 Abs. 1, 6 und 7 des Gleichberechtigungsgesetzes). Für Ehegatten, die am 31.3.1953 im Güterstand der Verwaltung
und Nutznießung des Ehemannes gelebt hatten und für Ehegatten, die die Ehe
zwischen dem 1.4.1953 und dem 21.6.1957 (dem Tag der Verkündung des
Gleichberechtigungsgesetzes) geschlossen haben und die keinen Ehevertrag vereinbart haben, bestand nach Art. 8 I Ziff. 1 Abs. 2 des Gleichberechtigungsgesetzes die Möglichkeit, gegenüber dem Amtsgericht bis zum 30.6.1958 die **Erklärung** abzugeben, daß für die Ehe **Gütertrennung** gelten solle. Diese Erklärung
konnte jeder Ehegatte selbständig ohne Mitwirkung des anderen Ehegatten
rechtswirksam abgeben[2]. Wurde durch eine solche einseitig mögliche Erklärung
eines Ehegatten Gütertrennung herbeigeführt, sind die Abänderung dieses Güterstandes und die Einführung des Güterstandes der Zugewinngemeinschaft nur
durch einen neuen Ehevertrag beider Ehegatten im Sinne des § 1408 möglich.

B. WIRKUNGEN DES GESETZLICHEN GÜTERSTANDES BEI BESTEHENDER EHE

I. Vermögensmassen

52 Nach § 1363 Abs. 2 werden das Vermögen des Mannes und das Vermögen der
Frau nicht gemeinschaftliches Vermögen der Ehegatten. Dies gilt auch für Vermögen, das ein Ehegatte nach der Eheschließung erwirbt. Jedoch wird der während der Ehe von den Ehegatten erzielte Zugewinn ausgeglichen, wenn die Zugewinngemeinschaft endet (dazu unten Rz. 65 ff. und 75 ff.). Bis zur Beendigung
des Güterstandes hat die Zugewinngemeinschaft also – bis auf gewisse Verfügungsbeschränkungen (dazu unten Rz. 53 ff.) hinsichtlich der Vermögensmassen
die gleichen Auswirkungen wie eine vollständige Gütertrennung. Jeder Ehegatte
bleibt **Alleininhaber** seines Vermögens, und zwar auch desjenigen Vermögens,
das er nach der Eheschließung erwirbt. Eine Vermögensgemeinschaft ohne besonderen Übertragungsakt entsteht auch nicht dadurch, daß die Ehegatten gemeinsam nach der Eheschließung Einzahlungen auf ein von einem Ehegatten alleine begründetes Sparbuch vornehmen[3].

Jeder Ehegatte **haftet** allein mit seinem Vermögen für seine vor oder während der
Ehe begründeten Verbindlichkeiten. Er ist prinzipiell nicht verpflichtet, für die
Verbindlichkeiten des anderen Ehegatten einzustehen, sofern er nicht im Einzelfall die Mithaft gegenüber dem Gläubiger übernommen hat oder eine Haftung
nach § 1357 („Schlüsselgewalt") begründet worden ist. Welcher der Ehegatten

---

[2] Zu Einzelheiten des Verfahrens siehe die Darstellung bei PalandtDiederichsen, 41. Aufl. Grundzüge
   5 d vor § 1363.
[3] OLG Zweibrücken, FamRZ 86, 63 f.

Eigentümer oder Inhaber der nach der Eheschließung angeschafften Gegenstände oder Vermögenswerte wird, bestimmt sich nach allgemeinen schuld- und sachenrechtlichen Vorschriften. Für Haushaltsgegenstände bestimmt die Sondervorschrift des § 1370, daß Haushaltsgegenstände, die anstelle von nicht mehr vorhandenen oder wertlos gewordenen Gegenständen angeschafft worden sind, Eigentum desjenigen Ehegatten werden, dem die nicht mehr vorhandenen oder wertlos gewordenen Gegenstände gehört haben, und zwar unabhängig davon, mit wessen Mitteln die Gegenstände erworben worden sind[4].

Erfolgt die Ersatzbeschaffung durch den Ehegatten, dem das ersetzte Stück nicht gehört hat, erwirbt der andere Ehegatte das neue unmittelbar in dem Zeitpunkt, in dem der vertragschließende Ehegatte ohne Eingreifen des §1370 Eigentum erwerben würde. Nach herrschender Meinung handelt es sich dabei nicht um einen Durchgangserwerb[5]. Durch den Nachweis des Alleineigentums nach § 1370 kann die Vermutung des § 1362 Abs. 1 Satz 1 widerlegt werden. § 1370 geht im übrigen als Sondervorschrift dem § 8 Abs. 2 HausratsVO vor[6].

Der Begriff der Haushaltsgegenstände entspricht dem in § 1369 (dazu unten Rz. 58). Unerheblich sind selbst große Qualitäts- oder Wertunterschiede, sofern die Neuanschaffung lediglich Ersatzfunktionen hat. Unerheblich ist auch, ob der Erwerb dem Willen des vertragschließenden Ehegatten entspricht oder nicht[7].

II. Vermögensverwaltung und Verfügungsbeschränkungen

Nach § 1364 verwaltet jeder Ehegatte sein Vermögen selbständig. Er ist jedoch in der Verwaltung seines Vermögens nach Maßgabe der Vorschriften der §§ 1365 bis 1370 beschränkt.

1. Beschränkung der Verfügung über das Vermögen im ganzen, § 1365

Nach § 1365 kann sich ein Ehegatte nur mit Einwilligung des anderen verpflichten, über sein Vermögen im ganzen zu verfügen. Hat er sich ohne Zustimmung des anderen Ehegatten verpflichtet, kann er die Verpflichtung nur erfüllen, wenn der andere Ehegatte einwilligt. **53**

a) Absolutes Veräußerungsverbot

Die Vorschrift bezweckt zum einen den Schutz der Anwartschaft der Ehepartner auf den Zugewinnausgleich bei Beendigung des Güterstandes; zum anderen soll sie verhindern, daß ein Ehegatte ohne Zustimmung des anderen durch Weggabe seines ganzen Vermögens der Familie ihre wirtschaftliche Grundlage entziehen kann. Hieraus ergibt sich nach herrschender Meinung, daß § 1365 kein relatives (§ 135), sondern ein **absolutes**, gegen jeden wirkendes **Veräußerungsverbot** enthält und der gute Glaube des Dritten an die Ver-

[4] Vergl. z.B. Palandt-Diederichsen, § 1370 Anm. 2.
[5] Vergl. Soergel-Lange, § 1370 Rz. 13.
[6] Vergl. Soergel-Lange, § 1370 Rz. 3, 4 und KG FamRZ 68, 648 f; LG Düsseldorf, NJW 72, 60.
[7] Vergl. z.B. Soergel-Lange, § 1370 Rz. 11 und 12 m.w.N.

fügungsbefugnis des handelnden Ehegatten nicht geschützt wird[8]. Mangels Anwendbarkeit des § 135 Abs. 2 finden dementsprechend die Vorschriften über den Schutz gutgläubiger Dritter keine Anwendung. Haben allerdings die Ehegatten zunächst durch Ehevertrag Gütertrennung vereinbart, dies eintragen lassen, dann die Geltung des gesetzlichen Güterstandes vereinbart und diese Änderung nicht eintragen lassen, gelten die Grundsätze des § 1412 (dazu oben Rz. 44 ff.), so daß die Ehegatten sich dem Dritten gegenüber nicht auf die Unwirksamkeit einer Verfügung über das Vermögen als ganzes berufen können[9].

Auch hindert § 1365 nicht die rechtswirksame Weiterveräußerung durch den Vertragspartner des Ehegatten an einen Vierten[10].

b) Auslegungsfragen – Einzeltheorie

54 Zur Auslegung des Begriffs der Verfügung über das Vermögen im ganzen hat sich in der Praxis die sogenannte **Einzeltheorie** durchgesetzt, wonach der Beschränkung des § 1365 neben Geschäften, die ihrem Inhalt zufolge das gesamte Vermögen zum Objekt haben, auch andere Geschäfte unterliegen, die nur einen oder einzelne Gegenstände des Vermögens zum Objekt haben, wenn damit „im wesentlichen das ganze Vermögen" erfaßt wird. Geschäfte über einen Bruchteil des Vermögens fallen (anders als in § 311) nicht unter § 1365, sofern nicht wiederum dieser Bruchteil so groß ist, daß er seinerseits fast das gesamte Vermögen ausmacht[11]. Ob ein Rechtsgeschäft im Einzelfall nahezu das gesamte Vermögen eines Ehegatten betrifft, muß nach einem **Wertvergleich** zwischen dem veräußerten und dem noch verbliebenen Vermögen beurteilt werden. Feste Grenzen hierfür haben sich in Rechtsprechung und Literatur noch nicht herausgebildet, wenn sie auch vielfach für wünschenswert gehalten werden. Zustimmungsbedürftigkeit wurde im allgemeinen bejaht, wenn das Geschäft zwischen 90 und 70 % des Vermögens erfaßte[12]. Stark umstritten ist die Frage, ob in den Wertvergleich das laufende Arbeitseinkommen und Ansprüche oder Anwartschaften auf Pensions- und Rentenansprüche einzubeziehen sind[13].

Der Schutzzweck des § 1365 würde weitgehend unterlaufen, wollte man noch nicht entstandene und noch nicht fällige Ansprüche auf Arbeitslohn, Renten oder sonstige Versorgungsleistungen in den Wertvergleich einbeziehen[13a].

---

[8] Vergl. insbesondere BGHZ 40, 218 f = NJW 64, 347 = FamRZ 64, 25 m.w.N.; Soergel-Lange, § 1365 Rz. 3; Palandt-Diederichsen, § 1365 Anm. 1; Staudinger-Thiele, § 1365 Rz. 99; a.A. Münch-Komm-Gernhuber, § 1365 Rz. 6.

[9] Vergl. insbesondere Staudinger-Thiele, § 1365 Rz. 99.

[10] OLG Zweibrücken, FamRZ 86, 997 f.
    Hierzu sowie zur Einzeltheorie vergl. insbesondere Staudinger-Thiele, § 1365 Rz. 16 ff., Rz. 32; Soergel-Lange, § 1365 Rz. 16 und 20; BGB-RGRK-Finke, § 1365 Rz. 3 MünchKomm-Gernhuber, § 1365 Rz. 12 ff.; Palandt-Diederichsen, § 1365 Anm. 2 a und BGHZ 35, 135; 43, 174.

[12] Vergl. die Zusammenstellung einzelner Gerichtsentscheidungen zum Wertvergleich bei Palandt-Diederichsen, § 1365 Anm. 2 a und Soergel-Lange, § 1365 Rz. 16.

[12a] Gegen Berücksichtigung der Erwartung künftigen Arbeitseinkommens BGH FamRZ 87, 909 f; gegen Berücksichtigung von Rentenansprüchen, Wohnrechten und ähnlichen Nutzungsrechten OLG Celle, FamRZ 87, 942 ff.

[13] Vergl. zuletzt die Darstellung des Meinungsstandes bei OLG Frankfurt, FamRZ 84, 698 f.

Als gegenwärtiges Vermögen kann aber jede **Einkommensquelle** als solche einbezogen werden, wozu auch Stammrechte künftiger Ansprüche gehören können, wenn der Ehegatte jederzeit die Realisierung solcher Stammrechte etwa durch eine Barabfindung erreichen kann. Dies gilt insbesondere für Ansprüche aus einer privaten Lebensversicherung, die mit dem jeweiligen Rückkaufswert zurückgekauft werden können und mit dem Rückkaufswert deswegen zum gegenwärtigen Vermögen zu rechnen sind[14].

Auch ein **Betrieb**, aus dem laufende Einkünfte erzielt werden, gehört zum gegenwärtigen und zu berücksichtigenden Vermögen, ebenso wie fällige und rückständige Ansprüche auf Lohn und Gehalt[15]. Unter Berücksichtigung des Schutzzweckes des § 1365 kann es aber nicht als ausreichend angesehen werden, daß sich der derzeitige Wert eines Rentenrechtes oder eines sonstigen Rechtes auf künftige Leistungen durch Kapitalisierung (fiktiv) errechnen läßt[16].

Die **Gegenleistung** spielt für die Frage, ob ein Geschäft der Verfügungsbeschränkung des § 1365 unterliegt, keine Rolle[17]. Unter Vermögen im Sinne des § 1365 ist das Aktivvermögen zu verstehen, also nicht etwa nur das Nettovermögen als Differenz zwischen Aktiva und Passiva, weil auch bei Überschuldung des Gesamtvermögens ein Interesse an der Erhaltung z.b. eines überschuldeten bzw. hoch belasteten Hausgrundstückes besteht[18].

Die **Belastungen** eines Vermögensgegenstandes müssen aber jedenfalls bei dem anzustellenden Wertvergleich zwischen dem Restvermögen und dem Vermögen, über das verfügt worden ist, berücksichtigt werden[19].

Mehrere einzelne Geschäfte, die erst in ihrer Gesamtheit zu einer Verfügung über das Vermögen als ganzes führen, bleiben zustimmungsfrei, sofern sie nicht eine allen Parteien bewußte **Zweckeinheit** bilden bzw. einen einheitlichen Lebensvorgang darstellen und in zeitlichem und sachlichem Zusammenhang stehen[20].

c) Kenntnis des Geschäftsgegners bei Gesamtvermögensverfügungen durch Einzelgeschäft

55 Liegt die Verfügung über das Vermögen als ganzes in einem Geschäft über einen einzelnen Vermögensgegenstand, ist nach der herrschenden **Einzeltheorie** (siehe

---

[14] Vergl. BGH NJW 77, 101 = FamRZ 77, 41 zum Zugewinnausgleichsrecht und unten Rz. 94.
[15] Wie hier z.b. Staudinger-Thiele, § 1365 Rz. 30; Soergel-Lange, § 1365 Rz. 19; vergl. auch OLG Celle, FamRZ 87, 942 ff. (keine Berücksichtigung eines Wohnrechtes).
[16] So aber z.b. OLG Frankfurt, FamRZ 84, 698, 699.
[17] Ganz hM: z.b. BGHZ 35, 135, 145; BGB-RGRK-Finke, § 1365 Rz. 11; Palandt-Diederichsen, § 1365 Anm. 2 a; Soergel-Lange, § 1365 Rz. 21 und Staudinger-Thiele, § 1365 Rz. 35, jeweils m.w.N. gegen: Rittner, Handelsrecht und Zugewinngemeinschaft I: Die Bedeutung des § 1365 BGB im Handelsrecht, FamRZ 61, 1 ff., 15/16 und Meyer-Stolte, Anm. zu BGH FamRZ 61, 302 ff. in FamRZ 61, 363 f.
[18] Vergl. z.b. MünchKomm-Gernhuber, § 1365 Rz. 8 und BGB-RGRK-Finke, § 1365 Rz. 4.
[19] Z.B. Staudinger-Thiele, § 1365 Rz. 28; MünchKomm-Gernhuber, § 1365 Rz. 18; Soergel-Lange, § 1365 Rz. 17; BGHZ 77, 293 = FamRZ 80, 765; einschränkend BGB-RGRK-Finke, § 1365 Rz. 4.
[20] In Details bestehen auch hier Meinungsverschiedenheiten, vergl. die Zusammenstellung bei MünchKomm-Gernhuber, § 1365 Rz. 22, 23 und Fußnote 20.

oben Rz. 54) zum Schutz des Geschäftsverkehrs weitere Voraussetzung der Zustimmungsbedürftigkeit, daß dem Geschäftspartner bekannt ist, daß es sich bei dem Geschäftsgegenstand um das ganze oder im wesentlichen das ganze Vermögen des Ehegatten handelt oder daß er mindestens die Verhältnisse positiv kennt, aus denen sich dies ergibt[21].

Maßgeblicher Zeitpunkt für die Kenntnis des Geschäftsgegners ist wohl nach herrschender, aber sehr umstrittener Meinung der Zeitpunkt der Vollendung des Erwerbstatbestandes. Wegen des anders gelagerten Schutzzweckes gilt dies – anders als bei § 419 – auch für den Grundstücksverkehr[22].

d) Abgrenzungsfragen

Die Abgrenzung zustimmungsbedürftiger von zustimmungsfreien Rechtsgeschäften ist in der Praxis häufig schwierig. **Zustimmungsbedürftigkeit** kann gegeben sein bei einer Hofübergabe, Übertragung von Grundbesitz gegen Altenteilsrente, bei einer Geschäftsveräußerung, der Einbringung eines Grundstückes oder anderen Vermögensgegenstandes in eine Gesellschaft, bei der Kündigung eines Gesellschaftsvertrages zwecks Auflösung der Gesellschaft und Auseinandersetzung; unter Umständen auch bei der Zustimmung zur gesellschaftsvertraglichen Änderung der Abfindungsbedingungen, wenn hierdurch das gesamte Vermögen tangiert wird[23].

Zustimmungsbedürftig sein kann ein Erbauseinandersetzungsvertrag, wenn das Gesamthandseigentum in vollem Umfange auf einen Miterben übergeht und die übrigen Miterben in Geld abgefunden werden sollen[24]. Demgegenüber soll jedoch jeder Erbe bei der Mitwirkung an einer Erbauseinandersetzung nach den gesetzlichen Regeln frei sein, weil hierdurch lediglich eine wirksame vom Gesetz begründete Verbindlichkeit erfüllt wird. Unanwendbar ist § 1365 auch bei der Entscheidung eines Erben über die Ausschlagung oder die Annahme einer Erbschaft oder eines Vermächtnisses[25].

Zustimmungsbedürftig kann sein die Bestellung eines Nießbrauchs an einem Grundstück[26] oder dessen sonstige Belastung unter Ausschöpfung des restlichen Grundstückswertes, wobei die Einzelheiten allerdings streitig sind[27]. Demgegenüber soll die Übernahme einer Bürgschaft auch dann nicht zustimmungsbedürf-

---

[21] Z.B. BGHZ 43, 174, 177; 77, 293, 295 und FamRZ 83, 1101, 1102; Staudinger-Thiele, § 1365 Rz. 20 f; Palandt-Diederichsen, § 1365 Anm. 2 b, jeweils m.w.N.
[22] Vergl. OLG Saarbrücken, FamRZ 84, 587, 588; Palandt-Diederichsen, § 1365 Anm. 2 a.E.; Soergel-Lange, § 1365 Rz. 13, jeweils m.w.N.; a.A. Staudinger-Thiele, § 1365 Rz. 24; MünchKomm-Gernhuber, § 1365 Rz. 29 (Zeitpunkt der Abgabe der Willenserklärung durch den Erwerber) und BGHZ 55, 105 ff. (zu § 419): Maßgebend Zeitpunkt der Stellung des Eintragungsantrages, ggf. des Antrages auf Eintragung der Auflassungsvormerkung; hierfür auch Bosch, Anm. zu OLG Saarbrücken, FamRZ 84, 588 und zuletzt OLG Frankfurt, FamRZ 86, 275 f mit Darstellung des Meinungsstandes.
[23] Vergl. z.B. Eiselt, JZ 60, 562, 564; Beitzke, Betrieb 61, 21, 25; Fischer, NJW 60, 937, 942, Münch-Komm-Gernhuber, § 1365 Rz. 67 ff.
[24] BGHZ 35, 135, 144.
[25] Vergl. z.B. Soergel-Lange, § 1365 Rz. 48.
[26] OLG Schleswig, JurBüro 85, 1695 = FamRZ 86, 63 (LS).
[27] Vergl. die Zusammenstellung bei Staudinger-Thiele, § 1365 Rz. 47/48.

tig sein, wenn der Ehegatte sich über den Wert seines gesamten Vermögens hinaus verbürgt hat[28].

Die Verpfändung von Sachen und Rechten, z.b. einer Lebensversicherung, kann zustimmungsbedürftig sein[29], was allerdings nicht für die bloße Änderung der Bezugsberechtigung einer Kapital-Lebensversicherung gilt[30].

Sehr streitig ist, ob der Antrag eines Ehegatten auf **Zwangsversteigerung** zum **56** Zwecke der Aufhebung einer Miteigentümergemeinschaft nach § 180 ZVG zustimmungsbedürftig ist, und zwar auch dann, wenn nur die beiden Ehegatten Miteigentümer sind[31]. Die Rechtsprechung ist uneinheitlich, hat aber überwiegend die (analoge) Anwendbarkeit von § 1365 bejaht[32]. Wenn die Zustimmungsbedürftigkeit bejaht wird, besteht sie bis zur Rechtskraft eines Scheidungsurteils, auch wenn nur noch Scheidungsfolgesachen in Rechtsmittelinstanzen anhängig sind[33] (zur Dauer der Verfügungsbeschränkung und den Folgen fehlender Einwilligung siehe unten Rz. 60 ff.).

e) Ersetzung der Zustimmung durch das Vormundschaftsgericht

Entspricht das nach § 1365 Abs. 1 zustimmungsbedürftige Geschäft den Grund- **57** sätzen einer ordnungsmäßigen Verwaltung und verweigert der andere Ehegatte ohne ausreichenden Grund seine Zustimmung, kann der Ehegatte das Vormundschaftsgericht anrufen und einen Antrag auf Ersetzung der Zustimmung des anderen Ehegatten stellen. Gleiches gilt, wenn der andere Ehegatte durch Krankheit oder Abwesenheit an der Abgabe einer Erklärung verhindert ist und mit dem Aufschub Gefahr verbunden ist, § 1365 Abs. 2. Der Ersetzungsantrag kann vor oder nach Abschluß des Vertrages gestellt werden. Zuständig ist ausschließlich das Vormundschaftsgericht (§ 45 FGG) und nicht das Familiengericht[34].

Es entscheidet der Richter, nicht der Rechtspfleger, § 14 Ziff. 6 RechtspflG.

Ausreichender Grund für die Verweigerung der Zustimmung ist die Gefährdung der Anwartschaft des anderen Ehegatten auf Zugewinnausgleich oder die Gefährdung des Ausgleichsanspruches selbst, ohne daß im Ersetzungsverfahren schon Einzelheiten zur Entstehung und Höhe eines etwaigen Ausgleichsanspru-

---

[28] Vergl. BGH FamRZ 83, 455 f mit kritischer Anmerkung Bosch.
[29] MünchKomm-Gernhuber, § 1365 Rz. 81/82
[30] BGH FamRZ 67, 382 f.
[31] Übersicht über den Meinungsstand z.B. bei MünchKomm-Gernhuber, § 1365 Rz. 55 und Palandt-Diederichsen, § 1365 Anm. 2 a.
[32] OLG Celle, FamRZ 61, 30, sofern nicht die Zwangsversteigerung erst vor Scheidung beantragt aber erst danach durchgeführt wurde, FamRZ 83, 591; OLG Karlsruhe, FamRZ 70, 194; OLG Köln, NJW 71, 2312; OLG Schleswig, SchlHA 72, 184; OLG Saarbrücken, Rechtspfl. 74, 275; OLG Hamm, FamRZ 79, 128; BayOLG FamRZ 79, 290 und FamRZ 81, 46; OLG Koblenz Rechtspfl. 79, 202, 203; OLG Düsseldorf, NJW 82, 1543; OLG Stuttgart, FamRZ 82, 401; OLG Bremen, FamRZ 84, 272.
[33] Vergl. AG Idstein FamRZ 83, 709 und Palandt-Diederichsen, § 1365 Anm. 2.
[34] BGH FamRZ 82, 785.

ches geprüft und entschieden werden müßten[35]. An die Entscheidung des Vormundschaftsgerichts ist das Prozeßgericht gebunden[36].

f) Abänderbarkeit durch Ehevertrag

Die Verfügungsbeschränkung des § 1365 (wie auch die des § 1369) kann **ehevertraglich** nicht erweitert (§ 137), wohl aber beschränkt (z.b. auf einzelne Gegenstände) oder ganz ausgeschlossen werden [36a]. Zur Eintragungsfähigkeit einer solchen Vereinbarung im Güterrechtsregister siehe oben Rz. 44.

Wenn Ehegatten im wirtschaftlichen Ergebnis Gütertrennung mit den Verfügungsbeschränkungen des gesetzlichen Güterstandes möchten, erreichen sie dies durch Ausschluß des Zugewinnausgleichs bei Bestehenlassen des gesetzlichen Güterstandes.

2. Verfügungen über Haushaltsgegenstände, § 1369

58   Nach § 1369 unterliegen die Ehegatten einer Verpflichtungs- und Verfügungsbeschränkung hinsichtlich der ihnen gehörenden Gegenstände des ehelichen Hausrats. Verfügungen und Verpflichtungsgeschäfte hierüber sind nur wirksam, wenn der andere Ehegatte einwilligt oder die fehlende Zustimmung durch das Vormundschaftsgericht ersetzt wird (§ 1369 Abs. 2).

a) Allgemeines und Schutzzweck

Auch diese Vorschrift enthält eine Ausnahme von dem Grundsatz, daß jeder Ehegatte sein Vermögen selbständig verwaltet. Sie dient dem Schutz der Familie und soll verhindern, daß ein Ehegatte gegen den Willen des anderen Gegenstände des ehelichen Haushalts ihrer Bestimmung entzieht und dadurch die Haushaltsführung der Familie erschwert. Es kommt nicht auf den Nachweis einer konkreten **Gefährdung** der geschützten Interessen an. Das Gesetz will vielmehr die Familie bzw. den anderen Ehegatten schlechthin vor den abstrakten Gefahren eines jeden Rechtsgeschäfts über den Hausrat bewahren. Erst in zweiter Linie dient die Vorschrift der Sicherung des Zugewinnausgleichsanspruchs[37].

Die Zustimmungsbedürftigkeit setzt voraus, daß ein Ehegatte über die ihm allein gehörenden Hausratsgegenstände verfügt. Stehen Haushaltsgegenstände im **Miteigentum** beider Ehegatten, ergibt sich das Zustimmungserfordernis bereits aus den Vorschriften über die Gemeinschaft, §§ 747 Satz 2, 774 Abs. 1, oder – bei Anwendbarkeit von Gesellschaftsrecht – aus § 709 Abs. 1.

---

[35] Vergl. z.B. BGHZ FamRZ 78, 396, 398; BayOLG FamRZ 75, 211, 213 und FamRZ 81, 46, 47; AG Hannover, FamRZ 85, 70 und Soergel-Lange, § 1365 Rz. 67.
[36] Palandt-Diederichsen, § 1365 Anm. 6 aE
[37] So z.B. Staudinger-Thiele, § 1369 Rz. 1 und Palandt-Diederichsen, § 1369 Anm. 1.

Ob § 1369 analog anwendbar ist auf **Verpflichtungs- und Verfügungsgeschäfte** über dem anderen Ehegatten gehörende Haushaltsgegenstände, ist stark umstritten[38].

Der **Schutzzweck** der Vorschrift spricht für die analoge Anwendung. In der Praxis hat der Streit keine erheblichen Auswirkungen, da häufig Miteigentum, in fast allen Fällen aber jedenfalls Mitbesitz der Ehegatten vorliegt, so daß auch bei Ablehnung der analogen Anwendung des § 1369 einem gutgläubigen Eigentumserwerb des Dritten von dem Ehegatten, der nicht Eigentümer ist, § 935 entgegensteht[39]. Einigkeit besteht darüber, daß eine analoge Anwendung des § 1369 nicht in Betracht kommt, wenn die Haushaltsgegenstände, über die verfügt wird, einem Dritten gehören[40].

Ebensowenig wie dem Schutzbereich des § 1365 unterfallen **Zwangsvollstreckungsmaßnahmen** des Gläubigers eines Ehegatten dem Schutz des § 1369. Anwendbar ist er nur auf Rechtsgeschäfte, so daß Gläubiger die ihrem Schuldner gehörenden Haushaltsgegenstände pfänden können, wobei der andere Ehegatte wegen seines Mitbesitzes bzw. Mitgewahrsams der Pfändung nicht widersprechen kann, §§ 1362, 739 ZPO[41].

Die Bindung der Ehegatten nach § 1369 besteht jedenfalls solange, wie sie einen gemeinschaftlichen Haushalt führen. Sie kann schon entstehen, wenn ein gemeinschaftlicher Haushalt noch nicht besteht, aber geplant ist und hierfür Haushaltsgegenstände angeschafft werden[42].

Unanwendbar ist § 1365 nach herrschender Meinung auf Verfügungen, die der Erfüllung einer vor Eheschließung begründeten Verbindlichkeit dienen[43].

Streitig ist, ob § 1369 auch nach **Trennung** der Ehepartner gilt oder ob dann nicht vorrangig § 1361 a gilt, wonach jeder Ehegatte gegen den anderen Herausgabeansprüche hinsichtlich des ihm gehörenden Hausrates hat und im übrigen gemeinschaftlicher Hausrat geteilt werden soll. Nach herrschender Meinung bleibt es bei der Bindung durch § 1369 auch nach der Trennung, nicht zuletzt im Hinblick auf die Erhaltung der zum Haushalt gehörenden Vermögenswerte, die oft das einzige Vermögen der Ehegatten bilden[44] (zu den Auswirkungen einer Ehescheidung oder sonstiger Beendigung des Güterstandes siehe unten Rz. 60).

---

[38] Dafür z.B. Palandt-Diederichsen, § 1369 Anm. 1; MünchKomm-Gernhuber, § 1369 Rz. 13; Lorenz, JZ 59, 105, 107; OLG Köln MDR 68, 586; OLG Schleswig SchlHA 74, 111; LG Berlin, FamRZ 82, 803 f; dagegen z.B. Soergel-Lange, § 1369 Rz. 16; Staudinger-Thiele, § 1369 Rz. 35/36; BGB-RGRK-Finke, § 1369 Rz. 13/14.

[39] Vergl. z.B. BGB-RGRK-Finke, § 1369 Rz. 14 und Staudinger-Thiele, § 1369 Rz. 37.

[40] Z.B. Staudinger-Thiele, § 1369 Rz. 38; Soergel-Lange, § 1369 Rz. 18.

[41] Vergl. z.B. BGB-RGRK-Finke, § 1369 Rz. 16.

[42] Vergl. z.B. MünchKomm-Gernhuber, § 1369 Rz. 22 und Staudinger-Thiele, § 1369 Rz. 30.

[43] Z.B. Staudinger-Thiele, § 1365 Rz. 7 a; MünchKomm-Gernhuber, § 1365 Rz. 31; Erman-Heckelmann, § 1365 Rz. 6; aus der Rechtsprechung zuletzt LG Karlsruhe, NJW-RR 86, 169 f.

[44] Vergl. z.B. Staudinger-Thiele, § 1369 Rz. 31; Soergel-Lange, § 1369 Rz. 3; BayOLG FamRZ 65, 331 ff; OLG Saarbrücken OLGZ 67, 1, 4 ff.; a.A. MünchKomm-Gernhuber, § 1369 Rz. 23; Palandt-Diederichsen, § 1369 Anm. 1.

b) Begriff der Haushaltsgegenstände

Zum **Hausrat** gehören alle Gegenstände des ehelichen Haushalts, also alle Einrichtungsgegenstände, Haushalts- und Küchengeräte einschließlich Rundfunk- und Fernsehgeräte, Musikgeräte, Haustiere, soweit sie nicht Inventar eines landwirtschaftlichen Betriebes sind oder ausschließlich dem persönlichen Gebrauch eines Ehegatten dienen. Auch **Kunst- und Luxusgegenstände** mit erheblichem Wert gehören zum Hausrat, wenn sie nach den Lebensverhältnissen der Ehegatten dem familiären Zusammenleben und der Ausstattung der Wohnung dienen[45]. Nicht zum Haushalt gehören als **Kapital** angelegte Vermögensteile, z.B. Bankguthaben, Wertpapiere, Grundstücke und die ausschließlich oder ganz überwiegend für den **individuellen Gebrauch** eines Ehegatten bestimmten Gegenstände, wie Wäsche, Kleider, Schmuck, aber auch Gegenstände, die bei entsprechender Widmung dem gemeinsamen Haushalt dienen könnten, im Einzelfall aber ausschließlich der Nutzung durch einen Ehegatten dienen (z.B. Fachliteratur, Musikinstrumente, Hobbygegenstände)[46].

Rechte und Forderungen können in analoger Anwendung von § 1369 dessen Schutzbereich unterfallen, wenn der Gegenstand, auf den sie sich beziehen, in den ehelichen Haushalt eingegliedert ist. So unterfallen § 1369 nach allgemeiner Meinung das Anwartschaftsrecht auf Eigentumserwerb der unter Eigentumsvorbehalt des Verkäufers angeschafften Haushaltsgegenstände[47] und Ansprüche auf Rückgabe von Haushaltsgegenständen, die vorübergehend an einen Dritten vermietet oder verliehen waren[48]. Dies gilt nicht für allgemeine schuldrechtliche Ansprüche auf Übereignung oder Benutzung von (noch nicht im Haushalt befindlichen) Haushaltsgegenständen, schließlich auch nicht für Ansprüche auf Schadensersatz oder aus einer Hausratsversicherung, weil durch die Einbeziehung solcher rein schuldrechtlicher, auf Geld gerichteter Ansprüche der Schutzzweck des § 1369 zu Lasten der Sicherheit des Rechtsverkehrs übermäßig ausgedehnt würde[49].

c) Ersetzung der Zustimmung durch das Vormundschaftsgericht

59 Auch § 1369 sieht die Möglichkeit der Ersetzung der fehlenden Zustimmung durch das Vormundschaftsgericht vor, § 1369 Abs. 2. Hierzu gilt im wesentlichen das oben zu § 1365 Ausgeführte (oben Rz. 57). Im Gegensatz zu § 1365 Abs. 2 ist Voraussetzung für die Ersetzung nicht, daß ein Geschäft der ordnungsmäßigen Verwaltung entspricht, sondern nur, daß die Zustimmung ohne ausreichenden Grund verweigert wird oder wegen Krankheit oder Abwesenheit nicht

---

[45] Vergl. die Zusammenstellung bei Soergel-Häberle, § 1 HausratVO Rz. 8; Palandt-Diederichsen, § 1369 Anm. 2 a.
[46] Vergl. Staudinger-Thiele, § 1369 Rz. 13, 17.
[47] Z.B. BGB-RGRK-Finke, § 1369 Rz. 5.
[48] Z.B. Staudinger-Thiele, § 1369 Rz. 22.
[49] Vergl. Staudinger-Thiele, § 1369 Rz. 23; BGB-RGRK-Finke, § 1369 Rz. 5/6 MünchKomm-Gernhuber, § 1369 Rz. 10; Palandt-Diederichsen, § 1369 Anm. 2 a.

abgegeben werden kann. Zu würdigen sind alle Umstände, die in ihrer Gesamtheit die Verweigerung als grundlos oder berechtigt erscheinen lassen können[50].
Zur Frage der Abänderbarkeit durch **Ehevertrag** siehe oben Rz. 57.

3. Geltungsdauer der Verfügungsbeschränkungen nach §§ 1365, 1369

Die Verpflichtungs- und Verfügungsbeschränkungen der §§ 1365, 1369 entfallen   **60**
mit der Beendigung des Güterstandes für die Zukunft. Sehr streitig ist, welche
Auswirkung die Beendigung des Güterstandes auf ein zustimmungsbedürftiges,
zum Zeitpunkt der Beendigung noch **in der Schwebe** befindliches Rechtsgeschäft
hat; ob also mit Ehescheidung oder Aufhebung des Güterstandes durch Tod die
Zustimmungsbedürftigkeit entfällt und das Rechtsgeschäft wirksam wird oder ob
es zustimmungsbedürftig bleibt und dementsprechend ein Schwebezustand bis
zur endgültigen Erklärung des Ehegatten (bzw. seiner Erben) oder bis zur Ersetzung der Zustimmung durch das Vormundschaftsgericht fortdauert. Ebenso ist
streitig, ob mit der **Ehescheidung** oder der Aufhebung des Güterstandes durch
Tod die Zustimmungsbedürftigkeit entfällt und das Rechtsgeschäft wirksam wird
oder ob es zustimmungsbedürftig bleibt und dementsprechend ein Schwebezustand bis zur endgültigen Erklärung des Ehegatten oder Ersetzung der Zustimmung durch das Vormundschaftsgericht fortdauert[51].

Der Bundesgerichtshof hat sich jedenfalls für ein nach § 1365 zustimmungsbedürftiges Geschäft für das **Fortbestehen der Zustimmungsbedürftigkeit nach
Scheidung** ausgesprochen[52], ohne daß Anhaltspunkte für eine andere Behandlung dieser Frage im Rahmen des § 1369 erkennbar wären[53]. Für das Fortbestehen der Zustimmungsbedürftigkeit nach Beendigung des Güterstandes kann angeführt werden, daß der **Schutzzweck** der Vorschriften sich durch die Beendigung des Güterstandes nicht erledigt, sondern §§ 1365, 1369 auch den Ausgleich
des beiderseitigen Zugewinns sichern sollen und auch nach Scheidung der Ehe
oder Tod eines Ehepartners der andere Ehegatte Interesse an der Erhaltung des
Hausrates hat, z.B. weil er ihm nach § 1932 als Voraus gebührt[54].

Für den Fall, daß die Ehe zu Lebzeiten beider Ehegatten durch Ehescheidung
oder Eheaufhebung endet, gehen dementsprechend Rechtsprechung und Literatur ganz überwiegend davon aus, daß trotz der Beendigung des Güterstandes die
Zustimmungsbedürftigkeit fortbesteht[55], wobei dies allerdings für einige Fälle
streitig ist, in denen der Schutzzweck der §§ 1365 ff. nicht tangiert ist, also z.b.
eine Gefährdung der Zugewinnausgleichsforderung ausgeschlossen ist, weil die

---

[50] Vergl. z.B. BayOLG FamRZ 60, 156 f und Staudinger-Thiele, § 1369 Rz. 50.
[51] Für das Wirksamwerden bei Beendigung des Güterstandes: OLG Hamm, FamRZ 72, 297; OLG
Saarbrücken, OLGZ 67, 1, 6 dagegen z.B. PalandtDiederichsen, § 1369 Anm. 1; Staudinger-Thiele,
§ 1369 Rz. 63 bis 66 mit Differenzierungen.
[52] BGH FamRZ 78, 396 f.
[53] In die gleiche Richtung geht die Entscheidung FamRZ 83, 1101 f.
[54] Vergl. insbesondere Staudinger-Thiele, § 1369 Rz. 63.
[55] Vergl. insbesondere BGH JZ 78, 401 f und NJW 84, 609, 610; Palandt-Diederichsen, § 1365 Anm. 4
und MünchKomm-Gernhuber, § 1366 Rz. 37.

Auseinandersetzung bereits im Zusammenhang mit der Ehescheidung erfolgt ist[56]. Unerheblich ist allerdings, ob eine (noch bestehende) Ausgleichsforderung konkret gefährdet ist oder eine konkrete Gefährdung zu besorgen ist. Ebenso ist unerheblich, welcher der Ehepartner voraussichtlich ausgleichspflichtig oder ausgleichsberechtigt ist. Schließlich entfällt das Zustimmungserfordernis nicht für Rechtsgeschäfte, die nach dem für die Ausgleichsberechnung maßgeblichen Zeitpunkt der §§ 1384, 1387 getätigt worden sind[57].

Bei **Beendigung des Güterstandes durch Tod** des Ehegatten ist weitgehend unstreitig, daß es bei der Zustimmungsbedürftigkeit des Rechtsgeschäftes bleibt, wenn der handelnde Ehegatte stirbt, wobei wobei die Zustimmung weiterhin durch das Vormundschaftsgericht auf Antrag der Erben ersetzt werden kann[58].

Auch in diesem Fall muß unter Berücksichtigung des Schutzzweckes der Vorschrift aber die Zustimmungsbedürftigkeit entfallen, wenn der Überlebende Alleinerbe des handelnden Ehegatten geworden ist[59].

Wie sich der Tod des zustimmungsberechtigten Ehegatten auswirkt, hängt im wesentlichen davon ab, ob den §§ 1365 ff. **Schutzfunktion** auch **zugunsten der Erben** des übergangenen Ehepartners zugesprochen wird.

Da die Vorschriften im Interesse des Schutzes der Lebensgemeinschaft der Ehegatten Ausnahmecharakter haben und zu einer gewissen Gefährdung des Geschäftsverkehrs und der Rechtssicherheit führen, auf der anderen Seite der Schutz des überlebenden Ehegatten im allgemeinen durch § 1375 Abs. 2 Nr. 1 gewährleistet ist, spricht viel dafür, von einer Konvaleszenz des Vertrages mit Wirkung ex tunc auszugehen[60]. Bleibt die Zustimmungsbedürftigkeit nach dem Tod des handelnden Ehegatten bestehen und hat der überlebende Ehegatte die Zustimmung nach dessen Tod verweigert, ist das Rechtsgeschäft von Anfang an nichtig. Für einen notariell beurkundeten Grundstücksübertragungsvertrag kann sich dann allerdings die Frage der Umdeutung in einen Erbvertrag stellen[61]. Nach einer Entscheidung des OLG Hamm[62] soll § 1365 analog auf ein Rechtsgeschäft anwendbar sein, das nach Rechtskraft der Ehescheidung, aber vor rechtskräftiger Entscheidung des abgetrennten Zugewinnausgleichsverfahrens vorgenommen wurde, sofern das Rechtsgeschäft bei bestehender Ehe nach § 1365 zustimmungsbedürftig wäre. Eine solch weitgehende Ausdehnung des Schutzes der Ausnah-

---

[56] Vergl. hierzu insbesondere Staudinger-Thiele, § 1365 Rz. 103 ff., Soergel-Lange, § 1366 Rz. 21.
[57] Soergel-Lange, § 1366 Rz. 21.
[58] Vergl. z.B. Staudinger-Thiele, § 1365 Rz. 106, 107; Palandt-Diederichsen, § 1365 Anm. 4; Soergel-Lange, § 1366 Rz. 19 und 20.
[59] BGB-RGRK-Finke, § 1366 Rz. 21; Soergel-Lange, § 1366 Rz.20; a.A. Staudinger-Thiele, § 1365 Rz. 106; MünchKomm-Gernhuber, § 1366 Rz. 35; OLG Karlsruhe, FamRZ 78, 505; offengelassen von BGH FamRZ 80, 765, 767.
[60] BGB-RGRK-Finke, § 1366 Rz. 22; Erman-Heckelmann, § 1366 Rz. 8; Palandt-Diederichsen, § 1366 Anm. 2 a; BGB NJW 82, 1099 f; a.A. Soergel-Lange, § 1366 Rz. 19; Staudinger-Thiele, § 1365 Rz. 107 f; MünchKommGernhuber, § 1366 Rz. 34, die Konvaleszenz nur bei Eintritt der erbrechtlichen Lösung, § 1371 Abs. 1, annehmen.
[61] Vergl. hierzu BGHZ 77, 293 ff. = FamRZ 80, 765 und (ablehnend) Tiedtke, FamRZ 81, 1 ff.
[62] FamRZ 84, 53, 54.

mevorschrift des § 1365 dürfte unter dem Gesichtspunkt der Sicherheit des Rechtsverkehrs nicht mehr vertretbar sein.

4. Folgen der fehlenden Einwilligung, §§ 1366 bis 1368

Sowohl bei Zustimmungsbedürftigkeit nach § 1365 als auch bei Zustimmungsbedürftigkeit nach § 1369 gelten im übrigen die Vorschriften der §§ 1366 bis 1368, § 1369 Abs. 3.

a) Unwirksamkeit einseitiger Rechtsgeschäfte, § 1367

Ein **einseitiges Rechtsgeschäft,** das ohne die erforderliche Einwilligung vorgenommen wird, ist unwirksam, also insbesondere Anfechtung, Kündigung, Rücktritt und Dereliktion. Solche ohne Einwilligung vorgenommenen einseitigen Rechtsgeschäfte sind unheilbar unwirksam und bleiben dies auch nach Beendigung des Güterstandes. Eine spätere Bestätigung kann allenfalls als erneute Vornahme angesehen werden[63].   **61**

Der Anwendungsbereich des § 1367 ist begrenzt, da Vertragserklärungen, also insbesondere Abgabe und Annahme eines Angebotes, nicht hierunter fallen und wenige Fälle denkbar sind, in denen einseitige Rechtsgeschäfte auch unter die §§ 1365, 1369 fallen. Praktisch bedeutsam sind allenfalls Fälle, in denen ein Dritter ein unter die §§ 1365, 1369 fallendes Geschäft vornimmt und der Ehegatte, dem das betroffene Vermögen oder der betroffene Hausratsgegenstand gehört, diesem Geschäft nach §§ 167, 177 oder 185 zustimmt. Dann bedarf diese Zustimmung als einseitiges Rechtsgeschäft der Einwilligung des anderen Ehegatten. Anwendung finden kann die Vorschrift weiter in Fällen, in denen ein Ehegatte ein Gesellschaftsverhältnis kündigt und dadurch über sein gesamtes Vermögen verfügt[64].

b) Schwebende Unwirksamkeit zweiseitiger Rechtsgeschäfte

Nach § 1366 ist ein ohne die erforderliche Einwilligung des anderen Ehegatten   **62** geschlossener **Vertrag** bis zur Genehmigung durch den Ehegatten **schwebend unwirksam.** Bis zur Genehmigung kann der Geschäftsgegner den Vertrag widerrufen, wobei das Widerrufsrecht voraussetzt, daß der Dritte nicht gewußt hat, daß sein Geschäftspartner verheiratet ist oder dieser ihm gegenüber wahrheitswidrig behauptet hat, sein Ehegatte habe eingewilligt, und ihm nicht bekannt war, daß diese Behauptung falsch war, § 1366 Abs. 2. Wird die Genehmigung verweigert und auch nicht nach § 1375 Abs. 2 oder 1369 Abs. 2 ersetzt, ist der Vertrag unwirksam, § 1366 Abs. 4.

Der Dritte kann nach § 1366 Abs. 3 verfahren und den Ehegatten auffordern, die **Genehmigung** des anderen Ehegatten zu beschaffen. Tut er dies, kann sich der andere Ehegatte nur noch ihm gegenüber äußern. Eine etwa vorher seinem Ehe-

---

[63] Z.B. Palandt-Diederichsen, § 1367 Anm. 1.
[64] Z.B. Staudinger-Thiele, § 1367 Rz. 3 und 4, siehe auch oben Rz. 53 f.

gatten gegenüber erklärte Genehmigung wird unwirksam. Dies gilt nicht für eine vor Vertragsschluß erteilte Einwilligung, da diese die sofortige Wirksamkeit des Geschäftes begründet, unabhängig davon, ob der Vertragspartner hiervon wußte oder nicht.

Die Genehmigung kann der andere Ehegatte jetzt nur noch innerhalb einer Frist von 2 Wochen seit dem Empfang der Aufforderung des Vertragspartners seines Ehegatten erklären. Wird sie nicht erklärt, so gilt sie als verweigert, wobei allerdings eine vertragliche Verlängerung der Frist möglich ist[65]. Ersetzt das **Vormundschaftsgericht** die Genehmigung, ist der Beschluß nur wirksam, wenn der Ehegatte diesen Beschluß dem Dritten innerhalb der 2-wöchigen Frist mitteilt. Andernfalls gilt auch insoweit die Genehmigung als verweigert. Der Dritte hat also über § 1366 Abs. 3 die Möglichkeit, die Entscheidung über die Wirksamkeit oder endgültige Unwirksamkeit des Geschäftes zu beschleunigen.

c) Geltendmachung der Unwirksamkeit durch den anderen Ehegatten, § 1368

63 Nach § 1368 kann die Unwirksamkeit einer ohne die erforderliche Zustimmung des anderen Ehegatten getroffene Verfügung nicht nur der verfügende Ehegatte, sondern auch der andere Ehegatte gegenüber dessen Vertragspartner geltend machen. Dieses Verfahren ist Familiensache[66].

Geht der übergangene Ehepartner nach § 1368 vor, handelt er aufgrund einer **gesetzlichen Prozeßstandschaft**[67]. Streitig ist dabei, ob er Leistung (meist Rückgabe oder Rückübertragung) an sich selbst oder nur Leistung an seinen Ehegatten oder an beide Ehegatten zusammen verlangen kann. Dabei dürfte der Auffassung der Vorzug zu geben sein, daß Leistungen in erster Linie an den früheren Eigentümer/Inhaber oder Besitzer zu verlangen ist – Leistung an beide Ehegatten also nur, wenn diese Mitbesitz hatten –, daß aber Leistung an den klagenden Ehegatten genügt, wenn der andere Ehegatte zur Annahme nicht bereit ist[68]. Der in Anspruch genommene Dritte kann sich nicht auf gutgläubigen Erwerb berufen (siehe oben Rz. 53). Auch der Inanspruchnahme durch den handelnden Ehegatten kann er nicht den Einwand des Verstoßes gegen Treu und Glauben oder des Widerspruchs zu dem früheren Verhalten entgegensetzen[69].

Ausgeschlossen ist der Dritte auch mit einem Zurückbehaltungsrecht wegen eigener Ansprüche[70]. Allerdings wird ihm überwiegend ein **Zurückbehaltungsrecht** wegen gemachter notwendiger Verwendungen nach § 1000 zugebilligt[71]. Der Dritte kann ggf. gegen den handelnden Ehepartner Ansprüche aus §§ 823, 826 oder aus **culpa in contrahendo** haben. Denkbar sind auch Ansprüche gegen

---

[65] Palandt-Diederichsen, § 1366 Anm. 3 b.
[66] BGH FamRZ 81, 1045 mit Anmerkungen von Spall und Bosch.
[67] Herrschende Meinung vergl. z.B. BGB-RGRK-Finke, § 1368 Rz. 12.
[68] Vergl. BGB-RGRK-Finke, § 1368 Rz. 12, 13 mit Darstellung des Meinungsstandes und BGH NJW 84, 609 f (Grundbuchberichtigung zugunsten des früheren Eigentümers).
[69] Herrschende Meinung vergl. z.B. MünchKomm-Gernhuber, § 1368 Rz. 15.
[70] BGB-RGRK-Finke, § 1368 Rz. 15 m.w.N.
[71] So BGB-RGRK-Finke, § 1368 Rz. 15; Soergel-Lange, § 1368 Rz. 14 a.A. MünchKomm-Gernhuber, § 1368 Rz. 19.

beide Ehegatten, wenn sich feststellen läßt, daß diese sittenwidrig zum Nachteil des Dritten zusammengewirkt haben. In einem solchen Fall muß sich ggf. der nichtverfügende Ehegatte so behandeln lassen, als habe er zugestimmt. Auch ein Schadensersatzanspruch oder ein hierauf gestütztes Zurückbehaltungsrecht sind in einem solchen Fall denkbar[72].

d) Sonstige Rechte des übergangenen Ehepartners

Der übergangene Ehegatte hat gegen den handelnden Ehegatten zur Vorbereitung eines Vorgehens gegen den Geschäftsgegner nach § 1368 einen Anspruch auf **Auskunftserteilung** über dessen Person und den Inhalt des Geschäftes. Darüber hinaus kann er den handelnden Ehegatten auf **Nichtdurchführung und Rückgängigmachung** des noch nicht endgültig abgewickelten Geschäftes in Anspruch nehmen. Für gerichtliche Auseinandersetzungen sind in beiden Fällen die Familiengerichte zuständig[73].

C. AUFLÖSUNG DER ZUGEWINNGEMEINSCHAFT DURCH TOD EINES EHEGATTEN

I. Überblick

Wie der nach § 1363 Abs. 2 Satz 2 an die Beendigung des Güterstandes geknüpfte Zugewinnausgleich in dem (Normal-) Fall der Auflösung der Ehe durch Tod eines Ehegatten durchzuführen ist, ist in § 1371 geregelt. Die Vorschrift enthält eine Kombination güter- und erbrechtlicher Regelungen. Die sogenannte **erbrechtliche Regelung** des § 1371 Abs. 1 sieht eine pauschalierte Durchführung des Zugewinnausgleichs durch Erhöhung des gesetzlichen Erbteils des überlebenden Ehegatten um 1/4 vor. Die Höhe des gesetzlichen Erbteils richtet sich nach § 1931. Die Erhöhung um 1/4 tritt unabhängig davon ein, ob im Einzelfall die Ehegatten tatsächlich einen Zugewinn erzielt haben und ob sich nicht nach allgemeinen Regeln sogar ein Zugewinnausgleichsanspruch des überlebenden Ehegatten ergeben hätte[74]. Dieser um 1/4 erhöhte Erbteil ist unter Umständen nach § 1371 Abs. 4 mit Unterhaltsansprüchen der Abkömmlinge des vorverstorbenen Ehegatten belastet, die nicht aus der durch den Tod beendeten Ehe stammen (dazu unten Rz. 71 ff.).

Diese sogenannte erbrechtliche Regelung setzt voraus, daß der überlebende Ehegatte Erbe (oder Miterbe) wird oder zumindest durch ein Vermächtnis bedacht wird. Die Regelung greift also ein, wenn entweder der verstorbene Ehegatte kein Testament gemacht hat und der überlebende Ehegatte nach § 1931 erbberechtigt ist oder wenn der überlebende Ehegatte durch Testament oder Erbvertrag zum Erben eingesetzt oder mindestens mit einem Vermächtnis bedacht ist (Einzelheiten zur erbrechtlichen Lösung unten Rz. 65 ff.).

64

---

[72] Vergl. z.B. BGB-RGRK-Finke, § 1368 Rz. 16.
[73] OLG Düsseldorf, FamRZ 85, 721 und OLG Frankfurt, FamRZ 86, 275 f.
[74] Zur grundsätzlichen Kritik vergl. insbesondere Gernhuber, FamRZ 84, 1053.

Wird der überlebende Ehegatte nicht Erbe und steht ihm auch kein Vermächtnis zu, greift die sogenannte **güterrechtliche Regelung** ein, § 1371 Abs. 2 und 3. Danach kann der überlebende Ehegatte seinen Zugewinnausgleichsanspruch nach Maßgabe der §§ 1373 ff. geltend machen, und zwar gegen die Erben des verstorbenen Ehegatten als dessen Rechtsnachfolger. Der Zugewinnausgleichsanspruch hängt also dem Grunde und der Höhe nach davon ab, daß nach den konkreten Vermögensverhältnissen ein Zugewinnausgleichsanspruch in der Person des überlebenden Ehegatten entstanden ist. Daneben kann er den sich aus den allgemeinen erbrechtlichen Vorschriften ergebenden **(kleinen) Pflichtteilsanspruch** geltend machen, sofern er nicht durch Erbvertrag mit seinem Ehegatten auf sein gesetzliches Erbrecht oder das Pflichtteilsrecht verzichtet hat, § 1371 Abs. 3 2. HS.

Der überlebende Ehegatte kann die Voraussetzungen der güterrechtlichen Regelung dadurch herbeiführen, daß er das ihm Zugewandte **ausschlägt** und statt dessen seinen Pflichtteilsanspruch geltend macht. § 1371 1. HS stellt dabei klar, daß der Pflichtteilsanspruch nicht in Wegfall gerät, wenn die Nichtberücksichtigung nicht auf einer Enterbung durch den verstorbenen Ehegatten, sondern auf einer Ausschlagung des dem Überlebenden Zugewandten durch den Bedachten beruht[75] (Einzelheiten zur güterrechtlichen Lösung unten Rz. 69 ff.).

Die bis dahin streitige Frage, ob der überlebende Ehegatte eine **Kombination** der erbrechtlichen mit der güterrechtlichen Regelung dadurch herbeiführen kann, daß er das ihm Zugewandte ausschlägt, allerdings nicht den Zugewinnausgleich, sondern statt dessen den erhöhten Pflichtteil im Sinne des § 1371 Abs. 1 verlangt, ist vom Bundesgerichtshof[76] dahingehend entschieden worden, daß diese Möglichkeit nicht besteht. Nach der Auffassung des Bundesgerichtshofs ist der Ehegatte, der weder Erbe noch Vermächtnisnehmer ist, nach § 1371 Abs. 2 immer auf den kleinen Pflichtteil angewiesen, und zwar unabhängig davon, ob er im konkreten Fall einen Zugewinnausgleichsanspruch hat oder ihn geltend macht[77].

II. Die erbrechtliche Lösung, § 1371 Abs. 1, Abs. 4

1. Eintritt der gesetzlichen Erbfolge

65 Hat der verstorbene Ehegatte keine Verfügung von Todes wegen getroffen, tritt die **gesetzliche Erbfolge** der §§ 1924 ff., 1931 ein. Der sich aus § 1931 ergebende Erbanteil des überlebenden Ehegatten wird durch § 1371 Abs. 1 um 1/4 erhöht. Hat also der verstorbene Ehegatte Kinder hinterlassen, erbt der mit ihm in Zugewinngemeinschaft lebende Ehegatte nach §§ 1931 Abs. 1, 1371 Abs. 1 die Hälfte. Neben Verwandten der 2. Ordnung (Eltern und Geschwister) und Großeltern des Erblassers erbt der überlebende Ehegatte 3/4. Treffen Abkömmlinge von

---

[75] Wie dies ansonsten in §§ 2303 mit gewissen Ausnahmen (§§ 2305 bis 2307) angeordnet ist.
[76] BGHZ 42, 182 ff. = NJW 64, 2404 ff.
[77] Vergl. hierzu weiter BGH NJW 82, 2497; Palandt-Diederichsen, § 1371 Anm. 4 b; Staudinger-Thiele, § 1371 Rz. 62/63; MünchKomm-Gernhuber, § 1371 Rz. 50 f; kritisch Bosch FamRZ 72, 169 ff. 172 im Hinblick auf die Neufassung des § 1931 IV durch das Nichtehelichengesetz, dem der Bundesgerichtshof in NJW 82, 2497 den Gesichtspunkt der Rechtssicherheit entgegengesetzt hat.

Großeltern mit diesen zusammen, erhält der überlebende Ehegatte sogar 7/8 (§§ 1931 Abs. 1 Satz 2, 1926, 1371 Abs. 1)[78].

2. Erbeinsetzung und Zuwendung eines Vermächtnisses aufgrund testamentarischer Verfügung, Einheitstheorie

Liegt eine **letztwillige Verfügung** des Erblassers vor, tritt die erbrechtliche Regelung nur ein, wenn der überlebende Ehegatte testamentarisch zum Erben oder Miterben eingesetzt worden ist, wozu auch die Berufung zum Vorerben, Nacherben oder Ersatzerben ausreicht[79], oder ihm zumindestens ein, wenn auch kleines, Vermächtnis zugewandt worden ist. Liegt allerdings das dem Ehegatten Zugewandte wertmäßig unter dem nach § 1371 Abs. 1 erhöhten gesetzlichen Erbteil, kann der überlebende Ehegatte nicht die **Ergänzung** des Zugewandten bis zum Werte seines gesetzlich erhöhten Erbteils verlangen. Ebensowenig kann er sich gegen Beschränkungen und Beschwerungen mit der Begründung zur Wehr setzen, daß sie den Wert des Hinterlassenen auf weniger als den Wert des gesetzlichen Erbteils vermindern. Der überlebende Ehegatte muß sich vielmehr mit dem ihm Zugewandten begnügen, sofern er sich nicht dafür entscheidet, dieses auszuschlagen und so das Eingreifen der güterrechtlichen Regelung herbeizuführen. Es besteht allerdings im Rahmen des § 1371 Abs. 1 die Möglichkeit, **Pflichtteilsergänzungsansprüche** bzw. Ansprüche auf den Zusatz-Restpflichtteil bis zur Höhe des „großen Pflichtteils" geltend zu machen, wenn das dem Ehegatten Zugewandte unter dem Wert der Hälfte des erhöhten gesetzlichen Erbteils bleibt[80].

Wie eine letztwillige Verfügung auszulegen ist, durch die der andere Ehegatte auf den (kleinen oder großen) Pflichtteil gesetzt worden ist, kommt auf den Einzelfall an. Die Verweisung auf den kleinen Pflichtteil wird im allgemeinen als **Enterbung** anzusehen sein, § 2304, während die Verweisung auf den „großen" Pflichtteil im allgemeinen als **Vermächtnis** hinsichtlich des Zusatzpflichtteils auszulegen sein wird[81]. Grenzfragen können entstehen, wenn das durch letztwillige Verfügung zugewandte Vermächtnis an den Ehegatten von völlig unbedeutendem Wert ist bzw. nur noch Erinnerungswert hat. Der Bundesgerichtshof hat in seiner Grundsatzentscheidung zur **Einheitstheorie** offengelassen, ob in einem solchen Fall die Rechtsstellung des überlebenden Ehegatten der eines völlig von der Erbfolge ausgeschlossenen Ehegatten nach § 1371 Abs. 2 anzupassen sei[82]. Anlaß zu dieser Überlegung ist der Umstand, daß die Einheitstheorie zu Ungereimtheiten führen kann, wenn letztlich das wertlose Vermächtnis darüber entscheidet, ob der Ehegatte über die erbrechtliche Lösung den großen Pflichtteil oder über die sogenannte güterrechtliche Regelung bei Enterbung nur den kleinen Pflichtteil geltend machen kann. Dies kann insbesondere dann zu unbilligen Ergebnis-

66

---

[78] Vergl. die Beispiele bei Palandt-Edenhofer, § 1931 Rz. 4.
[79] Z.B. BGH FamRZ 65, 604; Palandt-Diederichsen, § 1371 Anm. 2 a.
[80] Z.B. Staudinger-Thiele, § 1371 Rz. 13 und 26 bis 30; Soergel-Lange, § 1371 Rz. 14.
[81] Z.B. MünchKomm-Gernhuber, § 1371 Rz. 30; Palandt-Diederichsen, § 1371 Anm. 2.
[82] BGHZ 42, 182 ff. 191 f.

sen führen, wenn der bei der güterrechtlichen Lösung zusätzlich bestehende Zugewinnausgleichsanspruch im Einzelfall ins Leere geht, weil der überlebende Ehegatte ausgleichspflichtig ist und nicht umgekehrt der Vorverstorbene.

Eine **Gleichstellung** des mit einem weitgehend wertlosen Vermächtnis bedachten Ehegatten mit dem enterbten Ehegatten nach § 1371 Abs. 1 nur wegen der Wertunterschiede ist unter dem Gesichtspunkt der Rechtssicherheit problematisch. Sie wird nur in Betracht kommen, wenn in einem solchen Fall eine Auslegung des Testamentes unter Berücksichtigung des Willens des Erblassers eindeutig eine gewollte Enterbung des anderen Ehegatten trotz des geringwertigen Vermächtnisses ergibt[83].

3. Tod eines Ehegatten während eines Scheidungs- oder Eheaufhebungsverfahrens

67   Die erbrechtliche Lösung setzt voraus, daß die Ehe durch den Tod eines Ehegatten beendet worden ist. Die vorherige Beendigung der Ehe durch Scheidung, Aufhebung oder Nichtigerklärung sowie durch ein rechtskräftiges Urteil auf vorzeitigen Ausgleich des Zugewinns, § 1388, schließt dies aus. Stirbt ein Ehegatte während des Scheidungsverfahrens, also vor Rechtskraft eines Scheidungsurteils, wird der Güterstand durch den Tod beendet. In diesem Fall kann allerdings das Erbrecht des Ehegatten nach § 1933 ausgeschlossen sein, so daß die erbrechtliche Lösung ausscheidet. War beim Tod eines Ehegatten eine Klage auf vorzeitigen Ausgleich des Zugewinns erhoben, aber noch nicht rechtskräftig entschieden, wird der Güterstand ebenfalls erst durch den Tod beendet. In diesem Fall greift § 1933 nicht ein, so daß es bei der Anwendbarkeit des § 1371 Abs. 1 bleibt.

Etwaige in einem Scheidungsverfahren oder einem Eheaufhebungsverfahren getroffene Vereinbarungen über den Zugewinnausgleich, die durch die Scheidung aufschiebend bedingt sind, werden mit dem Tod eines Ehegatten vor Eintritt der Rechtskraft des Urteils hinfällig, so daß sich wiederum nach § 1933 entscheidet, ob die erbrechtliche oder die güterrechtliche Regelung Anwendung findet[84].

4. Einzelfragen

68   Greift die **erbrechtliche Regelung** ein, ist für die Berechnung des Erbteils der gesamte Nachlaß zu berücksichtigen, also einschließlich des in der Ehe erzielten Zugewinns. § 1380 ist nicht anwendbar, so daß etwaige Zuwendungen des verstorbenen Ehegatten dem Überlebenden nicht auf das zusätzliche Viertel angerechnet werden. Das zusätzliche Viertel kann dem Ehegatten auch nicht aus Gründen **grober Unbilligkeit** verweigert werden, weil eine dem § 1381 entsprechende Regelung in § 1371 Abs. 1 im Interesse der Verwirklichung der pauschalen Abgeltung des Zugewinnausgleichs nicht vorgesehen ist[85].

---

[83] Vergl. hierzu insbesondere Soergel-Lange, § 1371 Rz. 14 und Reinicke, Die Rechtsprechung des Bundesgerichtshofs zur Zugewinngemeinschaft, Betrieb 65, 1351, 1355.
[84] Vergl. Staudinger-Thiele, § 1371 Rz. 6.
[85] Z.B. BGB-RGRK-Finke, § 1371 Rz. 10.

Der **zusätzliche Erbteil** ist kein besonderer Erbteil und kann daher nicht gesondert ausgeschlagen werden (§ 1950), etwa wegen der sich hierauf beziehenden Belastung mit **Ausbildungskosten** nach § 1371 Abs. 4 (dazu unten Rz. 71 ff.). Neben dem erhöhten Erbteil bleibt dem Ehegatten der gesetzliche **Voraus** nach § 1932[86].

Der erhöhte gesetzliche Erbteil ist auch bei Pflichtteils- und Pflichtteilsergänzungsberechnungen zu berücksichtigen. Insbesondere richten sich also die gesetzlichen Erbteile und etwaige Pflichtteilsansprüche der Abkömmlinge nach dem unter Berücksichtigung des erhöhten Erbteils für die übrigen Miterben verbleibenden Anteil, und zwar auch dann, wenn der überlebende Ehegatte (testamentarisch) zum Alleinerben eingesetzt worden ist[87].

III. Die güterrechtliche Lösung, §§ 1371 Abs. 2, Abs. 3

1. Voraussetzungen

Der **güterrechtliche Zugewinnausgleichsanspruch** nach dem Tode eines Ehegatten setzt voraus, daß der überlebende Ehegatte entweder kraft Gesetzes (z.B. nach § 1933 oder wegen Erbunwürdigkeit nach §§ 2339 ff.) oder durch letztwillige Verfügung enterbt und auch nicht mit einem Vermächtnis bedacht ist. Dem steht gleich, daß der Ehegatte nur durch eine Auflage an den Erben oder an einen Vermächtnisnehmer begünstigt ist oder nur zum Testamentsvollstrecker ernannt wurde. Auch ein **gesetzliches Vermächtnis**, wie z.B. der Anspruch nach § 1969, schließt die Anwendbarkeit des § 1371 Abs. 2 nicht aus. § 1371 Abs. 2 bleibt schließlich anwendbar, wenn der Ehegatte zugleich Verwandter ist, nur als Ehegatte enterbt, aber in seiner Eigenschaft als Verwandter mit dem ihm zustehenden gesetzlichen Erbteil bedacht ist[88].

Die güterrechtliche Regelung tritt weiter ein, wenn der überlebende Ehegatte deswegen nicht Erbe geworden ist, weil er durch einen **Erbverzichtsvertrag** verzichtet oder das ihm Zugewandte ausgeschlagen hat, wobei die **Ausschlagung** nach § 1950 nicht auf einen Teil der Erbschaft beschränkt werden kann (siehe oben Rz. 68).

Für die Ausschlagung gelten die Vorschriften der §§ 1942 ff., also insbesondere die 6-Wochen-Frist des § 1944 Abs. 1. Der Ehegatte wird also zu einer raschen Entscheidung gedrängt, obwohl er häufig in der Kürze der zur Verfügung stehenden Zeit nicht wird überblicken können, welche Regelung für ihn die günstigere ist. Nur für die Ausschlagung eines Vermächtnisses besteht keine Frist. Die Ausschlagung scheidet allerdings aus, wenn das Vermächtnis angenommen worden ist, § 2180. Wirtschaftlich wird die Ausschlagung für den überlebenden Ehegatten in der Regel erst interessant, wenn der Zugewinnausgleichsanspruch mehr als 6/7 der Erbschaft beträgt, da der überlebende Ehegatte sich bis zu dieser Hö-

69

---

[86] Palandt-Diederichsen, § 1371 Anm. 2 b.
[87] BGHZ 37, 58 ff.
[88] Herrschende Meinung vergl. z.B. BGB-RGRK-Finke, § 1371 Rz. 15.

he als gesetzlicher Erbe mit mindestens 1/2-Erbanteil nach § 1371 in der Regel nicht schlechter steht[89].

In die **Berechnungen** muß allerdings eingestellt werden, daß der **Voraus** nach § 1932 an den gesetzlichen Erbteil gekoppelt ist und mit der Ausschlagung verloren geht. Außerdem kann sich ein Interesse an einer Ausschlagung ergeben, wenn das Erbteil mit Vermächtnissen oder Auflagen beschwert ist, Beschränkungen durch die Einsetzung eines Nacherben oder Testamentsvollstreckers angeordnet sind oder im Rahmen des Zugewinnausgleichsanspruches dem Endvermögen zuzurechnende Beträge (§ 1375 Abs. 2) zu berücksichtigen sind, die sich nicht mehr im Nachlaß befinden, aber zu einer Erhöhung des Zugewinnausgleichsanspruchs führen können[90]. Die Annahme oder Ausschlagung der Erbschaft ist nur unter den allgemeinen Voraussetzungen der §§ 119 ff. **anfechtbar.** Hat der überlebende Ehegatte seine Entscheidung aufgrund irriger Vorstellungen über die wirtschaftlichen Folgen seiner Erklärung, über die wirtschaftlichen Ergebnisse der beiden Lösungen in ihrem Verhältnis zueinander oder auch in Irrtum über einzelne Rechnungsfaktoren bei der Berechnung der Ausgleichsforderung getroffen, liegt ein grundsätzlich unbeachtlicher Irrtum vor, der das Anfechtungsrecht nicht begründet[91].

2. Berechnungsstichtag – Zugewinnausgleichsforderung als Nachlaßverbindlichkeit – Verhältnis zum Pflichtteilsanspruch

70   Die rechtswirksame **Ausschlagung** hat zur Folge, daß der überlebende Ehegatte den Zugewinnausgleichsanspruch nach den allgemeinen Vorschriften der §§ 1373 bis 1383, 1390 (dazu unten Rz. 75 ff.) geltend machen kann, § 1371 Abs. 2 1. HS. Stichtag für die Berechnungen ist dabei der **Todestag** des vorverstorbenen Ehegatten. Die Vorschriften der §§ 1384 und 1387 können jedoch analog anzuwenden sein, wenn der ausgleichspflichtige Ehegatte nach Einleitung des Scheidungsverfahrens stirbt, der Scheidungsantrag zur Scheidung geführt hätte und bei dem überlebenden Ehegatten die Voraussetzungen des § 1371 Abs. 2 vorliegen[92].

Eine ähnliche Konstellation kann bei einer Klage auf vorzeitigen Ausgleich des Zugewinns nach § 1387 eintreten[93].

Die Ausgleichsforderung des überlebenden Ehegatten ist eine **Nachlaßverbindlichkeit** mit Vorrecht vor Pflichtteilsansprüchen, Vermächtnissen und Auflagen[94]. Daneben kann der (kleine, siehe oben Rz. 64 a.E.) Pflichtteil geltend gemacht werden, sofern nicht der überlebende Ehegatte auf sein gesetzliches Erbrecht verzichtet oder er das Erb- und/oder Pflichtteilsrecht kraft Gesetzes einge-

---

[89] Vergl. Palandt-Diederichsen, § 1371 Anm. 5 a mit Beispielen und Staudinger-Thiele, § 1371 Rz. 19.
[90] Vergl. im einzelnen zu den bei der Entscheidung zu berücksichtigenden Umständen Soergel-Lange, § 1371 Rz. 32; Staudinger-Thiele, § 1371 Rz. 19.
[91] Einzelheiten bei MünchKomm-Gernhuber, § 1371 Rz. 40 und Soergel-Lange, § 1371 Rz. 34.
[92] BGH, FamRZ 87, 353 = NJW 87, 1764 f; MünchKomm-Gernhuber, § 1371 Rz. 42; Palandt-Diederichsen, 46. Aufl. (auch 44. und 45. Aufl.); § 1384 Anm. 2, Soergel-Lange, § 1371 Rz. 23, Staudinger-Thiele, § 1371 Rz. 67/68; a.A. OLG Celle FamRZ 84, 55 ff. OLG Köln, FamRZ 85, 933, 935 f.
[93] Vergl. BGB-RGRK-Finke, § 1387 Rz. 3.

büßt hat (z.B. nach § 1933, §§ 2339 ff., 2345 ff.). Die **Pflichtteilsberechtigung** muß also grundsätzlich bestehen, um den Pflichtteilsanspruch geltend machen zu können. § 1371 Abs. 1 1. HS hebt nur die entgegenstehenden erbrechtlichen Bestimmungen auf, nach denen die Ausschlagung der Erbschaft allgemein keinen Pflichtteilsanspruch eröffnet[95].

Da der Zugewinnausgleichsanspruch vorrangige **Nachlaßverbindlichkeit** ist, errechnet sich der Pflichtteil nach dem um die Zugewinnausgleichsforderung bereinigten Netto-Nachlaßwert.

3. Der Ausbildungsanspruch von Stiefkindern, § 1371 Abs. 4

a) Grundgedanke

Die Erhöhung des gesetzlichen Erbteils des überlebenden Ehegatten nach § 1371 **71** Abs. 1, die unabhängig davon erfolgt, ob während der Ehe ein Zugewinn erzielt worden ist und dies gerade zu einem Zugewinnausgleichsanspruch des überlebenden Ehegatten führen würde, verkürzt die Ansprüche der übrigen gesetzlichen Erben, da sich deren gesetzlicher Erbteil und damit auch der Pflichtteil nach §§ 2303 ff. entsprechend vermindert (siehe oben Rz. 68). Während gemeinsame Abkömmlinge in aller Regel von dem „in der Familie bleibenden" Vermögen profitieren werden, ist diese Regelung geeignet, Abkömmlinge des Erblassers aus einer früheren Ehe oder nichteheliche Abkömmlinge zu benachteiligen, die keinen Unterhaltsanspruch gegen den überlebenden Ehegatten und auch keine Aussicht haben, dessen gesetzliche Erben zu werden. Hier soll § 1371 Abs. 4 einen gewissen Ausgleich zugunsten von Stiefkindern schaffen, die sich noch in der Ausbildung befinden. Die Vorschrift ist dem Höferecht entlehnt und in einem relativ späten Stadium des Gesetzgebungsverfahrens in das Gleichberechtigungsgesetz ohne Ausschußberatung eingefügt worden. Hierauf werden im allgemeinen gewisse Ungereimtheiten und Unklarheiten in der systematischen Einordnung zurückgeführt[96]. Die Inanspruchnahme des überlebenden Ehegatten nach § 1371 Abs. 4 scheidet aus, wenn dieser nicht Erbe wird und damit die güterrechtliche Regelung des § 1371 Abs. 2 und Abs. 3 Anwendung findet. Da § 1371 Abs. 4 nur die Nachteile der gesetzlichen Erbrechtsverstärkung mildern, nicht aber vor letztwilligen Verfügungen des Erblassers schützen soll, ist die Vorschrift auch dann nicht anwendbar, wenn der überlebende Ehegatte zwar Erbe geworden ist, aber nicht aufgrund gesetzlicher Erbfolge, sondern aufgrund einer letztwilligen Verfügung des Erblassers, und zwar unabhängig davon, ob der Erblasser ihm weniger oder mehr als den erhöhten gesetzlichen Erbteil zugewandt hat[97].

---

94 Z.B. Palandt-Diederichsen, § 1371 Rz. 4 b.
95 Vergl. z.B. BGB-RGRK-Finke, § 1371 Rz. 42; MünchKomm-Gernhuber, § 1371 Rz. 49; Palandt-Diederichsen, § 1371 Anm. 5 a.
96 Zu den vielfachen Auslegungsschwierigkeiten, die sich aus der Verbindung von Ehegüter- und Erbrecht und zur rechtspolitischen Anwendungen vergl. insbesondere Soergel-Lange, § 1371 Rz. 37 ff.; BGB-RGRK-Finke, § 1371 Rz. 45.
97 Z.B. Palandt-Diederichsen, § 1371 Anm. 3, Staudinger-Thiele, § 1371 Rz. 99; Soergel-Lange, § 1371 Rz. 43.

b) Kreis der Anspruchsberechtigten

72 Anspruchsberechtigt sind nur **einseitige Abkömmlinge** des Erblassers, die also nicht aus der durch den Tod aufgelösten Ehe stammen dürfen. Hierzu zählen Kinder, Kindeskinder, legitimierte, nichteheliche und Adoptivkinder, die **erbberechtigt** bzw. **erbersatzberechtigt** sein müssen. Die Anspruchsberechtigung scheidet also aus, wenn die Abkömmlinge durch letztwillige Verfügung enterbt, durch Erbverzicht ausgeschlossen, für erbunwürdig erklärt worden sind oder nach § 1924 Abs. 2 durch einen noch lebenden Vorfahren ausgeschlossen sind. Nicht erbberechtigt ist schließlich ein nichtehelicher Abkömmling, wenn er nach § 1934 d abgefunden worden ist, § 1935 e. Nach herrschender Meinung ist auch für die Anspruchsberechtigung der Abkömmlinge Voraussetzung, daß sie aufgrund gesetzlicher Erbfolge erbberechtigt sind, also nicht durch eine letztwillige Verfügung des Erblassers bedacht worden sind, wiederum unabhängig davon, in welcher Höhe ihnen etwas zugewandt worden ist und ob der Wille des Erblassers darauf gerichtet war, den Ausbildungsanspruch durch die Verfügung von Todes wegen zu entziehen[98]. Dem Eintritt der gesetzlichen Erbfolge steht es gleich, wenn der Erblasser durch Verfügung von Todes wegen lediglich seine gesetzlichen Erben ohne nähere Bestimmung bedacht hat, § 2066, weil er in diesem Fall praktisch die Geltung der gesetzlichen Erbfolge angeordnet hat[99].

Sollten sich aus einem Testament des Erblassers genügend Anhaltspunkte für einen entsprechenden Testierwillen ergeben, kommt im Einzelfall daneben die Annahme der Zuwendung des Ausbildungsanspruches durch Vermächtnis in Betracht[100].

c) Haftungsumfang

73 Der überlebende Ehegatte haftet rechnerisch nur in Höhe des nach den §§ 2311 ff. zu ermittelnden Wertes des **zusätzlichen Viertels**. Die Haftung ist der **Höhe** nach, nicht gegenständlich, auf den Wert des Viertels beschränkt, ohne daß es der Einhaltung der sonst für die erbrechtliche Haftungsbeschränkung bestehenden Vorschriften bedarf. Der Ehegatte kann die Verpflichtung nur dadurch abwenden, daß er das Erbe insgesamt (nicht etwa nur das zusätzliche Viertel, siehe oben Rz. 68) ausschlägt[101].

Die Abkömmlinge haben Ansprüche nach § 1371 Abs. 4 nur, soweit sie **bedürftig** sind, und zwar deswegen, weil sie sich noch einer angemessenen Ausbildung unterziehen. Einzelheiten der Ausgestaltung dieses Anspruches sind streitig. Trotz der Ansiedlung der Vorschrift im Güterrecht und ihrer erbrechtlichen

---

[98] Z.B. Palandt-Diederichsen, § 1371 Anm. 3 (ab 42. Aufl.); BGB-RGRK-Finke, § 1371 Rz. 55; Staudinger-Thiele, § 1371 Rz. 104; Soergel-Lange, § 1371 Rz. 44/45, alle insbesondere unter Berufung auf Boehmer, FamRZ 61, 41 ff., 47 und Meyer, Der Ausbildungsanspruch S. 20 ff.; a.A. insbesondere MünchKomm-Gernhuber, § 1371 Rz. 55; Johannsen FamRZ 61, 163, 164; Erman-Heckelmann, § 1371 Rz. 24.
[99] Z.B. Staudinger-Thiele, § 1371 Rz. 99; Palandt-Diederichsen, § 1371 Anm. 3.
[100] So insbesondere Staudinger-Thiele, § 1371 Rz. 104 a.E.
[101] Palandt-Diederichsen, § 1371 Anm. 3.

Komponenten wird man jedenfalls für die Ausgestaltung des Unterhaltsanspru-
ches im einzelnen, insbesondere soweit es um Fragen der Höhe, Dauer, Art der
Ausbildung und ihrer Angemessenheit geht, auf die Vorschriften der §§ 1603 ff.
zurückgreifen können, soweit diese nicht speziell auf dem engen Eltern-Kind-
Verhältnis beruhen[102].

Nach herrschender Meinung können die Ehegatten den Ausbildungsanspruch
der Stiefkinder nicht durch **Ehevertrag** ausschließen oder modifizieren, weil es
sich nicht um eine güterrechtliche Angelegenheit im Sinne des § 1408 handelt.
Der Anspruch kann also nur dadurch umgangen werden, daß testamentarisch anderweitig verfügt wird oder daß der Güterstand bzw. der Ausgleich des Zugewinns ganz ausgeschlossen wird, weil in diesem Fall mangels pauschalem Zugewinnausgleich § 1371 Abs. 1 nicht zur Anwendung kommt[103].

IV. Gleichzeitiger Tod beider Ehegatten

Stark umstritten ist die Frage, ob ein Zugewinnausgleich (unter den Erben) statt-   **74**
zufinden hat, wenn beide Ehegatten **gleichzeitig sterben**. Einigkeit besteht darüber, daß in diesem Fall kein pauschalierter Ausgleich des Zugewinns nach
§ 1371 Abs. 1 in Betracht kommen kann. Streitig ist, ob eine analoge Anwendung
von § 1371 Abs. 2 möglich ist[104]. Der Bundesgerichtshof hat sich auf den Standpunkt gestellt, daß für den Fall gleichzeitigen Todes beider Ehegatten ein Zugewinnausgleich nicht stattfindet[105]. Für die Richtigkeit dieser Auffassung spricht
insbesondere, daß sich aus § 1378 Abs. 3 ergibt, daß eine Ausgleichsforderung
grundsätzlich nur in der Person des anderen Ehegatten entstehen soll und die
Vererblichkeit nur unter bestimmten engen Voraussetzungen eintritt[106].

D. BEENDIGUNG DES GÜTERSTANDES ZU LEBZEITEN DER EHEGATTEN, §§ 1373 ff.

I. Grundgedanken des Zugewinnausgleichs

Der gesetzliche Güterstand der Zugewinngemeinschaft basiert auf dem Grund-   **75**
prinzip der Gütertrennung und sieht lediglich für die Beendigung der Ehe durch
den Tod eines Ehegatten (dazu oben Rz. 64 ff.) bzw. für die sonstigen Fälle der

---

[102] Zu Einzelheiten vergl. insbesondere MünchKomm-Gernhuber, § 1371, Rz. 63 ff.; Soergel-Lange,
§ 1371 Rz. 46 ff.
[103] Vergl. insbesondere BGB-RGRK-Finke, § 1371 Rz. 75; MünchKomm-Gernhuber, § 1372 Rz. 87;
Soergel-Lange, § 1371 Rz. 41; Staudinger-Thiele, § 1371 Rz. 133.
[104] Vergl. insbesondere die Darstellung des Meinungsstandes bei Staudinger-Thiele, § 1371 Rz. 59
[105] NJW 78, 1855, 1856 = BGHZ 72, 85, 89 ff.
[106] Die Auffassung des Bundesgerichtshofs vertreten u.a. Staudinger-Thiele, § 1371 Rz. 59, Werner,
FamRZ 76, 249 ff. LG Augsburg, FamRZ 76, 523 f; die Gegenmeinung wird vertreten von Erman-
Heckelmann, § 1372 Rz. 2; MünchKomm-Gernhuber, § 1372 Rz. 7; Palandt-Diederichsen, § 1371
Anm. 4, insbesondere unter Hinweis darauf, daß es zu dem güterrechtlichen Zugewinnausgleich nach
dem Grundprinzip der §§ 1363 ff. immer dann kommen müsse, wenn nicht ausdrücklich die erbrechtliche Lösung vorgeschrieben ist.

Auflösung der Ehe oder der Beendigung des Güterstandes einen Vermögensaus-
gleich vor. Da die Vermögensmassen beider Ehepartner getrennt bleiben und die
Ehegatten grundsätzlich auch in der Verwaltung und der Verfügung über ihr
Vermögen nicht beschränkt sind (Ausnahmen enthalten die §§ 1365 bis 1370, dazu oben Rz. 53 ff.), ist anders als beim Güterstand der Gütergemeinschaft mit
Beendigung des Güterstandes keine **Real-Auseinandersetzung** hinsichtlich des
den Ehegatten gehörenden Vermögens vorgesehen, sondern ein **schuldrechtlicher Anspruch** auf Zahlung eines Ausgleichsbetrages, § 1378 Abs. 1. Der Anspruch ist gerichtet auf die Hälfte des Betrages, um den der Zugewinn des Ausgleichsverpflichteten den Zugewinn des Ausgleichsberechtigten übersteigt, kann
also immer nur in der Person eines der beiden Ehegatten entstehen. Zugewinn ist
nach § 1373 der Betrag, um den das Endvermögen eines Ehegatten sein Anfangsvermögen übersteigt (dazu unten Rz. 76). Das Gesetz stellt nicht darauf ab, ob
der Zugewinn während der Ehe gemeinsam erarbeitet worden ist, so daß auch
sogenannter eheneutraler bzw. Zufallserwerb dem Zugewinnausgleich unterliegt
(dazu unten Rz. 101). Von dem **Grundprinzip der Teilhabe** an dem während der
Ehe erwirtschafteten Vermögenszuwachs werden aber einige wichtige Ausnahmen gemacht. Zum einen ist auch bei überschuldetem Anfangsvermögen dieses
rechnerisch nach § 1374 immer mit mindestens 0 anzusetzen[107]; zum anderen
wird nach § 1374 Abs. 2 Vermögen wie Anfangsvermögen behandelt, das ein
Ehegatte nach Eintritt des Güterstandes von Todes wegen oder mit Rücksicht
auf sein zukünftiges Erbrecht, durch Schenkung oder als Ausstattung erworben
hat[108]. Hierdurch soll erreicht werden, daß der andere Ehepartner nicht an solchem Vermögenszuwachs beteiligt wird, der nicht auf im weiteren Sinne gemeinsamem Wirken der Ehepartner beruht, sondern auf Zuwendungen Dritter, meist
von seiten der Familie des betroffenen Ehepartners. Für das Endvermögen ist das
Vermögen maßgebend, das zum maßgebenden Stichtag (dazu unten Rz. 78) nach
Abzug der Schulden tatsächlich vorhanden ist, § 1375 Abs. 1. Kein Ehegatte ist
dem anderen gegenüber verpflichtet, das Vermögen so zu verwalten, daß er einen
möglichst hohen Zugewinn erzielt. Allerdings macht § 1375 Abs. 2 (dazu unten
Rz. 107 ff.) eine Ausnahme hinsichtlich sogenannter illoyaler Vermögensminderungen, deren Wert zu einer fiktiven Erhöhung des Endvermögens führt. Sowohl
das Anfangs- als auch das Endvermögen sind reine Rechnungsgrößen zur Ermittlung des Zugewinnausgleichs (dazu unten Rz. 76). Soweit an einzelnen Vermögenswerten Miteigentum oder Mitberechtigung der Ehegatten besteht, ist
– außerhalb des Zugewinnausgleichs – eine Auseinandersetzung nach den allgemeinen Vorschriften möglich und notwendig, also insbesondere nach §§ 749 ff.,
ggf. §§ 180 ff. ZVG. Ist die Vermögensgemeinschaft zum jeweiligen Stichtag (da-

---

[107] Was zu sehr ungerechten Ergebnissen führen kann, wenn zugunsten eines Ehepartners während der
      Ehe dessen bei Beginn der Ehe bestehenden Schulden zurückgeführt worden sind, dazu näher unten
      Rz. 106.
[108] Neben der pauschalierten Regelung des § 1371 Abs. 1 sind es diese beiden Grundregeln des Zuge-
      winnausgleichsrechts, die häufig rechtspolitisch als verfehlt angesehen bzw. Anlaß zu die Systematik
      des Gesetzes verwässernden Korrekturversuchen durch die Rechtsprechung geben, vergl. hierzu ins-
      besondere Gernhuber, FamRZ 84, 1053 ff. „Ein Güterstand mit Dissonanzen".

zu unten Rz. 77 f.) noch nicht auseinandergesetzt, ist in die Berechnung des Anfangs- oder Endvermögens jedes Ehegatten der Wert seines Anteils einzubeziehen.

II. Zugewinn als Differenz zwischen Anfangs- und Endvermögen

Der **Zugewinn** wird in § 1373 definiert als der Betrag, um den das Endvermögen **76** eines Ehegatten sein Anfangsvermögen übersteigt. Sowohl das Anfangsvermögen (das Vermögen bei Begründung des Güterstandes, § 1374 Abs. 1), als auch das Endvermögen (das Vermögen bei Beendigung des Güterstandes, § 1375 Abs. 1) sind reine **Rechnungsgrößen**, die ihrerseits wiederum die Rechnungsgröße Zugewinn ergeben. Alle drei Rechnungsgrößen werden in Geld ausgedrückt, wobei der Zugewinn als positiver Wert gedacht ist. Er kann 0,– DM betragen, wenn ein Ehegatte während der Ehe nichts (hinzu-) erwirtschaftet hat oder sich sogar sein bei Eheschließung vorhandenes Vermögen vermindert hat; der Zugewinn kann aber nie als negativer Wert in die Vergleichsberechnung eingestellt werden. Der Ehepartner, der keinen Zugewinn erzielt hat, kann nicht ausgleichspflichtig sein. Der gesetzliche Güterstand ist keine Verlustgemeinschaft und sieht dementsprechend keine Beteiligung des anderen Ehegatten an den während der Ehe erwirtschafteten Verlusten vor[109]. Nach § 1374 Abs. 1 2. HS ist das Anfangsvermögen immer mit 0,– DM, also nicht negativ, anzusetzen. Dies kann zu einer Verfälschung des tatsächlichen wirtschaftlichen Ergebnisses der Ehe führen. Wenn z.B. ein Ehepartner mit hohen **Schulden** in die Ehe gegangen ist und bei Beendigung des Güterstandes ein Endvermögen von 10.000,– DM hat, wird als Zugewinn lediglich ein Betrag von 10.000,– DM in die Berechnungen eingestellt, obwohl auch die Verminderung von Schulden eine Vermögensmehrung darstellt. Es handelt sich um eine systemimmanente Ungerechtigkeit, die – ohne Hinzutreten besonderer Umstände – auch nicht über die Härteklausel des § 1381 korrigiert werden kann (siehe dazu unten Rz. 133 ff.). Sogenannte **unechte Vermögensmehrungen**, die nur auf der Kaufkraftminderung des Geldes beruhen, werden dadurch ausgeglichen, daß (unter Aufgabe des nominalistischen Prinzips) realgleiche Wertmesser für die Rechnungsgrößen Anfangs- und Endvermögen verwandt werden. Technisch wird dies nach der Rechtsprechung des Bundesgerichtshofs dadurch bewerkstelligt, daß das Anfangsvermögen rechnerisch um die gestiegenen Lebenshaltungskosten bereinigt, also erhöht wird (hierzu nachstehend Rz. 100).

III. Berechnungs- und Bewertungsstichtage

1. für das Anfangsvermögen und hinzuzurechnenden Vermögenserwerb, § 1374 Abs. 1 und 2

Nach § 1374 Abs. 1 ist Anfangsvermögen das Vermögen, das einem Ehegatten **77** nach Abzug der Verbindlichkeiten beim Eintritt des Güterstandes gehört. Stich-

---

[109] Allgemeine Meinung vergl. z.B. MünchKomm-Gernhuber, § 1373 Rz. 5; Palandt-Diederichsen, § 1373 Anm. 1 c; OLG München, FamRZ 76, 26 m.w.N.

tag für die Berechnung ist also der Tag der (standesamtlichen) **Eheschließung**, wenn, wie meist, der Güterstand der Zugewinngemeinschaft gilt, weil die Ehegatten nichts anderes vereinbart haben, § 1363 Abs. 1. Für Ehen, die vor dem Inkrafttreten des Gleichberechtigungsgesetzes und vor der Einführung des gesetzlichen Güterstandes der Zugewinngemeinschaft geschlossen worden sind, gelten die **Übergangsvorschriften** des Gleichberechtigungsgesetzes (siehe oben Rz. 51). Die Überleitung in den gesetzlichen Güterstand ist danach zum 1. 7. 1958 erfolgt.

Haben die Ehegatten zunächst einen Wahlgüterstand vereinbart und später durch einen weiteren Ehevertrag diesen wieder aufgehoben und die Geltung des gesetzlichen Güterstandes vereinbart, ist Stichtag für die Berechnung des Anfangsvermögens das Datum des Abschlusses des Ehevertrages bzw. das Datum, das sich für den Beginn des Güterstandes aus dem Ehevertrag ergibt. Im Rahmen der sich aus § 1408 ergebenden Vertragsfreiheit ist es den Ehegatten schließlich auch unbenommen, durch einen Ehevertrag als Stichtag für die Berechnung des Anfangsvermögens ein Datum festzulegen, das vor der Eheschließung liegt. Veranlassung hierzu kann beispielsweise der Umstand sein, daß der Eheschließung längeres Zusammenleben mit gemeinsam erwirtschaftetem Vermögenserwerb vorausgegangen ist[110].

Soweit Vermögen nach § 1374 Abs. 2 dem Anfangsvermögen hinzuzurechnen ist, ist für die Bewertung und Zurechnung der Wert dieses Vermögens am Tage des Erwerbs maßgebend. Auch hier ist freilich den Ehegatten unbenommen, durch Ehevertrag etwas anderes zu vereinbaren.

2. für das Endvermögen und hinzuzurechnende Beträge, § 1375

78 Stichtag für die Berechnung des Endvermögens ist nach § 1375 Abs. 1 Satz 1 der Zeitpunkt der **Beendigung** des Güterstandes. Diese wiederum ist möglich durch rechtskräftige Ehescheidung, durch rechtskräftiges Eheaufhebungsurteil, § 37 Abs. 1 EheG, durch rechtskräftige Nichtigerklärung der Ehe, § 26 Abs. 1 EheG, durch rechtskräftiges Urteil auf vorzeitigen Ausgleich der Zugewinngemeinschaft, §§ 1385 bis 1388 und durch einen Ehevertrag, durch den ein anderer als der gesetzliche Güterstand vereinbart wird. Schließlich wird der gesetzliche Güterstand durch den Tod eines Ehegatten beendet.

Für den häufigsten Fall der Auflösung des Güterstandes durch **Ehescheidung** bestimmt § 1384, daß für die Berechnung des Zugewinns nicht der Zeitpunkt der Beendigung des Güterstandes, sondern der der **Rechtshängigkeit des Scheidungsantrages** maßgebend ist, also der Tag der Zustellung des Ehescheidungsantrages an den Antragsgegner, §§ 253 Abs. 1, 266 Abs. 1, 606 Abs. 1, 608 ZPO. Die Vorverlegung des Stichtages sollte Manipulationen zu Lasten des ausgleichsberechtigten Ehegatten verhindern. Zugunsten des Ausgleichsschuldners geht die

---

[110] Herrschende Meinung z.B. Staudinger-Thiele, § 1374 Rz. 15; BGB-RGRKFinke, § 1374 Rz. 2; Palandt-Diederichsen, § 1374 Anm. 1; OLG Hamburg, NJW 64, 1076, 1078; Ermann-Heckelmann, § 1374 Rz. 2; Soergel-Lange, § 1374 Rz. 4; a.A. MünchKomm-Gernhuber, § 1374 Rz. 3.

Vorschrift im übrigen davon aus, daß nach Einleitung des Scheidungsverfahrens der ausgleichsberechtigte Ehegatte an einer von dem anderen erzielten Vermehrung seines Vermögens nicht mehr mitgewirkt hat[111].

Jedenfalls ist die Schutzfunktion zugunsten des ausgleichsberechtigten Ehepartners mit der Einführung des Zerrüttungsprinzips durch das 1. EheRG weitgehend hinfällig geworden, da die Scheidung normalerweise eine mindestens einjährige Trennung voraussetzt (§§ 1565 Abs. 1 und 2, 1566 Abs. 1) und dementsprechend spätestens ab dem Zeitpunkt der Trennung die Gefahr illoyaler Vermögensmanipulationen zu Lasten des ausgleichsberechtigten Partners verstärkt auftritt, wogegen die in § 1375 Abs. 2 angeordnete Hinzurechnung zum Endvermögen nur in (nachweisbaren) besonders krassen Fällen Schutz bietet. Die unter Berücksichtigung des Schutzzweckes des § 1384 naheliegende Vorverlegung des Stichtages auf den Zeitpunkt der Trennung ist unterblieben, weil der Gesetzgeber dem Grundsatz der Rechtsklarheit und der Rechtssicherheit Vorrang gegeben hat[112].

Die Zustellung des Ehescheidungsantrages bleibt nach § 1384 analog als Stichtag für die Berechnung des Anspruchs aus § 1371 Abs. 2 maßgebend, wenn die Ehescheidungsvoraussetzungen gegeben waren und die Ehe vor Abschluß des Verfahrens durch den Tod eines Ehegatten beendet wird[112a].

Über die §§ 37 und 26 EheG gilt § 1384 auch für den Fall der **Aufhebung** und **Nichtigerklärung der Ehe.** Für den Fall einer Klage auf vorzeitigen Ausgleich des Zugewinns, §§ 1385, 1386, bestimmt § 1387 – wiederum im wesentlichen zum Zwecke der Verhinderung von Manipulationen –[113], daß maßgeblich der Tag der Klageerhebung ist. Aus der Vielzahl der Ausnahmevorschriften ergibt sich, daß der Regeltatbestand des § 1375 Abs. 1 in der Rechtswirklichkeit die Ausnahme bildet. Auf den Zeitpunkt der Beendigung des Güterstandes kommt es praktisch nur in den Fällen an, in denen der Güterstand durch einen Ehevertrag beendet wird. In diesen Fällen wird freilich ohnehin der Vertrag im allgemeinen Regelungen vorsehen, die die Stichtagsfrage hinfällig machen.

Auf den sich nach diesen Grundsätzen ermittelten **Stichtag** für die Berechnung des Endvermögens bezieht sich der **Auskunftsanspruch** nach § 1379 (dazu unten Rz. 116 ff.), und zwar auch dann, wenn wegen langjähriger Trennung eine Reduzierung des Zugewinnausgleichsanspruches in Betracht kommt[113a].

Für dem Endvermögen nach § 1375 Abs. 2 hinzuzurechnende Beträge ist der Zeitpunkt maßgebend, in dem die die Zurechnung begründende illoyale Vermögensminderung eingetreten ist. Unter Berücksichtigung des Schutzzweckes der Vorschrift kommt es in Fällen, in denen Verpflichtungs- und Verfügungsgeschäfte auseinanderfallen, auf den Zeitpunkt an, in dem eine rechtswirksame Verpflichtung zur Übertragung des Vermögensbestandteiles begründet worden ist.

---

[111] Vergl. z.B. BGB-RGRK-Finke, § 1384 Rz. 1.
[112] Vergl. z.B. BGB-RGRK-Finke, § 1384 Rz. 2.
[112a] BGH NJW 87, 1764 ff = FamRZ 87, 353 ff.
[113] Vergl. z.B. Palandt-Diederichsen, § 1387 Anm. 1.
[113a] OLG Hamm, FamRZ 87, 701 ff.

Für eine illoyale unentgeltliche Zuwendung im Sinne des § 1375 Abs. 2 Ziff. 1 kommt es dementsprechend darauf an, wann der Ehegatte eine rechtswirksame, auch formwirksame Verpflichtung zur Übertragung eines Vermögensgegenstandes eingegangen ist. Nach § 1375 Abs. 3 scheidet die Hinzurechnung aus, wenn die Vermögensminderung mindestens zehn Jahre vor Beendigung des Güterstandes eingetreten ist oder wenn der andere Ehegatte mit der unentgeltlichen Zuwendung oder der Verschwendung einverstanden gewesen ist. Ist die formwirksame Schenkungsverpflichtung mehr als zehn Jahre vor Beendigung des Güterstandes eingegangen, die Übertragung allerdings erst später vorgenommen worden, scheidet die Zurechnung nach § 1575 Abs. 3 aus. Liegt allerdings außerhalb der 10-Jahres-Frist zunächst nur ein formunwirksames Schenkungsversprechen vor und ist dieses innerhalb der 10-Jahres-Frist durch Leistung erfüllt worden, kommt es auf den Zeitpunkt der Erfüllung an, so daß die Zurechnung nach § 1375 Abs. 3 noch möglich ist[114].

Zu den materiellen Voraussetzungen der Hinzurechnung nach den §§ 1374 Abs. 2, 1375 Abs. 2 siehe unten Rz. 101 ff.

IV. Bewertungsgrundsätze

1. Allgemeines

79 Nach welchen Bewertungsgrundsätzen das Anfangs- und das Endvermögen, die für den Zugewinnausgleich maßgeblichen Rechnungsgrößen, zu ermitteln sind, ergibt sich aus den gesetzlichen Vorschriften nicht. Insbesondere stellt § 1376 keine **Bewertungskriterien** auf. Anzusetzen sind grundsätzlich alle am jeweiligen Stichtag bei einem Ehegatten vorhandenen geldwerten, rechtlich geschützten Vermögensbestandteile bzw. alle rechtlich geschützten Positionen mit wirtschaftlichem Wert[115].

Voraussetzung für die Berücksichtigung eines Vermögenswertes ist nicht, daß er im (fiktiven) Todesfalle **vererblich** ist[116].

Mangels spezieller Bewertungsvorschriften ist grundsätzlich der „volle wirkliche Wert", also der durch die allgemeine **Verkehrsanschauung** bestimmte gemeine Wert zu ermitteln[117]. Welches dieser **volle wirkliche Wert** ist, muß für jedes der zur Bewertung anstehenden einzelnen Güter sachverhaltsspezifisch ermittelt werden. Soweit die einzelnen dem Anfangs- und/oder Endvermögen hinzuzurechnenden Vermögenswerte einen **Verkehrswert** haben, ist dieser in Ansatz zu bringen, wobei allerdings im Einzelfall im Hinblick auf die tatsächliche Funktion

---

[114] Vergl. hierzu MünchKomm-Gernhuber, § 1376 Rz. 7; Staudinger-Thiele, § 1375 Rz. 31; Palandt-Diederichsen, § 1375 Anm. 4; a.A. Erman-Heckelmann, § 1375 Rz. 11.
[115] Z.B. BGHZ 67, 262 f = FamRZ 77, 41 f; BGH FamRZ 80, 39 g BGH FamRZ 81, 239 f vergl. auch Schwab, FamRZ 84, 429, 430.
[116] Vergl. insbesondere BGH NJW 87, 322 f in Ergänzung und Klarstellung zu BGHZ 68, 163, 165, BGHZ 80, 384, 387 und BGHZ 82, 145, 147.
[117] Vergl. z.B. BayObLG FamRZ 58, 284; Ermann-Heckelmann, § 1376 Rz 5; Staudinger-Thiele, § 1376 Rz.10.

des zu bewertenden Vermögensgegenstandes Korrekturen notwendig sein können[118].

Soweit dies nicht besonders vereinbart ist, kann für die Bewertung jedenfalls nicht auf **Buchwerte, Einheitswerte oder Steuerwerte** zurückgegriffen werden, sofern diese nicht ausnahmsweise mit dem Markt- oder Verkehrswert identisch sind[119]. Ebensowenig kann auf einen (nur unter besonderen Umständen zu erzielenden) **Liebhaberwert** abgestellt werden. Der sogenannte **Verkaufswert** kann insbesondere bei Gebrauchsgegenständen niedriger sein, als es dem tatsächlichen Nutzwert entspricht. In diesen Fällen gibt der Verkaufswert lediglich den **Liquidationswert** an, der nur dann in Ansatz zu bringen ist, wenn der Gegenstand ohnehin zur Veräußerung bestimmt ist oder die Veräußerung zum Zwecke der Durchführung des Zugewinnausgleichs auch unter Berücksichtigung der Möglichkeit der Zuweisung bestimmter Gegenstände nach § 1382 unerläßlich ist[120].

Für **Hausratsgegenstände** hat der Bundesgerichtshof die bis dahin kontrovers **80** beantwortete Frage nach der Bewertung der Einbeziehung in den Zugewinnausgleich und der Zurechnung zum Anfangs- und Endvermögen dahingehend beantwortet, daß Hausrat, der zwischen den Ehegatten nach der Verordnung über die Behandlung der Ehewohnung und des Hausrates (sogenannte Hausratsverordnung; 6. Durchführungsverordnung zum Ehegesetz vom 21.10.1944) verteilt werden kann, nicht dem Zugewinnausgleich unterliegt, weil die **Hausratsverordnung** eine die güterrechtlichen Vorschriften verdrängende **Sonderregelung** darstellt[121].

Nach der Auffassung des Bundesgerichtshofs, die in der Literatur überwiegend geteilt wird, sind deswegen alle zur gemeinsamen Nutzung angeschafften Einrichtungsgegenstände dem Zugewinnausgleich entzogen, auch wenn sie möglicherweise im Einzelfall einen hohen Wert haben[122]. Der zitierten Entscheidung des Bundesgerichtshofs läßt sich nicht eindeutig entnehmen, ob nach Auffassung des Bundesgerichtshofs die Spezialität der Hausratsteilungsverordnung auch dazu führen soll, daß der Wert der bei Eheschließung einem Ehegatten gehörenden, also von ihm eingebrachten Hausratsgegenstände nicht seinem Anfangsvermögen zuzurechnen ist. Gegen den Ausschluß des bei Eheschließung vorhandenen Hausrates aus der Berechnung spricht, daß solche Gegenstände grundsätzlich im Alleineigentum des einbringenden Ehegatten verbleiben, er nach § 1370 Alleineigentümer der als Ersatz für die eingebrachten Hausratsgegenstände angeschafften neuen Gegenstände wird und aufgrund des Alleineigentums grundsätzlich berechtigt ist, diese Hausratsgegenstände nach Trennung und Scheidung wieder in

---

[118] Vergl. dazu z.B. Staudinger-Thiele, § 1376 Rz. 11.
[119] Z.B. Soergel-Lange, § 1376 Rz. 7.
[120] Vergl. z.B. MünchKomm-Gernhuber, § 1376 Rz. 9; Staudinger-Thiele, § 1376 Rz. 11; Soergel-Lange, § 1376 Rz. 7 und Ermann-Heckelmann, § 1376 Rz. 5.
[121] BGHZ 89, 137 ff. = FamRZ 84, 144, 146 mit eingehender Darstellung des Meinungsstandes.
[122] Vergl. zuletzt Schwab, FamRZ 84, 429 ff. 430 und Lange, JZ 84, 383; sehr kritisch Gernhuber, Geld und Güter beim Zugewinnausgleich, FamRZ 84, 1053 ff., 1056; a.A. auch OLG Stuttgart, FamRZ 82, 282, 283 und OLG Hamm, FamRZ 83, 919 f.

den Alleinbesitz zu übernehmen. Für die Ausdehnung der Rechtsprechung des Bundesgerichtshofs auch auf eingebrachte Hausratsgegenstände spricht allerdings entscheidend, daß die Hausratsverordnung in § 9 die Möglichkeit vorsieht, in Ausnahmefällen auch Hausratsgegenstände, die im Alleineigentum eines Ehegatten stehen, dem anderen zur Nutzung zu überlassen oder sogar (gegen Festsetzung eines angemessenen Entgeltes) zu Alleineigentum zu übertragen. Nach § 2 der Hausratsverordnung hat der Richter zudem nach billigem Ermessen zu entscheiden, so daß er auch berücksichtigen kann, ob einer der Ehegatten auf die Nutzung der im gemeinsamen Eigentum stehenden Hausratsgegenstände evtl. deswegen nicht im gleichen Maße angewiesen ist wie der andere Ehegatte, weil er mehr ihm allein gehörende Hausratsgegenstände hat. Die Hausratsverordnung enthält also durchaus auch Vorschriften, die sich auf den eingebrachten Hausrat beziehen, so daß der Grundsatz der Spezialität – neben dem Grundsatz der Praktikabilität – dafür spricht, bei der Bewertung des Anfangsvermögens der Ehegatten eingebrachte Hausratsgegenstände nicht zu berücksichtigen.

Die Einbeziehung in den Zugewinnausgleich kann nur dann in Betracht kommen, wenn wertvolle Einrichtungsgegenstände nicht mehr im Sinne des § 1 der Hausratsverordnung zu den beweglichen Gegenständen zu rechnen sind, die nach den Vermögens-und Lebensverhältnissen der Ehegatten für die Wohnung, die Hauswirtschaft und das Zusammenleben der Familie bestimmt sind. Dies sind nur Gegenstände, die entweder ausschließlich als Kapitalanlage oder dem Beruf eines Ehegatten dienen oder solche, die von vornherein nicht für den gemeinsamen Hausstand, sondern gerade im Hinblick auf das Getrenntleben der Ehegatten angeschafft worden sind[123].

81   Zu bewerten sind jeweils die einzelnen **Bestandteile** des Anfangs- und des Endvermögens mit ihrem zum jeweiligen Stichtag festzustellenden tatsächlichen Wert. Es spielt keine Rolle, ob zum Anfangsvermögen Gegenstände gehören, die sich auch im Endvermögen befinden. Es wäre falsch, solche Gegenstände vorab aus der Bewertung des Anfangs- und Endvermögens herauszunehmen[124]. Eine getrennte Bewertung von Anfangs- und Endvermögen ist demnach sogar dann erforderlich, wenn sich im Einzelfall die Zusammensetzung des Anfangsvermögens kaum oder gar nicht von der Zusammensetzung des Endvermögens unterscheidet. Für die Berechnung des Zugewinnausgleichs kommt es nur darauf an, welchen ziffernmäßigen Wert das Vermögen eines Ehegatten per Saldo bei Beginn des Güterstandes hatte und welchen Wert sein Endvermögen bei Beendigung des Güterstandes per Saldo hatte. Die Entwicklung der einzelnen Vermögensbestandteile während der Ehe ist demgegenüber grundsätzlich unerheblich[125].

Nach der starren Systematik des Zugewinnausgleichsrechts, die nur eine Gegenüberstellung von End- und Anfangsvermögen vorsieht, ist es auch grundsätzlich

---

123 BGH FamRZ 84, 144, 146 f.
124 Vergl. zuletzt Schwab, FamRZ 84, 429, 430 und Gernhuber, FamRZ 84, 1053, 1057, 1058, 1062.
125 Vergl. insbesondere BGHZ 61, 385, 391 und BGH WM 75, 28 sowie BGB-RGRK-Finke, § 1376 Rz. 3.

unerheblich, worauf eine Wertveränderung von Vermögensgegenständen beruht und ob der andere Ehegatte hieran unmittelbar oder mittelbar mitgewirkt hat[126]. Welcher Vermögenserwerb eines Ehegatten während der Ehe nicht dem Zugewinnausgleich unterliegt, bestimmt sich ausschließlich nach § 1374 (dazu unten Rz. 101).

Aus dem Grundsatz, daß die Hinzurechnung zum Anfangsvermögen ausscheidet, soweit der Erwerb den Umständen nach zu den Einkünften zu rechnen ist, § 1374 Abs. 2, hat der Bundesgerichtshof die Regel entwickelt, daß dem Zugewinn nicht unterfallen Anrechte auf **künftig fällige, wiederkehrende Leistungen,** die hauptsächlich dazu bestimmt sind, den Unterhalt zu gewährleisten. Hierzu gehören insbesondere Rechte aus Dauerschuldverhältnissen, die Ansprüche auf künftig fällig werdende, wiederkehrende Einzelleistungen begründen, z.b. Ansprüche auf Arbeitsentgelt oder Unterhaltszahlungen[127]. Auch Ansprüche auf künftig fällig werdende wiederkehrende Leistungen nach dem Bundesversorgungsgesetz fallen hierunter, da diese künftiges Einkommen vorwegnehmen [128]. Mit der gleichen Begründung scheidet ein Ansatz für die Anwartschaft eines Soldaten auf Zeit auf **Übergangsgebührnisse** nach § 11 SVG aus[129]. **82**

Da sogar die Anwartschaft auf eine **Übergangsbeihilfe** nach § 12 SVG[130] und Ansprüche auf Ausgleichszahlungen nach § 38 Soldatenversorgungsgesetz[131] wegen ihres Unterhaltsersatzcharakters unberücksichtigt bleiben sollen, muß auch ein zum jeweiligen Stichtag aufgrund einer Vereinbarung mit dem Arbeitgeber bestehender Anspruch auf eine Abfindungszahlung im Zusammenhang mit einer Beendigung des Arbeits- oder Anstellungsverhältnisses (insbesondere nach §§ 9, 10 KSchG) unberücksichtigt bleiben.

In allen Fällen hat allerdings ein Ansatz im Anfangs- oder Endvermögen zu erfolgen, sofern bereits gezahlte Renten und Versorgungsleistungen noch vorhanden, also z.B. in Form von Ersparnissen angelegt worden sind[132].

Auszuklammern sind weiter sogenannte **unechte Wertsteigerungen,** die nur auf dem Kaufkraftschwund des Geldes beruhen (dazu unten Rz. 100). Im Einzelfall können ungerechte Ergebnisse über § 1381 korrigiert werden, dies allerdings nur zugunsten des prinzipiell ausgleichspflichtigen Ehepartners (dazu unten Rz. 133 ff.).

Sowohl bei der Berechnung des Anfangs- als auch bei der Berechnung des Endvermögens sind die **Verbindlichkeiten** abzuziehen (§§ 1374 Abs. 1, 1375 Abs. 1), und zwar mit ihrem jeweiligen Nennwert. Der Bereinigung um den Inflationsgewinn bzw.-verlust unterliegt erst der nach Abzug der Verbindlichkeiten gebildete Saldo (dazu unten Rz. 100). Zu den Verbindlichkeiten gehören alle privat- und **83**

---

[126] Vergl. z.B. Soergel-Lange, § 1376 Rz. 8 m.w.N.
[127] BGH FamRZ 81, 239 f; FamRZ 80, 39; FamRZ 82, 147 und FamRZ 82, 148.
[128] BGH FamRZ 80, 39 = NJW 80, 229.
[129] BGH a.a.O.
[130] BGH NJW 83, 2141 f; a.A. Palandt-Diederichsen, § 1375 Anm. 2, bis 42. Aufl.
[131] BGH FamRZ 82, 684.
[132] Vergl. z.B. BGH FamRZ 83, 881 f und FamRZ 81, 239 f.

öffentlich-rechtlichen Schulden, einschließlich dinglicher Lasten (zur Bewertung von Wohn- und Nießbrauchsrechten etc. unten Rz. 97). Schulden sind grundsätzlich auch dann zu berücksichtigen, wenn sie auf Erfüllung familienrechtlicher Verpflichtungen beruhen, so daß bei der Ermittlung des Endvermögens eine auf Unterhaltszahlungen an den ausgleichsberechtigten Ehepartner beruhende Kontoüberziehung nicht unberücksichtigt bleiben kann, sofern nicht ein Anwendungsfall des § 1375 Abs. 2 oder des § 1381 (dazu unten Rz. 107 ff. und Rz. 133 ff.) vorliegt[133].

Negative Kapitalkonten, z.B. bei einer sogenannten Abschreibungsgesellschaft, führen nicht zu einer Verringerung des Anfangs- oder Endvermögens, wenn sie keine auf den Stichtag bezogene Zahlungsverpflichtung begründen, sondern lediglich zu steuerlichen Konsequenzen führen oder führen können[134].

2. Bewertung land- und forstwirtschaftlicher Betriebe

84 Eine spezielle **Bewertungsvorschrift** für land- und forstwirtschaftliche Betriebe enthält § 1376 Abs. 4. Danach ist ein land- oder forstwirtschaftlicher Betrieb, der bei der Berechnung des Anfangsvermögens und bei der Berechnung des Endvermögens zu berücksichtigen ist, nur mit dem **Ertragswert** (nicht mit dem Verkehrswert) anzusetzen. Nach § 1376 Abs. 4 i.V.m. § 2049 Abs. 2 bestimmt sich der Ertragswert nach dem Reinertrag, den der land- oder forstwirtschaftliche Betrieb nach seiner bisherigen wirtschaftlichen Bestimmung bei ordnungsgemäßer Bewirtschaftung nachhaltig gewähren kann. Für die nähere Ermittlung des Ertragswertes gelten über Art. 137 EG-BGB die jeweiligen landesrechtlichen Vorschriften. Diese **landesrechtlichen Bewertungsvorschriften** stellen meist auf ein bestimmtes Vielfaches des jährlichen Reinertrages ab und können zu unterschiedlichen Ergebnissen führen, weil unterschiedliche Multiplikatoren in Ansatz gebracht werden. Die meisten Landesgesetze gehen von dem 25-fachen Betrag des jährlichen Reingewinns aus, während z.B. in Bayern der 18-fache Betrag gilt (§ 103 des bayerischen AG-BGB).

Die Vorschrift des § 1376 Abs. 4 beruht auf dem Grundgedanken, daß land- und forstwirtschaftliche Betriebe im allgemeinen nicht zum Verkauf bestimmt sind, sondern innerhalb der Familie an Abkömmlinge weitergegeben werden und der Sicherung des Lebensunterhaltes der Familienmitglieder aus den Erträgen dienen. Bei solchen Betrieben soll für die Berechnung des Zugewinns nicht auf die gerade in jüngerer Zeit oft sprunghaft gestiegenen Verkehrswerte (insbesondere der zum Betrieb gehörenden Grundstücke), sondern auf den Ertragswert abgestellt werden, der sich im allgemeinen nur langsam verändert. Grundvoraussetzung für die Anwendung der Schutzvorschrift ist deswegen zunächst, daß der zu bewertende land- und forstwirtschaftliche Betrieb sowohl zum Anfangs als auch zum Endvermögen eines Ehepartners gehört. Dies setzt voraus, daß der Ehegatte Eigentümer der land- oder forstwirtschaftlich genutzten Grundstücke ist, da bei

---

[133] OLG Karlsruhe, FamRZ 86, 167 f.
[134] BGH FamRZ 86, 37 ff.

dem Pächter eines solchen Betriebes die Grundstücke nicht zu seinem Vermögen gehören. Dies setzt zum anderen voraus, daß der Ehegatte den land- und forstwirtschaftlichen Betrieb bereits bei Eheschließung hatte oder ihn nach Eheschließung im Sinne des § 1374 Abs. 2 durch Erbfolge, im Wege vorweggenommener Erbfolge oder durch Schenkung bzw. als Ausstattung erworben hat. Ist der Betrieb demgegenüber erst während der Ehe angeschafft worden oder ist ein bei Eheschließung vorhandener land- und forstwirtschaftlicher Betrieb während der Ehe veräußert worden, ist der Betrieb beim Anfangs- oder Endvermögen mit dem Verkehrswert in Ansatz zu bringen[135]. Etwas anderes gilt allerdings, wenn ein Ehegatte den bereits bei Eheschließung geführten Betrieb z.b. wegen einer drohenden Enteignung oder aus anderen Gründen aufgeben mußte und aus dem Verkaufserlös ein anderer privilegierter Betrieb angeschafft worden ist. Sogar bei freiwilligem Wechsel des Betriebes kann der Schutzzweck des § 1376 Abs. 4 den Ansatz mit dem Ertragswert gebieten[136].

Das Bundesverfassungsgericht hat die Vorschrift des § 1376 Abs. 4 i.V.m. 2049 Abs. 2 für insoweit mit Art. 3 Abs. 1 i.V.m. Art. 6 Abs. 1 GG unvereinbar erklärt, als ausnahmslos der Ertragswert den Bewertungsmaßstab bildet[137].

Es hat den **Schutzzweck** des Gesetzes grundsätzlich gebilligt, der auf die Verhinderung der **Zersplitterung** landwirtschaftlicher Betriebe aufgrund des öffentlichen Interesses an der Erhaltung leistungsfähiger Höfe in bäuerlichen Familien gerichtet ist; das Bundesverfassungsgericht hat es aber andererseits als Verstoß gegen Art. 3, Art. 6 Abs. 1 GG angesehen, daß die Vorschrift des § 1376 Abs. 4 landwirtschaftliches Vermögen unterschiedslos und auch in den Fällen begünstigt, in denen dem ausgleichsberechtigten Ehegatten ein Opfer zugemutet wird, das nicht mehr durch den gesetzgeberischen Zweck gerechtfertigt wird, sondern eine **Privilegierung** des Ausgleichspflichtigen darstellt. Eine solche Konstellation sieht das Gericht als gegeben an, wenn im Zeitpunkt der Rechtshängigkeit des Scheidungsantrages das landwirtschaftliche Vermögen im wesentlichen nur noch aus dem Grund und Boden besteht, der im Wege der Verpachtung wirtschaftlich genutzt wird, und realistischerweise keine Anhaltspunkte mehr dafür gegeben sind, daß der Eigentümer oder seine Abkömmlinge den Hof in Zukunft wieder bewirtschaften können[138].

Mit dieser Entscheidung hat das Bundesverfassungsgericht die Stimmen in Rechtsprechung und Literatur bestätigt, die sich seit jeher auf den Standpunkt gestellt haben, daß für den gesamten Betrieb der Verkehrswert maßgebend sein soll, wenn zum Stichtag eindeutig feststeht, daß der landwirtschaftliche Betrieb nicht weitergeführt wird[139].

Es ist also in jedem Einzelfall eine Überprüfung der Situation des Betriebes daraufhin notwendig, ob der **Schutzzweck** des § 1376 Abs. 4 noch gegeben ist. Ist

---

[135] Z.B. MünchKomm-Gernhuber, § 1376 Rz. 27.
[136] Z.B. BGB-RGRK-Finke, § 1376 Rz. 41.
[137] Beschluß vom 16.10.1984, FamRZ 85, 256 ff.
[138] BVerfG FamRZ 85, 256, 260.
[139] Vergl. z.B. Schwab, FamRZ 84, 429 ff, 433; BGH WM 1977, 202 ff. zu § 2312.

danach der Ertragswert zu berücksichtigen, ist nicht der nach § 48 BewG aus Wirtschafts- und Wohnwert gebildete Einheitswert, sondern der tatsächlich erzielbare Reinertrag nach dem Wertmaßstab des Art. 83 AG-BGB maßgebend, wobei die Bewertung auf buchführungsstatistische Unterlagen, also auf betriebswirtschaftliche Jahresabschlüsse, zu stützen ist[140].

Ist § 1376 Abs. 4 grundsätzlich anwendbar, weil der Hof sowohl im Anfangs- als auch im Endvermögen zu berücksichtigen ist, ist streitig, ob auch während der Ehe **hinzuerworbene Grundstücke**, die der Arrondierung des privilegierten Betriebes dienen, mit dem Ertragswert und nicht mit dem Verkehrswert anzusetzen sind. Die herrschende Meinung[141] spricht sich zum Schutz des Ehegatten für die Bewertung mit dem Verkehrswert aus[142]. Abgrenzungsfragen können sich ergeben, wenn forst- und landwirtschaftliche Betriebe nicht rein bäuerlich oder forstmäßig geführt werden, sondern daneben ein Handwerks- oder Gewerbebetrieb unterhalten wird. Eine **einheitliche Bewertung** nach dem Ertragswert kommt in solchen Fällen nur in Betracht, wenn dem Handwerk oder einem anderen Gewerbebetrieb neben dem land- und forstwirtschaftlichen Betrieb nur untergeordnete Bedeutung zukommt, er also als Annex angesehen werden kann. Im übrigen müssen die Betriebseinheiten **getrennt bewertet** und dabei der gewerbliche Betrieb mit dem vollen Wert in Ansatz gebracht werden[143].

Nach einhelliger Meinung sind nicht mit dem Ertragswert, sondern mit dem jeweiligen Verkehrswert alle nicht unmittelbar dem Betrieb zugehörigen Vermögensgegenstände zu bewerten, also z.B. Sparguthaben, Wertpapiere, Kunstgegenstände, auch ein überwiegend privaten Zwecken dienendes Kraftfahrzeug und Luxusgegenstände wie Reitpferde, Bilder, Teppiche[144].

Nach der bereits zitierten Entscheidung des Bundesverfassungsgerichts[145] handelt es sich bei der Verweisung des Art. 137 EG-BGB auf die landesrechtlichen Vorschriften zur Ermittlung des Ertragswertes um eine sogenannte **statische Verweisung**, so daß im Rahmen des § 1376 Abs. 4 i.V.m. § 2049 Abs. 2 die landesrechtlichen Regelungen heranzuziehen sind, die im Zeitpunkt der Verkündung des Gleichberechtigungsgesetzes am 18.6.1957 gegolten haben. Zwischenzeitliche Änderungen der Bewertungsvorschriften sind im Rahmen der §§ 1376 Abs. 4, 2049 Abs. 2 bedeutungslos.

Ein weiteres über § 1376 Abs. 4 hinausgehendes **Bewertungsprivileg** gilt nach § 12 Abs. 10 der Höfeordnung in deren Geltungsbereich, also den Bundesländern Hamburg, Niedersachsen, Nordrhein-Westfalen und Schleswig-Holstein, zugunsten des **Hoferben**. Bei Beendigung des Güterstandes durch Tod eines

---

[140] OLG Düsseldorf FamRZ 86, 168, 169; OLG Frankfurt, OLGZ 70, 268; OLG Celle, FamRZ 75, 415 ff. = NJW 75, 1568 f; Köhne, Agrarrecht 84, 57 ff.
[141] Z.B. Staudinger-Thiele, § 1376 Rz. 21/22 und Soergel-Lange, § 1376 Rz. 19.
[142] A.A. Herrmann Dissertation 1976, S. 55/56 (Die Vermögensbewertung beim ehelichen Zugewinnausgleich).
[143] So im Ergebnis, mit zum Teil unterschiedlichen Abgrenzungskriterien: Staudinger-Thiele, § 1376 Rz. 18; MünchKomm-Gernhuber, § 1376 Rz. 32; BGB-RGRK-Finke, § 1376 Rz. 34; etwas weitergehend Ermann-Heckelmann, § 1376 Rz. 11, wohl auch Soergel-Lange, § 1376 Rz. 19.
[144] Vergl. z.B. Staudinger-Thiele, § 1376 Rz. 17; Soergel-Lange, § 1376 Rz. 21.
[145] FamRZ 85, 256 ff.

Ehegatten (nicht bei Beendigung unter Lebenden) und Durchführung des Zugewinnausgleichs nach den Regeln der güterrechtlichen Lösung (§ 1371 Abs. 1 und Abs. 3) gilt als Wert des Hofes das 1 1/2-fache des zuletzt festgesetzten Einheitswertes im Sinne des § 48 Bewertungsgesetz (§ 12 Abs. 2 Satz 2 HöfeO). Der überlebende Ehegatte hat allerdings einen Ergänzungsanspruch nach § 13 der Höfeordnung, wenn der Hof innerhalb von 20 Jahren nach dem Erbfall ganz oder teilweise veräußert oder einer anderen Nutzung zugeführt wird[146].

3. Bewertung von Unternehmen und Unternehmensbeteiligungen

Besondere Schwierigkeiten ergeben sich im allgemeinen bei der Bewertung von Unternehmen und Unternehmensbeteiligungen.   **85**

a) Veräußerungswert

Auch für Unternehmen und Unternehmensbeteiligungen gilt zunächst einmal der Grundsatz, daß diese mit ihrem vollen **Verkehrswert** in das Endvermögen eingestellt werden müssen[147].

Anhand der zu ermittelnden Marktkriterien oder anhand einer Vermögensbilanz ist der tatsächliche Wert eines Unternehmens oder einer Unternehmensbeteiligung zu ermitteln bzw. zu schätzen. Hierzu wird in jedem Fall die Hinzuziehung eines Sachverständigen notwendig sein. Die Bewertung ist allerdings schon deswegen mit erheblichen Unwägbarkeiten und Unsicherheiten belastet, weil die Betriebswirtschaftslehre keine allgemein gültigen **Bewertungskriterien** entwikkelt hat und deswegen im allgemeinen eine an den Einzelfall und die betrieblichen Gegebenheiten angepaßte Kombination mehrerer Bewertungsmethoden empfohlen und praktiziert wird[148].

Wenn es sich um ein einzelkaufmännisches Unternehmen handelt, ist also zunächst einmal der **Marktpreis** unter Einbeziehung sämtlicher zum Betrieb gehörenden Vermögensgegenstände, einschließlich **stiller Reserven** und eines etwaigen inneren Firmenwertes, des sogenannten **good will** (dazu unten Rz. 89) zu ermitteln[149]. Maßgebend ist nicht der in der Handels- oder Steuerbilanz ausgewiesene Wert, sondern der Wert des lebenden Unternehmens[150], der im allgemeinen an dem Ertragswert auszurichten sein wird[151]. Im Einzelfall kann es aber auch

---

[146] Vergl. von Olshausen, FamRZ 77, 361 ff.; allgemein zur Bewertung landwirtschaftlicher Betriebe: Kroeschell, Die Bewertung landwirtschaftlicher Betriebe beim Zugewinnausgleich, 1983; zur Verfassungsmäßigkeit der Abfindungsregelungen der Höfeordnung siehe im übrigen BVerfGE 67, 329 ff.

[147] Vergl. z.B. BGHZ 17, 130, 135; FamRZ 77, 386; Benthin, FamRZ 82, 338, 344; Herrmann, Die Vermögensbewertung beim ehelichen Zugewinnausgleich, Dissertation Tübingen 1976 S. 5 ff.

[148] Vergl. z.B. MünchKomm-Gernhuber, § 1376 Rz. 20; Stuby, FamRz 67, 181, 189; Viel-Bredt-Renard, Die Bewertung von Unternehmungen und Unternehmensanteilen, 5. Aufl. 1975; Großfeld, Unternehmensbewertung im Gesellschaftsrecht, 1983; für den grundsätzlichen Vorrang der Ertragswertmethode sprechen sich neuerdings aus: Piltz/Wissmann, Unternehmensbewertung beim Zugewinnausgleich nach Scheidung, NJW 85, 2673 ff. f; wogegen wiederum: Rid, NJW 86, 1317 f.

[149] Vergl. z.B. BGHZ 70, 224 ff. ; MünchKomm-Gernhuber, § 1376 Rz. 21; Staudinger-Thiele § 1376 Rz. 25.

[150] BGH NJW 77, 949; BGHZ 22, 186, 194; BGHZ 17, 130, 136.

[151] Vergl. hierzu zuletzt OLG Düsseldorf, FamRZ 84, 699 ff. zur Bewertung einer Druckerei, und Piltz/ Wissmann NJW 85, 2673 ff sowie Rid, NJW 86, 1317 f.

notwendig und richtig sein, nur auf den **Liquidationswert** abzustellen. Dies gilt insbesondere, wenn die Auflösung des Unternehmens beabsichtigt ist oder wenn das Unternehmen am Bewertungsstichtag keinen positiven Ertragswert aufwies und tatsächlich alsbald nach dem Stichtag liquidiert worden ist[152]. In einem Fall, in dem die Liquidation drei Jahre nach dem maßgeblichen Zeitpunkt erfolgt war, hat der Bundesgerichtshof den Grundsatz aufgestellt, daß der Tatrichter die Bewertung am **Verkaufserlös** orientieren darf, wenn ein Unternehmen etwa ein Jahr nach dem Bewertungsstichtag veräußert worden ist und wesentliche Veränderungen des Marktes in der Zwischenzeit nicht ersichtlich sind[153].

Nur auf den **Substanzwert** ist abzustellen, wenn sich im konkreten Fall nicht feststellen läßt, daß auf dem Markt bei einer Veräußerung tatsächlich ein über den reinen Substanzwert hinausgehender Preis zu erzielen wäre. Der Bundesgerichtshof verlangt konkrete Feststellungen dazu, ob es für Betriebe dieser Art überhaupt einen Markt gibt und ob gerade für einen Betrieb dieser Art ein über den reinen Substanzwert hinausgehender Betrag erzielbar wäre, der insbesondere mit dem sogenannten **good will** eines Unternehmens begründet wird (dazu näher unten Rz. 89)[154].

In anderen Fällen kann es sich verbieten, den Substanzwert in Ansatz zu bringen, weil dieser zu hoch ist und den Ertragswert beträchtlich übersteigt. Denkbar ist dies z.B., wenn zum Betriebsvermögen wertvoller Grundbesitz gehört. Der Bundesgerichtshof hält es in solchen Fällen nicht für zulässig, grundsätzlich auf den **Substanzwert** abzustellen, solange die Weiterführung des Unternehmens beabsichtigt ist. Er geht davon aus, daß ein potentieller Käufer ein lebendes Unternehmen, das keinen oder nur wenig Gewinn erwarten läßt, nicht zum vollen Substanzwert kauft, sondern nur den Preis zahlen wird, der dem Käufer eine angemessene Verzinsung sichert[155]. Allerdings kann auch bei negativem Ertragswert nicht ohne weiteres von dem Liquidationswert des Unternehmens ausgegangen werden, weil dieser Ansatz nur in Betracht kommen soll, wenn tatsächlich eine Liquidation stattfindet oder stattgefunden hat[156]. Der Liquidationswert wird allerdings als untere Grenze angesehen, so daß in solchen Fällen ein **Mittelwert** zwischen Liquidationswert und Substanzwert gefunden werden soll[157].

b) Auseinandersetzungsguthaben

86 Läßt sich der Wert nicht als Veräußerungswert oder Marktpreis ermitteln, z.B. weil ein Anteil an einer Gesellschaft nach dem Gesellschaftsvertrag nicht übertragbar ist, muß auf den Wert des zum jeweiligen Stichtag festzustellenden **Auseinandersetzungsguthabens** abgestellt werden (§§ 719, 738), während der Ver-

[152] BGH NJW 82, 2441 und BGH FamRZ 82, 571.
[153] BGH FamRZ 82, 571.
[154] BGH FamRZ 77, 386 (Handelsvertreter); FamRZ 78, 332 f (Handwerksbetriebe Bäckerei); BGH FamRZ 77, 38 (Vermessungsingenieure).
[155] BGH NJW 78, 1316, 1319.
[156] BGH NJW 73, 509, 510; NJW 82, 2441; kritisch hierzu: Piltz-Wissmann NJW 85, 2673, 2679.
[157] Vergl. BGH NJW 82, 2441 und OLG Koblenz, FamRZ 83, 166, 167.

kehrswert geschätzt werden kann und muß, wenn der Gesellschaftsvertrag die Übertragbarkeit der Anteile vorsieht.

c) Berücksichtigung von Abfindungsklauseln

Besondere Schwierigkeiten macht die Bewertung von Unternehmensbeteiligun- **87**
gen, wenn der maßgebliche Gesellschaftsvertrag im Interesse der Erhaltung der Gesellschaft für den Fall des Ausscheidens eines Gesellschafters **Abfindungs-klauseln** vorsieht, die an andere Kriterien als den Verkehrswert anknüpfen (meist an den Buchwert oder den sich aus der Steuerbilanz ergebenden Wert) und so zu einer **unter dem Marktwert** liegenden Abfindung führen. Hier stellt sich die Frage, ob für die Berechnung eines Zugewinnausgleichsanspruchs der Wert der Beteiligung als Bestandteil des Endvermögens unter Berücksichtigung der Abfindungsklausel, also nach dem sogenannten **Klauselwert**, zu bestimmen ist oder ob dem Endvermögen der volle Verkehrswert des Anteils, der sogenannte **Vollwert**, zugrunde zu legen ist. Da sich zur Beantwortung dieser Frage an verschiedene Überlegungen anknüpfen läßt, ist das Spektrum der vertretenen Auffassungen entsprechend bunt.

Geht man davon aus, daß in dem hier interessierenden Fall der Ehescheidung, die im allgemeinen die Unternehmensbeteiligung unberührt läßt, diese einen bestimmten Verkehrs- oder Marktwert hat, allerdings für die Zukunft unsicher ist, ob der Ehepartner zu einem späteren Zeitpunkt ausscheidet und dann nur einen Abfindungsanspruch nach dem Klauselwert erhält, kann dies zu der Überlegung führen, daß zum Zeitpunkt der Scheidung eine **endgültige Bewertung mit dem Vollwert** zu erfolgen hat; es kann aber auch eine **endgültige Bewertung mit dem Klauselwert** für richtig gehalten werden, weil nämlich von Anfang an die Möglichkeit eines Ausscheidens in die Bewertung mit einbezogen werden muß[158].

Stellt man demgegenüber mehr darauf ab, daß zum Zeitpunkt der Scheidung und der Bewertung der Unternehmensbeteiligung unsicher ist, ob in näherer oder ferner Zukunft ein Ausscheiden in Betracht kommt und dann der niedrigere Klauselwert für die Beteiligung in Ansatz zu bringen ist, führt dies über den Gedanken der analogen Anwendung des § 2313 aus dem Pflichtteilsrecht (Bewertung unsicherer, ungewisser oder bedingter Rechte) zu der sogenannten **vorläufigen Lösung.** Danach ist die Differenz zwischen Klausel- und Vollwert im Hinblick auf das unsichere Schicksal der Unternehmensbeteiligung als unsichere Rechtsposition zu werten, so daß zunächst entweder nur der **Klauselwert mit der Möglichkeit nachträglicher Korrektur**[159] oder zunächst der **Vollwert mit der**

---

[158] Für endgültige Bewertung nach Vollwert: Erman-Heckelmann § 1376 Rz. 7; Heckelmann, Abfindungsklausel in Gesellschaftsverträgen, 1973, S. 226 ff.; Lenzen, BB 74, 1050, 1051; Ott/Ott BWNotZ 73,54; Stötter, Betrieb 70, 573; Zimmermann, BB 69, 965 ff., 969. Huber, Kapitalanteil und Gesellschaftsanteil an Personengesellschaften des Handelsrechts, 1970, 347; Wiedemann, Die Übertragung und Vererbung von Mitgliedschaftsrechten bei Handelsgesellschaften, 1965, S. 218 f. (mit Differenzierungen je nach Gewicht der Kapitalbeteiligung oder der persönlichen Mitarbeit); Meinke, Das Recht der Nachlaßbewertung, S. 203, 253 ff.

[159] So z.B. BGH-RGRK-Finke, § 1376 Rz. 11 und Siebert, NJW 1960, 1033, 1035.

Möglichkeit der nachträglichen Korrektur anhand des Klauselwertes in Ansatz gebracht wird[160].

Schließlich werden noch **vermittelnde Auffassungen** vertreten, wonach zwar eine endgültige Bewertung vorzunehmen ist, diese sich aber nach einem Mittelwert zwischen dem Voll- und Klauselwert zu richten hat, und zwar im wesentlichen je nach Wahrscheinlichkeit oder Risiko des Ausscheidens[161].

Gegen vorläufige Lösungen in Anwendung des Rechtsgedankens des § 2313 spricht zunächst, daß der Bundesgerichtshof in einer neueren Entscheidung die analoge Anwendbarkeit des § 2313 im Rahmen der Berechnung des Endvermögens und des Zugewinnausgleichs völlig verneint hat[162], womit sich – jedenfalls für die Rechtspraxis – auch die Überlegung erübrigt, ob die Möglichkeit späteren Ausscheidens mit der Konsequenz des Inkrafttretens einer Abfindungsklausel die Unternehmensbeteiligung überhaupt zu einem „unsicheren" Recht im Sinne des § 2313 macht.

Gegen eine vorläufige Regelung spricht weiter entscheidend der **rechtspolitische Zweck** der gesetzlichen Vorschriften über Ehescheidungsfolgenregelungen, die materiell-rechtlich und verfahrensrechtlich (über die Vorschriften des Entscheidungsverbundes, §§ 623 ff. ZPO) den Zweck verfolgen, im Zusammenhang mit der Scheidung eine endgültige Auseinandersetzung zwischen den Ehegatten herbeizuführen. Mit diesem Prinzip läßt es sich nicht in Übereinstimmung bringen, über eine analoge Anwendung des § 2313 die Frage der Höhe eines Zugewinnausgleichsanspruches auf letztlich unabsehbare Zeit offenzulassen[163].

Gegen die Berücksichtigung des Klauselwertes spricht, daß § 1376 im Grundsatz eindeutig hinsichtlich aller Bestandteile des Anfangs- und des Endvermögens die Ermittlung des tatsächlichen vollen Wertes vorschreibt und die stringente Stichtagsregelung die Ehegatten prinzipiell gleichmäßig mit dem Risiko belastet, das sich aus der punktuellen Bewertung der einzelnen Vermögensbestandteile ergibt. Auch für andere Vermögensbestandteile sieht das Gesetz keinen Schutz davor vor, daß z.B. ein in das Endvermögen eingestellter Vermögenswert nach Rechtskraft einer Entscheidung über den Zugewinnausgleich und Zahlung des geschuldeten Betrages ersatzlos untergeht. Das Risiko des Ehegatten-Gesellschafters ist im übrigen mit der einen gewissen Ausgleich schaffenden Chance verbunden, seinerseits bei Ausscheiden eines anderen Gesellschafters dessen Anteil ganz oder anteilig zum Klauselwert, also unter dem vollen Wert, zu erhalten[164]. Da Abfindungsklauseln in einem Gesellschaftsvertrag nur den Ausnahmefall regeln, daß ein Gesellschafter ausscheidet, muß die Bewertung für das Endvermögen von dem Regelfall ausgehen, daß die Unternehmensbeteiligung beibehalten wird.

---

[160] So z.B. Reuter, Privatrechtliche Schranken der Perpetuierung von Unternehmen, 1973, S. 292 und Sudhoff, NJW 61, 801, 803, 807.
[161] Hierzu z.B. MünchKomm-Gernhuber, § 1376 Rz. 25; Goroncy NJW 62, S. 1895 ff., 1899 mit zustimmendem Nachwort von Sudhoff; Westermann, Personengesellschaftsrecht, Rz. 512.
[162] BGH NJW 83, 2244, 2246.
[163] Vergl. hierzu insbesondere Benthin, FamRZ 82, 338, 344.
[164] Vergl. Piltz/Wissmann, NJW 85, 2673, 2683, die grundsätzlich den vollen Wert in Ansatz bringen wollen.

Diese Überlegungen führen dazu, daß im Grundsatz für die Bewertung einer Unternehmensbeteiligung der sogenannte **Vollwert** in Ansatz zu bringen ist und nur im Einzelfall ein gewisser Abschlag für das Risiko eines Ausscheidens nach einem geringeren Abfindungswert vorzunehmen ist[165]. Dabei kann aber für einen **Risikoabschlag** nicht alleine die Feststellung ausreichend sein, daß nach dem Gesellschaftsvertrag z.b. ein Ausschluß ohne wichtigen Grund jederzeit zulässig ist; maßgebend kann vielmehr nur sein, ob und ggf. in welchem Ausmaß die sich aus der Abfindungsklausel evtl. ergebende beschränkte Verwertbarkeit der Beteiligung nach der Verkehrsanschauung Einfluß auf ihren Wert hat[166].

Nach weitgehend einhelliger Auffassung ist die Beteiligung mit dem sich aus der Abfindungsklausel ergebenden Wert allerdings dann zu berücksichtigen, wenn zum Bewertungsstichtag das Ausscheiden des Gesellschafter-Ehegatten bereits sicher, also mindestens eingeleitet, wenn auch noch nicht vollzogen ist[167].

Da die Beschränkung oder auch der völlige Ausschluß von Abfindungsansprüchen gesellschaftsrechtlich nach herrschender Meinung grundsätzlich zulässig ist, und zwar auch für den Fall eines Ausscheidens durch Tod[168], kann der Gesellschaftsvertrag insoweit ohne Hinzutreten besonderer Umstände nicht als ein unter § 1375 Abs. 2 fallendes Rechtsgeschäft mit der Folge der Hinzurechnung zum Endvermögen angesehen werden, sofern nicht im Einzelfall eine Benachteiligungsabsicht (§ 1375 Abs. 2 Nr. 3) festgestellt werden kann oder z.b. die Klausel ohne ersichtlichen Grund nur einen Gesellschafter trifft (§ 1375 Abs. 2 Nr. 1)[169].

Negative Kapitalkonten sind nur dann als Verbindlichkeiten und dementsprechend wertmindernd zu berücksichtigen, wenn sie eine echte, auf den Stichtag bezogene Zahlungsverpflichtung begründen[170].

d) Freiberufler und Künstler

Für die Bewertung von **Praxen** freiberuflich tätiger Personen, also insbesondere **88** für Arzt-, Zahnarzt-, Rechtsanwalts-, Steuerberaterpraxen und Architekturbüros, gilt ebenfalls, daß ihr wirtschaftlicher Wert zu ermitteln ist und sie mit diesem Wert in die Berechnung des Anfangs- und/oder Endvermögens einzustellen sind. Dabei ist entgegen der früher vereinzelt vertretenen Auffassung davon auszugehen, daß **Praxisübertragungsverträge** z.b. unter Ärzten oder Rechtsanwälten nicht grundsätzlich unzulässig sind[171].

Bei der Bewertung für Zwecke des Zugewinnausgleichs muß deswegen in erster Linie darauf abgestellt werden, welcher Erlös sich bei einer **Veräußerung** der

[165] So z.B. Staudinger-Thiele, § 1376 Rz. 31; Benthin, FamRZ 82, 338, 346; Palandt-Diederichsen, § 1376 Anm. 2; Soergel-Lange, § 1376 Rz. 14; Piltz-Wissmann, NJW 85, 2673, 2683.
[166] Vergl. insbesondere BGHZ 75, 195, 202, bestätigt in BGH NJW 87, 321 f = FamRZ 86, 1196 f, sowie zuletzt OLG Schleswig, FamRZ 86, 1208 f und BGHZ 13, 45, 47.
[167] Z.B. Staudinger-Thiele, § 1376 Rz. 29; Rasner, NJW 83, 2905 ff.; BGH NJW 85, 192 f.
[168] BGHZ 22, 186, 194.
[169] Herrschende Meinung vergl. z.B. Soergel-Lange, § 1376 Rz. 14; a.M. Heckelmann, Abfindungsklauseln, 1973, 226 ff.
[170] BGH FamRZ 86, 37, 39. siehe hierzu auch oben Rz. 85 f.
[171] Vergl. z.B. BHZ 43, 46 ff. und NJW 73, 98, 100.

Praxis bzw. des Unternehmens erzielen ließe. In die Bewertung ist zunächst das Sachvermögen einzubeziehen, also Grundbesitz, Mobiliar, Büromaschinen, medizinische Geräte, ggf. Bibliotheken. Für diese Gegenstände ist jeweils der Verkehrswert zu ermitteln, wobei mangels allgemein gültiger Bewertungsmaßstäbe und Taxlisten häufig auf Schätzungen oder ggf. Erfahrungssätze der zuständigen Berufskammern zurückzugreifen sein wird. Wichtiger ist in diesem Zusammenhang allerdings die Frage, inwieweit über den Sachwert hinaus ein immaterieller Wert, der sogenannte **good will**, in Ansatz zu bringen ist (dazu näher unten Rz. 89).

Auch bei **Künstlern** können Bewertungsprobleme auftreten. Sofern sie ein Atelier oder eine Werkstatt betreiben, ist zunächst der Verkehrswert der Einrichtung oder ggf. der Materialien, evtl. der Wert des Grundbesitzes in Ansatz zu bringen. Schwieriger zu beantworten ist die Frage, ob und ggf. mit welchem Wert fertige, aber noch nicht verkaufte Werke in das Anfangs- oder Endvermögen einzustellen sind. Abgesehen davon, daß die Bewertung von Kunstgegenständen ohnehin mangels sicherer Marktkriterien erhebliche Schwierigkeiten bereitet, sind hier zwei Aspekte zu berücksichtigen:

Zum einen steht es einem Künstler als Inhaber eines **Urheberpersönlichkeitsrechtes** frei, ob und ggf. wann er ein Werk auf den Markt bringt und die aus dem Urheberpersönlichkeitsrecht fließenden urheberrechtlichen Nutzungsrechte überträgt (§§ 29 Satz 2, 31, 7 UrhG); zum anderen dient im allgemeinen die Herstellung von Kunstwerken den Künstlern (auch) zur Bestreitung des Lebensunterhaltes, so daß die Erstellung von Kunstwerken der Sicherung des Lebensunterhaltes dient. Dies legt einen Rückgriff auf den von der Rechtsprechung entwickelten und vom Bundesgerichtshof gerade in jüngerer Zeit häufig betonten Grundsatz nahe, daß Anrechte auf künftige Leistungen, die hauptsächlich dazu bestimmt sind, den Unterhalt des Ehegatten in künftigen Zeitabschnitten zu gewährleisten, weder beim Anfangs- noch beim Endvermögen anzusetzen sind[172]. Im allgemeinen wird es bei einem Künstler – im Gegensatz zu einem Unternehmen oder einer freiberuflichen Praxis – an einer Vermögensgesamtheit fehlen, die als Einkunftsquelle angesehen werden kann, die also die Grundlage für die Erzeugung von Waren bzw. die Erbringung von Leistungen anzusehen ist. Der Künstler schafft unmittelbar das Werk, aus dessen Veräußerung er seinen Lebensunterhalt bestreitet. In die Berechnung des Anfangs- und/oder des Endvermögens kann deswegen neben dem Verkehrswert einer Ateliereinrichtung oder dem Wert der Materialien der Wert einzelner, bereits fertiggestellter Kunstgegenstände nicht einbezogen werden. Dem steht auch nicht entgegen, daß bei einem Fabrikationsunternehmen oder einem Handwerksbetrieb die zum Bewertungsstichtag vorhandenen Warenvorräte häufig in die Bewertung mit einbezogen werden, da Warenvorräte keineswegs zwingend, sondern nur nach den jeweiligen betrieblichen Gegebenheiten wertbildende Faktoren darstellen[173] und zudem die

---

[172] BGH FamRZ 81, 239, 240; FamRZ 82, 147 = BGHZ 82, 149 f; FamRZ 82, 148 = BGHZ 82, 145 und oben Rz. 82.

[173] So werden veraltete oder aus sonstigen Gründen nicht mehr absetzbare Warenvorräte nicht zur Erhöhung des Wertes eines Unternehmens oder eines Betriebs führen.

Betriebseinheit – anders als bei einem Künstler – als solche personenunabhängig eine Einkunftsquelle darstellt.

e) Der good will

Sowohl für Unternehmen und Handwerksbetriebe als auch für die Praxen freibe- **89** ruflich tätiger Personen stellt sich die Frage, inwieweit diese einen „**inneren**", über den reinen Substanzwert hinausgehenden **Wert** haben, einen sogenannten good will. Rechtsprechung und Literatur kennzeichnen mit diesem Begriff den über die Summe der Sachwerte hinausgehenden Wert eines Unternehmens oder einer Praxis, der sich aus dem Aufbau eines Kundenstamms, eines Vertriebsnetzes, dem guten Ruf, der Marktgängigkeit eines Produktnamens, dem Grad der Bekanntheit etc. ergibt (vergl. auch die Legal-Definition in § 255 HGB, eingeführt durch das Bilanz-Richtlinien-Gesetz vom 19.12.1985).

Läßt sich ein solcher innerer Wert feststellen, ist dieser grundsätzlich in den zu ermittelnden Gesamtwert einzubeziehen. Der Ansatz eines good will kommt nach der Rechtsprechung des Bundesgerichtshofs unter folgenden Voraussetzungen in Betracht:

Zunächst müssen konkrete Feststellungen darüber getroffen werden können, ob ein Übernahmewilliger generell bereit ist, den unter Einschluß des sogenannten good will errechneten Betrag als Unternehmenswert zu bezahlen, ob also ein Käufer überhaupt die Bereitschaft hätte, einen Preis zu zahlen, der über den reinen Substanz- oder Ertragswert hinausgeht[174]. Auch für Anwalts- und Arztpraxen wird der Ansatz eines good will nicht ausgeschlossen[175]. Voraussetzung des Ansatzes eines good will ist allerdings, daß ein Unternehmen überhaupt frei veräußerlich ist. Verneint worden ist dementsprechend der Ansatz eines good will für das Unternehmen eines Handelsvertreters, der nicht ohne Zustimmung seines Vertragspartners veräußern kann[176].

Auf der anderen Seite schließt ein auf langfristiger vertraglicher Bindung beruhender Ausschluß der Veräußerung (z.B. wegen langfristiger Verpachtung mit Einkaufsrecht für den Pächter) oder die vertragliche Unveräußerlichkeit eines Anteils an einer Rechtsanwaltssozietät den Ansatz eines good will nicht aus[177].

Für die **Bemessung** eines solchen good will sind bisher allgemein gültige Grundsätze nicht aufgestellt. Speziell für die Praxen von Freiberuflern hat sich allerdings die Übung herausgebildet, einen gewissen **Prozentsatz des Durchschnittsumsatzes** einiger zurückliegender Jahre in Ansatz zu bringen. Ausschlaggebend sind immer die Umstände des Einzelfalles. Als Bewertungskriterien sind zu nennen:

---

[174] Z.B. BGH FamRZ 77, 38 f; 386 f und 78, 332 f.
[175] Z.B. OLG Celle, FamRZ 77, 397 = Anwaltsblatt 77, 216 (Anwaltspraxis: im konkreten Fall allerdings verneint); OLG Koblenz, FamRZ 82, 280 f (Zahnarztpraxis); OLG Hamm FamRZ 83, 812 (Anteil an einer Anwaltsgemeinschaft) und die bereits erwähnte grundlegende Entscheidung BGH NJW 73, 98 ff.; zuletzt OLG Saarbrücken, FamRZ 84, 794 ff. (Anwaltspraxis im konkreten Fall verneint).
[176] BGH FamRZ 77, 386.
[177] So für die Nachlaßbewertung BGH NJW-RR 86, 163 f und AG Weilburg, NJWRR 86, 229 f.

Ortslage der Praxis, Praxisstruktur, die Arzt- oder Anwaltsdichte im fraglichen Bereich; Alter und Qualifikation des Abgebenden sowie des Übernehmers, Alter und Ruf der Praxis etc.. Dabei ist besonders zu berücksichtigen, daß im allgemeinen die Ertragsfähigkeit der Praxis eines Freiberuflers stark an seine Person gebunden ist und die Übernahme dem Erwerber nicht mehr als die Chance bietet, die Patienten oder Klienten des Vorgängers für sich zu gewinnen und sich bei dem weiteren Aufbau der Praxis auf den vorhandenen Patienten-, Klienten- oder Kundenstamm zu stützen[178]. Wie hoch diese Chance zu bewerten ist und tatsächlich bei Übernahmeverträgen mit Geld abgegolten wird, wird entscheidend auch von der Wettbewerbssituation abhängen. In dem Maße, in dem die Arzt- oder Anwaltsdichte steigt, wird es für einen Freiberufler nach Neueröffnung einer Praxis schwieriger, sich einen Patienten- oder Klientenstamm aufzubauen. Umso eher werden Interessenten bereit sein, für die Chance zu bezahlen, den vorhandenen Bestand an Patienten oder Klienten für sich zu gewinnen und zur Grundlage der eigenen beruflichen Existenz zu machen. Gleiches gilt sinngemäß natürlich auch für andere freie Berufe.

Für den Anteil an einer aus mehreren Anwälten bestehenden **Sozietät** scheidet der Ansatz eines good will aus, wenn der Sozietätsvertrag Ausgleichsansprüche bei Tod oder Ausscheiden eines Partners ausschließt und nach der bisherigen Aufnahmepraxis der Anwaltsgemeinschaft neue Sozien keine Zahlungen über den Substanzwert hinaus leisten[179].

Für ein **Architekturbüro** ist der Ansatz eines good will verneint worden mit der Begründung, daß ein Architekt in aller Regel nur wegen der ihm eigenen speziellen Fähigkeiten mit Aufträgen betraut werde und er insofern einem Künstler nahestehe. Der Erfolg eines Architekturbüros hänge dementsprechend unmittelbar und ausschließlich von der Person des Inhabers ab[180]. Auch bei Architekturbüros ist der Ansatz eines good will aber nicht prinzipiell auszuschließen und z.B. denkbar, wenn es sich um den Anteil an einem größeren Architekturbüro handelt, das eine Vielzahl gleichartiger Objekte für Bauträger bearbeitet[181].

Die Anknüpfung an die durchschnittlichen Bruttoumsätze der letzten Jahre bringt die Schwierigkeit mit sich, daß je nach Charakter der freiberuflich betriebenen Praxen nur durchlaufende Gelder einbezogen werden, beispielsweise Mandanten- oder Treuhandgelder. Es dürfte deswegen richtiger sein, auf den Bruttoumsatz abzüglich Praxiskosten, also den **Reinertrag**, abzustellen[182].

---

[178] Vergl. z.B. OLG Koblenz, FamRZ 82, 280, 281 und BGH NJW 73, 98, 100 Zur Berechnung siehe auch AG Weilburg NJW-RR 86, 229 f wonach mit nicht überzeugender Begründung eine Rentenverpflichtung nicht zu kapitalisieren sein soll und der durchschnittliche Jahresgewinn abzüglich kalkulatorischen Anwaltslohnes (Richtergehalt plus 60 % Zuschlag) zugrunde gelegt wird.
[179] OLG Saarbrücken, FamRZ 84, 794, 795.
[180] OLG München, FamRZ 84, 1096.
[181] Ausdrücklich auch offengelassen in der zitierten Entscheidung des OLG München.
[182] Vergl. hierzu insbesondere Herrmann, Dissertation S. 110 ff.

4. Sonstige Vermögenswerte

Bei der Ermittlung des Anfangs- und Endvermögens sind alle wirtschaftlich rele-   **90**
vanten Vermögenswerte einzubeziehen, und zwar jeweils mit ihrem „wahren
wirklichen Wert"[183]. Dabei kann es notwendig sein, je nach Art des Gegenstandes unterschiedliche Bewertungsmaßstäbe in Ansatz zu bringen:

a) Wertpapiere, Aktien, Aktienpakete und Investmentanteile

Wertpapiere, wie insbesondere Aktien, Aktienpakete und Investmentanteile sind   **91**
mit dem **Kurswert**, dem Börsen- oder Marktpreis am Stichtag zu bewerten[184].
Für Aktien ist regelmäßig maßgebend der mittlere Tageskurs an dem **Börsen-**
platz, der dem Wohnsitz des Ehegatten am nächsten liegt[185].

Bei Aktienpaketen kann ein **Aufschlag** angemessen sein, der den Mehrwert infolge des unternehmerischen Einflusses umfasst[186]. Ob es gerechtfertigt sein
kann, im Einzelfall vorübergehende Über- oder Unterbewertungen zu korrigieren[187], ist zweifelhaft und läßt sich mit dem strengen Stichtagsprinzip des Gesetzes einerseits und der Egalisierung außergewöhnlicher Umstände durch Angebot
und Nachfrage an der Börse andererseits nicht in Einklang bringen. Korrekturen
dürften deswegen allenfalls in Betracht kommen, wenn es sich um offensichtli-
che, auf konkreten Tagesereignissen beruhende vorübergehende **Kursschwan-**
kungen handelt[188].

b) Grundstücke

Grundstücke sind grundsätzlich mit dem **Verkehrswert** in Ansatz zu bringen,   **92**
wobei für dessen Ermittlung auf die aufgrund des § 144 Abs. 1 BBauG erlassene
Ermittlungsverordnung zurückgegriffen werden kann[189]. Abzustellen ist, insbesondere bei eigengenutzten Wohnhäusern, vorrangig auf den **Substanzwert**,
der aber bei Renditeobjekten unter Berücksichtigung des **Ertragswertes** zu modifizieren sein kann[190].

Bei vorübergehender Flaute auf dem Grundstücksmarkt kommen **rezessionsbe-**
dingte Abschläge bei der Bewertung von Grundbesitz nur dann in Betracht,
wenn die Veräußerung beabsichtigt oder als Folge des Zugewinnausgleichs notwendig ist, da es auf den wirklichen Wert ankommt, der mit dem Veräußerungswert nicht ohne weiteres identisch ist[191].

---

[183] Siehe oben Rz. 79 und z.B. Schwab, Handbuch des Scheidungsrecht, Rz. 751.
[184] Z.B. BGB-RGRK-Finke, § 1376 Rz. 6; Staudinger-Thiele, § 1376 Rz. 33.
[185] Palandt-Diederichsen, § 1376, Anm. 2 d und MünchKomm-Gernhuber, § 1376 Rz. 12.
[186] Z.B. Staudinger-Thiele, § 1376 Rz. 32; MünchKomm-Gernhuber, § 1376 Rz. 12.
[187] So z.B. BGH NJW 65, 1589 im Rahmen des § 2311 für Grundstücke, wenn der Stichtagswert bereits
      im maßgeblichen Zeitpunkt als ein vorübergehender Wert erkennbar war, ebenso Soergel-Lange,
      § 1376 Rz. 7 für Börsenkurse.
[188] Vergl. z.B. MünchKomm-Gernhuber, § 1376 Rz. 13 und Herrmann, Dissertation S. 81/82; Schwab,
      Handbuch des Scheidungsrechts, Rz. 757.
[189] Fassung vom 15.8.1972, Bundesgesetzblatt I S. 1416; Sartorius I Nr. 310.
[190] Vergl. hierzu auch BGH WPM 1977, 302; NJW 70, 2018; OLG Frankfurt, FamRZ 80, 576.
[191] BGH FamRZ 86, 37 ff., 40.

Nach den gleichen Kriterien ist **Wohnungseigentum** zu bewerten[192]. Eine **Heimstätte** im Sinne des Reichsheimstättengesetzes, die ihrer Zweckbestimmung nach genutzt wird und weiter genutzt werden soll, ist der objektive, nach § 15 Reichsheimstättengesetz zu ermittelnde Erwerbspreis anzusetzen; es ist also zu berücksichtigen, daß der Heimstätter in der freien Verfügung über das Eigentum beschränkt ist[193].

Bei der Bewertung von **Erbbaurechten** sind in erster Linie der Gebäudewert, der Ertragswert und die Restlaufzeit des Erbbaurechts zu berücksichtigen[194].

c) Stille Beteiligungen

93   Bei der Bewertung stiller Beteiligungen an Unternehmen im Sinne der §§ 325 ff. HGB ist als Wert zunächst einmal der **Nennwert** der Beteiligung in Ansatz zu bringen, bei der es sich um Kapitalforderung an die Gesellschaft handelt. Ob ein darüber hinausgehender Wert zu berücksichtigen ist, muß nach den Umständen des Einzelfalles entschieden werden. Nach den vom Bundesfinanzhof hierzu entwickelten Kriterien, die letztlich auf den **Ertragserwartungen** beruhen, ist der Ansatz eines höheren Wertes als des Kapital-Nennbetrages dann gerechtfertigt, wenn die Einlage für eine gewisse Zeit **unkündbar** ist und eine **hohe Gewinnbeteiligung** nebst guter **Ertragslage** des Unternehmens dies rechtfertigen. Ist allerdings die Beteiligung jederzeit durch die Gesellschaft kündbar, ist die Beteiligung wie eine Darlehensforderung mit dem Nennwert zuzüglich der vereinbarten Verzinsung während der Restlaufzeit zu bewerten[195].

d) Lebensversicherungen und Versorgungsanwartschaften und -aussichten

Bei Lebensversicherungen und Versorgungsanrechten oder -anwartschaften ist zu unterscheiden:

94   Nach § 1587 Abs. 3 gelten für Anwartschaften oder Aussichten, über die der **Versorgungsausgleich** stattfindet, ausschließlich die Vorschriften der §§ 1587 a ff., und zwar unter Ausschluß der güterrechtlichen Vorschriften. Der Versorgungsausgleich findet nur wegen der „in der Ehezeit" begründeten oder aufrechterhaltenen Versorgungsanrechte statt, so daß der **Kapitalwert** der Ansprüche in der gesetzlichen Rentenversicherung, die sich ein Ehepartner aus Anlaß der Eheschließung hat auszahlen lassen, seinem Anfangsvermögen zuzurechnen ist. Es handelt sich um einen bei Eheschließung bestehenden, geldwerten Anspruch, der häufig einen Grundstock für gemeinsame Anschaffungen bildet[196]. Da die in der gesetzlichen Rentenversicherung erworbenen Anrechte Eigentumscharakter haben, ist das eher formale Argument gegen die Berücksichtigung ausgezahlter Versorgungsanrechte im Anfangsvermögen nicht überzeugend, der

---

[192] Vergl. hierzu auch Herrmann, Dissertation S. 48 ff.
[193] BGH, NJW 75, 1021.
[194] Soergel-Lange, § 1376 Rz. 12 und BayOLGZ 1976, 239 ff.
[195] Vergl. BFH in BB 71, 1184 und BFHE 76, 273 ff. sowie Herrmann, Dissertation S. 96 f.
[196] A.A. OLG Düsseldorf, FamRZ 82, 84; Palandt-Diederichsen § 1587 Anm. 4.

Anspruch auf Auszahlung entstehe erst mit der Eheschließung, sei also nicht bereits bei Eheschließung vorhanden[197].

Im Gegensatz zu der Rechtslage bei der Abfindung für eine Witwenrente nach Wiederverheiratung spricht gegen eine Zurechnung zum Anfangsvermögen auch nicht der Umstand, daß es sich bei dem Rentenanspruch um Ansprüche auf künftig fällig werdende wiederkehrende Einzelleistungen mit Unterhaltscharakter bzw. Unterhaltsersatzcharakter handelt[198]. Zum Zeitpunkt der Eheschließung besteht ein Anspruch auf Rentenzahlung aus den in der gesetzlichen Rentenversicherung bis dahin erworbenen Anwartschaften im allgemeinen noch nicht. Der Anspruch auf Beitragserstattung ist im übrigen nicht auf den Fall der Eheschließung beschränkt[199].

Dem Versorgungsausgleich im Sinne der §§ 1587 a ff. unterfallen neben Ansprüchen an die gesetzliche Rentenversicherung, den Versorgungsanwartschaften aus einem öffentlich-rechtlichen Dienstverhältnis und Leistungen aus einer betrieblichen Altersversicherung auch private Rentenversicherungen aufgrund eines Rentenversicherungsvertrages (§ 1587 a Abs. 2 Ziff. 5). Dem **Versorgungsausgleich** unterliegen aber nur die reinen **Rentenversicherungen**, während Lebensversicherungen, die als **Kapitalversicherung** oder auch als Kapitalversicherung mit Rentenwahlrecht abgeschlossen sind, nicht dem Versorgungsausgleich, sondern dem Zugewinnausgleich unterfallen[200]. Dies gilt auch dann, wenn es sich um eine sogenannte **befreiende Lebensversicherung** handelt, also eine private Lebensversicherung, die nach Art. 2 § 1 ANVNG zur Ermöglichung des Austritts aus der gesetzlichen Rentenversicherung abgeschlossen worden ist[201]. Auch in Fällen, in denen einer der Ehepartner seine gesamte Altersversorgung auf der Basis privater Lebensversicherungsverträge gesichert hat und diese einen erheblichen Wert haben, wird also der andere Ehegatte hieran nicht beteiligt, wenn der Ausgleich des Zugewinns durch die Vereinbarung von Gütertrennung ausgeschlossen worden ist. Eine Kapital-Lebensversicherung mit Rentenwahlrecht unterfällt allerdings dann dem Versorgungsausgleich, wenn das Rentenwahlrecht bis zum Ende der Ehezeit, also bis zum Eintritt der Rechtshängigkeit des Scheidungsantrags, bereits ausgeübt worden ist[202].

Ist im Rahmen der **betrieblichen Altersversorgung** vom Arbeitgeber eines Ehegatten eine Kapital-Lebensversicherung als **Direktversicherung** abgeschlossen worden, ergeben sich hieraus keine dem Ehegatten im Rahmen seines Endvermögens zuzurechnenden Vermögenswerte, da der Arbeitgeber selbst Inhaber der

---

197 BGHZ 82, 149 ff. = NJW 82, 279 für den Anspruch auf Abfindung für die Witwenrente nach Wiederverheiratung.
198 So BGH a.a.O. unter Hinweis auf BGH NJW 81, 1038.
199 Vergl. § 82 AVG; § 1303 RVO.
200 Allgemeine Meinung vergl. z.B. Palandt-Diederichsen, § 1587 a Anm. 3 B (zu Ziff. 5); Staudinger-Thiele, § 1374 Rz. 7.
201 BGH NJW 77, 101 = FamRZ 77, 41 ff.; OLG Stuttgart, FamRZ 83, 815 und Soergel/Winter, § 1587 a Rz. 217; MünchKomm/Maier, § 1587 a Rz. 310; Palandt-Diederichsen, § 1587 Anm. 2 a ee und BGH FamRZ 84, 156 ff.
202 So insbesondere BGH FamRZ 84, 156 ff.

Rechte aus dem Vertrag ist. Dies gilt selbst dann, wenn der Arbeitgeber im Verhältnis zum Arbeitnehmer nach § 1 Abs. 2 Satz 1 BetrAVG die Bezugsberechtigung zugunsten des Arbeitnehmer-Ehegatten nicht mehr widerrufen kann[203]. Etwas anderes muß aber konsequenterweise gelten, wenn eine unwiderrufliche Bezugsberechtigung zugunsten des Arbeitnehmers durch Vertrag zwischen dem Arbeitgeber und der Lebensversicherungsgesellschaft begründet worden ist. In diesem Fall sind aber Abschläge von dem Rückkaufswert mit Rücksicht darauf gerechtfertigt, daß der Arbeitnehmer über den Wert der Lebensversicherung (noch) nicht frei verfügen kann.

Der Wert der Versicherungen ist mit dem sogenannten **Rückkaufswert** [204] zu den jeweiligen Stichtagen im Anfangs- und/oder Endvermögen zu berücksichtigen, sofern nicht ein anderer unwiderruflich Bezugsberechtigter ist und deswegen der in der Versicherung liegende Wert bereits aus dem Vermögen des Versicherungsnehmers ausgeschieden ist[205].

Die Berechnung des Rückkaufswertes richtet sich nach den §§ 174 ff. VVG und den hierauf beruhenden Vertragsbedingungen. Der Rückkaufswert beinhaltet also auch etwa fällige **Gewinnanteile.** Gegen die Auffassung, wonach im Anfangs- und/oder Endvermögen nicht nur der unter Berücksichtigung von Abzügen (§§ 174 Abs. 4, 176 Abs. 4 VVG) zu ermittelnde Rückkaufswert einschließlich Gewinnanteil, sondern der **Zeitwert** zu berücksichtigen sei, der sich aus dem Kapitalwert der eingezahlten Prämien und ggf. Kapitalleistungen des Versicherungsnehmers bemesse[206], spricht, daß das jederzeitige Kündigungsrecht des Versicherungsnehmers unberücksichtigt gelassen wird und für den Fall der Ausübung der Kündigung die Lebensversicherung wertmäßig nur nach Maßgabe der §§ 174 ff. VVG realisierbar ist. Soweit eine Lebensversicherung Gegenstand einer nach § 1374 Abs. 2 oder § 1375 Abs. 2 gebotenen Zurechnung zum Anfangs- oder Endvermögen ist, können wegen des Ausnahmetatbestandes und wegen des Schutzzweckes dieser Vorschriften nicht die gesamten Leistungen des Versicherers, sondern nur die gezahlten Prämien als Gegenstand einer Schenkung behandelt werden[206a].

Andere **Versorgungsrechte**, die nicht dem Versorgungsausgleich unterfallen, weil sie weder mit Hilfe des Vermögens noch durch die Arbeit eines Ehegatten erworben worden sind (§ 1587 Abs. 1 Satz 2), unterfallen auch nicht dem Zugewinnausgleich, wenn es sich um Anrechte auf künftig fällige, wiederkehrende Leistungen handelt, die der Unterhaltssicherung dienen (siehe dazu oben Rz. 79). Zum jeweiligen Stichtag bereits entstandene Ansprüche auf Leistungen für die

---

[203] BGH FamRZ 84, 666 ff.
[204] Vergl. BGH FamRZ 84, 666.
[205] Z.B. Staudinger-Thiele, § 1374 Rz. 7; Palandt-Diederichsen, § 1376 Anm. 2; Schwab, Handbuch des Scheidungsrechts, Rz. 744; BGH FamRZ 77, 41, 42; FamRZ 81, 239 und BGHZ 45 162, 164.
[206] So insbesondere Soergel-Lange, § 1376 Rz. 11; BGB-RGRK-Finke, § 1376 Rz. 6.
[206a] Vergl. BGH FamRZ 76, 616 f und BGH FamRZ 87 806, 807 f, für den insoweit vergleichbaren Fall der Pflichtteilsergänzung nach § 2325.

Vergangenheit oder aus Rentenleistungen angesparte und noch vorhandene Beträge sind aber in die Vermögensbilanz einzustellen[207].

e) Hausrat und Gegenstände des persönlichen Gebrauchs

Hausrat, der nach der Hausratsverordnung verteilt werden kann, unterliegt nach **95** der Rechtsprechung des Bundesgerichtshof und überwiegender Auffassung in der Literatur unabhängig von dem jeweiligen Wert nicht dem Zugewinnausgleich[208], so daß sich insoweit die Frage der Bewertung im allgemeinen nicht stellt (siehe oben Rz. 80). In den Zugewinnausgleich einzubeziehen sind allerdings Hausratsgegenstände, die nicht nach der Hausratsteilungsverordnung verteilt werden können, also insbesondere solche, die die Ehepartner nach der Trennung mit Rücksicht auf die Trennung angeschafft haben oder die im Alleineigentum eines der Ehegatten stehen, sei es, weil er sie mit in die Ehe gebracht hat oder sei es, weil er Alleineigentum während der Ehe erworben hat, ohne daß die Vermutung des § 8 Abs. 2 Hausratsverordnung für gemeinschaftliches Eigentum streitet (und ohne daß die Voraussetzungen des § 9 Abs. 1 für eine Zuweisung an den anderen Ehegatten vorliegen)[209].

Soweit danach eine **Bewertung** von Hausratsgegenständen notwendig wird, kommen als Maßstab der **Wiederbeschaffungspreis** (mit Abschlägen für die Abnutzung)[210] oder der **Anschaffungspreis** (mit Abschlägen für Abnutzung)[211] in Betracht. Die Bewertung allein mit dem **Verkaufswert** ist demgegenüber nicht angemessen, da Hausratsgegenstände im allgemeinen nicht zur Veräußerung bestimmt und nur sehr niedrige Erlöse zu erzielen sind, die den **Gebrauchswert** für die Ehegatten nicht hinreichend berücksichtigen[212].

Gleiche Grundsätze gelten für Gegenstände des persönlichen Gebrauchs, die nicht der Hausratsteilung unterliegen[213]. Wegen der Bewertung von Schmuck oder Kunstgegenständen siehe unten Rz. 97.

Ein **PKW** gehört jedenfalls dann nicht zum Hausrat im Sinne der Hausratsverordnung, wenn er ganz überwiegend von einem Ehegatten für seine beruflichen Zwecke alleine benutzt worden ist[214]; dem Hausrat zuzurechnen ist er, wenn er von der gesamten Familie für Familienzwecke genutzt wird[215].

Da gebrauchte Fahrzeuge – im Gegensatz zu Möbeln und anderen Hausratsgegenständen – marktgängig sind, ist ein PKW ggf. mit dem Verkaufswert zum jeweiligen Stichtag zu berücksichtigen.

---

[207] Vergl. BGH FamRZ 81, 239 f für Ansprüche nach dem Bundesversorgungsgesetz und Schwab, FamRZ 84, 429, 431.
[208] Siehe oben Rz. 80 und BGH FamRZ 84, 144 ff.; FamRZ 84, 575 f.
[209] BGH FamRZ 84, S. 147.
[210] Soergel-Lange, § 1376 Rz. 11; Stuby, FamRZ 67, 181 ff.
[211] So z.B. MünchKomm-Gernhuber, § 1376 Rz. 10; Staudinger-Thiele, § 1376 Rz. 35.
[212] Vergl. z.B. Staudinger-Thiele, § 1376 Rz. 35.
[213] Vergl. hierzu BGH FamRZ 84, 144, 147.
[214] OLG Hamm, FamRZ 83. S. 72.
[215] OLG Köln, FamRZ 80, 249; BayOLG FamRZ 82, 399; Palandt-Diederichsen, § 1 Hausratsverordnung Anm. 2 c bb.

f) Warenzeichen, Geschmacks- und Gebrauchsmuster, Urheber- und Lizenzrechte

96 Geschmacks-, Gebrauchsmuster, Warenzeichen und Lizenzrechte stellen vermögenswerte Positionen dar, die häufig Bestandteil eines Unternehmens sein werden und deswegen in die Bewertung des Unternehmens oder Unternehmensan-
teils einzubeziehen sind (dazu oben Rz. 85 ff.). Soweit eine **isolierte Bewertung**
in Betracht kommt, muß in erster Linie auf den **Ertragswert** abgestellt werden,
der seinerseits entscheidend von der vertraglichen oder gesetzlichen Restnut-
zungsdauer bzw. der Dauer der obligatorischen Gebrauchsüberlassung abhängig
ist[216]. Gleiches gilt für Nutzungsrechte an urheberrechtlich geschützten Werken,
§§ 31 ff. UrhG.

g) Nutzungsrechte, Reallasten

97 Dauernde Nutzungsberechtigungen, wie Nießbrauch und Wohnrecht, sowie Reallasten sind unter Berücksichtigung der Laufzeit oder der restlichen Lebenserwartung der berechtigten Personen zu kapitalisieren[217].

h) Schmuck, Sammlungen, Kunstgegenstände

Für Schmuck, Kunstgegenstände, Sammlungen, Bibliotheken, Teppiche und
ähnliche Wertgegenstände, sofern sie nicht der Hausratsteilung unterliegen und
damit für die Berechnung des Zugewinns ausscheiden (siehe oben Rz. 80, 95) ist
der **Marktwert** bzw. **Wiederbeschaffungswert** in Ansatz zu bringen. Die Bewertung bereitet häufig Schwierigkeiten, weil es speziell bei Einzelstücken an
Vergleichspreisen fehlt. Anhaltspunkte für die meist notwendige Bewertung
durch einen Sachverständigen können der **Materialwert** (Schmuck, Edelsteine),
Antiquariats- und **Versteigerungslisten** sowie **Katalogpreise** (für Briefmarken
und Münzsammlungen) sein.

i) Geld, Geldforderungen und Verbindlichkeiten

98 Geld, Geldforderungen und Verbindlichkeiten sind grundsätzlich mit ihrem
Rest-Nennwert zum jeweiligen Stichtag in Ansatz zu bringen. Noch nicht fällige zinslose Forderungen sind nach herrschender Meinung nicht abzuzinsen,
ebenso wie noch nicht fällige Verbindlichkeiten nicht zu erhöhen sind[218]. Besteht
Gesamtschuldnerschaft mit einem außenstehenden Dritten, ist die Verbindlichkeit mit dem Nennwert abzüglich etwaiger Regreßansprüche aus § 426 in Ansatz
zu bringen. Sind die Ehegatten Gesamtschuldner einer Verbindlichkeit, hat der
Ansatz im jeweiligen Endvermögen unter Berücksichtigung der **internen Haf-**

[216] Vergl. hierzu im einzelnen Herrmann, Dissertation S. 167 ff.
[217] Vergl. z.B. Staudinger-Thiele, § 1376 Rz. 39; Erman-Heckelmann, § 1376 Rz. 5; MünchKomm-
Gernhuber, § 1376 Rz. 17 und Schneider/Schlund/Haas Kapitalisierungs- und Verrentungstabellen,
Bücher des Betriebsberaters, Heidelberg 1977.
[218] Vergl. z.B. MünchKomm-Gernhuber, § 1376 Rz. 14; Soergel-Lange, § 1376 Rz. 15; Staudinger-Thiele, § 1376 Rz. 36; a.A. Erman-Heckelmann, § 1376 Rz. 5.

tungsverteilung nach § 426 zu erfolgen[219]. Dementsprechend schließen die Vorschriften über den Zugewinnausgleich den Gesamtschuldnerausgleich unter Ehegatten nicht aus[219a]. Soweit die Realisierbarkeit von Rückforderungsansprüchen oder Ausgleichsansprüchen unsicher ist, ist dem durch Abschläge Rechnung zu tragen.

j) Unsichere Rechte, befristete und bedingte Rechte

Unsichere Rechte oder befristete Rechte müssen zum jeweiligen Stichtag (endgültig) bewertet werden. Der Bundesgerichtshof ist der zum Teil in der Literatur vertretenen Auffassung nicht gefolgt, wonach in solchen Fällen § 2313 analog anwendbar sein soll[220]. Es muß also der **aktuelle** Wert unter Berücksichtigung der rechtlichen oder faktischen Unsicherheit bzw. der noch zu erwartenden Laufzeit geschätzt werden[221]. Die gleichen Grundsätze gelten für auflösende oder aufschiebend bedingte Rechte.

k) Rechte an einem Nachlaß; Anteil an einer Miterbengemeinschaft, Vor- und Nacherbschaft

Rechte eines Ehegatten an einem Nachlaß oder ein Anteil eines Ehegatten an einer Miterbengemeinschaft sind ebenfalls mit ihrem vollen, wahren Wert, also im allgemeinen mit dem Verkehrswert, in Ansatz zu bringen. Der Wert des Nachlasses bzw. eines Miterbenanteils ergibt sich aus der Summe der Vermögensgegenstände, aus denen sich der Nachlaß zusammensetzt, nach Abzug hierauf ruhender Lasten und Kosten, einschließlich etwaiger Pflichtteils- und Unterhaltslasten, §§ 2303, 2317, 70 EheG a.F.

99

In das Endvermögen ist das Nachlaßvermögen bzw. der Miterbenanteil mit dem Wert zum maßgeblichen Stichtag für die Berechnung des Endvermögens einzusetzen, unabhängig davon, daß meist zugleich die Voraussetzungen des § 1374 Abs. 2 gegeben sein werden. Für die Zurechnung zum Anfangsvermögen ist der Wert des Nachlasses bzw. des Miterbenanteils zum Zeitpunkt des Erbfalls maßgebend, so daß eine spätere **Werterhöhung** – mit Ausnahme des sogenannten unechten Wertzuwachses durch den Geldwertverfall (dazu unten Rz. 100) – in den Zugewinn fällt[222]. Die Wertsteigerung als solche ist keine Zuwendung, die

---

[219] Vergl. hierzu MünchKomm-Gernhuber, § 1376 Rz. 14; Staudinger-Thiele, § 1376 Rz. 36 Dölle Familienrecht I § 59 II 2 S. 803; OLG Frankfurt FamRZ 85, 482 f; BGH FamRZ 83, 795 ff. und zum Verteilungsmaßstab zuletzt BGH FamRZ 86, 881 ff.

[219a] BGH FamRZ 87, 1239 f; FamRZ 83, 795 ff.; die mit der herrschenden Meinung nicht übereinstimmende Auffassung des OLG München, FamRZ 87, 1116 f, die Ausgleichsansprüche seien Familiensache im Sinne des § 621 I Nr. 8 ZPO (vergl. Baumbach-Albus, § 621 Rz. 1 H) scheint der BGH (FamRZ 87, 1239 f) nicht zu teilen.

[220] BGH FamRZ 79, 787 und FamRZ 83, 882 ff.

[221] Vergl. hierzu Schwab, FamRZ 84, 429, 432 f für die Gegenmeinung in der Literatur vergl. z.B. Soergel-Lange, § 1376 Rz. 15; Staudinger-Thiele, § 1376 Rz. 37; MünchKomm-Gernhuber, § 1376 Rz. 15; wie der BGH: Palandt-Diederichsen, § 1376 Anm. 2; Schwab, Handbuch, Rz. 745; Dölle, Familienrecht I, § 59 II 2 (S. 803).

[222] Vergl. z.B. BGH FamRZ 83, 882, 885; Soergel-Lange, § 1374 Rz. 9; MünchKomm-Gernhuber, § 1374 Rz. 15.

nach § 1374 Abs. 2 dem Anfangsvermögen hinzuzurechnen wäre[223]. Auch für die auf dem Nachlaßvermögen oder dem Miterbenanteil ruhenden **Belastungen** gilt, daß sie das Endvermögen mit dem Wert zum hierfür maßgeblichen Zeitpunkt und das Anfangsvermögen mit dem Wert zum Zeitpunkt des Anfalls mindern. Ist also z.b. ein im Wege vorweggenommener Erbfolge übertragenes Grundstück mit einem **Nießbrauch** belastet, der im maßgeblichen Zeitpunkt für die Berechnung des Endvermögens noch besteht, erfolgt die Hinzurechnung nach § 1374 Abs. 2 nach dem Wert des Grundbesitzes zum Zeitpunkt der Übertragung und unter Berücksichtigung des damaligen Wertes des Nießbrauchs (abhängig von der Lebenserwartung der Nießbrauchsberechtigten und dem Nutzwert), während dem Endvermögen das Hausgrundstück mit dem Wert zu dem für die Berechnung des Endvermögens maßgeblichen Stichtag nach Abzug des für den gleichen Zeitpunkt zu bewertenden Nießbrauchs zuzurechnen ist. Die wertmäßige **Verringerung der Nießbrauchslast** infolge der Verringerung der Lebenserwartung der Nießbrauchsberechtigten während der Ehe ist keine unentgeltliche Zuwendung im Sinne des § 1374 Abs. 2[224].

Eine Ausnahme von dem Grundsatz, daß auch der Wertzuwachs ererbten Vermögens dem Zugewinnausgleich unterliegt, hat der Bundesgerichtshof für den Fall einer **Nacherbschaft** gemacht.

Mit dem Eintritt des Vorerbfalles erwirbt der Nacherbe ein grundsätzlich vererbliches, veräußerliches und damit pfändbares und verpfändbares Anwartschaftsrecht, das nach § 1374 Abs. 2 nach den allgemeinen Grundsätzen mit dem Wert zum Zeitpunkt des Vorerbfalles dem Anfangsvermögen zuzurechnen ist und mit dem ggf. gestiegenen und nur um den Inflationsgewinn bereinigten Wert dem Endvermögen zuzurechnen wäre. Der Bundesgerichtshof hat in Abweichung von diesem allgemeinen, sich aus der Systematik des Zugewinnausgleichsrechts ergebenden Berechnungsgrundsatz die reale Wertsteigerung der Nacherbschaft dem Zugewinnausgleich entzogen, indem er die Nacherbschaft im Anfangs- und im Endvermögen mit dem gleichen Wert berücksichtigt hat[225].

Maßgeblich wird zur Begründung darauf abgestellt, daß der Ehegatte, der am Stichtag für die Berechnung des Endvermögens nur ein Anwartschaftsrecht besitzt, nicht schlechter stehen soll als derjenige Ehegatte, dem kurz vor dem Stichtag für die Berechnung des Endvermögens die Erbschaft endgültig angefallen ist[226]. Die **Neutralisierung** der Werterhöhung eines Nacherbenrechts mag sich daraus rechtfertigen, daß das Nacherbenrecht erst eine Vorstufe zu dem endgültigen Rechtserwerb ist und deswegen allenfalls zu einer „theoretischen" Erhöhung des Vermögens des Ehegatten führen kann. Daß diese Rechtsprechung nicht zu sachgerechten Ergebnissen führt, wenn die Existenz des Nacherben-

---

[223] So aber OLG Koblenz, FamRZ 85, 286, das sich insoweit zu Unrecht auf die Entscheidung BGH FamRZ 83, 882, 885 bezieht, die den Ausnahmefall eines Nacherbenrechtes erfaßt.
[224] Vergl. BGH FamRZ 79, 787, 788; Schwab, FamRZ 84, 429, 433 und Gernhuber, FamRZ 84, 1053, 1059; a.A. OLG Koblenz, FamRZ 83, 166 ff. OLG Stuttgart FamRZ 86, 466 f.
[225] BGH FamRZ 83, 882 ff. = BGHZ 87, 367 ff.
[226] Sehr kritisch hierzu Gernhuber, FamRZ 84, 1053, 1059; Schubert, Urteilsanmerkung JR 84, 23 f.

rechtes zu wirtschaftlichen Konsequenzen während der Ehe geführt hat, zeigt eine Entscheidung des Oberlandesgerichts Hamm[227], wonach Wertsteigerungen, die durch Leistungen im Hinblick auf den zu erwartenden Nacherbfall eingetreten sind, durch Erhöhung des Wertes des Anfangsvermögens um den Betrag der Wertsteigerungen zu berücksichtigen sein sollen[228]. Dehnte man die zum Nacherbenanwartschaftsrecht entwickelten Grundsätze auf vergleichbare Fälle aus, beispielsweise den Fall der Verminderung des Wertes eines Nießbrauchs[229], führte dies zu einem Einbruch in die Systematik des Zugewinnausgleichsrechts, der den Grundsatz aushöhlt, daß § 1374 Abs. 2 enumerativ das Vermögen aufzählt, das dem Zugewinnausgleich entzogen sein soll[230].

Die Ermittlung des Wertes eines Nacherbenrechtes hat sich zu orientieren an dem Nachlaßwert unter Berücksichtigung der zu erwartenden Zeitdauer bis zum Anfall der Nacherbschaft und muß ggf. das Risiko der Verminderung des Nachlasses einbeziehen, soweit Verfügungsrechte des Vorerben bestehen. Bei der Bewertung wird also mindestens die restliche Lebenserwartung des Vorerben wertmindernd zu berücksichtigen sein[231].

V. Die Berücksichtigung des Kaufkraftschwundes

Nach der Systematik des Güterstandes der Zugewinngemeinschaft soll zwischen den Ehepartnern ein Ausgleich der Vermögensmehrung stattfinden, die während der Ehe erzielt worden ist. Als Zugewinn ist dementsprechend der Betrag zu ermitteln, um den das Endvermögen das Anfangsvermögen übersteigt, § 1373. **100**

Da zwischen Beginn und Ende des Güterstandes meist mehrere Jahre, oft Jahrzehnte, liegen, stellt sich die Frage nach einem gemeinsamen **Wertmesser** für das Anfangs- und das Endvermögen[232]. Der Bundesgerichtshof hat erstmalig 1973 dem Problem der **Geldentwertung** und der **Inflation** dadurch Rechnung getragen, daß er die nur durch den Kaufkraftschwund des Geldes eingetretene nominelle Wertsteigerung des Anfangsvermögens nicht als Zugewinn im Sinne des § 1373 angesehen hat. Zur Ermittlung des sogenannten **Scheingewinns** hat sich der Bundesgerichtshof des allgemeinen Lebenshaltungskostenindexes des Statistischen Bundesamtes bedient und folgende Formel verwandt:

Nominelles Anfangsvermögen x Index Endstichtag
Index Anfangsstichtag = bereinigtes Anfangsvermögen[233].

Hatte ein Ehepartner im Jahre 1963 ein Anfangsvermögen von 70.000,– DM und im Jahre 1983 ein Endvermögen von 75.000,– DM, ergibt dies unter Zugrundelegung des Preisindexes für die Lebenshaltung eines 4-Personen-Arbeitnehmer-Haushaltes mit mittlerem Einkommen auf der Basis 1976 = 100 folgendes:

---

227 FamRZ 84, 481 f.
228 FamRZ 84, 481, 482.
229 Wie in den Entscheidungen OLG Koblenz, FamRZ 83, 166 f und OLG Stuttgart, FamRZ 86, 466 f.
230 siehe zur Kritik auch insbesondere Gernhuber, FamRZ 84, 1056, 1059.
231 Zur Bewertung siehe auch OLG Hamm, FamRZ 84, 481 f.
232 Vergl. hierzu insbesondere Schwab, FamRZ 84, S. 429, 435.
233 BGHZ 61, 385 ff, 393.

70.000 x 134,6 : 60,3 = 156.252,07 DM
Da das bereinigte Anfangsvermögen wesentlich höher als das Endvermögen ist, ist also kein Zugewinn erzielt worden, obwohl nominell eine Vermögensmehrung von 5.000,– DM eingetreten ist.

Die Auffassung des Bundesgerichtshofs hat sich in Rechtsprechung und Literatur trotz einiger Kritik an der Methode und gewisser Bedenken gegen die Eignung des gewählten Maßstabes[234] durchgesetzt[235]. Der Kritik an der Eignung des vom Bundesgerichtshof gewählten Maßstabes ist entgegenzuhalten, daß es lediglich darum geht, für das Anfangs- und das Endvermögen einen einheitlichen Wertmesser zu finden. Demgegenüber kommt es nach der Systematik des Zugewinnausgleichsrechts nicht darauf an, im Einzelfall zu ermitteln, wie sich einzelne Gegenstände des Anfangsvermögens entwickelt haben. Soweit solche Vermögenswerte eine besondere, reale Wertsteigerung erfahren haben, beispielsweise weil sie während der Ehe im Verhältnis zu anderen Wirtschaftsgütern höher eingeschätzt werden, entspricht es dem Prinzip des Zugewinnausgleichs, daß der andere Ehegatte hieran beteiligt wird[236].

Da es einen **Index** für typisches Ehevermögen nicht gibt, ebensowenig zuverlässige Indices zu der Entwicklung der Preise oder Werte langfristiger Anlagegüter, hat der Maßstab des Lebenshaltungskostenindexes den entscheidenden Vorzug, daß die Zahlen monatlich festgestellt werden und so die Verhältnisse des jeweiligen Stichtages ziemlich genau ermittelt werden können[237].

Umzurechnen ist jeweils das Anfangsvermögen als Bewertungsgröße, also der Saldo, der sich aus Aktiva und Passiva ergibt[238]. Unzulässig ist es etwa, nur die Aktiva „hochzurechnen" und dann die Verbindlichkeiten mit dem Nennwert abzuziehen, da in den Wertvergleich nur die beiden Rechnungsgrößen Anfangs- und Endvermögen einzubeziehen sind. Soweit das Anfangsvermögen 0,– DM beträgt, weil die Verbindlichkeiten das vorhandene Aktivvermögen übersteigen, § 1374 Abs. 1 2. HS, kommt eine Umrechnung des Anfangsvermögens nicht in Betracht. Der Wert des Endvermögens ist in diesem Fall zugleich der Zugewinn[239]. Soweit Vermögenswerte nach **§ 1374 Abs. 2** dem Anfangsvermögen hinzuzurechnen sind, ist die Umrechnung mit Hilfe des Lebenshaltungskostenindexes am **Erwerbstag** vorzunehmen[240]. Sofern mit dem Erwerb Verbindlichkeiten verknüpft sind, sind diese wertmäßig zunächst in Abzug zu bringen, § 1374

---

[234] Vergl. z.B. Erman-Heckelmann, § 1376 Rz. 3; Mann, NJW 74, 1297 ff., 1300 und zuletzt Gernhuber, FamRZ 84, 1056, 1059 ff.

[235] In der Literatur z.B. MünchKomm-Gernhuber, § 1373 Rz. 14; Palandt-Diederichsen, § 1376 Anm. 3; Soergel-Lange, § 1376 Rz. 8; Staudinger-Thiele, § 1373 Rz. 12; von Ohlshausen, FamRZ 83, 765 ff.. Aus der Rechtsprechung: BGH FamRZ 75, 87; FamRZ 84, 31; OLG Düsseldorf FamRZ 81, 48; OLG Frankfurt, FamRZ 83, 395; OLG Hamburg, FamRZ 83, 168 f.; OLG Hamm, FamRZ 84, 275; Bedenken im Hinblick auf das Nominalismusprinzip machen neben den bereits genannten Kritikern geltend: Medicus, Betrieb 74, 759 ff., 762; Reichart, Facilidis, JZ 74, 483 ff., 486.

[236] Vergl. z.B. Soergel-Lange, § 1376 Rz. 8 m.w.N. und BGHZ 46, 343 ff; BGHZ 61, 385 ff., 388.

[237] Vergl. insbesondere Schwab, FamRZ 84, 429, 435 und von Ohlshausen, FamRZ 83, 765, 767.

[238] Insbesondere BGH FamRZ 84, S. 31 f; OLG Hamm, FamRZ 84, 275.

[239] BGH FamRZ 84, 31 f.

[240] So z.B. BGH FamRZ 87, 791 = NJW 87, 2814, 2815; OLG Frankfurt, FamRZ 83, 395, 396; Schwab, FamRZ 84, 429, S. 435.

Abs. 2. Zu den zu berücksichtigenden Verbindlichkeiten gehört auch der Wert eines Wohnrechtes oder eines Nießbrauches, den sich die Zuwender bei der Vermögensübertragung vorbehalten haben[241]. Umgerechnet werden kann also erst der **Nettowert** des nach § 1374 Abs. 2 dem Anfangsvermögen hinzuzurechnenden privilegierten Erwerbs. Ist der privilegierte Erwerb überschuldet, ist er mit 0,– DM in Ansatz zu bringen, so daß eine Umrechnung ausscheidet (zu Fragen des überschuldeten Erwerbs und der Hinzurechnung des Erwerbs bei negativem Anfangsvermögen siehe unten Rz. 106). Soweit illoyale Verluste und Vermögensminderungen dem Endvermögen eines Ehegatten nach § 1375 Abs. 2 zuzurechnen sind, hat dies mit dem Wert zum Zeitpunkt des Eintritts des Verlustes zu geschehen (dazu oben Rz. 78). Auch hier ist jedoch dem Kaufkraftverlust in gleicher Weise Rechnung zu tragen, wie dies zur Neutralisierung inflationsbedingten Scheinverlustes geschieht. Die Umrechnung hat also nach folgender Formel zu erfolgen:

$$\frac{\text{Nomineller Wert x Index Endstichtag}}{\text{Index Zurechnungsstichtag}} = \text{bereinigter Zurechnungswert}[242].$$

VI. Einzelfragen zur Zurechnung von Anfangs- und Endvermögen, §§ 1374 Abs. 2, 1375 Abs. 2 und 3

1. Privilegierter Erwerb, § 1374 Abs. 2

a) Enumerative Aufzählung, keine Ausdehnung auf Zufallserwerb und Ausgleich für Schädigung personaler Güter

Welcher Erwerb eines Ehegatten während des Bestehens des Güterstandes privilegiert ist, wird in § 1374 Abs. 2 **abschließend** geregelt. Nach herrschender Meinung scheidet eine analoge Anwendung auf andere als die aufgeführten Erwerbstatbestände, insbesondere auf **Zufallserwerb**, aus. Dementsprechend unterliegt dem Zugewinnausgleich auch solcher Erwerb, der dem Ausgleich für die **Schädigung personaler Güter** dient oder sonst keinerlei Bezug zu der ehelichen Lebensgemeinschaft hat[243]. Auch Schmerzensgeldzahlungen, Lotto-, Toto- und Spekulationsgewinne, Abfindungen für Unfallschäden und Abfindungen für Witwenrenten im Sinne des § 1302 Abs. 1 RVO fallen mangels Zurechenbarkeit zum Anfangsvermögen in den Zugewinnausgleich[244]. § 1374 Abs. 2 bildet auch keine Handhabe dafür, das in die Berechnung des Zugewinnausgleichs einzubeziehende Vermögen auf **vererbliches Gut** zu beschränken und so von dem Grundsatz abzuweichen, daß alle geldwerten rechtlich geschützten Positionen von wirtschaftlichem Wert[245] in die Berechnung des Anfangs- bzw. Endvermö-

101

[241] Vergl. BGH FamRZ 79, 787 f; a.A. OLG Koblenz, FamRZ 83, S. 166 ff., zur Bewertung siehe auch oben Rz. 97.
[242] Vergl. insbesondere MünchKomm-Gernhuber, § 1375 Rz. 30; Soergel-Lange, § 1375 Rz. 11.
[243] Vergl. hierzu z.B. Schwab, Handbuch des Scheidungsrechts, Rz. 743 ff.; Soergel-Lange, § 1374 Rz. 9.
[244] Z.B. BGHZ 80, 384 ff. = FamRZ 81, 755 für Schmerzensgeld; BGHZ 68, 43 für Lottogewinn; BGHZ 82, 149 ff. = FamRZ 82, 147 für die Abfindung der Witwenrente.
[245] Vergl. z.B. BGH FamRZ 80, 39 f; 81, 239; FamRZ 82, 147 = BGHZ 82, 145, 149 ff.; FamRZ 84, 144 f = BGHZ 89, 137 ff.

gens einzustellen sind[246]. Durch § 1374 Abs. 2 sollen also nur einige **typische Erwerbsfälle** dem Zugewinnausgleich entzogen werden, bei denen offensichtlich ist, daß sie keine innere Verbindung zur ehelichen Lebensgemeinschaft haben und die im allgemeinen auf engen persönlichen Verbindungen des begünstigten Ehegatten zu seinen Verwandten beruhen[247].

Durch die Anordnung der Zurechnung zum Anfangsvermögen nach Abzug der Verbindlichkeiten und bezogen auf den Zeitpunkt des Erwerbs (dazu oben Rz. 78) wird sichergestellt, daß nur die **Substanz** des Erwerbs dem Zugewinn entzogen wird. Ausgleichspflichtig sind demgegenüber die mit Hilfe des Vermögens erzielten Gewinne und dessen Wertsteigerung, sofern es sich nicht um den inflationsbedingten Scheingewinn (dazu oben Rz. 100) handelt[248].

Die **Privilegierung** des Erwerbs zu Lasten des anderen Ehegatten ist – anders als im Recht der Gütergemeinschaft, § 1418 Abs. 2 Ziff. 2 – nicht von einem entsprechenden Willen des Erblassers oder Schenkers abhängig[249].

b) Erwerb von Todes wegen oder mit Rücksicht auf ein künftiges Erbrecht

102 Privilegiert ist **ererbtes Vermögen**, also Erwerb kraft gesetzlicher oder gewillkürter Erbfolge. Hierzu gehört weiter jeglicher Vermögenserwerb, der seinen Ursprung in den Vorschriften des Erbrechts hat, also Erwerb aufgrund von Pflichtteilsansprüchen, Vermächtnissen, Auflagen, aus einer Erbauseinandersetzung, aus Erbvertrag, Abfindungen für einen Erb- oder Pflichtteilsverzicht, der Erwerb aufgrund eines Erbersatzanspruches, der Abfindungsanspruch weichender Erben im Höferecht[250] und schließlich der Lastenausgleichsanspruch der Erben unmittelbar Geschädigter[251].

Die **Anwartschaft des Nacherben** bleibt nach überwiegender Ansicht unberücksichtigt, wenn der Nacherbfall nicht während des Bestehens des Güterstandes eintritt[252].

Nicht privilegiert ist demgegenüber der **Kauf einer Nacherben-Anwartschaft**[253].

---

[246] Vergl. auch Gernhuber, FamRZ 84, 1053 f und Schwab, FamRZ 84, 429 f, jeweils unter Hinweis auf die schwankende Rechtsprechung des BGH; Staudinger-Thiele, § 1374 Rz. 4; Soergel-Lange, § 1374 Rz. 7; MünchKomm-Gernhuber, § 1374 Rz. 6; a.A. Johannsen, WM 1978, 654, 658 f.; OLG Köln, FamRZ 83, 71 f unter Hinweis auf BGH FamRZ 77, 386 – im Vordergrund stand aber wohl die Tatsache, daß das Nutzungsrecht jederzeit widerruflich war und ggf. unter dem Gesichtspunkt vorweggenommener Erbfolge zugewandt worden ist und insbesondere die jetzt erfolgte Klarstellung durch den BGH in NJW 87, 322 f.

[247] Vergl. auch OLG Saarbrücken, FamRZ 85, 710.

[248] Allgemeine Meinung z.B. MünchKomm-Gernhuber, § 1374 Rz. 15; Staudinger-Thiele, § 1376 Rz. 6; Soergel-Lange, § 1374 Rz. 9.

[249] Z.B. Palandt-Diederichsen, § 1374 Anm. 4.

[250] Vergl. z.B. die Aufzählung bei BGB-RGRK-Finke, § 1374 Rz. 16/17; MünchKomm-Gernhuber, § 1374 Rz. 17; Soergel-Lange, § 1374 Rz. 12.

[251] AG Celle, FamRZ 86, 467 f.

[252] Siehe oben Rz. 99 zur Rechtsprechung des Bundesgerichtshofs und z.B. Palandt-Diederichsen, § 1374 Anm. 3 a; Soergel-Lange, § 1374 Rz. 12; Staudinger-Thiele, § 1374 Rz. 23.

[253] OLG Hamm, FamRZ 84, 481 ff.

Zum privilegierten Erwerb mit Rücksicht auf ein künftiges Erbrecht gehören insbesondere **Hofübergabeverträge** und sonstige im Wege vorweggenommener Erbfolge vorgenommene Übertragungen von Vermögenswerten. Entscheidend ist, daß die Veräußerung den Erwerb von Todes wegen ersetzt und die Übertragung zumindest teilweise unentgeltlich erfolgt und dem Erwerber im Hinblick auf seine Erbenstellung besondere Vorteile eingeräumt worden sind. Demgegenüber ist die Rechtsform des Vertrages ohne Bedeutung, so daß auch in der Form eines Kaufvertrages ein privilegierter Erwerbstatbestand geschaffen werden kann, sofern nach dem Willen der Vertragsbeteiligten tatsächlich ganz oder teilweise eine unentgeltliche Zuwendung im Hinblick auf ein künftiges Erbrecht gewollt ist[254]. Eine etwaige Gegenleistung ist als Verbindlichkeit in Abzug zu bringen, so daß dem Anfangsvermögen nur der Teil des Erwerbs zugerechnet wird, der unentgeltlich ist.

c) Erwerb durch Schenkung oder Ausstattung

Der Schenkungsbegriff entspricht dem des § 516, so daß grundsätzlich eine **Einigung** zwischen Zuwendendem und Zuwendungsempfänger darüber vorliegen muß, daß die Zuwendung **ohne Gegenleistung** erfolgt. Wird eine Schenkung an beide Ehegatten vorgenommen, ist der Wert des Geschenkes ihrem Anfangsvermögen jeweils zur Hälfte zuzurechnen. Sowohl Schenkungen als auch sogenannte **unbenannte Zuwendungen** der Ehegatten untereinander unterfallen nach der Auffassung des Bundesgerichtshofs und nach inzwischen wohl h.M. in der Literatur nicht der Vorschrift des § 1374 Abs. 2[255]. Beides kann zu einer Anrechnung auf einen Zugewinnausgleichsanspruch nach § 1380 führen (dazu unten Rz. 120 ff.).

103

Der Begriff der **Ausstattung** entspricht dem in § 1624 verwandten. Hierzu gehört also alles, was einem Ehegatten von seinen Eltern mit Rücksicht auf seine Eheschließung oder zur Erlangung oder Erhaltung einer selbständigen Lebensstellung bzw. einer wirtschaftlichen Existenz zugewandt wird, und zwar auch, soweit es sich um eine Schenkung handelt, weil das den Lebensverhältnissen der Eltern entsprechende Maß überschritten wird (§ 1624 Abs. 1, letzter HS). Dem Anfangsvermögen hinzuzurechnen ist auch eine Ausstattung, die einem weichenden Erben nach § 12 Abs. 5 HöfeO und anderen Anerbengesetzen zusteht. Unter den Begriff der Ausstattung fallen schließlich auch die **Aussteuer** und die **Mitgift**[256].

Unentgeltliche Arbeits- oder Dienstleistungen – z.B. Mitarbeit in einem Geschäft oder bei Errichtung eines Hauses – sowie unentgeltliche **Gebrauchsüberlassung** stellen im allgemeinen keine Schenkung oder Ausstattung dar, weil es mangels Vermögenseinbuße an einer Zuwendung fehlt. Anders kann dies nur sein, wenn auf seiten der unentgeltlich Tätigen ein Vergütungsanspruch entstanden ist, auf den schenkweise verzichtet wird, oder wenn der Zuwendende seine

---

[254] BGHZ 70, 291 ff.; OLG Düsseldorf MDR 72, 782.
[255] So insbesondere BGHZ 82, 227, 234 und FamRZ 87, 791 f = NJW 87, 2814 ff. mit umfangreichen Nachweisen, siehe dazu auch unten Rz. 120 ff.
[256] Vergl. z.B. Soergel-Lange, § 1374 Rz. 15.

Arbeitskraft oder die zur Nutzung überlassene Sache anderweitig gewinnbringend hätte einsetzen können[256a].

d) Keine Zurechnung von Erwerb, der zu den Einkünften zu rechnen ist

104 Für alle Erwerbstatbestände des § 1374 Abs. 2 scheidet die Zurechnung zum Anfangsvermögen aus, wenn es sich den Umständen nach um Erwerb handelt, der zu den **Einkünften** zu rechnen ist. Dies gilt für Haushaltszuschüsse, Kosten für eine Erholungsreise, für einen Krankenhausaufenthalt, für Weihnachtsgratifikationen und das sogenannte Nadelgeld. Maßgebend ist, ob die Zuwendungen dem **Lebensunterhalt** und dementsprechend dem **alsbaldigen Verbrauch** oder der Vermögensbildung des Empfängers dienen sollen[257].

So hat das Oberlandesgericht Zweibrücken eine Zuwendung von 25.000,– DM in elf Einzelleistungen über einen Zeitraum von etwa 6 1/2 Jahren bei der Berechnung des Anfangsvermögens unberücksichtigt gelassen, weil es sich um Zahlungen zur Unterstützung der allgemeinen Lebensführung gehandelt habe[258]. Umgekehrt können aber regelmäßige monatliche Zuwendungen in kleineren Einzelbeträgen zur Zurechnung nach § 1374 Abs. 2 führen, wenn sie der Vermögensbildung des Empfängers dienen sollen, beispielsweise dadurch, daß ein Bausparvertrag zur Finanzierung eines Hauses angespart oder Bauspardarlehen zurückgezahlt werden können. Maßgebend sind die **Willensrichtung des Schenkers** und die wirtschaftlichen Verhältnisse des Beschenkten[258a].

Verallgemeinernd hat der Bundesgerichtshof den Grundsatz entwickelt, daß nicht in den Zugewinn Anrechte auf künftig fällige, wiederkehrende Leistungen fallen, die hauptsächlich dazu bestimmt sind, den Unterhalt zu gewährleisten (siehe hierzu auch oben Rz. 82). Hierzu gehören Rechte aus Dauerschuldverhältnissen, die Ansprüche auf künftig fällig werdende wiederkehrende Einzelleistungen begründen, insbesondere also Ansprüche auf Arbeitsentgelt oder Unterhaltszahlungen, aber auch auf künftig fällig werdende wiederkehrende Leistungen nach dem Bundesversorgungsgesetz[259].

e) Berücksichtigung von Schulden, Lasten und Kaufkraftschwund

105 In Abzug zu bringen sind alle mit dem Erwerb verknüpften Schulden und Lasten, für deren Bewertung ebenfalls der Zeitpunkt des Erwerbs maßgeblich ist. Zu berücksichtigen sind für den Fall des Erwerbs von Todes wegen neben den Schulden des Erblassers auch **Nachlaßverbindlichkeiten** wie Pflichtteils- und Vermächtnisforderungen, Auflagen, Beerdigungskosten, Erbschaftssteuer, Unterhaltslasten. Zu den zu berücksichtigenden Verbindlichkeiten gehört für den Fall der Übertragung im Wege vorweggenommener Erbfolge ein dem Zuwendenden vorbehaltener **Nießbrauch**, ein Altenteilsrecht sowie sonstige Wohn-

---

[256a] BGH FamRZ 87, 910, 911.
[257] Vergl. z.B. MünchKomm-Gernhuber, § 1374 Rz. 27.
[258] FamRZ 84, 276.
[258a] BGH FamRZ 87, 910 ff. = NJW 87, 2816 f.
[259] Vergl. z.B. BGH FamRZ 81, 239 f; BGHZ 80, 39 f; 82, 147 f; 82, 148 siehe auch oben Rz. 82.

oder Nutzungsrechte. Die Bewertung wird im allgemeinen nach der Laufzeit und dem Wert des vorbehaltenen Rechtes zu bemessen sein (dazu oben Rz. 97 und 99).

Der sich nach Abzug der Verbindlichkeiten ergebende Netto-Wert des Erwerbs ist, wie das sonstige Anfangsvermögen auch, um den inflationsbedingten **Schein-gewinn** zu bereinigen, und zwar nach der vom Bundesgerichtshof entwickelten Formel:

$$\frac{\text{Nomineller Wert zum Zurechnungsstichtag} \times \text{Index Endstichtag}}{\text{Index Zurechnungsstichtag}} = \text{bereinigter Zurechnungswert}[260].$$

f) Zurechnung privilegierten Erwerbs bei negativem Anfangsvermögen und Zu-   **106**
rechnung überschuldeten Erwerbs

Streitig ist, ob bei negativem Anfangsvermögen der nach § 1374 Abs. 2 privilegierte Erwerb zunächst zur **Neutralisierung** der bei Beginn des Güterstandes bestehenden Verbindlichkeiten zu verrechnen ist oder ob auch insoweit § 1374 Abs. 1 2. HS gilt, wonach auch bei überschuldetem Anfangsvermögen dieses mit 0,– DM in Ansatz zu bringen ist[261].

Für die Auffassung, wonach privilegierter Erwerb zunächst zur Neutralisierung negativen Anfangsvermögens zu verrechnen ist, spricht entscheidend, daß § 1374 Abs. 1 2. HS eine Durchbrechung des Grundsatzes beinhaltet, daß der Ehepartner an dem während der Ehe erzielten Vermögenserwerb beteiligt werden soll. § 1374 Abs. 1 1. HS kann zu erheblichen Ungerechtigkeiten führen (siehe dazu oben Rz. 76), die eine einschränkende Interpretation des § 1374 Abs. 2 gebieten. Der andere Ehegatte ist hinreichend dadurch geschützt, daß der Zugewinnausgleichsanspruch nie mehr als die Hälfte des ihm zum maßgeblichen Stichtag verbliebenen Vermögens betragen kann[262].

Unstreitig ist, daß im Falle **überschuldeten Erwerbs** eine Zurechnung zum Anfangsvermögen entfällt, der Erwerb also nur mit 0,– DM anzusetzen ist. Die Überschuldung kann nicht zur Reduzierung des bei Beginn des Güterstandes vorhandenen Anfangsvermögens führen, weil § 1374 Abs. 2 dem Schutz des erwerbenden Ehegatten dient, während die Verringerung seines Anfangsvermögens um die den Wert des Zugewandten übersteigenden Verbindlichkeiten zu seinem Nachteil, nämlich einer Vergrößerung seines rechnerischen Zugewinns, führen würde. Der andere Ehegatte muß solche Verluste mittragen, zumal die Annahme einer überschuldeten Erbschaft im allgemeinen aus Pietätsgründen erfolgt[263].

---

[260] Dazu oben Rz. 100.
[261] Für die Neutralisierung MünchKomm-Gernhuber, § 1374 Rz. 16 und Gernhuber, § 36 II 4; Beitzke, Lehrbuch, § 14 III 4; Soergel-Lange, § 1374 Rz. 10 Erman-Heckelmann, § 1374 Rz. 8; Bärmann AcP 157, 145, 168 f dagegen: Staudinger-Thiele, § 1374 Rz. 32; Palandt-Diederichsen, § 1374 Anm. 3; BGB-RGRK-Finke, § 1374 Rz. 23.
[262] So insbesondere Soergel-Lange, § 1374 Rz. 10.
[263] Z.B. Staudinger-Thiele, § 1374 Rz. 35; Palandt-Diederichsen, § 1374 Anm. 3, BGB-RGRK-Finke, § 1374 Rz. 21; Soergel-Lange, § 1374 Rz. 11, jeweils m.w.N.

Nur wenn die Annahme einer überschuldeten Zuwendung bzw. eines überschuldeten Nachlasses im Einzelfall eine illoyale Handlung im Sinne des § 1375 Abs. 2 ist, kommt eine Neutralisierung durch entsprechende Zurechnung beim Endvermögen in Betracht[264].

2. Zurechnung zum Endvermögen

a) Zurechnung bei negativem Endvermögen

107 Auch im Bereich der Zurechnung illoyaler Vermögensminderungen zum Endvermögen, § 1375 Abs. 2 und 3, stellt sich die Frage, ob die hinzuzurechnenden Beträge zunächst zur **Neutralisierung** eines negativen Endvermögens verwandt werden können und müssen.

Nach § 1375 Abs. 1 Satz 2 kann das Endvermögen grundsätzlich nicht passiv sein. Derjenige Ehegatte, der kein positives Endvermögen hat, ist nicht ausgleichspflichtig. Die Verbindlichkeiten müssen aber rechnerisch berücksichtigt werden, soweit wegen illoyaler Zuwendungen nach § 1375 Abs. 2 und der Beschränkung des Zugewinnausgleichsanspruches auf das vorhandene Endvermögen nach § 1378 Abs. 2 der ausgleichsberechtigte Ehegatte mit seiner Zugewinnausgleichsforderung ausfällt und deswegen auf die Inanspruchnahme der Zuwendungsempfänger verwiesen wird (dazu unten Rz. 130 ff.).

Die rechnerische Berücksichtigung der **Überschuldung** soll verhindern, daß der ausgleichsberechtigte Ehepartner, der einen Dritten nach § 1390 in Anspruch nehmen kann, besser steht, als er bei Unterbleiben der Zuwendung gestanden hätte.

Zieht man aus dieser Regelung den Umkehrschluß, daß Zurechnungsbeträge nach § 1375 Abs. 2 einem Endvermögen von mindestens 0,– DM hinzuzuzählen sind, kann dies zu einer unangemessenen Benachteiligung des Ehegatten führen, der die illoyale Vermögensminderung vorgenommen hat, aber grundsätzlich ausgleichsberechtigt ist. Hätte er die illoyale Vermögensminderung nicht vorgenommen, hätte der in seinem Vermögen verbliebene Betrag zunächst den Negativsaldo verringert oder ausgeglichen. Hierdurch hätte sich sein Endvermögen verringert, so daß sich die Ausgleichsverpflichtung des anderen Ehegatten, der einen höheren Zugewinn erzielt hat, entsprechend erhöht. Rechnet man aber die illoyale Vermögensmehrung bei überschuldetem Endvermögen von 0,– DM hinzu, erhöht sich der fiktive Zugewinn mit der Folge, daß der andere Ehegatte mit dem höheren Zugewinn eine geringere Ausgleichsverpflichtung hat. Da der andere, ausgleichsverpflichtete Ehegatte durch § 1375 Abs. 2 geschützt, aber nicht begünstigt werden soll, ist in einem solchen Fall § 1375 Abs. 1 Satz 2 analog anzuwenden mit der Folge, daß die Hinzurechnung nach § 1375 Abs. 2 zunächst zur Neutralisierung des überschuldeten Endvermögens zu verrechnen ist[265].

---

[264] Vergl. Soergel-Lange, § 1374 Rz. 11.
[265] Soergel-Lange, § 1375 Rz. 13; MünchKomm-Gernhuber, § 1375 Rz. 31; Staudinger-Thiele, § 1375 Rz. 33.

Die Vermögensminderungen sind nach § 1376 mit dem Wert zum Zeitpunkt ihres Eintritts dem Endvermögen zuzurechnen (hierzu näher oben Rz. 78); **Inflationsverluste** sind rechnerisch zu berücksichtigen (dazu oben Rz. 100), sofern nicht die Vermögensminderung vor mehr als zehn Jahren vor Beendigung des Güterstandes eingetreten ist oder der andere Ehegatte mit der Vermögensminderung einverstanden war, d.h. sie gebilligt und nicht nur geduldet hat[266], § 1375 Abs. 3.

b) Unentgeltliche Zuwendungen

Unentgeltliche Zuwendungen im Sinne des § 1375 Abs. 2 Ziff. 1 sind alle **Zuwendungen**, für die der verfügende Ehegatte kein Entgelt oder keine Gegenleistung erhält. Der Begriff ist weiter als der der Schenkung im Sinne des § 516 und umfaßt insbesondere auch Ausstattungen an Abkömmlinge, Stiftungen und Spenden, schließlich auch Zuwendungen im Wege vorweggenommener Erbfolge, unabhängig davon, ob hiermit ein Erbverzicht verbunden ist oder nicht[267].

108

Nicht unter § 1375 Abs. 2 fallen Zuwendungen an den anderen Ehegatten. Deren Berücksichtigung ist in § 1380 abschließend geregelt (dazu unten Rz. 120 ff.)[268].

Keine unentgeltliche Verfügung ist der vorzeitige Erbausgleich nach § 1984 d, dem sich der nichteheliche Vater nicht entziehen kann[269]. Auch die Erfüllung einer Nachlaßverbindlichkeit bei überschuldetem Nachlaß, die Erfüllung einer verjährten oder unvollkommenen Verbindlichkeit und die gesellschaftsrechtlich zulässige, nicht nur einseitige Vereinbarung einer Abfindungsklausel, die die gesellschaftsrechtlichen Ansprüche bei einem Ausscheiden aus der Gesellschaft gegenüber der gesetzlichen Regelung verringert (dazu oben Rz. 87), sind im allgemeinen keine unentgeltlichen Zuwendungen. Liegt allerdings Benachteiligungsabsicht vor, kann ein Anwendungsfall des § 1375 Abs. 2 Ziff. 3 gegeben sein[270].

c) Sittlich gerechtfertigte bzw. Anstandszuwendungen

Die Zurechnung unentgeltlicher Zuwendungen zum Endvermögen setzt weiter voraus, daß diese nicht einer „sittlichen Pflicht oder einer auf den Anstand zu nehmenden Rücksicht" entsprochen haben. Zu beurteilen ist dies anhand der konkreten Umstände des Einzelfalles. Eine Betätigung der allgemeinen Nächstenliebe soll nicht genügen; vielmehr müssen sich aus den konkreten Umständen besondere in den Geboten der Sittlichkeit wurzelnde Verpflichtungen ergeben[271]. Anwendungsfälle sind die Unterhaltsgewährung an bedürftige, aber nicht gesetzlich unterhaltsberechtigte Verwandte; die Gewährung einer Ausstattung an Kinder, soweit diese das den Umständen entsprechende Maß nicht übersteigt,

---

266 Z.B. Staudinger-Thiele, § 1375 Rz. 37; MünchKomm-Gernhuber, § 1375 Rz. 32.
267 Z.B. MünchKomm-Gernhuber, § 1375 Rz. 16 bis 19; Staudinger-Thiele, § 1375 Rz. 17 und 18.
268 Z.B. Soergel-Lange, § 1375 Rz. 15.
269 MünchKomm-Gernhuber, § 1375 Rz. 19.
270 Z.B. MünchKomm-Gernhuber, § 1375 Rz. 20, 21; Staudinger-Thiele, § 1375 Rz. 19, 20.
271 BGH MDR 63, 575 f = FamRZ 63, 292 (Leitsatz).

§ 1624 Abs. 1; Spenden an caritative Organisationen und in Katastrophenfällen[272].

Auch die Zuwendung größerer Vermögenswerte, z.B. an Abkömmlinge, kann einer sittlichen Pflicht entsprechen, etwa wenn sie der Erhaltung des Familienvermögens dienen soll. Allerdings kann dabei eine verständliche, moralisch und sittlich gerechtfertigte Motivation nicht ohne weiteres zur Annahme einer entsprechenden sittlichen Pflicht genügen[273].

Auch Zuwendungen an einen Partner, mit dem einer der Ehegatten in nichtehelicher Lebensgemeinschaft lebt, können einem Gebot der Sittlichkeit entsprechen[274].

Unter **Anstandszuwendungen** werden im allgemeinen unentgeltliche Zuwendungen verstanden, deren Unterlassung einen Verstoß gegen die Anschauungen der sozial Gleichstehenden darstellt und zu einer Einbuße an Achtung und Anerkennung führen würde[275].

Hierzu gehören insbesondere Weihnachts-, Geburtstags-, Hochzeitsgeschenke, Jubiläumsgaben und sonstige Gelegenheitsgeschenke[276].

d) Verschwendung

109 Unter den Begriff der Verschwendung, § 1375 Abs. 2 Ziff. 2, fallen Ausgaben eines Ehegatten, die unnütz und ziellos in einem Maße getätigt werden, das in keinem Verhältnis zu seinen Einkommens- und Vermögensverhältnissen steht. Auf die Begriffsbestimmung des § 6 Abs. 1 Ziff. 2 kann nicht ohne weiteres zurückgegriffen werden; es kommt insbesondere nicht darauf an, ob der Ehegatte durch die Verschwendung sich oder seine Familie der Gefahr des Notstandes ausgesetzt hat oder ob er einen Hang zu solchen verschwenderischen Ausgaben hat[277].

Verschwendung kann auch in dem Unterlassen von Erwerbsmöglichkeiten oder der Vermögensbildung liegen[278].

e) Handeln in Benachteiligungsabsicht

Ein Ehegatte handelt in Benachteiligungsabsicht im Sinne des § 1375 Abs. 2 Ziff. 3, wenn der Wille, den anderen Ehegatten durch die zu einer Vermögensminderung führende Handlung zu benachteiligen, das maßgebliche und treibende Motiv gewesen ist. Hieran kann es fehlen, wenn der Ehepartner zugleich in Selbst-

---

[272] Staudinger-Thiele, § 1375 Rz. 22; MünchKomm-Gernhuber, § 1375 Rz. 24, jeweils gegen die ältere Rechtsprechung des Reichsgerichts.
[273] Deswegen wohl etwas weitgehend OLG München, FamRZ 85, 814: Übertragung eines Hauses auf eine gemeinsame Tochter, allerdings mit gleichzeitiger Begründung eines „Leibgedinges" zugunsten der benachteiligten Ehefrau.
[274] So schon Reichsgericht HRR 1937, Nr. 371 und allgemeine Meinung, z.B. BGB-RGRK-Finke, § 1375 Rz. 12.
[275] Z.B. RGZ 73, 46, 49; 98, 323, 326.
[276] Z.B. Staudinger-Thiele, § 1375 Rz. 23.
[277] Z.B. MünchKomm-Gernhuber, § 1375 Rz. 26; Soergel-Lange, § 1375 Rz. 17.
[278] Staudinger-Thiele, § 1375 Rz. 24 und BGB-RGRK-Finke, § 1375 Rz. 13.

mordabsicht gehandelt hat [279]. Wenn auch die **Schädigungsabsicht** nicht der ausschließliche Beweggrund gewesen sein muß, genügt doch dolus eventualis oder die bloße Kenntnis von der benachteiligenden Wirkung der Handlung nicht[280].

Die Rechtsprechung des Bundesgerichtshofs zu § 2287, wonach ausreicht, daß für eine Vermögensverfügung kein **lebzeitiges Eigeninteresse** des Erblassers erkennbar sei, ist auf § 1375 Abs. 2 Ziff. 3 im Hinblick auf den Grundsatz der freien und selbständigen Vermögensverwaltung der Ehegatten (§ 1364) und die Sonderregelung in § 1375 Abs. 2 Ziff. 1 für unentgeltliche Zuwendungen nicht übertragbar[281].

Ob der an einer benachteiligenden Handlung beteiligte Dritte von der Benachteiligungsabsicht **Kenntnis** hatte oder nicht, ist für die Zurechnung zum Endvermögen unerheblich. Die Kenntnis des Dritten kann allerdings zu einem Herausgabeanspruch gegen diesen nach § 1390 Abs. 2 führen, soweit der benachteiligte Ehegatte nach § 1378 Abs. 2 mit seiner Ausgleichsforderung ausfällt (dazu unten Rz. 130 ff.). Handlungen in Benachteiligungsabsicht können neben rechtsgeschäftlichen Handlungen auch **Handlungen tatsächlicher Art**, also z.B. die Beschädigung oder Zerstörung von Vermögensgegenständen[282] oder gegen den anderen Ehegatten selbst gerichtete vorsätzliche unerlaubte Handlungen sein[283].

Wer für die Frage der Berücksichtigung nachentrichteter Beiträge im **Versorgungsausgleich** im Gegensatz zu der herrschenden Meinung und der Rechtsprechung des Bundesgerichtshofs auf das sogenannte „Für-Prinzip" abstellt, also darauf abhebt, ob Beiträge für einen vor der Ehezeit oder in der Ehezeit liegenden Zeitraum nachgezahlt worden sind, benötigt die Korrekturmöglichkeit des § 1375 Abs. 2 Ziff. 3 für Fälle, in denen ein Ehegatte durch Ausnutzung des „Für-Prinzips" Vermögenswerte sowohl dem Zugewinnausgleich als auch dem Versorgungsausgleich entzieht[284]; das Problem stellt sich im allgemeinen nicht, wenn mit dem Bundesgerichtshof das sogenannte „In-Prinzip" angewandt wird, das zu einer Berücksichtigung aller in der Ehezeit geleisteten Beitragszahlungen im Rahmen des Versorgungsausgleichs führt[285].

f) Enumerative Aufzählung

Auch die Aufzählung in § 1375 Abs. 2 ist abschließend, so daß eine Ausdehnung auf andere Fälle ausscheidet. Dies gilt auch für vorsätzlich begangene unerlaubte Handlungen eines Ehegatten, sofern diese nicht ausnahmsweise die Tatbestandsvoraussetzungen des § 1375 Abs. 2 Ziff. 3 erfüllen. Nach der Auffassung des Gesetzgebers rechtfertigt es die zwischen den Ehegatten bestehende Schicksalsge-

110

---

[279] OLG Frankfurt FamRZ 84, 1097 f.
[280] Z.B. RGZ 77, 111, 113; BGHZ 31, 13, 23.
[281] Staudinger-Thiele, § 1375 Rz. 27; MünchKomm-Gernhuber, § 1375 Rz. 29; Soergel-Lange, § 1375 Rz. 18; Schwab, Handbuch Rz. 774; a.A. BGB-RGRK-Finke, § 1375 Rz. 14.
[282] Vergl. den Fall OLG Frankfurt, FamRZ 84, 1097 f.
[283] Z.B. BGB-RGRK-Finke, § 1375 Rz. 15.
[284] Soergel-Lange, § 1375 Rz. 18 i.V.m. § 1587 Rz. 26 - 28.
[285] BGHZ 81, 196 ff.

meinschaft, daß der andere Ehegatte solche Vermögensminderungen mittragen muß[286].

g) Ausschluß der Zurechnung wegen Zeitablaufs oder Einverständnis, § 1375 Abs. 3

111   Nach § 1375 Abs. 3 scheidet die Zurechnung zum Endvermögen aus, wenn die Vermögensminderung mindestens **zehn Jahre** vor der Beendigung des Güterstandes eingetreten ist oder wenn der andere Ehegatte mit der unentgeltlichen Zuwendung oder der Verschwendung einverstanden gewesen ist. **Einverständnis** bedeutet Kenntnis und Billigung, wobei die Billigung auch stillschweigend erklärt werden und z.b. in einer Teilnahme an einer verschwenderischen Lebensführung liegen kann. Bloßes Schweigen oder Dulden bzw. Resignation genügen nicht. Auch der bloße Mitverzehr bereits unnütz oder verschwenderisch angeschaffter Genußmittel muß nicht in jedem Fall eine Billigung der Verschwendung bedeuten. Ob das Verhalten des anderen Ehegatten eine Billigung darstellt, ist unter Berücksichtigung aller Umstände auszulegen[287].

h) Abänderbarkeit durch Ehevertrag

112   Streitig ist, ob § 1375 Abs. 2 als Schutzvorschrift zwingendes Recht ist oder der Disposition der Ehegatten unterliegt. Da Einvernehmen darüber besteht, daß jedenfalls ein vollständiger ehevertraglicher Ausschluß der Schutzvorschrift des § 1375 Abs. 2 nach § 138 im allgemeinen sittenwidrig ist, beschränkt sich die praktische Bedeutung des Streites auf die Frage, ob ehevertragliche Einschränkungen des Schutzes möglich sind.

Im Hinblick auf den weitgefaßten Schutzbereich der Ziff. 1 und 2 einerseits und den Unterschied dieser Schutzvorschriften zu Ziff. 3 andererseits, der auch subjektiv gegen den anderen Ehegatten gerichtetes Handeln voraussetzt, scheint es gerechtfertigt, im Einzelfall jedenfalls Modifizierungen der Tatbestände der Ziff. 1 und 2 zuzulassen[288].

i) Sonstige Einzelfragen

Die **Beweislast** für die Zurechnungstatbestände des § 1375 Abs. 2 trifft den Ehegatten, der sich hierauf beruft. Gleiches gilt für den Ausnahmetatbestand des § 1375 Abs. 3 (Einverständnis oder Zeitablauf). Läßt sich aus den objektiven

---

[286] Vergl. insbesondere Staudinger-Thiele, § 1375 Rz. 30.

[287] Z.B. MünchKomm-Gernhuber, § 1375 Rz. 32; Staudinger-Thiele, § 1375 Rz. 37; Erman-Heckelmann, § 1375 Rz. 11, wonach ein Berufen auf Verschwendung allerdings immer ausgeschlossen ist, wenn sich der andere Ehegatte an dem verschwenderischen Leben beteiligt hat.

[288] Für Unabdingbarkeit des § 1375 Abs. 2: MünchKomm-Gernhuber, § 1375 Rz. 35; Gernhuber, Familienrecht, § 36 IV 6 für die Zulässigkeit von Modifikationen im Einzelfall: Soergel-Lange, § 1375 Rz. 6; Erman-Heckelmann, § 1375 Rz. 12; Staudinger-Thiele, § 1375 Rz. 40; BGB-RGRKFinke, § 1375 Rz. 20, der grundsätzlich von der Zulässigkeit auch des vollständigen Ausschlusses ausgeht, der nicht grundsätzlich sittenwidrig ist, aber z.B. dann sittenwidrig sein soll, wenn ein Ehegatte sich schon bei Abschluß des Vertrages nachweislich mit dem Gedanken getragen hat, den Ausschluß zum Schaden des anderen Ehegatten auszunutzen.

Umständen auf die nach § 1375 Abs. 2 Nr. 3 notwendige Benachteiligungsabsicht schließen, hat sich allerdings der andere Ehegatte zu entlasten[289].

Illoyale Vermögensminderungen im Sinne des § 1375 Abs. 2 berechtigen den anderen Ehegatten zur **Klage auf vorzeitigen Ausgleich** des Zugewinns, wenn durch solche Handlungen eine erhebliche Gefährdung der künftigen Ausgleichsforderungen zu besorgen ist, § 1386 Abs. 2 Ziff. 2 (dazu unten Rz. 153 ff.).

VII. Vermögensverzeichnis (§ 1377) – Beweisfragen – Auskunftsanspruch (§ 1379)

1. Verzeichnis über das Anfangsvermögen

Nach § 1377 Abs. 1 wird für den Fall, daß die Ehegatten den Bestand und den   **113**
Wert des einem Ehegatten gehörenden Anfangsvermögens und der diesem Vermögen hinzuzurechnenden Gegenstände gemeinsam in einem Verzeichnis festgestellt haben, im Verhältnis der Ehegatten zueinander vermutet, daß das Verzeichnis richtig ist. Es besteht keine Verpflichtung der Ehegatten, ein solches Verzeichnis zu errichten. Allerdings wird in § 1377 Abs. 3 für den Fall, daß ein Verzeichnis nicht aufgenommen worden ist, die **negative Vermutung** aufgestellt, daß Anfangsvermögen nicht vorhanden war und dementsprechend das Endvermögen eines Ehegatten zugleich seinen Zugewinn darstellt.

Beide Vermutungen können entkräftet werden, bewirken also lediglich eine **Beweislastumkehr.** Der Beweis des Gegenteils ist von dem Ehegatten zu führen, der geltend macht, das Verzeichnis sei unrichtig oder unvollständig, bzw. behauptet, er habe bei Beginn des Güterstandes Anfangsvermögen gehabt oder später dem Anfangsvermögen hinzuzurechnendes Vermögen erworben[290]. Die Widerlegung der Vermutungen des § 1377 Abs. 1 und Abs. 3 scheidet allerdings aus, wenn die Ehepartner eine Vereinbarung darüber getroffen haben, daß die Feststellung des Inventars bindend sein soll, insbesondere also die Ehegatten sich im beiderseitigen Bewußtsein bestehender Zweifel über bestimmte Ansätze im Wege eines Vergleichs im Sinne des § 779 geeinigt haben, um eine bestehende Ungewißheit zu beseitigen[291]. Da es sich dabei nur um die gemeinschaftliche Feststellung von Ausgangswerten, nicht um die Regelung güterrechtlicher Verhältnisse handelt, ist eine solche Vereinbarung nicht nach § 1410 formbedürftig[292].

Gegenstand des Verzeichnisses sind das Anfangsvermögen und die diesem Vermögen hinzuzurechnenden Vermögenswerte. Es ist der Bestand und der Wert zu verzeichnen, wozu, wie sich aus § 1377 Abs. 2 Satz 2 ergibt, auch die Verbindlichkeiten gehören. Soweit sie verkehrsüblich sind, sind Sammelbezeichnungen zulässig, insbesondere bei Sachgesamtheiten[293].

---

[289] Soergel-Lange, § 1375 Rz. 21 und MünchKomm-Gernhuber, § 1375 Rz. 29 unter Hinweis auf die jüngere Rechtsprechung des Bundesgerichtshofs zum lebzeitigen Eigeninteresse im Rahmen des § 2287.
[290] Z.B. BGB-RGRK-Finke, § 1377 Rz. 16.
[291] Vergl. hierzu z.B. MünchKomm-Gernhuber, § 1377 Rz. 22.
[292] Vergl. z.B. Erman-Heckelmann, § 1377 Rz. 3 und BGB-RGRK-Finke, § 1377 Rz. 17; a.A.: Staudinger-Felgentraeger, § 1377 Rz. 16 (bis 11. Aufl.).
[293] Soergel-Lange, § 1377 Rz. 5.

Da die Rechtsfolgen der Absätze 1 und 3 daran geknüpft sind, daß die Ehegatten das Verzeichnis gemeinsam errichtet haben, hat nach § 1377 Abs. 2 jeder Ehegatte einen klagbaren **Anspruch** gegen den anderen **auf Mitwirkung.** Der Klageantrag muß die Art und den Umfang der begehrten Mitwirkung bezeichnen[294]. Worin die geschuldete Mitwirkung besteht, muß in jedem Einzelfall bestimmt werden. Da jeder Ehegatte sein Vermögen selbständig verwaltet, kann er grundsätzlich auch den Bestand und den Wert seines Anfangsvermögens allein feststellen. Im allgemeinen wird man deswegen davon ausgehen können, daß sich die Mitwirkung des anderen Ehegatten darauf beschränkt, die einzelnen Positionen anzuerkennen oder sie zu bestreiten. Die Klage auf die geschuldete Mitwirkung kann im Falle des Bestreitens auch auf die Feststellung der streitigen Posten gerichtet werden[295].

Soweit eine übereinstimmende Feststellung der Ehegatten nicht vorliegt, kann die Vermutung des § 1377 Abs. 1 nicht begründet werden. Wohl ist denkbar, daß die Wirkungen hinsichtlich eines Teils des Anfangsvermögens herbeigeführt werden, wenn sich die Ehegatten über eine Reihe von Positionen einig sind, nur einzelne Positionen streitig bleiben und das Einvernehmen hinsichtlich der unstreitigen Positionen dokumentiert wird[296].

Die **Mitwirkungspflicht** bezieht sich auch auf das Vermögen, das nach Beginn des Güterstandes gemäß § 1374 Abs. 2 dem Anfangsvermögen zugerechnet wird. Der andere Ehegatte ist also auch zur Mitwirkung an der Ergänzung eines bestehenden Vermögensverzeichnisses verpflichtet. Es besteht allerdings keine Verpflichtung, sich an der Korrektur eines einmal aufgenommenen Vermögensverzeichnisses zu beteiligen, das nach Ansicht des anderen Ehegatten unrichtig oder unvollständig ist[297]. Jeder Ehegatte ist nur zur Mitwirkung an dem Inventar des anderen Ehegatten verpflichtet; es gibt keine Rechtsgrundlage dafür, ihn selbst zur Aufnahme eines Verzeichnisses über sein eigenes Vermögen zu zwingen, ungeachtet gewisser sich aus §§ 1353, 1386 Abs. 3 ergebenden Auskunftsverpflichtungen (dazu unten Rz. 156)[298].

114   Nach § 1377 Abs. 2 kann jeder Ehegatte verlangen, daß der **Wert** der Vermögensgegenstände und der Verbindlichkeiten auf seine Kosten durch Sachverständige festgestellt wird. Außerdem wird jedem Ehegatten durch den Hinweis auf die Vorschrift des § 1035 die Möglichkeit gegeben, die **Aufnahme** des Verzeichnisses durch die zuständige Behörde, durch einen zuständigen Beamten oder Notar zu verlangen, wobei die zuständige Stelle durch das Landesrecht bestimmt wird, § 200 FGG. Der Wortlaut der Vorschrift läßt offen, ob sich das **Wertfeststellungsverlangen** nur auf das eigene oder auch auf das Vermögen des anderen Ehegatten bezieht. Da die Vorschrift das Entstehen späterer Unklarheiten verhindern soll, ist sie dahin auszulegen, daß jeder Ehegatte das Recht zur Wertfest-

---

[294] Vergl. z.B. Staudinger-Thiele, § 1377 Rz. 4.
[295] Vergl. Soergel-Lange, § 1377 Rz. 11 und 13.
[296] Z.B. Staudinger-Thiele, § 1377 Rz. 6.
[297] So Soergel-Lange, § 1377 Rz. 10; Staudinger-Thiele, § 1377 Rz. 8; MünchKomm-Gernhuber, § 1377 Rz. 15; a.A. Ermann-Heckelmann, § 1377 Rz. 2; BGB-RGRK-Finke, § 1377 Rz. 8.
[298] Z.B. Soergel-Lange, § 1377 Rz. 10.

stellung auch bezogen auf das Vermögen des anderen Ehegatten hat, sofern dieser ein Vermögensverzeichnis angefertigt hat[299]. Die **Kosten** der Wertfeststellung oder der Aufnahme des Verzeichnisses durch die zuständige Behörde sind von demjenigen Ehegatten zu tragen, der das entsprechende Verlangen gestellt hat[300]. Einigen sich die Ehegatten nicht auf den oder die einzuschaltenden Sachverständigen, erfolgt die Benennung auf Antrag durch das Amtsgericht, § 164 FGG.

Da die gemeinsame Unterzeichnung des Verzeichnisses Rechtswirkungen mit sich bringt, insbesondere also die Vermutungen des § 1377 Abs. 1 und Abs. 3 auslöst, handelt es sich bei den entsprechenden Unterschriften und Erklärungen nicht um reine Wissenserklärungen, sondern um **Willenserklärungen**, die unter den entsprechenden Voraussetzungen angefochten werden oder nichtig sein können[391].

Die Vermutung der Richtigkeit erstreckt sich auf die Feststellung des Bestandes des Anfangsvermögens einschließlich hinzuzurechnender Gegenstände und der Verbindlichkeiten. Die Vermutung erstreckt sich auch auf die Wertangaben, sofern das Verzeichnis solche beinhaltet. Die Vermutung geht ferner dahin, daß das Verzeichnis vollständig ist, also außer den angegebenen Vermögensgegenständen und Verbindlichkeiten weitere nicht vorhanden waren[302].

2. Beweisfragen

Für **Beweisfragen** in einem Prozeß über eine Zugewinnausgleichsforderung ergibt sich aus den Vermutungsregelungen der §§ 1377 Abs. 1 und 3 und aus den allgemeinen Beweislastregeln folgendes:

115

Derjenige, der eine Zugewinnausgleichsforderung geltend macht, muß die Voraussetzungen hierfür beweisen, also beweisen, daß der andere Ehepartner während der Ehe einen Zugewinn erzielt hat und daß dieser Zugewinn höher ist als der eigene. Hinsichtlich des Anfangsvermögens des in Anspruch genommenen Ehegatten kann er sich allerdings auf die Vermutung des § 1377 Abs. 3 stützen, sofern ein Verzeichnis über das Anfangsvermögen nicht existiert.

Er ist deswegen auch nicht auf eine Auskunft angewiesen, so daß kein gesetzlicher Auskunftsanspruch hinsichtlich des Anfangsvermögens besteht und eine analoge Anwendung des § 1379 ausscheidet[303].

Der Antragsteller muß also nur ein bestimmtes Endvermögen des anderen Ehegatten nachweisen, während dieser die Vermutung des § 1377 Abs. 3 widerlegen und dementsprechend nachweisen muß, daß er Anfangsvermögen hatte. Weil das Anfangsvermögen der Saldo aus Aktiva und Passiva ist (dazu oben Rz. 105), gehört hierzu auch der Nachweis des Fehlens abziehbarer Verbindlichkeiten[304].

---

[299] BGB-RGRG-Finke, § 1377 Rz. 18; MünchKomm-Gernhuber, § 1377 Rz. 11; Soergel-Lange, § 1377 Rz. 7.
[300] Z.B. Palandt-Diederichsen, § 1377 Anm. 3.
[301] Z.B. MünchKomm-Gernhuber, § 1377 Rz. 9.
[302] Z.B. BGB-RGRK-Finke, § 1377 Rz. 12.
[303] OLG Nürnberg, FamRZ 86, 272 und OLG Karlsruhe, FamRZ 86, 1105 f.
[304] OLG Karlsruhe a.a.O., S. 1106 und Staudinger-Thiele, § 1377 Rz. 24.

Der klagende Ehegatte muß sich allerdings auch selbst die Vermutung des § 1377 Abs. 3 hinsichtlich seines eigenen Zugewinns entgegenhalten lassen, so daß er, wenn er sich auf Anfangsvermögen und dementsprechend einen verringerten Zugewinn beruft, seinerseits das eigene Anfangsvermögen nachweisen muß.

Sofern ein Verzeichnis über das Anfangsvermögen existiert, kann der Vermutungstatbestand des § 1377 Abs. 1 widerlegt werden, sofern dies nicht ausnahmsweise wegen des Vergleichscharakters der Festlegung ausgeschlossen ist (siehe oben Rz. 113).

Für die **Widerlegung** der Vermutungen des § 1377 Abs. 1 und 3 stehen alle in der Zivilprozeßordnung vorgesehenen Beweismittel zur Verfügung.

Hinzurechnungen zum Anfangsvermögen muß, sofern nicht auch hierfür die Vermutung des § 1377 Abs. 1 eingreift, der Ehegatte beweisen, der sich hierauf beruft. Gleiches gilt für die Zurechnungen zum Endvermögen nach § 1375 Abs. 2, wobei sich allerdings für das Vorliegen der Benachteiligungsabsicht aus den objektiven Umständen eine Beweislastumkehr ergeben kann.

3. Auskunftsanspruch

116 Nach § 1379 besteht eine wechselseitige Verpflichtung der Ehegatten, Auskunft über den **Bestand ihres Endvermögens** zu erteilen, und zwar grundsätzlich „nach der Beendigung des Güterstandes", Abs. 1. Allerdings kann nach § 1379 Abs. 2 Auskunftserteilung **ab Antragstellung bzw. Klageerhebung** verlangt werden, wenn einer der Ehegatten die Scheidung beantragt oder Klage auf Aufhebung oder Nichtigerklärung der Ehe erhoben hat. Die Auskunft kann sofort nach der Beendigung des Güterstandes bzw. dem Eintritt der Voraussetzungen des § 1379 Abs. 2 verlangt werden. Der andere Ehegatte muß dem Verlangen baldmöglichst nachkommen; ihm ist allerdings der objektiv notwendige Zeitraum für die Vorbereitung der geschuldeten Auskunft zuzubilligen. Welcher Zeitraum angemessen ist, kann jeweils nur nach dem Umständen des Einzelfalles entschieden werden, wobei es im wesentlichen auf die Größe und die Zusammensetzung des Endvermögens ankommen wird[305].

Endet der Güterstand durch den **Tod** eines Ehegatten und ist der rechnerische Zugewinnausgleich zwischen dem überlebenden Ehegatten und dem Erben durchzuführen (dazu oben Rz. 69 f.), besteht die wechselseitige Auskunftsverpflichtung zwischen den Erben und dem überlebenden Ehegatten. Entsteht der Zugewinnausgleichsanspruch des überlebenden Ehegatten dadurch, daß dieser die Erbschaft ausschlägt, § 1371 Abs. 3, entsteht der Auskunftsanspruch erst mit der Ausschlagung, nicht – wie in den sonstigen Fällen – schon mit dem Tode eines Ehegatten. **Bis zur Ausschlagung** besteht kein auf § 1379 zu stützender Auskunftsanspruch des Ehegatten, und zwar auch dann nicht, wenn sein Interesse darauf gerichtet ist, anhand der Auskunft über das Endvermögen die Entscheidung treffen zu können, ob eine Erbschaft oder ein Vermächtnis ausgeschlagen werden soll. Bis zur Ausschlagung kann sich ein Auskunftsanspruch nur aus all-

---

[305] Z.B. MünchKomm-Gernhuber, § 1379 Rz. 8.

gemeinen erbrechtlichen Grundsätzen ergeben[306]. Die Gegenauffassung, wonach der überlebende Ehegatte als Vermächtnisnehmer solange einen Auskunftsanspruch haben soll, wie er noch ausschlagen kann, weil er sonst keine Grundlage für die Entscheidung über die Ausschlagung oder die Annahme des Vermächtnisses hat,[307] ist problematisch, weil sie weder eine Stütze in den erbrechtlichen Vorschriften der §§ 2147 ff. findet, noch sich in Übereinstimmung mit § 1379 bringen läßt, der die Beendigung des Güterstandes mit der zumindest theoretischen Möglichkeit eines Zugewinnausgleichsanspruches voraussetzt. Halten läßt sich der Auskunftsanspruch gegen die Erben des überlebenden Ehegatten mit dem Ziel der Entscheidungsfindung aber mit der Überlegung, daß auch während des Bestehens des Güterstandes aus dem Wesen der ehelichen Lebensgemeinschaft für jeden Ehegatten die Pflicht entstehen kann, den anderen jedenfalls in groben Zügen über seine Vermögensverhältnisse sowie wesentliche Änderungen zu unterrichten[308], so daß die Erben eines Ehegatten, der diese Verpflichtung verletzt hat, zur nachträglichen Auskunftserteilung verpflichtet sein können, wenn die mangelnde Übersicht des überlebenden Ehegatten auf diese Pflichtverletzung zurückzuführen ist.

Die Auskunftsverpflichtung besteht **wechselseitig** zwischen den Ehegatten bzw. ihren Rechtsnachfolgern, und zwar unabhängig davon, ob voraussichtlich ein Ausgleichsanspruch oder eine Ausgleichsverpflichtung besteht. Auch der voraussichtlich Ausgleichsverpflichtete hat einen Auskunftsanspruch, um auf diese Art und Weise die Höhe seiner Ausgleichsschuld feststellen zu können[309]. Es besteht kein wechselseitiges **Zurückbehaltungsrecht** bis zur Auskunftserteilung durch den anderen Ehegatten[310].

Da dem Auskunftsanspruch nur eine **Hilfsfunktion** zur Ermittlung der Ausgleichsforderung zukommt, ist er nicht gegeben, wenn ein Zugewinnausgleich offensichtlich nicht in Betracht kommt oder nicht mehr durchgesetzt werden kann. So kann der Auskunftsanspruch ausgeschlossen sein, wenn offensichtlich keiner der Ehegatten einen Zugewinn erzielt hat oder feststeht, daß eine etwaige Ausgleichsforderung für beide Teile verjährt ist und der Ausgleichsverpflichtete die Einrede erhebt[311]. Selbst eine begründete Einrede nach § 1381 kann den Auskunftsanspruch grundsätzlich nicht ausschließen, zumal regelmäßig nur eine Herabsetzung der Ausgleichsforderung, nicht deren völlige Versagung in Betracht kommt[312]. Nur in besonderen Ausnahmefällen kann die Einrede aus § 1381 zum Wegfall auch des Auskunftsanspruches führen, wozu nicht ausreichend ist, daß die Ehe nur von kurzer Dauer war oder die eheliche Lebensgemeinschaft nicht in vollem Umfange hergestellt worden ist[313].

---

[306] Vergl. Staudinger-Thiele, § 1379 Rz. 4 und 8.
[307] MünchKomm-Gernhuber, § 1379 Rz. 10; Soergel-Lange, § 1379 Rz. 3.
[308] Vergl. z.B. OLG Hamburg, FamRZ 67, 100, 101.
[309] Z.B. BGB-RGRK-Finke, § 1379 Rz. 5.
[310] OLG Stuttgart, FamRZ 84, 273 f; OLG Frankfurt, FamRZ 85, 483.
[311] Z.B. Staudinger-Thiele, § 1379 Rz. 10; OLG München, NJW 69, 881 f; OLG Koblenz, FamRZ 85, 286.
[312] So insbesondere BGHZ 44, 163, 165 = NJW 65, 2055; BGH NJW 72, 433 f.
[313] BGH NJW 72, 433, 434.

117 Geschuldet wird nach § 1379 Abs. 1 Satz 1 von jedem Ehegatten die Auskunft „über den Bestand seines Endvermögens". Die Auskunft muß den anderen Ehegatten in die Lage versetzen, sich einen Überblick über den Wert des Endvermögens und über eine evtl. Ausgleichsforderung zu verschaffen. Der ausgleichsverpflichtete Ehegatte muß deswegen ein **geordnetes Verzeichnis** der einzelnen Vermögenswerte und Verbindlichkeiten erstellen, wobei die Zusammensetzung des Vermögens aufgeschlüsselt sein muß in die jeweiligen unterscheidbaren und einzeln bewertbaren Positionen. Eine Darstellung der Einnahmen und Ausgaben[314] wird man demgegenüber nur hinsichtlich solcher Vermögensbestandteile verlangen können, deren Wert im wesentlichen von ihrem Ertrag beeinflußt wird. Dies gilt insbesondere für Unternehmen und Unternehmensbeteiligungen, so daß Umsätze und Gewinne genannt werden müssen, und zwar für einen angemessenen Zeitraum[315]. Es sind allgemein alle wertbildenden Faktoren zu benennen, also z.B. Lage, Größe, Art und Bebauung von Grundstücken; Fabrikat, Typ, Baujahr und Kilometerstand eines Kraftfahrzeuges; Art und Alter von Tieren[316]. Soweit es für ein landwirtschaftliches Unternehmen im Sinne des § 1376 Abs. 4 auf den **Ertragswert** ankommt (dazu oben Rz. 84), ist der tatsächlich erzielbare Reinertrag maßgebend. Der Betriebsinhaber muß deswegen Betriebsflächen nach Lage, Größe, Art, Nutzungsart, Bonität; Art, Größe und Alter von Gebäuden; Funktion und Anzahl der Arbeitskräfte; den Vieh-und Maschinenbestand, das Betriebssystem und die Art der Buchführung angeben und die betriebswirtschaftlichen Jahresabschlüsse mindestens der letzten beiden Jahre oder eine entsprechende Gegenüberstellung von Aufwand und Ertrag vorlegen. Der nach den Vorschriften des Bewertungsgesetzes ermittelte steuerliche Reinertrag ist demgegenüber nicht maßgebend[317].

Die Auskunft braucht nicht solche **Hausratsgegenstände** zu umfassen, die nach der sogenannten Hausratsverordnung verteilt werden können, weil diese nicht dem Zugewinnausgleich unterliegen[318].

Grundsätzlich braucht der Schuldner seine Angaben zum Bestand seines Vermögens nicht durch **Belege** zu beweisen. Er ist allerdings zur Vorlage von Belegen und sonstigen Unterlagen verpflichtet, wenn die dem anderen Ehepartner geschuldete Information nur mit Hilfe solcher Unterlagen erfolgen kann[319]. So umfaßt der Auskunftsanspruch den Anspruch auf Vorlage der zur Beurteilung der Ertragslage benötigten **Bilanzen** nebst Gewinn- und Verlustrechnungen, wenn zum Endvermögen eine Unternehmung oder Unternehmensbeteiligung gehört, und zwar im allgemeinen für den Zeitraum von fünf Jahren vor dem Bewertungs-

---

[314] Vergl. OLG Hamm, FamRZ 81, 482 f und Palandt-Diederichsen, § 1379 Anm. 2 a.
[315] BGHZ 75, 195 ff. = NJW 80, 229 f; OLG Bremen, FamRZ 79, 434 (Vorinstanz hierzu); BGH BB 1975, 1083; BGHZ 64, 63, 65; normalerweise für die letzten 5 Jahre vor dem Bewertungsstichtag.
[316] Vergl. z.B. die Zusammenstellung bei Soergel-Lange, § 1379 Rz. 9; MünchKomm-Gernhuber, § 1379 Rz. 17; OLG Celle, FamRZ 75, 415 f und OLG Schleswig, SchlHA 79, 17.
[317] OLG Düsseldorf, FamRZ 86, 168 ff. und OLG Frankfurt OLGZ 70, 268, 271; Köhne, AgrarR 84, 57 ff.
[318] BGH FamRZ 84, 144 ff.
[319] Z.B. BGHZ 33, 373, 378; BGHZ 64, 63 f; BGH FamRZ 80, 37, 38; OLG Koblenz, FamRZ 82, 280, 281 und OLG Saarbrücken, FamRZ 84, 794.

stichtag[320]; bei einer Zahnarztpraxis kann die Vorlage einer Gewinnberechnung (Einnahme-Überschußrechnung) verlangt werden[321]; bei der Beteiligung an einer Rechtsanwaltssozietät kann unter Umständen die Vorlage des Sozietätsvertrages verlangt werden[322].

Interessen der Gesellschaft oder Partner, die möglicherweise der Vorlage von Geschäftsunterlagen entgegenstehen, müssen im allgemeinen zurücktreten[323]. Die Vorlage von Belegen kann aber verweigert werden, wenn aufgrund besonderer Umstände die Gefahr einer mißbräuchlichen Verwendung besteht oder sonst ein besonderes schutzwürdiges Interesse des Auskunftsverpflichteten an der Zurückhaltung bestimmter Angaben besteht und dieses schutzwürdige Interesse nicht allein durch das Abdecken bestimmter Angaben oder das Unkenntlichmachen bestimmter Passagen gewahrt werden kann[324].

Der Auskunftsschuldner braucht grundsätzlich keine Angaben zu dem **Wert** der **118** einzelnen Vermögensbestandteile zu machen; aus § 1379 Abs. 1 Satz 2 ergibt sich vielmehr, daß die Wertermittlung nur auf besonderes Verlangen des auskunftsberechtigten Ehepartners zu erfolgen hat[325]. Wird ein solches ergänzendes Verlangen von dem auskunftsberechtigten Ehepartner gestellt, ist der Auskunftsschuldner nicht nur verpflichtet, die Wertermittlung zu dulden; er muß sie vielmehr veranlassen und unterstützen[326]. Streitig ist, welcher Ehegatte unter welchen Voraussetzungen die Kosten der **Wertermittlung** zu tragen hat[327]. Nach der Auffassung des Bundesgerichtshofs, der sich ein Teil der Literatur angeschlossen hat, sollen die mit der Erteilung der Auskunft und der Wertermittlung verbundenen Kosten dem Auskunftspflichtigen zur Last fallen, auch wenn hierzu Hilfskräfte herangezogen werden müssen; die Kosten der Wertermittlung durch einen Sachverständigen soll demgegenüber der Ehegatte zu tragen haben, der sie verlangt, also der Auskunftsberechtigte[328].

Nach § 1379 Abs. 1 Satz 2 kann jeder Ehegatte verlangen, daß er bei der **Aufnahme** des von dem anderen Ehegatten zu erstellenden Verzeichnisses zugezogen wird und daß das Verzeichnis auf seine Kosten durch die zuständige Behörde,

---

[320] Vergl. insbesondere BGHZ 75, 195 ff. = FamRZ 80, 37 f.

[321] OLG Koblenz, FamRZ 82, 280, 281

[322] OLG Hamm, NJW 83, 1914 und OLG Saarbrücken, FamRZ 84, 794 f.

[323] BGH NJW 82, 1642, 1643 = FamRZ 82, 680, 682 für den Geschäftsführer und Mitgesellschafter einer GmbH.

[324] Z.B. OLG Saarbrücken, FamRZ 84, 794; OLG Hamm, FamRZ 83, 812; BGH, FamRZ 83, 680, 682 m.w.N.

[325] Palandt-Diederichsen, § 1379 Anm. 2 b; MünchKomm-Gernhuber, § 1379 Rz. 21; Staudinger-Thiele, § 1379 Rz. 18; a.A. OLG Karlsruhe, FamRZ 67, 339; BGB-RGRK-Finke, § 1379 Rz. 6; Roth-Stielow, Vermögensrechtliche Streitfragen nach der Scheidung, NJW 70, 1032.

[326] OLG München, FamRZ 82, 279 und Palandt-Diederichsen, § 1379 Anm. 2 b.

[327] Zusammenstellung des Meinungsstandes bei Müller, FamRZ 81, 837 ff.

[328] BGHZ 64, 63; BGHZ 84, 31 ff; ebenso OLG Karlsruhe, FamRZ 81, 458; KG FamRZ 74, 91, 92; Staudinger-Thiele, § 1379 Rz. 26, MünchKomm-Gernhuber, § 1379 Rz. 25; Palandt-Diederichsen, § 1379 Anm. 2 b; Soergel-Lange, § 1379 Rz. 10 a.A. (die Kosten sollen generell von dem auskunftsberechtigten Ehegatten zu tragen sein) Dölle, Familienrecht I, S. 820; Erman-Heckelmann, § 1379 Rz. 3 – wiederum a.A. (Kosten immer nur von dem auskunftspflichtigen Ehegatten zu tragen): Beitzke, Familienrecht, 24. Aufl. § 14 III 3 b, S. 120; Müller, FamRZ 81, 837 ff.; OLG München, FamRZ 82, 279, 280.

durch einen zuständigen Beamten (§ 200 FGG) oder einen Notar aufgenommen wird.

Nach § 260 Abs. 2 i.V.m. § 261 kann der auskunftsberechtigte Ehegatte verlangen, daß der auskunftsverpflichtete Ehegatte an **Eides Statt** versichert, daß er nach bestem Wissen den Bestand des Endvermögens so vollständig angegeben hat, wie ihm dies möglich war. Voraussetzung eines entsprechenden Antrages an den hierfür nach § 261 i.V.m. §§ 163, 79 FGG, 3 Nr. 1 b und 17 RechtspflG zuständigen Rechtspfleger ist, daß ein **Sorgfaltsmangel** plausibel ist, d.h. daß der Gläubiger Tatsachen bewiesen hat, die einen Schluß auf zumindest fahrlässiges Verhalten bei der Errichtung des Bestandsverzeichnisses rechtfertigen. Der bloße Nachweis der objektiven Unrichtigkeit oder Unvollständigkeit genügt dementsprechend nicht, wenn er auch Indiz für einen Sorgfaltsmangel sein kann. Bei nur objektiver Unvollständigkeit oder Unrichtigkeit steht dem Gläubiger die **Ergänzungsklage** offen[329]. Ein Sorgfaltsmangel ist nach der Rechtsprechung des Bundesgerichtshofs in der Regel auch dann schon plausibel, wenn ein Ehegatte, der möglicherweise Zugewinnausgleich zu leisten hat, sich ohne berechtigten Grund weigert, Auskunft über Vermögensbewegungen aus früherer Zeit zu erteilen, die er während der Ehe hätte offenlegen müssen[330].

Sehr streitig ist die Frage, ob die Auskunftspflicht aus § 1379 auch solche **Vermögensverschiebungen** erfaßt, die nach § 1375 Abs. 2 als sogenannte illoyale Vermögensminderungen dem Endvermögen zuzurechnen sind[331]. Gegen die Ausdehnung der sich aus § 1379 ergebenden Auskunftsverpflichtung auf illoyale Vermögensminderungen unter Hinweis auf die Rechtsprechung zu § 2314[332] spricht, daß es in § 2314 nur um Ergänzungen des Pflichtteils wegen Schenkungen an Dritte geht, während im Rahmen des § 1375 Abs. 2 auch Vermögensminderungen in Benachteiligungsabsicht und durch Verschwendung zu berücksichtigen sind und insoweit schon die Tatbestandsvoraussetzungen schwierig festzustellen und jedenfalls zwischen den Ehegatten streitig sein werden. Gegen die Ausdehnung der Auskunftsverpflichtung spricht darüber hinaus, daß der Gesetzestext in den §§ 1374 ff. sehr klar und eindeutig zwischen Anfangs- und Endvermögen einerseits und hinzuzurechnenden Beträgen andererseits unterscheidet, und auch § 1377, der sich mit dem Verzeichnis des Anfangsvermögens befaßt, ausdrücklich auch auf die diesem Vermögen hinzuzurechnenden Gegenstände verweist, während diese Ausdehnung in § 1379 unterblieben ist. Dies spricht dafür, daß der Gesetzgeber bewußt die Auskunftsverpflichtung im Interesse einer klaren Eingrenzung auf den Stand des Endvermögens im maßgeblichen Zeitraum beschränkt hat[333].

---

[329] Vergl. z.B. BGH FamRZ 84, 144 f; MünchKomm-Gernhuber, § 1379 Rz. 29.
[330] BGH FamRZ 76, 516 f.
[331] Ausführliche Darstellung des Meinungsstandes bei BGB-RGRK-Finke, § 1379 Rz. 17 und BGHZ 82, 132, 134 f.
[332] So z.B. Staudinger-Thiele, § 1379 Rz. 13/14; Bosch, FamRZ 64, 442; Dölle, Familienrecht I S. 820; Palandt-Diederichsen, § 1379 Anm. 2 a; OLG Bamberg, FamRZ 80, 573; OLG Karlsruhe, FamRZ 80, 1119; OLG Düsseldorf, FamRZ 82, 805.
[333] So insbesondere BGB-RGRK-Finke, § 1379 Rz. 19/20; BGHZ 82, 132; MünchKomm-Gernhuber, § 1379 Rz. 13.

Andererseits besteht neben § 1379 der von der Rechtsprechung aus § 242 entwik-
kelte allgemeine Auskunftsanspruch für den Fall, daß eine Ehegatte entschuldbar
über das Bestehen und den Umfang seines Rechtes im unklaren ist und deshalb
auf die Auskunft des Verpflichteten angewiesen ist. Danach besteht ein Auskunftsanspruch jedenfalls in den Fällen, in denen der Auskunftsberechtigte konkrete Anhaltspunkte für das Vorliegen illoyaler Vermögensminderungen im Sinne des § 1375 Abs. 2 vortragen kann, wobei – unter Berücksichtigung der Ratio
des § 1379 und des allgemeinen Auskunftsanspruches – keine übertriebenen Anforderungen an den Vortrag ausreichend konkreter Verdachtsmomente gestellt
werden sollten[334].

Eine analoge Anwendung von § 1379 zur Begründung einer Auskunftspflicht
über das Anfangsvermögen scheidet aus, weil zu Lasten des anderen Ehepartners
(und zugunsten des Anspruchstellers) vermutet wird, daß das Endvermögen den
gesamten Zugewinn darstellt, wenn Anfangsvermögen nicht nachgewiesen ist,
§ 1377 Abs. 3[335].

Zu erstellen ist die Auskunft bezogen auf das Datum der Beendigung des Güter- **119**
standes bzw. auf den Tag der Zustellung der Antrags- bzw. Klageschrift (in den
Fällen der §§ 1384, 1385, §§ 37 und 26 EheG).

Die wechselseitige Auskunftspflicht kann wegen ihrer **Schutzfunktion** und der
besonderen Bedeutung für die Feststellung von Grund und Höhe einer Ausgleichsforderung nicht von vornherein durch **Ehevertrag** ausgeschlossen werden. Allerdings können die Ehegatten nach der Beendigung des Güterstandes auf
die Erteilung der Auskunft und die Ausübung der weiteren sich aus § 1379 ergebenden Befugnisse verzichten, da sie zu diesem Zeitpunkt auch auf die Ausgleichsforderung selbst verzichten können[336].

Die Auskunftspflicht kann mittelbar durch (formwirksame) ehevertragliche Vereinbarungen ausgeschlossen oder beschränkt sein, so, wenn einzelne Vermögensgegenstände, etwa ein Unternehmen, nach den ehevertraglichen Vereinbarungen
bei der Berechnung des Zugewinns nicht berücksichtigt werden sollen oder ein
Zugewinnausgleichsanspruch von vornherein auf eine bestimmte Höchstgrenze
beschränkt worden ist[337]. In einem solchen Fall kann der ausgleichsverpflichtete
Ehegatte die Auskunftserteilung verweigern, wenn er nicht in Abrede stellt, die
vertraglich vereinbarte Höchstsumme zu schulden.

Wird der Auskunftsanspruch isoliert während eines Scheidungsverfahrens anhängig gemacht, ist hierüber im **Ehescheidungsverbund** zu entscheiden. Wird
demgegenüber im Wege einer Stufenklage der Auskunfts – und der nach Auskunftserteilung zu beziffernde – Zugewinnausgleichsanspruch rechtshängig ge-

---

[334] Vergl. insbesondere BGHZ 82, 132, 138; Soergel-Lange, § 1379 Rz. 8; OLG Nürnberg, FamRZ 65,
334; MünchKomm-Gernhuber, § 1379 Rz. 15; OLG Düsseldorf, FamRZ 82, 805.
[335] Vergl. OLG Nürnberg, FamRZ 86, 272; OLG Karlsruhe FamRZ 86, 1105 f und oben Rz. 115.
[336] Vergl. z.B. BGB-RGRK-Finke, § 1379 Rz. 24.
[337] Vergl. Soergel-Lange, § 1379 Rz. 5.

macht, ist über den Auskunftsanspruch vorab durch Teilurteil und über den Zugewinnausgleichsanspruch im Verbund zu entscheiden[337a].

VIII. Die Anrechnung von Zuwendungen und Schenkungen auf die Ausgleichsforderung und der Widerruf von Schenkungen unter Ehegatten, §§ 1380, 1374 Abs. 2, 530

120   Im Falle der Auflösung des Güterstandes durch Ehescheidung taucht immer wieder das Problem der Berücksichtigung und ggf. Rückgängigmachung von Zuwendungen der Ehegatten untereinander auf. Typisch ist etwa folgende Fallkonstellation:

In einer Alleinverdienerehe ist aus dem Einkommen und Vermögen des Ehemannes, ggf.
auch aus seinem Anfangsvermögen, ein Familienheim angeschafft worden, wobei die Ehegatten Miteigentümer zu je 1/2 sind. Nach Scheitern der Ehe stellt sich die Frage, ob und
inwieweit der Ehemann Übertragung der Eigentumshälfte der Ehefrau auf sich selbst unter
dem Gesichtspunkt des Schenkungswiderrufs oder des Wegfalls der Geschäftsgrundlage
verlangen kann[338].

Der Bundesgerichtshof hat zu diesem Problemkreis in einer Reihe von Entscheidungen folgende Grundsätze aufgestellt:

Im allgemeinen stellen Zuwendungen unter Ehegatten **keine Schenkungen** dar.
Eine Schenkung setzt nicht nur voraus, daß der erworbene Vermögenswert aus
dem Vermögen des Zuwendenden kommt, sondern auch, daß beide Teile sich
über die Unentgeltlichkeit der Zuwendung einig sind. Von einer solchen **vereinbarten Unentgeltlichkeit** kann man aber selbst dann nicht ausgehen, wenn die
Ehegatten ihre voneinander abweichenden Beiträge z.B. zum Erwerb eines Hauses oder allgemein zum Familienunterhalt mit Rücksicht auf ihre unterschiedlichen Vermögensverhältnisse und Einkommenserwartungen nicht als gleichwertig
betrachtet haben. Entscheidend ist, ob und daß eine Zuwendung der ehelichen
Lebensgemeinschaft dienen soll. In diesem Fall stellt sie sich als spezielle familienrechtliche **Ausgestaltung der ehelichen Lebensgemeinschaft** dar und nicht
als eine Schenkung. Sowohl ein Widerruf der Schenkung als auch ein Anspruch
auf Rückgewähr unter dem Gesichtspunkt ungerechtfertigter Bereicherung
scheiden aus, da durch das Scheitern der Ehe Zuwendungen an den anderen Ehegatten nicht rechtsgrundlos werden.

Wenn die Erwartung des Fortbestandes der Ehe enttäuscht und die Ehe geschieden wird, sind die Vorschriften der §§ 1372 ff. **Spezialvorschriften**, die auch den
aus § 242 hergeleiteten Grundsätzen über den Wegfall der Geschäftsgrundlage
vorgehen[339]. Der Bundesgerichtshof hat sich bei der Entwicklung dieser Grund-

---

[337a] OLG Frankfurt, FamRZ 87, 299 f; BGH NJW 79, 1603 = FamRZ 79, 690 und BGH FamRZ 82,
    151; aA OLG Zweibrücken FamRZ 80, 1142.
[338] Zur gesamten Problematik Battes, Festschrift Hübner, S. 379 ff.; Friedrich, JR 86, 1 ff.; Langenfeld,
    NJW 86, 2541 ff und speziell zu Schenkungswiderrufen wegen Ehebruchs Karakatsanes FamRZ 86,
    1049 ff, 1178 ff.
[339] So insbesondere BGHZ 65, 320 ff. = FamRZ 76, 82 = NJW 76, 328; BGHZ 68, 299 ff. = FamRZ 77,
    458 = NJW 77, 1234; BGHZ 82, 227 ff = FamRZ 82, 246 = NJW 82, 1093 und BGH FamRZ 82,
    778 und FamRZ 83, 668 und BGH FamRZ 85, 351 ff. mit Anm. Seutemann (für den Fall der Aufnahme ehewidriger Beziehungen zu einer anderen Frau).

sätze für die sogenannten **unbenannten Zuwendungen** der Auffassung von deren **Causalosigkeit** angeschlossen und sich gegen die Lehre ausgesprochen, wonach die Ehe als solche als Causa der Ehegattenzuwendungen mit der Folge einer conditio ob causam finitam nach Beendigung der Ehe anzusehen ist[340]. Mit der neueren Rechtsprechung zu den unbenannten Zuwendungen hat der Bundesgerichtshof – trotz grundsätzlichen Festhaltens an der Möglichkeit einer auch stillschweigend begründeten Ehegatten-Innengesellschaft – die Konstruktion über eine solche **Ehegatten-Innengesellschaft** abgelehnt, wenn ein Ehegatte letztlich nur Beiträge leistet, die der Verwirklichung der ehelichen Lebensgemeinschaft dienen[341].

Die zu den sogenannten unbenannten Zuwendungen entwickelten Grundsätze schließen nach der Rechtsprechung des Bundesgerichtshofs jedoch nicht aus, daß im Einzelfall eine echte **Schenkung** im Sinne der §§ 516 ff. vorliegt, die unter den Voraussetzungen des § 530 widerrufen werden kann, und zwar ungeachtet der Tatsache, daß mit dem Begriff des groben Undanks unter Umständen Verschuldensfragen aufgeworfen werden müssen, die für das Ehescheidungsrecht selbst durch das Zerrüttungsprinzip prinzipiell ausgeklammert worden sind[342].

Kommt im Einzelfall ein **Widerruf einer Schenkung** unter Ehegatten in Betracht, müssen die sich hieraus ergebenden wechselseitigen Ansprüche bei den Zugewinnausgleichsberechnungen berücksichtigt werden. Ist der **Rückgabeanspruch** erfüllt, wird der Zugewinnausgleich so durchgeführt, als hätte es die Ehegattenzuwendung nicht gegeben, weil sich das zurückgegebene Geschenk bereits in dem Umfang der Rückerstattung im Endvermögen des Schenkers befindet und das Endvermögen des Empfängers entsprechend reduziert ist. Ist der Rückgewährsanspruch noch nicht erfüllt, müssen der entsprechende Anspruch wertmäßig unter Berücksichtigung des § 818 Abs. 3 im Vermögen des Zuwendenden und die entsprechende Verpflichtung im Vermögen des Empfängers berücksichtigt werden. Dies kann erhebliche verfahrenstechnische Probleme für laufende Auseinandersetzungen zum Zugewinnausgleich mit sich bringen, weil die Be- **121**

---

[340] Vergl. einerseits Lieb, Die Ehegattenmitarbeit im Spannungsfeld zwischen Rechtsgeschäft, Bereicherungsausgleich und gesetzlichem Güterstand, 1970, insbesondere S. 121 ff. und zuletzt andererseits Hepting, Ehevereinbarungen S. 153 ff.

[341] So insbesondere BGH FamRZ 82, 910, 911 f für einen Fall der Geltung von Gütertrennung. In den – möglicherweise noch nicht in allen Konsequenzen durchdachten – Auswirkungen der Rechtsprechung zu den unbenannten Zuwendungen auf Rechtsgebiete außerhalb des Familienrechts vergl. Morhard, NJW 87, 1734 ff.

[342] So insbesondere BGHZ 82, 227 = FamRZ 82, 246 f; BGH FamRZ 82, 910 und 1066; FamRZ 83, 349 und 668 gegen Bosch, Festschrift für Beitzke 1979, S. 121 ff., 130 ff. und FamRZ 85, 351 f mit Anm. Seutemann für den Fall der Aufnahme ehewidriger Beziehungen zu einer anderen Frau und BGH FamRZ 80, 446 ff.; FamRZ 81, 779, 782; FamRZ 82, 1067, FamRZ 83, 350. In der Literatur sprechen sich neben Bosch für eine Beschränkung des Schenkungswiderrufs im Hinblick auf die Abschaffung des Verschuldensprinzips auf Fälle exzessiven Fehlverhaltens aus: Seutemann, Anm. zu BGH vom 24.3.1983; FamRZ 83, 990, 992, Anm. zu BGH, FamRZ 85, 351 f und Widerruf von Schenkungen unter Ehegatten, 1984, S. 95 ff.; wie Bosch: Langenfeld, Handbuch der Eheverträge, Rz. 314; und aus der Rechtsprechung OLG Frankfurt, 7. ZS, FamRZ 81, 778, 779; LG Bonn, FamRZ 80, 359 ff.; LG Essen FamRZ 80, 791. Gegen Bosch und für die Rechtsprechung des Bundesgerichtshofs z.B. Palandt-Diederichsen, Einführung 1 c vor § 1353; Göppinger, Vereinbarungen anläßlich der Ehescheidung, Rz. 542; Zur Problematik des Schenkungswiderrufs unter Ehegatten vergl. Karaksades, FamRZ 86, 1049 ff. und 1178 ff.

rechtigung eines Schenkungswiderrufs im allgemeinen streitig sein wird und hiervon wiederum die Zugewinnausgleichsberechnungen abhängen[343]. Wird ein berechtigter Schenkungswiderruf erst nach Durchführung des Zugewinnausgleichs erklärt, ist der sich aus § 531 Abs. 1 ergebende Rückgabeanspruch um die bereits im Rahmen des Zugewinnausgleichs zurückgeflossenen Beträge zu kürzen[344].

Die **Rückabwicklung von Zuwendungen** unter Ehegatten nach den Grundsätzen des Wegfalls der Geschäftsgrundlage bzw. nach den Grundsätzen von Treu und Glauben ist nach der Rechtsprechung des Bundesgerichtshofs nicht grundsätzlich ausgeschlossen, kommt aber nur in einzelnen, besonders gelagerten Ausnahmefällen in Betracht. Voraussetzung ist, daß einerseits die vorrangigen Spezialvorschriften des güterrechtlichen Zugewinnausgleichs nicht zu einem angemessenen Ausgleich führen und andererseits nicht ausnahmsweise eine Schenkung vorliegt, die wegen groben Undanks widerrufen werden kann. Gestützt auf § 242 kann sich eine Verpflichtung zur Rückgewähr bestimmter zugewandter Vermögensgegenstände danach ergeben, wenn die Aufrechterhaltung des bestehenden Zustandes oder die Auseinandersetzung einer Miteigentümergemeinschaft nach den §§ 749 ff. dem zuwendenden Ehepartner schlechthin unzumutbar ist und ein Beharren des anderen Ehegatten auf seinem Eigentum als unerträglich erscheint[345]. Ein **Rückgewähranspruch** ist vom Bundesgerichtshof bejaht bzw. im Grundsatz für möglich gehalten worden in einem Fall, in dem kurz nach Eheschließung ein Baugrundstück zu je 1/2 erworben, mit einem Wohnhaus bebaut wurde, und zwar ausschließlich aus Mitteln, die der Ehemann bereits vor der Eheschließung hatte, und das Zusammenleben im übrigen von kurzer Dauer war; weiter in einem Fall, in dem das Haus ausschließlich aus den Mitteln eines Ehegatten angeschafft und zur Sicherstellung seiner Altersversorgung bestimmt war.

Soweit danach im Einzelfall eine dingliche Rückübertragung in Betracht kommt, wird sie nur Zug um Zug gegen Zahlung des Zugewinnausgleichsbetrages geschuldet, der sich unter Berücksichtigung der Vermögenslage nach Rückabwicklung der Zuwendung errechnet[346].

122   Ist nach diesen Grundsätzen nicht ausnahmsweise ein Rückgewährsanspruch gegeben, bestimmt sich im Rahmen des güterrechtlichen Zugewinnausgleichs die Berücksichtigung von während der Ehe erfolgten Zuwendungen nach §§ 1380, 1374 Abs. 2.

Nach § 1380 Abs. 1 ist dasjenige auf die Ausgleichsforderung eines Ehegatten anzurechnen, was ihm von dem anderen mit der Bestimmung zugewandt worden ist, daß es auf die Ausgleichsforderung angerechnet werden soll. Nach § 1380 Abs. 2 ist im Zweifel von der **Anrechnungsanordnung** auszugehen, wenn die

---

[343] Vergl. hierzu insbesondere Schwab, FamRZ 84, 525, 527.
[344] Schwab, a.a.O., S. 527.
[345] So insbesondere BGH FamRZ 82, 246, 248.
[346] Insbesondere BGH FamRZ 77, 458 = NJW 77, 1234 und Langenfeld, Handbuch der Eheverträge Rz. 325.

Zuwendungen den Wert von Gelegenheitsgeschenken übersteigen, die nach den Lebensverhältnissen der Ehegatten üblich sind.

Zur **Durchführung** der Anrechnung bestimmt § 1380 Abs. 2, daß der Wert der Zuwendung bei der Berechnung der Ausgleichsforderung zunächst dem Zugewinn des Ehegatten hinzugerechnet werden muß, der die Zuwendung gemacht hat, und zwar mit dem Wert zum Zeitpunkt der Zuwendung.

Die bisher herrschende Meinung ging davon aus, daß der Wert der Zuwendung bei dem Anfangsvermögen des Zuwendungsempfängers nach § 1374 Abs. 2 zuzurechnen ist, und zwar – trotz des unterschiedlichen Wortlauts in §§ 1380 und 1374 Abs. 2 – immer und unabhängig davon, ob es sich um eine echte Schenkung oder nur eine unbenannte Zuwendung handelt. Die herrschende Meinung ging im übrigen davon aus, daß sich aus § 1380 ergebe, daß ein Rückforderungsanspruch ausgeschlossen sein solle, wenn der zuwendende und prinzipiell ausgleichspflichtige Ehegatte dem anderen Ehegatten während der Ehe mehr zugewandt hat, als sich ohne die Zuwendung an Ausgleichsforderung im Falle der Scheidung ergeben hätte[347].

Die sich aus der gesetzlichen Regelung zwangsläufig ergebenden Ungereimtheiten für die Fälle **überhöhter Vorwegleistungen** und der Berücksichtigung von Zuwendungen, die sich wegen **Verbrauchs** und aus anderen Gründen nicht mehr im Endvermögen des Zuwendungsempfängers auswirken, sind nach der Rechtsprechung des Bundesgerichtshofs wie folgt aufzulösen:

Jedenfalls für den Normalfall sogenannter unbenannter Zuwendungen unter Ehegatten, die nicht als Schenkungen im Sinne des § 516 anzusehen sind, kommt eine Zurechnung nach § 1374 Abs. 2 bei dem Zuwendungsempfänger nicht in Betracht. Um ihn nicht doppelt dadurch zu belasten, daß auf der einen Seite sein Zugewinn voll um den Wert des Zugewendeten erhöht ist, auf der anderen Seite der Wert nach § 1380 Abs. 2 bei dem Vermögen des Zuwendenden noch einmal fiktiv hinzugerechnet und dann der gleiche Betrag von der Ausgangsforderung des Empfängers in Abzug gebracht wird, soll der Wert der Zuwendung nur im Vermögen des Zuwendenden berücksichtigt werden, weil der gleiche Wert nur bei einem der Ehegatten im Endvermögen berücksichtigt werden kann[348].

Ebenfalls gegen die bis dahin herrschende Meinung hat sich der Bundesgerichtshof auf den Standpunkt gestellt, daß die Anrechnungsregelung in § 1380 bei zu hohen Vorwegleistungen nicht einen Ausgleichsanspruch des Zuwendenden ausschließe[349]. Der Bundesgerichtshof hält der Auffassung der herrschenden Meinung entgegen, daß § 1380 überhaupt nur eingreifen kann, wenn eine Ausgleichsforderung des Zuwendungsempfängers besteht, auf die ein Vorausempfang angerechnet werden kann. Habe der Empfänger im voraus mehr erhalten als ihm über

---

[347] Vergl. hierzu insbesondere die zusammenfassende Darstellung bei van Olshausen, FamRZ 78, 755 ff.

[348] So insbesondere BGHZ 82, 227 = FamRZ 82, 246 ff. und BGH FamRZ 82, 778 f.

[349] FamRZ 82, 246, 248; für die herrschende Meinung z.B.: Staudinger-Thiele, § 1380 Rz. 3; Münch-Komm-Gernhuber, § 1380 Rz. 2; Johannsen, WM 78, 654, 657; Kühne, FamRZ 78, 221, 223; Battes, Festschrift Hübner, 379, 384.

den Zugewinnausgleich zustehe, könne er nichts mehr verlangen, so daß § 1380 nicht eingreife. Umgekehrt könne aber nach den Vorschriften des Zugewinnausgleichs der Zuwendungsempfänger seinerseits zu einer Ausgleichszahlung nach § 1378 Abs. 1 verpflichtet sein, weil er dank der Zuwendung den höheren Zugewinn erzielt habe.

Der vieldiskutierte und häufig als nicht angemessen lösbar dargestellte **Fall überhöhter Vorausempfänge**[350] kann auf diese Art und Weise angemessen geregelt werden. Es muß eine doppelte Berechnung vorgenommen werden:

Zunächst ist unter Berücksichtigung der vom Bundesgerichtshof aufgestellten Grundsätze eine Berechnung in Anwendung des § 1380 vorzunehmen. Wenn diese ergibt, daß ein Zugewinnausgleichsanspruch wegen überhöhter Vorempfänge ausscheidet und der Zuwendungsempfänger mehr erhalten hat als ihm zusteht, muß in einem zweiten Berechnungsschritt, diesmal ohne Anwendung des § 1380 und ohne Anwendung des § 1374 Abs. 2, eine Vergleichsberechnung des beiderseitigen Zugewinns unter Berücksichtigung des Zugewandten bzw. dessen, was hiervon noch im Endvermögen vorhanden ist, vorgenommen werden. Dies kann dann zu einem Ausgleichsanspruch des Zuwenders gegen den Zuwendungsempfänger führen[351]. Gegenüber der sich schon im Normalfall unter Außerachtlassung der §§ 1374 Abs. 2 und 1380 ergebenden Neutralisierung der beiderseitigen Zuwendungen[352] bewirkt die Anrechnungsregelung des § 1380 in der Auslegung des Bundesgerichtshofs darüber hinaus, daß die Zuwendung dem Zuwendenden im Falle des Zugewinnausgleichs auch dann noch zugute kommt, wenn sich der Wert des Zuwandten nicht mehr im Endvermögen des Empfängers befindet.

Berechnungsbeispiele:

Anfangsvermögen Ehefrau (f)	0,– DM
Zuwendung des Ehemannes (m) während der Ehe	20.000,– DM
Endvermögen (f)	50.000,– DM
Anfangsvermögen (m)	0,– DM
Endvermögen (m)	100.000,– DM

Der Zugewinnausgleich ist nach der Rechtsprechung des Bundesgerichtshofs wie folgt zu regeln:

Zugewinn m	100.000,– DM
zuzüglich Zuwendung, § 1380 Abs. 2	20.000,– DM
	120.000,– DM
Endvermögen f	50.000,– DM
./. Zuwendung	20.000,– DM
Zugewinn also	30.000,– DM

---

[350] Vergl. hierzu insbesondere von Olshausen a.a.O. m.w.N. sowie Johannsen und Kühne, jeweils a.a.O.

[351] Siehe hierzu insbesondere Schwab, FamRZ 84, 525, 527 f; Göppinger, Vereinbarungen anläßlich der Ehescheidung, Rz. 519 b; Langenfeld, Handbuch der Eheverträge, Rz. 308.

[352] Vergl. hierzu von Olshausen, FamRZ 78, 755 f unter Hinweis auf Lieb, 1970 S. 126.

Zugewinnausgleichsanspruch also 1/2 der Differenz von

90.000,– DM	45.000,– DM
./. Vorempfang	20.000,– DM
	25.000,– DM.

Unter Außerachtlassung der Anrechnungsvorschrift des § 1380 ergäbe sich folgendes:

Endvermögen m	100.000,– DM
Endvermögen f	50.000,– DM
Differenz	50.000,– DM.
hiervon 1/2	25.000,– DM

Hat aber bei im übrigen unveränderten Zahlen f bei Beendigung des Güterstandes kein Endvermögen mehr, weil sie das ihr Zugewandte ausgegeben hat, ergibt sich folgende Berechnung:

Endvermögen m	100.000,– DM
zuzüglich Zuwendung	20.000,– DM
	120.000,– DM
Zugewinn f	0,– DM
Differenz also	120.000,– DM
Ausgleichsanspruch 1/2	60.000,– DM
abzüglich Vorempfang	20.000,– DM
	40.000,– DM

Die Rechnung ohne Berücksichtigung des § 1380 ergäbe in diesem Fall folgendes:

Endvermögen und Zugewinn des m	100.000,– DM
zu zahlen also von m an f	50.000,– DM

Die Anrechnung nach § 1380 verteilt hier die Folgen des Verlustes des Wertes der Zuwendung auf beide Ehegatten gleichmäßig. Dies kann nicht von vorneherein als grob unbillig angesehen werden, da in einer Ehe als Schicksalsgemeinschaft die Ehegatten wechselseitig die Folgen ihres Handelns zu tragen haben.

Die Berechnungsschritte in Fällen **überhöhter Vorwegleistungen** sind wie folgt vorzunehmen:

Hatte	
f Anfangsvermögen von	0,– DM
und Endvermögen von	50.000,– DM;
m Anfangsvermögen von	0,– DM
und Endvermögen von	120.000,– DM,
wobei m an f während der Ehe eine Zuwendung von	30.000,– DM

gemacht hat, ergibt der erste Berechnungsschritt in Anwendung von § 1380 Abs. 2:

Zugewinn m	20.000,– DM
zuzüglich Zuwendung, § 1380 Abs. 2	30.000,– DM
	50.000,– DM

Zugewinn f	50.000,– DM
./. Zuwendung	30.000,– DM
	20.000,– DM
Die Differenz von	30.000,– DM
ergibt einen Zugewinnausgleichsanspruch f von	15.000,– DM,
auf den sie sich die Zuwendung mit ./.	30.000,– DM
anrechnen lassen muß	./. 15.000,– DM.

Der wegen des Negativ-Saldos durchzuführende zweite Berechnungsschritt ohne Anwendung von § 1380 Abs. 2 ergibt folgendes:

Zugewinn f	50.000,– DM
Zugewinn m	20.000,– DM
Differenz	30.000,– DM
Zugewinnausgleichsanspruch m	15.000,– DM

Es erfolgt also zugunsten von m ein Rückausgleich, der eine angemessene Verteilung des Vermögens gewährleistet.

123   Der Rechtsprechung des Bundesgerichtshofs ist zuzustimmen, weil sie einen angemessenen Ausgleich der Interessen der Ehegatten ermöglicht. Über die bereits behandelten Problemfälle hinaus gilt dies auch für den Fall, daß die Ehegatten sich **wechselseitig** Zuwendungen gemacht haben[353].

Hatte	
f Anfangsvermögen von	40.000,– DM
und Endvermögen von	40.000,– DM;
m ein Anfangsvermögen von	0,– DM
und Endvermögen von	40.000,– DM
und haben sich beide Ehegatten während der Ehe Zuwendungen von je	20.000,– DM

gemacht, ergibt sich beispielsweise folgende Berechnung:

Der Zugewinn des Ehemannes von	40.000,– DM
ist nach § 1380 Abs. 2 um die Zuwendung an die Ehefrau also	20.000,– DM
zu erhöhen und beträgt	60.000,– DM.

Die Ehefrau hat keinen Zugewinn erzielt, so daß ihr ein Ausgleichsanspruch von

	30.000,– DM
zusteht, auf den sie sich den Vorempfang von	20.000,– DM
anrechnen lassen muß. Es bleibt ein Zahlungsanspruch von	10.000,– DM.

Umgekehrt kann der Ehemann sie nicht in Anspruch nehmen, da sie selbst unter Berücksichtigung des Wertes des Vorempfanges keinen höheren Zugewinn erzielt hat als er. Diese Lösung ist gegenüber dem sich aus der herrschenden Meinung (Berücksichtigung von § 1374 Abs. 2) ergebenden Resultat angemessen. Dort erhält die Ehefrau nichts.

Geht es um Zuwendungen, hinsichtlich derer nach der Bestimmung des Ehegatten eine Anrechnung auf eine Zugewinnausgleichsforderung ausdrücklich nicht

---

[353] Vergl. z.B. von Olshausen, FamRZ 78, 758, Fall 4.

erfolgen soll oder bei der die Anrechnung ausscheidet, weil die Zuwendung den Wert von Gelegenheitsgeschenken nicht übersteigt, sind die üblichen Zugewinnausgleichsberechnungen ohne Berücksichtigung des § 1380 anzustellen. Es bleibt dann also dabei, daß der Wert des Empfangenen beim Endvermögen des Empfängers zu berücksichtigen ist, soweit es dort noch vorhanden ist.

Die vom Bundesgerichtshof zunächst offengelassene Frage, ob § 1374 Abs. 2 auch dann anwendbar ist, wenn es sich nicht um unbenannte Zuwendungen, sondern um echte Schenkungen handelt, ist von ihm inzwischen zutreffend bejaht worden, weil § 1374 Abs. 2 nicht auf Zuwendungen der Ehegatten untereinander zugeschnitten ist und kein Grund dafür ersichtlich ist, warum im gesetzlichen Güterstand Schenkungen und sogenannte unbenannte Zuwendungen unterschiedlich zu behandeln sind. Dies gilt umso mehr, als eine Anwendbarkeit des § 1374 Abs. 2 dazu führen würde, daß bei einer echten Schenkung der Gegenstand dem Schenker voll verlorenginge, wenn nicht ausnahmsweise die Voraussetzungen für eine Rückforderung nach § 530 oder über die Anwendung von § 242 bejaht werden können[354].

Die Zuwendungen müssen unter Ehegatten (nicht unter Verlobten) und während der **Geltung des Güterstandes** (bei Eheschließung vor Inkrafttreten des Gleichberechtigungsgesetzes, also nach dem 1.7.1958) gemacht worden sein[355]. **124**

Zuwendungen nach **Beendigung** des Güterstandes können § 1380 nicht unterworfen werden. Es wird sich hierbei im allgemeinen um Leistungen an Erfüllungs Statt auf die Ausgleichsforderung handeln, wobei hierzu die Beweislast den Schuldner trifft[356].

Unter einem **Gelegenheitsgeschenk** sind nicht nur die allgemein üblichen Geschenke zu bestimmten Fest- und Feiertagen, sondern auch Schenkungen anläßlich eines besonderen Anlasses zu verstehen[357].

Der Begriff ist etwas umfassender als der der Pflicht- und Anstandsschenkungen und deckt sich etwa mit denen der gebräuchlichen Gelegenheitsgeschenke im Sinne der §§ 32 Nr. 1 KO; 3 Abs. 1 Nr. 3 AnfG[358].

Anzurechnen sind auch solche Zuwendungen, die zwar nicht das übliche Maß, wohl aber den Wert üblicher Gelegenheitsgeschenke übersteigen. So soll z.B. eine Lebensversicherung, die ein Ehegatte zugunsten des anderen abgeschlossen hat, im Zweifel angerechnet werden[359]; gleiches gilt von unüblichen Gelegenheitsgeschenken, auch wenn sie den Wert der üblichen nicht übersteigen[360].

---

[354] Vergl. BGH FamRZ 87, 791 f = NJW 87, 2814 ff. und OLG Frankfurt (Vorinstanz), FamRZ 87, 62 ff. mit zustimmender Anmerkung Netzer, S. 67 ff; Langenfeld, NJW 86, 2541, 2542; Friederich, JR 86, 1 ff; Reinicke/Tiedtke, WM 82, 946 ff., 948; Schwab Handbuch, Rz. 790; Holzhauer JuS 83, 830, 834 f; Göppinger, Vereinbarungen anläßlich der Ehescheidung, Rz. 502 a und Langenfeld Handbuch Rz. 305; a.A. OLG München, FamRZ 87, 67 mit ablehnender Anm. Netzer S. 67 ff.

[355] Z.B. MünchKomm-Gernhuber, § 1380 Rz. 11.

[356] Erman-Heckelmann, § 1380 Rz. 5; Soergel-Lange, § 1380 Rz. 8; MünchKomm-Gernhuber, § 1380 Rz. 12.

[357] Z.B. Staudinger-Thiele, § 1380 Rz. 18, 19.

[358] Soergel-Lange, § 1380 Rz. 12.

[359] Vergl. z.B. Palandt-Diederichsen, § 1380 Anm. 2 unter Hinweis auf die Gesetzesmaterialien.

[360] Soergel-Lange, § 1380 Rz. 12 gegen MünchKomm-Gernhuber, § 1380 Rz. 16.

In all diesen Fällen scheidet eine Anrechnung allerdings aus, wenn sich aus den Umständen zweifelsfrei ergibt, daß eine Anrechnung nicht gewollt war, wofür der Zeitpunkt der Zuwendung maßgebend ist[361].

Eine Bereinigung des Wertes der Zuwendung im Rahmen der Anrechnung nach § 1380 um den **Inflationsverlust** ist nicht notwendig, weil sich die entsprechenden Berechnungen neutralisieren (Zurechnung nach § 1380 Abs. 2 beim Zuwendenden einerseits; Abzug von dem Endvermögen und der Zugewinnausgleichsforderung bei dem Empfänger andererseits).

Kommt es nach dem Tod eines Ehegatten zum Zugewinnausgleich nach § 1371 Abs. 2, kommt es für die Anrechnung von Zuwendungen nach § 1380 oder ggf. nach § 2315 im wesentlichen auf die Bestimmung des Erblassers an. Im Zweifel ist davon auszugehen, daß die Anrechnung für beide Fälle erfolgt ist. In diesen Fällen ist zunächst der Pflichtteil als das schlechtere Recht zu kürzen[362].

In einem **Ehevertrag** können die Ehegatten die Anrechnungsregelung des § 1380 abändern, wobei allerdings streitig ist, ob auch der vollständige Ausschluß der Anrechnung zulässig ist[363]. Nachträgliche Anrechnungsvereinbarungen bedürfen nach herrschender Meinung der Form des Ehevertrages[364].

IX. Fälligkeit, Übertragbarkeit und Verjährung der Ausgleichsforderung

1. Fälligkeit

125 Die Zugewinnausgleichsforderung, die nach § 1378 in einem Zahlungsanspruch besteht, gerichtet auf die Hälfte des nach §§ 1374 ff. errechneten Zugewinnüberschusses, entsteht nach § 1378 Abs. 3 mit der **Beendigung** des Güterstandes. Sie entsteht unmittelbar kraft Gesetzes, unabhängig davon, ob sie geltend gemacht wird[365].

Die Beendigung des Güterstandes ist für das Entstehen der Forderung und deren Fälligkeit auch in den Fällen maßgebend, in denen der **Stichtag** für die Berechnungen nach §§ 1384, 1387 vorverlegt ist[366]. Ist nach dem **Tode** eines Ehegatten der Zugewinn nach § 1371 Abs. 2 auszugleichen, weil der überlebende Ehegatte weder Erbe noch Vermächtnisnehmer wird, ist der Güterstand mit dem Tode beendet, so daß mit diesem Zeitpunkt die Zugewinnausgleichsforderung entsteht, und zwar unabhängig davon, ob z.B. erst nach dem Tod die Erbunwürdigkeit festgestellt wird oder die Ausschlagung erfolgt ist. Der Ausschluß von der Erbfolge oder mit dem Vermächtnis wirkt in diesem Fall auf den Zeitpunkt des To-

---

[361] Soergel-Lange, § 1380 Rz. 12.
[362] Vergl. Staudinger-Thiele, § 1380 Rz. 29; MünchKomm-Gernhuber, § 1371 Rz. 48 und Soergel-Lange, § 1371 Rz. 24 gegen Johannsen, FamRZ 61, 17, 20.
[363] Verneinend Staudinger-Thiele, § 1380 Rz. 30 und MünchKomm-Gernhuber, § 1380 Rz. 24; für weitergehende Vertragsfreiheit Erman-Heckelmann, § 1380 Rz. 8.
[364] Vergl. die Übersicht bei Soergel-Lange, § 1380 Rz. 5.
[365] So z.B. Staudinger-Thiele, § 1378 Rz. 12 und MünchKomm-Gernhuber, § 1378 Rz. 13 gegen Braga, FamRZ 55, 1, 4.
[366] Z.B. BGB-RGRK-Finke, § 1378 Rz. 14; OLG Hamburg, FamRZ 63, 648, siehe auch oben Rz. 77 f.

des zurück, §§ 1953 Abs. 1, 2180 Abs. 3, 2344 Abs. 1, 2345 Abs. 1[367]. Mit der Entstehung wird die Ausgleichsforderung fällig und verzinslich[368]. **Verzug** des Ausgleichsschuldners setzt aber darüber hinausgehend voraus, daß ihm ein angemessener Zeitraum zur Durchführung der notwendigen Ermittlungen einschließlich der Bewertung des Anfangs- und Endvermögens zur Verfügung stand[369].

2. Übertragbarkeit der Ausgleichsforderung

Erst ab **Entstehen** mit der Beendigung des Güterstandes wird die Ausgleichsforderung übertragbar und vererblich, § 1378 Abs. 3 Satz 1. Ab diesem Zeitpunkt handelt es sich um ein beschränkt verkehrsfähiges Recht, das vom Gläubiger vererbt, übertragen und verpfändet werden kann. Erbe kann auch der Ausgleichsschuldner sein, wenn der Gläuber z.B. nach einer Klage auf vorzeitigen Ausgleich des Zugewinns und vor Erfüllung der Ausgleichsforderung sowie vor Beendigung des Güterstandes stirbt. Erbt der überlebende Ehegatte und Ausgleichsschuldner allein, erlischt die Forderung durch Konfusion.

126

Voll **verkehrsfähig** wird die Ausgleichsforderung allerdings erst, wenn sie durch Vertrag anerkannt oder rechtshängig geworden ist. Erst von diesem Zeitpunkt an kann sie gepfändet und zur Konkursmasse des Gläubigers gezogen werden, §§ 852 Abs. 2 ZPO, 1 KO. Nicht Außenstehenden, sondern nur dem Berechtigten selbst soll nämlich die Entscheidung vorbehalten bleiben, die Forderung geltend zu machen. In extensiver Auslegung dieser Vorschriften soll im übrigen die volle Verkehrsfähigkeit auch dann eintreten, wenn die Ausgleichsforderung abgetreten oder verpfändet wird bzw. bereits auf die Erben übergegangen ist[370].

Die Forderung ist **konkurs- und vergleichsrechtlich** nicht bevorzugt, §§ 61, Ziff. 6, 183 KO; 75 VerglO; sie rangiert aber vor den gewöhnlichen Nachlaßforderungen und hat dementsprechend nicht den schlechteren Rang des Pflichtteilsanspruches. Sie geht auch Verbindlichkeiten aus Vermächtnissen und Auflagen im Range vor, § 226 Abs. 2 Nr. 4, 5 KO[371]. Inwieweit eine Aufrechnung gegen die Ausgleichsforderung oder mit der Ausgleichsforderung in Betracht kommt, ist streitig.

Obwohl die Forderung erst gepfändet werden kann, wenn sie durch Vertrag anerkannt oder rechtshängig geworden ist, ist sie vorher, nämlich ab Entstehen, **übertragbar.** § 1378 Abs. 3 Satz 1 geht als lex spezialis dem § 400 vor[372]. Nach herrschender Meinung ergibt sich allerdings aus § 394 Satz 1 i.V.m. § 892 ZPO, daß zwar der Ausgleichsgläubiger die Forderung verpfänden und mit ihr gegen eine Forderung des Ausgleichsschuldners aufrechnen kann, nicht aber umgekehrt

---

[367] Vergl. z.B. Staudinger-Thiele, § 1378 Rz. 11; Soergel-Lange, § 1378 Rz. 9.
[368] Bei Beendigung des Güterstandes durch Ehescheidung also erst am Tage nach dem Eintritt der Rechtskraft des Scheidungsurteils, OLG Frankfurt, FamRZ 82, 806.
[369] Staudinger-Thiele, § 1378 Rz. 23.
[370] Vergl. z.B. Soergel-Lange, § 1378 Rz. 13 und MünchKomm-Gernhuber, §§ 1378 Rz. 17/18.
[371] Vergl. z.B. Palandt-Diederichsen, § 1378 Anm. 1; Staudinger-Thiele, § 1378 Rz. 25; Soergel-Lange, § 1378 Rz. 13 und BGB-RGRK-Finke, § 1378 Rz. 18 (anders in der Vorauflage).
[372] Allgemeine Meinung siehe z.B. Staudinger-Thiele, § 1378 Rz. 21.

der Ausgleichsschuldner oder ein Dritter gegen die Ausgleichsforderung aufrechnen kann[373].

127 Vor der Beendigung des Güterstandes ist die Ausgleichsforderung dem Rechtsverkehr grundsätzlich entzogen, § 1378 Abs. 3 Satz 3. Da das Gesetz vorzeitige Verpflichtungsgeschäfte untersagt, müssen auch **Verfügungen** zur Erfüllung solcher Verpflichtungen und generell jede isolierte Verfügung unzulässig sein. Rechtsgeschäfte, die gegen § 1378 Abs. 3 verstoßen, sind nach allgemeiner Meinung nach § 134 **absolut** nichtig und nicht etwa nur relativ unwirksam, da es sich nicht um ein gesetzliches Veräußerungsverbot handelt, das nur den Schutz bestimmter Personen bezweckt[374]. Vereinbarungen der Ehegatten untereinander über die Ausgleichspflicht bedürfen nach § 1378 Abs. 3 Satz 2 der **notariellen Beurkundung** bzw. des gerichtlich protokollierten Vergleichs, wenn sie während eines auf Auflösung der Ehe gerichteten Verfahrens getroffen werden. Die wegen des Zusammenhangs mit dem nachfolgenden Satz, wonach sich im übrigen kein Ehegatte vor Beendigung des Güterstandes verpflichten kann, über die Ausgleichsforderung zu verfügen, aufgetretene Streitfrage, inwieweit durch § 1378 Abs. 3 generell Vereinbarungen über den Zugewinnausgleich untersagt sein sollen, hat der Bundesgerichtshof dahingehend entschieden, daß die Vorschrift des § 1378 Abs. 3 Satz 2 sich in einschränkender Auslegung nur auf das Formerfordernis bezieht. Grundsätzlich sind also notarielle Vereinbarungen der Ehegatten vor Anhängigkeit des Scheidungsverfahrens möglich und wirksam, und zwar nicht nur oder ausschließlich in der Form eines Ehevertrages[375].

3. Verjährung der Ausgleichsforderung

128 Nach § 1378 Abs. 4 verjährt die Ausgleichsforderung in **drei** Jahren ab Kenntnis des ausgleichsberechtigten Ehegatten von der Beendigung des Güterstandes, spätestens 30 Jahre nach der Beendigung des Güterstandes. Für den Fall, daß der Güterstand durch den Tod eines Ehegatten endet, sind im übrigen die Vorschriften über die Verjährung eines Pflichtteilsanspruches anzuwenden.

Bei Beendigung des Güterstandes durch ein Urteil ist für die maßgebliche **Kenntnis** von der Beendigung des Güterstandes entscheidend, wann der berechtigte Ehegatte von dem rechtskräftigen Urteil Kenntnis erlangt. Hierbei genügt mündliche Mitteilung ebenso wie ein von den beteiligten Anwälten in Anwesenheit der Parteien erklärter Rechtsmittelverzicht[376].

Die positive Kenntnis von den die Beendigung des Güterstandes begründenden Tatsachen reicht alleine allerdings nicht aus; hinzukommen muß, daß der Gläubiger diese in ihrer rechtlichen Bedeutung erkannt hat. Ein Rechtsirrtum ist also beachtlich. Ist der Gläubiger-Ehegatte entmündigt oder unter Gebrechlichkeits-

---

[373] Z.B. BGB-RGRK-Finke, § 1378 Rz. 16; Staudinger-Thiele, § 1378 Rz. 21; Soergel-Lange, § 1378 Rz. 13; a.A. MünchKomm-Gernhuber, § 1378 Rz. 19.
[374] Vergl. z.B. MünchKomm-Gernhuber, § 1378 Rz. 20; Staudinger-Thiele, § 1378 Rz. 17; Soergel-Lange, § 1378 Rz. 11.
[375] Siehe BGH NJW 83, 753 ff. und oben Rz. 7 f; a.A. MünchKomm-Gernhuber, § 1378 Rz. 21.
[376] Vergl. OLG Celle, FamRZ 78, 414.

pflegschaft gestellt, kommt es auf die Kenntnis des Vormundes bzw. Pflegers an[376a].

Kenntnis von der Ausgleichsberechtigung und von Einzelheiten der Vermögenssituation ist demgegenüber nicht erforderlich. Hiervon muß sich jeder Ehegatte vielmehr sofort unter Ausnutzung des Auskunftsanspruches nach § 1379 die erforderlichen Kenntnisse verschaffen[377]. Die dreijährige Verjährungsfrist gilt auch dann, wenn die Ehegatten den Ausgleichsanspruch vertraglich geregelt haben[378].

Für die **Unterbrechung und die Hemmung** der Verjährungsfrist gelten die allgemeinen Vorschriften der §§ 202 ff., so daß z.b. eine Hemmung durch Stundung nach §§ 1382, 202 und infolge des Bestehens der Ehe eintreten kann, § 204. Letzteres kann insbesondere in Betracht kommen, wenn sich die Ausgleichsforderung aus einem Urteil über den vorzeitigen Zugewinnausgleich nach §§ 1385 ff. oder aus einer ehevertraglichen Beendigung des gesetzlichen Güterstandes ergibt. Auch im Falle der Wiederheirat ist die Verjährung des Zugewinnausgleichsanspruchs, der sich aus der ersten Scheidung ergibt, nach § 204 für die Dauer des Bestehens der Zweitehe gehemmt[379]. Dies gilt selbst dann, wenn im Hinblick auf die Wiederheirat ein noch anhängiger Prozeß um die Zugewinnausgleichsforderung für erledigt erklärt worden ist[380].

Ein die Verjährung unterbrechendes Anerkenntnis kann unter Umständen schon in einer Auskunftserteilung nach § 1379 liegen[381]; man wird hierfür aber verlangen müssen, daß mit der Auskunftserteilung zumindest konkludent auch ein Anerkenntnis des Zahlungsanspruchs dem Grunde nach verbunden ist[382]. Eine Klage auf Zahlung des Pflichtteils unterbricht die Verjährungsfrist nicht[383]. Gleiches gilt für eine Auskunftsklage. Verjährungsunterbrechende Wirkung hat nur eine Stufenklage im Sinne des § 254 ZPO[384]. Die Einrede der Verjährung kann rechtsmißbräuchlich sein, so, wenn beide Ehegatte versehentlich davon ausgegangen sind, daß sie Miteigentümer eines Grundstücks sind, und deswegen der tatsächlich nicht mitberechtigte Ehepartner einen Zugewinnausgleichsanspruch nicht geltend gemacht hat[385]. Eine **Nachforderungsklage** ist nach einer rechtskräftigen Entscheidung über einen Zugewinnausgleichsanspruch nur zulässig, wenn im Erstprozeß erkennbar war, daß nur eine Teilforderung geltend gemacht wurde und hinsichtlich des Restbetrages die Verjährungsfrist noch nicht abgelaufen ist. Da der Zugewinnausgleichsanspruch ein einheitlicher Anspruch ist, kann während des Prozesses, der innerhalb der Verjährungsfrist eingeleitet wurde, die Kla-

---

[376a] Vergl. im Einzelnen, auch mit Fragen der Beweislast für den Verjährungseintritt bei Rechtsirrtum: BGH NJW 87, 1766 ff. = FamRZ 87, 570 ff.; und OLG Frankfurt, FamRZ 87, 1.
[377] Palandt-Diederichsen, § 1378 Anm. 3 und OLG Frankfurt, FamRZ 87, 1147 f (Kenntnis des Vormundes/Pflegers).
[378] OLG Karlsruhe, FamRZ 84, 894.
[379] OLG Nürnberg, MDR 80, 668.
[380] OLG Hamm, FamRZ 81, 1065.
[381] OLG Hamburg, FamRZ 84, 892 f.
[382] Vergl. auch BGH FamRZ 85, 1021 ff. mit Anm. Dieckmann, Zur Auskunftserteilung des Erben nach § 2314.
[383] BGH NJW 83, 388.
[384] Palandt-Diederichsen, § 1378 Anm. 3.
[385] OLG Köln, FamRZ 82, 1071 ff.

ge neuen Erkenntnissen angepaßt und erhöht werden. Ist aber erst einmal rechtskräftig entschieden, erstreckt sich die Rechtskraft des Urteils über einen bezifferten Anspruch auf die gesamte Forderung, sofern nicht ausdrücklich nur ein Teilbetrag geltend gemacht worden ist[386].

Ist eine Zugewinnausgleichsklage als **Teilklage** erhoben worden, gilt der Grundsatz, daß die Klageerhebung nur hinsichtlich des eingeklagten Teils die Verjährung unterbricht[387].

Wählt nach der Beendigung des Güterstandes durch den Tod eines Ehegatten der überlebende Ehegatte die **güterrechtliche Lösung** oder tritt diese ein, weil er enterbt ist (siehe dazu oben Rz. 69 f.), bewirkt der Hinweis auf die Geltung der Verjährungsvorschriften für den Pflichtteilsanspruch, daß zu der Kenntnis über die Beendigung des Güterstandes durch Tod auch die Kenntnis von der letztwilligen Verfügung kommen muß, durch die der Überlebende enterbt oder zur Ausschlagung veranlaßt wird. Allerdings tritt keine Verjährungshemmung dadurch ein, daß die Ausgleichsforderung erst nach der Ausschlagung geltend gemacht werden kann, § 2332 Abs. 3. Die bloße Kenntnis von der letztwilligen Verfügung setzt im übrigen dann die Frist nicht in Gang, wenn der überlebende Ehegatte die letztwillige Verfügung für unwirksam hält und seine Bedenken gegen die Wirksamkeit nicht von vorneherein von der Hand zu weisen sind[388].

Eine **ehevertragliche Vereinbarung** über den Ausschluß oder die Erschwerung der Verjährungsfrist ist nach § 225 nicht möglich. Auch die Vorschrift des § 1378 Abs. 3 zur Entstehung und zur Übertragbarkeit der Zugewinnausgleichsforderung ist nach herrschender Auffassung einer ehevertraglichen Änderungsvereinbarung entzogen[389].

X. Begrenzung der Ausgleichsforderung auf den Wert des Endvermögens bei Beendigung des Güterstandes, § 1378 Abs. 2, und hierauf gestützte Ansprüche des ausgleichsberechtigten Ehegatten gegen Dritte, § 1390

1. Begrenzung der Ausgleichsforderung, § 1378 Abs. 2

129 Nach § 1378 Abs. 2 wird die Höhe der Zugewinnausgleichsforderung begrenzt durch den (nach Abzug der Verbindlichkeiten) bei Beendigung des Güterstandes vorhandenen **Nettowert** des Vermögens des Ausgleichsschuldners.

Die Vorschrift dient in erster Linie dem **Schutz der Gläubiger** des ausgleichsverpflichteten Ehegatten, darüber hinaus aber auch seinem Schutz. Er soll durch die Beendigung des Güterstandes nicht mit Schulden belastet sein, die sein Aktivvermögen übersteigen und daher nur aus künftigem Vermögenserwerb getilgt wer-

---

[386] Vergl. Palandt-Diederichsen, § 1378 Anm. 1 und BGHZ 34, 337 ff.; a.A. OLG Düsseldorf, FamRZ 84, 795 ff., (Revision zugelassen).

[387] Z.B. BGH NJW 78, 1058; Versicherungsrecht 84, 391 l.S.

[388] Vergl. hierzu BGH FamRZ 84, 655 f.

[389] Z.B. Staudinger-Thiele, § 1378 Rz. 37; MünchKomm-Gernhuber, § 1378 Rz. 30; Erman-Heckelmann, § 1378 Rz. 9.

den können[390]. Der **Zeitpunkt** der Beendigung des Güterstandes ist für die Begrenzung der Ausgleichsforderung auch dann maßgebend, wenn für die Berechnung des Anspruchs der vorgezogene Stichtag der Einleitung des Verfahrens nach den §§ 1384, 1387 maßgeblich ist[391]. Da das Anfangsvermögen immer mit 0,– DM in Ansatz zu bringen ist und bei negativem Endvermögen eine Ausgleichsverpflichtung in der Regel nicht in Betracht kommt, §§ 1374 Abs. 1, 1375 Abs. 1, wird die Begrenzung des Anspruches nach § 1378 Abs. 2 nur relevant, wenn entweder rechnerisch dem Endvermögen Beträge nach § 1375 Abs. 2 wegen illoyaler Vermögensminderung zuzurechnen sind (dazu oben Rz. 107 ff.) oder Vermögensminderungen zwischen dem sich aus §§ 1384, 1387 ergebenden Berechnungsstichtag und dem tatsächlichen Ende des Güterstandes (insbesondere durch rechtskräftiges Scheidungsurteil) eingetreten sind bzw. vorgenommen werden.

Während illoyale Vermögensminderungen unter Umständen Ansprüche gegen die hierdurch begünstigten Personen eröffnen (dazu unten Rz. 130 ff.), bietet das Gesetz keinen Schutz, wenn der Ausgleichsschuldner zwischen Einleitung des Verfahrens und seinem rechtskräftigen Abschluß sein Vermögen verloren oder verringert hat. In diesem Fall hat nach ganz allgemeiner Auffassung der **Gläubigerschutz** Vorrang, so daß die Ehegatten selbst durch **Ehevertrag** keine anderweitige Vereinbarung treffen können[392]. Die Gläubigerschutzfunktion schließt in der Regel auch aus, der Berufung des Ausgleichsschuldners auf § 1378 Abs. 2 den Einwand unzulässiger Rechtsausübung entgegenzuhalten. Dieser Einwand sollte aber zumindest für grobe **Mißbrauchsfälle** zugelassen werden, wenn eine Zurückstellung der Gläubigerinteressen gerechtfertigt ist, beispielsweise weil Verbindlichkeiten gegenüber Eltern oder nahen Verwandten begründet wurden, denen die Benachteiligungsabsicht bekannt oder zumindest erkennbar war. Der im übrigen in Mißbrauchsfällen denkbare Ausweg eines deliktischen Schadensersatzanspruches nach §§ 823, 826 kommt nicht in Betracht, weil er eine Umgehung der Gläubigerschutzfunktion des § 1378 Abs. 2 bewirken würde.

Unerheblich sind Vermögensminderungen, die nach **Beendigung** des Güterstandes, aber vor Erfüllung der Ausgleichsforderung eingetreten sind. Diese können die Höhe der Ausgleichsforderung nicht mehr berühren und stehen gleichrangig neben sonstigen Schulden des Ausgleichsschuldners[393].

Für die Ermittlung des **Reinwertes** des Endvermögens können für den Fall der Beendigung des Güterstandes durch Tod eines Ehegatten und nachfolgende Zugewinnausgleichsberechnungen nach § 1371 Abs. 2 jene Verbindlichkeiten nicht berücksichtigt werden, die der Ausgleichsforderung nachgeordnet sind, also alle Erbfallschulden[394].

[390] Vergl. z.B. Staudinger-Thiele, § 1378 Rz. 7; Soergel-Lange, § 1378 Rz. 6.
[391] Herrschende Meinung z.B. OLG Hamm, FamRZ 83, 592; BGB-RGRK-Finke, § 1378 Rz. 11; Palandt-Diederichsen, § 1378 Anm. 2.
[392] Vergl. z.B. Soergel-Lange, § 1378 Rz. 4 und 8; BGB-RGRK-Finke, § 1378 Rz. 11 und 29; OLG Hamm, FamRZ 86, 1106 f.
[393] Soergel-Lange, § 1378 Rz. 7.
[394] MünchKomm-Gernhuber, § 1378 Rz. 6; Erman-Heckelmann, § 1378 Rz. 4.

Im übrigen sind bei der Berechnung des Nettowertes im Sinne des § 1378 Abs. 2 alle Bewertungsprivilegien unberücksichtigt zu lassen, also insbesondere die nach § 1376 Abs. 4 und § 12 Abs. 10 HöfeO, da insoweit der Ausgleichsschuldner keinen Schutz verdient und den Gläubigerinteressen durch die Berücksichtigung des Verkehrswertes hinreichend Rechnung getragen ist[395].

2. Ansprüche gegen Dritte als Empfänger von Zuwendungen im Sinne des § 1375 Abs. 2, § 1390

130   Nach § 1390 Abs. 1 kann der Ehegatte, dessen Ausgleichsforderung nach § 1378 Abs. 2 gekürzt wird oder ganz entfällt, weil der andere in Benachteiligungsabsicht unentgeltliche Zuwendungen an einen Dritten gemacht hat, von diesem Dritten die Herausgabe des Erlangten nach Bereicherungsrecht zum Zwecke der Befriedigung wegen der ausgefallenen Ausgleichsforderung verlangen. Der in Anspruch genommene Dritte kann die Herausgabe durch Zahlung des fehlenden Betrages abwenden (**facultas alternativa** des Schuldners)[396].

Die gleiche Möglichkeit hat der ausgleichsberechtigte Ehegatte hinsichtlich anderer Rechtshandlungen des Ausgleichsschuldners, wenn dem Dritten die Benachteiligungsabsicht zu Lasten des Ehegatten bekannt war, § 1390 Abs. 2.

Voraussetzung der Inanspruchnahme des Dritten ist, daß die Ausgleichsforderung des berechtigten Ehegatten nach § 1378 Abs. 2 **verringert** worden ist, und zwar durch illoyale Zuwendungen an den Dritten. Andere Fälle werden von § 1390 nicht erfaßt. Er greift also nicht, wenn die Vermögensminderungen nicht zu einer Verringerung der Ausgleichsforderung, wenn auch zu einer Verschlechterung der Vollstreckungschancen führen, oder wenn illoyale Vermögensminderungen erst nach Beendigung des Güterstandes vorgenommen werden. In diesen Fällen kann nur ein Rückgriff auf die Rechtsbehelfe des Anfechtungsgesetzes helfen, während ein Vorgehen nach dem Anfechtungsgesetz bei Vermögensminderungen bis zur Beendigung des Güterstandes nicht in Betracht kommt, weil bis zu diesem Zeitpunkt die Ausgleichsforderung noch nicht entstanden ist[397].

Der Gesetzeswortlaut des § 1390 bietet keine Anhaltspunkte dafür, Rechtshandlungen und Zuwendungen auszunehmen, die zwischen dem nach §§ 1384, 1387 maßgeblichen Stichtag für die Berechnungen des Zugewinnausgleichsanspruches, aber vor Beendigung des Güterstandes vorgenommen worden sind[398]. Allerdings können in analoger Anwendung des § 1375 Abs. 2 Nr. 2 auch Vermögensminderungen zwischen dem Bewertungsstichtag und der Beendigung des Güterstandes nur dann zur Begründung eines Ausgleichsanspruches gegen Dritte herangezogen werden, wenn mit der Zuwendung nicht einer sittlichen Pflicht oder einer auf den Anstand zu nehmenden Rücksicht entsprochen worden ist bzw. – was

---

[395] So MünchKomm-Gernhuber, § 1378 Rz. 6; Staudinger-Thiele, § 1378 Rz. 9; a.A. Soergel-Lange, § 1378 Rz. 6; zur Teil-Verfassungswidrigkeit des § 1376 Abs. 4 siehe im übrigen Bundesverfassungsgericht FamRZ 85, 256 ff. und oben Rz. 84.
[396] MünchKomm-Gernhuber, § 1390 Rz. 6.
[397] MünchKomm-Gernhuber, § 1390 Rz. 23.
[398] So aber wohl Soergel-Lange, § 1390 Rz. 9 und 10.

selten vorkommen wird – die Zuwendung mehr als 10 Jahre zurückliegt oder der andere Ehegatte mit ihr einverstanden war[399].

Der Begriff der **unentgeltlichen** Zuwendung ist auch hier weiter als der Begriff **131** der Schenkung (siehe hierzu oben Rz. 108 zu § 1375). Für die Inanspruchnahme des Dritten nach § 1390 Abs. 1 kommt es nicht auf dessen Kenntnis einer Benachteiligungsabsicht des handelnden Ehegatten an. Hat er positive Kenntnis, können aber ggf. in Konkurrenz mit dem Anspruch aus § 1390 weitere Ansprüche, z.b. aus § 826, begründet sein[400].

Für das weitere Erfordernis des Handelns in **Benachteiligungsabsicht** gelten die gleichen Grundsätze wie zu § 1375 Abs. 2 Ziff. 3 (hierzu oben Rz. 109).

Positive Kenntnis der Benachteiligungsabsicht, und zwar zum Zeitpunkt der Vornahme der Rechtshandlung, muß demgegenüber bei einer Inanspruchnahme des Dritten nach § 1390 Abs. 2 nachgewiesen werden. Bloße, auch schuldhafte Unkenntnis genügt nicht[401].

Als haftungsbegründend nach § 1390 Abs. 2 kommen nur **entgeltliche** Verträge des Ausgleichsschuldners in Betracht, die trotz des entgeltlichen Charakters das Vermögen und dementsprechend die Ausgleichsforderung mindern, also z.B. Rechtsgeschäfte mit leistungsunfähigen Dritten, Kreditgewährungen an Dritte, deren Zahlungsunfähigkeit zum Nachteil des anderen Ehegatten bewußt in Kauf genommen wurde; Leistung von Sicherheiten zugunsten von Gläubigern eines schwachen Schuldners. Anwendbar ist § 1390 Abs. 2 nach überwiegender Auffassung allerdings auch auf Geschäfte, deren Zweck es ist, dem Schuldner Geldmittel zu verschaffen, die er leichter als Sachwerte vermögensmindernd verwenden kann[402].

Da Voraussetzung der Inanspruchnahme des Dritten nach § 1390 der auf § 1378 Abs. 2 beruhende **Ausfall** des ausgleichsberechtigten Ehegatten mit seiner Ausgleichsforderung ist, ist der Umfang der Leistungspflicht des Dritten auf den **Kürzungsbetrag** begrenzt. Es muß also berechnet werden, wie hoch die Ausgleichsforderung des Ehegatten gewesen wäre, wenn es nicht zu den Tatbeständen des § 1390 Abs. 1 oder 2 gekommen wäre. Im Rahmen dieser Vergleichsrechnungen müssen allerdings zur Ermittlung des Endvermögens die Verbindlichkeiten auch insoweit abgezogen werden, als sie die Höhe des Aktivvermögens übersteigen, § 1375 Abs. 2 Satz 2. Es ist also erst das unter voller Berücksichtigung der Schulden ermittelte Endvermögen fiktiv um den Wert der Zuwendung zu erhöhen. Der ausgleichsberechtigte Ehegatte kann nämlich nicht bessergestellt werden als bei Verbleib des Wertes des Zugewandten im Endvermögen des Ausgleichsschuldners[403].

---

[399] So Staudinger-Thiele, § 1390 Rz. 6/7 und MünchKomm-Gernhuber, § 1390 Rz. 9, jeweils auch unter Hinweis auf §§ 2330, 534 und 814 mit ähnlichen Rechtsgedanken.
[400] Staudinger-Thiele, § 1390 Rz. 9.
[401] Staudinger-Thiele, § 1390 Rz. 12; Palandt-Diederichsen, § 1390 Anm. 3.
[402] So Staudinger-Thiele, § 1390 Rz. 11; Soergel-Lange, § 1390 Rz. 11 gegen MünchKomm-Gernhuber, § 1390 Rz. 11.
[403] Vergl. z.B. Staudinger-Thiele, § 1390 Rz. 19; BGB-RGRK-Finke, § 1390 Rz. 11 MünchKomm-Gernhuber, § 1390 Rz. 12 mit Berechnungsbeispiel.

132 Inhaltlich ist der Anspruch auf **Herausgabe des Erlangten** zum Zwecke der Befriedigung gerichtet, also auf Duldung der Zwangsvollstreckung in die erlangten Gegenstände mit einer **Ersetzungsbefugnis** des Schuldners. Nur wenn der Dritte Geld erlangt hat oder nach § 818 Abs. 2 Wertersatz in Geld bzw. Schadensersatz nach §§ 819, 818 Abs. 4, 292, 989 schuldet, können Klage und Urteil auf Zahlung des Betrages gerichtet sein, um den der Dritte bereichert ist, begrenzt der Höhe nach auf die Höhe des Ausfalls der Ausgleichsforderung[404]. Macht der Schuldner von seiner Ersetzungsbefugnis Gebrauch, muß er unabhängig von dem Umfang seiner Bereicherung den fehlenden Betrag zahlen, so daß die Abwendungsmöglichkeit für ihn nur von wirtschaftlichem Interesse ist, wenn der Wert des Erlangten höher ist als der Umfang des Ausfalls. Im Rechtsstreit kann sich der Dritte das Recht, die Herausgabe der Gegenstände durch Zahlung des fehlenden Betrages abzuwenden, im Urteil vorbehalten lassen[405].

§ 1390 Abs. 1 Satz 1 stellt eine **Rechtsfolgenverweisung** dar, so daß sich nur der Umfang des Anspruches nach den §§ 812 ff. richtet. Die verschärfte Haftung ab Rechtshängigkeit gemäß § 818 Abs. 4 kann erst nach Beendigung des Güterstandes eintreten, während die verschärfte Haftung nach § 819 Abs. 1 in dem Moment eintreten kann, in dem der Dritte Kenntnis von dem (möglichen) Ausfall des Ehegatten mit der Ausgleichsforderung hat[406].

Im Verhältnis zu dem in Anspruch genommenen Dritten sind die das **Innenverhältnis** der Ehegatten regelnden Vorschriften über die Ausgleichsforderung weitgehend unanwendbar. Unanwendbar sind insbesondere die §§ 1379 bis 1383, so daß ein Auskunftsanspruch gegen den Dritten nicht besteht.

Dieser kann aber nach § 260 verpflichtet sein, ein Bestandsverzeichnis zu erstellen, wenn er einen „Inbegriff von Gegenständen" herauszugeben hat. Darüber hinaus kann sich im Einzelfall aus § 272 ein Auskunftsanspruch auch gegen den Dritten ergeben, wenn der Gläubiger sich die erforderlichen Kenntnisse nicht auf andere zumutbare Weise verschaffen und der Dritte die Auskünfte unschwer geben kann[407].

Hat der ausgleichspflichtige Ehegatte vor Beendigung des Güterstandes **mehrere Zuwendungen** gemacht, die zu Ansprüchen nach § 1390 gegen verschiedene Empfänger führen, haftet jeder unabhängig von dem anderen, und zwar dem Umfang nach auf das jeweils Erlangte, mit dem Recht der Abwendung und der Herausgabe durch Zahlung des Betrages, um den die Ausgleichsforderung gerade durch die ihm gemachte Zuwendung verringert worden ist. Insgesamt kann der ausgleichsberechtigte Ehegatte allerdings nur soviel verlangen wie zur Befriedigung der insgesamt ausgefallenen Forderung erforderlich ist. In § 1390 ist eine bestimmte zeitliche Reihenfolge im Gegensatz zu der ähnlichen Vorschrift des § 2329 Abs. 3 nicht vorgesehen.

---

[404] Staudinger-Thiele, § 1390 Rz. 16/17.
[405] BGB-RGRK-Finke, § 1390 Rz. 13; Soergel-Lange, § 1390 Rz. 12.
[406] Z.B. Staudinger-Thiele, § 1390 Rz. 23; MünchKomm-Gernhuber, § 1390 Rz. 14.
[407] BGHZ 61, 180, 185; 58, 237 ff; FamRZ 85, 1249 f (Auskunftsanspruch für den pflichtteilsberechtigten Erben gegen den beschenkten Nichterben, sofern nicht unzumutbar und insbesondere nicht mit einer Kostenlast verbunden); Staudinger-Thiele, § 1390 Rz. 26; Soergel-Lange, § 1390 Rz. 17.

Ist der Ausfall geringer als die Summe aller nach § 1390 zu berücksichtigenden Zuwendungen, kann der ausgleichsberechtigte Ehegatte wählen, gegen welchen Zuwendungsempfänger er vorgeht[408]. Streitig ist die Haftung der Zuwendungsempfänger im Innenverhältnis untereinander. Da keinerlei rechtlichen Anhaltspunkte für eine gesamtschuldnerische Haftung oder eine sonstige Haftungsgemeinschaft bestehen, spricht viel dafür, daß interne Ausgleichsansprüche nicht gegeben sind[409].

Nach § 1390 Abs. 4 kann von dem in Anspruch genommenen Dritten **Sicherheitsleistung** wegen der sich aus den Absätzen 1 und 2 ergebenden Ansprüche verlangt werden, sobald Klage auf vorzeitigen Ausgleich des Zugewinns, auf Nichtigerklärung, Scheidung oder Aufhebung der Ehe erhoben worden ist. Anders als in § 1389 ist hierzu eine besondere Gefährdung des Anspruchs nicht erforderlich. Der Dritte hat die Sicherheit nach Maßgabe der §§ 232 ff. zu leisten. Zu prozessualen Fragen und zu Möglichkeiten der Sicherung des Anspruches auf Sicherheitsleistung siehe unten Rz. 148 ff. Das Sicherheitsverlangen hat keinen Einfluß auf das Bestehen oder Nichtbestehen sowie die Begrenzung des Anspruches gegen den Dritten z.B. wegen Wegfalls der Bereicherung; spätestens das Verlangen nach Sicherheitsleistung begründet jedoch die Kenntnis nach § 819 Abs. 1 und damit die verschärfte Bereicherungshaftung[410].

Nach allgemeiner Meinung kann § 1390 durch **Ehevertrag** nicht abbedungen werden, wobei zur Begründung zum Teil angeführt wird, die Vorschrift beinhalte keine güterrechtlichen Beziehungen der Ehegatten untereinander[411], zum Teil darauf abgestellt wird, daß niemand sich im vorhinein rechtsgeschäftlich des Schutzes entäußern könne, den ihm die Rechtsordnung nach sittenwidrigen Akten gewährt[412].

XI. Leistungsverweigerungsrecht des Ausgleichsschuldners wegen grober Unbilligkeit, § 1381

Nach § 1381 Abs. 1 kann der rechnerisch ausgleichspflichtige Ehegatte die Erfüllung der Ausgleichsforderung verweigern, soweit der Zugewinnausgleich „nach den Umständen des Falles grob unbillig" wäre. Als ein besonderes Beispiel für grobe Unbilligkeit nennt § 1381 Abs. 2 den Fall, daß der Ehegatte, der den geringeren Zugewinn erzielt hat, längere Zeit hindurch die sich aus dem ehelichen Verhältnis ergebenden wirtschaftlichen Verpflichtungen schuldhaft nicht erfüllt hat.

133

---

[408] Herrschende Meinung z.B. MünchKomm-Gernhuber, § 1390 Rz. 17; BGB-RGRK-Finke, § 1390 Rz. 14; Soergel-Lange, § 1390 Rz. 16.
[409] So MünchKomm-Gernhuber, § 1390 Rz. 17; Soergel-Lange, § 1390 Rz. 16 gegen Staudinger-Thiele, § 1390 Rz. 27, wonach im Innenverhältnis die Verteilung nach dem Wert der Zuwendungen erfolgen soll.
[410] Staudinger-Thiele, § 1390 Rz. 32.
[411] So BGB-RGRK-Finke, § 1390 Rz. 25; Soergel-Lange, § 1390 Rz. 7.
[412] So MünchKomm-Gernhuber, § 1390 Rz. 29; im Ergebnis ebenso Palandt-Diederichsen, § 1390 Anm. 1; Staudinger-Thiele, § 1390 Rz. 37.

1. Allgemeines

§ 1381 gibt dem Schuldner eine dauernde, **peremptorische** Einrede, deren Ausübung der Ausgleichsforderung die Durchsetzbarkeit im Prozeß für dauernd entzieht. Hat der Schuldner trotz Bestehens der Einrede bereits geleistet, kann sich aus § 813 ein Bereicherungsanspruch ergeben, allerdings in den Grenzen des § 814[413].

Einer **Rückforderung** des in Unkenntnis des Einrederechtes geleisteten Zugewinnausgleichs können im übrigen Verwirkungsgesichtspunkte entgegenstehen. Hinsichtlich des Zeitmomentes wird man sich an der im Interesse einer raschen Klärung der Ausgleichsfrage zugunsten des Schuldners vorgesehenen Verjährungsfrist von 3 Jahren (§ 1378 Abs. 4) orientieren können[414].

Die Einrede entsteht zeitgleich mit dem Zugewinnausgleichsanspruch selbst. Auf sie kann einseitig und formlos verzichtet werden, wobei das bloße „Fallenlassen" einer Einrede im Prozeß noch nicht notwendig einen materiell-rechtlichen Verzicht impliziert[415].

Bei der Einrede handelt es sich nicht um ein höchstpersönliches, nur dem ausgleichspflichtigen Ehegatten vorbehaltenes Recht, so daß das Einrederecht auch von seinem Erben in der Zugewinnausgleichsauseinandersetzung mit dem überlebenden Ehegatten ausgeübt werden kann. Der oder die Erben, die jeder für sich die Einrede erheben müssen, § 425, können das Einrederecht auch dann noch geltend machen, wenn der verstorbene Ehegatte zu Lebzeiten zu erkennen gegeben hat, daß er den Zugewinnausgleich im Hinblick auf bestimmte Umstände nicht als grob unbillig empfindet, sofern er noch nicht endgültig einen auch die Erben bindenden wirksamen Verzicht auf die (bereits entstandene) Einrede erklärt hat[416].

Die Einrede des § 1381 bietet das Instrument, als **Korrektiv** für die bewußt schematisierende Regelung der §§ 1373 ff. auf den Einzelfall beschränkt Billigkeitserwägungen zur Geltung zu bringen. Normzweck ist es aber nach allgemeiner Meinung nicht, die Unbilligkeit zu beseitigen oder zu mildern, die sich aus der Methode der Ausgleichsberechnung und der Ausgestaltung der einzelnen Berechnungsfaktoren, also aus der gesetzlichen Regelung selbst, ergeben. So ist es insbesondere nicht zulässig, über die Anwendung des § 1381 die gesetzgeberische Wertung des § 1374 Abs. 1, 2. HS zu korrigieren, auch wenn diese Vorschrift im Einzelfall den Ehegatten unangemessen bevorzugen mag, dessen bei Ehebeginn vorhandene Schulden während der Ehe getilgt worden sind. Auch kann über § 1381 nicht die Wertung des Gesetzes in § 1374 Abs. 2 korrigiert werden, wonach nur der dort im einzelnen enumerativ aufgeführte Vermögenserwerb durch Zurechnung zum Anfangsvermögen aus dem Zugewinn ausgeklammert bleibt, nicht etwa sonstiger Erwerb, der im konkreten Fall nicht ehebedingt ist, wie z.B.

---

[413] MünchKomm-Gernhuber, § 1381 Rz. 6.
[414] Soergel-Lange, § 1381 Rz. 21.
[415] BGHZ 22, 267 ff.
[416] Vergl. hierzu Staudinger-Thiele, § 1381 Rz. 37, 38 m.w.N.

ein Lottogewinn[417]. Daß § 1381 „**kein Heilmittel für Rechtsschäden**" ist, ist in Rechtsprechung und Literatur unbestritten, wenn auch die Tragweite dieses Grundsatzes im einzelnen unterschiedlich gesehen wird[418] und sich z.b. Schwab[419] dafür ausspricht, dem § 1381 eine stärkere Bedeutung als bisher im Zusammenhang mit den Erwerbsvorgängen zu geben, an denen eine Zwangsbeteiligung des anderen Ehegatten „per se ungerecht" ist. Positiv wird der Anwendungsbereich unterschiedlich formuliert . So wird darauf abgestellt, ob bei individueller Betrachtung der konkreten Lebensverhältnisse der Ehegatten die schematische Berechnung der §§ 1373 ff. zu Ergebnissen führt, die mit den Grundlagen des Zugewinnausgleichs in Widerspruch stehen und deshalb das Gerechtigkeitsempfinden in unerträglicher Weise verletzen[420], oder darauf, ob Störungen der Grundlagen des schematischen Ausgleichs vorliegen, die zurückzuführen sind auf Differenzen zwischen dem vom Gesetz zugrunde gelegten Situations- und Verhaltensmuster und den Umständen des Einzelfalles[421].

§ 1381 ist nach allgemeiner Auffassung **restriktiv** auszulegen. Da die Erfüllung der Ausgleichsforderung nach dem Gesetzestext nur verweigert werden kann, „soweit" der Ausgleich des Zugewinns nach den Umständen des Falles grob unbillig wäre, kommt im allgemeinen eher eine **Reduzierung** der Forderung als ihr völliger Entzug und eher eine **Stundung** als ihre Reduzierung oder ihr völliger Entzug in Betracht. Eine volle Verweigerung der Zugewinnausgleichsforderung ist nur gerechtfertigt, wenn eine Herabsetzung oder Stundung bzw. beides zusammen nicht genügen[422] (zur Stundung siehe unten Rz. 140 ff.).

2. Einzelfälle

In welchen Konstellationen im einzelnen eine grobe Unbilligkeit im Sinne des   **134**
§ 1381 zu bejahen ist, wird mangels „ausgereifter Dogmatik"[423] allerdings sehr unschiedlich beantwortet.

Problematisch sind im einzelnen folgende Fälle:

a) Objektive Sinnverfehlung ohne Verschulden

Fraglich ist zunächst, ob sich die grobe Unbilligkeit allein aus der objektiven wirtschaftlichen Situation der Ehegatten ergeben kann, ob also der rein **objektive** Gesichtspunkt einer **Sinnverfehlung** des Zugewinnausgleichs die Einrede begründen kann.

Der Bundesgerichtshof hat in mehreren Entscheidungen betont, daß grobe Unbilligkeit „in aller Regel" ein **schuldhaftes** Fehlverhalten, allerdings nicht not-

---

[417] Z.B. BGHZ 46, 343 ff. = FamRZ 66, 560 ff.; BGH FamRZ 77, 124; FamRZ 80, 877 und Schwab, FamRZ 84, 525 ff., 529.

[418] Vergl. insbesondere Soergel-Lange, § 1381 Rz. 18 mit zahlreichen Nachweisen.

[419] FamRZ 84, 525, 530.

[420] Z.B. Staudinger-Thiele, § 1381 Rz. 4, 5 und BGH NJW 73, 749; BGHZ 46, 343 ff.

[421] MünchKomm-Gernhuber, § 1381 Rz. 3.

[422] Z.B. BGH NJW 70, 1600; BGHZ 46, 343, 353 f; BGB-RGRK-Finke, § 1381 Rz. 6; Soergel-Lange, § 1381 Rz. 20.

[423] Vergl. Schwab, FamRZ 84, 429, 430.

wendig wirtschaftlicher Art voraussetze und daß im übrigen der Zugewinnausgleich ohne Rücksicht darauf gerechtfertigt sei, aus welchen Gründen der eine Ehegatte den höheren Zugewinn erzielt hat und ob im Einzelfall der ausgleichsberechtigte Ehepartner am Zustandekommen des Zugewinns in irgendeiner Form beteiligt ist[424]. Gegen die Berücksichtigung einer Sinnverfehlung des Zugewinnausgleichsrechtes sprechen auch die Entscheidungen zur Berücksichtigung des Vermögenserwerbs durch Lottogewinn oder Schmerzensgeldzahlungen, also durch eheneutralen Erwerb[425]. Allerdings hat der Bundesgerichtshof in mehreren Entscheidungen zu § 1587 c objektive Gesichtspunkte in die Bewertung einbezogen, obwohl in den Entscheidungsgründen oft betont wird, daß § 1587 c für das Recht des Versorgungsausgleichs der gleiche Gedanke zugrunde liege wie § 1381 für den Zugewinnausgleich und daß die hierzu entwickelte Rechtsprechung auf § 1587 c übertragbar sein soll[426]. So ist eine Kürzung des Versorgungsausgleichsanspruches vorgenommen worden in einem Fall, in dem der Ausgleichsverpflichtete dem prinzipiell ausgleichsberechtigten Ehepartner ein Studium finanziert und ihm hierdurch bessere Berufs- und Versorgungschancen verschafft hat[427]. Bei dieser Entscheidung spielte Fehlverhalten der ausgleichsberechtigten Ehefrau keine Rolle, so daß letztlich nur Gesichtspunkte einer objektiven Sinnverfehlung angesprochen worden sind. In ähnlicher Weise hat bereits das OLG Frankfurt in einer Entscheidung aus dem Jahre 1983[428] im Rahmen des § 1381 auf rein objektive Gegebenheiten, nämlich insbesondere Lücken in der Versorgungssituation der an sich ausgleichspflichtigen Ehefrau, abgestellt.

Auch der Bundesgerichtshof hat grundsätzlich die Möglichkeit der Unbilligkeitseinrede anerkannt, wenn der Schuldner durch Zahlung gegenüber dem Ausgleichsgläubiger unterhaltsberechtigt würde oder seine unterhaltsrechtliche Versorgungslage auf die Dauer in Frage gestellt würde: Eine solche **Überschreitung der Opfergrenze** sei dem Ausgleichsschuldner nicht zumutbar, wenn umgekehrt die Versorgungslage des Ausgleichsgläubigers bei Nichterfüllung der Zugewinnausgleichsforderung im übrigen ungefährdet bleibe[429] und die Herabsetzung oder Stundung der Forderung oder beides gleichzeitig nicht genügen würde, die durch die Befriedigung des Anspruches eintretende Gefährdung der wirtschaftlichen Existenz zu vermeiden[430].

135   In der Literatur wird gelegentlich die Auffassung vertreten, daß unabhängig von einem Fehlverhalten des ausgleichsberechtigten Ehepartners die Einrede des § 1381 gegeben sein kann, wenn ansonsten ein Ergebnis erzielt würde, das mit

---

[424] Z.B. BGH FamRZ 80, 768 f; FamRZ 80, 877; FamRZ 77, 124 und die grundlegende Entscheidung BGHZ 46, 343 ff. = FamRZ 66, 560 ff.

[425] Siehe oben Rz. 101 und z.B. BGHZ 80, 384 = FamRZ 81, 755 f und FamRZ 77, 124 f.

[426] Für die Übertragbarkeit der Grundsätze: BGH FamRZ 83, 32; FamRZ 83, 35 f; FamRZ 85, 45 ff., 47.

[427] FamRZ 83, 1217 f.

[428] FamRZ 83, 921.

[429] BGH NJW 73, 749.

[430] BGH NJW 70, 1600.

dem **Grundgedanken** des Zugewinnausgleichsrechts inbesondere wegen der Versorgungssituation des Ausgleichsschuldners nicht mehr vereinbar ist[431].

Notwendig und richtig ist sicher, auch im Rahmen des § 1381 die Versorgungssituation der Ehepartner insbesondere für den Fall der Scheidung und der damit verbundenen Durchführung des Versorgungsausgleichs zu berücksichtigen. Beide Institute dienen dazu, einen Ausgleich unter den Ehegatten für die während der Ehe geschaffenen wirtschaftlichen Werte einschließlich der Versorgungsanrechte zu schaffen. Da die Ausgleichsberechnungen und die Ausgleichsvoraussetzungen für den Zugewinn einerseits und Versorgungsanrechte andererseits aber anderen Vorschriften unterliegen, sind Fälle denkbar, in denen die Auswirkungen des Versorgungsausgleichs und des Zugewinnausgleichs zusammengenommen einen Ehepartner mehr als hälftig an dem während der Ehe insgesamt erzielten Zuwachs an Vermögen und Versorgungsanrechten beteiligen. Denkbar ist dies z.B., wenn ein Ehepartner seine Zukunftssicherung über private, nicht dem Versorgungsausgleich unterliegende Kapitalversicherungen (dazu oben Rz. 94) gewährleistet hat, der andere Ehepartner mit dem geringeren Zugewinn aber Versorgungsanrechte erworben hat, die im konkreten Fall nicht dem anläßlich der Scheidung durchzuführenden Versorgungsausgleich unterliegen, z.B. wegen der Unwirtschaftlichkeit des Versorgungsausgleichs im Sinne des § 1587 b Abs. 4 oder aus anderen Gründen.

In diesem Fall wird insgesamt gesehen der Zweck der gesetzlichen Regelung verfehlt, im Prinzip einen hälftigen Ausgleich des Zuwachses an ausgleichspflichtigem Vermögen und Versorgungsanrechten zu gewährleisten. Aus Gründen einer solchen **Sinnverfehlung** hat die neuere Rechtsprechung zu § 1587 c zutreffend die Voraussetzungen der Billigkeitsklausel des § 1587 c Ziff. 1 bei einem groben **Mißverhältnis** der beiderseitigen Vermögens- und Versorgungsverhältnisse infolge einer größeren Erbschaft eines Partners während der Ehe[432] bzw. schon dann bejaht, wenn dem ausgleichspflichtigen Ehegatten bei Durchführung des Versorgungsausgleichs nicht mehr der notwendige Eigenbedarf verbliebe, er die Minderung seiner Versorgungsanwartschaft nicht mehr ausgleichen könnte und andererseits der ausgleichsberechtigte Ehegatte sich selbst über Vermögensbildung eine ausreichende Versorgung verschafft hat oder noch verschaffen könnte[433].

Gerade wegen der vom Bundesgerichtshof betonten Vergleichbarkeit der Institute des § 1381 und § 1587 c muß unter Berücksichtigung der ausdrücklichen Formulierung der neueren Vorschrift des § 1587 c Ziff. 1 eine Korrektur des sich aus der Anwendung der §§ 1373 ff. ergebenden Zugewinnausgleichsanspruches auch unabhängig von etwaigen Fehlverhaltensweisen des ausgleichsberechtigten Ehepartners möglich sein.

---

[431] Z.B. BGB-RGRK-Finke, § 1381 Rz. 12 ff.; Staudinger-Thiele, § 1381 Rz. 28 ff.; Palandt-Diederichsen, § 1381 Anm. 2 e gegen: Soergel-Lange, § 1381 Rz. 19; MünchKomm-Gernhuber, § 1381 Rz. 26 f; Erman-Heckelmann, § 1381 Rz. 4.

[432] OLG Düsseldorf, FamRZ 85, 77 f (Erbschaft von 6 Mio).

[433] OLG München, FamRZ 85, 79 f.

Zu beachten ist allerdings, daß § 1381 immer nur eine Reduzierung oder den vollständigen Ausschluß zugunsten des ausgleichsverpflichteten Ehepartners ermöglicht, nicht aber umgekehrt eine Erhöhung des sich aus der Anwendung der §§ 1373 ff. ergebenden Zugewinnausgleichsanspruchs zugunsten des ausgleichsberechtigten Ehepartners zuläßt[434].

b) Berücksichtigung längerer Trennungszeiten

136 Die Frage, ob rein objektive Gesichtspunkte die Einrede des § 1381 begründen können, stellt sich auch in Fällen längerer Trennung der Eheleute. Der Bundesgerichtshof hat sich auf den Standpunkt gestellt, daß grundsätzlich auch eine langjährige Trennung im Rahmen des § 1381 keine Rolle spielt, will hiervon aber offenbar Ausnahmen für den Fall zulassen, daß der ausgleichsberechtigte Ehepartner die Trennung verschuldet hat[435].

Gegen die Berücksichtigung des **Trennungsverschuldens** spricht, daß der Zugewinnausgleich der Verteilung des in der Vergangenheit erwirtschafteten Vermögens dient, die Berücksichtigung des Trennungsverschuldens der Einführung einer Scheidungsstrafe gleichkäme und deswegen die jüngere Vorschrift des § 1587 c Ziff. 1 für das auch nach Auffassung des Bundesgerichtshofs auf ähnlichen Rechtsgedanken beruhende Versorgungsausgleichsrecht (siehe oben Rz. 135) die Berücksichtigung des Trennungsverschuldens ausdrücklich ausschließt. Gegen die Berücksichtigung einer längeren Trennung im Rahmen des § 1381 spricht die Vorschrift des § 1385, die die Möglichkeit der Klage auf vorzeitigen Ausgleich des Zugewinns nach Trennung von mehr als 3 Jahren einräumt[436];

auf der anderen Seite wird man aber nicht außer Betracht lassen können, aus welchen Gründen hiervon oder von der Möglichkeit der Einleitung eines Scheidungsverfahrens kein Gebrauch gemacht worden ist[437].

Völlig unabhängig von den Gründen der Trennung oder des Unterbleibens einer Klage nach § 1385 kann sich die Unbilligkeit auch bei grobem Mißverhältnis zwischen Dauer der Ehe und Dauer des Zusammenlebens ergeben[438].

Für die sogenannten „**Altehen**", die unter die Übergangsregelung des Art. 12 Ziff. 3 Abs. 3 Satz 3 des 1. EheRG fallen, wird das Problem entschärft, wenn die Vorschrift unter Berücksichtigung des Vertrauensschutzes des ausgleichsberechtigten Ehegatten auf den Zugewinnausgleich analog angewandt wird[439].

Unter dem Gesichtspunkt der Sinnverfehlung kann auch bei nur sehr kurzer Trennung eine Korrektur der Zugewinnausgleichsberechnungen über § 1381 an-

---

[434] Herrschende Meinung, vergl. z.B. BGB-RGRK-Finke, § 1381 Rz. 2 und Staudinger-Thiele, § 1381 Rz. 3.

[435] Vergl. z.B. BGH FamRZ 80, 877 und FamRZ 80, 768 sowie die Analyse bei Schwab, FamRZ 84, 525, 529; ähnlich auch OLG München, FamRZ 85, 79 f zu § 1587 c.

[436] So insbesondere Soergel-Lange, § 1381 Rz. 18; MünchKomm-Gernhuber, § 1381 Rz. 23.

[437] Vergl. z.B. BGB-RGRK-Finke, § 1381 Rz. 16; Staudinger-Thiele, § 1381 Rz. 24.

[438] Vergl. BGH FamRZ 85, 280, 282 für § 1587 c: fast 35 Ehejahre und nur 7 Monate des Zusammenlebens.

[439] So Palandt-Diederichsen, § 1381 Anm. 1 und Hoffmann NJW 79, 969; gegen die analoge Anwendung: Soergel-Lange, § 1381 Rz. 18.

gemessen sein, wenn z.b. nach der Trennung völlig **unerwarteter** und nicht schon vor der Trennung irgendwie „angelegter" **Vermögenserwerb** eingetreten ist und ein Scheidungsantrag schon mangels Ablauf der Trennungsfrist der §§ 1565 Abs. 1, 1566 nicht gestellt werden konnte. Auch die Berücksichtigung ganz ungewöhnlichen Vermögenserwerbs bzw. Einkommens bei ansonsten schwankenden Einkommens- und Vermögensverhältnissen während sehr kurzer Ehe kann in einer Ausnahmesituation unbillig sein, wenn auch für solche Fälle der Grundsatz gilt, daß die eheliche Lebens- und Schicksalsgemeinschaft die Einbeziehung auch solchen Erwerbs rechtfertigt[440].

Auch die Beibehaltung der **Stichtagsregelung** des § 1384 trotz des durch das 1. EheRG eingeführten Erfordernisses der Trennung vor Einleitung des Scheidungsverfahrens spricht dafür, daß der Gesetzgeber den Ehepartnern das Risiko der normalen Vermögensverschiebungen in der Zeit zwischen Trennung und Einleitung des Scheidungsverfahrens auferlegt hat, wenn auch an den Grenzen des § 1375 Abs. 2, so daß die Ausklammerung von während der Trennung erzielten Vermögenserwerbs nur in ganz besonderen Ausnahmefällen in Betracht kommt.

c) Berücksichtigung persönlichen Fehlverhaltens ohne wirtschaftlichen Bezug

Gegenstand vieler Erörterungen und Entscheidungen ist auch die Frage, ob und   **137** inwieweit persönliches Fehlverhalten des ausgleichsberechtigten Ehegatten ohne den von § 1381 Abs. 2 indizierten wirtschaftlichen Bezug eine Reduzierung oder einen vollständigen Ausschluß der Ausgleichsforderung bewirken kann.

Weitgehende Einigkeit besteht darüber, daß auch die (schuldhafte) Verletzung persönlicher Eheverpflichtungen zur Anwendbarkeit des § 1381 führen kann, wenn diese Pflichtverletzungen einen gewissen **Bezug zum Vermögen** aufweisen, wenn sie sich also in irgendeiner Form auch auf die wirtschaftliche Situation der Ehepartner ausgewirkt haben[441].

Soweit Rechtsprechung und Literatur auch rein **persönliche Pflichtverstöße** ausreichend sein lassen wollen, wird aber jedenfalls verlangt, daß es sich um besonders grobes und sich über längere Zeit erstreckendes Fehlverhalten handeln müsse, das **nachhaltig** die eheliche Gemeinschaft im persönlichen Bereich schwerwiegend beeinträchtigt habe, wobei eine völlige Versagung nur in Ausnahmefällen in Betracht kommen könne und im allgemeinen nur eine Reduzierung der Ausgleichsforderung angemessen sei[442].

---

[440] Vergl. z.B. BGB-RGRK-Finke, § 1381 Rz. 12 und Staudinger-Thiele, § 1381 Rz. 32 zu ungewöhnlich hohen Einkünften eines Künstlers während kurzer Ehe; dagegen Soergel-Lange, § 1381 Rz. 18; MünchKomm-Gernhuber, § 1381 Rz. 22.
[441] Vergl. z.B. Palandt-Diederichsen, § 1381 Anm. 2 c; BGB-RGRK-Finke, § 1381 Rz. 10; Staudinger-Thiele, § 1381 Rz. 21, 22; grundsätzlich skeptisch: MünchKomm-Gernhuber, § 1381 Rz. 30 ff., der über die Anwendbarkeit des § 1381 bei wirtschaftlich relevantem persönlichem Fehlverhalten nicht ausschließt; aus der Rechtsprechung: OLG Düsseldorf NJW 81, 829 f.
[442] Vergl. insbesondere Staudinger-Thiele, § 1381 Rz. 21 bis 23 mit umfangreichen Nachweisen aus Rechtsprechung und Literatur; Soergel-Lange, § 1381 Rz. 12 aus der Rechtsprechung zuletzt BGH FamRZ 85, 1236, 1240 zu § 1587 c.

Die in der Rechtsprechung diskutierten Fälle zeigen, daß das eheliche Fehlverhalten sehr häufig unmittelbar oder mittelbar einen wirtschaftlichen Bezug hat, weil zumindest theoretisch und mittelbar eine Auswirkung des Fehlverhaltens auf die wirtschaftliche Entwicklung der Ehegatten feststellbar ist. Dies gilt z.B. für Fälle, in denen die Nichtehelichkeit eines Kindes verschwiegen wird, dem Unterhalt gewährt wird[443], oder für Fälle überhöhter Unterhaltszahlungen wegen des Verschweigens eigener Einkünfte des Berechtigten[444]. Selbst in Fällen, in denen es um mehr oder minder lang anhaltenden Ehebruch eines Partners geht, wird man häufig einen wirtschaftlichen Bezug feststellen können, wenn nämlich der Ehebruch einen Ehepartner davon abgehalten hat, seine wirtschaftlichen Verpflichtungen in der Ehe in dem nach den Vereinbarungen der Ehegatten üblichen und geschuldeten Maß zu erfüllen, also der Ehebruch z.B. zur Vernachlässigung der Haushaltsführung oder zu finanziellen Aufwendungen führt, die ansonsten dem Familienunterhalt oder dem Familienvermögenserwerb zugute gekommen wären. Läßt sich all dies aber nicht feststellen, steht der Anwendbarkeit des § 1381 entgegen, daß die Eheverfehlungen die Grundlagen der schematischen Berechnung des Zugewinnausgleichs nicht gestört haben[445].

Bei der **Bewertung persönlichen Fehlverhaltens** ist zu berücksichtigen, daß Zugewinnausgleich und Versorgungsausgleich darauf gerichtet sind, den wirtschaftlichen Interessenausgleich unter den Ehegatten im Falle eines Scheiterns der Ehe vorzunehmen. In der jüngeren Vorschrift des § 1587 c Ziff. 1 ist ausdrücklich normiert, daß die Umstände, die zum Scheitern der Ehe geführt haben, nicht schon allein deswegen berücksichtigt werden dürfen.

Anders als beim Unterhaltsrecht, das eine finanzielle Inanspruchnahme des betroffenen Ehepartners für die Zukunft begründen kann, geht es im Bereich des Zugewinns und des Versorgungsausgleichs nur um den Ausgleich dessen, was die Ehegatten bei Bestehen der Ehe bis zu deren endgültiger Auflösung erwirtschaftet haben. Das Gesetz geht davon aus, daß die beiderseitigen Beiträge gleichwertig sind. Läßt sich im nachhinein nicht feststellen, daß einer der Ehegatten die sich aus der Übereinkunft über Haushaltsführung und Erwerbstätigkeit ergebenden Verpflichtungen verletzt hat, ist es nicht gerechtfertigt, über den Umweg des § 1381 das Zerrüttungsprinzip zu unterlaufen und eine „Scheidungsstrafe" einzuführen, sofern nicht – wie meist – persönliches Fehlverhalten jedenfalls mittelbar wirtschaftliche Auswirkungen hatte und insgesamt eine Situation hervorgerufen hat, die die Grundlage der schematischen Berechnung des Zugewinnausgleichs stört und deswegen ein Festhalten an dem schematisch ermittelten Zugewinnausgleich als unerträglich erscheinen läßt. Dabei muß auch berücksichtigt werden, daß über § 1381 die "Scheidungsstrafe" immer nur einseitig auferlegt

---

[443] Z.B. OLG Hamm, FamRZ 76, 633; OLG Celle, FamRZ 79, 431; BGH FamRZ 85, 267, 269 zu § 1587 c.

[444] OLG Celle, FamRZ 81, 1066 ff.

[445] Vergl. insbesondere MünchKomm-Gernhuber, § 1381 Rz. 30 ff. und Palandt-Diederichsen, § 1381 Anm. 2 c; OLG Düsseldorf, NJW 81, 829 gegen Staudinger-Thiele, § 1381 Rz. 20; Schwab, Handbuch Rz. 810 f; Soergel-Lange, § 1381 Rz. 12; Mikosch, MDR 78, 886 und OLG Celle, FamRZ 79, 431.

wird, nämlich nur dem wirtschaftlich schwächeren Ehegatten, der während der
Ehe keinen oder den geringeren Vermögenszuwachs erzielen konnte.

d) Fälle wirtschaftlichen Fehlverhaltens

Im Bereich des wirtschaftlichen Fehlverhaltens, zu dem § 1381 Abs. 2 einen Bei- **138**
spielsfall nennt, ist Voraussetzung für die Anwendbarkeit des § 1381 die Feststellung, daß eine erhebliche **Störung des Gleichgewichts** der beiderseitigen
Pflichterfüllung, und zwar über eine längere Zeit hinweg, vorliegt. Ist ein solches
Fehlverhalten festzustellen, muß nicht im einzelnen ermittelt werden können, in
welchem Umfang hierdurch vermögensrechtliche Folgen eingetreten sind. Ausreichend ist vielmehr, daß solche vermögensrechtlichen Folgen jedenfalls denkbar sind, wobei das Ausmaß der Beeinträchtigung im Einzelfall für die Höhe einer etwaigen Reduzierung der Ausgleichsforderung berücksichtigt werden
kann[446].

Jede Pflichtverletzung muß schuldhaft begangen sein, wobei der **Sorgfaltsmaß-
stab** des § 1359 gilt[447].

Die Einrede aus § 1381 kann auch dann gegeben sein, wenn das Fehlverhalten im
Bereich der **eigenen Vermögensverwaltung** liegt, obwohl jeder Ehegatte berechtigt ist, sein Vermögen selbständig und nach seinen eigenen Vorstellungen zu
verwalten. Auch hier muß jedoch das ehewidrige Verhalten eine gewisse Schwere
haben und sich über eine längere Zeit hinweg erstrecken. So muß selbst bei einem
schuldhaft herbeigeführten **Konkurs** das Leistungsverweigerungsrecht nicht ohne weiteres begründet sein; die Berufung auf den eigenen fehlenden oder geringen Zugewinn wegen der eigenen wirtschaftlichen Fehlentwicklungen muß vielmehr dem Gerechtigkeitsempfinden gröblich und unerträglich widersprechen.
Dies ist erst dann der Fall, wenn der Verlust des Vermögens oder das Unterlassen
an sich möglichen Erwerbs als Verschulden zurechenbar ist und nicht der andere
Ehegatte mit dem Verhalten einverstanden war (vergl. § 1375 Abs. 3), wozu allerdings bloßes Resignieren oder Dulden nicht ausreicht[448].

Die Einrede aus § 1381 kann gegeben sein, wenn ein Ehegatte seinen Erwerb und **139**
sein Vermögen während des Güterstandes **eigennützig** verwendet oder sogar
verschwendet hat und dann noch an dem mühsam und sparsam erwirtschafteten
Überschuß des anderen teilhaben will[449]. Kann allerdings wegen illoyaler Vermögensminderungen eine Hinzurechnung zum Endvermögen nach § 1375 Abs. 2
erfolgen (dazu oben Rz. 107 ff.), scheidet eine Berücksichtigung des gleichen
Verhaltens im Rahmen des § 1381 aus. Dies gilt auch, wenn die Hinzurechnung
nach § 1375 Abs. 2 nur an dem Ablauf der 10-Jahres-Frist scheitert. Der Frist-
ablauf kann nicht über § 1381 entgegen der gesetzlichen Wertung des § 1375
Abs. 3 korrigiert werden[450].

---

[446] Vergl. z.B. Staudinger-Thiele, § 1381 Rz. 10/11.
[447] MünchKomm-Gernhuber, § 1381 Rz. 14; Staudinger-Thiele, § 1381 Rz. 11/12.
[448] Z.B. Staudinger-Thiele, § 1381 Rz. 14/15.
[449] Z.B. Palandt-Diederichsen, § 1381 Anm. 2 b und Soergel-Lange, § 1381 Rz. 10.
[450] Staudinger-Thiele, § 1381 Rz. 16; MünchKomm-Gernhuber, § 1381 Rz. 2; Soergel-Lange, § 1381
     Rz. 18.

Hat ein Ehegatte dem anderen in vermögensrechtlicher Hinsicht Schaden zugefügt, z.b. durch geschäftsschädigendes Verhalten, können sich hieraus nach allgemeinen Grundsätzen (z.b. §§ 823, 826) **Schadensersatzansprüche** ergeben, die als Vermögen einerseits und Verbindlichkeit andererseits in die Stichtagsberechnungen einzustellen sind. § 1381 wird in solchen Fällen in aller Regel anzuwenden sein, um das unbillige Ergebnis zu vermeiden, das sich aus einer Erhöhung des Zugewinns des geschädigten Ehegatten durch die Hinzurechnung der Schadensersatzforderung ergibt, insbesondere dann, wenn der Anspruch auf die Ersatzleistung voraussichtlich nicht realisierbar sein wird[451]. Allerdings erlaubt § 1381 einen Schadensausgleich auch in solchen Fällen, in denen die Rechtsprechung isolierte Schadensersatzansprüche wegen Ehestörung nicht zuläßt, da es im Rahmen des § 1381 auf eine Gesamtbetrachtung im Zuge der endgültigen Auseinandersetzung der Ehegatten ankommt und für die Berücksichtigung etwaiger Fehlverhaltensweisen nicht Voraussetzung ist, daß diese jeweils isoliert zu einem durchsetzbaren Ersatzanspruch gegen den anderen Ehegatten führen können[452].

Fehlverhalten mit Vermögensbezug kann auch darin gesehen werden, daß ein Ehegatte in unredlicher Weise auf den Zeitpunkt der Beendigung des Güterstandes bzw. den Eintritt des Stichtages nach § 1384 Einfluß nimmt[453]. Erbunwürdigkeit im Sinne des § 2339 führt nicht automatisch zum Ausschluß des Zugewinnausgleichsanspruchs des überlebenden Ehegatten nach § 1371 Abs. 2. Gleiches gilt, wenn das Erbrecht aus den Gründen des § 1933 ausgeschlossen ist oder der Erblasser dem überlebenden Ehegatten nach § 2335 den Pflichtteil entziehen konnte und entzogen hat. Das die Erbunwürdigkeit bzw. den Entzug des Pflichtteils begründende Verhalten kann aber die Einrede des § 1381 begründen[454].

Die Berufung auf § 1381 berechtigt im allgemeinen nicht zur Verweigerung der Auskunftserteilung nach § 1379[455].

3. Abänderbarkeit durch Ehevertrag

Nach allgemeiner Meinung kann § 1381 nicht im voraus durch **Ehevertrag** ausgeschlossen werden, da eine entsprechende Bestimmung regelmäßig als sittenwidrig und nichtig anzusehen wäre[456].

---

[451] Z.B. Staudinger-Thiele, § 1381 Rz. 13; Bosch, FamRZ 58, 289, 295 und 1964, 441 f; Soergel-Lange, § 1381 Rz. 11.
[452] A.A. MünchKomm-Gernhuber, § 1381 Rz. 19.
[453] Z.B. BGHZ 46, 343, 352; Staudinger-Thiele, § 1381 Rz. 25.
[454] Vergl. insbesondere die grundlegende Entscheidung BGHZ 46, 343 ff., 347; BGB-RGRK-Finke, § 1381 Rz. 18 und Soergel-Lange, § 1381 Rz. 13.
[455] Dazu oben Rz. 116 und BGHZ 44, 163 ff = NJW 65, 2055 f; MünchKomm-Gernhuber, § 1381 Rz. 36.
[456] Z.B. Palandt-Diederichsen, § 1381 Anm. 1; Erman-Heckelmann, § 1381 Rz. 6 MünchKomm-Gernhuber, § 1381 Rz. 39; a.A. Beitzke, Familienrecht, § 14 V 1.

XII. Stundung der Ausgleichsforderung, § 1382

1. Die materiell-rechtlichen Voraussetzungen

Die Stundung der Ausgleichforderung ist ein weiteres zugunsten des Schuldners **140**
vorgesehenes Instrument, im Einzelfall **Billigkeitskorrekturen** vorzunehmen.
Eine Stundung nach § 1382 läßt die Forderung selbst nach **Höhe und Bestand**
unberührt und bietet nur die Möglichkeit, die Härten zu mildern, die sich aus der
mit der Beendigung des Güterstandes eintretenden sofortigen Fälligkeit der Forderung ergeben. Soweit Härten mit einer Stundung der Forderung angemessen
begegnet werden kann, ist in aller Regel für deren Herabsetzung oder gar für ihren vollständigen Ausschluß nach § 1381 kein Raum[457].

Die Ausgleichsforderung wird nach der seit dem 1.4.1986 durch das Gesetz zur
Änderung unterhaltsrechtlicher, verfahrensrechtlicher und anderer Vorschriften
eingeführten Fassung des Gesetzeswortlautes auf Antrag des Schuldners gestun-
det, wenn die mit Beendigung des Güterstandes nach § 1378 Abs. 1 geschuldete
sofortige Zahlung auch unter Berücksichtigung der Interessen des Gläubigers zur
Unzeit erfolgen würde, § 1382 Abs. 1.

Zur Auslegung des Begriffs der „Unzeit" wird in dem Regierungsentwurf ausdrücklich auf die Entscheidung des Bundesverfassungsgerichts zur Härteklausel
des § 1568 und ihrer ursprünglich vorgesehenen Befristung[458] verwiesen.

Der Begriff der Unzeit soll insbesondere die Einbeziehung anderer als wirtschaftlicher Gesichtspunkte ermöglichen. Als Anwendungsfall ist in § 1382 Abs.
1 Satz 2 ausdrücklich eine Verschlechterung der Wohn- oder sonstigen Lebensverhältnisse gemeinschaftlicher Kinder erwähnt. Klargestellt wird also, daß die
Interessen gemeinschaftlicher Kinder den Vorrang vor den finanziellen Interessen des ausgleichsberechtigten Ehepartners haben sollen, womit auch die frühere
Streitfrage entschieden ist, ob die besondere Härte in erster Linie mit ökonomi-
schen Gesichtspunkten zu begründen ist und in der gegenwärtigen wirtschaftlichen Lage des Schuldners liegen muß[459] oder ob und inwieweit (zusätzlich) rein
persönliche Gesichtspunkte, also insbesondere die Gründe für das Scheitern der
Ehe und das Verhalten der Eheleute herangezogen werden können[460].

Eine wichtige Ergänzung des § 1382 Abs. 1 n.F. stellt die Erweiterung des § 180
ZVG dar, die die Einstellung eines Teilungsversteigerungsverfahrens zur Auseinandersetzung der Miteigentümergemeinschaft der Eheleute, dem häufig allerdings schon § 1365 entgegensteht (siehe oben Rz. 56), bis zu einer Dauer von 5
Jahren (Abs. 4) ermöglicht, wenn dies zur Abwendung einer ernsthaften Gefährdung des Wohles gemeinschaftlicher Kinder erforderlich ist.

---

[457] Siehe oben Rz. 133 und BGH NJW 70, S. 1600.
[458] BVerfGE 55, 134, 144 = NJW 81, 108 ff. = FamRZ 81, 15 ff.
[459] Vergl. z.B. Staudinger-Thiele, § 1382 Rz. 12 und MünchKomm-Gernhuber, § 1382 Rz. 6, 7.
[460] Siehe oben Rz 137 zu § 1381 und MünchKomm-Gernhuber, § 1382 Rz. 6 einerseits (persönliche Gesichtspunkte nicht zu berücksichtigen) und Staudinger-Thiele, § 1382 Rz. 12; Palandt-Diederichsen,
§ 1382 Anm. 2; Soergel-Lange, § 1382 Rz. 12 andererseits.

Die sofortige Zahlung erfolgt nicht schon dann „zur Unzeit", wenn der Schuldner die Forderung nicht aus seinem vorhandenen Barvermögen oder aus dem laufenden Einkommen begleichen kann. Die Notwendigkeit einer Verwertung oder Belastung der Vermögenssubstanz ist vielmehr als Regel, nicht als Ausnahmetatbestand anzusehen, so daß § 1382 nicht als Instrument dazu verwandt werden kann, durch eine längere Streckung der Tilgung die Befriedigung der Ausgleichsforderung aus den laufenden Einkünften zu ermöglichen[461].

Eine Stundung kann in Betracht kommen, wenn der Schuldner für die sofortige Erfüllung der Ausgleichsforderung zu überstürzter und deswegen **unwirtschaftlicher Veräußerung** von Vermögensbestandteilen gezwungen wäre und absehbar ist, daß ein Zahlungsaufschub geeignet ist, bessere Konditionen zu erzielen. Auch unabhängig von den besonders zu berücksichtigenden Interessen gemeinschaftlicher Kinder kann die Veräußerung und die Aufgabe des von dem Schuldner bewohnten Hauses oder einer Eigentumswohnung unzumutbar sein und zu einer Stundung führen, wenn in angemessener Frist andere Vermögensgegenstände liquidiert werden können; dies obwohl prinzipiell nicht Aufgabe des § 1382 sein kann, dem Schuldner bestimmte Gegenstände seines Vermögens zu erhalten und die Bestimmung des § 2331 a hinsichtlich der Wohnung nicht in das Ehegüterrecht übertragen worden ist[462].

Im Falle der Notwendigkeit der Aufgabe eines Gesellschaftsanteils kann die besondere Härte nicht allein damit begründet werden, daß nach dem Vertrag die Abfindung bei dem Ausscheiden auf den Buchwert oder auf einen anderen Klauselwert beschränkt ist; allerdings kann auch hier eine besondere Härte vorliegen, wenn die sofortige Aufgabe zu unzumutbaren Bedingungen erfolgen müßte, während ein Aufschub ein günstigeres Ergebnis in absehbarer Zeit erwarten läßt[463].

141 Eine Stundung nach § 1382 kommt grundsätzlich auch für die **Erben** des ausgleichsverpflichteten Ehepartners in Betracht, wenn sie nach § 1371 Abs. 2 zahlungspflichtig werden (dazu oben Rz. 69 ff.) oder eine bereits begründete, aber noch nicht getilgte Ausgleichsforderung in den Nachlaß fällt.

Es kommt dann auf die Verhältnisse des oder der Erben an[464]. Sind Miterben Schuldner, ist der Tatbestand des § 1382 entweder für die Miterbengemeinschaft als Gesamthand oder für jeden Miterben gesondert zu prüfen, wenn nur der gesamtschuldnerischen Haftung begegnet werden soll. Die praktische Bedeutung ist allerdings gering, weil Erben ihre Haftung auf den Nachlaß beschränken kön-

---

[461] Herrschende Meinung vergl. z.B. Soergel-Lange, § 1382 Rz. 11; Staudinger-Thiele, § 1382 Rz. 13 m.w.N.

[462] Vergl. MünchKomm-Gernhuber, § 1382 Rz. 11; für etwas weitergehende Berücksichtigung des Gedankens des § 2331 a: Zimmermann, BB 69, 965, 966; Erman-Heckelmann, § 1382 Rz. 2; vergl. auch BGH NJW 77, 1234 = FamRZ 77, 458 für den Schutz des Wohngrundstückes vor einer Teilungsversteigerung.

[463] Vergl. Zimmermann, BB 69, 965, 968 und Heckelmann, Abfindungsklauseln in Gesellschaftsverträgen, 1973, S. 232; Staudinger-Thiele, § 1382 Rz. 16.

[464] Vergl. Soergel-Lange, § 1382 Rz. 13.

nen. Härten, die sich aus der plötzlichen Fälligkeit ergeben, sind aber denkbar, beispielsweise dann, wenn ein Familienunternehmen aufgelöst werden muß[465].

§ 1382 ist unanwendbar, wenn nach Auflösung der Ehe durch Tod eines Ehegatten der Zugewinnausgleich nicht nach §1371 Abs. 2 durchgeführt wird, sondern die erbrechtliche Lösung eingreift[466].

Bei der Prüfung, ob die sofortige Zahlung „zur Unzeit" erfolgen würde, sind auch die Interessen des Gläubigers zu berücksichtigen. Es hat also eine **Interessenabwägung** zu erfolgen, wobei umso höhere Anforderungen an die Feststellung der Unzumutbarkeit für den Gläubiger zu stellen sind, desto härter den Schuldner die sofortige Zahlung treffen würde. Auch hier sind in erster Linie die wirtschaftlichen Verhältnisse der Eheleute zu berücksichtigen, wobei persönliche Verfehlungen, wenn man sie im Ausnahmefall für berücksichtigungsfähig hält, Einfluß auf die Gewichtung der widerstreitenden Belange der Ehegatten haben können[467].

Bei der Abwägung der Belange ist zu berücksichtigen, daß eine gestundete Forderung nach § 1382 Abs. 2 und Abs. 4 zwingend zu verzinsen ist, so daß reine **Anlageinteressen** im allgemeinen keine Unzumutbarkeit begründen können.

Der Anlageverlust ist allerdings dann als Belang in die Interessenabwägung einzustellen, wenn von der ebenfalls erst durch die Neuregelung mit Wirkung vom 1.4.1986 eingeführten Möglichkeit Gebrauch gemacht werden soll, auch die Fälligkeit der zwingend (Abs. 2) zu zahlenden Zinsen hinauszuschieben (§ 1382 Abs. 4). Dem mit einem Zahlungsaufschub verbundenen **Realisierungsrisiko** kann auf Antrag durch die Anordnung einer Sicherheitsleistung Rechnung getragen werden, § 1382 Abs. 3, 4. Die Unzumutbarkeit einer Stundung für den Gläubiger wird insbesondere dann in Betracht kommen, wenn er auf die sofortige Zahlung der Ausgleichssumme angewiesen ist, um sich selbst eine neue Existenz aufbauen zu können oder wenn er auf die Zahlung zur Deckung seines Unterhaltsbedarfs angewiesen ist. Die Unzumutbarkeit kann aber auch dann gegeben sein, wenn der Gläubiger einen Antrag nach § 1383 auf Übertragung von Vermögensgegenständen in Anrechnung auf die Zugewinnausgleichsforderung (dazu unten Rz. 144 ff.) gestellt hat, dem der Schuldner ohne triftigen Grund widerspricht oder wenn der Gläubiger in Erwartung der Zahlung Vermögensdispositionen getroffen hat und von einem erst sehr spät gestellten Stundungsantrag überrascht wird[468].

Die **Erben** des Ausgleichsgläubigers können sich nicht mehr auf die in dessen Person entstandenen Unzumutbarkeitsgründe berufen; für sie ist im allgemeinen die Ausgleichsforderung keine zweckgebundene Forderung mehr, so daß ihnen nur im Ausnahmefall eine Stundung unzumutbar sein wird[469].

---

[465] Z.B. MünchKomm-Gernhuber, § 1382 Rz. 14.
[466] Staudinger-Thiele, § 1382 Rz. 6 und 18.
[467] Vergl. insbesondere Soergel-Lange, § 1382 Rz. 12 und 14; zum Streit über die Berücksichtigungsfähigkeit rein persönlicher, nicht wirtschaftlicher Gesichtspunkte siehe auch oben Rz. 137.
[468] Vergl. z.B. BGB-RGRK-Finke, § 1382 Rz. 7 und MünchKomm-Gernhuber, § 1382 Rz. 18/19.
[469] Staudinger-Thiele, § 1382 Rz. 22, MünchKomm-Gernhuber, § 1382 Rz. 20.

Die Höhe der nach § 1382 Abs. 2 zwingenden Verzinsung bestimmt das Familiengericht nach **billigem Ermessen**, Abs. 4, wobei im allgemeinen der gesetzliche Zinssatz von 4 % (§ 246) als die unterste dem Gläubiger noch zumutbare Grenze anzusehen sein wird[470].

Hat das Familiengericht eine **Sicherheitsleistung** für die gestundete Forderung angeordnet, Abs. 3, ist die Sicherheitsleistung Wirksamkeitsvoraussetzung der Stundung[471].

Die Art der Sicherheitsleistung wird von den §§ 232 ff. nicht abschließend geregelt, sondern kann vom Familiengericht sowohl der Höhe als auch der Art nach frei bestimmt werden[472].

Streitig ist, ob das Familiengericht eine konkrete Art der Sicherheitsleistung selbst bestimmen muß und dabei nur Alternativen zur Wahl stellen kann[473] oder ob das Gericht dem Schuldner schlechthin die Wahl geeigneter Sicherheiten überlassen kann[474]. Letzteres kann zu erheblichen zwangsvollstreckungsrechtlichen Schwierigkeiten führen und ist deswegen abzulehnen.

2. Verfahrensfragen

142   Für die Entscheidung über Stundungsanträge des Ausgleichsschuldners und etwaiger Anträge des Gläubigers auf Anordnung einer Sicherheitsleistung (§ 1382 Abs. 3) ist immer das **Familiengericht** zuständig, das in einer Art richterlicher **Vertragshilfe** eine rechtsgestaltende Entscheidung trifft. Deren unmittelbar fälligkeitsbestimmende Wirkung tritt mit der Rechtskraft ein[475]. Nach § 1382 Abs. 2 und Abs. 4 ist mit der Entscheidung notwendig ein Ausspruch über die **Verzinsung** zu verbinden. Das Verfahren richtet sich immer nach den Vorschriften des FGG, und zwar auch dann, wenn gemäß § 1382 Abs. 5 der Ausgleichsschuldner den Stundungsantrag in dem (streitigen) Verfahren über die Ausgleichsforderung selbst, ggf. als Hilfsantrag, stellt, § 621 a Abs. 2 ZPO i.V.m. § 93 a ff. FGG. Eine Frist für Stundungsanträge hinsichtlich unbestrittener Ausgleichsforderungen bestimmt das Gesetz nicht; wohl aber kann längeres Zuwarten des Schuldners ggf. zur Feststellung der Unzumutbarkeit einer Stundung für den Gläubiger führen (dazu oben Rz. 141). Die Stundung bestrittener Ausgleichsforderungen kann der Schuldner demgegenüber nach § 1382 Abs. 5 nur in dem Verfahren über die Ausgleichsforderung selbst verlangen, und zwar spätestens bis zur letzten mündlichen Verhandlung, auf die die Entscheidung ergeht. Die Vorschrift dient der **Prozeßökonomie** und dem Schutz des Ausgleichsgläu-

---

[470] Vergl. Soergel-Lange, § 1382 Rz. 15; MünchKomm-Gernhuber, § 1382 Rz. 22; für die Bewertung des gesetzlichen Zinssatzes als Regelzinssatz allerdings: Dölle Familienrecht I, S. 827 und Erman-Heckelmann, § 1382 Rz. 5.
[471] MünchKomm-Gernhuber, § 1382 Rz. 24.
[472] Heute herrschende Meinung: vergl. Palandt-Diederichsen, § 1382 Anm. 5; BGB-RGRK-Finke, § 1382 Rz. 14; Staudinger-Thiele, § 1382 Rz. 28.
[473] So z.B. MünchKomm-Gernhuber, § 1382 Rz. 27 unter Hinweis auf Gerold, NJW 60, 1744, 1745 und Staudinger-Thiele, § 1382 Rz. 28.
[474] So z.B. Janssen, § 93 a FGG, Rz. 18; Keidel-Kuntze-Winkler, § 53 a FGG, Rz. 13.
[475] Vergl. z.B. MünchKomm-Gernhuber, § 1382 Rz. 3 bis 5.

bigers vor unangemessener Verzögerung. Bei nur teilweise bestrittener Forderung gilt die Beschränkung nur für den bestrittenen Teil. Wird die Forderung der Höhe nach nicht bestritten, allerdings ein Leistungsverweigerungsrecht nach § 1381 geltend gemacht, handelt es sich in dessen Umfang ebenfalls um eine bestrittene Forderung[476].

Ist der Stundungsantrag im Rahmen eines Rechtsstreits über die Ausgleichsforderung gestellt worden, ist gleichzeitig über die Höhe und die Stundung der Forderung zu entscheiden. Ist ein Streit über die Ausgleichsforderung und/oder ihre Stundung im Zusammenhang mit einem Ehescheidungsverfahren anhängig, gelten die Vorschriften der §§ 623 ff. ZPO über den **Entscheidungsverbund.** Das Familiengericht hat also gleichzeitig über den Stundungsantrag und den Ehescheidungsantrag zu entscheiden, und zwar, wenn dem Scheidungsantrag stattgegeben wird, in einem einheitlichen Urteil, § 629 Abs. 1 ZPO. Für die Entscheidung über die Stundung einer unbestrittenen Ausgleichsforderung, die nicht in den Ehescheidungsverbund fällt, sondern als selbständige Familiensache anhängig ist, ist der Rechtspfleger zuständig, weil das Stundungsverfahren von dem Richtervorbehalt des § 14 Nr. 2 RPflG[477] ausgenommen ist.

Gegen die Entscheidung ist **Beschwerde** innerhalb einer Notfrist von einem Monat möglich, § 621 e ZPO. Beschwerdegericht ist das OLG. Eine weitere Beschwerde findet nicht statt. Im übrigen richten sich die prozessualen Fragen, insbesondere zum Rechtsmittelzug und Anwaltszwang danach, ob es sich um ein isoliertes Verfahren handelt oder um ein Verbundverfahren mit der Ehescheidung. Infolge der Neuregelung durch das sog. Unterhaltsänderungsgesetz besteht seit dem 1.4.1986 in beiden Fällen Anwaltszwang, und zwar unabhängig von der Höhe des Streitwertes, § 78 Abs. 2 Ziffer 1 und 2 n.F. i.V.m. § 621 Abs. 1 Ziffer 8 ZPO. Für isolierte Verfahren über die Ausgleichsforderung einschließlich ihrer Stundung gelten die §§ 621 a bis f ZPO, wobei für das Verfahren über die Ausgleichsforderung selbst die Vorschriften der ZPO, für das Stundungsverfahren die Vorschriften des FGG Anwendung finden. Nach § 621 a Abs. 2 ZPO ergeht die Entscheidung jedoch einheitlich durch Urteil; für die Rechtsmittel gilt § 629 a Abs. 2 ZPO entsprechend. Für Entscheidungen im Ehescheidungsverbund gelten die §§ 623 ff. ZPO. Das Verbundurteil kann insgesamt durch Berufung oder nur hinsichtlich der Stundungsentscheidung durch befristete Beschwerde angefochten werden, §§ 624 Abs. 3, 511, 629 a Abs. 2, 621 e ZPO. Das Berufungsurteil des Oberlandesgerichts ist hinsichtlich der Stundungsentscheidung nicht mehr anfechtbar, § 629 a Abs. 1 ZPO. Wird gegen das Ehescheidungsurteil selbst Revision eingelegt, wird die Entscheidung über die Stundung erst mit Rechtskraft des Scheidungsausspruchs wirksam, § 629 d ZPO[478].

---

[476] Z.B. Staudinger-Thiele, § 1382 Rz. 36; MünchKomm-Gernhuber, § 1382 Rz. 40; Soergel-Lange, § 1382 Rz. 17.
[477] Z.B. Staudinger-Thiele, § 1382 Rz. 29.
[478] Vergl. zu den Verfahrensfragen im einzelnen z.B. eingehend MünchKomm-Gernhuber, § 1382 Rz. 39 ff.; Staudinger-Thiele, § 1382 Rz. 29 ff. und Soergel-Lange § 1382 Rz. 18 ff.

Allgemeine Vollstreckungsschutzanträge nach den §§ 765 a, 813 a ZPO, 30 a ZVG bleiben grundsätzlich zulässig, sind aber durch § 1382 insoweit als die speziellere Vorschrift ausgeschlossen, als dessen Anwendungsbereich reicht, also zulässigerweise die Stundung der Ausgleichsforderung angestrebt wird. Für allgemeine Vollstreckungsschutzanträge bleibt das Vollstreckungsgericht zuständig[479].

3. Nachträgliche Stundung und nachträgliche Änderung der Stundungsentscheidung

143 Nach § 1382 Abs. 6 kann das Familiengericht auf Antrag eine rechtskräftige Entscheidung über die Stundung aufheben oder ändern, wenn sich **nachträglich** die Verhältnisse wesentlich geändert haben. Nach allgemeiner Meinung gilt dies auch für den Fall, daß die Parteien sich in einem gerichtlich protokollierten Vergleich, auf den nach § 53 a FGG immer hingewirkt werden soll, über die Stundung und deren Modalitäten geeinigt haben[480].

Der Änderungsantrag kann sich nur auf die Stundung, nicht auf die zugrundeliegende Entscheidung über die Ausgleichsforderung selbst beziehen. Er ist nur begründet, wenn sich die für die Stundungsentscheidung maßgeblichen Grundlagen zu Lasten des Antragstellers (Gläubigers oder Schuldners) geändert haben und diese neuen Verhältnisse noch nicht bei der Erstentscheidung Berücksichtigung finden konnten.

Der Wortlaut des § 1382 Abs. 5 spricht dafür, daß eine Stundungsentscheidung generell ausgeschlossen sein soll, wenn im Rechtsstreit um eine Ausgleichsforderung ein Stundungsantrag nicht gestellt worden ist. Diese Einschränkung kann aber nach dem Normzweck dann nicht gelten, wenn der Ausgleichsschuldner nur deswegen im streitigen Verfahren keinen Stundungsantrag gestellt hat, weil zum damaligen Zeitpunkt Gründe hierfür nicht vorgelegen haben und diese erst nach der Entscheidung über die Zugewinnausgleichsforderung entstanden sind[481].

Eine **wesentliche Änderung** der Verhältnisse kann in einer nicht unerheblichen Verschlechterung oder Verbesserung der wirtschaftlichen Situation des Gläubigers oder des Schuldners liegen, in Sonderbedarf, in konjunkturellen Entwicklungen (Erhöhung der Zinssätze) oder auch in Veränderungen der familiären Verhältnisse. Eine neue Eheschließung des Ausgleichsschuldners wird aber nur ausnahmsweise dazu führen können, dem Gläubiger eine weitergehende Rücksichtnahme auf den Schuldner und seine neue Familie zuzumuten, da die Fami-

---

[479] Staudinger-Thiele, § 1382 Rz. 48; BGB-RGRK-Finke, § 1382 Rz. 20; Erman-Heckelmann, § 1382 Rz. 4; a.A. wohl: Palandt-Diederichsen, § 1382 Anm. 5 a.E.: Zuständigkeit des Familiengerichts.

[480] Z.B. Palandt-Diederichsen, § 1382 Anm. 5; Keidel-Kuntze-Winkler, § 53 a FGG Rz. 18; Staudinger-Thiele, § 1382 Rz. 42 m.w.N.

[481] Streitig, so z.B. Palandt-Diederichsen, § 1382 Anm. 5; Staudinger-Thiele, § 1382 Rz. 45; Münch-Komm-Gernhuber, § 1382 Rz. 59 Maßfeller, Betrieb 57, 527 und Koeniger, DRiZ 59, 80, 82; Erman-Heckelmann, § 1382 Rz. 3; a.A. (Stundung nur unter den Voraussetzungen des Abs. 6): BGB-RGRK-Finke, § 1382 Rz. 22, Soergel-Lange, § 1382 Rz. 32; Dölle, Familienrecht I, S. 829.

lienmitglieder Dritte sind, deren Interessen im Stundungsverfahren grundsätzlich nicht zu berücksichtigen sind[482].

Auch das Änderungsverfahren unterliegt den Regeln des FGG, insbesondere § 53 a FGG. Durch die Vorschrift des § 1382 Abs. 6 ist im übrigen eine erneute Stundung nach Ablauf der ersten Stundungsfrist nicht ausgeschlossen, wobei allerdings auch eine erneute Stundung nur unter den Voraussetzungen des § 1382 Abs. 6 möglich ist[483]. Während des Stundungsverfahrens kann das Familiengericht nach § 53 a Abs. 3 FGG einstweilige Anordnungen treffen, wozu auch die einstweilige Einstellung der Zwangsvollstreckung (analog § 769 ZPO) gehören kann.

4. Abänderbarkeit durch Ehevertrag

§ 1382 kann nach allgemeiner Meinung nicht durch **Ehevertrag** völlig abbedungen werden, wobei auch hier die Begründung im einzelnen differiert[484].

XIII. Übertragung von Vermögensgegenständen in Anrechnung auf die Zugewinnausgleichsforderung, § 1383

Als weitere Billigkeitskorrektur der rein schematischen Durchführung des Zugewinnausgleichs nach den Regelungen der §§ 1373 ff. kann nach § 1383 das Familiengericht auf Antrag des Gläubigers anordnen, daß der Schuldner der Ausgleichsforderung bestimmte Vermögensgegenstände unter Anrechnung auf die Zugewinnausgleichsforderung zu übertragen hat.

144

1. Materiell-rechtliche Voraussetzungen

§ 1383 soll im Einzelfall die Härte mildern, die sich daraus ergeben kann, daß in dem auf dem Prinzip der Gütertrennung basierenden gesetzlichen Güterstand der Zugewinngemeinschaft eine **dingliche Beteiligung** des nicht erwerbstätigen Ehegatten an der Vermögensbildung des anderen nicht vorgesehen ist und der Zugewinnausgleichsanspruch nach § 1378 Abs. 1 als reine Geldforderung ausgestaltet ist. Mögliche Härten sah der Gesetzgeber in erster Linie für Zeiten starker **Inflation** oder bei **Mangel an Sachgütern**. Die Anwendbarkeit des § 1383 ist aber nicht auf Zeiten der Inflation oder der Verknappung von Sachwerten beschränkt[485].

Die Vorschrift ermöglicht eine **Billigkeitskorrektur** allerdings ausschließlich zugunsten des Gläubigers und auf dessen Antrag, in dem er im einzelnen aufführen muß, welche Gegenstände er in Anrechnung auf die Zugewinnausgleichsforderung übertragen erhalten möchte, § 1383 Abs. 2. Eine **analoge Anwendung** auf den Schuldner mit dem Ziel, ihm auf seinen Antrag hin zu gestatten, den Gläubi-

---

[482] Vergl. hierzu insbesondere MünchKomm-Gernhuber, § 1382 Rz. 56.
[483] MünchKomm-Gernhuber, § 1382 Rz. 61 m.w.N.
[484] MünchKomm-Gernhuber, § 1382 Rz. 65 bis 67 m.w.N.
[485] Vergl. Soergel-Lange, § 1383 Rz. 2; OLG Hamm, FamRZ 78, 687, 688 m.w.N.

ger durch Übertragung von Sachwerten zu befriedigen, ist nicht möglich, da die Schuldnerinteressen hinreichend durch §§ 1381, 1382 gewahrt sind. Lehnt z.B. der Ausgleichsgläubiger ein Angebot des Schuldners auf (Teil-) Befriedigung der Forderung durch Übertragung von Vermögensgegenständen ab, kann dies für eine vom Schuldner beantragte Stundung der Ausgleichsforderung, in Ausnahmefällen auch für ihre Herabsetzung nach § 1381 sprechen[486].

Verweigert der Ausgleichsschuldner die Übertragung von Sachwerten in Anrechnung auf die Zugewinnausgleichsforderung, kann dies gegen seinen Stundungsantrag sprechen; der Ausgleichsgläubiger kann einem Stundungsantrag mit dem Angebot oder Gegenantrag begegnen, die Übertragung von Vermögenswerten zu akzeptieren (dazu unten Rz. 144 ff.)[487].

Soweit der Ausgleichsgläubiger, wozu er nicht gezwungen ist oder gezwungen werden kann, die Übertragung von Vermögenswerten beantragt oder anbietet, gebietet das System der Billigkeitsregeln der §§ 1381, 1382, 1383 die Berücksichtigung der **Interdependenzen**, wenn auch prinzipiell die Fragen der Stundung und der Übertragung von Sachwerten unabhängig voneinander nach den vom Gesetz aufgestellten Kriterien zu entscheiden sind[488].

a) Interessenabwägung

§ 1383 erfordert wie § 1382 eine **Abwägung** zwischen den Interessen des Gläubigers einerseits („erforderlich, um eine grobe Unbilligkeit zu vermeiden") und denen des Schuldners andererseits (Zumutbarkeit). Für die Interessenabwägung gelten die gleichen Grundsätze (dazu oben Rz. 141).

Zur Vermeidung einer groben Unbilligkeit kann die Übertragung von Vermögenswerten notwendig sein, wenn es um Gegenstände geht, zu denen der Gläubiger in einer engen Beziehung steht, während sie für den Schuldner keine ähnliche Bedeutung haben (z.B. Sachwerte, die vom Gläubiger erarbeitet, von ihm alleine benutzt worden sind, aus seiner Familie stammen oder mit seiner Familientradition verbunden sind). Das Interesse des Gläubigers muß nicht rein wirtschaftlicher Art sein, zumal der ursprüngliche Zweck der Vorschrift, zugunsten des Gläubigers die gesamtwirtschaftliche Lage insbesondere in Zeiten „galoppierender Inflation" mit raschem Geldwertverfall bei gleichzeitig fehlenden oder stark erschwerten Anlagemöglichkeiten zu berücksichtigen, nie praktisch geworden ist[489]. Grobe Unbilligkeit für den **Ausgleichsgläubiger** kann gegeben sein, wenn der Gläubiger ohne Übertragung von Sachwerten ungewöhnliche Schwierigkeiten bei der **Durchsetzung** der Geldforderung zu erwarten hätte und er auf die **baldige Erfüllung** der Ausgleichsforderung dringend angewiesen ist, z.B. im Hinblick auf eine beabsichtigte neue Existenzgründung. Zu erwartende Schwierigkeiten und Verzögerungen bei der Realisierung der Forderung im Wege der

---

[486] Vergl. z.B. BGB-RGRK-Finke, § 1383 Rz. 2; Staudinger-Thiele, § 1383 Rz. 2.
[487] Palandt-Diederichsen, § 1383 Anm. 2.
[488] Für eine weitergehende Trennung insbesondere Soergel-Lange, § 1383 Rz. 2.
[489] Staudinger-Thiele, § 1383 Rz. 3/4; MünchKomm-Gernhuber, § 1483 Rz. 14/15.

Zwangsvollstreckung rechtfertigen jedenfalls dann den Sachausgleich, wenn dem nicht überwiegende Interessen des Schuldners entgegenstehen[490]. Auch in diesem Zusammenhang können sich **Querverbindungen** zu einem Verfahren nach § 1382 ergeben. Die Ablehnung der Übertragung von Sachwerten kann im Einzelfall gegen die Bewilligung einer Stundung sprechen, wenn auch § 1383 nicht als Instrument dazu benutzt werden darf, dem Ausgleichsschuldner Sachwerte zu „Schleuderpreisen" zu entziehen.

Unzumutbar für den Ausgleichsschuldner kann die Übertragung von Vermögenswerten sein, wenn er seinerseits ein besonderes Interesse an den begehrten Gegenständen hat; wenn es sich um Gegenstände handelt, die er aus privaten oder beruflichen Gründen nicht entbehren kann oder die in einen größeren, ihm prinzipiell verbleibenden Komplex eingegliedert sind; wenn durch die Begründung von Rechten oder Mitberechtigungen spätere Konflikte programmiert würden[491].

b) Übertragbare Vermögenswerte

Geeignet zur Übertragung in Anrechnung auf die Zugewinnausgleichsforderung   **145** sind alle Vermögenswerte, die Gegenstand einer **rechtsgeschäftlichen Verfügung** sein können. Höchstpersönliche, einer Beitreibung nicht fähige Rechte müssen demgegenüber ausscheiden, ebenso wie Rechte, aus denen sich unmittelbar oder mittelbar Geldforderungen ergeben, weil nach dem Normzweck § 1383 die **Ersetzung** von Geld durch andere Vermögenswerte, nicht aber den Austausch von Schuldnern ermöglichen will. Danach scheidet die Übertragung von Geldforderungen, Grundschulden, Hypotheken, Einlagen bei Kreditinstituten und von festverzinslichen Wertpapieren aus[492]. Ausnahmen hiervon sollten aber zugelassen werden, wenn die Übertragung gefordert wird, weil ansonsten mit ungewöhnlichen Schwierigkeiten oder einem Ausfall des Gläubigers in der Zwangsvollstreckung zu rechnen ist, und zwar ungeachtet der Möglichkeit des Gläubigers, auf solche Werte im Wege der Zwangsvollstreckung Zugriff zu nehmen[493]. Unschädlich ist, wenn zur Übertragung der Rechte außer der Verfügung durch den Ausgleichsschuldner die Zustimmung anderer Personen notwendig ist, wenn auch der Beschluß des Familiengerichts die Zustimmung nicht ersetzen kann, sondern sie gesondert nach den dafür geltenden Vorschriften einzuholen, ggf. auch zu erzwingen ist (z.b. nach Maßgabe der §§ 5 ff. Erbbaurechtsverordnung, 12 und 36 WEG)[494]. Die Begründung neuer, auch stiller Rechte zugunsten des Gläubigers, insbesondere dessen Aufnahme als Gesellschafter in einem von dem Schuldner betriebenen Unternehmen, wird von § 1383 nicht gedeckt, da ausdrücklich nur die Übertragung von Vermögenswerten vorgesehen ist, die in

---

[490] Vergl. Palandt-Diederichsen, § 1383 Anm. 2; BGB-RGRK-Finke, § 1383 Rz. 4; restriktiver: Soergel-Lange, § 1383 Rz. 5; Staudinger-Thiele, § 1383 Rz. 6.
[491] Siehe z.B. MünchKomm-Gernhuber, § 1383 Rz. 17; Staudinger-Thiele, § 1383 Rz. 9.
[492] Vergl. insbesondere Soergel-Lange, § 1383 Rz. 7; MünchKomm-Gernhuber, § 1383 Rz. 7.
[493] Vergl. Staudinger-Thiele, § 1383 Rz. 11 gegen MünchKomm-Gernhuber, § 1383 Rz. 7 und Gerold, Dissertation Bonn 1964, S. 61 ff.
[494] Vergl. MünchKomm-Gernhuber, § 1383 Rz. 8.

der Person des Schuldners bereits vorhanden sind. Auch widerspricht es Sinn und Zweck der auf die Auflösung der Zugewinngemeinschaft gerichteten §§ 1373 ff., über das Ende des Güterstandes hinaus eine neue Vermögensgemeinschaft mit neuem Konfliktstoff zu bilden. Dies spricht auch gegen die Möglichkeit der Begründung beschränkter dinglicher Rechte an Sachen oder Rechten des Schuldners. Jedenfalls sprechen Zweckmäßigkeitsgesichtspunkte (Gefahr künftiger Verwaltungs- und Auseinandersetzungsstreitigkeiten) schließlich auch gegen eine Teilübertragung von Vermögenswerten durch Schaffung von Mitberechtigung, insbesondere die Begründung von Miteigentum[495].

Für **Sach- und Rechtsmängel** der übertragenen Gegenstände haftet der Ausgleichsschuldner nach herrschender Meinung entsprechend § 365 nach den Vorschriften des Kaufrechts[496].

Die Gegenmeinung[497] weist überzeugend darauf hin, daß die verschuldensunabhängige Einstandspflicht nicht paßt, weil die Sachleistungspflicht nicht auf einer rechtsgeschäftlichen Vereinbarung, sondern auf einem ohne Rücksicht auf den Verpflichtungswillen des übertragenden Ehegatten ergehenden Richterspruch beruht und mit ähnlichen Überlegungen die Anwendbarkeit von § 365 zu §§ 8, 9 HausratsVO verneint wird[498]. Da der Ausgleichsschuldner kein Antragsrecht nach § 1383 hat, hat er keinen Einfluß auf die Auswahl des zu übertragenden Gegenstandes. Anders als beim Kaufrecht wird auch nicht durch den Vertragsschluß fixiert, wann die Eheleute von welchen gemeinsamen Vorstellungen von der Beschaffenheit des zu übertragenden Gegenstandes ausgegangen sind. Der Gegenmeinung ist deswegen der Vorzug zu geben mit der Folge, daß sich die Haftung des ausgleichspflichtigen Ehegatten lediglich nach § 292 richtet. Soweit der Grund für die **verschuldensunabhängige Haftung** nach dem nur bei entgeltlichen Schuldverhältnissen anzuwendenden § 365 darin gesehen wird, daß der Zugewinnausgleichsanspruch ein Anspruch sei, der „verdient" worden ist,[499] ist dem entgegenzuhalten, daß zwar der Zugewinnausgleichsanspruch selbst in diesem Sinne verdient sein mag, nicht aber – was sich insbesondere aus § 1378 Abs. 1 und dem Ausnahmecharakter des § 1383 ergibt – der Anspruch auf einen bestimmten Vermögensgegenstand, dessen Auswahl zudem einseitig durch die Antragstellung des Ausgleichsgläubigers erfolgt.

c) Schuldinhaltsänderung

146   Die Anordnung der Übertragung eines bestimmten Gegenstandes bewirkt eine **Schuldinhaltsänderung,** die in Höhe des nach § 1383 Abs. 2 festzusetzenden Anrechnungswertes die auf Geld gerichtete Zugewinnausgleichsforderung ver-

---

[495] Vergl. Staudinger-Thiele, § 1383 Rz. 12/13; MünchKomm-Gernhuber, § 1383 Rz. 10/12; Soergel-Lange, § 1383 Rz. 7; für die Zulässigkeit der Bestellung beschränkter dinglicher Rechte und einer Beteiligung des Gläubigers an einem Unternehmen allerdings: Gerold a.a.O. S. 53 ff., 70 ff.
[496] Gerold a.a.O., S. 77 ff.; MünchKomm-Gernhuber, § 1383 Rz. 33; BGB-RGRK-Finke, § 1383 Rz. 15; Soergel-Lange, § 1383 Rz. 6.
[497] Staudinger-Thiele, § 1383 Rz. 30.
[498] Vergl. z.B. Palandt-Diederichsen, § 9 Hausratsverordnung Anm. 3 b; Soergel-Häberle, § 8 Hausratsverordnung Rz. 16 und § 9 Hausratsverordnung Rz. 8.
[499] So MünchKomm-Gernhuber, § 1383 Rz. 33.

ringert. Die Schuld beschränkt sich auf die Übertragung. Das Fehlen eines einem gegenseitigen Vertrag entsprechenden Schuldverhältnisses spricht auch hier dafür, **Leistungsstörungen** nur nach den §§ 275 ff., nicht nach §§ 320 ff. zu beurteilen[500]. Es handelt sich nach herrschender Meinung um eine durch richterlichen Akt zu vollziehende **facultas alternativa**, so daß der Gläubiger auch bei Untergang der zu übertragenden Sache nicht mehr auf die Geldschuld zurückgreifen kann[501].

2. Verfahrensfragen

Für das Verfahren gelten im wesentlichen die bereits zu § 1382 dargestellten **147** Grundsätze (siehe oben Rz. 142). Insbesondere verweist § 1383 Abs. 3 auf § 1382 Abs. 5, so daß bei Anhängigkeit eines streitigen Verfahrens über die Zugewinnausgleichsforderung der Antrag auf Übertragung von Vermögensgegenständen in Anrechnung auf die Ausgleichsforderung nur in diesem Verfahren gestellt werden kann. Im isolierten Verfahren entscheidet der Rechtspfleger, ansonsten der Richter. Ist die Übertragungssache **isoliert** anhängig, kann allerdings selbst bei unbestrittener Forderung eine Verpflichtung des Schuldners zur Zahlung nicht ausgesprochen werden, da § 53 a Abs. 2 Satz 2 FGG nur im Stundungsverfahren nach § 1382, nicht auch im Verfahren nach § 1383 gilt[502].

Anders als bei § 1382 Abs. 1 schließt § 1383 bei bestrittener Ausgleichsforderung das Übertragungsverfahren als **selbständige Familiensache** nicht ausdrücklich aus. Der Übertragungsantrag ist zulässig, allerdings unbegründet, wenn die Parteien sich nicht einigen oder die Forderung so weit unstreitig wird, daß sie dem anzurechnenden Betrag entspricht. Eine Entscheidung unter dem Vorbehalt der rechtskräftigen Zuerkennung der Ausgleichsforderung oder einer anderweitigen Streitbeilegung ist im Hinblick auf die Vorschrift des § 1383 Abs. 3 nicht möglich[503].

Sobald die Ausgleichsforderung eingeklagt wird, ist nach § 1383 Abs. 3 i.V.m. § 1382 Abs. 5 über den Übertragungsantrag nur in dem streitigen Verfahren zu entscheiden.

Im Gegensatz zu den Verfahrensvorschriften der Hausratsverordnung bietet § 1383 dem Richter keine Möglichkeit, Vermögenswerte mit dinglicher Wirkung auf den antragstellenden Ehegatten zu übertragen. Das Gericht kann nur eine Ersetzungsbefugnis des Gläubigers (**facultas alternativa creditoris**) durch richterlichen Akt vollziehen, in dem **konstitutiv** der Inhalt der Ausgleichsforderung dahingehend abgeändert wird, daß Gegenstände auf den Gläubiger zu übertragen sind. Die Übertragung selbst ist dann in den hierfür vorgesehenen sachenrechtlichen Formen vorzunehmen, z.B. nach §§ 398 ff., 929 ff., 873, 925. Die rechtsgeschäftliche Übertragung wird durch den Beschluß des Familiengerichts nur ein-

[500] So MünchKomm-Gernhuber, § 1383 Rz. 31, Staudinger-Thiele, § 1383 Rz. 29.
[501] Vergl. z.B. Soergel-Lange, § 1383 Rz. 6 und Staudinger-Thiele, § 1383 Rz. 29 gegen BGB-RGRK-Finke, § 1383 Rz. 15 und Dölle Familienrecht I S. 832 sowie Gerold, S. 35 ff.
[502] Staudinger-Thiele, § 1383 Rz. 27.
[503] Vergl. OLG Köln, FamRZ 76, 28, 29.

geleitet, der Vollstreckungstitel in Form einer **Leistungsverurteilung** ist. Soweit dem Schuldner die Abgabe einer Willenserklärung aufgegeben wird, gilt diese mit der Rechtskraft des Beschlusses als abgegeben, § 894 ZPO. Soweit zur Vervollständigung des Erwerbstatbestandes weitere Schuldnerhandlungen notwendig sind, also z.B. die Übergabe, sind diese ggf. durch Zwangsvollstreckung zu erzwingen, insbesondere nach § 883 ZPO[504].

Ein rechtskräftiger Beschluß des Familiengerichts nach § 1383 **verringert** den in Geld zu leistenden Zugewinnausgleich um den Wert der zu übertragenden Gegenstände. Die **Wertfestsetzung** ist Sache des Familiengerichts, das den wirklichen Wert im Zeitpunkt der Entscheidung, nicht etwa im Zeitpunkt der Beendigung des Güterstandes oder zu den Stichtagen der §§ 1384, 1387 in Ansatz bringen muß[505].

Aus der Notwendigkeit der Festsetzung eines Wertes zur Anrechnung auf die Ausgleichsforderung folgert die herrschende Meinung, daß der Gläubiger Gegenstände, deren Wert höher ist als der Betrag der Ausgleichsforderung nicht gegen einen „**Spitzenausgleich**" in Anspruch nehmen kann[506].

Da im Rahmen des § 1383 auch die Übertragung von Gegenständen des Hausrates in Anrechnung auf die Zugewinnausgleichsforderung beantragt werden kann, ist eine **Überschneidung** mit einem Verfahren nach der **Hausratsverordnung** möglich, obwohl grundsätzlich nach der Rechtsprechung des Bundesgerichtshofs für ihren Anwendungsbereich die Vorschriften der Hausratsverordnung Sondervorschriften gegenüber den Vorschriften über den Zugewinnausgleich darstellen (dazu oben Rz. 80, 95). Während nach den Vorschriften der Hausratsverordnung für die Zeit des Bestehens der Ehe nur die Besitzverhältnisse am Hausrat geregelt werden können, kommt für die Zeit nach Scheidung der Ehe auch die Zuweisung von Hausratsgegenständen an einen Ehegatten in Betracht, die bis dahin im Miteigentum der Ehegatten stehen. Die Ergebnisse der Verfahren nach § 1383 und der Hausratsteilungsverordnung sind jeweils in dem anderen Verfahren zu berücksichtigen. Ist also ein rechtskräftiger Übertragungsbeschluß nach § 1383 ergangen, kann zugunsten des Ausgleichsschuldners das Ergebnis dieses Verfahrens nicht über eine Zuweisung im Hausratsteilungsverfahren korrigiert werden[507].

XIV. Anspruch auf Sicherheitsleistung

148   Nach § 1389 kann ein Ehegatte unter zwei Voraussetzungen Sicherheitsleistung durch den anderen Ehegatten verlangen: Einmal muß eine Klage auf vorzeitigen Ausgleich des Zugewinns, auf Nichtigerklärung oder Aufhebung der Ehe erho-

---

[504] Vergl. z.B. MünchKomm-Gernhuber, § 1383 Rz. 4/5.
[505] Herrschende Meinung, vergl. z.B. BGB-RGRK-Finke, § 1383 Rz. 10; Staudinger-Thiele, § 1383 Rz. 25; MünchKomm-Gernhuber, § 1383 Rz. 29.
[506] Herrschende Meinung, z.B.: MünchKomm-Gernhuber, § 1383 Rz. 30; Staudinger-Thiele, § 1383 Rz. 26; BGB-RGRK-Finke, § 1383 Rz. 11; Gerold, a.a.O., S. 109 ff.; in Ausnahmefällen für Übertragung gegen einen Spitzenausgleich allerdings: Dölle Familienrecht I, S. 831 Fußnote 69.
[507] Vergl. MünchKomm-Gernhuber, § 1383 Rz. 36/37.

ben bzw. ein Antrag auf Scheidung der Ehe gestellt sein; zum anderen muß wegen des Verhaltens des anderen Ehegatten zu besorgen sein, daß die Rechte auf den künftigen Ausgleich des Zugewinns erheblich gefährdet werden.

Das Gesetz will damit dem potentiell ausgleichsberechtigten Ehegatten eine Möglichkeit geben, der (naheliegenden) Gefahr entgegenzuwirken, daß der ausgleichsverpflichtete Ehegatte nach Scheitern der Ehe und während des auf Auflösung der Ehe gerichteten Verfahrens das Endvermögen vermindert. Dieser Gefahr tragen schon die §§ 1384, 1387 durch die Vorverlegung des Berechnungsstichtages Rechnung; auch § 1375 Abs. 2 soll einen gewissen Schutz bieten, der aber häufig nicht ausreicht, weil § 1378 Abs. 2 die Ausgleichsforderung auf das zur Zeit des Eintritts der Rechtskraft des Urteils vorhandene Nettovermögen begrenzt (dazu oben Rz. 129 ff.) und zudem die subjektiven Voraussetzungen insbesondere des § 1375 Abs. 2 Ziff. 3 häufig nur schwer nachzuweisen sind. Die Ausgleichsforderung selbst entsteht nach § 1378 Abs. 3 erst mit der Beendigung des Güterstandes und kann vorher nicht zum Gegenstand eines Verpflichtungsgeschäftes gemacht werden (dazu oben Rz. 125 f.). Da es sich also lediglich um ein **künftiges Recht** handelt, ist vor Beendigung des Güterstandes einstweiliger Rechtsschutz zur Sicherung der Zugewinnausgleichsforderung durch Arrest oder einstweilige Verfügung nach §§ 916 ff., 935, 940 ZPO nicht möglich. Es besteht nämlich nach herrschender Meinung noch kein bedingter oder betagter Arrest- oder Verfügungsanspruch[508]. Auch eine einstweilige Anordnung nach 620 ZPO ist vor Beendigung des Güterstandes und Entstehen der Ausgleichsforderung nicht möglich[509].

1. Materiell-rechtliche Voraussetzungen

Der materielle Sicherheitsleistungsanspruch aus § 1389 kann **nach Rechtshängigkeit** der auf die Beendigung des Güterstandes abzielenden Klage oder des Scheidungsantrages geltend gemacht werden, wobei nach herrschender Meinung schon aus Gründen der Prozeßökonomie der Antrag auch gleichzeitig mit der Einleitung des auf die Beendigung des Güterstandes zielenden Verfahrens zulässig ist[510].

Der Anspruch auf Sicherheitsleistung endet mit der **Beendigung** des Güterstandes, weil dann die bereits entstandene Ausgleichsforderung, § 1378 Abs. 3, ohne weiteres durch Arrest oder einstweilige Verfügung gesichert werden kann[511].

Im Rahmen der Entscheidung über die begehrte Sicherheitsleistung brauchen grundsätzlich nicht die Erfolgsaussichten des Verfahrens über die Auflösung der Ehe oder die Beendigung des Güterstandes geprüft zu werden; wohl aber muß

---

[508] Herrschende Meinung vergl. z.B. BayOLG NJW 75, 833, 835; MünchKomm-Gernhuber, § 1389 Rz. 4; BGB-RGRK-Finke, § 1389 Rz. 1; Soergel-Lange, § 1389 Rz. 11; a.A. Furtner NJW 65, 373 ff., 375; SteinJonas-Grunski, § 916 ZPO Anm. 9 ff; Ullmann, NJW 71, 1294 ff.; und zuletzt Ditzen, NJW 87, 1806 f mit Darstellung des Meinungsstandes.

[509] OLG Nürnberg, FamRZ 66, 357; Harms, FamRZ 66, 585, 588 ff.; vergl. auch OLG Hamburg, NJW 64, 1078; siehe auch unten Rz. 152.

[510] Allgemeine Meinung, vergl. z.B. Staudinger-Thiele, § 1389 Rz. 8; Erman-Heckelmann, § 1389 Rz. 5.

[511] Soergel-Lange, § 1389 Rz. 3.

der die Sicherheit verlangende Ehegatte behaupten und notfalls auch beweisen, daß ihm voraussichtlich eine Ausgleichsforderung zustehen wird. Ihm obliegt die **Behauptungs- und Beweislast** auch hinsichtlich der Höhe der Forderung. An den Beweis sind aber keine strengen Anforderungen zu stellen, da genaue Berechnungen ggf. noch von einer nach § 1379 zu erteilenden Auskunft abhängig sein werden und im übrigen dem Hauptsacheverfahren über die Ausgleichsforderung selbst vorbehalten bleiben sollten. Der ggf. auch im Wege einer Schätzung nach § 287 Abs. 2 ZPO zu ermittelnde Betrag der wahrscheinlichen künftigen Ausgleichsforderung stellt den **Sicherungsumfang** dar[512].

149   Der in Anspruch genommene Ehegatte kann schon in diesem Verfahren den Einwand vorbringen, sein Vermögen werde zur Deckung der Ausgleichsforderung voraussichtlich nicht ausreichen, § 1378 Abs. 2; er kann auch Gründe vorbringen, die seiner Auffassung nach zu einer Minderung der Ausgleichsforderung nach § 1381 führen werden[513].

Dem Einwand nach § 1381 wird das Gericht im Rahmen des Verfahrens über die Sicherheitsleistung aber nur Folge leisten können, wenn die Zuerkennung einer Ausgleichsforderung praktisch nicht in Betracht kommt, dies also eindeutig festgestellt werden kann. Im übrigen muß die Entscheidung über ein Leistungsverweigerungsrecht dem Rechtsstreit aber die Ausgleichsforderung vorbehalten bleiben[514].

Inhaltlich ist der Anspruch auf Sicherheitsleistung für die künftige Ausgleichsforderung gerichtet, und zwar in der Form der §§ 232 bis 240. Das Gericht hat nur die **Höhe**, nicht die **Art** der Sicherheitsleistung anzuordnen, da dem Gericht ein Bestimmungsermessen ähnlich wie in § 1382 Abs. 4 nicht eingeräumt worden ist[515].

Der die Sicherheit verlangende Ehegatte hat darzulegen, daß eine **erhebliche Gefährdung** seines künftigen Anspruchs auf den Zugewinnausgleich zu besorgen ist, und zwar aufgrund des Verhaltens des anderen Ehegatten. Die rein theoretische Gefahr, die sich aus der Stichtagsregelung der §§ 1384, 1387 einerseits und der Begrenzung des Anspruches auf das bei Beendigung des Güterstandes vorhandene Vermögen andererseits nach § 1378 Abs. 2 ergibt, reicht hierzu nicht aus. Verhalten, das nach § 1386 Abs. 2 zur Klage auf vorzeitigen Zugewinnausgleich berechtigt, wird im allgemeinen auch für ein Sicherheitsverlangen nach § 1389 ausreichen. Zu berücksichtigen sein können auch Verhaltensweisen, die die Gefahr der Belastung mit erheblichen **Schulden** begründen, wobei weder Benachteiligungsabsicht noch Verschulden vorausgesetzt werden. Zu würdigen ist

---

[512] Vergl. z.B. OLG Hamm, FamRZ 85, 71 f; ebenso Palandt-Diederichsen, § 1389 Anm. 1; und Staudinger-Thiele, § 1389 Rz. 17; nicht praxisgerecht Soergel-Lange, § 1389 Rz. 7, wonach maßgeblich der Umfang der zu besorgenden, nach § 287 Abs. 2 ZPO zu schätzenden Beeinträchtigung sein soll. Wenn Gefährdungshandlungen zu befürchten sind, wird sich nie zuverlässig prognostizieren lassen, mit welchem Prozentsatz diese letztlich zu einer Beeinträchtigung der Ausgleichsforderung führen werden.

[513] Staudinger-Thiele, § 1389 Rz. 11.

[514] BGB-RGRK-Finke, § 1389 Rz. 9 und OLG Hamburg, NJW 64, 1076, 1077.

[515] Vergl. z.B. Staudinger-Thiele, § 1389 Rz. 16 und OLG Hamburg, NJW 64, 1076 f.

das gesamte Verhalten des Ehegatten, sofern es auf die künftige Vermögensaus-einandersetzung Einfluß hat oder haben kann. Bei der Bewertung des Gesamt-verhaltens des ausgleichspflichtigen Ehegatten sind nicht nur äußere Umstände, sondern auch seine Charaktereigenschaften und seine Einstellung zur Ehe zu be-rücksichtigen[516].

Zu fordern ist nicht eine bereits eingetretene **Gefährdung**; es genügt eine Pro-gnose, die zum Resultat eines offenbar begründeten, erheblichen Mißtrauens führt, und zwar aus der Sicht eines objektiven Beobachters. Die Möglichkeit, Ansprüche gegen Dritte nach § 1390 geltend machen zu können, weil der Schuld-ner Vermögenswerte auf Dritte überträgt, steht dem Anspruch nicht entgegen[517].

§ 1389 gibt einen Anspruch auf Sicherheitsleistung für eine künftige, also noch **150** nicht entstandene und der Höhe nach noch ungewisse Ausgleichsforderung. Als Sicherungsrecht ist der Anspruch auf Sicherheitsleistung grundsätzlich **akzesso-risch**. Aus dem Gesetzeswortlaut ergeben sich keine Anhaltspunkte dafür, daß die nach § 1389 zu gewährende Sicherheit materiell-rechtlich Einfluß auf die Zu-gewinnausgleichsforderung selbst haben soll. Diese ist also unabhängig von einer vorherigen Sicherheitsleistung der Höhe und dem Bestand nach von der Vermö-genssituation der Ehegatten zu dem maßgebenden Berechnungszeitpunkt abhän-gig. Sie ist weiter nach § 1378 Abs. 2 davon abhängig, welches aktive Vermögen der Ausgleichsverpflichtete bei Beendigung des Güterstandes noch hat. Da selbst der durchgesetzte Anspruch auf Sicherheitsleistung nach § 1389 den Ausgleichs-berechtigten also nicht davor schützt, daß die Ausgleichsforderung wegen ent-sprechender Vermögensverluste des ausgleichspflichtigen Ehegatten bis zum En-de des Ehescheidungsverfahrens in Wegfall gerät, wird in der Literatur die Frage diskutiert, ob § 1389 entsprechend dem Normzweck (Sicherung) in **erweiternder Auslegung** als Begrenzung für § 1378 Abs. 2 verstanden werden soll, mit der Folge, daß, sobald und soweit Sicherheit geleistet worden ist, die Ausgleichsfor-derung nicht mehr zu kürzen ist, weil sie höher ist als der Wert des Schuldner-vermögens bei Beendigung des Güterstandes[518].

Gegen eine solche erweiternde Auslegung sprechen der Gesetzeswortlaut, der Gläubigerschutzzweck des § 1378 Abs. 2 und der Grundsatz der Akzessorietät. Dagegen läßt sich auch anführen, daß in vielen Fällen die erweiternde Auslegung nicht notwendig sein wird, um den Schutzzweck des § 1389 zu gewährleisten. Oft wird das infolge der Sicherheitsleistung „aus dem Verkehr gezogene" Geld dazu führen, daß der Vermögensverfall unter den Betrag des Zugewinnaus-gleichsanspruchs bis zur Beendigung des Güterstandes verhindert wird. Gegen eine solche erweiternde Auslegung spricht schließlich, daß so letztlich der Be-stand der (künftigen) Zugewinnausgleichsforderung von der Zufälligkeit abhän-gen kann, ob der ausgleichsberechtigte Ehepartner einen Anspruch auf Sicher-

---

[516] BGHZ 1, 313, 315 f; Staudinger-Thiele, § 1389 Rz. 13; BGB-RGRK-Finke, § 1389 Rz. 5; Soergel-Lange, § 1389 Rz. 6.
[517] Z.B. MünchKomm-Gernhuber, § 1389 Rz. 10.
[518] So insbesondere Harms, FamRZ 66, 581 ff., 585; Gernhuber, Lehrbuch § 36 I 2 und MünchKomm-Gernhuber, § 1389 Rz. 2.

heitsleistung geltend gemacht hat, wenn ja, in welcher Höhe, und ob er z.B. durch übertriebene, in einem Verfahren nach § 1389 nicht in allen Einzelheiten zu prüfende Zahlenangaben eine gemessen an der tatsächlichen Ausgleichsforderung überhöhte Sicherheitsleistung durchsetzt. Diese Gefahr besteht erst recht in nur auf Glaubhaftmachung ausgerichteten Verfahren der einstweiligen Verfügung oder des Arrestes (dazu unten Rz. 152)[519].

Richtig erscheint eine **Mittellösung:**

Der Anspruch auf Sicherheitsleistung besteht erst, wenn die Klage auf vorzeitigen Ausgleich des Zugewinns oder ein auf die Beendigung der Ehe gerichtetes Verfahren eingeleitet ist. Dementsprechend stehen in der Regel nach §§ 1384, 1387 bei einer Entscheidung über die Sicherheitsleistung die Berechnungsstichtage für den (endgültigen) Zugewinnausgleich fest (zu den Berechnungsstichtagen siehe oben Rz. 77 f). Begründet der ausgleichsverpflichtete Ehegatte nach einer Entscheidung über ein Sicherheitsverlangen oder nach freiwilliger Leistung von Sicherheit Verbindlichkeiten, die sein Endvermögen unter die Höhe der Ausgleichsforderung bringen, verdienen die Gläubiger keinen besonderen Schutz mehr. Durch die dem ausgleichsverpflichteten Ehegatten auferlegte oder die vereinbarte Verpflichtung zur Sicherheitsleistung ist nämlich nach § 232 die Verpflichtung des Schuldners begründet worden, Geld oder Wertpapiere zu hinterlegen bzw. Vermögenswerte zu verpfänden oder zu beleihen, so daß sie wirtschaftlich der Verfügungsgewalt des ausgleichsverpflichteten Ehegatten entzogen sind. Das Vermögen ist also zum Zeitpunkt der Eingehung der Verbindlichkeiten bereits entsprechend belastet. Solche nach einer Entscheidung über zu leistende Sicherheit bzw. nach erfolgter Sicherheitsleistung eingegangene Verbindlichkeit kann also nicht zu einer Reduzierung der Ausgleichsforderung nach § 1378 Abs. 2 unter den Sicherheitsbetrag führen. Ergibt sich die Begrenzung der Zugewinnausgleichsforderung gegenüber dem Sicherheitsbetrag daraus, daß die zugrunde gelegten Berechnungen unzutreffend waren oder Verbindlichkeiten bis zur Entscheidung über die Verpflichtung zur Sicherheitsleistung eingegangen worden sind, muß dem Gedanken des Gläubigerschutzes der Vorrang eingeräumt werden.

2. Ergänzung und Verwertung der Sicherheit

151 Der Ausgleichsgläubiger kann nach § 240 Ergänzung der Sicherheit oder anderweitige Sicherheit verlangen, wenn die geleistete Sicherheit ohne Verschulden des Gläubigers **unzureichend** geworden ist, also z.B. dadurch, daß die Sicherungsgegenstände an Wert eingebüßt haben oder sich im nachhinein herausstellt, daß die Ausgleichsforderung höher sein wird als zunächst angenommen. Gleiches gilt, wenn sich das **Ausmaß der Gefährdung** gegenüber der ursprünglichen Annahme vergrößert hat. Voraussetzung ist immer, daß **neue Tatsachen** die Erhöhung notwendig machen. War die durch Urteil zugesprochene Sicherheitsleistung von vornherein unzureichend, weil nicht mehr beantragt war oder das Gericht auf-

---

[519] Gegen die erweiternde Auslegung z.B. Staudinger-Thiele, § 1389 Rz. 4; BGB-RGRK-Finke, § 1389 Rz. 13; Soergel-Lange, § 1378 Rz. 8 und Ullmann, NJW 71, 1294 f.

grund der vorgetragenen Tatsachen eine zu geringe Schätzung vorgenommen hat, steht der Nachbewilligung nach § 240 die Rechtskraft des früheren Urteils entgegen[520].

Verwertet werden kann die Sicherheitsleistung erst, wenn der Güterstand beendet, die Ausgleichsforderung entstanden und fällig ist und der Schuldner die Zugewinnausgleichsforderung nicht erfüllt. Die Sicherheiten sind zurückzugewähren, wenn der Scheidungsantrag oder die Klage auf Nichtigerklärung oder Aufhebung der Ehe bzw. die Klage auf vorzeitigen Zugewinnausgleich rechtskräftig abgewiesen ist oder die Klage bzw. der Antrag zurückgenommen worden ist. Gleiches gilt, soweit der geltend gemachte Anspruch auf Zugewinnausgleich zurückgewiesen oder die Klage zurückgenommen wird.

Die Sicherheit kann ferner freizugeben sein, wenn während des Verfahrens in der Ehesache oder während des Prozesses über den vorzeitigen Zugewinnausgleich der Güterstand durch Tod eines Ehegatten beendet wird und die erbrechtliche Lösung des § 1371 Abs. 1 eintritt[521].

3. Prozessuale Fragen

Klagen oder Anträge nach § 1389 sind **Familiensachen** (§ 621 Abs. 1 Ziff. 8 ZPO **152** i.V.m. § 23 b Abs. 1 Satz 2, Nr. 9 GVG), allerdings keine Folgesachen im Sinne des § 623 Abs. 2 ZPO, über die nur im Verbund mit der Ehesache entschieden werden könnte, weil die Sicherung nicht (erst) für den Fall der Scheidung begehrt wird. Dementsprechend ist auch eine Verbindung der Klage aus § 1389 mit einer Ehesache gemäß § 610 Abs. 2 ZPO unzulässig. Verbunden werden kann die Klage nur mit einer Klage auf vorzeitigen Zugewinnausgleich[522]. Die örtliche Zuständigkeit für eine solche Klage richtet sich nach den allgemeinen Vorschriften (§ 621 Abs. 2 Satz 2 ZPO); ist demgegenüber gleichzeitig eine Ehesache anhängig, ist das Gericht der Ehesache ausschließlich zuständig (§ 621 Abs. 2 Satz 1 ZPO).

Für die **Höhe** der Sicherheitsleistung ist die (ggf. nach § 287 ZPO zu schätzende) mutmaßliche Höhe der Ausgleichsforderung maßgebend[523].

Der **Streitwert** wird in der Regel durch die Höhe der geforderten Sicherheitsleistung bestimmt[524]; Anwaltszwang besteht seit dem 1.4.1986 unabhängig vom Streitwert, § 78 Abs. 2 Ziff. 2 n.F. i.V.m. § 621 Abs. 1 Ziff. 8 ZPO.

Nach allgemeiner Meinung kann der Anspruch auf Sicherheitsleistung bei Eilbedürftigkeit auch im Rahmen eines **Eilverfahrens** nach §§ 916 ff. ZPO geltend ge-

---

[520] Staudinger-Thiele, § 1389 Rz. 22.
[521] Vergl. z.B. Staudinger-Thiele, § 1389 Rz. 23/24.
[522] Staudinger-Thiele, § 1389 Rz. 19.
[523] Siehe oben Rz. 148 und Fußnote 512; a.A. Soergel-Lange, § 1389 Rz. 7; Staudinger-Thiele, § 1389 Rz. 17; MünchKomm-Gernhuber, § 1389 Rz. 14; BGB-RGRK-Finke, § 1389 Rz. 8 wonach es auf das zu schätzende Ausmaß der zu besorgenden Gefährung der Ausgleichsforderung ankommen soll, was aber sicher noch weniger zuverlässig zu schätzen ist, als die Höhe der künftigen Ausgleichsforderung.
[524] Vergl. OLG München, Rechtspfleger 1977, 176; Soergel-Lange, § 1389 Rz. 8.

macht werden, wobei allerdings sehr streitig ist, ob dies durch ein **Arrestverfahren** oder ein **Verfahren der einstweiligen Verfügung** zu geschehen hat. Nach der wohl herrschenden Meinung in der Literatur kann der Anspruch auf Sicherheitsleistung selbst durch Antrag auf Erlaß einer einstweiligen Verfügung geltend gemacht werden[525]. In der Rechtsprechung sind die Auffassungen sehr geteilt. Die Oberlandesgerichte haben sich überwiegend für die Zulässigkeit nur eines Arrestverfahrens ausgesprochen[526]; die Oberlandesgerichte Köln und Hamburg sowie das KG halten das Verfahren der einstweiligen Verfügung für zulässig[527]. Eine Entscheidung des Bundesgerichtshofs liegt bisher nicht vor. Bis dahin wird es in Eilfällen notwendig sein, zur Vermeidung von Zeitverlusten das von dem jeweils zuständigen Oberlandesgericht für zulässig gehaltene Verfahren zu wählen. Streitig ist auch, inwieweit zur Sicherung des (bereits titulierten) Anspruches auf Sicherheitsleistung der Erlaß eines Arrestes zulässig ist. Zum Teil wird dies mit der Begründung abgelehnt, der Anspruch auf Sicherheitsleistung könne entgegen dem Erfordernis des § 916 ZPO nicht in einen Geldanspruch übergehen[528].

Die überwiegende Meinung hält jedoch die Sicherung des Anspruches auf Sicherheitsleistung auch durch einen Arrest für zulässig[529], wobei zum Teil die Einschränkung gemacht wird, daß der Schuldner mit der Leistung der Sicherheit in Verzug sein müsse[530].

In **Eilfällen** und bei drohender Vereitelung des Sicherheitsleistungsanspruches kann es also notwendig sein, zunächst den Anspruch selbst im Wege einer einstweiligen Verfügung titulieren zu lassen und dann zur Sicherung des Anspruches einen Arrest mit bestimmten Vollziehungsmaßnahmen zu erwirken. Soweit für den Arrest der Verzug des Schuldners mit der Sicherheitsleistung verlangt wird, reicht hierzu die außergerichtliche Aufforderung aus.

Die **Sicherheit** ist nach Maßgabe der §§ 232 ff. zu leisten. Kommt der Schuldner einer hierauf gerichteten Verurteilung oder einer einstweiligen Verfügung nicht nach, ist die Zwangsvollstreckung nach § 887 ZPO zulässig[531].

Da §§ 232 ff. mehrere Arten der Sicherheitsleistung zulassen, hat der Schuldner ein **Wahlrecht**, das mit Beginn der Zwangsvollstreckung nach § 887 ZPO auf

---

[525] Nach herrschender Meinung in der Literatur z.B. Palandt-Diederichsen, § 1389 Anm. 1; Münch-Komm-Gernhuber, § 1389 Rz. 15; BGB-RGRK-Finke, § 1389 Rz. 7; Staudinger-Thiele, § 1389 Rz. 20; Soergel-Lange, § 1389 Rz. 11 (Arrest und einstweilige Verfügung sollen zulässig sein); Erman-Heckelmann, § 1389 Rz. 5 a.A.; Ullmann, NJW 71, 1294 f.

[526] Vergl. z.B. OLG Hamm, FamRZ 85, 71; OLG Celle, FamRZ 84, 1231 mit Anm. Schröder, FamRZ 85, 392.

[527] OLG Köln, FamRZ 83, 709 mit Darstellung des Meinungsstandes; OLG Hamburg, NJW 64, 1078 f.

[528] So z.B. OLG Hamburg, FamRZ 82, 284 und grundsätzlich ablehnend KG FamRZ 74, 310, 311 und FamRZ 86, 1107 f.

[529] So z.B. OLG Hamburg, FamRZ 63, 648 = JZ 65, 498 mit zustimmender Anm. Bartholomeyczik JZ 65, 500; BayOLG FamRZ 75, 211 ff; MünchKomm-Gernhuber, § 1389 Rz. 15; Erman-Heckelmann, § 1389 Rz. 5; Soergel-Lange, § 1389 Rz. 11; Staudinger-Thiele, § 1389 Rz. 20; Furthner, NJW 65, 373, 376; Dölle, Familienrecht I, S. 846; Harms, FamRZ 66, 585, 587.

[530] So insbesondere Palandt-Diederichsen, § 1389 Anm. 1 und OLG Köln, FamRZ 83, 709 ff. und NJW 70, 1883 = FamRZ 70, 655.

[531] Z.B. OLG Köln, FamRZ 83, 709; OlG Koblenz, FamRZ 73, 383; BaumbachLauterbach/Hartmann, § 887 Anm. 6.

den Gläubiger nach § 267 analog übergeht, so daß der vollstreckende Gläubiger die gewünschte Art der Zwangsvollstreckung in seinem Antrag anzugeben hat. Wird der Gläubiger daraufhin durch das Gericht nach § 887 Abs. 1 ZPO ermächtigt, die Sicherheitsleistung in der Form der Hinterlegung von Geldern auf Kosten des Schuldners vornehmen zu lassen, kann aus einem entsprechenden Beschluß die Zwangsvollstreckung betrieben werden, und zwar nach den Vorschriften über die Beitreibung einer Geldforderung. Die beigetriebene Geldsumme ist allerdings nicht an den Gläubiger auszuzahlen, sondern bei der Hinterlegungsstelle einzuzahlen[532].

Das Gericht kann nach allgemeiner Meinung **kein Veräußerungs- und Verfügungsverbot** erlassen und auch keine Sequestration anordnen, weil damit über den Umfang des materiellen Rechts hinausgegangen würde[533].

Eine Sicherung des künftigen Ausgleichsanspruches setzt immer voraus, daß die in § 1389 aufgeführten Klagen oder der Scheidungsantrag anhängig sind. Vorher ist eine Sicherung des künftigen Ausgleichsanspruchs durch Arrest oder einstweilige Verfügung nach ganz überwiegender Auffassung nicht zulässig[534]. Eine Sicherung des künftigen Ausgleichsanspruches kann schließlich nicht im Wege einer einstweiligen Anordnung nach § 620 ZPO gewährleistet werden, da der Regelungskatalog des § 620 ZPO enumerativ ist, die Vorschrift Regelungen während des laufenden Scheidungsverfahrens ermöglichen soll, nicht aber der Vorbereitung der vermögensrechtlichen Auseinandersetzung[535] dient.

4. Abänderbarkeit durch Ehevertrag

Nach herrschender Meinung kann der Anspruch aus § 1389 nicht im voraus durch **Ehevertrag** ausgeschlossen werden. Wohl können Vereinbarungen über die Erweiterung bzw. Erleichterung der Voraussetzungen getroffen werden[536].

Vereinbarungen über einen bereits entstandenen Anspruch auf Sicherheitsleistung sind aber formlos möglich, insbesondere Vereinbarungen über eine von den §§ 232 ff. abweichende Art der Sicherheitsleistung[537].

---

[532] Vergl. zuletzt OLG Düsseldorf, FamRZ 84, 704.
[533] Vergl. z.B. OLG Hamburg, NJW 64, 1078 mit Anmerkung Bartholomeyczik JZ 65, 501; Erman-Heckelmann, § 1389 Rz. 5; MünchKomm-Gernhuber, § 1389 Rz. 15, BGB-RGRK-Finke, § 1389 Rz. 7; Soergel-Lange, § 1389 Rz. 11; a.A. Dölle, Familienrecht I, S. 846; Harms, FamRZ 66, 585, 587 ff.; Ullmann, NJW 71, 1294.
[534] Vergl. die Zusammenstellung bei Soergel-Lange, § 1389 Rz. 13; für Zulässigkeit eines Arrestes: Furtner, NJW 65, 373, 375; Stein-Jonas/Grunsky, § 916 ZPO Anm. 9 ff; nach Ullmann NJW 71, 1294 ff. soll ein Veräußerungsverbot zulässig sein.
[535] Vergl. z.B. Baumbach-Lauterbach/Albers, § 620 Anm. 1 A B; Soergel-Lange, § 1389 Rz. 14.
[536] Siehe z.B. BGB-RGRK-Finke, § 1389 Rz. 15; MünchKomm-Gernhuber, § 1389 Rz. 23/24.
[537] Staudinger-Thiele, § 1389 Rz. 26.

E. DER VORZEITIGE AUSGLEICH DES ZUGEWINNS, § 1385 ff.

I. Voraussetzungen

153 Die §§ 1385 bis 1388 ermöglichen unter bestimmten, enumerativ aufgeführten und nicht erweiterungsfähigen Voraussetzungen[538] den vorzeitigen Ausgleich des Zugewinns, wenn die Grundlagen der Zugewinnbeteiligung (Zusammenleben und gemeinsames Wirtschaften) nachhaltig gestört sind (§§ 1385, 1386 Abs. 1), durch das Verhalten eines Ehegatten die künftige Ausgleichsforderung erheblich gefährdet ist (§ 1386 Abs. 2) oder die Berechnung des (künftigen) Zugewinns illoyal erschwert wird, § 1386 Abs. 3.

Das Recht, den vorzeitigen Ausgleich des Zugewinns zu verlangen, wird durch die Erhebung einer **Gestaltungsklage** ausgeübt. Mit dem der Klage stattgegebenden Urteil wird der Güterstand durch **gestaltenden Richterspruch** beendet. Mit Rechtskraft des Urteils tritt Gütertrennung ein, § 1388, und entsteht der Zugewinnausgleichsanspruch, § 1378 Abs. 3. Die Klage auf vorzeitigen Ausgleich des Zugewinns bietet also den Ehegatten die Möglichkeit, den gesetzlichen Güterstand der Zugewinngemeinschaft einseitig zu beenden, ohne zugleich die Scheidung der Ehe betreiben zu müssen. §§ 1385 ff. bieten aber keine Möglichkeit, aufgrund konkreter Gefährdungstatbestände den derzeitigen Ausgleichsanspruch sicherzustellen, ohne damit zugleich auch den Ausgleich künftiger Zugewinne auszuschließen. Nach der Gesetzessystematik besteht weder die Möglichkeit, vorzeitigen Zugewinnausgleich ohne Beendigung des Güterstandes zu verlangen, noch die Möglichkeit, Sicherung der künftigen Ausgleichsforderung zu verlangen, ohne zugleich die Klage auf Beendigung des Güterstandes oder Auflösung der Ehe erhoben zu haben, § 1389[539].

1. Vorzeitiger Zugewinnausgleich bei Getrenntleben

Nach § 1385 kann jeder Ehepartner auf vorzeitigen Ausgleich des Zugewinns klagen, wenn die Ehegatten **seit** mindestens **drei Jahren getrennt** leben. Während es nach der früheren Fassung der Vorschrift noch auf ein Recht zum Getrenntleben ankam, sind seit der Neufassung durch das 1. EheRG ausschließlich die Trennung der Ehegatten und der Zeitablauf Tatbestandsvoraussetzungen, ohne daß es auf die Ursachen der Trennung, ein Verschulden an der Trennung oder auf den Grad der Zerrüttung der Ehe ankommt. Die 3-Jahres-Frist lehnt sich an die **Zerrüttungsvermutung** des § 1566 Abs. 2 an und soll gewährleisten, daß durch die Klage nicht Ehen gefährdet werden, die noch nicht endgültig gescheitert sind[540].

Wann Ehegatten im Sinne des Gesetzes **getrennt** leben, ergibt sich aus § 1567. Ein kürzeres Zusammenleben zum Zwecke eines Versöhnungsversuchs unterbricht oder hemmt die Trennungszeit nicht. Welcher Zeitraum noch als „kürzere Zeit" angesehen werden kann, ist nach den Verhältnissen des Einzelfalles und

---

[538] Z.B. Soergel-Lange, § 1386 Rz. 5.
[539] Vergl. OLG Frankfurt FamRZ 84, 895 f; Staudinger-Thiele, § 1385 Rz. 3.
[540] Vergl. z.B. MünchKomm-Gernhuber, §§ 1385, 1386 Rz. 10.

insbesondere in Relation zu den jeweils maßgeblichen Trennungsfristen zu bestimmen[541], wie also in Relation zu dem Zeitraum von drei Jahren.

Da im Rahmen des § 1385 Trennungsgründe oder Verschuldensfragen keine Rolle spielen, kann auch dem antragstellenden Ehegatten, der die Trennung durch
schuldhafte Eheverfehlungen verursacht hat, nicht der **Einwand treuwidrigen
Verhaltens** entgegengehalten werden, gestützt etwa auf §§ 242, 162 oder 1353[542].

Zu der streitigen Frage, ob § 1385 analog auf in **Gütergemeinschaft** lebende
Eheleute angewandt werden kann, siehe unten Rz. 238 [543].

2. Vorzeitiger Zugewinnausgleich in anderen Fällen, § 1386

§ 1386 nennt drei weitere Tatbestandsvoraussetzungen für eine Gestaltungsklage   **154**
auf vorzeitigen Zugewinnausgleich, die nicht erweiterungsfähig sind. Auch
schwerwiegende andere Gründe im wirtschaftlichem Bereich (Konkurs, Überschuldung, Spielleidenschaft) oder im persönlichen Bereich (Entmündigung,
Pflegerbestellung) berechtigen nicht zur Klage auf vorzeitigen Zugewinnausgleich[544].

a) Nichterfüllung wirtschaftlicher Verpflichtungen

Nach § 1386 Abs. 1 besteht das Klagerecht, wenn der andere Ehegatte längere
Zeit hindurch die wirtschaftlichen Verpflichtungen nicht erfüllt hat, die sich aus
dem ehelichen Verhältnis ergeben, und aufgrund dessen die Prognose gerechtfertigt ist, daß er sie auch in Zukunft nicht erfüllen wird. Sich aus dem ehelichen Le-
bensverhältnis ergebende wirtschaftliche Verpflichtungen sind in erster Linie die
Verpflichtungen zur Unterhaltsleistung und zur Besorgung des ehelichen Haushalts nach Maßgabe der Regelung durch die Ehegatten, §§ 1360, 1356 Abs. 1.
Hierzu kann aber auch die Verpflichtung gehören, dem anderen Ehegatten die
Ehewohnung und den Hausrat zur Mitbenutzung zu überlassen. **Nichterfüllung**
bedeutet jedes pflichtwidrige Tun oder Unterlassen, wozu auch nur unregelmäßige, unvollständige oder grundlos verzögerte Pflichterfüllung gehören kann.
Der **Verschuldensmaßstab** bestimmt sich aus § 1359. Das pflichtwidrige Verhalten muß über einen **längeren Zeitraum** hinweg angedauert haben, der in Relation zu setzen ist zu der Dauer der Ehe einerseits und der Schwere der Pflichtverletzung andererseits. Es braucht sich nicht um einen zusammenhängenden Zeitraum zu handeln. Auch ist nicht unbedingt ein innerer Fortsetzungszusammen-
hang notwendig. Allerdings können zeitlich auseinanderliegende Vorgänge nur
dann zusammengezogen werden, wenn ein innerer Zusammenhang besteht. Hinzu kommen muß die Prognose, daß der Ehegatte auch in Zukunft seinen wirt-

---

[541] Vergl. z.B. Staudinger-Thiele, § 1385 Rz. 11 und Palandt-Diederichsen, § 1567 Anm. 3 a mit Nachweisen aus der Rechtsprechung.
[542] Vergl. z.B. MünchKomm-Gernhuber, §§ 1385, 1386 Rz. 11; Staudinger-Thiele, § 1385 Rz. 12; Soergel-Lange, § 1385 Rz. 3.
[543] Und Grasmann FamRZ 84, 957 ff.
[544] Allgemeine Meinung, vergl. z.B. Palandt-Diederichsen, § 1385 Anm. 1; Staudinger-Thiele, § 1386
Rz. 29.

schaftlichen Verpflichtungen nicht nachkommen wird. Hierbei sind alle Umstände des Einzelfalles zu berücksichtigen, insbesondere Art, Dauer und Schwere der bisherigen Verletzungen sowie die innere Einstellung des beklagten Ehegatten. Der Richter muß eine auf Tatsachen gegründete Prognose anstellen[545].

b) Illoyale Vermögenshandlungen

155 § 1386 Abs. 2 gibt das Recht zur Klage auf vorzeitigen Ausgleich des Zugewinns in zwei Fällen illoyaler Vermögenshandlungen des anderen Ehepartners: einmal nach Vornahme von Rechtsgeschäften über das Vermögen im ganzen ohne die nach § 1365 erforderliche Zustimmung; zum anderen nach Vermögensminderungen durch eine der in § 1375 bezeichneten Handlungen, also solchen, die zu einer fiktiven Erhöhung des Endvermögens führen. Hinzu kommen muß in beiden Fällen, daß eine **erhebliche Gefährdung** der künftigen Ausgleichsforderung zu besorgen ist. Vor Verfügungen des anderen Ehegatten über sein Vermögen im ganzen ist ein Ehegatte nach § 1365 bereits dadurch geschützt, daß solche Verfügungen unwirksam sind und er berechtigt ist, die sich hieraus ergebenden Rechte auch gegen Dritte geltend zu machen, § 1368 (siehe dazu oben Rz. 61 ff.). Illoyale Vermögensminderungen werden zugunsten des hiervon betroffenen Ehegatten dadurch korrigiert, daß die entsprechenden Werte nach Beendigung des Güterstandes dem Endvermögen hinzugerechnet werden und dementsprechend den Zugewinn des illoyal handelnden Ehepartners erhöhen, § 1375 Abs. 2 (siehe hierzu oben Rz. 107 ff.). Erst das Hinzukommen der weiteren Tatbestandsvoraussetzung der erheblichen Gefährdung der künftigen Ausgleichsforderung gibt in beiden Fällen dem betroffenen Ehepartner das Recht, vorzeitigen Ausgleich des Zugewinns zu verlangen. Auch hierfür muß allerdings im Bereich der Vermögensminderung nach § 1375 Abs. 2 die 10-Jahres-Frist gemäß § 1375 Abs. 3 gewahrt werden; ebenso entfällt das Klagerecht bei Einverständnis[546].

Eine **erhebliche** Gefährdung der künftigen Ausgleichsforderung ist zu besorgen, wenn Entstehung, Umfang oder Durchsetzung der Ausgleichsforderung zum Nachteil des klageberechtigten Ehegatten beeinflußt werden könnten. Eine Gefährdung braucht noch nicht konkret vorzuliegen; es genügt die durch Tatsachen objektiv begründbare Besorgnis einer künftigen Gefährdung. Die Vornahme der die Klagemöglichkeit eröffnenden Handlungen durch den anderen Ehegatten alleine reicht hierzu nach dem eindeutigen Gesetzeswortlaut nicht aus. Bei einem **Gesamtvermögensgeschäft** ist in erster Linie zu überprüfen, ob es ggf. in vollem Umfange rückgängig gemacht werden kann, ob der andere Ehegatte hierzu bereit oder der klageberechtigte Ehegatte hierzu in der Lage ist, § 1368. Von einer Gefährdung kann ausgegangen werden, wenn der Dritte die Gegenstände nicht zurückgeben kann oder muß, ggf. nicht ersatzpflichtig ist und jedenfalls Ersatzan-

---

[545] Vergl. zu allem Vorstehenden z.B. Staudinger-Thiele, § 1386 Rz. 4 bis 8; Palandt-Diederichsen, § 1386 Anm. 2; MünchKomm-Gernhuber, § 1353 Rz. 30 und § 1385, 1386 Rz. 12 bis 16.
[546] Ganz herrschende Meinung, z.B.: Palandt-Diederichsen, § 1386 Anm. 3; MünchKomm-Gernhuber, § 1385, 1386 Rz. 21; Erman-Heckelmann, § 1386 Rz. 3; Soergel-Lange, § 1386 Rz. 16; Staudinger-Thiele, § 1386 Rz. 12.

sprüche gegen den handelnden Ehegatten hat, die dann wiederum dessen Vermögen mindern. Die Besorgnis einer künftigen Gefährdung ist im übrigen dann gegeben, wenn die Gefahr des erneuten Abschlusses von Gesamtvermögensgeschäften besteht. Bei **illoyalen Handlungen** im Sinne des § 1375 Abs. 2 kommt es ebenfalls maßgeblich darauf an, ob Wiederholungsgefahr besteht und ob eine Minderung des Zugewinns zu befürchten ist. Die konkrete Besorgnis einer künftigen Gefährdung ist immer dann gegeben, wenn eine Minderung des Ausgleichsanspruches nach § 1378 Abs. 2 droht. In beiden Fällen muß die drohende Gefährdung erheblich sein, und zwar sowohl im Hinblick auf das Maß der zu besorgenden Gefährdung als auch auf den Umfang der zu befürchtenden Beeinträchtigung, wofür maßgebend der Zeitpunkt der letzten mündlichen Verhandlung ist[547].

Streitig ist, ob entsprechend dem Wortlaut des § 1386 Abs. 2 klageberechtigt nur der Ehegatte ist, dessen (voraussichtliche) künftige Ausgleichsforderung gefährdet ist oder ob das **Klagerecht** auch in der Person des wahrscheinlich ausgleichspflichtigen Ehegatten entsteht. Für letztere Auffassung sprechen sich Gernhuber und Thiele[548] aus. Demgegenüber hält sich die herrschende Meinung an den Wortlaut des Gesetzes und bejaht das Klagerecht nur für den (künftigen) Gläubiger der Ausgleichsforderung[549]. Der Gesetzeswortlaut spricht eindeutig gegen die Richtigkeit der Auffassung von Gernhuber und Thiele. Entgegen ihrer Auffassung besteht auch keinesfalls in der Person beider Ehegatten ein gleiches Schutzbedürfnis, weil sich die Ausgleichsschuld erhöhen könne, wenn der (voraussichtliche) Gläubiger seinen Zugewinn schmälere. Hat nämlich der potentiell ausgleichsberechtigte Ehegatte eigenes Vermögen durch eine der in § 1375 aufgeführten Handlungen vermindert, ist dem Interesse des ausgleichsverpflichteten Ehegatten durch die fiktive Hinzurechnung zum Endvermögen in vollem Umfange Rechnung getragen, da § 1378 Abs. 2 für den ausgleichsberechtigten Ehegatten nicht zum Tragen kommt und generell die Frage der Verfügbarkeit des Vermögens für die Berechnungen des Zugewinnausgleichsanspruches keine Rolle spielt. Ähnliches gilt bei Gesamtvermögensgeschäften. Eine solche Verfügung wird häufig zugleich eine Handlung im Sinne des § 1375 Abs. 2 darstellen, so daß sie rechnerisch bei der Ermittlung des Endvermögens berücksichtigt wird. In der Praxis geht es im übrigen im allgemeinen darum, daß ein einzelner Vermögensgegenstand, der allerdings das wesentliche Vermögen bildet, veräußert wird. Ist dieser Gegenstand nicht verschleudert worden, sondern befindet sich ein Gegenwert noch im Vermögen des ausgleichsberechtigten Ehegatten, spielt der Veräußerungsvorgang für die Berechnung des Endvermögens und des Zugewinnausgleichs keine Rolle. Selbst die Tatsache, daß möglicherweise Vermögenswerte

---

[547] Vergl. zu Vorstehendem insbesondere Staudinger-Thiele, § 1386 Rz. 18 bis 21 und OLG Frankfurt, FamRZ 84, 895 f.; a.A. hinsichtlich des Zeitpunktes für die Gefährdung: MünchKomm-Gernhuber, §§ 1385, 1386 Rz. 22 (Zeitpunkt der Klageerhebung).
[548] MünchKomm §§ 1385, 1386 Rz. 22/23; Staudinger, § 1386 Rz. 14/15.
[549] Soergel-Lange, § 1386 Rz. 16, 17; BGB-RGRK-Finke, § 1386 Rz. 4; Staudinger-Felgentraeger, 11. Aufl., § 1386 Rz. 21; wohl auch Palandt-Diederichsen, § 1386 Anm. 3 und Erman-Heckelmann, § 1386 Rz. 3.

weggegeben worden sind, die andernfalls Zugriffsmöglichkeiten geboten hätten, kann keine Rolle für den Ehegatten spielen, der nicht ausgleichsberechtigt, sondern ausgleichsverpflichtet sein wird. Mangels identischem Schutzbedürfnis des potentiell Ausgleichsverpflichteten ist deswegen der sich auf den Gesetzeswortlaut stützenden herrschenden Meinung zuzustimmen.

c) Beharrliche Verweigerung der Unterrichtung über den Vermögensstand

156 Nach § 1386 Abs. 3 kann schließlich ein Ehegatte auf vorzeitigen Ausgleich des Zugewinns klagen, wenn der andere Ehegatte sich ohne ausreichenden Grund beharrlich weigert, ihn über den Stand seines Vermögens zu unterrichten.

Eine gesetzlich normierte Verpflichtung zur Auskunftserteilung über das Vermögen besteht nur nach bzw. im Zusammenhang mit der Beendigung des Güterstandes nach § 1379 (dazu oben Rz. 116 ff.). Der nach § 1379 Abs. 2 vorgezogene Zeitpunkt des Entstehens der Auskunftsverpflichtung durch Einleitung des auf die Auflösung der Ehe gerichteten Verfahrens gilt nach dem Gesetzeswortlaut ausdrücklich nicht für den Fall der Klage auf vorzeitigen Ausgleich des Zugewinns. Unabhängig davon, daß eine regelrechte Auskunftsverpflichtung während des Güterstandes nicht besteht, wird aber in einer Ehe ein Ehegatte den anderen über den Bestand seines Vermögens jedenfalls in groben Zügen unterrichten. Die Verpflichtung hierzu ergibt sich letztlich aus der Pflicht zur ehelichen Lebensgemeinschaft, § 1353 Abs. 1[550].

Für **Inhalt und Umfang der Unterrichtungspflicht** lassen sich keine allgemein gültigen Kriterien aufstellen. Die Unterrichtung muß jedenfalls so ausgestaltet sein, daß der andere Ehegatte sich ein ungefähres Bild von der Vermögenslage der Ehegatten machen kann. Hierzu wird im allgemeinen eine einmalige Mitteilung des Vermögensstandes nicht ausreichend sein, so daß zumindest eine Unterrichtung über wesentliche Änderungen notwendig ist. § 1386 Abs. 3 setzt eine solche Unterrichtungspflicht der Ehegatten untereinander voraus. Die beharrliche Verweigerung dieser Unterrichtung durch den beklagten Ehegatten begründet das Recht, vorzeitigen Ausgleich des Zugewinns zu verlangen. **Beharrliche Weigerung** kann nur bei Unterlassung ausreichender Mitteilungen trotz einer entsprechenden Aufforderung gegeben sein, wozu die bloße Ablehnung ergänzender (weitergehender) Informationen bei unzureichenden Angaben nicht genügt. Eine beharrliche Weigerung kann aber dann vorliegen, wenn die tatsächlich gemachten Angaben so unzureichend sind, daß sie in Wahrheit keine Unterrichtung über die Vermögenssituation darstellen und kein oder nur ein völlig unzulängliches Bild erlauben. „Beharrlich" ist eine Weigerung, wenn der beklagte Ehegatte wiederholt Aufforderungen zur Unterrichtung nicht oder nicht ausreichend nachkommt. Dies kann auch gegeben sein, wenn die Informationserteilung grundsätzlich und endgültig abgelehnt wird. In diesem Fall wäre das Verlangen mehrfacher Aufforderung unnötiger Formalismus. Beharrliche Weige-

---

[550] Vergl. insbesondere BGH FamRz 76, 516; OLG Schleswig Schlha 74, 112; OLG Hamburg, FamRZ 67, 100.

rung kann schließlich auch gegeben sein, wenn Unterrichtungsaufforderungen in der Vergangenheit nur nach intensivem, mit Ankündigung gerichtlicher Schritte verbundenem Drängen Folge geleistet worden ist und ein erneutes berechtigtes Auskunftsverlangen wiederum nicht unverzüglich befolgt wird[551].

Nicht „**ohne ausreichenden Grund**" erfolgt die Informationsverweigerung, wenn die Grundlage des allgemeinen Unterrichtungsanspruches, nämlich die eheliche Lebensgemeinschaft, infolge Trennung der Ehepartner nicht mehr besteht, also immer dann, wenn es zu einer Aufhebung der ehelichen Lebensgemeinschaft gekommen ist und die Ehe gescheitert ist, § 1353 Abs. 2. Diese Voraussetzungen können schon bei der Trennung oder kurze Zeit später erfüllt sein (vergl. § 1565 Abs. 1); es bedarf hierzu nicht der Feststellung eines mehr als dreijährigen Getrenntlebens[552].

Ein **ausreichender** Grund der Informationsverweigerung kann im übrigen in der Gefahr einer mißbräuchlichen, ehewidrigen Verwendung der mitgeteilten Daten liegen, wobei dies zur Verweigerung der Informationserteilung nur im Rahmen des Schutzbedürfnisses berechtigt. Der sich auf das Auskunftsverweigerungsrecht berufende Ehegatte muß konkrete Anhaltspunkte für die Mißbrauchsgefahr darlegen und beweisen; das generelle Interesse des Ehepartners oder seiner Geschäftspartner an der Wahrung von Geschäftsgeheimnissen reicht als solches nicht aus[553].

Ist das Erfordernis beharrlicher Informationsverweigerung erfüllt, besteht das Recht zur Klage auf vorzeitigen Zugewinnausgleich unabhängig davon, ob festgestellt werden kann, daß sich der ausgleichspflichtige Ehegatte tatsächlich dem Zugewinnausgleich ganz oder teilweise entziehen will. Es reicht der durch die Informationsverweigerung hervorgerufene Verdacht einer solchen Absicht, ohne daß es auf eine konkrete Gefährdung der Ausgleichsforderung oder der richtigen Berechnung des Zugewinns ankommt[554].

II. Verfahrensfragen

Die Klage auf vorzeitigen Ausgleich des Zugewinns ist eine **Gestaltungsklage**, gerichtet auf die Beendigung des gesetzlichen Güterstandes der Zugewinngemeinschaft (siehe dazu oben Rz. 153). Die Klage ist **Familiensache**; es besteht **Anwaltszwang**, seit dem 1.4.1986 unabhängig von dem Wert, §§ 621 Abs. 1 Nr. 8 ZPO, 23 b Abs. 1 Nr. 9 GVG; 78 Abs. 2 Nr. 2 ZPO. Die Rechtsprechung bestimmt den **Streitwert** nicht nach der Höhe der mit der Beendigung des Güterstandes nach erfolgreicher Aufhebungsklage entstehenden Ausgleichsforderung, sondern nach dem Interesse der Parteien entweder an einer vorzeitigen Beendigung der Zugewinngemeinschaft oder des Ausschlusses des anderen Ehegatten

157

---

[551] Vergl. zu Vorstehendem z.B. Staudinger-Thiele, § 1386 Rz. 24; Soergel-Lange, § 1386 Rz. 18 bis 20.
[552] So aber Staudinger-Thiele, § 1386 Rz. 25.
[553] Vergl. Palandt-Diederichsen, § 1386 Anm. 4; MünchKomm-Gernhuber, §§ 1385, 1386 Rz. 29; Soergel-Lange, § 1386 Rz. 20.
[554] Herrschende Meinung vergl. z.B. Palandt-Diederichsen, § 1386 Anm. 4; MünchKomm-Gernhuber, §§ 1385, 1386 Rz. 25; Staudinger-Thiele, § 1386 Rz. 27.

von der Teilhabe an dem zukünftigen Erwerb. Der Streitwert soll nach der Rechtsprechung des Bundesgerichtshofs in der Regel 1/4 des zu erwartenden Zugewinnausgleichs betragen[555].

Die Klage auf vorzeitigen Ausgleich des Zugewinns ist **nicht fristgebunden**; längeres Zuwarten kann gegen das Vorliegen der Tatbestandsvoraussetzungen sprechen (z.b. gegen die Besorgnis einer erheblichen Gefährdung im Sinne des Abs. 2 Ziff. 2 oder gegen die Besorgnis auch künftiger Verletzungen der wirtschaftlichen Verpflichtungen im Sinne des Abs. 1); es kann auch im Einzelfall als Zustimmung zu Geschäften bzw. Handlungen nach §§ 1365, 1375 Abs. 2 gewertet werden. Eine **Verwirkung** des Gestaltungsrechtes kann nur in ganz eng begrenzten Ausnahmefällen angenommen werden, da kein Ehepartner gezwungen sein kann, zur Wahrung eigener vermögensrechtlicher Interessen die mindestens ehegefährdende Klage zu erheben[556].

Der Klage kann das **Rechtsschutzinteresse** fehlen oder (ggf. mit der Kostenfolge des § 93 ZPO) entzogen werden, wenn der beklagte Ehegatte bereit ist, durch Ehevertrag Gütertrennung zu vereinbaren und den Zugewinnausgleich durchzuführen[557].

Mit der Klage können als **Stufenklage** der Anspruch auf Auskunftserteilung nach Beendigung des Güterstandes, § 1379 Abs. 1, und der Anspruch auf Ausgleich des Zugewinns selbst verbunden werden. Hierüber kann aber erst entschieden werden, wenn das der Klage stattgebende Urteil über den vorzeitigen Ausgleich des Zugewinns rechtskräftig geworden ist, da erst hierdurch (rechtsgestaltend) der Güterstand beendet wird[558].

Soll der Prozeß durch einen **Vergleich** zum Abschluß gebracht werden, muß die Form der §§ 1410, 127 a gewahrt werden, so daß anwaltliche Vertretung notwendig ist, § 78 Abs. 2, Ziff. 2 ZPO. Der Vergleich kann in der Form des Ehevertrages die Vereinbarung der Gütertrennung mit Zugewinnausgleich beinhalten, kann aber auch vorsehen, daß der gesetzliche Güterstand aufrechterhalten bleibt und eine Ausgleichszahlung als „Zwischenausgleich" geleistet wird. In diesem Fall sollte vertraglich bestimmt werden, ob und inwieweit eine Anrechnung auf eine etwaige zukünftige, endgültige Ausgleichsforderung, eine Anrechnung nach § 1380 oder ggf. auf den Erbteil erfolgen soll. Denkbar ist auch eine Vereinbarung, durch die die bisherige Zugewinngemeinschaft beendet und eine neue (mit dem jetzigen, zweckmäßigerweise festzulegenden Anfangsvermögen) begonnen wird[559].

---

[555] BGH NJW 73, 369; siehe auch OLG Schleswig, SchlHA 79, 180; Palandt-Diederichsen, § 1385 Anm. 1; kritisch: MünchKomm-Gernhuber, §§ 1385, 1386 Rz. 32.
[556] Vergl. Soergel-Lange, § 1386 Rz. 21; MünchKomm-Gernhuber, §§ 1385, 1386 Rz. 33.
[557] Herrschende Meinung, z.B. Soergel-Lange, § 1385 Rz. 8; Erman-Heckelmann, § 1386 Rz. 4; Münch-Komm-Gernhuber, §§ 1385, 1386 Rz. 34 mit dem nicht einleuchtenden Hinweis darauf, daß eine Beendigung des Prozesses durch Anerkenntnis-Urteil nicht möglich sei, weil dieses keinen richterlichen Gestaltungsakt beinhaltet; es sei also der Abschluß eines Vergleichs mit Regelung des Zugewinnausgleichs erforderlich.
[558] Vergl. z.B. OLG Celle, FamRZ 83, 171; Palandt-Diederichsen, § 1385 Anm. 1; MünchKomm-Gernhuber, §§ 1385, 1386 Rz. 36 m.w.N.
[559] Vergl. insbesondere MünchKomm-Gernhuber, § 1386 Rz. 38.

Die **örtliche Zuständigkeit** richtet sich nach § 621 Abs. 2 Satz 2 ZPO nach den allgemeinen Vorschriften. Während der Anhängigkeit einer Ehesache ist allerdings das Gericht der Ehesache ausschließlich zuständig, so daß ggf. nach § 621 Abs. 3 ZPO eine Verweisung an das Gericht der Ehesache zu erfolgen hat. Ehescheidungsverbund wird aber nicht begründet, weil die Klage auf vorzeitigen Ausgleich des Zugewinns begrifflich nicht für den Fall der Ehescheidung erhoben werden kann. Ein rechtskräftiges Ehescheidungsurteil führt zur Erledigung der Klage auf vorzeitigen Ausgleich des Zugewinns, nicht notwendig aber zur Erledigung der als Stufenklage erhobenen Klage auf Auskunft und/oder Zahlung der Ausgleichsforderung[560].

Der Klage eines Ehegatten auf vorzeitigen Ausgleich des Zugewinns kann mit einer entsprechenden **Widerklage** entgegnet werden. Weil in diesem Fall jeder Ehegatte ein eigenes Gestaltungsrecht verfolgt, haben Klage und Widerklage nicht denselben Gegenstand. Der Widerklage kann allerdings das Rechtsschutzinteresse fehlen, wenn sie auf den gleichen Sachverhalt wie die Klage gestützt ist (z.B. langjähriges Getrenntleben)[561].

Die **Kostenentscheidung** richtet sich nicht nach § 93 a ZPO. Dies ergibt sich eindeutig aus dem Wortlaut und im übrigen daraus, daß jedenfalls für auf § 1386 gestützte Klagen die Parteistellung nicht wie bei einem Ehescheidungsverfahren zufällig ist[562]. Gegen die analoge Anwendung des § 93 a ZPO auf die nach dreijährigem Getrenntleben beiden Ehegatten gleichermaßen offenstehende Klage nach § 1385 spricht, daß es sich um eine Ausnahmeregelung handelt und die ausdrücklichen Regelungen in Abs. 3 und Abs. 4 für Eheaufhebungs- und Ehenichtigkeitsklagen den Schluß nahelegen, daß die Klage auf vorzeitigen Ausgleich des Zugewinns bewußt nicht einbezogen worden ist[563].

III. Rechtsfolgen eines Urteils auf vorzeitigen Ausgleich des Zugewinns

Mit der Rechtskraft eines Urteils, durch das auf vorzeitigen Ausgleich des Zuge- **158** winns erkannt wird, ist der **Güterstand** der Zugewinngemeinschaft **beendet**, so daß nach §§ 1373 ff. der Ausgleich des Zugewinns verlangt werden kann. **Berechnungszeitpunkt** für das Endvermögen ist nach § 1387 der Tag der Zustellung der Klage auf vorzeitigen Zugewinnausgleich. Ist das Urteil nicht nur auf Klage, sondern auch auf Widerklage ergangen oder hat ein Ehegatte auf vorzeitigen Ausgleich des Zugewinns und der andere auf Scheidung, Eheaufhebung oder Ehenichtigerklärung beantragt bzw. geklagt, gilt stets der Zeitpunkt der früheren Klage oder des früheren Antrages. Stirbt ein Ehegatte während des Prozesses oder ergeht ein rechtskräftiges Ehescheidungs- bzw. Eheaufhebungs- oder Ehenichtigkeitsurteil, erledigt sich wegen der hierdurch jeweils herbeigeführten Be-

---

560 MünchKomm-Gernhuber, §§ 1385, 1386 Rz. 37.
561 Vergl. MünchKomm-Gernhuber, §§ 1385, 1386 Rz. 35.
562 Für die analoge Anwendung aber MünchKomm-Gernhuber, §§ 1385, 1386 Rz. 35 und nur für Klage nach § 1385: Soergel-Lange, § 1385 Rz. 7.
563 Gegen eine analoge Anwendung auf andere als die geregelten Verfahren: Thomas-Putzo, § 93 a Anm. 1 d.

endigung des Güterstandes der Rechtsstreit auf vorzeitigen Ausgleich des Zugewinns. Für die Bestimmung des maßgebenden Stichtages für die Berechnung des Endvermögens ist § 1387 in diesen Fällen nicht mehr unmittelbar anwendbar. Eine analoge Anwendung führt aber zur Maßgeblichkeit des (früheren) Stichtages der Zustellung der Klage auf vorzeitigen Ausgleich des Zugewinns, wenn der Klage ohne das erledigende Ereignis der Ehescheidung oder der sonstigen Auflösung des Güterstandes stattzugeben gewesen wäre. Umgekehrt gilt der frühere Zeitpunkt der Einleitung des Ehescheidungsverfahrens oder des sonstigen auf Eheauflösung gerichteten Verfahrens, wenn dieses Verfahren als erstes eingeleitet worden ist und ohne das erledigende Ereignis begründet gewesen wäre[564].

Die Vorschrift des § 1387 kann im übrigen **analog** anzuwenden sein, wenn der Güterstand nach Erhebung einer Klage auf vorzeitigen Ausgleich des Zugewinns durch Vergleich bzw. Ehevertrag beendet wird, ohne daß der Stichtag für die Ausgleichsberechnungen ausdrücklich bestimmt wird[565].

Nach § 1388 tritt mit Rechtskraft des Urteils über den vorzeitigen Zugewinnausgleich **Gütertrennung** ein, wobei für diese rechtspolitisch oft als verfehlt bezeichnete Lösung letztlich Gründe der Rechtsklarheit und der Praktikabilität den Ausschlag gegeben haben[566].

Der Eintritt der Gütertrennung kann nicht Rechtsfolge einer vorläufigen Vollstreckbarkeit sein, da das Urteil als Gestaltungsurteil nicht vollstreckbar im engeren Sinne ist. Ausgeschlossen ist nach herrschender Meinung auch ein **einstweiliger** Eintritt der Gütertrennung als Folge einer einstweiligen Verfügung, da diese die endgültige Gestaltungswirkung vorwegnehmen würde, ohne daß eine spätere (rückwirkende) Korrektur möglich wäre. Eine einstweilige Verfügung auf vorzeitigen Ausgleich des Zugewinns ist also wegen Vorwegnahme der Hauptsachenentscheidung unzulässig[567].

Die Gütertrennung tritt kraft Gesetzes und mit Wirkung für und gegen alle ein; § 1412 Abs. 1 ist weder unmittelbar noch analog anwendbar, da der Übergang vom gesetzlichen Güterstand zur Gütertrennung infolge des Wegfalls der Beschränkungen der §§ 1365, 1369 ausschließlich zu einer Erleichterung des Rechtsverkehrs führt und dementsprechend Dritte des Schutzes nicht bedür-

---

[564] Vergl. z.B. Heckelmann FamRZ 68, 59,64 ff.; ihm folgend Soergel-Lange, § 1387 Rz. 3 und § 1384 Rz. 7; Staudinger-Thiele, § 1387 Rz. 4, 6 und § 1384 Rz. 7; BGB-RGRK-Finke, § 1387 Rz. 3 und § 1384 Rz. 9 bis 11 Göppinger, Vereinbarungen anläßlich der Ehescheidung, 5. Aufl. Rz. 16; unabhängig von der Feststellung des voraussichtlichen Erfolgs des Verfahrens ohne das erledigende Ereignis stellen bei Zusammentreffen von Ehescheidungsverfahren und Verfahren auf vorzeitigen Zugewinnausgleich auf den früheren Zustellungszeitpunkt ab: MünchKomm-Gernhuber, § 1384 Rz. 7; Dölle I, S. 844; nach Palandt-Diederichsen gilt der frühere Stichtag zwar bei Konkurrenz zwischen Scheidungsverfahren oder sonstigen Eheauflösungsverfahren und Klage auf vorzeitigen Ausgleich des Zugewinns; auf den Zeitpunkt der Einleitung des Scheidungsverfahrens soll es aber mangels analoger Anwendbarkeit des § 1384 nicht ankommen, wenn ein Ehegatte während des Scheidungsverfahrens stirbt, § 1387 Anm. 1 und § 1384 Anm. 2.
[565] Staudinger-Thiele, § 1387 Rz. 7.
[566] Vergl. insbesondere die Kritik bei MünchKomm-Gernhuber, § 1388 Rz. 2 und Staudinger-Thiele, § 1388 Rz. 3.
[567] Herrschende Meinung vergl. z.B. Erman-Heckelmann, § 1388 Rz. 1; BGBRGRK-Finke, § 1388 Rz. 2; Staudinger-Thiele, § 1388 Rz. 6 und MünchKomm-Gernhuber, § 1388 Rz. 1 und 2.

fen[568]. Die Änderung der güterrechtlichen Verhältnisse kann jedoch in das Güterrechtsregister eingetragen werden[569].

IV. Abänderbarkeit durch Ehevertrag

Die Ehegatten können nach herrschender Meinung die Möglichkeit der vorzeitigen Klage auf Zugewinnausgleich nicht von vorneherein durch **Ehevertrag** ausschließen. Sie können allerdings vertraglich die Möglichkeiten und Tatbestandsvoraussetzungen einer Klage auf vorzeitigen Ausgleich des Zugewinns erweitern, z.B. dahingehend, daß „aus wichtigem Grund" jeder Ehegatte jederzeit Klage auf vorzeitigen Ausgleich des Zugewinns erheben kann. Unverzichtbar soll allerdings sein, daß die Beendigung nur durch richterlichen Akt erfolgen könne, so daß Vereinbarungen für unzulässig gehalten werden, nach denen die Beendigung des Güterstandes von der Ausübung eines einseitigen Kündigungsrechtes abhängt[570]. Umstritten ist, ob § 1388 durch Ehevertrag abdingbar ist, ob die Ehegatten also festlegen können, daß durch ein Urteil auf vorzeitigen Ausgleich des Zugewinns nicht Gütertrennung, sondern Gütergemeinschaft eintreten oder daß es bei dem gesetzlichen Güterstand bleiben soll[571].

159

Da der Eintritt der Gütertrennung als Rechtsfolge der vorzeitigen Beendigung der Zugewinngemeinschaft weder rechtlich noch sachlich zwingend ist, ist nicht einzusehen, wieso nicht die Ehegatten für den Fall der vorzeitigen Beendigung der Zugewinngemeinschaft von vorneherein bestimmen können sollen, daß dann erneut der gesetzliche Güterstand gelten soll. Dies stellt eine Erweiterung der Schutzvorschriften der §§ 1385 ff. dar, da verhindert wird, daß der klageberechtigte Ehegatte von der Beteiligung am zukünftigen Zugewinn ausgeschlossen wird. Eine ehevertragliche Erweiterung des Schutzzweckes wird im Bereich der Tatbestandsvoraussetzungen aber allgemein als zulässig erachtet (dazu oben Rz. 153 – 156), so daß auch die ehevertragliche Erweiterung des Schutzes durch Aufrechterhaltung des gesetzlichen Güterstandes oder der Vereinbarung der Gütergemeinschaft zulässig sein sollte[572].

F. MÖGLICHKEITEN VERTRAGLICHER MODIFIZIERUNGEN DES GÜTERSTANDES DER ZUGEWINNGEMEINSCHAFT

Zusammenfassend ergibt sich aus den Einzelerläuterungen, daß der gesetzliche Güterstand **ehevertraglich** Modifizierungen vor allem in den für ihn typischen Bereichen zuläßt, nämlich im Bereich der Verfügungsbeschränkungen der §§ 1365, 1369 und der Ausgleichsforderung nach Beendigung der Ehe, §§ 1373 ff.

160

---

[568] Vergl. z.B. Soergel-Lange, § 1388 Rz. 7; Erman-Heckelmann, § 1388 Rz. 1; BGB-RGRK-Finke, § 1388 Rz. 6; a.A. Meyer, FamRZ 57, 285 f.
[569] BGHZ 66, 203 ff = NJW 76, 1258 f.
[570] Vergl. insbesondere MünchKomm-Gernhuber, §§ 1385, 1386 Rz. 41 bis 43 m.w.N.
[571] Gegen die Zulässigkeit z.B. Dölle, Familienrecht I, S. 843 f; Erman-Heckelmann, § 1388 Rz. 4; BGB-RGRK-Finke, § 1388 Rz. 7; Soergel-Lange, § 1388 Rz. 4.
[572] Für die Zulässigkeit (unter Hinweis auf die rechtspolitische Fragwürdigkeit des § 1388): MünchKomm-Gernhuber; § 1388 Rz. 9; Staudinger-Thiele, § 1388 Rz. 12.

Die Verfügungsbeschränkungen können durch Ehevertrag aufgehoben oder eingeschränkt, mit Wirkung unter den Ehegatten auch erweitert werden. Im Rahmen der Zugewinnausgleichsforderung nach Beendigung des Güterstandes ist vielfache Modifikation denkbar: So kann die Ausgleichsforderung selbst auf eine niedrigere oder eine höhere Quote als 50 % des Überschusses des ausgleichspflichtigen Ehegatten festgelegt werden; es kann ein bestimmter Höchstbetrag vereinbart werden, dessen Anpassung an die wirtschaftlichen Verhältnisse allerdings zur Vermeidung von Unbilligkeiten vereinbart werden sollte. Modifikationen sind auch in den Berechnungsgrundlagen möglich. So können einzelne Vermögenswerte völlig aus den Berechnungen ausgeklammert werden (z.B. Unternehmen oder Unternehmensbeteiligungen); es kann vertraglich ein bestimmtes Anfangsvermögen festgeschrieben werden oder eine bestimmte Summe zugunsten eines Ehegatten aus den Zugewinnberechnungen herausgenommen werden. Der Zugewinnausgleich kann schließlich auf den Fall der Eheauflösung durch Tod beschränkt werden, so daß im Ergebnis für den Scheidungsfall Gütertrennung gilt und bei Bestand der Ehe bis zum Tod eines Ehegatten dem Überlebenden die erweiterte Erbquote nach § 1931 bzw. die Rechte aus § 1371 erhalten bleiben.

Weitgehend **unverzichtbar** sind allerdings die gesetzlichen Schutzrechte der §§ 1381, 1382, 1383, 1389. Vertraglich können die Voraussetzungen für eine Klage auf vorzeitigen Zugewinnausgleich erweitert werden. Durch Vertrag kann schließlich vorgesehen werden, daß nach einer erfolgreichen Klage über einen vorzeitigen Ausgleich des Zugewinns nicht Gütertrennung, sondern der gesetzliche Güterstand der Zugewinngemeinschaft gelten soll.

DRITTES KAPITEL

Vertragsmäßiges Güterrecht

A. GÜTERTRENNUNG
I. Allgemeines

Das Wesen des Güterstandes der Gütertrennung ist gesetzlich nicht geregelt. **161**
§ 1414 regelt lediglich, unter welchen Voraussetzungen Gütertrennung eintritt.
Gekennzeichnet ist die Gütertrennung dadurch, daß es zwischen den Ehegatten
keinerlei vermögensrechtliche Beziehungen allein kraft Ehe bzw. Güterstandes
gibt, sondern daß sie sich in vermögensrechtlicher Hinsicht **wie Unverheiratete**
gegenüberstehen. Es gibt nur zwei Vermögensmassen, nämlich das Vermögen
der Ehefrau und das des Ehemannes. Jeder Ehegatte verwaltet sein Vermögen allein, sofern er nicht dem anderen die Verwaltung überläßt, § 1413. Grundsätzlich
stehen jedem Ehegatten die Erträgnisse seines Vermögens alleine zu, ungeachtet
der unabhängig vom Güterstand bestehenden Verpflichtung, zum Familienunterhalt beizutragen, § 1360[1].

Jeder Ehegatte hat grundsätzlich auch **Alleinbesitz** an den ihm gehörenden Gegenständen; aus der ehelichen Lebensgemeinschaft können sich aber Ansprüche
des anderen Ehepartners auf Überlassung der Mitbenutzung der Wohnung und
des Hausrates ergeben[2].

Da einerseits die Ehegatten auch im Güterstand der Gütertrennung wechselseitig
zum Beitrag zum Familienunterhalt durch Haushaltsführung, Erwerbstätigkeit
und Einsatz des Vermögens sowie zur Rücksichtnahme auf die Erwerbstätigkeit
des anderen verpflichtet sind, §§ 1360, 1356, andererseits keine Aussicht auf eine
Beteiligung an dem von dem anderen Ehegatten während der Ehe erzielten Zuerwerb besteht, haben in Gütertrennung lebende Ehegatten mehr als andere Veranlassung, schon während des Güterstandes durch Übertragung einzelner Vermögenswerte für eine angemessene Beteiligung beider Ehegatten an dem Zuerwerb
Sorge zu tragen. Dies kann auch durch die Begründung eines Gesellschaftsverhältnisses, insbesondere einer sogenannten Innengesellschaft, geschehen[3]. Ob
zwischen den Ehegatten ein Gesellschaftsverhältnis besteht, bedarf jeweils der
Prüfung im Einzelfall und kann nur bejaht werden, wenn auch Fremde in einer
ähnlichen Situation ein Gesellschaftsverhältnis begründet hätten, wobei das Fehlen güterrechtlicher Beziehungen bei der Gütertrennung eher für als gegen die
Annahme eines Gesellschaftsverhältnisses spricht[4].

---

[1] Vergl. z.B. Palandt-Diederichsen, Grundzüge 1 vor § 1414.
[2] Vergl. z.B. BGHZ 12, 380 ff; OLG Bremen, FamRZ 65, 77 und BGH NJW 78, 1529; Palandt-Diederichsen, § 1353 Anm. 2 b bb.
[3] Z.B. MünchKomm-Kanzleiter, vor § 1414, Rz. 9 u. 13.
[4] MünchKomm-Kanzleiter, vor § 1414 Rz. 13 m.w.N.

Auch für die Frage, ob und inwieweit **Zuwendungen** unter Ehegatten im Zusammenhang mit dem Scheitern der Ehe rückgängig gemacht werden können, gelten die allgemeinen Vorschriften ohne güterrechtliche Besonderheiten. Ein **Widerruf** nach § 530 mit der Folge eines Rückgewährsanspruches kommt nur in Betracht, wenn es sich um eine echte Schenkung, nicht – wie im Regelfall – um eine unbenannte Zuwendung unter Ehegatten handelt. Mangels einer dem § 1380 für den gesetzlichen Güterstand entsprechenden Anrechnungsregelung kommt hier dem allgemeinen Institut des Wegfalls der Geschäftsgrundlage bzw. dem Bereicherungsrecht größere Bedeutung zu als beim gesetzlichen Güterstand, dessen Anrechnungsvorschriften als Spezialvorschriften anzusehen sind (vergl. hierzu näher oben Rz. 120)[5].

Die **Verfügungsbeschränkungen** der §§ 1365, 1369 gelten im Recht der Gütertrennung nicht.

Eine ehevertragliche Vereinbarung der Geltung der Verfügungsbeschränkungen wäre wegen eines Verstoßes gegen § 137 nichtig[6]. Die Geltung der Verfügungsbeschränkungen der §§ 1365, 1369 ohne Zugewinnausgleich kann aber dadurch erreicht werden, daß der gesetzliche Güterstand durch Ehevertrag dahingehend modifiziert wird, daß der Zugewinnausgleich ausgeschlossen wird (siehe dazu oben Rz. 57).

Obwohl der Güterstand der Gütertrennung keine Verfügungsbeschränkungen vorsieht, können sich im Einzelfall, nur im Verhältnis der Ehegatten zueinander, Beschränkungen der Verfügungsfreiheit aus dem Wesen der ehelichen Lebensgemeinschaft ergeben. So kann unter Umständen die Herausgabe des dem anderen Ehegatten gehörenden Mobiliars verweigert werden; eine Auseinandersetzungsversteigerung des als Ehewohnung dienenden Hausgrundstückes kann im Einzelfall rechtsmißbräuchlich sein[7]. Die Veräußerung eines gemeinsam genutzten, aber nur einem Ehegatten allein gehörenden Hausgrundstückes kann für den Fall einer Kollusion mit dem Käufer wegen Sittenwidrigkeit nichtig sein[8]. Der Ehegatte, der nicht Eigentümer des Hauses ist, kann dem Erwerber § 571 nicht entgegenhalten, weil er lediglich ein sich aus der ehelichen Lebensgemeinschaft ergebendes Nutzungsrecht, nicht ein Mietrecht hat[9].

---

[5] Zum Widerruf von Schenkungen vergl. insbesondere BGH FamRZ 85, 351 mit Anmerkung Seutemann; BGHZ 87, 145 ff. = FamRZ 83, 668 und BGH FamRZ 83, 349 mit Anmerkung Bosch; für die Anwendbarkeit der Grundsätze für den Wegfall der Geschäftsgrundlage mangels besonderer güterrechtlicher Ausgleichsmöglichkeiten insbesondere Friederich, JR 86, 1 ff., 5 f und Kühne, FamRZ 78, 221 ff.

[6] Palandt-Diederichsen, § 1408 Anm. 4 b; Dölle, Familienrecht I, S. 673; BGB-RGRK-Finke, § 1408 Rz. 12).

[7] Vergl. Bundesverfassungsgericht FamRZ 76, 436 = NJW 76, 1391 für eine Teilungsversteigerung nach Auflösung einer Gütergemeinschaft; vergl. im übrigen § 180, Abs. 4 ZVG n.F.

[8] OLG München, FamRZ 69, 151 f mit Anmerkung Bosch.

[9] BGH FamRZ 64, 137; vergl. zu allem Vorstehenden im übrigen insbesondere Soergel-Gaul, § 1414 Rz. 13 m.w.N.

II. Eintritt der Gütertrennung

Der Güterstand der Gütertrennung kann durch **Ehevertrag** begründet werden, **162** tritt aber auch in etlichen Fällen **kraft Gesetzes** ein.

1. kraft Gesetzes

Kraft Gesetzes tritt Gütertrennung ein,

– wenn die Ehegatten vor Eheschließung den gesetzlichen Güterstand ausschließen oder ihn nach Eheschließung durch Ehevertrag aufheben, ohne etwas anderes zu vereinbaren, § 1414;

– wenn sie durch Ehevertrag den Ausgleich des Zugewinns ausschließen oder die Gütergemeinschaft aufheben und/oder den Versorgungsausgleich ausschließen; § 1414;

– mit Rechtskraft eines Urteils, durch das auf vorzeitigen Ausgleich des Zugewinns erkannt wird, § 1388;

– mit Rechtskraft eines Urteils, durch das die Gütergemeinschaft aufgehoben wird, §§ 1449 Abs. 1, 1470 Abs. 1.

Soweit der Eintritt der Gütertrennung nach § 1414 daran geknüpft wird, daß die Ehegatten den Zugewinnausgleich bzw. den Versorgungsausgleich ausschließen oder die Gütergemeinschaft aufheben, ist der Eintritt **subsidiär**. Er erfolgt nicht, wenn sich aus den ehevertraglichen Vereinbarungen der Ehegatten ergibt, daß etwas anderes gelten soll. Dies ist immer dann anzunehmen, wenn nur einzelne Teilbereiche des gesetzlichen Güterstandes oder der Gütergemeinschaft modifiziert werden. Hiervon ist beispielsweise auszugehen, wenn nur der Zugewinnausgleich für den Fall der Scheidung ausgeschlossen und der erbrechtliche Zugewinnausgleich durch Erhöhung des Erbteils beibehalten werden soll oder umgekehrt nur die erbrechtliche Lösung ausgeschlossen werden soll[10].

Da der Versorgungsausgleich grundsätzlich güterstandsunabhängig ist, wird die gesetzliche Anordnung des automatischen Eintritts der Gütertrennung bei Ausschluß des Versorgungsausgleichs allgemein als verfehlt angesehen. Nach der deswegen gebotenen restriktiven Auslegung tritt die Gütertrennung nur ein, wenn sich aus der Vereinbarung über den Ausschluß des Versorgungsausgleichs nicht zumindest durch Auslegung entnehmen läßt, daß diese Vereinbarung keinen Einfluß auf den Güterstand der Zugewinngemeinschaft haben soll und es sich um den vollständigen Ausschluß, nicht nur einen Teil-Ausschluß des Versorgungsausgleichs handelt[11].

Im Hinblick darauf, daß der Versorgungsausgleich nur durch einen notariell zu beurkundenden Ehevertrag ausgeschlossen werden kann, kommt der Problematik im Hinblick auf die Beratungspflicht der Notare keine besondere praktische Relevanz zu. Jeder Notar wird darauf hinwirken, daß in dem Ehevertrag ausdrücklich geregelt wird, ob trotz des Ausschlusses des Versorgungsausgleichs der gesetzliche Güterstand beibehalten oder ein anderer vereinbart werden soll.

---

[10] Soergel-Gaul, § 1414 Rz. 5; MünchKomm-Kanzleiter, § 1414 Rz. 6.
[11] Herrschende Meinung vergl. z.B. Soergel-Gaul, § 1414 Rz. 9; MünchKommKanzleiter, § 1414 Rz. 6; Palandt-Diederichsen, § 1414 Anm. 1 d, jeweils m.w.N.

2. kraft Ehevertrages oder einseitiger Erklärung nach Art. 8 Abs. 1 Nr. 3 Gleichberechtigungsgesetz

163   Sofern der Güterstand der Gütertrennung nicht kraft Gesetzes eintritt, kann er nur durch ausdrückliche **Vereinbarung** in einem Ehevertrag begründet werden, § 1408.

Aufgrund einer einseitigen Erklärung eines Ehegatten trat Gütertrennung allerdings nach den **Übergangsvorschriften** zur Einführung des gesetzlichen Güterstandes durch das Gleichberechtigungsgesetz ein. Jeder Ehegatte konnte gegenüber dem Amtsgericht diese Erklärung abgeben, wenn die Ehegatten am 31.3.1953 im damaligen gesetzlichen Güterstand der Verwaltung und Nutznießung gelebt haben oder wenn sie ohne Ehevertrag zwischen dem 1.4.1953 und dem 21.6.1957 geheiratet hatten. Ohne eine einseitige Erklärung zur Gütertrennung blieb der Güterstand der Gütertrennung auch nach Inkrafttreten des Gleichberechtigungsgesetztes in Kraft, wenn die Ehegatten bereits vertraglich die Gütertrennung vereinbart hatten (siehe hierzu oben Rz. 51 und die Überleitungsvorschriften des Art. 8 des Gleichberechtigungsgesetzes).

III. Beendigung des Güterstandes

164   Die Gütertrennung endet durch Tod, Scheidung, Aufhebung oder Nichtigerklärung der Ehe, ferner, wenn durch Ehevertrag ein anderer Güterstand eingeführt wird. Wird durch Ehevertrag die Gütertrennung aufgehoben, ohne daß ausdrücklich eine andere Vereinbarung getroffen wird, tritt gemäß § 1369 Abs. 1 Zugewinngemeinschaft als gesetzlicher Güterstand ein.

Bei der Beendigung der Gütertrennung findet kein spezifisch güterrechtlicher Ausgleich zwischen den Ehegatten statt. Wohl kann gemeinschaftliches Vermögen nach den Vorschriften über die Gemeinschaft oder die Gesellschaft auseinanderzusetzen sein. Für die eheliche Wohnung und den Hausrat gelten im übrigen die güterstandsunabhängigen Vorschriften der Hausratsordnung[12]. Ebenso kann eine Ehegatteninnengesellschaft auseinanderzusetzen sein, die durch den Güterstand der Gütertrennung nicht grundsätzlich ausgeschlossen ist[13]. Ein vertraglicher Ausgleichsanspruch kann entstehen, wenn ein Ehegatte durch Geld und eigene Arbeitsleistung das dem anderen Ehegatten gehörende Familienwohnheim miterstellt hat[14].

IV. Abänderungsmöglichkeiten

165   Der Güterstand der Gütertrennung ist als solcher keiner Modifikation durch **Ehevertrag** zugänglich.

Da er jede Vermögensteilhabe des anderen Ehegatten an dem während der Ehe erwirtschafteten Zuerwerb ausschließt, kommt den – unabhängig von dem jeweiligen Güterstand zulässigen – sonstigen Vereinbarungen und Rechtshandlungen

---

[12] Vergl. z.B. BGB-RGRK-Finke, § 1414 Rz. 19.
[13] BGH WPM 73, 1242 f.
[14] BGHZ 84, 361 ff und Palandt-Diederichsen, § 1414 Anm. 3.

der Ehegatten besondere Bedeutung zu, die schon während der Ehe für eine angemessene Verteilung des Vermögens Sorge tragen. Zulässig und sinnvoll sind **schuldrechtliche Vereinbarungen**, die – möglicherweise verbunden mit dem die Gütertrennung begründenden Ehevertrag – die Ehegatten schuldrechtlich verpflichten, z.b. auf Verlangen des anderen Ehegatten Miteigentum oder Mitberechtigung an möglicherweise während der Ehe zu erwerbenden Vermögensgegenständen zu übertragen. Die Übertragungsverpflichtung kann auch an sonstige Voraussetzungen geknüpft werden, wie z.b. Trennung oder Einleitung des Ehescheidungsverfahrens.

Solche Vereinbarungen haben den Vorteil, daß sie eine angemessene Vermögensverteilung in gewissem Umfange vorwegnehmen und diese nicht jeweils von übereinstimmenden Einzelabsprachen während der Ehe abhängig ist; ihr Nachteil besteht darin, daß sie – je nach Umfang – zu einer Annäherung an die Zugewinngemeinschaft führen können, die durch die Vereinbarung der Gütertrennung gerade ausgeschlossen werden sollte.

Häufig können die Nachteile der Zugewinngemeinschaft, die zu dem Wunsch nach Gütertrennung führen, auch dadurch vermieden werden, daß bei grundsätzlicher Beibehaltung des Güterstandes einzelne Vermögensbestandteile, also z.b. ein Unternehmen, aus der Zugewinnausgleichsberechnung ausgenommen werden und die gesetzlichen Verfügungsbeschränkungen aufgehoben oder gelockert werden (siehe oben Rz. 6 und 57).

Im übrigen kommt bei Gütertrennung den bereits erwähnten gesellschaftsrechtlichen Vereinbarungen der Ehegatten untereinander eine besondere Bedeutung zu, wofür insbesondere das Institut der BGB-Gesellschaft oder die Gesellschaftsformen des Handelsrechts zur Verfügung stehen. Auch an die Einräumung einer stillen Beteiligung oder die Gründung einer Innengesellschaft bzw. Einräumung einer Unterbeteiligung ist zu denken[15].

V. Auswirkungen auf Versorgungsausgleich und Erbrecht

1. Versorgungsausgleich

Grundsätzlich hat der Güterstand **keinen Einfluß** auf den im Zusammenhang mit der Scheidung durchzuführenden Versorgungsausgleich nach Maßgabe der §§ 1587 ff. Allerdings unterfallen **Kapital-Lebensversicherungen** nicht dem Versorgungsausgleich, auch dann nicht, wenn ein Rentenwahlrecht besteht oder die Lebensversicherung als sogenannte befreiende Lebensversicherung abgeschlossen worden ist (siehe hierzu oben Rz. 94). Hat also ein Ehegatte seine Altersversorgung im wesentlichen oder ausschließlich auf privaten Lebensversicherungen und Vermögensbildung aufgebaut, führt der Güterstand der Gütertrennung zu einer doppelten Belastung des haushaltsführenden Ehegatten ohne eigenes Vermögen und eigene Alterssicherung. Er ist nicht nur von der Beteiligung an dem während der Ehe von dem anderen Ehegatten erzielten Zuerwerb ausge-

166

---

schlossen, sondern auch von einer Beteiligung an den während der Ehe erworbenen Ansprüchen oder Aussichten auf Altersversorgung. Gerade in solchen Fällen ist es also dringend notwendig, während der Ehe durch Einzelfallvereinbarungen Vorsorge zu treffen, also z.b. Lebensversicherungsverträge für beide Ehepartner abzuschließen.

2. Erbrecht

167 Auch auf das Erbrecht hat der Güterstand der Gütertrennung prinzipiell keinen Einfluß. Die Erhöhung des gesetzlichen Erbteils nach § 1371 Abs. 1 findet nicht statt, so daß sich die **gesetzlichen Erbteilsquoten** und damit auch der etwaige Pflichtteil nicht entsprechend erhöhen, §§ 1931 Abs. 1, 2303 Abs. 1 Satz 2. Der sich hieraus für den überlebenden Ehegatten ergebende Nachteil ist allerdings durch den für Erbfälle nach dem 30.6.1970 durch das Nichtehelichengesetz eingeführten **§ 1931 Abs. 4** im Verhältnis zu gemeinsamen Abkömmlingen aufgehoben. Neben einem Kind erhält der überlebende Ehegatte die Hälfte, neben zwei Kindern 1/3. Sind drei oder mehr Kinder vorhanden, gilt die allgemeine Regelung des § 1931 Abs. 1[16]. In Fällen, in denen die Position des überlebenden Ehegatten gegenüber Abkömmlingen geschützt werden soll, kann sich im Hinblick auf die erbrechtlichen Folgen des § 1371 Abs. 1 empfehlen, anstelle einer Gütertrennung den gesetzlichen Güterstand der Zugewinngemeinschaft bestehenzulassen und nur für den Fall der Ehescheidung den Zugewinnausgleich auszuschließen oder nur Modifikationen hinsichtlich der Berechnung des Zugewinnausgleichs zu vereinbaren (dazu oben Rz. 160).

B. DER GÜTERSTAND DER GÜTERGEMEINSCHAFT

I. Allgemeines

168 Das Wesen des Güterstandes der Gütergemeinschaft wird von dem **Gesamtgut** geprägt. Mit Entstehen der Gütergemeinschaft werden das Vermögen des Ehemannes und das Vermögen der Ehefrau kraft Gesetzes zu gemeinschaftlichem Vermögen beider Ehegatten, dem sogenannten Gesamtgut, ohne daß es hierzu einer Einzelübertragung durch Rechtsgeschäft bedürfte, §§ 1416 Abs. 1, Abs. 2.

Zum Gesamtgut gehört das gesamte bei Eintritt des Güterstandes vorhandene Vermögen beider Ehegatten und das Vermögen, das sie während des Güterstandes erwerben, soweit es nicht im Einzelfall zum Sonder- oder Vorbehaltsgut eines Ehegatten gehört (dazu nachstehend Rz. 170 ff.). **Sonder- und Vorbehaltsgut** kann in der Person jedes Ehegatten stehen, und zwar entweder kraft Vereinbarung oder einseitiger Bestimmung (Vorbehaltsgut, § 1418) oder weil es nicht durch Rechtsgeschäft übertragen werden kann (Sondergut, § 1417, dazu nachstehend Rz. 176 ff. und 173 ff.).

Während bei dem gesetzlichen Güterstand der Zugewinngemeinschaft und der Gütertrennung die Vermögen beider Ehegatten getrennt bleiben und dement-

---

[16] Zu Einzelheiten vergl. Palandt-Edenhofer § 1931 Anm. 5.

sprechend keine wechselseitige Haftung der Ehegatten für Verbindlichkeiten des anderen entstehen kann (von dem Ausnahmefall des Handelns mit Schlüsselgewalt abgesehen, § 1357), ergibt sich aus der gesamthänderischen Bindung des Vermögens der Ehegatten in der Form des Gesamtgutes, daß diese weitgehend für die Schulden des Gesamtgutes haften, auch wenn sie von dem Alleinverwalter oder dem im Einzelfall handelnden Ehegatten allein verursacht worden sind (§§ 1437 bis 1440 bei Einzelverwaltung und §§ 1459 bis 1462 bei gemeinschaftlicher Verwaltung; dazu unten Rz. 210 ff.). Insbesondere wird durch die Vereinbarung der Gütergemeinschaft eine persönliche **Haftung** jedes Ehegatten für die bei Eintritt der Gütergemeinschaft bestehenden Verbindlichkeiten des anderen Ehegatten begründet, selbst wenn sie sich auf das durch den Ehevertrag entstehende Sonder- oder Vorbehaltsgut beziehen.

Das Nebeneinander der verschiedenen Vermögensmassen, die Rechtsfragen der Verwaltung, der Haftung des verwaltenden Ehegatten bei Einzelverwaltung bzw. beider Ehegatten bei gemeinschaftlicher Verwaltung sowie die notwendigerweise entsprechend komplexen Regelungen für die Auseinandersetzung der Gütergemeinschaft machen diese zu einem sehr komplizierten Gebilde. Sie führt zu einer sehr weitgehenden Vermögensgemeinschaft beider Ehegatten. Der Vermögensübergang von einem Ehegatten auf den anderen kann nicht einseitig rückgängig gemacht werden; gewissen Schutz bietet für den Fall einer Scheidung nur die Ausgleichsvorschrift des § 1478 (dazu unten Rz. 266 ff.). Die gesamthänderische Bindung des gemeinschaftlichen Vermögens und die sich daraus ergebenden Verfügungsbeschränkungen können sich im Einzelfall als hinderlich erweisen. Die Gütergemeinschaft kann sogar weitreichende Auswirkungen auf das **Unterhaltsrecht** gewinnen.

Nach § 1604 wird ein seinen Verwandten unterhaltspflichtiger, in Gütergemeinschaft lebender Ehegatte so behandelt, als gehörte ihm das Gesamtgut allein. Bringt also in einer sogenannten Alleinverdienerehe ein Ehepartner in die Gütergemeinschaft einen Betrieb ein, in dem der andere Ehegatte wegen der Betreuung von Kindern nicht mitarbeitet, wird so indirekt eine Haftung des Betriebsinhabers für den Unterhalt der Verwandten des Ehepartners begründet, während im gesetzlichen Güterstand oder im Güterstand der Gütertrennung bei gleicher Ausgangssituation Unterhaltsansprüche der Verwandten mangels Leistungsfähigkeit des nicht erwerbstätigen Ehegatten im Zweifel nicht begründet wären.

Die Vereinbarung des Güterstandes der Gütergemeinschaft kommt vor allem dort in Betracht, wo die Ehegatten Wert darauf legen, daß entsprechend den tatsächlichen Gegebenheiten auch rechtlich das Vermögen als gemeinschaftliches angesehen, also dem tatsächlichen „Wirtschaften in einen Topf" auch rechtlich Rechnung getragen und vor allem das Haftungsrisiko nicht besonders hoch eingeschätzt wird[17].

---

[17] Vergl. zur Wertung und zur Kritik des Güterstandes insbesondere Kanzleiter, MünchKomm Vorbemerkung vor § 1415, Rz. 15 ff.; Soergel-Gaul, vor § 1415, Rz. 6; zuletzt Langenfeld, FamRZ 87, 9, 13.

Der im Rahmen des **Grunderwerbssteuerrechts** oft gesuchte Vorteil des § 3 Nr. 4 und 5 GrEStG a.F. ist in Wegfall geraten, seit durch § 3 Ziff. 4 GrEStG n.F. nach dem 1.1.1983 Grundstücksübertragungen unter Ehegatten generell von der Grunderwerbssteuer ausgenommen worden sind.

Die Bereicherung, die einem Ehegatten durch die Vereinbarung der Gütergemeinschaft und dem hiermit verbundenen Vermögensübergang zufließt, ist nach § 7 Abs. 2 Nr. 3 ErbStG 1974 der Schenkungssteuer unterworfen (dazu unten Rz. 330).

Ohne Einfluß bleibt der Güterstand auf den für den Fall der Ehescheidung nach Maßgabe der §§ 1587 ff. durchzuführenden **Versorgungsausgleich**. Nach § 1587 Abs. 3 gehen die Spezialregelungen der §§ 1587 a ff. den güterrechtlichen Vorschriften vor.

Sofern die Ehegatten dies durch Ehevertrag vereinbaren, wird die Gütergemeinschaft nach dem Tod eines Ehegatten zwischen dem überlebenden Ehegatten und den gemeinschaftlichen Abkömmlingen fortgesetzt (**fortgesetzte Gütergemeinschaft**, §§ 1483 ff.). Die Vereinbarung der fortgesetzten Gütergemeinschaft ist wegen der damit verbundenen besonderen rechtlichen und tatsächlichen Schwierigkeiten außerordentlich selten geworden. Sie ist auch nur in wenigen Ausnahmesituationen empfehlenswert[18].

Die fortgesetzte Gütergemeinschaft wird deswegen nachstehend nur kursorisch behandelt (unten Rz. 278 ff.).

II. Entstehen der Gütergemeinschaft

169   Der Güterstand der Gütergemeinschaft kann nur durch **Ehevertrag** im Sinne des § 1408 in der Form des § 1410 vereinbart werden. Hierdurch unterscheidet er sich von dem gesetzlichen Güterstand der Zugewinngemeinschaft, der immer dann gilt, wenn die Ehegatten nichts anderes vereinbart haben, und dem Güterstand der Gütertrennung, der kraft Vereinbarung aber auch kraft Gesetzes eintreten kann, z.B. mit dem Ausschluß des Versorgungsausgleichs ohne sonstige güterrechtliche Vereinbarungen oder mit Rechtskraft eines Urteils, mit dem der Klage auf vorzeitige Aufhebung der Zugewinngemeinschaft stattgegeben worden ist, §§ 1414, 1388 (dazu oben Rz. 34, 158, 162).

Die vor dem 1.7.1958 geschlossenen Ehen wurden durch die Übergangsvorschriften des Gleichberechtigungsgesetzes nur dann in Gütergemeinschaft nach neuem Recht übergeleitet, wenn die Ehegatten bereits Gütergemeinschaft vereinbart hatten. Auch vor dem Inkrafttreten des Gleichberechtigungsgesetztes war die Gütergemeinschaft nämlich nur als Wahlgüterstand vorgesehen.

Für Gütergemeinschaften, die vor dem 1.4.1953 vereinbart wurden, gilt weiterhin die Verwaltung des Gesamtgutes durch den Ehemann; wurde die Gütergemeinschaft nach dem 1.4.1953 vereinbart, dem Zeitpunkt des Außerkrafttretens

---

[18] Vergl. zur Kritik und Wertung insbesondere MünchKomm-Kanzleiter, Rz. 3 bis 10 vor § 1483.

alten Rechts nach Art. 117 Abs. 1 GG, gilt für die Verwaltungsbefugnis die Vereinbarung der Ehegatten und ohne ausdrückliche Vereinbarung und ohne zu ermittelnden entgegenstehenden Willen der Ehepartner hilfsweise gemeinschaftliche Verwaltung. Die Fortsetzung der Gütergemeinschaft gilt bei Abschluß des Ehevertrages vor dem 1.7.1958 als vereinbart, soweit sie nicht – wie meistens – ausdrücklich ausgeschlossen wurde (vergl. im einzelnen die Überleitungsvorschriften zu Art. 8 Abs. 1 Nr. 6 Gleichberechtigungsgesetz).

III. Vermögensmassen

Bei der Gütergemeinschaft sind drei verschiedene Vermögensmassen zu unterscheiden, nämlich das Gesamtgut, § 1416, das Sondergut, § 1417, und das Vorbehaltsgut, § 1418.

1. Gesamtgut

a) Allgemeines

Gesamtgut wird nach § 1416 mit dem Entstehen des Güterstandes das gesamte **170** Vermögen des Mannes und der Frau. Ferner gehört zu dem Gesamtgut auch das Vermögen, das die Eheleute bzw. einer von ihnen während der Gütergemeinschaft erwirbt, § 1416 Abs. 1 Satz 2. Zum Gesamtgut gehört also alles Vermögen der Ehegatten bei Eintritt des Güterstandes, und während des Bestehens des Güterstandes unabhängig vom Erwerbszeitpunkt, sofern es nicht ausnahmsweise zum Sonder- oder Vorbehaltsgut gemäß §§ 1417, 1418 gehört. Wird ein registerfähiges Recht gemeinschaftlich, ist das entsprechende Register mit der Vereinbarung der Gütergemeinschaft unrichtig geworden und muß berichtigt werden. Dies gilt insbesondere für das Grundbuch, § 1416 Abs. 3.

Das Entstehen von Gesamtgut ist das **essentielle Wesensmerkmal** der Gütergemeinschaft. Vereinbaren die Ehegatten also in einem Ehevertrag, daß Gütergemeinschaft gelten solle, allerdings alles gegenwärtige und zukünftige Vermögen der Ehegatten Vorbehaltsgut sein bzw. werden solle, ist entgegen der Bezeichnung keine Gütergemeinschaft entstanden[19].

b) Umfang

Zum Gesamtgut gehören und werden grundsätzlich **alle Vermögenswerte und -rechte** der Ehepartner, unabhängig vom Rechtsgrund des Erwerbs, sofern es sich um Gegenstände handelt, die durch Rechtsgeschäft übertragen werden können (vergl. § 1417 Abs. 2). Zum Gesamtgut gehören also auch die ausschließlich zum persönlichen Gebrauch eines Ehegatten bestimmten Sachen; Gegenstände, die ein Ehegatte unter Eigentumsvorbehalt des Verkäufers erworben hat, selbst wenn die Restzahlung erst nach Beendigung der Gütergemeinschaft, aber vor Abschluß der Auseinandersetzung geleistet wird; die Ausgleichsforderung eines Ehegatten aus einer früheren Ehe; der Anteil eines Ehegatten an einer offenen oHG, wenn der Anteil durch Gesellschaftsvertrag für übertragbar erklärt wor-

---

[19] KG HRR 1942 Nr. 53; Staudinger-Thiele, § 1416 Rz. 2.

den ist; ein bis dahin von einem Ehegatten allein betriebenes Handelsgeschäft; ein dem Höferecht unterliegender Bauernhof; der Erbanteil eines Ehegatten, wodurch allerdings der andere Ehegatte nicht Miterbe wird; Schadensersatzansprüche eines Ehegatten aus einem Unfall, einschließlich der Schmerzensgeldansprüche ab Rechtshängigkeit. Zum Gesamtgut gehören übertragbare gewerbliche Schutzrechte und Lizenzen, Nutzungsrechte an Urheberrechten, die Nutzungen des Sonderguts, § 1417 Abs. 2; Ansprüche aus dem Lastenausgleich, Ansprüche aus einem eine Reallast oder ein Wohnrecht umfassenden sogenannten Leibgedinge[20].

Auch Ansprüche aus einem nur von dem Versicherungsnehmer/Ehegatten in seinem Namen abgeschlossenen Lebensversicherungsvertrag gehören zum Gesamtgut; das Recht zur Benennung eines Begünstigten ist ein höchstpersönliches Recht, so daß der Widerruf der Begünstigtenbenennung zustimmungsbedürftig ist[21].

§ 1416 Abs. 1 begründet nach allgemeiner Ansicht eine **Vermutung** dahingehend, daß das Vermögen in Gütergemeinschaft lebender Ehegatten zum Gesamtgut gehört. Wer behauptet, daß ein Gegenstand zum Sondergut oder Vorbehaltsgut eines Ehegatten gehöre, muß dies erforderlichenfalls beweisen, und zwar auch im Grundbuchverkehr und auch dann, wenn ein Grundstück nur auf den Namen eines Ehegatten eingetragen ist. Ein Grundstück gehört sogar dann zum Gesamtgut, wenn es nach Begründung des Güterstandes den Ehegatten als Miteigentümer zu je 1/2 aufgelassen worden ist und ein entsprechender Eintrag im Grundbuch erfolgt. Das Grundbuch ist zu **berichtigen**, ohne daß es einer erneuten Auflassung an die Ehegatten als Miteigentümer zur gesamten Hand bedürfe[22]. Auch die **Eigentumsvermutung** des § 1362 greift erst ein, wenn feststeht, daß ein Gegenstand nicht zum Gesamtgut gehört. Der Gläubiger muß dies und ggf. die Bestimmung eines Gegenstandes zum ausschließlich persönlichen Gebrauch eines Ehegatten beweisen[23]. Für die Zwangsvollstreckung in das Gesamtgut benötigt der Gläubiger bei gemeinschaftlicher Verwaltung einen Vollstreckungstitel gegen beide Ehegatten; bei Einzelverwaltung reicht ein Titel gegen den verwaltenden Ehegatten (dazu näher unten Rz. 211 und 216).

c) Entstehen

171 Die Gesamtgutseigenschaft des Vermögens entsteht mit Eintritt des Güterstandes für das in diesem Zeitpunkt vorhandene Vermögen, also mit **Vertragsschluß**, wenn dieser nach Eheschließung erfolgt bzw. mit **Eheschließung**, wenn der Vertragsschluß vorher für den Fall der Eheschließung erfolgt (dazu oben Rz. 43). Für Vermögen, das nach Eintritt des Güterstandes erworben worden ist, tritt die Gesamtgutseigenschaft mit dem **Erwerb** ein, und zwar kraft Gesetzes und

---

[20] Vergl. z.B. die Aufzählung bei Soergel-Gaul, § 1416 Rz. 6; Staudinger-Thiele, § 1416 Rz. 14 ff.
[21] BGH FamRZ 84, 766 f = Versicherungsrecht 84, 854 = NJW 84, 1188.
[22] BGHZ 82, 346 und LG Köln, DtNotZ 77, 244 f.
[23] Vergl. z.B. Palandt-Diederichsen, § 1416 Anm. 2; BGB-RGRK-Finke, § 1416 Rz. 9; KG OLGE 38, 250.

unabhängig davon, ob der erwerbende Ehegatte mit dem Willen gehandelt hat, für die Gemeinschaft zu handeln. Handelt er in eigenem Namen, erwirbt er zwar selbst Eigentum; dieses wird aber umgehend zu gemeinschaftlichem Eigentum als Gesamthandseigentum, wobei lediglich streitig (wenn auch wenig praxisrelevant) ist, ob der Gegenstand für eine logische Sekunde zunächst auf den erwerbenden Ehegatten und von diesem dann auf das Gesamtgut übergeht (Durchgangstheorie) oder ob das Gesamtgut von dem Dritten unmittelbar erwirbt (Unmittelbarkeitstheorie)[24].

Der Rechtsübergang erfolgt kraft Gesetzes und in **Universalsukzession**. Streitig ist dies allerdings für den Fall, daß die Ehegatten nach dem Beginn des Güterstandes Gegenstände des Vorbehaltsguts in Gesamtgut umwandeln. Die herrschende Meinung geht davon aus, daß in diesem Fall § 1416 Abs. 2 nicht anwendbar ist, deswegen das Vorbehaltsgut erst mit einem entsprechenden Übertragungsakt Gesamtgut wird und daß zudem die Form des Ehevertrages gewahrt werden muß, weil die Umwandlung von Vorbehaltsgut in Gesamtgut eine Änderung der güterrechtlichen Verhältnisse beinhaltet[25].

d) Gesamthänderische Bindung und Rechtsbeziehungen der Vermögensmassen untereinander

Träger des Gesamtguts sind die beiden Ehegatten in ihrer gesamthänderischen **172** Verbundenheit; es entsteht also kein Sondervermögen[26]. Daß es sich um eine besonders weitgehende **Gesamthandsbindung** handelt, findet seinen Ausdruck darin, daß die Ehegatten über ihre Anteile an einzelnen Gesamtgutsgegenständen nicht verfügen können, darüber hinaus die Verfügung des einzelnen Ehegatten über seinen Anteil am Gesamtgut ausgeschlossen ist und die Aufhebung der Gesamthandsgemeinschaft nur in Sonderfällen verlangt werden kann (dazu unten Rz. 238 ff.). Neben der Gütergemeinschaft ist eine weitere Gesamthandsbildung, z.B. in Form einer oHG, nur durch die Begründung von Vorbehaltsgut in der Form des Ehevertrags möglich. Die Ehegatten müssen also zunächst die Anteile an der oHG zu Vorbehaltsgut erklären[27].

Zwischen den Ehegatten als Träger des Gesamtguts einerseits und als Träger ihrer eigenen Sondervermögen andererseits können vermögensrechtliche Beziehungen jeder Art bestehen. So kann z.B. eine Verpflichtung zur Herausgabe eines Gesamtgutsgegenstandes an einen Ehegatten zu dessen Vorbehaltsgut begründet werden oder ein Gesamtgutsgegenstand zugunsten eines Ehegatten belastet werden. Hierzu muß das aus der Belastung entstehende Recht (durch Ehe-

---

[24] Vergl. hierzu insbesondere MünchKomm-Kanzleiter, § 1416 Rz. 20 ff. und Soergel-Gaul, § 1416 Rz. 4, jeweils m.w.N.

[25] Vergl. z.B. BGB-RGRK-Finke, § 1416 Rz. 8; Palandt-Diederichsen, § 1416 Anm. 3 Erman-Heckelmann § 1416 Rz. 5; Soergel-Gaul, § 1416 Rz. 7; a.A. (zur Form des Ehevertrags, aber kein rechtsgeschäftlicher Übertragungsakt) MünchKomm-Kanzleiter, § 1416 Rz. 18/19; Staudinger-Thiele, § 1416 Rz. 33 gegen Felgentraeger in der Vorauflage, Rz. 25.

[26] Ganz herrschende Meinung, vergl. z.B. MünchKomm-Kanzleiter, § 1416 Rz. 3 m.w.N.

[27] Herrschende Meinung vergl. BGHZ 65, 79 mit Anmerkungen von Beitzke, FamRZ 75, 574; Schünemann, FamRZ 76, 137 f; Palandt-Diederichsen, § 1416 Anm. 1; MünchKomm-Kanzleiter, § 1416 Rz. 10 m.w.N.; a.A. Tiedtke, FamRZ 75, 675 ff.

vertrag) zum Vorbehaltsgut des begünstigten Ehegatten erklärt werden, sofern es
nicht ohnehin wegen seiner Rechtsnatur Vorbehaltsgut wird (z.b. Nießbrauch
oder beschränkt persönliche Dienstbarkeit)[28].

Wird ein **Register,** insbesondere das Grundbuch, aufgrund des Rechtsübergangs
nach § 1416 Abs. 2 unrichtig, ist es zu korrigieren. Nach § 47 GBO ist auch das
Rechtsverhältnis einzutragen, in dem den Grundstückseigentümern das Recht
zusteht. Aus § 1416 Abs. 3 ergibt sich die Verpflichtung jedes Ehegatten, auf
Verlangen des anderen bei der **Grundbuchberichtigung** mitzuwirken. Notwendig ist eine Mitwirkung nach §§ 22, 29 GBO nicht, wenn der Ehegatte, der den
Berichtigungsanspruch geltend machen möchte, die Unrichtigkeit des Grund-
buchs in der Form des § 29 GBO, also insbesondere durch die Vorlage des notariellen Ehevertrages oder der Güterrechtsregistereintragung nachweisen kann.

2. Sondergut

a) Allgemeines

173 Vom Gesamtgut ist nach § 1417 Abs. 1 das Sondergut ausgeschlossen. Nach der
Definition des § 1417 Abs. 2 sind Sondergut (nur) die Gegenstände, die nicht
durch Rechtsgeschäfte übertragen werden können. Der Gegenstand des Sondergutes ist also der Rechtsnatur nach **abschließend** im Gesetz festgelegt, so daß die
Ehegatten nicht durch Vereinbarung Gegenstände zu Sondergut machen können,
die übertragbar sind. Ebensowenig können sie Gesamtgutsgegenstände in Sondergut umwandeln. Wohl kann Sondergut in Vorbehaltsgut (durch Ehevertrag)
umgewandelt werden, weil dabei die Person des Berechtigten nicht geändert
wird. Von Interesse kann die Umwandlung sein, weil nach § 1418 Abs. 3 jeder
Ehegatte sein Vorbehaltsgut selbständig für eigene Rechnung verwaltet. Denkbar
ist schließlich auch, daß mit Mitteln des Gesamtgutes oder des Vorbehaltsgutes
unübertragbare Gegenstände erworben werden, die dann ihrerseits Bestandteil
des Sondergutes werden[29].

Kraft Gesetzes wird aus Sondergut Gesamtgut, wenn die Voraussetzungen für
die Sondergutseigenschaft in Wegfall geraten, wenn also z.b. ein Schmerzensgeldanspruch rechtshängig wird[30].

b) Umfang

174 Zum **Sondergut** gehören insbesondere: höchstpersönliche Rechte, wie ein nicht
übertragbares Vorkaufsrecht; das Nießbrauchsrecht, § 1059; beschränkt persönliche Dienstbarkeiten, § 1092, sofern nicht beide Rechte für in Gütergemeinschaft lebende Ehegatten gemeinschaftlich bestellt worden sind[31]. Zum Sondergut gehören weiter unpfändbare und daher regelmäßig nicht übertragbare Forderungen, §§ 400, 850 ff. ZPO, also z.b. der unpfändbare Teil des Arbeitseinkom-

[28] Vergl. z.B. MünchKomm-Kanzleiter, § 1416 Rz. 16; Soergel-Gaul, § 1416 Rz. 8; a.A. Palandt-Diederichsen, § 1416 Anm. 1.
[29] Vergl. zu Vorstehendem z.B. BGB-RGRK-Finke, § 1417 Rz. 2 und Soergel-Gaul, § 1417 Rz. 4.
[30] Vergl. Lutter, AcP 161, 163, 167.
[31] Vergl. z.B. BayOLGZ 67, 480 ff; OLG Frankfurt, Rpfl. 73, 394.

mens und Unterhaltsansprüche. Ein Schmerzensgeldanspruch und ein Anspruch auf § 1300 gehören zum Sondergut solange, wie sie nicht durch Vertrag anerkannt oder rechtshängig geworden sind. Sind Ansprüche nach den gesetzlichen Vorschriften übertragbar, gehören sie auch dann nicht zum Sondergut eines Ehegatten (sondern zum Gesamtgut), wenn sie nicht oder nur beschränkt pfändbar sind, was z.B. für den Anspruch auf Pflichtteil oder Ausgleich des Zugewinns gilt, §§ 2317 Abs. 2, 1378 Abs. 3[32]. Zum Sondergut gehört nicht ein von einem Ehegatten nur in seinem Namen abgeschlossener Lebensversicherungsvertrag, weil das Recht zur Bestimmung des Bezugsberechtigten durch den Versicherungsnehmer nicht höchstpersönlich ist[33].

Nach herrschender Auffassung umfaßt das Sondergut trotz des Wortlautes des § 1417 Abs. 2 solche Gegenstände nicht, die nur deshalb unübertragbar sind, weil sie zu einem Sachinbegriff gehören, der selbst zum Gesamtgut gehört. Deshalb fallen auch die Anteile des Miterben an den einzelnen Nachlaßgegenständen mit dem Erbfall in das Gesamtgut (siehe oben Rz. 170), obwohl der Miterbe über die einzelnen Nachlaßgegenstände nach § 2033 Abs. 2 nicht verfügen kann. Aus den gleichen Gründen fällt auch die Vorerbschaft nicht in das Sondergut, sondern in das Gesamtgut[34].

Zum Sondergut gehören Urheberrechte, während Nutzungsrechte hieran zum Gesamtgut gehören[35].

Streitig ist, ob ein Gegenstand auch dann in das Sondergut fällt, wenn sich seine Unübertragbarkeit nicht aus dem Gesetz ergibt, sondern auf rechtsgeschäftlicher Vereinbarung beruht[36]. § 1417 dient dazu, einen Wertungswiderspruch aufzuheben, der sich aus dem ehevertraglichen Übergang des Vermögens in das Gesamtgut und der hierdurch entstehenden Rechtsnachfolge einerseits und der Unübertragbarkeit einzelner Vermögenswerte oder Rechtspositionen andererseits ergibt. Das Sondergut ist also eine „Notgütermasse zur Beseitigung von Widersprüchen"[37]. Auch die rechtsgeschäftliche Vinkulierung soll Dritte davor schützen, daß ihnen ein anderer Geschäftspartner gegen ihren Willen aufgedrängt wird. Die Vereinbarung eines Abtretungsverbots nach § 399, 2. Alternative hat absolute und nicht nur relative Wirkung zwischen den Vertragspartnern. Nach dem Schutzzweck des § 1417 spricht deswegen viel dafür, auch die kraft rechtsgeschäftlicher Vereinbarung nicht übertragbaren Forderungen als Sondergut anzusehen[38].

Das **rechtsgeschäftliche Abtretungsverbot** kann die Sondergutseigenschaft nur begründen, wenn es sich um die (dinglich wirkende) Vereinbarung eines Ehegat-

---

[32] Vergl. z. B. BGB-RGRK-Finke, § 1417 Rz. 3/4; Palandt-Diederichsen, § 1417 Anm. 2.
[33] BGH FamRZ 84, 766 f.
[34] MünchKomm-Kanzleiter, § 1417 Rz. 2.
[35] Siehe oben Rz. 170 und Soergel-Gaul, § 1417 Rz. 5.
[36] Z. B. Lutter, AcP 161, 163, 165 f m.w.N.; Palandt-Diederichsen, § 1417 Anm. 2; Soergel-Gaul, § 1417 Rz. 3.
[37] Lutter, AcP 161, 163, 167.
[38] Für die Zurechnung zum Sondergut insbesondere MünchKomm-Kanzleiter, § 1417 Rz. 3; Staudinger-Thiele, § 1417 Rz. 9, Dölle, Familienrecht I S. 882; BGB-RGRK-Finke, § 1417 Rz. 5.

ten mit einem Dritten handelt. Die Ehegatten können nicht durch rechtsgeschäftliche Vereinbarung untereinander Gesamtgut zu Vorbehaltsgut machen[39]. Zur Zurechnung eines Anteils eines Ehegatten an einer Personengesellschaft zum Sondergut, sofern der Anteil nicht durch die Satzung der Gesellschaft für übertragbar erklärt worden ist, kommt man im übrigen auch dann, wenn die Unübertragbarkeit von oHG-Anteilen als nicht auf rechtsgeschäftlicher Vereinbarung, sondern nach § 105 HGB i.V.m. § 719 als auf Gesetz beruhend angesehen wird[40].

Ist der Anteil nicht übertragbar, ist er Sondergut, auch wenn er von einem Ehegatten durch Einbringung von zum Gesamtgut gehörenden Gegenständen erworben worden ist[41].

Die auf einen Geschäftsanteil entfallenden Gewinne und das Auseinandersetzungsguthaben nach Auflösung der Gesellschaft fallen aber immer in das Gesamtgut.

c) Verwaltung

175 Nach § 1417 Abs. 3 verwaltet jeder Ehegatte sein Sondergut (unabhängig von der Verwaltungsregelung für das Gesamtgut) selbständig, und zwar für **Rechnung** des Gesamtgutes. Auch die Nutzungen fallen daher in das Gesamtgut, soweit sie nicht selbst unübertragbar sind. Gleiches gilt für Surrogate. **Ehevertraglich** kann vereinbart werden, daß jeder Ehegatte sein Sondergut für eigene Rechnung verwaltet, ohne daß eine solche Vereinbarung zwingend in eine an sich zulässige Vereinbarung dahingehend auszulegen wäre, daß die Gegenstände Vorbehaltsgut werden sollen[42].

Die Überlassung der Verwaltung des Sonderguts an den anderen Ehegatten ist nach § 1413 in dessen Grenzen möglich.

d) Zwangsvollstreckung in das Sondergut

Die Zwangsvollstreckung eines Gläubigers in das Sondergut setzt, soweit sie überhaupt zulässig ist, einen Titel gegen den Ehegatten voraus, der Eigentümer des Sondergutes ist. Sollen Nutzungen gepfändet werden, die in das Gesamtgut fallen, gelten demgegenüber die Regeln über die Pfändung von Gesamtgutsgegenständen[43].

3. Vorbehaltsgut, § 1418

a) Allgemeines

176 Vom Gesamtgut ist weiter das Vorbehaltsgut ausgeschlossen. Vorbehaltsgut sind nach der Definition des § 1418 Abs. 2 Gegenstände,

– die durch Ehevertrag zum Vorbehaltsgut erklärt worden sind;

---

[39] Siehe BGH FamRZ 75, 572 ff.
[40] Vergl. insbesondere Soergel-Gaul, § 1417 Rz. 4 m.w.N. gegen BGHZ 65, 79 = NJW 75, 572 ff.; a.A. Tiedtke FamRZ 75, 675 ff.; Soergel-Gaul, § 1417 Rz. 4 auch zu der Frage der Gründung einer Ehegatten-oHG, die nach der Rechtsprechung des BGH und herrschender Meinung nur durch ehevertragliche Erklärung der oHG-Anteile zum Vorbehaltsgut möglich ist, dazu oben Rz. 172.
[41] RGZ 146, 282; BGH Lindemeyer-Möring Nr. 1 zu § 260.
[42] Vergl. MünchKomm-Kanzleiter, § 1417 Rz. 7.
[43] Vergl. z.B. MünchKomm-Kanzleiter, § 1417 Rz. 8; BGB-RGRK-Finke, § 1417 Rz. 11.

- die ein Ehegatte von Todes wegen oder durch unentgeltliche Zuwendung erwirbt, wenn der Erblasser oder der Zuwender bestimmt haben, daß der Erwerb Vorbehaltsgut sein soll;

- die ein Ehegatte aufgrund eines zum Vorbehaltsgut gehörenden Rechtes oder als Surrogat eines solchen Rechtes bzw. durch Rechtsgeschäft erwirbt, das sich auf das Vorbehaltsgut bezieht

Das Gesetz unterscheidet also drei Entstehungstatbestände, nämlich

aa) die Entstehung durch ehevertragliche Vereinbarung

bb) die Bestimmung des zuwendenden Dritten bei Schenkung oder Erwerb von Todes wegen

cc) Surrogate eines Gegenstandes des Vorbehaltsgutes

Diese Aufzählung des Gesetzes ist nach allgemeiner Auffassung **enumerativ** und nicht erweiterungsfähig[44].

b) Entstehung durch Ehevertrag

Die Begründung von Vorbehaltsgut durch Ehevertrag kann sowohl bei Begründung der Gütergemeinschaft selbst als auch später erfolgen, setzt aber jeweils die Form des Ehevertrages nach § 1410 voraus. Die Möglichkeit der ehevertraglichen Begründung von Vorbehaltsgut läßt den Ehegatten einen großen Spielraum zur Berücksichtigung ihrer wirtschaftlichen Besonderheiten. So ist es beispielsweise zulässig, zum Vorbehaltsgut all das Vermögen zu erklären, das die Ehegatten bei Eheschließung hatten, so daß nur dasjenige Gesamtgut wird, was nach Eheschließung erworben wird. Hierdurch entsteht ein der früheren **Errungenschaftsgemeinschaft** entsprechender Güterstand. Wird vereinbart, daß alles gegenwärtige und zukünfte Grundvermögen Vorbehaltsgut eines Ehegatten oder des erwerbenden Ehegatten werden soll, entspricht dies den Rechtsfolgen der früheren **Fahrnisgemeinschaft**[45].

Ehevertraglich kann auch **Sondergut in Vorbehaltsgut** umgewandelt werden (dazu oben Rz. 173).

Wie bei der Frage der Überführung von Vorbehaltsgut in Gesamtgut streitig ist, ob der gesamthänderische Erwerb mit Vertragsschluß kraft Gesetzes eintritt oder noch ein Übertragungsakt notwendig ist, ist umgekehrt für den Fall der ehevertraglichen Vereinbarung der Umwandlung von Gesamtgut oder Sondergut zum Vorbehaltsgut eines Ehegatten streitig, ob dieser damit ipso jure Alleineigentümer wird oder ob es noch eines Übertragungsaktes bedarf. Auch hier spricht sich die herrschende Meinung dafür aus, daß Alleineigentum erst mit Vollendung des Übertragungsaktes, nicht schon kraft Gesetzes entsteht[46].

177

---

[44] Z.B. Palandt-Diederichsen, § 1418 Anm. 2; Soergel-Gaul, § 1418 Rz. 2; RGZ 87, 100, 103.
[45] Vergl. z.B. MünchKomm-Kanzleiter, § 1418 Rz. 5 und BGB-RGRK-Finke, § 1418 Rz. 3.
[46] Siehe oben Rz. 171 und z.B. BGB-RGRK-Finke, § 1418 Rz. 6; Soergel-Gaul, § 1418 Rz. 5; a.A. MünchKomm-Kanzleiter, § 1418 Rz. 3.

Die Ehegatten haben auch die Möglichkeit, Vorbehaltsgut eines Ehegatten in das Vorbehaltsgut des anderen Ehegatten zu übertragen. Hierzu bedarf es nicht der Form des Ehevertrages, allerdings eines dinglichen Übertragungsaktes[47].

Nach der Rechtsprechung des Bundesgerichtshofs ist die ehevertragliche Begründung von Vorbehaltsgut notwendig, um eine Ehegatten-oHG zu gründen[48]; gleiches gilt, wenn zum Gesamtgut gehörende Vermögensgegenstände zugunsten eines Ehegatten belastet werden sollen, z.b. mit einer Hypothek oder einer Grundschuld[49].

Wird auf diese Art und Weise dem Gesamtgut Vermögen zu Lasten der Gläubiger des Gesamtgutes entzogen, kann dies eine Anfechtungsmöglichkeit nach Maßgabe des Anfechtungsgesetzes begründen mit der Folge, daß die betreffenden Gegenstände für die Zwangsvollstreckung durch den Gläubiger wie Gesamtgut behandelt werden müssen[50].

Die ehevertragliche Vereinbarung von Vorbehaltsgut kann sich auf einzelne Gegenstände oder auf **Sach- und Rechtsgesamtheiten** beziehen. Sie kann **bedingt** oder **befristet** erklärt werden. Auch künftiger Erwerb kann ehevertraglich zu Vorbehaltsgut erklärt werden, wenn die von der Vereinbarung erfaßten Vermögensgegenstände hinreichend bestimmt erfaßt sind. Zulässig sind Vereinbarungen dahingehend, daß grundsätzlich alle unentgeltlichen Zuwendungen unabhängig von einer entsprechenden Bestimmung des Zuwenders Vorbehaltsgut des bedachten Ehegatten werden sollen. Schließlich kann ehevertraglich vereinbart werden, daß grundsätzlich kein Vorbehaltsgut entstehen, also auch eine dahingehende Bestimmung eines Dritten unwirksam sein soll[51].

178 Da bei Gütergemeinschaft Gesamtgut die Regel, Vorbehaltsgut die Ausnahme ist, trifft die **Beweislast** für die Zugehörigkeit von Gegenständen zum Vorbehaltsgut denjenigen, der sich hierauf beruft[52].

Unklare Bezeichnungen im Ehevertrag gehen zu Lasten des betroffenen Ehegatten bzw. seines sich auf die Zugehörigkeit zum Vorbehaltsgut berufenden Gläubigers[53].

Die ehevertragliche Erklärung von Vermögensgegenständen zu Vorbehaltsgut kann **dem Erwerb** auch **nachfolgen**. Haben die Ehegatten gemeinsam ein Grundstück erworben und ist entgegen § 1416 Abs. 1 die Eintragung zu Miteigentum nach Bruchteilen erfolgt, kann dies nachträglich durch einen entsprechenden Ehevertrag mit der Erklärung der Miteigentumsanteile zu Vorbehaltsgut

---

[47] BGB-RGRK-Finke, § 1418 Rz. 6.
[48] BGHZ 65, 79 ff., siehe auch oben Rz. 172.
[49] Vergl. BayOLGZ 62, 205 ff.
[50] Siehe oben Rz. 19 ff. und z. B. BGB-RGRK-Finke, § 1418 Rz. 5; MünchKomm-Kanzleiter, § 1418 Rz. 18; RGZ 57, 81, 86.
[51] Vergl. z. B. Palandt-Diederichsen, § 1418 Anm. 1 und 2; BGB-RGRK-Finke, § 1418 Rz. 4 und 10; MünchKomm-Kanzleiter, § 1418 Rz. 4 und 6; OLG Stuttgart, JW 32, 1402.
[52] RGZ 65, 367 ff.
[53] Vergl. Soergel-Gaul, § 1418 Rz. 4.

sanktioniert werden. Für diesen Fall bedarf es einer Löschung der bereits als Miteigentümer zu Bruchteilen eingetragenen Ehegatten und ihrer sofortigen Wiedereintragung im Grundbuch nicht[54].

Erfolgt die Sanktionierung durch Ehevertrag nicht, ist das Grundbuch zu berichtigen, ohne daß es einer neuen Auflassung bedürfe[55].

c) Enstehung durch Bestimmung zum Vorbehaltsgut durch zuwendende Dritte

Vorbehaltsgut kann nach § 1418 Abs. 2 Ziff. 2 durch Bestimmung eines Dritten **179** entstehen.

Soweit es sich um eine unentgeltliche Zuwendung **unter Lebenden** handelt, kann die Bestimmung formlos und sogar stillschweigend vorgenommen werden. Sie muß aber bei der Zuwendung oder schon vorher unter Bezugnahme hierauf bei der Zuwendung erklärt werden. Eine **nachträgliche** Bestimmung zum Vorbehaltsgut reicht nicht aus, selbst dann nicht, wenn der andere Ehegatte zustimmt. In diesem Fall kann Vorbehaltsgut nur durch eine nachträgliche (formgebundene) ehevertragliche Vereinbarung nach § 1418 Abs. 2 Ziff. 1 entstehen. Haben die Verlobten für den Fall ihrer Eheschließung den Güterstand der Gütergemeinschaft vereinbart, so kann die Bestimmung bereits vor Eheschließung aber nach Abschluß des Ehevertrages mit der Wirkung späterer Begründung von Vorbehaltsgut getroffen werden[56].

Unentgeltlich ist eine Zuwendung, wenn der Dritte für sie keine gleichwertige Gegenleistung des Empfängers erhält. Kann bei geringerwertigen Gegenleistungen die Vermögensverschiebung in einen entgeltlichen und einen unentgeltlichen Teil zerlegt werden, kann für den unentgeltlichen Teil eine Bestimmung zum Vorbehaltsgut getroffen werden. Eine Schenkung im engeren Sinne braucht nicht vorzuliegen, so daß auch Ausstattungen im Sinne des § 1624 mit der Bestimmung zum Vorbehaltsgut zugewandt werden können. Die Bestimmung ist auch nicht ausgeschlossen, wenn es sich um sogenannte **Anstandsschenkungen** (vergl. §§ 2330, 1375 Abs. 2 Ziff. 1) handelt. Ausgeschlossen ist sie allerdings, wenn mit der Zuwendung eine Rechtspflicht erfüllt wird, also z.B. Unterhaltsansprüche befriedigt werden[57].

Daß der Dritte von anderer Seite eine Gegenleistung erhält, ggf. sogar von dem anderen Ehegatten aus dessen Vorbehaltsgut, steht der Annahme der Unentgeltlichkeit nicht entgegen[58].

Für den Erwerb **von Todes wegen** zum Vorbehaltsgut ist nach § 1418 Abs. 2 Ziff. 2 notwendig, daß die Bestimmung des Dritten durch **letztwillige Verfügung** erfolgt, also durch Testament, Erbvertrag oder durch ein Schenkungsver-

---

[54] BayOLG FamRZ 82, 285 f.
[55] Siehe oben Rz. 170 und BGHZ 82, 346 ff.
[56] Vergl. OLG Hamburg, Recht 1918 Nr. 1007; RGZ 69, 59; RG Recht 1915 Nr. 2515; RGZ 106, 381 und MünchKomm-Kanzleiter, § 1418 Rz. 6; BGB-RGRK-Finke, § 1418 Rz. 11 und 12.
[57] Vergl. z. B. Staudinger-Thiele, § 1418 Rz. 25; BGB-RGRK-Finke, § 1418 Rz. 11.
[58] RGZ 171, 83, 87; BGB-RGRK-Finke, § 1418 Rz. 11.

sprechen von Todes wegen, § 2301. Gleichgültig ist demgegenüber, ob der Erwerbsvorgang selbst aufgrund gesetzlicher oder gewillkürter Erbfolge beruht. Vorbehaltsgut wird aufgrund einer Bestimmung des Erblassers auch das, was dem bedachten Ehegatten als Miterben bei der Auseinandersetzung des Nachlasses zugeteilt wird, und zwar unabhängig davon, ob er den übrigen Erben eine Abfindung zu zahlen hat oder nicht. Selbst für eine Nacherbenanwartschaft kann der Erblasser die Bestimmung zum Vorbehaltsgut treffen[59].

Die Vorbehaltserklärung bleibt **wirkungslos**, wenn die Ehegatten durch Ehevertrag das Entstehen von Vorbehaltsgut ausgeschlossen haben. In diesem Fall erfolgt der Erwerb entgegen der Bestimmung zum Gesamtgut[60].

Bereicherungsansprüche des begünstigten Ehegatten[61] dürften allerdings daran scheitern, daß der Ehegatte durch den Abschluß des Ehevertrages den Rechtsgrund für den Erwerb selbst geschaffen hat. Denkbar sind allenfalls Bereicherungsansprüche der Erben des Zuwendenden unter dem Gesichtspunkt der Zweckverfehlung. Ist die letztwillige Zuwendung nur unter der Bedingung erfolgt, daß das Zugewendete Vorbehaltsgut wird, erfolgt der Anfall nur, wenn der entgegenstehende Ehevertrag insoweit aufgehoben wird[62].

d) Surrogate

180 Nach § 1418 Abs. 2 Nr. 3 fallen Surrogate des Vorbehaltsguts wieder in das Vorbehaltsgut des betreffenden Ehegatten, und zwar unabhängig davon, ob der Erwerb der Surrogate kraft Gesetzes oder durch Rechtsgeschäft (z.B. Früchte oder Mieteinnahmen) erfolgt. Als **Surrogate** fallen darüber hinaus Gegenstände, insbesondere Ansprüche in das Vorbehaltsgut, die der Ehegatte als Ersatz für Zerstörung, Beschädigung oder Entzug von Vorbehaltsgutsgegenständen erwirbt, also deliktische Ansprüche, Ansprüche wegen ungerechtfertigter Bereicherung, Versicherungsforderungen und Entschädigungsansprüche[63]. Für die Bestimmung eines Surrogats aufgrund eines Rechtsgeschäfts, das sich auf das Vorbehaltsgut bezieht, ist der wirtschaftliche, nicht unbedingt rechtliche Bezug ausreichend. Ausschlaggebend sind der objektive und subjektive Bezug zum Vorbehaltsgut, ohne daß es auf die ausdrückliche Erklärung des Ehegatten ankommt, für das Vorbehaltsgut zu handeln[64].

Zu b) bis d):

Nach § 1418 Abs. 3 **verwaltet** jeder Ehegatte sein Vorbehaltsgut für **eigene Rechnung** selbst. Auch hier ist die Überlassung der Verwaltung an den anderen Ehegatten im Rahmen des § 1413 möglich.

---

[59] Z. B. BGB-RGRK-Finke, § 1418 Rz. 8/9; MünchKomm-Kanzleiter, § 1418 Rz. 8.
[60] OLG Stuttgart JW 32, 1402.
[61] Vergl. den Hinweis bei Dölle, Familienrecht I S. 886 Fußnote 99; Soergel-Gaul, § 1418 Rz. 7.
[62] Daniels, Verträge mit Bezug auf den Nachlaß eines noch lebenden Dritten, S. 63 f; Soergel-Gaul, § 1418 Rz. 7.
[63] MünchKomm-Kanzleiter, § 1418 Rz. 10.
[64] Vergl. RGZ 87, 100; 92, 139, 142; BGH NJW 68, 1824; Staudinger-Thiele, § 1418 Rz. 43 ff.

Die (wieder in das Vorbehaltsgut fallenden) Einkünfte aus dem Vorbehaltsgut sind nachrangig nach den in das Gesamtgut fallenden Einkünften für den Familienunterhalt zu verwenden, § 1420. Ebenso kann jeder Ehegatte verlangen, daß für den Unterhalt der Familie zunächst der Stamm des Gesamtgutes vor der Inanspruchnahme des Vorbehaltsgutes verwandt wird, § 1420.

e) Wirkung Dritten gegenüber

Die Zugehörigkeit eines Gegenstandes oder eines Inbegriffes von Vermögensgegenständen zum Vorbehaltsgut kann im **Güterrechtsregister** eingetragen werden. Sie kann Dritten nur entgegengehalten werden, wenn sie eingetragen war oder die Zugehörigkeit zum Vorbehaltsgut dem Dritten bekannt war, §§ 1418 Abs. 4, 1412. War beides nicht der Fall, kann der Dritte vom Gesamtgutsverwalter auch solche Gegenstände rechtswirksam erwerben, die zum Vorbehaltsgut des anderen Ehegatten gehören[65].

181

Zum Vorbehaltsgut eines Ehegatten gehörende Grundstücke werden auf dessen Namen im Grundbuch eingetragen. Deren Eigenschaft als Vorbehaltsgut ist nach herrschender Meinung nicht eintragungsfähig[66].

Zur **Zwangsvollstreckung** in Gegenstände des Vorbehaltsgutes ist ein Titel gegen den Vorbehaltseigentümer notwendig und ausreichend. Zugunsten der Gläubiger gilt § 1362[67].

IV. Die Verwaltung des Gesamtgutes, §§ 1421 ff.

1. Allgemeines

Nach § 1421 sollen die Ehegatten in dem die Gütergemeinschaft begründenden Ehevertrag eine ausdrückliche Bestimmung darüber treffen, ob das Gesamtgut von dem Ehemann, der Ehefrau oder von ihnen beiden gemeinschaftlich verwaltet wird. Fehlt es an einer solchen **ausdrücklichen Bestimmung**, verwalten die Ehegatten das Gesamtgut **gemeinschaftlich**, § 1421 Satz 2. In beiden Fällen gelten für die Verwaltung die Vorschriften der §§ 1450 bis 1470 (dazu nachstehend Rz. 183 ff.); wird das Gesamtgut von einem Ehegatten alleine verwaltet, gelten die Vorschriften der §§ 1422 bis 1449 (dazu unten Rz. 195 ff.).

182

Für den **Gestaltungsspielraum** der Ehegatten ergibt sich aus § 1421 zunächst, daß eine Regelung ausgeschlossen sein soll, nach der beide Ehegatten unabhängig voneinander das Gesamtgut verwalten[68].

Überwiegend wird auch die Vereinbarung einer alternierenden Verwaltung für unzulässig gehalten[69].

---

[65] Vergl. z. B. BGB-RGRK-Finke, § 1418 Rz. 19.
[66] Vergl. Staudinger-Thiele, § 1418 Rz. 57; MünchKomm-Kanzleiter, § 1418 Rz. 16.
[67] MünchKomm-Kanzleiter, § 1418 Rz. 17.
[68] Herrschende Meinung, vergl. BayOLG NJW 68, 896; BGB-RGRK-Finke, § 1421 Rz. 5; Soergel-Gaul, § 1421 Rz. 3; Palandt-Diederichsen, § 1421 Anm. 1; a.A. Mikat, Festschrift Felgentraeger 1969, S. 323, 327 f.
[69] Palandt-Diederichsen, § 1421 Anm. 1; BGB-RGRK-Finke, § 1421 Rz. 5; Soergel-Gaul, § 1421 Rz. 4.

Zwingende Gründe lassen sich hierfür allerdings nicht finden. Der Rechtsverkehr ist über die allgemeinen Gutglaubensvorschriften geschützt; eine Eintragung der Verwaltungsregelung im Güterrechtsregister ist ohnehin nicht zwingend vorgeschrieben und könnte im übrigen nur bei hinreichend konkreter Vereinbarung erfolgen. Auch für die Rechtsbeziehungen der Ehegatten untereinander ergeben sich aus einer solchen Vereinbarung keine besonderen Schwierigkeiten, so daß sie für zulässig gehalten werden sollte[70].

Die Verwaltungsregelung hat keinen Einfluß auf die güterstandsunabhängige Regelung des § 1357 über die sogenannte **Schlüsselgewalt**. Die Ehegatten können sich außerdem über die Verwaltungsbestimmung hinaus gegenseitig ausdrücklich oder stillschweigend Vollmachten erteilen, was insbesondere bei gemeinschaftlicher Verwaltung zweckmäßig sein kann.

Die Verwaltungsvereinbarung kann jederzeit während des Güterstandes wieder geändert werden, wozu es der Form des Ehevertrages bedarf. Das Gesetz sieht das einseitige Recht eines Ehegatten nicht vor, eine Änderung der getroffenen Verwaltungsregelung zu verlangen, auch nicht im Falle der Beeinträchtigung von Vermögensinteressen der Familie. Den einzigen Schutz bieten die Vorschriften über die Klage auf Aufhebung der Gütergemeinschaft, §§ 1447, 1448, 1469 (dazu unten Rz. 237 ff.).

Enthält das Güterrechtsregister eine Eintragung über die Gütergemeinschaft, allerdings keine Eintragung über die Verwaltungsregelung, kann ein Dritter von gemeinschaftlicher Verwaltung ausgehen, sofern nicht die Gütergemeinschaft schon vor dem 1.4.1953 vereinbart war. Für diesen Fall kann von Alleinverwaltung des Gesamtgutes durch den Ehemann ausgegangen werden[71].

2. Gemeinschaftliche Verwaltung des Gesamtgutes durch die Ehegatten, 1450 ff.

183 Bei gemeinschaftlicher Verwaltung des Gesamtgutes sind die Ehegatten grundsätzlich nur gemeinsam zur Verwaltung des Gesamtguts berechtigt. Jeder Ehegatte ist dem anderen im Rahmen des Notwendigen zur **Mitwirkung** an der Verwaltung verpflichtet, §§ 1450, 1451. Bei unberechtigter Weigerung eines Ehegatten kann die Ersetzung der Zustimmung durch das Vormundschaftsgericht beantragt werden, soweit es um die Vornahme eines Rechtsgeschäftes oder die Führung eines Rechtsstreits geht, § 1452. Die Rechtsfolgen einer Verfügung eines Ehegatten ohne die erforderliche Einwilligung des anderen Ehegatten regelt § 1453. In den §§ 1454 bis 1458 ist schließlich geregelt, unter welchen Voraussetzungen ein Ehegatte ausnahmsweise allein handeln kann.

a) Umfassende gemeinsame Verwaltungszuständigkeit, §§ 1450, 1451

Nach §§ 1450, 1451 sind die Ehegatten grundsätzlich nur gemeinsam zur Verwaltung des Gesamtgutes berechtigt und verpflichtet. Sie haben hinsichtlich des Ge-

---

[70] So MünchKomm-Kanzleiter, § 1421 Rz. 2; unentschieden Langenfeld, Handbuch der Eheverträge Rz. 215.

[71] BGB-RGRK-Finke, § 1421 Rz. 7 und Art. 8 Abs. 1 Nr. 6 Abs. 2 Gleichberechtigungsgesetz.

samtgutes eine **allumfassende Zuständigkeit**, die sich also nicht nur auf das in § 1450 Abs. 1 beispielhaft erwähnte Führen von Rechtsstreitigkeiten oder Verfügungen über das Gesamtgut bezieht. Der gemeinschaftlichen Verwaltung unterliegen vielmehr auch Verpflichtungsgeschäfte und rein tatsächliche Verwaltungshandlungen. Das Gesetz geht in erster Linie davon aus, daß die Ehegatten gemeinsam handeln. Es genügt aber auch, daß nur ein Ehegatte persönlich handelt und der andere dem ausdrücklich oder stillschweigend zustimmt. Die Ehegatten können allerdings nicht vereinbaren, daß gemeinschaftliche Verwaltung gelten soll, aber jeder Ehegatte ohne Mitwirkung des anderen selbständig handeln kann (siehe oben Rz. 182).

aa) Formen der Mitwirkung im Verhältnis zu Vollmacht, Vertretung und Schlüsselgewalt

Da die Ehegatten grundsätzlich jede einzelne Verwaltungshandlung gemein- **184** schaftlich vornehmen müssen, kommt der Möglichkeit der Bevollmächtigung und Ermächtigung des jeweils anderen Ehegatten besondere praktische Bedeutung zu. Es gelten hierzu die allgemeinen Rechtsgrundsätze und Vorschriften über die **Vollmacht** und **Ermächtigung**. Beides kann ausdrücklich, aber auch stillschweigend erteilt werden, z.B. auch dadurch, daß ein Ehegatte dem anderen die Verwaltung in bestimmten Teilbereichen überläßt. Handelt ein Ehegatte mit der Ermächtigung des anderen, verpflichtet er nach §§ 1459, 1460 sowohl das Gesamtgut als auch den anderen Ehegatten persönlich, so daß hier eine Verpflichtungsermächtigung möglich ist[72].

Der **Form** eines Ehevertrags bedarf die Bevollmächtigung nicht, es sei denn, daß durch die Vollmacht im Ergebnis die einmal getroffene Entscheidung für die gemeinschaftliche Verwaltung zugunsten der Verwaltung durch einen Ehegatten geändert werden soll. Wird eine nicht nur Einzelgeschäfte betreffende unwiderrufliche Vollmacht erteilt, tangiert dies ebenfalls jedenfalls im Ergebnis die Verwaltungsentscheidung. Für die Formbedürftigkeit spricht ergänzend § 1413[73].

Streitig ist, ob bei Abschluß eines Rechtsgeschäfts nur durch einen Ehegatten mit vorheriger oder nachträglicher Zustimmung des anderen beide Ehegatten Vertragspartner werden oder nur der persönlich handelnde Ehegatte. Entscheidend ist, ob der allein handelnde Ehegatte gegenüber dem Vertragspartner zum Ausdruck gebracht hat, nicht nur für sich, sondern auch für den anderen Ehegatten handeln und diesen mitverpflichten zu wollen.

Der Frage kommt letztlich keine große praktische Bedeutung zu, weil der zustimmende Ehegatte auf jeden Fall persönlich für die Verbindlichkeiten eines von ihm genehmigten Geschäftes nach den §§ 1459, 1460 haftet und der Erwerb aus einem Rechtsgeschäft ohnehin in das Gesamtgut fällt, sofern das Rechtsgeschäft

---

[72] MünchKomm-Kanzleiter, § 1450 Rz. 8 m.w.N.
[73] Vergl. insbesondere Soergel-Gaul, § 1450 Rz. 5; Palandt-Diederichsen, § 1450 Anm. 2; Münch-Komm-Kanzleiter, § 1450 Rz. 9; einschränkend (gegen Felgentraeger in der Vorauflage) Staudinger-Thiele, § 1450 Rz. 12.

nicht für das Vorbehalts- oder Sondergut eines Ehegatten abgeschlossen worden ist, § 1416 (siehe oben Rz. 170)[74].

Handelt ein Ehegatte für das Gesamtgut alleine, ohne sich als Bevollmächtigter des anderen auszugeben, hängt die Wirksamkeit für das Gesamtgut von der **Zustimmung** oder **Genehmigung** des anderen Ehegatten ab. Wird diese nicht erteilt oder verweigert, haftet der handelnde Ehegatte für solche Verpflichtungsgeschäfte mit seinem Vorbehalts- und Sondergut persönlich. § 179 ist auf diesen Fall nach herrschender Meinung nicht anwendbar, weil ein Ehegatte in solchen Fällen im allgemeinen nicht als voll machtloser Vertreter des anderen angesehen werden kann[75]. Die Anwendbarkeit von § 179 kommt aber in Betracht, wenn der handelnde Ehegatte ausdrücklich die Haftung mit Vorbehalts- und Sondergut ausgeschlossen und erklärt hat, nur für das Gesamtgut aufgrund behaupteter Vollmacht des anderen Ehegatten zu handeln[76].

Soweit ein Ehegatte ohne die erforderliche Mitwirkung des anderen **Verfügungen** vornimmt, gilt § 1453 (dazu Rz. 189). Für **Verschulden** des allein handelnden Ehegatten bei Vertragsschluß und bei etwaiger deliktischer Haftung haftet jeweils das Gesamtgut, § 1459 Abs. 1 (dazu unten Rz. 280 f.).

Völlig unberührt von der Frage der gemeinschaftlichen Verwaltung des Gesamtguts und ggf. der wechselseitigen Vollmacht besteht die güterstandsunabhängige Schlüsselgewalt nach § 1357. Im Rahmen der Geschäfte des täglichen Lebens kann also jeder Ehegatte den anderen allein aufgrund der Schlüsselgewalt berechtigen und verpflichten.

bb) Willensmängel

185   Liegen Willensmängel vor, kann ein von den Ehegatten gemeinsam vorgenommenes Geschäft angefochten werden, wenn auch nur bei einem Ehegatten ein Willensmangel vorlag. Derjenige Ehegatte kann selbständig handeln, insbesondere anfechten, bei dem der Willensmangel aufgetreten ist. Eine erfolgreiche Anfechtung führt zur Nichtigkeit des gesamten Rechtsgeschäftes und bindet nicht etwa den Ehegatten (unter Begründung seiner Haftung mit dem Vorbehalts- oder Sondergut), in dessen Person der Willensmangel nicht vorgelegen hat oder der nicht angefochten hat. Soweit es auf das Kennen oder Kennenmüssen bestimmter Tatsachen ankommt, reicht jedenfalls das Kennen oder Kennenmüssen durch einen Ehegatten aus[77].

Handelt ein Ehegatte in Schlüsselgewalt, aufgrund Ermächtigung in eigenem Namen oder aufgrund Bevollmächtigung in fremdem (evtl. zugleich auch in eigenem) Namen, ist demgegenüber § 166 anwendbar, so daß es auf die Person des

[74] Vergl. insbesondere BGB-RGRK-Finke, § 1450 Rz. 3 und zum Meinungsstand ausführlich Staudinger-Thiele, § 1450 Rz. 20/21.
[75] Vergl. z. B. BGB-RGRK-Finke, § 1450 Rz. 5; Soergel-Gaul, § 1450 Rz. 6.
[76] So MünchKomm-Kanzleiter, § 1450 Rz. 12; a.A. (Haftung mit Vorbehalts- und Sondergut immer nur unter den Voraussetzungen des § 179): Palandt-Diederichsen, § 1450 Anm. 2 a.
[77] Allgemeine Meinung vergl. z. B. MünchKomm-Kanzleiter, § 1450 Rz. 15/16 m.w.N.

Handelnden ankommt. Gleiches gilt, wenn dieser ohne Vollmacht in eigenem und fremdem Namen handelt und der andere Ehegatte später genehmigt[78].

cc) Empfangszuständigkeit für Willenserklärungen

Für die Abgabe von Willenserklärungen durch Dritte gegenüber den Ehegatten genügt nach § 1450 Abs. 2 die Abgabe gegenüber einem Ehegatten, um für das Gesamtgut wirksam zu werden. Selbstverständlich müssen einseitige Willenserklärungen, die sich auf das Vorbehalts- oder Sondergut eines Ehegatten beziehen, diesem gegenüber abgegeben werden.

§ 1450 Abs. 2 gilt nach herrschender Meinung für **empfangsbedürftige Willenserklärungen** jeder Art, nicht nur für streng einseitige Willenserklärungen[79], also insbesondere auch für Kündigung, Anfechtung, Vertragsannahme, aber auch für ein den Ehegatten gemachtes Vertragsangebot, unabhängig davon, daß sie es wirksam nur gemeinsam annehmen können[80].

Die Empfangszuständigkeit eines Ehegatten bezieht sich demgegenüber nicht auf Vertragsangebote, die dem anderen alleine (in Beziehung auf sein Vorbehalts- und Sondergut) gemacht werden. Der Adressat der Erklärung hat die sich aus dem Recht zur gemeinschaftlichen Verwaltung ergebende Verpflichtung, den anderen Ehegatten unverzüglich über die entgegengenommene Erklärung zu unterrichten[81].

§ 1450 Abs. 2 gilt nicht für Zustellungen in gerichtlichen Verfahren, weil die Ehegatten nicht eine Partei, wenn auch meist notwendige Streitgenossen sind[82].

dd) Gemeinsamer Besitz und Gutglaubensschutz

Nach § 1450 Abs. 1 Satz 2 gebührt den Ehegatten der Besitz an den zum Gesamtgut gehörenden Gegenständen gemeinschaftlich. Sie haben also wechselseitig einen Anspruch auf **Einräumung von Mitbesitz**, sofern sich nicht aus den ehelichen Lebensverhältnissen etwas anderes ergibt. Ein Recht zum **Alleinbesitz** kann bestehen an den ausschließlich zum persönlichen Gebrauch bestimmten Gegenständen, aber auch an den zu einem Erwerbsgeschäft gehörenden Sachen, das ein Ehepartner mit Zustimmung des anderen selbständig betreibt (siehe § 1456)[83].

186

Besitzschutzrechte gegenüber Dritten können die Ehegatten selbständig geltend machen, und zwar überwiegender Auffassung nach nicht nur das Selbsthilferecht des § 859, sondern auch die Besitzschutzansprüche nach §§ 861, 862. Diese sind

---

[78] Herrschende Meinung vergl. z. B. BGHZ 41, 17 f = NJW 64, 1277; BGHZ 55, 307, 310 = NJW 71, 1702; MünchKomm-Kanzleiter, § 1450 Rz. 17; abweichend für den Fall des Handelns im eigenen Namen aufgrund Ermächtigung: Staudinger-Thiele, § 1450 Rz. 16/18.
[79] So aber Erman-Heckelmann, § 1450 Rz. 4.
[80] Vergl. z. B. Soergel-Gaul, § 1450 Rz. 14; Staudinger-Thiele, § 1450 Rz. 38.
[81] Dölle, Familienrecht I, S. 944; Staudinger-Thiele, § 1450 Rz. 38/39.
[82] Vergl. z. B. Palandt-Diederichsen, § 1450 Anm. 3 c; Soergel-Gaul, § 1450 Rz. 14 und Erman-Heckelmann, § 1450 Rz. 4.
[83] Vergl. z. B. BGB-RGRK-Finke, § 1450 Rz. 11 und Staudinger-Thiele, § 1450 Rz. 24.

lex specialis zur grundsätzlich gemeinschaftlichen Zuständigkeit der Ehegatten und zwar unabhängig von der ansonsten abschließenden Regelung des § 1455[84].

Gutgläubige Dritte sind unter den Voraussetzungen des § 892 geschützt, und zwar auch bei Eintragung der Gütergemeinschaft in das Güterrechtsregister. § 892 geht § 1412 vor (dazu oben Rz. 45). Gutgläubiger Erwerb beweglicher Sachen nach §§ 932 ff. ist grundsätzlich möglich, scheitert aber bei gemeinschaftlicher Verwaltung im allgemeinen an dem Mitbesitz beider Ehegatten[84a] (siehe auch unten Rz. 197 zum Gutglaubensschutz bei Einzelverwaltung).

ee) Rechtsstreitigkeiten

187 Rechtsstreitigkeiten, die sich auf das Gesamtgut beziehen, müssen die Ehegatten bei gemeinschaftlicher Verwaltung grundsätzlich gemeinsam führen. Es besteht wechselseitig eine **Mitwirkungsverpflichtung**, soweit die Prozeßführung zur ordnungsgemäßen Verwaltung des Gesamtgutes notwendig ist. Ausnahmen von der Notwendigkeit gemeinsamer Prozeßführung ergeben sich aus den §§ 1454 bis 1456 (dazu unten Rz. 190 ff.) oder bei gewillkürter Prozeßstandschaft zugunsten eines Ehegatten. Die §§ 1450 ff. schließen als **Sonderregelung** die entsprechende Anwendbarkeit der §§ 432, 2039 in der Gütergemeinschaft aus, so daß die Klage eines Ehegatten alleine mangels Aktivlegitimation abzuweisen ist. Im Weigerungsfalle muß die Zustimmung eines Ehegatten zur Klageerhebung nach § 1452 Abs. 1 durch das Vormundschaftsgericht ersetzt werden (dazu nachstehend Rz. 188)[85]. Die Ehegatten sind **notwendige Streitgenossen**. Klagt ein Ehegatte kraft gewillkürter Prozeßstandschaft alleine, muß die Klage auf Leistung an beide Ehegatten gerichtet werden, während in Passiv-Prozessen der Kläger wählen kann, ob er nur einen Ehegatten alleine aufgrund seiner Haftung nach § 1459 Abs. 2 oder beide Ehegatten verklagen will[86].

Im allgemeinen wird sich die Inanspruchnahme beider Ehegatten gleichzeitig empfehlen, da es für die Vollstreckung in das Gesamtgut eines Titels gegen beide Ehegatten bedarf, § 740 Abs. 2 ZPO. Es ist aber auch möglich und zulässig, die Ehegatten nacheinander in verschiedenen Prozessen in Anspruch zu nehmen, was insbesondere bei Trennung der Ehegatten in Betracht kommen kann [87]. Bei gemeinsamer Inanspruchnahme besteht notwendige Streitgenossenschaft, soweit es sich um die Haftung des Gesamtgutes handelt[88].

---

[84] So insbesondere MünchKomm-Kanzleiter, § 1450 Rz. 20; Erman-Heckelmann, § 1450 Rz. 2; Soergel-Gaul, § 1450 Rz. 11; Staudinger-Thiele, § 1450 Rz. 27 gegen Felgentraeger (Vorauflage), § 1450 Rz. 35; a. A. auch BGB-RGRK-Finke, § 1450 Rz. 13.
[84a] Vergl. z. B. BGB-RGRK-Finke, § 1450 Rz. 19 f.
[85] Vergl. z. B. Soergel-Gaul, § 1450 Rz. 15; MünchKomm-Kanzleiter, § 1450 Rz. 21 und BGB-RGRK-Finke, § 1450 Rz. 14.
[86] Vergl. z. B. BGH FamRZ 75, 405 f.
[87] Vergl. z. B. BGH FamRZ 75, 405 und Tiedtke, FamRZ 75, 538 ff; a.A. MünchKomm-Kanzleiter, § 1450 Rz. 24.
[88] Die Begründung hierfür variiert allerdings, vergl. insbesondere die Nachweise bei MünchKomm-Kanzleiter, § 1450 Rz. 24 und Soergel-Gaul, § 1450 Rz. 16; a.A. Staudinger-Thiele, § 1450 Rz. 34 gegen Felgentraeger in der Vorauflage, Rz. 44.

ff) Mitwirkungspflicht

Der gemeinschaftlichen Berechtigung zur Verwaltung des Gesamtgutes ent- **188**
spricht nach § 1451 eine wechselseitige Verpflichtung, an den zur ordnungsgemäßen Verwaltung des Gesamtgutes notwendigen Maßnahmen mitzuwirken. Die
Mitwirkungspflicht bezieht sich nicht nur auf Rechtsgeschäfte und die Führung
von Rechtsstreiten, besteht allerdings nur, soweit Maßnahmen notwendig sind.
Zweckmäßigkeit allein reicht zur Begründung der Mitwirkungspflicht nicht aus.
Auch seine Mitwirkungspflicht kann ein Ehegatte dadurch erfüllen, daß er dem
anderen die Besorgung bestimmter Geschäfte oder Verwaltungshandlungen
überläßt. Eine grundsätzliche Abänderung der ehevertraglichen Verwaltungszuständigkeit bedarf allerdings der Form des Ehevertrages (dazu oben Rz. 192,
184). Im Falle der **Verhinderung** eines Ehegatten gelten vorrangig die §§ 1454,
1455 (dazu nachstehend Rz. 190 ff.). Es kann in diesem Fall der Mitwirkungspflicht des anderen Ehegatten entsprechen, von der ihm hierdurch eingeräumten
Möglichkeit Gebrauch zu machen, alleine zu handeln[89].

Verweigert ein Ehegatte seine nach §§ 1450, 1451 bestehende Mitwirkungspflicht
schuldhaft und führt dies zu einer Minderung des Gesamtgutes, trifft ihn eine
Ersatzpflicht in analoger Anwendung des § 1435 Satz 3 für die Einzelverwaltung[90].

Verschulden liegt aber nicht schon in einer Beendigung der Mitarbeit in einem
für das Gesamtgut geführten Betrieb, um die Trennung und die (spätere) Ehescheidung herbeizuführen[91].

Anders als für den Fall der Verwaltung des Gesamtgutes nur durch einen Ehegatten in § 1435 sieht das Gesetz für die gemeinschaftliche Verwaltung keine **Unter-
richtungs- und Auskunftspflicht** vor; diese kann sich aber im Einzelfall aus allgemeinen Grundsätzen und der ehelichen Lebensgemeinschaft ergeben, so insbesondere in Fällen der tatsächlichen Verhinderung oder des Handelns eines Ehegatten allein in Vollmacht des anderen. In diesem Fall können sich Unterrich-
tungsverpflichtungen daneben aus selbständigem Rechtsgrund, z.B. §§ 666, 681,
242 ergeben[92].

Da es sich bei der Mitwirkungspflicht nur um Rechte der Ehegatten unterein-
der handelt, können **Dritte** aus ihr keine Rechte herleiten, und zwar selbst dann
nicht, wenn sie ein Interesse an der Vornahme der Verwaltungshandlung haben[93].

Verweigert ein Ehegatte die nach §§ 1450, 1451 geschuldete Mitwirkung an der
ordnungsgemäßen Verwaltung, kann auf Antrag des anderen Ehegatten das **Vormundschaftsgericht** die Zustimmung ersetzen, soweit es um die Vornahme eines

---

[89] MünchKomm-Kanzleiter, § 1451 Rz. 4.
[90] BGH FamRZ 86, 40, 42; BGB-RGRK-Finke, § 1451 Rz. 6; Soergel-Gaul, § 1451 Rz. 5; Münch-
Komm-Kanzleiter, § 1451 Rz. 9.
[91] BGH FamRZ 86, 40, 42.
[92] BGB-RGRK-Finke, § 1451 Rz. 5 m.w.N.
[93] BGH NJW 58, 2061.

Rechtsgeschäftes oder die Führung eines Rechtsstreites geht und die Zustimmung ohne ausreichenden Grund verweigert wird. Ebenso kann die Zustimmung durch das Vormundschaftsgericht ersetzt werden, wenn zur ordnungsmäßigen Besorgung der persönlichen Angelegenheiten eines Ehegatten ein Rechtsgeschäft erforderlich ist, das er mit Wirkung für das Gesamtgut nicht ohne Zustimmung des anderen Ehegatten vornehmen kann. Die Zuständigkeit des Vormundschaftsgerichts erstreckt sich nach dem eindeutigen Gesetzeswortlaut nur auf die Vornahme von Rechtsgeschäften und die Führung von Rechtsstreiten. Die Zustimmung zu anderen Verwaltungshandlungen kann nicht über das Vormundschaftsgericht erzwungen werden. Bei ungerechtfertigter Verweigerung der Mitwirkung kann der andere Ehegatte auf § 1455 Nr. 10 zurückgreifen und die Maßnahmen treffen, die zur Erhaltung des Gesamtgutes notwendig sind, wenn mit dem Aufschub Gefahr verbunden ist (dazu unten Rz. 192). Die Zustimmung zu einem Rechtsstreit kann nur ersetzt werden, wenn der Rechtsstreit hinreichende Erfolgsaussichten hat, was das Vormundschaftsgericht zu prüfen hat[94].

Ist die Zustimmung ersetzt, muß der andere Ehegatte den Rechtsstreit im Namen beider Ehegatten führen und ggf. auf Leistung an beide Ehegatten klagen[95].

Den Antrag auf **Ersetzung der Zustimmung** kann nur der handelnde, nicht auch der andere Ehegatte stellen. Auch der an dem Rechtsgeschäft beteiligte Dritte ist nicht antragsberechtigt, weil Dritte keine Rechte aus dem internen Mitwirkungserfordernis herleiten können[96].

Für das **Ersetzungsverfahren** selbst gelten die gleichen Grundsätze wie bei § 1365 Abs. 2 (siehe dazu oben Rz. 57/59). Ein ausreichender Weigerungsgrund kann auch hier vorliegen, wenn nicht wirtschaftliche, sondern persönliche oder familiäre Gesichtspunkte gegen die Vornahme eines Rechtsgeschäfts oder die Führung eines Rechtsstreits sprechen[97].

Die Zustimmung zu über Pflicht- und Anstandsschenkungen hinausgehenden Schenkungen kann nach § 1452 ebensowenig wie nach § 1426 bei Einzelverwaltung durch einen Ehegatten[98] ersetzt werden, weil sie allenfalls wünschenswert, nicht aber zur ordnungsmäßigen Verwaltung des Gesamtgutes erforderlich sein können[99].

b) Rechtsfolgen einer Verfügung ohne die notwendige Einwilligung des anderen Ehegatten, § 1453

189 Bei gemeinschaftlicher Verwaltung des Gesamtgutes sind Verfügungen eines Ehegatten für das Gesamtgut grundsätzlich nur dann verbindlich, wenn der andere Ehegatte mitgewirkt bzw. zugestimmt hat. Ohne die erforderliche Einwilli-

---

[94] OLG Celle, FamRZ 75, 621.
[95] BGB-RGRK-Finke, § 1452 Rz. 3.
[96] Soergel-Gaul, § 1452 Rz. 5; Erman-Heckelmann, § 1452 Rz. 2.
[97] OLG Celle, FamRZ 75, 621.
[98] Dort ergibt sich dies aus dem Gesetzestext, weil § 1425 und § 1426 nicht erwähnt sind.
[99] Herrschende Meinung vergl. z. B. MünchKomm-Kanzleiter, § 1452 Rz. 4; Soergel-Gaul, § 1452 Rz. 3; Staudinger-Thiele, § 1452 Rz. 5; etwas einschränkend BGB-RGRK-Finke, § 1452 Rz. 2.

gung des anderen Ehegatten vorgenommene einseitige Verfügungen sind ohne
Heilungsmöglichkeit **unwirksam,** § 1453 Abs. 1 i.V.m. § 1367.
Zweiseitige Verfügungsgeschäfte sind nach § 1453 Abs. 1 i.V.m. § 1366 Abs. 1
schwebend unwirksam. Erteilt der übergangene Ehegatte die Genehmigung,
wird die Verfügung von Anfang an wirksam. Verweigert er die Genehmigung,
wird die Verfügung endgültig unwirksam, § 1453 Abs. 1 i.V.m. § 1366 Abs. 1
und 4.

Der an dem Geschäft beteiligte Dritte kann bis zur Genehmigung den Vertrag
bzw. seine Willenserklärung **widerrufen,** sofern ihm nicht bekannt war, daß sein
Vertragspartner im Güterstand der Gütergemeinschaft lebt oder dieser wahr-
heitswidrig behauptet hatte, der andere Ehegatte habe eingewilligt und ihm die
Unrichtigkeit dieser Behauptung nicht bekannt war, § 1453 Abs. 2. Während des
Schwebezustandes kann der Dritte im übrigen seinen Vertragspartner auffor-
dern, die fehlende Genehmigung des anderen Ehegatten zu beschaffen, § 1453
Abs. 1 i.V.m. § 1366 Abs. 3.

Zu Einzelheiten kann auf die Erläuterungen zu den Verfügungsbeschränkungen
im gesetzlichen Güterstand und den Folgen des Verstoßes verwiesen werden
(oben Rz. 53 ff.). Der allein verfügende Ehegatte kann die Wirksamkeit des Geschäftes seinerseits dadurch herbeiführen, daß er während des Schwebezustandes
den Verfügungsgegenstand für sein **Sondervermögen** erwirbt. In diesem Fall
wird die Verfügung nach § 185 Abs. 2 analog wirksam. Gleiches gilt nach herrschender Meinung für den Fall, daß der übergangene Ehegatte während des
Schwebezustandes stirbt, weil die Verfügungsbeschränkungen nicht dem Schutz
der Erben dienen sollen[100].

Wird nach dem **Tod** eines Ehegatten die Gütergemeinschaft mit den gemeinschaftlichen Abkömmlingen fortgesetzt, wird die Verfügung wirksam, weil dann
der überlebende Ehegatte die Stellung eines Alleinverwalters erlangt, § 1487
Abs. 1[101].

§ 1453 bezieht sich nicht auf ohne die Einwilligung des anderen Ehegatten vorgenommene **Rechtsgeschäfte.**

Einer dem § 1427 für die Einzelverwaltung entsprechenden Vorschrift bedarf es
nicht. Nach § 1460 Abs. 1 haftet das Gesamtgut für Rechtsgeschäfte, die ein Ehegatte allein vorgenommen hat, nur dann, wenn der andere dem Rechtsgeschäft
zustimmt oder dieses ausnahmsweise nach §§ 1454 bis 1456 nicht notwendig war.
Der ohne die erforderliche Zustimmung handelnde Ehegatte begründet nur seine
persönliche Haftung mit dem Vorbehalts- oder Sondergut.

§ 1483 wird ergänzt durch § 1457, der wörtlich mit § 1434 für die Einzelverwaltung übereinstimmt. Hat ein Dritter aufgrund eines mangels der erforderlichen
Zustimmung eines Ehegatten unwirksamen Rechtsgeschäfts etwas geleistet, so

---

[100] Vergl. Soergel-Gaul, § 1453 Rz. 2; Dölle, Familienrecht I, S. 948, Fn. 34; a.A. Staudinger-Thiele,
§ 1453 Rz. 13.
[101] Herrschende Meinung, vergl. insbesondere auch Staudinger-Thiele, § 1453 Rz. 13.

fällt dieses (von den Ausnahmetatbeständen der §§ 1417, Sondergut bzw. 1418, Vorbehaltsgut abgesehen) in das Gesamtgut, das hierdurch ungerechtfertigt bereichert ist, weil das Rechtsgeschäft dem Gesamtgut gegenüber unwirksam ist, § 1460 Abs. 1. Dementsprechend trifft die sich aus § 1457 ergebende **bereicherungsrechtliche Herausgabeverpflichtung** das Gesamtgut als Gesamtgutsverbindlichkeit, für die beide Ehegatten auch persönlich als Gesamtschuldner haften, § 1459 Abs. 2 Satz 1. Die verschärfte Haftung nach § 819 setzt voraus, daß auch der andere Ehegatte Kenntnis von der grundlosen Bereicherung des Gesamtgutes erlangt hat[102].

Über den Bereicherungsanspruch nach § 1457 gegen das Gesamtgut hinaus kann der Dritte ansonsten sich aus dem Handeln ohne die notwendige Zustimmung des anderen Ehegatten ergebende Rechte gegen den handelnden Ehegatten geltend machen. Erhält der Dritte allerdings aufgrund der Inanspruchnahme des handelnden Ehegatten aus dessen Vorbehalts- oder Sondergut die vertraglich geschuldete Leistung, entfällt damit der Bereicherungsanspruch gegenüber dem Gesamtgut. Hat der handelnde Ehegatte im Zusammenhang mit dem unwirksamen Geschäft eine unerlaubte Handlung begangen, kann auch der **deliktische Schadensersatzanspruch** gegen das Gesamtgut und beide Ehegatten als Gesamtschuldner geltend gemacht werden, weil Verpflichtungen aus einer unerlaubten Handlung immer auch Gesamtgutsverbindlichkeiten sind. Das Gesamtgut haftet hier allerdings nur auf das negative Interesse[103].

c) Ausnahmen von der Notwendigkeit gemeinsamen Handelns der Ehegatten

190 Unter welchen Voraussetzungen ein Ehegatte trotz gemeinschaftlicher Verwaltung des Gesamtguts ausnahmsweise alleine, und zwar mit Wirkung für und gegen das Gesamtgut, handeln kann, ist in den § 1454 bis 1456, 1458 geregelt. **Alleiniges Handeln** eines Ehegatten kommt danach als Notverwaltungsrecht, § 1454, in den in § 1455 aufgeführten Einzelfällen, bei selbständigem Betrieb eines Erwerbsgeschäftes, § 1456 und bei Beschränkungen in der Geschäftsfähigkeit, § 1458, in Betracht.

aa) Notverwaltungsrecht, § 1454

Nach § 1454 hat jeder Ehegatte ein Notverwaltungsrecht bei Verhinderung des anderen Ehegatten. **Verhinderungsgründe** sind Krankheit oder Abwesenheit, wobei auch vorübergehende Verhinderung genügt. Ein Fall des Notverwaltungsrechtes ist demgegenüber nicht gegeben, wenn der andere Ehegatte die Verwaltung nicht ausüben will[104].

Aus der wechselseitigen Verpflichtung zur Mitwirkung an der ordnungsgemäßen Verwaltung, §§ 1450, 1451, kann sich im übrigen für jeden Ehegatten die Pflicht

---

[102] Vergl. z. B. BGB-RGRK-Finke, § 1457 Rz. 3.
[103] Vergl. hierzu RGZ 103, 154, 159 und BGB-RGRK-Finke, § 1457 Rz. 4.
[104] RGZ 103, 126 f.

ergeben, bei Verhinderung des anderen Ehegatten die notwendigen Maßnahmen zu ergreifen, insbesondere bei Gefahr im Verzuge[105].

§ 1454 deckt seinen Wortlaut nach nur die Vornahme von Rechtsgeschäften und die Führung von Rechtsstreiten. Ob in erweiternder Auslegung das Notverwaltungsrecht **umfassend** zu verstehen ist und sich auch auf tatsächliche Maßnahmen bezieht, ist umstritten[106].

Dem Streit kommt im Hinblick auf § 1455 Ziff. 10 keine nennenswerte praktische Bedeutung zu (dazu unten Rz. 192). Der handelnde Ehegatte kann bei Ausübung des Notverwaltungsrechtes entweder im eigenen Namen oder im Namen beider Ehegatten handeln. In beiden Fällen ist das Rechtsgeschäft für das Gesamtgut und den anderen Ehegatten persönlich wirksam; § 1453 ist unanwendbar[107].

Auch in einem Rechtsstreit kann der nicht verhinderte Ehegatte Leistung an sich alleine oder an beide Ehegatten verlangen[108]. Tritt die Verhinderung erst während eines Rechtsstreits ein, hat der andere Ehegatte den Rechtsstreit alleine fortzuführen, dann allerdings nur im Namen beider Ehegatten, weil aus prozessualen Gründen das Prozeßrechtsverhältnis bestehenbleibt[109].

bb) Sonderfälle, § 1455

§ 1455 normiert eine Reihe von Tatbeständen, die alleiniges Handeln eines Ehegatten zulassen. Da es sich um eine Ausnahme von dem Grundsatz gemeinschaftlicher Verwaltung handelt, ist die Aufzählung **enumerativ** und nicht erweiterungsfähig. Die **Beweislast** für die Befugnis eines Ehegatten zum alleinigen Handeln und die sich hieraus ergebende Wirksamkeit des Geschäfts für das Gesamtgut trägt derjenige, der sie geltend macht[110]. Das Recht zum alleinigen Handeln ergibt sich in den Fällen der Ziff. 1, 2 und 4 daraus, daß es sich um **Geschäfte mit persönlichem Einschlag** handelt und dem betroffenen Ehegatten die alleinige Entscheidung darüber zugestanden werden soll, ob er eine Erbschaft oder ein Vermächtnis annimmt, auf einen Pflichtteil oder einen Zugewinnausgleichsanspruch aus einer früheren Ehe verzichtet, bzw. ob er ein ihm gemachtes Vertragsangebot oder eine ihm gemachte Schenkung annimmt oder ablehnt. Soweit eine Schenkung oder ein Vertragsangebot beiden Ehegatten gemacht wird, ist § 1455 Ziff. 4 nicht anwendbar. Nimmt ein Ehegatte einen ihm (allein) gemachten Vertragsantrag an, wird mangels Zustimmung des anderen Ehegatten nur er, nicht auch das Gesamtgut und der andere Ehegatte verpflichtet[111]. Im übrigen entfalten die Entscheidungen des Ehegatten nach Ziff. 1, 2 und 4 **Wirkung für das Ge-**

191

---

[105] Siehe oben Rz. 188 und z. B. BGB-RGRK-Finke, § 1454 Rz. 3.
[106] Für ein umfassendes Notverwaltungsrecht z. B. MünchKomm-Kanzleiter, § 1454 Ziff. 3; für die Begrenzung auf Rechtsgeschäft und Rechtsstreitigkeiten: BGB-RGRK-Finke, § 1454 Rz. 2; Palandt-Diederichsen, § 1454 Anm. 1; Staudinger-Thiele § 1454 Rz. 10.
[107] Z. B. MünchKomm-Kanzleiter, § 1454 Rz. 5; BGB-RGRK-Finke, § 1454 Rz. 5.
[108] OLG München, OLGZ 26, 226.
[109] BGB-RGRK-Finke, § 1454 Rz. 6.
[110] Z. B. Staudinger-Thiele, § 1455 Rz. 10; BGB-RGRK-Finke, § 1455 Rz. 2.
[111] BGB-RGRK-Finke, § 1455 Rz. 3.

samtgut insoweit, als der Erwerb aus einer Erbschaft, einem Vermächtnis, aus einem Pflichtteil oder dem Zugewinn bzw. die Schenkungen und etwaiger Erwerb aus einem Vertrag grundsätzlich in das Gesamtgut fallen, sofern die jeweiligen Vermögensgegenstände nicht ausnahmsweise zum Vorbehalts- oder Sondergut zählen.

Nach § 1455 Ziff. 3 ist ein Ehegatte allein zur **Inventarerrichtung** berechtigt, und zwar unabhängig davon, ob ihm selbst oder dem anderen Ehegatten die Erbschaft angefallen ist. Dies gilt nicht, wenn sie zu dem Vorbehaltsgut oder dem Sondergut des anderen Ehegatten gehört. Die Rechtfertigung findet sich darin, daß ein Interesse jedes Ehegatten an der Begrenzung der Haftung für das Gesamtgut besteht[112].

In § 1455 Ziff. 5 und 6 wird dem Umstand Rechnung getragen, daß bei Geschäften, die einerseits das Gesamtgut und andererseits das Vorbehalts- und Sondergut eines Ehegatten betreffen, ein natürlicher **Interessengegensatz** besteht. Nach § 1455 Ziff. 5 kann z.b. ein Ehegatte gegen den anderen Ehegatten die Ansprüche auf Rückzahlung eines aus dem Gesamtgut für dessen Vorbehaltsgut gewährten Darlehens geltend machen, und zwar durch Klage auf Feststellung und künftige Leistung oder durch Zahlungsklage, wenn Vorbehalts- und Sondergut zur Tilgung der Schuld ausreichen, siehe § 1468. Nach § 1455 Ziff. 5 und 6 können im übrigen zwischen den Ehegatten Streitigkeiten über die Zugehörigkeit von Vermögensgegenständen zum Vorbehaltsgut oder zum Gesamtgut ausgetragen werden[113].

192 Nach § 1455 Ziff. 7 kann ein Ehegatte alleine einen **Rechtsstreit** fortsetzen, der bei Eintritt der Gütergemeinschaft anhängig war, und zwar auch dann, wenn der Prozeß sich auf etwas bezieht, was mit Eintritt des Güterstandes Gesamtgut geworden ist. Der Ehegatte kann, muß aber nicht den Klageantrag eines Aktiv-Prozesses auf Leistung zum Gesamtgut an beide Ehegatten ändern, zumal nach § 1416 das aus dem Rechtsstreit Erlangte ohnehin in das Gesamtgut fällt[114].

Der andere Ehegatte kann dem Prozeß als Nebenintervenient beitreten, und zwar nach herrschender Meinung als streitgenössischer Nebenintervenient in Sachen des Nebenintervenierenden, § 69 ZPO[115].

Ziff. 7 berechtigt nur zur selbständigen Vornahme von Prozeßhandlungen. Soweit über den Streitgegenstand selbst verfügt wird, beispielsweise durch einen Prozeßvergleich mit (auch) materiell-rechtlichen Wirkungen, ist die Wirksamkeit für das Gesamtgut von der Zustimmung des anderen Ehegatten abhängig[116].

---

[112] Vergl. z. B. Palandt-Diederichsen, § 1455 Anm. 2.
[113] Vergl. z. B. Staudinger-Thiele, § 1455 Rz. 23 ff.; BGB-RGRK-Finke, § 1455 Rz. 5.
[114] Vergl. MünchKomm-Kanzleiter, § 1433 Rz. 2; Soergel-Gaul, § 1455 Rz. 7 und § 1433 Rz. 2; Staudinger-Thiele, § 1455 Rz. 29 und § 1433 Rz. 5; a.A. Erman-Heckelmann, § 1433 Rz. 1 und Palandt-Diederichsen, § 1433 Anm. 1 (Änderung des Klageantrages zwingend notwendig).
[115] Z. B. Soergel-Gaul, § 1455 Rz. 7; Staudinger-Thiele, § 1433 Rz. 6; Erman-Heckelmann, § 1433 Rz. 1; BGB-RGRK-Finke, § 1433 Rz. 4; a.A. Palandt-Diederichsen, § 1433 Anm. 1 (Beitritt nur nach § 66 ZPO).
[116] Z. B. BGB-RGRK-Finke, § 1455 Rz. 6; MünchKomm-Kanzleiter, § 1433 Rz. 4.

Nach § 1455 Ziff. 8 ist der übergangene Ehegatte berechtigt, die sich aus dem Fehlen seiner Mitwirkung nach § 1453 ergebende **Unwirksamkeit einer Verfügung** des anderen Ehegatten über Gegenstände des Gesamtgutes gegen einen Dritten gerichtlich geltend zu machen. Zu den sich aus der Unwirksamkeit eines Geschäfts ergebenden Rechten gegen den Geschäftsgegner des handelnden Ehegatten kann auf die Ausführung zu § 1368 verwiesen werden (dazu oben Rz. 63).

Für Verpflichtungsgeschäfte gilt § 1455 Ziff. 8 nicht, weil diese auch bei gemeinschaftlicher Verwaltung jeder Ehegatte für sich persönlich wirksam abschließen kann. Der Klageantrag kann auf Leistung an den klagenden Ehegatten oder an beide Ehegatten gerichtet sein; auch hier ist aber eine materiell-rechtliche Verfügung über den Klagegegenstand, beispielsweise durch Verzicht oder Vergleich, nicht ohne Zustimmung des anderen Ehegatten möglich[117].

Das **Revokationsrecht** steht – anders als nach § 1428 bei Einzelverwaltung – nur dem übergangenen Ehegatten zu. Deswegen bestehen nach ganz herrschender Meinung hier keine Bedenken gegen eine Rechtskrafterstreckung des Urteils auf den handelnden Ehegatten[118].

Für die **Kosten** des Rechtsstreits haftet das Gesamtgut nach § 1460 Abs. 2[119].

Da hier der besondere Schutzzweck der §§ 1365, 1369 und des § 1428 nicht eingreift, kann der Dritte nach herrschender Meinung Einwendungen geltend machen, insbesondere einen etwaigen Bereicherungsanspruch aus § 1457 (dazu oben Rz. 189) oder aus unerlaubter Handlung[120].

Nach § 1455 Ziff. 9 kann jeder Ehegatte allein Widerspruchsrechte gegen **Zwangsvollstreckungsmaßnahmen** in das Gesamtgut gerichtlich geltend machen. Hierunter fallen alle Maßnahmen, die gegen eine Zwangsvollstreckung in das Gesamtgut zulässig sind, also Klagen und Anträge aus §§ 771, 776, 732, 766 ZPO; sonstige Abwehrmaßnahmen nach §§ 773, 785, 786 ZPO; Aus- und Absonderungsrechte im Konkurs- und im Vergleichsverfahren, sonstige Schutzanträge.

Betreibt ein Gläubiger entgegen § 740 Abs. 2 ZPO die Zwangsvollstreckung in das Gesamtgut, obwohl das Urteil nur gegen einen der Ehepartner ergangen ist, können beide hiergegen eine Klage nach § 771 ZPO erheben[121]. Ist für eine Widerspruchsklage kein Raum mehr, weil die Zwangsvollstreckung beendet ist, kann ein materiell-rechtlicher Bereicherungsanspruch an die Stelle des Widerspruchsrechts treten und wiederum nach Maßgabe des § 1455 Nr. 9 geltend gemacht werden[122].

---

[117] MünchKomm-Kanzleiter, § 1455 Rz. 7 und BGB-RGRK-Finke, § 1455 Rz. 7.
[118] Soergel-Gaul, § 1455 Rz. 8; Palandt-Diederichsen, § 1455 Anm. 2; Staudinger-Thiele, § 1455 Rz. 33; zu der entsprechenden Streitfrage bei § 1428 siehe unten Rz. 201 und bei § 1368 siehe oben Rz. 63.
[119] Z. B. Palandt-Diederichsen, § 1455 Anm. 2; Erman-Heckelmann, § 1455 Rz. 5.
[120] Staudinger-Thiele, § 1455 Rz. 32; MünchKomm-Kanzleiter, § 1455 Rz. 7; a.A. Dölle, Familienrecht I, S. 952; zu der entsprechenden Frage bei § 1428 siehe unten Rz. 201 und bei § 1368 siehe oben Rz. 63.
[121] Z. B. Soergel-Gaul, § 1455 Rz. 9; Staudinger-Thiele, § 1455 Rz. 38.
[122] BGH NJW 82, 1810, 1811 = BGHZ 83, 76 ff.

§ 1455 Ziff. 10 gibt schließlich jedem Ehegatten das Recht, **notwendige Erhaltungsmaßnahmen** alleine zu treffen, allerdings nur unter der Voraussetzung, daß mit dem Aufschub Gefahr verbunden ist.

Für die Beurteilung der Eilbedürftigkeit und der Erforderlichkeit von Maßnahmen sind objektive Maßstäbe unter Berücksichtigung der Umstände zum Zeitpunkt der Vorname anzulegen. Dabei ist ein gewisser Beurteilungsspielraum zugunsten des handelnden Ehegatten zu berücksichtigen[123].

In Verbindung mit der wechselseitigen Verpflichtung zur gemeinschaftlichen Verwaltung des Gesamtgutes begründet § 1455 Ziff. 10 nicht nur das Recht, sondern ggf. auch eine Pflicht zum alleinigen Handeln[124].

cc) Selbständiger Betrieb eines Erwerbsgeschäftes, § 1456

193 Die dritte Ausnahme von dem Grundsatz gemeinschaftlicher Verwaltung des § 1450 gilt nach § 1456 für den Fall, daß ein Ehegatte selbständig ein Erwerbsgeschäft betreibt und der andere darin eingewilligt hat. In diesem Fall ist seine Zustimmung zu solchen Rechtsgeschäften und Rechtsstreitigkeiten nicht erforderlich, die der Geschäftsbetrieb mit sich bringt.

Die **Einwilligung** kann vor, bei oder nach Beginn des Betriebes erteilt werden. Bei nachträglicher Erteilung wirkt sie zurück, sofern es sich nicht um streng einseitige Rechtsgeschäfte handelt. Sie kann ausdrücklich oder stillschweigend erteilt werden und gilt nach Abs. 2 der Vorschrift als erteilt, wenn der Ehegatte trotz Kenntnis vom Betrieb des Erwerbsgeschäfts schweigt. Nicht notwendig ist, daß er sich über die Bedeutung des Schweigens bzw. der Duldung des Geschäftsbetriebes im klaren ist. Er kann die Einwilligung bedingt oder befristet erteilen, kann sie allerdings nicht mit Wirkung Dritten gegenüber auf bestimmte Geschäfte beschränken oder bestimmte Geschäfte von der Einwilligung ausschließen[125].

Eine einmal gegebene Einwilligung kann **widerrufen** werden; der andere Ehegatte kann auch Einspruch gegen den Betrieb des selbständigen Erwerbsgeschäfts erheben. Beides ist allerdings Dritten gegenüber nur wirksam, wenn der Einspruch oder der Widerruf der Einwilligung im **Güterrechtsregister** eingetragen ist, § 1456 Abs. 3. In diesem Fall wird durch Rechtshandlungen des das Geschäft betreibenden Ehegatten nicht das Gesamtgut, sondern nur sein Vorbehalts- oder Sondergut verpflichtet. Eine **Ersetzung** der fehlenden oder widerrufenen Einwilligung durch das Vormundschaftsgericht ist mangels gesetzlicher Grundlage nicht möglich. Für den Fall der nicht gerechtfertigten Verweigerung der Einwilligung oder des ungerechtfertigten Widerrufs ist eine Klage auf Einwilligung bzw.

---

[123] BGHZ 6, 76 = NJW 52, 1252; MünchKomm-Kanzleiter, § 1455 Rz. 9; BGB-RGRK-Finke, § 1455 Rz. 10.

[124] Siehe oben Rz. 188 und z. B. Staudinger-Thiele, § 1455 Rz. 44.

[125] Vergl. zu Vorstehendem z. B. Erman-Heckelmann, §§ 1431 Rz. 3, § 1456 Rz. 1; Staudinger-Thiele, § 1431 Rz. 8 bis 13, § 1456 Rz. 2, der allerdings entgegen der herrschenden Meinung der Einwilligung bzw. dem Schweigen keine Rückwirkung beimißt; BGB-RGRK-Finke, § 1431 Rz. 4, 1456 Ziff. 3; MünchKomm-Kanzleiter, § 1431 Rz. 6; 1456 Ziff. 2.

Zurückziehung des Einspruchs aufgrund der ehelichen Treuepflicht, gestützt auf §§ 1353 oder 1356 als Familiensache im Sinne des § 621 Abs. 1 Ziff. 8 denkbar[126].

Ein selbständiges Erwerbsgeschäft betreibt ein Ehegatte nur dann, wenn er das Geschäft verantwortlich leitet und das hiermit verbundene Risiko trägt, also **unternehmerisch** tätig ist. Dieses Erfordernis kann auch erfüllt sein, wenn der Ehegatte einen Teil eines größeren Betriebes selbständig führt oder das Geschäft in Gemeinschaft mit mehreren betrieben wird. Überläßt ein Ehegatte die Geschäftsführung weitgehend Prokuristen oder anderen Bevollmächtigten, steht dies nicht entgegen. Wohl fehlt es an einem Erwerbsgeschäft im Sinne des § 1456, wenn sich der Ehegatte lediglich als stiller Gesellschafter oder Kommanditist an einer Personengesellschaft beteiligt oder wenn er Mitgesellschafter einer Kapitalgesellschaft ist[127].

Erwerbsgeschäft kann auch die Ausübung einer selbständigen künstlerischen oder wissenschaftlichen Tätigkeit sein, die auf Erwerb gerichtet ist. Ebenso fällt hierunter der Betrieb einer Praxis als Arzt, Facharzt, Zahnarzt, Rechtsanwalt, Steuerberater, Wirtschaftsprüfer[128].

§ 1456 ist nicht anwendbar, wenn die Ehegatten gemeinsam ein Erwerbsgeschäft betreiben. Für diesen Fall bleibt es bei der Notwendigkeit gemeinschaftlichen Handelns[129].

Liegt die Einwilligung vor oder wird sie nach § 1456 Abs. 2 fingiert, kann der andere Ehegatte alle Rechtsgeschäfte, die der Geschäftsbetrieb mit sich bringt, **ohne Zustimmung** des anderen Ehegatten mit Wirkung für und gegen das Gesamtgut vornehmen. Einseitige Willenserklärungen Dritter, die sich auf Rechtsgeschäfte im Zusammenhang mit dem Erwerb des Geschäftes beziehen, sind dem das Geschäft betreibenden Ehegatten gegenüber alleine vorzunehmen, § 1456 Abs. 1 Satz 2. Aus allen Geschäften haftet das Gesamtgut, auch wenn das Geschäftsvermögen selbst nicht zum Gesamtgut, sondern zum Vorbehalts- oder Sondergut eines Ehegatten gehört. Dies gilt selbst dann, wenn wegen der Zugehörigkeit des Geschäfts zum Vorbehaltsgut und mangels gegenteiliger ehevertraglicher Vereinbarung der Erwerb aus dem Erwerbsgeschäft in das Vorbehaltsgut des betreibenden Ehegatten fällt, § 1418 Abs. 1 Nr. 3[130].

Zu den Rechtsgeschäften, die der Betrieb des Erwerbsgeschäftes mit sich bringt, gehören nicht nur die laufenden Geschäfte, sondern auch **außergewöhnliche Geschäfte**, soweit sie noch im Rahmen des Geschäftsbetriebs unternommen werden. Hierunter fallen auch Verfügungen über Grundbesitz oder die Übernahme

---

[126] Vergl. z. B. MünchKomm-Kanzleiter, § 1431 Rz. 7; a.A. BGB-RGRK-Finke, § 1431 Rz. 8. Von großer praktischer Bedeutung dürfte diese Frage nicht sein, da so gravierende Meinungsverschiedenheiten im allgemeinen zur Klage auf Aufhebung des Güterstandes nach § 1447, 1469 führen dürften.

[127] Vergl. z. B. BGB-RGRK-Finke, § 1431 Rz. 3; Staudinger-Thiele, § 1431 Rz. 7; Soergel-Gaul, § 1431 Rz. 3.

[128] BGHZ 83, 76 = NJW 82, 1810 ff. OLG Karlsruhe OLGZ 76, 333 ff; MünchKomm-Kanzleiter, § 1431 Rz. 3; Soergel-Gaul, § 1431 Rz. 3 (gegen Vorauflage); Staudinger-Thiele, § 1431 Rz. 3; a.A. Palandt-Diederichsen, § 1431 Anm. 2; RGZ 144, 1 ff.

[129] Vergl. Beck, DtNotZ 62, 348 ff.; BGB-RGRK-Finke, § 1456 Rz. 2.

[130] Z. B. MünchKomm-Kanzleiter, § 1456 Rz. 1.

eines Handelsgeschäftes. Ausgenommen ist allerdings die Geschäftsaufgabe selbst oder die Abtretung einer Beteiligung an einer Gesellschaft. Diese Geschäfte sind zustimmungsbedürftig[131]. Auch für **Rechtsstreitigkeiten**, die der Geschäftsbetrieb mit sich bringt, bedarf der betreibende Ehegatte nicht die Zustimmung des anderen. Die Rechtskraft eines Urteils erstreckt sich auf den anderen Ehegatten. Aufgrund eines Titels gegen den betreibenden Ehegatten kann in das Gesamtgut vollstreckt werden, es sei denn, daß zum Zeitpunkt der Rechtshängigkeit der Einspruch oder der Widerruf der Einwilligung im Güterrechtsregister eingetragen waren, § 741 ZPO.

dd) Minderjährigkeit oder Entmündigung eines Ehegatten

194 Nach § 1458 tritt trotz ehevertraglich vereinbarter gemeinschaftlicher Verwaltung des Gesamtgutes **Alleinverwaltung** durch den anderen Ehegatten ein, wenn und solange ein Ehegatte unter elterlicher Sorge oder unter Vormundschaft steht. Die Alleinverwaltung tritt kraft Gesetzes ein, und zwar bei Abschluß des Ehevertrages (bzw. bei Eheschließung, wenn der Vertrag vorher geschlossen worden ist), wenn zu diesem Zeitpunkt ein Ehegatte noch minderjährig ist oder unter Vormundschaft steht; bzw. in dem Zeitpunkt, in dem er später unter Vormundschaft gestellt wird. Die Rechtskraft des Entmündigungsbeschlusses ist nicht notwendig; auch die **vorläufige Vormundschaft** begründet die Alleinverwaltung des anderen Ehegatten, nach herrschender Meinung allerdings nicht schon die Bestellung eines Pflegers, insbesondere in den Fällen der §§ 1910, 1911. Anders als bei der Alleinverwaltung (§ 1436) besteht bei gemeinschaftlicher Verwaltung kein Bedürfnis, dem unter Pflegschaft gestellten, aber voll geschäftsfähigen Ehegatten, der von dem anderen unterstützt werden kann, die Mitverwaltungsrechte zu entziehen[132]. Für den alleinverwaltenden Ehegatten gelten die Vorschriften der §§ 1422 bis 1449, so daß er dieselben Rechte und Pflichten hat wie der Gesamtgutsverwalter bei der Einzelverwaltung. Er kann aber wegen der Entmündigung seines Ehepartners auf **Aufhebung der Gemeinschaft** nach § 1469 Ziff. 5 klagen (dazu unten Rz. 244). Soweit er nach §§ 1423 bis 1425 der Zustimmung des anderen Ehegatten bedarf, muß die Zustimmung des **gesetzlichen Vertreters** eingeholt werden, der wiederum in bestimmten Fällen der Genehmigung des **Vormundschaftsgerichts** bedarf, §§ 1643, 1821, 1822. Ist ein Ehegatte selbst zum Vormund des anderen bestellt, kann er sich die erforderliche Zustimmung ohne Verstoß gegen § 181 selbst erteilen[133].

Stehen beide Ehegatten unter elterlicher Sorge oder Vormundschaft, haben die gesetzlichen Vertreter die Verwaltung gemeinschaftlich zu führen[134].

---

[131] Vergl. z. B. Palandt-Diederichsen, § 1431 Anm. 3; Soergel-Gaul, § 1431 Rz. 5; RGZ 127, 110, 115 und zuletzt zur Abgrenzung von geschäftsbezogenen und privaten Rechtsgeschäften für den Fall einer Kreditaufnahme BGHZ 83, 76 ff. = NJW 82, 1810 ff.

[132] BGB-RGRK-Finke, § 1458 Rz. 3; MünchKomm-Kanzleiter, § 1458 Rz. 2; Soergel-Gaul, § 1458 Rz. 3; Staudinger-Thiele, § 1458 Rz. 3; a.A. Erman-Heckelmann, § 1458 Anm. 1 und Palandt-Diederichsen, § 1458 Anm. 1.

[133] Z. B. BGB-RGRK-Finke, § 1458 Rz. 6; MünchKomm-Kanzleiter, § 1458 Rz. 4; Soergel-Gaul, § 1458 Rz. 4; a.A. Staudinger-Thiele, § 1458 Rz. 11; Gernhuber, Familienrecht § 38 VI 5, Fn. 11.

[134] Palandt-Diederichsen, § 1458 Anm. 1.

Betreibt der unter elterliche Sorge oder Vormundschaft gestellte Ehegatte ein **Erwerbsgeschäft** im Sinne des § 1456 selbständig, führt § 1458 nicht dazu, daß der andere Ehegatte auch den Geschäftsbetrieb zu führen hat, sofern er nicht selbst zum Vormund bestellt ist. Die Führung des Betriebes gehört wegen der durch die §§ 1431, 1456 eingeräumten Sonderstellung gerade nicht zur Verwaltung des Gesamtgutes.

Der in der Geschäftsfähigkeit beschränkte Ehegatte wird durch seinen gesetzlichen Vertreter vertreten und kann evtl. Rechtsgeschäfte mit dessen Zustimmung selbst nach den §§ 107, 114 vornehmen. Im übrigen ist das Geschäft durch den **Vormund** zu führen; allerdings kann die Stellung unter Vormundschaft den Widerruf der Einwilligung durch den anderen Ehegatten nach § 1456 Abs. 3 rechtfertigen. Erhält der Ehegatte, der in die Führung des Geschäfts durch den anderen einzuwilligen hat, einen gesetzlichen Vertreter, bedarf der das Erwerbsgeschäft führende andere Ehegatte nicht mehr der Zustimmung im Sinne des § 1456, weil er nun die Stellung eines Gesamtgutsverwalters hat, der seinerseits zum Betrieb eines selbständigen Erwerbsgeschäftes nicht der Einwilligung des anderen Ehegatten bedarf[135].

3. Verwaltung des Gesamtgutes durch einen Ehegatten, §§ 1422 ff.

Die Verwaltung nur durch einen der Ehegatten kommt wegen § 1421 Satz 2 nur **195** in Betracht, wenn die Ehegatten dies ausdrücklich **ehevertraglich** vereinbaren. Wegen der Möglichkeit wechselseitiger Bevollmächtigung für bestimmte Aufgabenbereiche und zu der Frage der Zulässigkeit der Vereinbarung abwechselnder Verwaltung sowie zur Eintragung der Verwaltungsregelung in das Güterrechtsregister siehe oben Rz. 182.

a) Allgemeines und Umfang des Verwaltungsrechtes, Gutglaubensschutz

Verwaltet der Ehemann oder die Ehefrau das Gesamtgut alleine, bestimmt sich der Umfang und der Inhalt des Verwaltungsrechts in erster Linie nach § 1422. Danach steht dem verwaltenden Ehegatten ein **umfassendes Verwaltungsrecht** zu, das inhaltlich nur in Einzelfällen durch die §§ 1423 bis 1425, 1431 bis 1433, 1428, 1429, 1431 bis 1433 beschränkt ist (dazu nachstehend Rz. 198 ff.). Dem umfassenden, unverzichtbaren Verwaltungsrecht entspricht eine **Verwaltungsverpflichtung** mit der Folge einer Haftung für jede schuldhafte Minderung des Gesamtguts, §§ 1359, 1435[136].

Der Verwalter handelt nicht als Organ oder gesetzlicher Vertreter des Gesamtguts, sondern im eigenen Namen und kraft eigenen Rechts. Nach § 1422 Satz 2 wird der andere Ehegatte durch die Verwaltungshandlung nicht persönlich verpflichtet. Seine persönliche Haftung kann sich nur ergeben, wenn er sich selbst mitverpflichtet, den Gesamtgutsverwalter ermächtigt, auch ihn zu verpflichten,

---

[135] Vergl. BGB-RGRK-Finke, § 1456 Rz. 4 und § 1458 Rz. 10.
[136] Vergl. BGHZ 5, 378, 381; Soergel-Gaul, § 1422 Rz. 3.

oder wenn er ein von dem Gesamtgutsverwalter in seinem Namen getätigtes Geschäft nachträglich für sich persönlich genehmigt[137].

Da die Mitverpflichtung des anderen Ehegatten der Grundregel des § 1422 Satz 2 widerspricht, bedarf es zur Annahme einer **Vollmacht** für den Gesamtgutsverwalter, den anderen Ehegatten auch persönlich zu verpflichten, einer ausdrücklichen Erklärung des nicht verwaltenden Ehegatten. Allein die Erteilung einer nach den §§ 1423 bis 1425 für bestimmte Geschäfte notwendigen Zustimmung oder auch die unabhängig von der gesetzlich normierten Notwendigkeit im Einzelfall erteilte Zustimmung zu einem Geschäft kann grundsätzlich nur als Zustimmung zur Wirksamkeit des Geschäfts für das Gesamtgut, nicht dagegen als Vollmacht oder (konkludent erteilte) Einwilligung in eine persönliche Verpflichtung des nicht verwaltenden Ehegatten angesehen werden [138].

Unabhängig von den Verwaltungsregelungen der §§ 1422 ff. gilt jedoch die güterstandsunabhängige sogenannte **Schlüsselgewalt** im Sinne des § 1357. Im Rahmen der häuslichen Geschäfte bewirkt diese Vorschrift auch bei Einzelverwaltung praktisch eine alternative Verwaltung des Gesamtgutes durch beide Ehegatten. Die im Rahmen des § 1357 vorgenommenen Rechtsgeschäfte verpflichten nicht nur den jeweils anderen Ehegatten persönlich; für solche Rechtsgeschäfte haften neben dem Gesamtgut auch das Vorbehalts- und das Sondergut beider Ehegatten[139].

Auch bei vereinbarter Einzelverwaltung können die Ehepartner durch **Vollmachtserteilungen** für einzelne Bereiche eine Verwaltungszuständigkeit des anderen Ehegatten begründen. Es steht den Ehegatten frei, den nicht verwaltenden Ehegatten für einzelne Bereiche zu ermächtigen, Gesamtgut, Sonder- und Vorbehaltsgut des verwaltenden Ehegatte zu verpflichten oder aber die Vollmacht auf die Verpflichtung des Gesamtgutes zu beschränken unter Ausschluß der persönlichen Haftung des Gesamtgutsverwalters. Dieser kann schließlich auch den anderen Ehegatten ermächtigen, im eigenen Namen als Nichtberechtigter Rechtsgeschäfte für das Gesamtgut vorzunehmen, so daß auch hier eine **Verpflichtungsermächtigung** möglich ist[140].

Im übrigen werden Verpflichtungsgeschäfte, die der nicht verwaltende Ehegatte für das Gesamtgut eingegangen ist, nur wirksam (und zwar für beide Ehegatten und für das Gesamtgut, §§ 1437, 1438), wenn der Gesamtgutsverwalter zustimmt. Stimmt er nicht zu, wird nur der handelnde Ehegatte persönlich verpflichtet. Er haftet dann mit seinem Sonder- und/oder Vorbehaltsgut[141]. Verfügungen über das Gesamtgut sind ohne Zustimmung des Gesamtgutsverwalters als Verfügungen eines Nichtberechtigten unwirksam, was ggf. zu Bereicherungs-

---

[137] Z. B. BGHZ 47, 266, 269; BGB-RGRK-Finke, § 1422 Rz. 8.
[138] MünchKomm-Kanzleiter, § 1422 Rz. 3; Soergel-Gaul, § 1422 Rz. 4.
[139] Z. B. MünchKomm-Kanzleiter, § 1422 Rz. 4.
[140] Vergl. MünchKomm-Kanzleiter, § 1422 Rz. 5 und 6; RGZ 60, 146, 147 sowie oben Rz. 184 für die gemeinschaftliche Verwaltung.
[141] BGHZ 47, 266 ff.

ansprüchen gegen das Gesamtgut nach § 1434 führen kann (dazu unten Rz. 201)[142].

Das Gesetz nennt als ein wichtiges Beispiel der umfassenden Verwaltungszuständigkeit des Gesamtgutsverwalters das Recht, alle zum Gesamtgut gehörenden Gegenstände in **Besitz** zu nehmen. **196**

Eingeschränkt wird dieses Recht allerdings durch die allgemeine, wechselseitige Verpflichtung zur ehelichen Lebensgemeinschaft, § 1353. Aus dieser ergibt sich grundsätzlich in allen Güterständen **Mitbesitz** beider Ehegatten an den in die eheliche Wohnung eingebrachten und von beiden Ehegatten gemeinschaftlich genutzten Sachen und außerdem ein Anspruch des nicht verwaltenden Ehegatten gegen den Gesamtgutsverwalter auf Überlassung des alleinigen Besitzes an solchen Gegenständen, die ausschließlich seinem persönlichen Gebrauch dienen[143].

Zur Führung von Rechtsstreitigkeiten ergibt sich aus § 1422 eine **gesetzliche Prozeßstandschaft**, d.h. die Befugnis, Rechte des Gesamtgutes gerichtlich geltend zu machen oder Ansprüche auf Leistung aus dem Gesamtgut gerichtlich abzuwehren, und zwar jeweils im eigenen Namen und nicht auch als Vertreter des anderen Ehegatten. Dieser kann deswegen in einem solchen Rechtsstreit als Zeuge gehört werden, selbst wenn er bei dem Abschluß des streitigen Rechtsgeschäfts mitgewirkt hat[144].

Die Prozeßstandschaft gilt auch für Gegenstände, über die der Verwalter nach §§ 1423 bis 1425 nur mit Zustimmung des anderen Ehegatten verfügen könnte. In diesen Fällen bedarf er allerdings zu einer Prozeßhandlung, die zugleich eine materiell-rechtliche Verfügung über den Gegenstand beinhaltet, also insbesondere zum Abschluß eines Vergleichs, der Zustimmung des anderen Ehegatten (siehe dazu auch oben Rz. 192). Auch in diesen Fällen wirkt das Urteil hinsichtlich des Gesamtgutes auch für und gegen den anderen Ehegatten[145].

Der andere Ehegatte ist zur Prozeßführung mit Wirkung für das Gesamtgut nur in den Ausnahmefällen der §§ 1428, 1429, 1431, 1433 berechtigt (dazu unten Rz. 202 ff.), im übrigen nur dann, wenn ihn der verwaltende Ehegatte zur Prozeßführung ermächtigt hat, also ein Fall gewillkürter Prozeßstandschaft vorliegt[146].

Zur **Zwangsvollstreckung** in das Gesamtgut ist ein Titel gegen den Gesamtgutsverwalter erforderlich und ausreichend, § 740 Abs. 1 ZPO. Bei Klagen gegen beide Ehegatten sind diese hinsichtlich der Gesamtgutsverbindlichkeiten notwendige Streitgenossen, § 62 ZPO.

Der **Schutz gutgläubiger Dritter** erfolgt nach den allgemeinen Vorschriften, so daß der gute Glaube an das Alleineigentum eines Ehegatten unter den Vorausset- **197**

---

[142] Soergel-Gaul, § 1422 Rz. 13; Staudinger-Thiele, § 1422 Rz. 39.
[143] Vergl. z. B. BGHZ 12, 380 ff.; BGB-RGRK-Finke, § 1422 Rz. 14; Soergel-Gaul, § 1422 Rz. 7.
[144] RGZ 67, 262, 265, 266.
[145] Z. B. MünchKomm-Kanzleiter, § 1422 Rz. 27; Soergel-Gaul, § 1422 Rz. 10; Erman-Heckelmann, § 1422 Rz. 5; BGH LM Nr. 1 zu § 306 ZPO (danach – anders als z. B. ein Vergleich – ist ein Anerkenntnis als reine Prozeßhandlung wirksam).
[146] Vergl. z. B. MünchKomm-Kanzleiter, § 1422 Rz. 29 m.w.N.

zungen der §§ 932 ff., 892 geschützt, wenn auch ggf. einem **Revokationsrecht** nach § 1428 (dazu unten Rz. 201) ausgesetzt ist. Grobe Fahrlässigkeit im Sinne des § 932 Abs. 2 liegt regelmäßig vor, wenn die Gütergemeinschaft im Güterrechtsregister eingetragen ist[147]. Gegenstände, die der nicht verwaltende Ehegatte aus dem unmittelbaren Besitz oder dem Mitbesitz des Gesamtgutsverwalters gegen dessen Willen fortgeschafft hat, sind dem Verwalter **abhanden gekommen,** selbst wenn sie vor Eintritt der Gütergemeinschaft dem anderen Ehegatten gehört haben sollten. Ein Dritter kann also gemäß § 935 Abs. 1 nicht gutgläubig Eigentum erwerben[148].

Im Rahmen des § 892 kommt es darauf an, ob der Verfügende als Alleineigentümer eingetragen ist und ob der Dritte weiß, daß der Handelnde in Gütergemeinschaft lebt. Die **Eintragung im Grundbuch** geht dem Güterrechtsregister vor, so daß auch eine Eintragung der Gütergemeinschaft im Güterrechtsregister gutgläubigen Erwerb von dem als Alleineigentümer eingetragenen Ehegatten nicht verhindert. Dieser ist lediglich ausgeschlossen, wenn der Dritte Kenntnis von dem Güterstand und der Zugehörigkeit zum Gesamtgut hatte[149]. Der gute Glaube daran, daß der handelnde Ehegatte Gesamtgutsverwalter ist, wird nur geschützt, wenn die Verwaltereigenschaft eingetragen ist, § 1412.

Der gute Glaube daran, daß das vom Verwalter vorgenommene Geschäft nicht der Zustimmung des anderen Ehegatten nach §§ 1423 ff. bedarf, wird nicht geschützt mit der Ausnahme, daß es sich um eine Verfügung über einen einzelnen Gegenstand handelt, der aber das Gesamtgut im wesentlichen erschöpft und dem Geschäftspartner dieser Umstand nicht erkennbar war. Insoweit gelten die zu § 1365 entwickelten Regeln (dazu oben Rz. 54).

Soweit in der Literatur vertreten wird, die allgemeinen Vorschriften über den **Gutglaubensschutz** der §§ 932 ff., 892 seien nicht anwendbar, wenn die Gütergemeinschaft und die Verwaltungsregelungen im Güterrechtsregister eingetragen sind[150], ist dem entgegenzuhalten, daß die Verwaltungsbeschränkungen der §§ 1423 bis 1425 zu Lasten des Gesamtgutsverwalters nicht eine auf Alleineigentum beruhende Verfügungsmacht mit Drittwirkung beschränken, sondern lediglich für die dort geregelten Fälle in Einschränkung der ehevertraglich eingeräumten allumfassenden Zuständigkeit der Grundsatz wiederhergestellt wird, daß es zur Verfügung über gemeinschaftliche Gegenstände der Mitwirkung beider Ehegatten bedarf. Verfügt ein Ehegatte ohne die notwendige Zustimmung des anderen Ehegatten und hat der Dritte hiervon keine Kenntnis, geht es dementsprechend nicht um den guten Glauben daran, daß die Verfügungsbefugnis nicht ein-

---

[147] Z. B. Soergel-Gaul, § 1422 Rz. 14; Erman-Heckelmann, § 1422 Rz. 6; Palandt-Diederichsen, § 1422 Anm. 4.
[148] OLGZ 26, 176.
[149] Vergl. Dölle, Familienrecht I, S. 917; Soergel-Gaul, § 1422 Rz. 14; Palandt-Diederichsen, § 1422 Anm. 4; MünchKomm-Kanzleiter, § 1422 Rz. 23 (der die Eintragung im Güterrechtsregister nicht für grobe Fahrlässigkeit nach § 932 ausreichen läßt).
[150] So insbesondere Gernhuber, § 38 VII, 11, Mikat, Festschrift Felgentraeger 1969, 323, 349 ff.; Staudinger-Thiele, § 1422 Rz. 55; § 1412 Rz. 49/50.

geschränkt ist, sondern um den guten Glauben an das (fehlende) Alleineigentum[151].

b) Verwaltungsbeschränkungen nach §§ 1423, 1424, 1425

Eingeschränkt wird das umfassende und nicht von der Zustimmung des anderen Ehegatten abhängige Verwaltungsrecht des Gesamtgutsverwalters zunächst durch die §§ 1423, 1424, 1425 für bestimmte Geschäfte, nämlich Geschäfte über das Gesamtgut im ganzen, § 1423; für Grundstücksgeschäfte, § 1424 und für Schenkungen, § 1425. **198**

aa) Verfügungen über das Gesamtgut im ganzen, § 1423

Nach § 1423 kann sich der Verwalter nur mit Einwilligung des anderen Ehegatten verpflichten, über das **Gesamtgut im ganzen** zu verfügen. Hat er sich ohne Zustimmung verpflichtet, kann er die Verpflichtung nur erfüllen, wenn der andere Ehegatte einwilligt.

Die Vorschrift entspricht im wesentlichen § 1365 für den gesetzlichen Güterstand, so daß auf die Ausführung hierzu verwiesen werden kann (oben Rz. 53 ff.). Auch im Bereich des § 1423 gilt nach herrschender Auffassung die **subjektive Theorie**. Ihr kommt hier größere praktische Bedeutung zu, weil das Gesamtgut als von Sonder- und Vorbehaltsgut zu trennende Vermögensmasse beider Ehegatten nur sehr selten Gegenstand eines Vertrages sein und häufiger der Fall vorkommen wird, daß ein Vertrag einen einzigen Vermögensgegenstand betrifft, der aber tatsächlich das ganze oder nahezu das ganze Gesamtgut ausmacht[152]. Es kommt also darauf an, ob dies dem Geschäftspartner bekannt oder erkennbar war[153].

Soweit für den Bereich des § 1423 die subjektive Theorie nicht für übertragbar gehalten wird, so daß es nur auf die objektive Feststellung ankommen soll, ob ein Rechtsgeschäft das Gesamtgut im ganzen betrifft[154], ist dem entgegenzuhalten, daß der Schutzzweck und die widerstreitenden Interessen in beiden Fällen gleichgelagert sind. Es geht auf der einen Seite um den Erhalt der wirtschaftlichen Grundlage der Familie, auf der anderen Seite um Gutglaubensschutz und die Sicherheit des Rechtsverkehrs[155].

Verweigert der andere Ehegatte die Zustimmung, obwohl das Geschäft zur ordnungsmäßigen Verwaltung des Gesamtgutes erforderlich ist, oder ist der andere Ehegatte durch Krankheit oder Abwesenheit an der Abgabe einer Erklärung verhindert und mit dem Aufschub Gefahr verbunden, kann die **Ersetzung der Zu-**

---

[151] Vergl. insbesondere Soergel-Gaul, § 1422 Rz. 14 m.w.N.
[152] Eingeschränkt wird die praktische Bedeutung allerdings wiederum durch den Sonderschutz des § 1424 für Grundstücksgeschäfte, vergl. MünchKomm-Kanzleiter, § 1423 Rz. 2 und unten Rz. 199.
[153] (Zur subjektiven Theorie siehe oben Rz. 54 und z. B. Soergel-Gaul, § 1423 Rz. 4; Erman-Heckelmann, § 1423 Rz. 3; Staudinger-Thiele, § 1423 Rz. 4.
[154] So insbesondere MünchKomm-Kanzleiter, § 1423 Anm. 2 und § 1422 Rz. 25.
[155] Vergl. insbesondere Soergel-Gaul, § 1423 Rz. 4.

stimmung nach § 1426 beim zuständigen Vormundschaftsgericht beantragt werden. Auch hier gilt das zu § 1365 Abs. 2 Ausgeführte (oben Rz. 57).

bb) Verfügungen über Grundstücke, Schiffe oder Schiffsbauwerke, § 1424

199 Nach § 1424 bedarf der Gesamtgutsverwalter der Einwilligung des anderen Ehegatten für eine Verfügung über ein zum Gesamtgut gehörendes **Grundstück, Schiffe oder Schiffsbauwerk.** Auch ein Verpflichtungsgeschäft ist nur mit Einwilligung des anderen Ehegatten rechtswirksam. Verfügungen im Sinne des § 1424 sind (neben Verfügungen über Schiff- oder Schiffsbauwerke) Verfügungen über Grundstücke und Grundstücksteile, Wohneigentum und Erbbaurechte, § 11 ErbBauVO; nicht unter § 1424 fallen demgegenüber Verfügungen über Rechte an Grundstücken[156].

Erfaßt werden alle Grundstücke bzw. Schiffe oder Schiffsbauwerke, auch die, die der Verwalter selbst eingebracht oder später z.B. durch Erbschaft erworben hat. Der Schutz des anderen Ehegatten ist gegenüber der Zugewinngemeinschaft verstärkt, die eine Verfügungsbeschränkung nur vorsieht, wenn der Vermögensgegenstand das ganze Vermögen eines Ehegatten ausmacht und dehalb § 1365 eingreift. Dieser zusätzliche Schutz des nicht verwaltenden Ehegatten relativiert für die Gütergemeinschaft dementsprechend die praktische Bedeutung des § 1423[157].

Zu den zustimmungsbedürftigen Geschäften über Grundbesitz, Schiffe und Schiffsbauwerke gehören die Veräußerung einschließlich einer Verfügung über ein Nachlaßgrundstück zum Zwecke der Auseinandersetzung der Miterbengemeinschaft; Teilung, auch im Rahmen einer Erbauseinandersetzung; Verfügungen über einen Erbschaftsanteil, wenn hierzu ein Grundstück gehört; die Bewilligung einer Vormerkung[158]; die Belastung mit einer Hypothek, Grundschuld oder Eigentümergrundschuld, mit einem Nießbrauch oder einer Grunddienstbarkeit; die Belastung eines Erbbaurechts[159].

Eine zustimmungsbedürftige Belastung ist auch die Zustimmung zu einer Erhöhung des Zinssatzes für eine auf dem Grundstück bereits lastende Hypothek[160].

Da unter § 1424 nicht der **Erwerb** eines Grundstückes gehört, sind nach herrschender Meinung von der Zustimmungsbedürftigkeit ausgenommen alle mit dem Erwerb in unmittelbarem Zusammenhang stehendenden Belastungen, also insbesondere die Restkaufpreishypothek, die Nießbrauchsbestellung, die Auflassungsvormerkung. Nicht zustimmungsbedürftig sind auch die Umwandlung von Rechten an Grundstücken, also beispielsweise die Abtretung einer Eigentümergrundschuld, die Umwandlung von Buch- und Briefhypothek, Sicherungshypothek in Verkehrshypothek, Rangänderungen; auch die nachträgliche Unterwer-

---

[156] BGH FamRZ 1971, 520 f.
[157] Vergl. MünchKomm-Kanzleiter, § 1423 Rz 2.
[158] Vergl. z. B. Palandt-Diederichsen, § 1424 Anm. 2; Staudiger-Thiele, § 1424 Rz. 9; a.A. BayOLG NJW 57, 1521.
[159] BGH NJW 68, 496.
[160] BGB-RGRK-Finke, § 1424 Rz. 7; Staudinger-Thiele, § 1424 Rz. 9; a.A. OLG Hamburg OLGE 18, 264.

fung unter die sofortige Zwangsvollstreckung ist keine zustimmungsbedürftige Verfügung[161].

Auch die **Verpflichtung** zu einer Verfügung bedarf der Einwilligung, weil über die rechtswirksame Verpflichtung des Gesamtgutsverwalters nach § 1437 das Gesamtgut und damit auch der andere Ehegatte belastet würden. Zur Sicherung des Schutzzweckes sind Umgehungsgeschäfte unwirksam. Zustimmungsbedürftig sind auch Nebenabreden zu zustimmungsbedürftigen Geschäften, wie z.B. die Zusicherung einer bestimmten Grundstücksgröße[162].

Auch hier kann unter den Voraussetzungen des § 1426 die Zustimmung des nichtverwaltenden Ehegatten durch das **Vormundschaftsgericht** ersetzt werden (siehe dazu oben Rz. 188 und die Erläuterungen zu § 1365 Abs. 2, oben Rz. 188, 57/59).

Verfügungen über Grundbesitz **von Todes wegen** unterliegen nicht der Beschränkung des § 1424. Ebenso darf der Gesamtgutsverwalter Rechtsstreitigkeiten über Grundbesitz unabhängig von der Zustimmung des nichtverwaltenden Ehegatten führen[163].

cc) Zustimmungsbedürftigkeit von Schenkungen

Schließlich kann der Gesamtgutsverwalter nach § 1425 nur mit Einwilligung des anderen Ehegatten Gegenstände **aus dem Gesamtgut** verschenken oder Schenkungsversprechen erfüllen, sofern er hiermit nicht nur einer sittlichen Pflicht oder einer auf den Anstand zu nehmenden Rücksicht entspricht, § 1425 Abs. 2. Zustimmungsbedürftig sind nicht nur Schenkungsversprechen oder Schenkungen, die sich auf das Gesamtgut beziehen, sondern auch solche **aus dem Vorbehalts- oder Sondergut** des handelnden Ehegatten, da für sämtliche Verbindlichkeiten das Gesamtgut haftet, §§ 1425 Abs. 1 Satz 2; 1437. Der Gesamtgutsverwalter kann allerdings aus seinem Vermögen, also insbesondere aus seinem Vorbehaltsgut, durch dingliches Rechtsgeschäft einem Dritten ohne Zustimmung des anderen etwas übertragen und mit der Erfüllung ein mangels Zustimmung unwirksames Schenkungsversprechen wirksam und unanfechtbar[164] erfüllen.

200

Im Hinblick auf den Schutzzweck des § 1425 kann ein Schenkungsversprechen im übrigen auch dann ohne Zustimmung des anderen Ehegatten wirksam sein, wenn der Gesamtgutsverwalter die Haftung des Gesamtgutes eindeutig ausschließt[165].

---

[161] Vergl. im einzelnen die Zusammenstellung bei Soergel-Gaul, § 1424 Rz. 5/6; Staudinger-Thiele, § 1424 Rz. 7 bis 12; MünchKomm-Kanzleiter, § 1424 Rz. 3 bis 7, abweichend von der herrschenden Meinung insofern, als Verfügungen nur über einen Miterbenanteil auch dann nicht zustimmungsbedürftig sind, wenn zum Nachlaß ein Grundstück gehört, Rz. 4.

[162] Palandt-Diederichsen, § 1424 Anm. 3.

[163] Z. B. MünchKomm-Kanzleiter, § 1424 Rz. 7; BGB-RGRK-Finke, § 1424 Rz. 10, 13 und 6; Palandt-Diederichsen, § 1424 Anm. 2.

[164] Die Rechte aus §§ 1427, 1428 kann der übergangene Ehegatte nur hinsichtlich der zum Gesamtgut gehörenden Gegenstände und Rechte geltend machen.

[165] BGB-RGRK-Finke, § 1425 Rz. 2.

Der Begriff der Schenkung ist nach allgemeiner Meinung weit zu fassen und umfaßt **unentgeltliche Zuwendungen** aller Art, zu denen auch die Stellung von Sicherheiten, die Verpfändung von Hypothekenforderungen, die Stellung einer Grundschuld, die Übernahme einer Bürgschaft und Stiftungen unter Lebenden gehören können[166].

Soweit gesetzliche Unterhaltsverpflichtungen erfüllt werden, liegt eine Schenkung oder unentgeltliche Zuwendung nicht vor. Auch eine Ausstattung im Sinne des § 1624 ist keine Schenkung, soweit sie sich im Rahmen des den Umständen nach Angemessenen hält, § 1624 Abs. 1.

Zum **Widerruf** einer Schenkung bedarf der Gesamtgutsverwalter der Zustimmung des anderen Ehegatten nicht, selbst wenn beide Eheleute gemeinsam die Schenkung aus dem Gesamtgut vorgenommen haben[167]).

(Zum Begriff der Pflicht- und Anstandsschenkungen siehe oben Rz. 108)

Eine **Ersetzung der Zustimmung** durch das Vormundschaftsgericht nach § 1426 ist für den Fall der Zustimmungsverweigerung nicht vorgesehen. Das Gesetz geht davon aus, daß über Pflicht- und Anstandsschenkungen hinausgehende Schenkungen aus dem Gesamtgut nur möglich sein sollen, wenn sie von beiden Ehegatten gewollt sind.

Ist der andere Ehegatte entmündigt, scheitern Schenkungen des Gesamtgutsverwalters (mit Ausnahme der Pflicht- und Anstandsschenkungen) an § 1804. Ein Vormund oder ein Pfleger kann die Einwilligung nicht erklären[168].

c) Rechtsfolgen eines Handelns des Gesamtgutsverwalters ohne die erforderliche Mitwirkung des anderen Ehegatten

201   Die Rechtsfolgen eines Handelns des Gesamtgutsverwalters ohne die nach den §§ 1423 bis 1425 erforderliche Mitwirkung des anderen Ehegatten regeln die §§ 1427, 1428 und 1434.

§ 1427 Abs. 1 verweist zunächst auf die für den gesetzlichen Güterstand geltenden Vorschriften der §§ 1366 Abs. 1, 3, 4 und 1367 (dazu näher oben Rz. 61 ff.).

Lediglich die Vorschrift des § 1366 Abs. 2 wird durch § 1427 Abs. 2 dahingehend modifiziert, daß der Dritte in der Möglichkeit des Widerrufs des Vertrages nicht schon dann beschränkt ist, wenn er gewußt hat, daß der Vertragspartner verheiratet ist, sondern nur dann, wenn er gewußt hat, daß der Ehegatte in Gütergemeinschaft lebt. Wußte er dies, kann er nur widerrufen, wenn der handelnde Ehegatte wahrheitswidrig behauptet hat, sein Ehegatte habe eingewilligt, und er nicht gewußt hat, daß die Einwilligung tatsächlich nicht vorlag. Allein die Kenntnis davon, daß der handelnde Ehegatte verheiratet ist, schränkt das Widerrufsrecht entgegen § 1376 Abs. 2 nicht ein, wenn der Dritte z.B. angenommen hat, der handelnde Ehegatte lebe im gesetzlichen Güterstand.

---

[166] Z. B. MünchKomm-Kanzleiter, § 1425 Rz. 3; BGB-RGRK-Finke, § 1425 Rz. 5 und 8; RGZ 54, 282, 284.
[167] Palandt-Diederichsen, § 1425 Anm. 2.
[168] RGZ 91, 40 f; Soergel-Gaul, § 1425 Rz. 5.

Das **Widerrufsrecht** bei Kenntnis von der Gütergemeinschaft bleibt unberührt, wenn die Behauptung der Einwilligung des anderen Ehegatten durch den Gesamtgutsverwalter objektiv unrichtig ist. Nicht notwendig ist, daß der Gesamtgutsverwalter bewußt die Unwahrheit gesagt hat[169].

Da eine Bevorzugung Dritter gegenüber der Rechtslage beim gesetzlichen Güterstand nicht Zweck des § 1427 Abs. 2 ist, muß dessen Erweiterung des Widerrufsrechts auf Fälle beschränkt bleiben, in denen nicht auch im gesetzlichen Güterstand die Einwilligung des anderen Ehegatten erforderlich gewesen wäre[170].

Der Widerruf kann nur gegenüber dem Gesamtgutsverwalter, nicht auch gegenüber dem anderen Ehegatten erklärt werden[171]. Im übrigen kann auf die Ausführung zu §§ 1366, 1367 verwiesen werden (dazu oben Rz. 61 f.).

Besonderheiten gelten allerdings für den Fall, daß die Gütergemeinschaft während des Schwebezustandes endet. In diesem Fall dauert die Gesamthandsgemeinschaft der Ehegatten bzw. des überlebenden Ehegatten und der Erben des Verstorbenen bis zum Ende der Auseinandersetzung fort, wobei bis dahin gemeinschaftliche Verwaltung gilt, §§ 1471, 1472, 1419, 1482. Während der gemeinschaftlichen Verwaltung bedarf es dementsprechend der Zustimmung jedes Ehegatten bzw. seiner Erben. Die Mitwirkung kann nur noch nach Maßgabe des § 1472 Abs. 3 erwirkt werden (dazu unten Rz. 249). Ein Rechtsgeschäft kann ggf. nachträglich wirksam werden, wenn der Gegenstand, auf den es sich bezog, im Rahmen der Auseinandersetzung dem (früheren) Gesamtgutsverwalter zugeteilt wird[172].

Ebenso werden Verpflichtungsgeschäfte und Verfügungen wirksam, wenn der Gesamtgutsverwalter vor Widerruf des Dritten und vor Verweigerung der Genehmigung durch den anderen Ehegatten den Gegenstand als Vorbehaltsgut erwirbt, § 185 Abs. 2[173].

Wird das Rechtsgeschäft mangels Genehmigung des anderen Ehegatten **endgültig unwirksam**, begründet es weder für den handelnden Gesamtgutsverwalter noch für den anderen Ehegatten persönlich eine Verpflichtung. Soweit dennoch aus dem Gesamtgut eine Leistung erbracht worden ist, können sowohl der Gesamtgutsverwalter als auch der andere Ehegatte nach § 1428 die Leistung zum Gesamtgut zurückfordern. Umgekehrt haftet nach § 1434 das Gesamtgut dem Vertragspartner nach Bereicherungsgrundsätzen. Trifft den handelnden Gesamtgutsverwalter gleichzeitig eine Haftung aus unerlaubter Handlung oder aus culpa in contrahendo, haftet hierfür neben dem Gesamtgutsverwalter persönlich nach § 1437 Abs. 1 auch das Gesamtgut. Der Schutzzweck der §§ 1423 bis 1425 steht dem nicht entgegen, weil in diesem Fall nicht das Erfüllungsinteresse, sondern das negative Interesse des Vertragspartners zu ersetzen ist[174].

---

[169] BGB-RGRK-Finke, § 1427 Rz. 3.
[170] MünchKomm-Kanzleiter, § 1427 Rz. 2.
[171] Soergel-Gaul, § 1427 Rz. 1 und 6.
[172] Vergl. BGB-RGRK-Finke, § 1427 Rz. 5 und MünchKomm-Kanzleiter, § 1427 Rz. 3.
[173] Soergel-Gaul, § 1427 Rz. 7 m.w.N.
[174] MünchKomm-Kanzleiter, § 1427 Rz. 4.

Soweit der Gesamtgutsverwalter Verfügungen getroffen hat, besteht zugunsten des anderen Ehegatten nach § 1428 ein **Revokationsrecht**, und zwar unabhängig von der Mitwirkung des Gesamtgutsverwalter, dessen Klagebefugnis nach § 1422 unberührt bleibt. § 1428 entspricht im wesentlichen der Vorschrift des § 1368 für den gesetzlichen Güterstand. Es kann deswegen auf die Ausführungen hierzu verwiesen werden, und zwar auch zu den streitigen Fragen der Rechtskrafterstreckung und der Zurückbehaltungsrechte des Dritten wegen seiner Ansprüche (oben Rz. 63).

Der nichtverwaltende Ehegatte erhebt die Klage in eigenem Namen und kann auf Herausgabe einer beweglichen Sache an sich klagen, während bei Grundstücken auf Grundbuchberichtigung bzw. Rückauflassung zugunsten des Gesamtgutes geklagt werden muß[175].

Die sich aus § 1428 ergebende **Prozeßführungsbefugnis** ermächtigt zu allen Prozeßhandlungen mit Ausnahme solcher, die eine materiell-rechtliche Verfügung über den Gegenstand beinhalten (also insbesondere Abschluß eines Vergleichs, Anerkenntnis oder Verzicht), da ansonsten das Verwaltungsrecht des Gesamtgutsverwalters aus § 1422 verletzt wäre.

d) Ausnahmen von der alleinigen Verwaltungszuständigkeit des Gesamtgutsverwalters

202 Das sich aus § 1422 ergebende umfassende Verwaltungsrecht des Gesamtgutsverwalters wird in einigen Sonderfällen zugunsten des anderen Ehegatten unterbrochen. Dieser hat unter den Voraussetzungen des § 1428 ein **Notverwaltungsrecht**, kann nach § 1431 im Rahmen eines mit Einwilligung des anderen Ehepartners betriebenen **Erwerbsgeschäftes** selbständig handeln, kann in einigen **persönlichen Angelegenheiten** alleine handeln, § 1432, und kann schließlich einen bei Eintritt der Gütergemeinschaft anhängigen **Rechtsstreit** ohne Zustimmung des Gesamtgutsverwalters fortsetzen, § 1433.

aa) Notverwaltungsrecht, § 1429

Nach § 1429 hat der nichtverwaltende Ehegatte ein Notverwaltungsrecht, wenn der Gesamtgutsverwalter durch Krankheit oder Abwesenheit verhindert ist und mit dem Aufschub **Gefahr** verbunden ist. Die Vorschrift entspricht dem § 1454 für die gemeinschaftliche Verwaltung (dazu oben Rz. 190).

Das Notverwaltungsrecht bezieht sich auf alle Rechtsgeschäfte und Verwaltungshandlungen einschließlich solcher Rechtsgeschäfte, zu denen der Gesamtgutsverwalter selbst der Zustimmung des nichtverwaltenden Ehegatten nach §§ 1423 bis 1425 bedarf. Allerdings werden zustimmungsbedürftige Schenkungen im Sinne des § 1425 selten unaufschiebbar sein[176].

---

[175] Z. B. Palandt-Diederichsen, § 1428 Anm. 1; Soergel-Gaul, § 1428 Rz. 3; MünchKomm-Kanzleiter, § 1428 Rz. 3.
[176] Z. B. MünchKomm-Kanzleiter, § 1429 Rz. 4; Staudinger-Thiele, § 1429 Rz. 8.

§ 1429 begründet nur ein Notverwaltungsrecht, nicht zugleich eine Notverwaltungspflicht. Gesamtgutsgläubiger haben keinen durchsetzbaren Anspruch darauf, daß der nichtverwaltende Ehegatte die Verwaltungsgeschäfte übernimmt. Hat ein Ehegatte aber unter Berufung auf das Notverwaltungsrecht eine Verwaltungsmaßnahme ergriffen, kann er diese nicht willkürlich wieder abbrechen, wenn daraus dem Gesamtgut Schaden entstehen könnte. Dies gilt auch für einen aufgenommenen Rechtsstreit[177]. Im Verhältnis der Ehegatten untereinander kann sich eine Verpflichtung zur Übernahme des Notverwaltungsrechtes aus der ehelichen Lebensgemeinschaft ergeben[178].

Der nichtverwaltende Ehegatte kann im Rahmen des Notverwaltungsrechtes entweder im eigenen Namen oder im Namen des Gesamtgutsverwalters handeln. Handelt er **im eigenen Namen**, verpflichtet er damit sich persönlich, daneben den Gesamtgutsverwalter und das Gesamtgut, sofern er nicht klar zum Ausdruck gebracht hat, daß er das Geschäft nur für das Gesamtgut und den Gesamtgutsverwalter führen will. Handelt der Ehegatte **im Namen des Gesamtgutsverwalters**, tut er dies aufgrund gesetzlicher Vollmacht. In diesem Fall werden nur das Gesamtgut und der Gesamtgutsverwalter persönlich, nicht der Notverwalter verpflichtet, §§ 1438 Abs. 1, 1437[179].

Im übrigen kann auf die Ausführungen zu § 1454 verwiesen werden (oben Rz. 190).

Auch die **Prozeßführungsbefugnis** kann der Notverwalter entweder im eigenen Namen oder im Namen des Gesamtgutsverwalters ausüben. Nach § 740 Abs. 1 ZPO ist aber die Vollstreckung in das Gesamtgut nur aufgrund eines Titels gegen beide Ehegatten möglich, so daß auch der verhinderte Gesamtgutsverwalter in einem Passiv-Rechtsstreit mitverklagt werden muß. Einen in seinem Namen geführten Rechtsstreit kann der Gesamtgutsverwalter nach Beendigung seiner Verhinderung ohne weiteres aufnehmen. Bei Prozeßführung des Notverwalters im eigenem Namen ist dieser nach § 1433 analog berechtigt, den Prozeß nach Beendigung der Verhinderung des Gesamtgutsverwalters fortzusetzen. Der Gesamtgutsverwalter kann als Nebenintervenient beitreten oder auch mit Einverständnis des Notverwalters den Prozeß fortführen. Die darin liegende Klageänderung wird im allgemeinen als sachdienlich zuzulassen sein, § 264 ZPO, siehe auch § 265 Abs. 2 ZPO[180]. Für die **Kosten** der Prozeßführung haftet auf jeden Fall das Gesamtgut, § 1438 Abs. 2; ob sich die Rechtskraft eines von dem Notverwalter erwirkten Urteils auch auf den Gesamtgutsverwalter erstreckt, ist streitig[181].

---

[177] OLG Stettin OLGE 4, 404; Dölle, Familienrecht I S. 920 mit Fn. 17; Erman-Heckelmann § 1429 Anm. 2.
[178] Soergel-Gaul, § 1429 Rz. 3; MünchKomm-Kanzleiter, § 1429 Rz. 4.
[179] MünchKomm-Kanzleiter, § 1429 Rz. 5.
[180] Vergl. z. B. BGB-RGRK-Finke, § 1429 Rz. 8/9; Staudiger-Thiele, § 1429 Rz. 11.
[181] Dafür MünchKomm-Kanzleiter, § 1429 Rz. 6; Staudiger-Thiele, § 1429 Rz. 10; BGB-RGRK-Finke, § 1429 Rz. 10; Baumbach-Lauterbach-Hartmann, § 740 ZPO Anm. 2 A; dagegen Soergel-Gaul, § 1429 Rz. 8; Rosenberg-Schwab, Zivilprozeßrecht, § 46 V 3 b, S. 248.

bb) Betrieb eines Erwerbsgeschäftes, § 1431

203 Nach § 1431 kann auch der nichtverwaltende Ehegatte mit Wirkung für das Gesamtgut handeln, wenn er selbständig mit Einwilligung oder ohne Widerspruch des Gesamtgutsverwalters ein Erwerbsgeschäft betreibt. Das Verwaltungsrecht bezieht sich auf alle Rechtsgeschäfte und Rechtsstreitigkeiten, die der Geschäftsbetrieb mit sich bringt. Die Vorschrift entspricht in vollem Umfang dem § 1456 für gemeinschaftliche Verwaltung. Es kann deswegen auf die Ausführungen hierzu verwiesen werden (oben Rz. 193).

cc) Höchstpersönliche Angelegenheiten, § 1432

Ist dem nichtverwaltenden Ehegatten eine Erbschaft oder ein Vermächtnis angefallen, steht nur ihm nach § 1432 das Recht zu, die Erbschaft oder das Vermächtnis anzunehmen oder auszuschlagen. Gleiches gilt von dem Verzicht auf einen Pflichtteils oder Zugewinnausgleichsanspruch sowie von der Ablehnung eines Vertragsantrages oder einer Schenkung. Die Zustimmung des Gesamtgutsverwalters ist nicht erforderlich. Dieser kann nur dann rechtswirksam für den nichtverwaltenden Ehegatten handeln, wenn er von diesem bevollmächtigt ist[182].

Der nichtverwaltende Ehegatte kann nach § 1432 Abs. 2 schließlich ein Inventar über eine ihm angefallene Erbschaft ohne Zustimmung des anderen Ehegatten errichten; entgegen § 1455 Ziff. 3 besteht das Inventarrecht nicht bezüglich einer dem Gesamtgutsverwalter angefallenen Erbschaft.

Das Inventar wirkt auch für den anderen Ehegatten, § 2008 Abs. 1 Satz 3; eine Inventarfrist muß allerdings auch dem Gesamtgutsverwalter gesetzt werden, § 2008 Abs. 2 Satz 1[183].

Neben dem nichtverwaltenden Ehegatten kann auch der Gesamtgutsverwalter Maßnahmen zur Beschränkung der Erbenhaftung treffen, weil für die Nachlaßverbindlichkeiten das Gesamtgut und damit auch der Gesamtgutsverwalter persönlich haften, §§ 1437 Abs. 2, 1438 Abs. 1[184].

Die Vorschrift des § 1432 Abs. 1 entspricht § 1455 Ziff. 1, 2 und 4; die Vorschrift des § 1432 Abs. 2 entspricht § 1455 Ziff. 3. Auch § 1432 dient im wesentlichen dazu, auch dem nichtverwaltenden Ehegatten **Handlungsfreiheit in höchstpersönlichen Angelegenheiten** zu verschaffen. Es kann auf die Ausführungen zu § 1455 Ziff. 1 bis 4 verwiesen werden (oben Rz. 191).

Nach § 1432 Abs. 1 Satz 2 kann der nichtverwaltende Ehegatte ohne Zustimmung des Gesamtgutsverwalters einen Vertragsantrag oder eine Schenkung ablehnen. Unter Einbeziehung des Verwaltungsrechts des Gesamtgutsverwalters ergibt sich hieraus folgendes:

Für die Annahme gelten die allgemeinen Vorschriften, so daß auch der nichtverwaltende Ehegatte ein ihm persönlich gemachtes Vertragsangebot oder eine ihm

---

[182] BGB-RGRK-Finke, § 1432 Rz. 2.
[183] Vergl. MünchKomm-Kanzleiter, § 1432 Rz. 7; Soergel-Gaul, § 1432 Rz. 3.
[184] Soergel-Gaul, § 1432 Rz. 3.

angebotene Schenkung annehmen kann. Er ist in seiner Geschäftsfähigkeit nicht beeinträchtigt. Was er erwirbt, wird Gesamtgut. Eine Haftung wird aber für ihn persönlich nur mit seinem Vorbehalts- und Sondergut begründet, da mangels Zustimmung des Gesamtgutsverwalters keine Gesamtgutsverbindlichkeit entsteht, § 1438. Es kann allerdings eine Haftung des Gesamtgutes nach Bereicherungsgrundsätzen eintreten, § 1434. Nur der nichtverwaltende Ehegatte kann ein Vertragsangebot und eine Schenkung annehmen, wenn sich das Vertragsangebot auf sein Vorbehaltsgut bezieht oder der Dritte bei der Schenkung bestimmt, daß die Zuwendung in sein Vorbehaltsgut fallen soll, § 1418 Abs. 2 Ziff. 2 und 3.

Während das Vertragsangebot oder die Schenkung eines Dritten regelmäßig von beiden Ehegatten angenommen werden können, ergibt sich für die Ablehnung von Vertragsangebot und Schenkung aus § 1432 Abs. 1 Satz 2, daß diese an sich nur dem nichtverwaltenden Ehegatten zusteht, wenn Vertragsangebot und Schenkung an ihn gerichtet sind. Da das Annahmerecht des Gesamtgutsverwalters allerdings unberührt bleibt, § 1422, kann dieser noch annehmen, solange der nichtverwaltende Ehegatte nicht abgelehnt hat. Es entscheidet der frühere Zugang der entsprechenden Erklärung bei dem Vertragspartner[185].

dd) Fortführung eines Rechtsstreits, § 1433

Nach § 1433 kann der nichtverwaltende Ehegatte ohne Zustimmung des anderen einen Rechtsstreit fortsetzen, der beim Eintritt der Gütergemeinschaft bereits anhängig war.   **204**

Die Vorschrift entspricht dem § 1455 Ziff. 4 für die gemeinschaftliche Gesamtgutsverwaltung, so daß auf die Erläuterungen hierzu verwiesen werden kann (oben Rz. 187).

Der Ermächtigung des § 1433 bedarf der nichtverwaltende Ehegatte nicht, soweit es um Rechtsstreitigkeiten geht, die sich auf sein Sonder- oder Vorbehaltsgut beziehen, §§ 1417 Abs. 3, 1418 Abs. 3.

Soweit der Rechtsstreit (späteres) Gesamtgut betrifft, führt der nichtverwaltende Ehegatte ihn in eigenem Namen fort. Auch hier gilt, daß der Klageantrag auf Leistung zum Gesamtgut umgestellt werden kann, nach herrschender Meinung aber nicht umgestellt werden muß, weil das Erlangte ohnehin nach § 1416 in das Gesamtgut fällt (oben Rz. 192)[186].

Die Prozeßführungsbefugnis berechtigt nicht dazu, auch **materiell-rechtliche Verfügungen** über den Streitgegenstand zu treffen, also insbesondere zum Abschluß eines Vergleichs oder zur Erklärung eines Verzichtes. Nur wenn der Gesamtgutsverwalter solchen Maßnahmen zustimmt, sind diese für das Gesamtgut wirksam, §§ 1438[187].

---

[185] Vergl. MünchKomm-Kanzleiter, § 1432 Rz. 5; BGB-RGRK-Finke, § 1432 Rz. 5; a.A. (auch die Annahme steht nur dem Angebotsandressaten zu): Staudinger-Thiele, § 1432 Rz. 10.
[186] Siehe auch die Nachweise bei Soergel-Gaul, § 1433 Rz. 2.
[187] Siehe oben Rz. 192 und z. B. Palandt-Diederichsen, § 1433 Anm. 1; Soergel-Gaul, § 1433 Rz. 4.

Die **Rechtskraft** eines Urteils erstreckt sich auf den Gesamtgutsverwalter und das Gesamtgut. Nach § 742 ZPO kann eine vollstreckbare Ausfertigung gegen den Gesamtgutsverwalter erteilt werden, um den nach § 740 Abs. 1 ZPO notwendigen Vollstreckungstitel gegen ihn zu schaffen.

Wegen der Rechtskrafterstreckung gegen den Gesamtgutsverwalter kann dieser nach herrschender Meinung dem Rechtsstreit nach § 69 ZPO beitreten[188].

Zur **Übernahme** des Rechtsstreits ist der Gesamtgutsverwalter nur mit Zustimmung des nichtverwaltenden Ehegatten und Zustimmung des Prozeßgegners, in der Lage, § 265 Abs. 2 Satz 2 ZPO analog[189], oder nach Zulassung der in der Übernahme liegenden Klageänderung als sachdienlich durch das Gericht.

Will der Gesamtgutsverwalter aus einem zugunsten des nichtverwaltenden Ehegatten ergangenen Urteil vollstrecken, kann er die Erteilung der Vollstreckungsklausel nach § 742 ZPO verlangen.

§ 1433 ist analog anwendbar für den Fall der Prozeßführung eines nichtverwaltenden Ehegatten aufgrund des Notverwaltungsrechtes und auf die Fortsetzung eines im Rahmen eines selbständigen Erwerbsgeschäftes des nichtverwaltenden Ehegatten anhängigen Rechtsstreits bei Widerruf der Einwilligung des Gesamtgutsverwalters[190].

e) Ersetzung der Zustimmung des Gesamtgutsverwalters, § 1430

205   Nach § 1430 kann der nichtverwaltende Ehegatte beim Vormundschaftsgericht die Ersetzung der Zustimmung des Gesamtgutsverwalters zu solchen Rechtsgeschäften beantragen, die er zur ordnungsmäßigen Besorgung seiner persönlichen Angelegenheiten vornehmen muß, aber ohne die verweigerte Zustimmung des Gesamtgutsverwalters nicht mit Wirkung für das Gesamtgut vornehmen kann. § 1430 gibt dem nichtverwaltenden Ehegatten nicht das Recht, persönlich mit Wirkung für und gegen das Gesamtgut zu handeln. Voraussetzung für den **Ersetzungsantrag** ist, daß die Inanspruchnahme des Gesamtguts und deswegen nach § 1422 ein Tätigwerden oder mindestens eine Ermächtigung des Gesamtgutsverwalters notwendig ist. Gemeint sind im wesentlichen Fälle, in denen der nichtverwaltende Ehegatte, der auch kein Sonder- oder Vorbehaltsgut hat, Geldmittel zur Erledigung persönlicher Angelegenheiten benötigt oder das Gesamtgut verpflichten muß, beispielsweise durch Erteilung eines Vertretungsauftrages an einen Rechtsanwalt (unter Umständen auch für Rechtsstreitigkeiten der Ehegatten untereinander).

Persönliche Angelegenheiten im Sinne des § 1430 sind nur solche, die ihre „Wurzel" in der Person des Ehegatten, nicht in seinem Vermögen habe. Es gehö-

---

[188] BGB-RGRK-Finke, § 1433 Rz. 4; Soergel-Gaul, § 1433 Rz. 3; Erman-Heckelmann, § 1433 Rz. 1; MünchKomm-Kanzleiter, § 1433 Rz. 3; a.A. (§ 66 ZPO) Palandt-Diederichsen, § 1433 Anm. 1, siehe dazu auch oben Rz. 192.
[189] MünchKomm-Kanzleiter, § 1433 Rz. 3.
[190] Z. B. Palandt-Diederichsen, § 1433 Anm. 2; Soergel-Gaul, § 1433 Rz. 6, siehe auch oben Rz. 190, 193.

ren hierzu Fragen der persönlichen Beziehungen der Ehegatten untereinander, Ansprüche aus der ehelichen Lebensgemeinschaft, sonstige familiäre Angelegenheiten, wie Abstammungsstreitigkeiten, Ehelichkeitsanfechtungen, Unterbringungssachen, Entmündigungsverfahren, Sorgerechtsstreitigkeiten; Angelegenheiten, die die Gesundheit, körperliche Unversehrtheit, Freiheit oder Ehre eines Ehegatten betreffen, wie Urlaub, Krankenhaus- oder Kuraufenthalt, Strafverfahren einschließlich der Privatklageverfahren. Unschädlich ist, wenn persönliche Angelegenheiten zugleich vermögensrechtliche Auswirkungen haben, so daß auch Unterhaltsrechtsstreitigkeiten und Streitigkeiten aus Altenteilsansprüchen hierunter fallen können[191]. Als persönliche Angelegenheit muß auch die Durchsetzung von Schadensersatzansprüchen nach Körperverletzungen oder Verletzung von Persönlichkeitsrechten angesehen werden[192]. Die Zustimmung kann auch zu nur vorbereitenden Rechtsgeschäften verlangt werden, also beispielsweise zu Kreditverträgen zur Beschaffung der für die Besorgung persönlicher Angelegenheiten notwendigen Mittel[193].

Zu den persönlichen Angelegenheiten kann auch eine vermögensbezogene Auseinandersetzung gehören, wenn sie zur Abwehr von Ehestörungen notwendig ist[194].

Nicht zu den persönlichen Angelegenheiten gehören solche, die ihren Schwerpunkt auf dem Gebiet des **Vermögensrechts** haben, z.B. Klagen auf Aufhebung des Güterstandes, güterrechtliche Forderungen, wie Zugewinnausgleich[195].

Man wird allerdings nicht verlangen können, daß der personale Einschlag die **wirtschaftliche Seite** überwiegt, und nicht generell an die Kriterien anknüpfen können, die zu § 1360 a Abs. 4 entwickelt worden sind. Nach dieser Vorschrift muß der andere Ehegatte eigene Mittel zur Verfügung stellen, während es im Rahmen von § 1430 nur darum geht, daß gemeinschaftliche Mittel des Gesamtguts für persönliche **Zwecke** des nichtverwaltenden Ehegatten herangezogen werden sollen[196].

Es spricht vieles dafür, § 1430 in Beziehung zur Haftung des Gesamtgutsverwalters nach § 1435 zu setzen und die Anwendbarkeit zu bejahen, wenn Nachteile drohen, die allein durch den wirtschaftlichen Schadensersatz nicht ausgeglichen werden können, weil die persönliche Stellung des anderen Ehegatten berührt ist[197]. **206**

Das Rechtsgeschäft muß zur ordnungsgemäßen Besorgung der persönlichen Angelegenheiten **erforderlich**, also nicht nur zweckmäßig sein. Zu beurteilen ist

---

[191] Vergl. insbesondere die Aufzählung bei BGB-RGRK-Finke, § 1430 Rz. 3.
[192] Soergel-Gaul, § 1430 Rz. 3; BGB-RGRK-Finke, § 1430 Rz. 4; a.A. Staudinger-Thiele, § 1430 Rz. 5; MünchKomm-Kanzleiter, § 1430 Rz. 2.
[193] Staudinger-Thiele, § 1430 Rz. 7.
[194] BayOLG NJW 65, 348 f: Wohnungskündigung zur Abwehr einer Ehestörung.
[195] Z. B. BayOLG Z 22, 61 ff; Staudinger-Thiele, § 1430 Rz. 9; Streitigkeiten über die Verwaltung des Vorbehaltsgutes oder Maßnahmen zur Abwehr der Zwangsvollstreckung.
[196] Vergl. hier insbesondere MünchKomm-Kanzleiter, § 1430 Rz. 2 gegen Soergel-Gaul, § 1430 Rz. 3.
[197] MünchKomm-Kanzleiter, § 1430 Rz. 2.

dies nach objektiven Maßstäben zum Zeitpunkt der Entscheidung des Vormundschaftsgerichts, das unter Umständen auch die Erfolgsaussichten einer beabsich-
tigten Klage zu prüfen hat[198]. Nicht erforderlich ist ein Rechtsgeschäft, wenn der
antragstellende Ehegatte seine persönliche Angelegenheit mit Mitteln seines Vorbehaltsgutes erledigen kann[199].

Selbst wenn das gewünschte Rechtsgeschäft erforderlich ist, kommt die Ersetzung der Zustimmung des Gesamtgutsverwalters nur in Betracht, wenn dieser
keinen ausreichenden Grund zur Verweigerung der Zustimmung hat. Ein **ausreichender Grund** kann insbesondere gegeben sein, wenn die Inanspruchnahme des
Gesamtgutes unverhältnismäßig wäre oder z.B. – bei beschränkten Mitteln – andere Angelegenheiten im Interesse der wirtschaftlichen Sicherung des Unterhaltes der Familie vorrangig sind oder schwererwiegende persönliche Interessen des
Gesamtgutsverwalters entgegenstehen[200].

Für das **Verfahren** und die Wirkung der Ersetzung der Zustimmung durch das
Vormundschaftsgericht kann auf die Erläuterungen zu §§ 1365 ff. verwiesen werden (dazu oben Rz. 57/59). Die Ersetzung ist immer nur für ein konkretes
Rechtsgeschäft möglich, das im Antrag hinreichend bezeichnet werden muß. Die
ersetzende Zustimmung wirkt wie die Zustimmung des Gesamtgutsverwalters,
so daß dieser und das Gesamtgut persönlich verpflichtet werden. Geht es um die
Kosten eines Rechtsstreits in persönlichen Angelegenheiten, kann sich aus der
allgemeinen, güterstandsunabhängigen Vorschrift des § 1360 a Abs. 4 eine Verpflichtung des Gesamtgutsverwalters zur Aufbringung der Kosten aus seinem
Vorbehalts- oder Sondergut ergeben, wenn die Mittel des Gesamtgutes nicht ausreichen und der nichtverwaltende Ehegatte kein eigenes Vermögen in Form von
Vorbehalts- oder Sondergut hat. Dieser Anspruch ist aber als Unterhaltsanspruch nach den allgemeinen Regeln für streitige Zivilgerichtsverfahren, nicht im
Ersetzungsverfahren nach § 1430 geltend zu machen[201].

Erteilt der Gesamtgutsverwalter seine Zustimmung nur deswegen nicht, weil er
wegen Krankheit oder Abwesenheit verhindert ist, ist § 1429, nicht § 1430 anwendbar. In diesem Fall kann sich der nichtverwaltende Ehegatte auf das **Notverwaltungsrecht** berufen, ohne das Vormundschaftsgericht anrufen zu müssen[202].

f) Verantwortlichkeit des verwaltenden Ehegatten bzw. seines Vormundes,
   §§ 1435, 1436

207   Dem Verwaltungsrecht des Gesamtgutsverwalters nach § 1422 entspricht nach
§ 1435 seine Verpflichtung, das Gesamtgut ordnungsgemäß zu verwalten. Er hat
den anderen Ehegatten über die Verwaltung zu unterrichten und ihm auf Verlan-

---

[198] BGB-RGRK-Finke, § 1430 Rz. 6.
[199] MünchKomm-Kanzleiter, § 1430 Rz. 3.
[200] BGB-RGRK-Finke, § 1430 Rz. 7; Staudinger-Thiele, § 1430 Rz. 12; gegen MünchKomm-Kanzleiter, § 1430 Rz. 5: nur persönliche Nachteile des Gesamtgutsverwalters stehen entgegen.
[201] MünchKomm-Kanzleiter, § 1430 Rz. 4.
[202] Erman-Heckelmann, § 1430 Rz. 4; Palandt-Diederichsen, § 1430 Anm. 2.

gen über den Stand **Auskunft** zu erteilen. Für **Minderungen** des Gesamtgutes muß er Ersatz leisten, wenn er den Verlust verschuldet oder durch ein Rechtsgeschäft herbeigeführt hat, das er ohne die nach §§ 1423 bis 1425 erforderliche Zustimmung des anderen Ehegatten vorgenommen hat. Steht der Gesamtgutsverwalter unter Vormundschaft, hat ihn sein Vormund in den Verwaltungsrechten und -pflichten zu vertreten, § 1436.

aa) Allgemeines

Der Gesamtgutsverwalter hat das Gesamtgut **treuhänderisch**, und zwar im Interesse beider Ehegatten und sonstiger Familienangehöriger zu verwalten. Er hat für die Erhaltung und Mehrung des Gesamtgutes zu sorgen[203]. Die gesetzlichen Schranken der Verwaltungsbefugnis und die Auskunfts- und Mitwirkungsrechte des anderen Ehegatten sind zu beachten[204]. **Haftungsmaßstab** ist nach § 1359 nur die eigenübliche Sorgfalt, die aber immer die Haftung für grobe Fahrlässigkeit einschließt[205].

Nach im Ergebnis übereinstimmender Auffassung ist § 1435 **analog** auf den nichtverwaltenden Ehegatten anwendbar, wenn dieser konkrete Verwaltungsmaßnahmen vornimmt, sei es unbefugt oder im Rahmen seiner Befugnisse nach den §§ 1428 ff., insbesondere aufgrund des Notverwaltungsrechts[206]. **Tatbestandsvoraussetzung** für eine Ersatzpflicht des Gesamtgutsverwalters zum Gesamtgut ist eine Verletzung seiner Verpflichtungen und eine kausal hierdurch hervorgerufene Minderung des Gesamtgutes.

Ob eine **Pflichtverletzung** vorliegt, ist nach objektiven Maßstäben unter Berücksichtigung der Lebensumstände der Ehegatten zu beurteilen, so daß riskante Geschäfte oder Spekulationen im Einzelfall zur ordnungsgemäßen Verwaltung gehören oder über sie hinausgehen können. Im Einzelfall kann auch ein Unterlassen pflichtwidrig sein, beispielsweise das Unterlassen des Abschlusses von Versicherungsverträgen[207].

Liegen objektiv eine Pflichtverletzung und eine **Minderung** des Gesamtgutes vor, trifft den Gesamtgutsverwalter eine **verschuldensunabhängige Haftung** für Schäden, die sich aus zustimmungsbedürftigen, aber ohne die erforderliche Zustimmung vorgenommenen Rechtsgeschäften ergeben, während im übrigen **Verschulden** nach dem Maßstab des § 1359 bzw. grobe Fahrlässigkeit festgestellt werden muß[208].

Abzustellen ist dabei auf das **einzelne** Geschäft, so daß es prinzipiell unerheblich ist, ob es dem Gesamtgutsverwalter später gelungen ist, den Verlust durch andere

[203] RGZ 124, 325, 327.
[204] BGHZ 48, 369 ff = NJW 68, 496.
[205] MünchKomm-Kanzleiter, § 1435 Rz. 3.
[206] Z. B. Soergel-Gaul, § 1435 Rz. 14; Staudinger-Thiele, § 1435 Rz. 17; MünchKomm-Kanzleiter, § 1435 Rz. 4; Palandt-Diederichsen, § 1435 Anm. 1.
[207] Z. B. BGB-RGRK-Finke, § 1435 Rz. 6; Erman-Heckelmann, § 1435 Rz. 4; Soergel-Gaul, § 1435 Rz. 10; RGZ 76, 133, 138 für den Güterstand der Verwaltung und Nutznießung.
[208] Vergl. MünchKomm-Kanzleiter, § 1435 Rz. 10/11; Soergel-Gaul, § 1435 Rz. 10 und 12; Staudinger-Thiele, § 1435 Rz. 11 und 12; offengelassen in BGHZ 48, 369, 372 = NJW 68, 496.

günstige Geschäfte wieder auszugleichen[209], sofern nicht im Einzelfall die Feststellung möglich ist, daß der Gesamtgutsverwalter die zum Ausgleich der Verluste führenden günstigen Rechtsgeschäfte nicht getätigt hätte, wenn er nicht zum Ausgleich der eingetretenen Verluste besondere Anstrengungen unternommen hätte. Entstehen durch die schädigenden oder ohne die erforderliche Zustimmung vorgenommenen Verwaltungsmaßnahmen **Ersatzansprüche** gegen einen Dritten, schließt das die Ersatzpflicht nur aus, wenn der Ersatzanspruch realisierbar ist oder durch eine Ersatzleistung des Dritten der dem Gesamtgut entstandene Schaden ausgeglichen worden ist[210].

Fällig wird die Ersatzpflicht des Gesamtgutsverwalters nach § 1476 Abs. 1 erst bei Beendigung der Gütergemeinschaft. Vorher ist allerdings eine Sicherung durch Arrest oder einstweilige Verfügung möglich[211].

Hartnäckige Pflichtverletzungen des Gesamtgutsverwalters können als **Mißbrauch** seiner Verwaltungsbefugnis zu werten sein und den anderen Ehegatten zur Klage auf Aufhebung der Gütergemeinschaft berechtigen, § 1447 Ziff. 1 (dazu unten Rz. 238 ff.).

bb) Unterrichtungs- und Auskunftspflicht

208 Als Ausfluß seiner Verwaltungsbefugnisse trifft den Gesamtgutsverwalter die Pflicht, den nichtverwaltenden Ehegatten zu unterrichten, und zwar grundsätzlich auch ohne besondere Aufforderung. Für Umfang und Inhalt der Unterrichtungspflicht lassen sich allgemein gültige Kriterien kaum aufstellen. Sie hängt jeweils von den Umständen des Einzelfalls, insbesondere der Zusammensetzung und des Umfangs des Gesamtgutes ab, darüber hinaus davon, inwieweit der andere Ehegatte aufgrund seiner Mitarbeit oder sonstiger Umstände Einblick in die Vermögenssituation hat oder ausschließlich auf die Information des Gesamtgutsverwalters angewiesen ist. Die Unterrichtungspflicht ist Ausfluß der allgemeinen Verpflichtung zur ehelichen Lebensgemeinschaft. Streitig ist, ob ihre Erfüllung durch **Leistungsklage** oder nur durch Klage auf Herstellung der ehelichen Lebensgemeinschaft (mit der Folge der Nichtvollstreckbarkeit eines Urteils nach § 888 Abs. 2 ZPO) erzwungen werden kann[212].

Dem Streit kommt keine große praktische Bedeutung zu, da eine weitergehende Auskunftsverpflichtung den Gesamtgutsverwalter „auf Verlangen" des anderen Ehegatten trifft. Der Auskunftsanspruch besteht entgegen § 1379 für den gesetzlichen Güterstand nicht erst nach Beendigung des Güterstandes. Die Auskunftsverpflichtung bezieht sich nach dem Gesetzeswortlaut auf den **Stand der Verwaltung**. Dies schließt die Verpflichtung ein, Auskunft über einzelne Verwal-

---

[209] Herrschende Meinung vergl. Erman-Heckelmann, § 1435 Rz. 4; Soergel-Gaul, § 1435 Rz. 10; Staudinger-Thiele, § 1435 Rz. 9; MünchKomm-Kanzleiter, § 1435 Rz. 12; a.A. Palandt-Diederichsen, § 1435 Anm. 2 c; BGB-RGRK-Finke, § 1435 Rz. 7.
[210] MünchKomm-Kanzleiter, § 1435 Rz. 12; Erman-Heckelmann, § 1435 Rz. 4; Soergel-Gaul, § 1435 Rz. 11.
[211] MünchKomm-Kanzleiter, § 1435 Rz. 13; BGB-RGRK-Finke, § 1435 Rz. 8.
[212] Für die Leistungsklage insbesondere MünchKomm-Kanzleiter, § 1435 Rz. 6 m.w.N.; für die Klage auf Herstellung der ehelichen Lebensgemeinschaft BGB-RGRK-Finke, § 1435 Rz. 4 m.w.N.

tungshandlungen zu erteilen, soweit dies zur vollständigen Beurteilung des Standes des Gesamtgutes oder zur Überprüfung von Revokations-und Ersatzansprüchen bzw. des Vorliegens der Voraussetzungen für eine Aufhebungsklage notwendig ist[213]. Eine Auskunftsverpflichtung besteht auch über Schenkungshandlungen[214].

Soweit ein umfassender Auskunftsanspruch geltend gemacht wird, handelt es sich um eine Auskunft über den Bestand eines **Inbegriffs von Gegenständen** im Sinne des § 260, so daß die Vorschriften der §§ 260 ff. entsprechend anwendbar sind. Der Gesamtgutsverwalter hat also ein Bestandsverzeichnis vorzulegen und ist ggf. zur Abgabe einer eidesstattlichen Versicherung verpflichtet[215], da die Auskunft über den Stand der Verwaltung im allgemeinen auch eine Auskunft über den zeitbezogenen Vermögensstand sein wird[216]. Dementsprechend ist die Auskunftsverpflichtung im Wege einer allgemeinen Leistungsklage vor den Familiengerichten geltend zu machen und ein Urteil nach §§ 888 Abs. 1, 889 ZPO vollstreckbar[217]. Die Auskunftspflicht besteht nur „auf Verlangen" des anderen Ehegatten. Sie ist vom Gesetzgeber als Auffang- und Hilfstatbestand für den Fall der Nicht- oder Schlechterfüllung der allgemeinen Unterrichtungsverpflichtung konstruiert worden. Deswegen kann dem nichtverwaltenden Ehegatten im Einzelfall zwar der Mißbrauchseinwand entgegengehalten werden; ein begründeter Anlaß für ein Auskunftsverlangen oder eine besondere Gefährdung des Gesamtgutes ist aber nicht Anspruchsvoraussetzung [218].

Der Gesetzeswortlaut bietet auch keine Anhaltspunkte dafür, daß das **Rechtsschutzbedürfnis** jeweils besonders zu prüfen ist [219]. Da der Gesamtgutsverwalter bei Einzelverwaltung gemeinsames Vermögen der Ehegatten verwaltet, seine Befugnisse außerordentlich weitgehend, die Eingriffs- und Schutzmöglichkeiten des nichtverwaltenden Ehegatten demgegenüber gering sind, sollten die an den Auskunftsanspruch zu stellenden Voraussetzungen über den Gesetzeswortlaut und allgemeine Mißbrauchsregeln hinaus nicht eingeschränkt werden[220].

cc) Vertretung des Gesamtgutsverwalters durch den Vormund, § 1436

Steht der Gesamtgutsverwalter unter Vormundschaft, wird er nach § 1436 durch **209** seinen Vormund vertreten. Dies gilt auch dann, wenn der nichtverwaltende Ehegatte zum Vormund bestellt worden ist. Vorläufige Vormundschaft oder eine Pflegschaft, sofern die Pflegschaft die Verwaltung des Gesamtgutes einschließt, steht dem gleich[221].

---

[213] Soergel-Gaul, § 1435 Rz. 7.
[214] OLG Stuttgart, FamRZ 79, 809, 810.
[215] Erman-Heckelmann, § 1435 Rz. 3; Staudinger-Thiele, § 1435 Rz. 6; Palandt-Diederichsen, § 1435 Rz. 2 b; BGB-RGRK-Finke, § 1435 Rz. 5; Soergel-Gaul, § 1435 Rz. 8; a.A. MünchKomm-Kanzleiter, § 1435 Rz. 7 und Gernhuber, Familienrecht, § 38 VI 6.
[216] Vergl. insbesondere OLG Stuttgart, FamRZ 79, 809, 810.
[217] Allgemeine Meinung, vergl. z. B. Staudinger-Thiele, § 1435 Rz. 7 und Soergel-Gaul, § 1435 Rz. 8.
[218] So allerdings BGB-RGRK-Finke, § 1435 Rz. 5; Soergel-Gaul, § 1435 Rz. 7; Palandt-Diederichsen, § 1435 Anm. 2 b.
[219] Vergl. Erman-Heckelmann, § 1435 Rz. 3.
[220] Siehe insbesondere Staudinger-Thiele, § 1435 Rz. 5.
[221] MünchKomm-Kanzleiter, § 1436 Rz. 2.

Die Verwaltungsbefugnis nach § 1422 geht mit allen Beschränkungen und Einschränkungen auf den Vormund über. Dieser haftet wie der Gesamtgutsverwalter nach § 1435. Ist – wie häufig, § 1900 – der andere Ehegatte zum Vormund bestellt, tritt er praktisch in die Rechtsstellung des Gesamtgutsverwalters ein, allerdings nur in dessen Vertretung. Durch seine Handlungen werden das Gesamtgut und der Gesamtgutsverwalter persönlich, im allgemeinen aber nicht er selbst verpflichtet. Persönlich wird er nur verpflichtet, wenn dem Geschäftspartner nicht erkennbar war, daß der zum Vormund bestellte Ehegatte nur für das Gesamtgut handeln wollte. Daneben bleiben auf der Seite des nichtverwaltenden, als Vormund des Gesamtgutsverwalters bestellten Ehegatten grundsätzlich dessen Befugnisse und Mitwirkungsrechte als nichtverwaltender Ehegatte bestehen, ohne daß § 181 eingreift. Der Ehegatte kann sich also in Vertretung des Verwalters die Zustimmung zum selbständigen Betrieb eines Erwerbsgeschäftes erteilen und umgekehrt in dieser Eigenschaft die Zustimmung zu Verwaltungsgeschäften nach §§ 1423 ff. erteilen, wobei die Zustimmung im Regelfall in der Vornahme des Geschäftes selbst zu sehen sein wird[222].

Ist der nichtverwaltende Ehegatte zum Vormund des Gesamtgutsverwalters bestellt, haftet er nach § 1833, ohne sich auf den Haftungsmaßstab des § 1359 berufen zu können, weil er nicht als Ehegatte, sondern in seiner Eigenschaft als Vormund tätig wird[223]. Die Bestellung eines Vormundes für den Gesamtgutsverwalter kann den nichtverwaltenden Ehegatten zur Erhebung der Aufhebungsklage nach § 1447 Ziff. 1 und 4 berechtigen (dazu unten Rz. 234 ff.)[224].

Ist der Gesamtgutsverwalter minderjährig, handelt an seiner Stelle nach den allgemeinen Vorschriften der gesetzliche Vertreter[225].

V. Haftungsfragen

210   Da das Recht der Gütergemeinschaft mit dem Gesamtgut und dem Vorbehalts- und Sondergut jedes Ehegatten fünf voneinander verschiedene Vermögensmassen kennt, zwischen denen Rechtsbeziehungen jeglicher Art möglich sind und für die gesonderte Verwaltungszuständigkeiten gelten (siehe §§ 1416 bis 1418 und oben Rz. 170 ff.), und da die Verbindlichkeit von Rechtsgeschäften und Rechtshandlungen der Ehegatten Dritten gegenüber davon abhängt, ob der handelnde Ehegatte für sein Sonder- und Vorbehaltsgut gehandelt hat bzw. handeln konnte und welcher Ehegatte zur Verwaltung des Gesamtgutes berufen ist, kennt das Recht der Gütergemeinschaft eine Vielzahl zum Teil komplizierter Haftungsregelungen, die zum einen die Haftung gegenüber außenstehenden Dritten, zum anderen Fragen des internen Ausgleichs zwischen den Ehegatten und den einzelnen Vermögensmassen (dazu unten Rz. 223 ff.) betreffen. Für die Haftung Dritten gegenüber ist danach zu unterscheiden, ob es um die Haftung des Ge-

---

[222] Allgemeine Meinung vergl. z. B. Soergel-Gaul, § 1436 Rz. 5; MünchKomm-Kanzleiter, § 1436 Rz. 5 m.w.N.
[223] Palandt-Diederichsen, § 1436 Anm. 1; Erman-Heckelmann, § 1436 Rz. 1.
[224] Vergl. z. B. Palandt-Diederichsen, § 1436 Anm. 1.
[225] MünchKomm-Kanzleiter, § 1436 Rz. 6.

samtgutes (dazu nachstehend) oder die Haftung des Sonder- oder Vorbehaltsgutes eines Ehegatten geht (dazu unten Rz. 220 ff.).

1. Haftung des Gesamtgutes Dritten gegenüber

Die Haftung des Gesamtgutes gegenüber außenstehenden Dritten ist in den §§ 1459 bis 1461 bei gemeinschaftlicher Verwaltung des Gesamtgutes durch die Ehegatten und in den §§ 1437 bis 1439 für die Einzelverwaltung durch einen Ehegatten geregelt.

a) Haftung des Gesamtgutes bei gemeinschaftlicher Verwaltung, §§ 1459 bis 1461

aa) Für Gesamtgutsverbindlichkeiten, § 1459

Nach der Grundregel des § 1459 Abs. 1 können bei gemeinschaftlicher Verwaltung des Gesamtgutes die Gläubiger des Ehemannes und die Gläubiger der Ehefrau für ihre Ansprüche Befriedigung aus dem Gesamtgut verlangen, soweit sich nicht Ausnahmen aus den §§ 1460 bis 1463 ergeben. Die Verbindlichkeiten der Eheleute sind also Gesamtgutsverbindlichkeiten, für die die Ehegatten nach § 1459 Abs. 2 auch **persönlich als Gesamtschuldner**, also nicht nur beschränkt auf das Gesamtgut, haften. Soweit im Innenverhältnis der Ehegatten einem von ihnen eine Verbindlichkeit allein zur Last fällt, §§ 1463 bis 1465 (dazu unten Rz. 231 ff.) endet allerdings nach § 1459 Abs. 2 Satz 2 die persönliche Haftung des anderen Ehegatten schon mit der Beendigung der Gütergemeinschaft, nicht erst mit Abschluß der Auseinandersetzung. Dies gilt auch für die Beendigung durch einen Ehevertrag[226].

Zu den Gesamtgutsverbindlichkeiten, für die die Gläubiger **Befriedigung aus dem Gesamtgut** verlangen können, gehören sämtliche Verbindlichkeiten der Eheleute, die bei Eintritt des Güterstandes bestanden, unabhängig davon, ob sie auf rechtsgeschäftlicher oder gesetzlicher Grundlage entstanden sind und ob sie sich auf Gegenstände des (späteren) Gesamtgutes oder des (späteren) Vorbehalts- oder Sondergutes eines Ehegatten beziehen. In Verbindung mit der gesamtschuldnerischen Haftung nach § 1459 Abs. 2 führt diese Regelung zu einer **uneingeschränkten Haftung des Gesamtgutes** und beider Ehegatten für Verbindlichkeiten, die vor Eintritt des Güterstandes nur in der Person des anderen Ehegatten entstanden sind, also z.B. auch für rückständige Unterhaltsansprüche seiner Verwandten oder auf Delikt beruhende Schadensersatzansprüche[227].

Grundsätzlich gilt die umfassende Haftung des Gesamtgutes auch für sämtliche Verpflichtungen und Verbindlichkeiten, die nach der Eheschließung bzw. dem Abschluß des Ehevertrages entstanden sind. Für diese Zeit beinhalten allerdings die §§ 1460 bis 1462 wichtige Einschränkungen (dazu unten Rz. 212 ff.). Auch für die Zeit nach Eintritt des Güterstandes bleibt es allerdings bei dem Grundsatz

---

[226] Soergel-Gaul, § 1459 Rz. 3 und OLG Hamburg, OLGE 30, 49.
[227] Vergl. BGH FamRZ 1980, 551 (Familiensachen im Sinne des § 621 Abs. 1 Ziff. 8 ZPO, wenn der Dritte seine Schadensersatzansprüche gegen den unbeteiligten Ehegatten geltend macht); Soergel-Gaul, § 1459 Rz. 2; Staudinger-Thiele, § 1459 Rz. 5.

der uneingeschränkten Haftung des Gesamtgutes und beider Ehegatten hinsichtlich aller auf Gesetz beruhenden Verbindlichkeiten des jeweils anderen Ehegatten, einschließlich seiner Unterhaltsverpflichtungen und seiner deliktischen Schadensersatzverpflichtungen[228]. Die Gläubiger der Gesamtgutsverbindlichkeiten
können das Gesamtgut in Anspruch nehmen. Dieses stellt allerdings kein eigenes
Rechtssubjekt dar, sondern nur unter den verschiedenen Vermögensmassen ein
bestimmtes Haftungsobjekt. Träger des Gesamtgutes sind die Ehegatten in ihrer
gesamthänderischen Verbundenheit (dazu oben Rz. 170). Soweit Verwandte eines Ehegatten **Unterhaltsansprüche** geltend machen, wird diesem nach § 1604
(zur Bestimmung seiner Leistungsfähigkeit) das Gesamtgut allein zugerechnet,
unabhängig davon, ob der Ehegatte überhaupt erwerbstätig ist oder der Familienunterhalt aus einem von dem anderen Ehegatten in die Gütergemeinschaft
eingebrachten Betrieb bestritten wird (siehe hierzu auch oben Rz. 168). Rechtsgeschäftliches Handeln der Ehegatten nach Eintritt des Güterstandes begründet
die Haftung des Gesamtgutes und beider Ehegatten nach der Grundregel der
§§ 1459, 1460 Abs. 1, wenn die Ehegatten gemeinsam gehandelt bzw. ein Ehegatte dem Handeln des anderen zugestimmt hat. Begrifflich setzt die Entstehung einer Gesamtgutsverbindlichkeit aber nicht voraus, daß diese aus Rechtsgeschäften
über das Gesamtgut entstanden ist. Gesamtgutsverbindlichkeiten können vielmehr auch aus solchen Rechtsgeschäften entstehen, die beide Ehegatten oder einer von ihnen mit Zustimmung des anderen über einen zum Vorbehalts- oder
Sondergut eines Ehegatten gehörenden Gegenstand abschließen. Im Ergebnis
kommt es also nur darauf an, daß die Verbindlichkeit **von beiden Ehegatten gemeinsam** begründet worden ist[229]. Hat ein Ehegatte allein gehandelt, allerdings
im Rahmen der Befugnisse, die ihn kraft Gesetzes ermächtigen, für das Gesamtgut zu handeln (§§ 1454 bis 1456, 1458, dazu oben Rz. 190 ff.), haften neben dem
Sondervermögen des handelnden Ehegatten nach §§ 1459 Abs. 1, 1460, 1459
Abs. 2 wiederum das Gesamtgut und beide Ehegatten persönlich[230]. Auch
Rechtsgeschäfte im Rahmen der Schlüsselgewalt nach § 1357 führen zum Entstehen einer Gesamtgutsverbindlichkeit und zur persönlichen, gesamtschuldnerischen Haftung beider Ehegatten, da auch durch solche Geschäfte der andere
Ehegatte rechtsverbindlich verpflichtet wird[231].

211	Für die Haftung des Gesamtgutes und die gesamtschuldnerische persönliche
Haftung der Ehegatten nach § 1459 spricht eine **Vermutung**, so daß die **Beweislast** für das Vorliegen von Ausnahmetatbeständen denjenigen trifft, der sich hierauf beruft, also im allgemeinen den Ehegatten, der die Haftung des Gesamtgutes
verneint. Hat allerdings nur ein Ehegatte gehandelt, muß derjenige, der den anderen Ehegatten bzw. das Gesamtgut in Anspruch nehmen will, beweisen, daß
der andere Ehegatte zugestimmt hat bzw. das Rechtsgeschäft auch ohne die Zustimmung des anderen Ehegatten für das Gesamtgut wirksam war. Im übrigen
muß der Ehegatte, der sich auf das Erlöschen seiner Haftung nach § 1459 Abs. 2

---

[228] Vergl. z. B. MünchKomm-Kanzleiter, § 1459 Rz. 1 und Erman-Heckelmann, § 1459 Rz. 2.
[229] Vergl. BGB-RGRK-Finke, § 1459 Rz. 3.
[230] MünchKomm-Kanzleiter, § 1459 Rz. 4.
[231] BGB-RGRK-Finke, § 1459 Rz. 4.

Satz 2 beruft, die Beendigung des Güterstandes und die alleinige Haftung des anderen Ehegatten im Innenverhältnis nach Maßgabe der §§ 1463 ff. beweisen[232]. Zur **Zwangsvollstreckung** in das Gesamtgut ist grundsätzlich ein Titel gegen beide Ehegatten erforderlich, § 740 Abs. 2 ZPO, so daß ein Leistungstitel gegen einen Ehegatten und ein Duldungstitel gegen den anderen nicht ausreichen[233]. Allerdings kann aus einem Titel nur gegen einen Ehegatten die Zwangsvollstreckung in das Gesamtgut betrieben werden, wenn der andere Ehegatte ihn zur alleinigen Prozeßführung auch in seinem Namen ermächtigt hat oder ein Fall des § 741 ZPO vorliegt, also der verurteilte Ehegatte ein selbständiges Erwerbsgeschäft betreibt[234]. Ein Leistungstitel gegen einen Ehegatten und ein Duldungstitel gegen den anderen können im übrigen ausreichen, wenn mit der Beendigung der Gütergemeinschaft die persönliche Haftung eines Ehegatten erloschen ist[235].

Der **Konkurs** eines Ehegatten berührt grundsätzlich die Gesamtgutsverbindlichkeiten nicht. Über das Gesamtgut ist vielmehr ein gesonderter Konkurs zulässig, §§ 2 Abs. 2, 236 a bis c KO. Voraussetzung eines Konkursverfahrens über das Gesamtgut ist, daß beide Ehegatten zahlungsunfähig sind. Dies ist solange nicht der Fall, wie noch ein Ehegatte Zahlungen aus seinem Vorbehalts- oder Sondergut leisten kann[236].

Für die **Kosten eines Rechtsstreits** haften das Gesamtgut und beide Ehegatten immer persönlich, und zwar auch dann, wenn das Urteil dem Gesamtgut gegenüber nicht wirksam ist, § 1460 Abs. 2. Die Kostenhaftung des Gesamtgutes besteht also auch bei persönlichen bzw. sich auf das Vorbehalts- und Sondergut eines Ehegatten beziehenden Rechtsstreitigkeiten[237]. Auch wegen der Kostenforderungen ist eine Vollstreckung in das Gesamtgut nur bei Vorliegen eines Titels gegen beide Ehegatten möglich, § 740 Abs. 2 ZPO. Es kommt aber eine Umschreibung des gegen einen Ehegatten ergangenen Titels gegen den anderen analog §§ 742, 727 ZPO in Betracht, soweit dem anderen Ehegatten im Hinblick auf § 1460 Abs. 2 alle materiell-rechtlichen Einwendungen gegen die Gesamtgutshaftung abgeschnitten sind[238].

bb) Keine Haftung bei notwendiger, aber fehlender Zustimmung oder Mitwirkung des anderen Ehegatten

Als erste wichtige Ausnahme von dem Grundsatz der Haftung des Gesamtgutes und beider Ehegatten persönlich bestimmt § 1460 Abs. 1, daß das Gesamtgut   **212**

---

[232] Staudinger-Thiele, § 1459 Rz. 9/14; MünchKommm-Kanzleiter, § 1459 Rz. 8; § 1460 Rz. 5; § 1440 Rz. 6.
[233] Herrschende Meinung z. B. Baumbach-Lauterbach-Hartmann, § 740 ZPO Anm. 2 B; Thomas-Putzo, § 740 ZPO Anm. 3; BGB-RGRK-Finke, § 1459 Rz. 9; Staudinger-Thiele, Vorbemerkung 5 vor §§ 1459 bis 1462; Soergel-Gaul, § 1459 Rz. 4; wohl auch BGH FamRZ 75, 405, 406; a.A. Münch-Komm-Kanzleiter, § 1459 Rz. 10; Tiedtke, FamRZ 75, 538, 539; Stein-Jonas-Münzberg, § 740 ZPO Rz. 6.
[234] Vergl. MünchKomm-Kanzleiter § 1459 Rz. 11 und BGB-RGRK-Finke, § 1459 Rz. 9.
[235] BGB-RGRK-Finke, § 1459 Rz. 9; Soergel-Gaul, § 1459 Rz. 4.
[236] Vergl. insbesondere BGB-RGRK-Finke, § 1459 Rz. 11 und Schuler, NJW 58, 1609 ff.
[237] Soergel-Gaul, § 1460 Rz. 4.
[238] So z. B. Staudinger-Thiele, Vorbemerkung 6 vor §§ 1459 bis 1462; Soergel-Gaul, § 1460 Rz. 4; Palandt-Diederichsen, § 1460 Anm. 2; a.A. Erman-Heckelmann, § 1460 Rz. 4; MünchKomm-Kanzleiter, § 1459 Rz. 11.

nicht für Verbindlichkeiten aus Rechtsgeschäften haftet, die ein Ehegatte **ohne Zustimmung oder Mitwirkung** des anderen vornimmt, sofern nicht das Rechtsgeschäft auch ohne Zustimmung des anderen Ehepartners für das Gesamtgut wirksam ist.

Mitwirkung oder Zustimmung beider Ehegatten wird nur für Rechtsgeschäfte nach Eintritt der Gütergemeinschaft verlangt. Für bei Vereinbarung der Gütergemeinschaft bestehende Verbindlichkeiten bleibt es bei dem Grundsatz, daß hierfür das Gesamtgut und beide Ehegatten persönlich unabhängig von dem Entstehungsgrund und der Frage der Mitwirkung haften (dazu oben Rz. 170 f.). Nimmt ein Ehegatte ein Rechtsgeschäft ohne die Mitwirkung oder Zustimmung des anderen Ehegatten vor, verpflichtet er sich persönlich, nicht auch den anderen Ehegatten und das Gesamtgut. Er haftet nur mit seinem Vorbehalts- oder Sondergut. Eine Gesamtgutsverbindlichkeit entsteht allerdings, sofern der handelnde Ehegatte ausnahmsweise der Mitwirkung oder Zustimmung des anderen Ehegatten nicht bedarf, also im Rahmen seiner Befugnisse nach §§ 1454, 1455, 1456 und 1458 handelt (dazu oben Rz. 190 ff.). Der Entstehung einer Gesamtgutsverbindlichkeit steht nicht zwingend entgegen, daß ein Rechtsgeschäft sich auf das Vorbehalts- oder Sondergut eines Ehegatten bezieht. Auch in diesem Fall entsteht eine Gesamtgutsverbindlichkeit, wenn die Ehegatten gemeinschaftlich handeln bzw. der andere Ehegatte dem Rechtsgeschäft zustimmt (dazu oben Rz. 210).

Zu den Verbindlichkeiten aus einem Rechtsgeschäft, für die das Gesamtgut nur unter den Voraussetzungen des § 1460 Abs. 1 haftet, sind auch Ansprüche aufgrund eines Zuschlags in der Zwangsversteigerung zu rechnen, während Ansprüche gegen einen Ehegatten aus culpa in contrahendo zu den auf Gesetz beruhenden Ansprüchen gehören, für die das Gesamtgut ohne die Einschränkung des § 1460 Abs. 1 haftet[239].

Auch wenn mangels Mitwirkung beider Ehegatten eine Gesamtgutsverbindlichkeit nicht begründet wird, kann sich eine **bereicherungsrechtliche Haftung** des Gesamtgutes aus § 1457 ergeben. Für die Kosten eines Rechtsstreits haftet das Gesamtgut immer, § 1460.

cc) Verbindlichkeiten aus Erwerb einer Erbschaft oder eines Vermächtnisses zum Vorbehaltsgut oder Sondergut, § 1461

213　Von der Haftung des Gesamtgutes ausgenommen sind auch solche Verbindlichkeiten, die durch den Erwerb einer Erbschaft oder eines Vermächtnisses zum Vorbehaltsgut oder zum Sondergut eines der Ehegatten entstehen, § 1461.

Der Erwerb einer Erbschaft oder eines Vermächtnisses zum Vorbehaltsgut setzt voraus, daß der Erblasser eine entsprechende **letztwillige Anordnung** getroffen hat oder eine entsprechende **ehevertragliche Vereinbarung** vorliegt, § 1418 Abs. 2 Ziff. 1 und 2 (dazu oben Rz. 177 ff.). Fehlt es an einer solchen Bestim-

---

[239] MünchKomm-Kanzleiter, § 1460 Rz. 2 und oben Rz. 210.

mung oder ehevertraglichen Vereinbarung, fallen Erbschaft oder Vermächtnis in das Gesamtgut, so daß § 1461 nicht anwendbar ist.

In das Sondergut fallen nur solche zur Erbschaft oder zu dem Vermächtnis gehörenden Gegenstände, die nicht übertragbar sind, § 1417 Abs. 2.

Setzt sich der Nachlaß aus übertragbaren und nicht übertragbaren Vermögenswerten zusammen und fehlt es an den Voraussetzungen für die Entstehung von Vorbehaltsgut, kann sich aus § 1461 eine unübersichtliche Haftungssituation ergeben. In solchen Fällen soll der Haftungsausschluß davon abhängen, daß die in das Sondergut fallenden Erbschaftsgegenstände den Nachlaß im wesentlichen ausmachen[240].

Überzeugend ist dies nicht in Fällen, in denen sich eine Verbindlichkeit und damit die Haftungsfrage eindeutig einem bestimmten, zum Sondergut gehörenden Vermögensgegenstand zuordnen lassen (z.B. Verbindlichkeiten im Zusammenhang mit einem zum Nachlaß gehörenden Anteil an einer Personengesellschaft). Der Haftungsausschluß kann in diesem Fall nicht davon abhängig sein, welchen quotenmäßigen Umfang andere zum Nachlaß gehörende Nachlaßgegenstände haben.

§ 1461 ist **nicht anwendbar**, wenn mangels einer Zuwendungsbestimmung des Erblassers oder ehevertraglicher Regelung die Erbschaft oder das Vermächtnis zunächst in das Gesamtgut fallen, selbst wenn die Ehegatten die Erbschaft durch sofortige ehevertragliche Vereinbarungen zu Vorbehaltsgut machen[241].

Über die Annahme und Ausschlagung der Erbschaft oder eines Vermächtnisses hat nach § 1455 Nr. 1 jeder Ehegatte selbständig zu entscheiden. Dem Gesamtgut erwächst aus der Erbschaft oder dem Vermächtnis kein Vorteil, wenn der Ehegatte es für sein Vorbehaltsgut erwirbt. Dies rechtfertigt den Haftungsausschluß, der allerdings nur für **Erwerb nach Abschluß des Ehevertrages** gilt. Für bei Eintritt der Gütergemeinschaft bereits bestehende Nachlaßverbindlichkeiten bleibt es bei der Grundregel des § 1459, also der Entstehung von Gesamtgutsverbindlichkeiten und der persönlichen Haftung beider Ehegatten (dazu oben Rz. 168, 210).

Bei der Haftung des Gesamtgutes bleibt es selbst dann, wenn die Erbschaft vor der Eheschließung angefallen ist und zu diesem Zeitpunkt die Anrechnungsbestimmung bereits getroffen war oder bereits ein (durch die Eheschließung aufschiebend bedingter) Gütergemeinschaftsvertrag mit entsprechender Zurechnungbestimmung abgeschlossen war[242].

Fällt ein Nachlaß in das Gesamtgut, bleibt beiden Ehegatten nach § 1455 Ziff. 3 das Recht der Inventarerrichtung (dazu oben Rz. 191).

---

[240] So insbesondere MünchKomm-Kanzleiter, § 1461 Rz. 2, § 1439 Rz. 4; ähnlich Staudinger-Thiele, § 1461 Rz. 2/§ 1439 Rz. 6.
[241] MünchKomm-Kanzleiter, § 1461 Rz. 2/§ 1439 Rz. 3; BGB-RGRK-Finke, § 1461 Rz. 2.
[242] Staudinger-Felgentraeger (10./11. Aufl.), § 1461 Rz. 3; BGB-RGRK-Finke, § 1461 Rz. 3.

Zu den von § 1461 erfaßten Verbindlichkeiten gehören alle Nachlaßverbindlich-keiten im Sinne des § 1967, also Erblasser- und Erbfallschulden einschließlich al-ler gegen den Nachlaß gerichteten Pflichtteils- und Vermächtnisansprüche[243].

dd) Verbindlichkeiten im Zusammenhang mit Vorbehalts- oder Sondergutsge-genständen, § 1462

214   Von der Haftung des Gesamtgutes und beider Ehegatten persönlich sind schließ-lich nach § 1462 Verbindlichkeiten eines Ehegatten ausgenommen, die während des Güterstandes infolge eines zum Vorbehalts- oder Sondergut gehörenden Rechtes oder des Besitzes einer hierzu gehörenden Sache entstehen. Auch hier gilt, daß für Verbindlichkeiten, die bis zum Eintritt der Gütergemeinschaft ent-standen sind, das Gesamtgut und beide Ehegatten persönlich haften (oben Rz. 168, 210).

Der Haftungsausschluß bezieht sich auf alle Verbindlichkeiten, die mit einem zum Vorbehalts- oder Sondergut gehörenden Gegenstand zusammenhängen, al-so z.B. Steuerschulden, Bereicherungsansprüche, dingliche Ansprüche aufgrund von Belastungen; Prämienverpflichtungen für Sachversicherungen; Überbau-Notwegerenten. Ausgeschlossen ist auch die Haftung für Schadensersatzansprü-che Dritter, wenn Haftungsgrund Gegenstände des Vorbehalts- oder Sondergut sind, insbesondere also bei Tierhalter- oder Gebäudehaftung nach §§ 833, 836. Die Rechtsgrundlage oder Rechtsnatur der Verbindlichkeit ist demgegenüber un-erheblich[244].

Nach § 1462 Satz 2 haftet das Gesamtgut allerdings, wenn das Recht oder die Sa-che zu einem **Erwerbsgeschäft** gehört, das ein Ehegatte mit Einwilligung des an-deren Ehegatten selbständig betreibt, oder wenn es sich um Verbindlichkeiten handelt, die üblicherweise zu den **Lasten des Sondergutes** gehören, die aus den Einkünften beglichen zu werden pflegen. Die Rechtfertigung dieser Begrenzung des Haftungsausschlusses ergibt sich aus § 1417 Abs. 3 Satz 2, wonach Einkünfte des Sondergutes in das Gesamtgut fallen (siehe oben Rz. 175).

b) Haftung des Gesamtgutes Dritten gegenüber bei Einzelverwaltung, §§ 1437 bis 1440

215   Wird das Gesamtgut nur durch einen Ehegatten verwaltet, gelten die §§ 1437 bis 1440, die weitgehend mit den §§ 1459 ff. übereinstimmen, aber auch einige Be-sonderheiten aufweisen.

aa) Haftung des Gesamtgutes und des Verwalters für Gesamtgutsverbindlichkei-ten

Nach § 1437 Abs. 1 können sich aus dem Gesamtgut grundsätzlich die Gläubiger des Gesamtgutsverwalters und – mit den Einschränkungen der §§ 1438 bis 1440 –

[243] Soergel-Gaul, § 1461 Rz. 1/§ 1439 Rz. 5.
[244] Vergl. z. B. MünchKomm-Kanzleiter, § 1462 Rz. 2/§ 1440 Rz. 2.

auch die Gläubiger des anderen Ehegatten befriedigen. Nach § 1437 Abs. 2 trifft darüber hinaus den Gesamtgutsverwalter auch eine **persönliche Haftung**, und zwar auch für die Verbindlichkeiten des anderen Ehegatten. Die persönliche Haftung erlischt allerdings mit der Beendigung des Güterstandes, wenn im Innenverhältnis der Ehegatten zueinander die Verbindlichkeit allein dem anderen Ehegatten zur Last fällt, §§ 1441 bis 1444 (dazu unten Rz. 225 ff.). Entgegen § 1459 trifft also die persönliche Haftung nicht beide Ehegatten, sondern nur den Gesamtgutsverwalter. Die Haftung des nichtverwaltenden Ehegatten ist auf seinen Anteil am Gesamtgut beschränkt, sofern er sich nicht im Einzelfall auch persönlich verpflichtet hat.

Auch bei Einzelverwaltung gilt, daß aus dem Gesamtgut alle bei Eintritt des Güterstandes bestehenden Verbindlichkeiten der Ehegatten zu befriedigen sind, unabhängig davon, ob sie auf rechtsgeschäftlicher Verpflichtung oder Gesetz beruhen, ob sie das Vorbehalts- oder das Sondergut betreffen. Der nichtverwaltende Ehegatte haftet allerdings nur mit seinem Anteil am Gesamtgut, nicht – wie der Gesamtgutsverwalter nach § 1437 Abs. 2 – persönlich, sofern ihn nicht bei Eintritt des Güterstandes bereits eine persönliche Haftung für die in Rede stehende Verbindlichkeit getroffen hat[245].

Haben sich die Ehegatten im Einzelfall gemeinsam verpflichtet, gelten die allgemeinen Vorschriften, also insbesondere auch § 427, so daß gemeinschaftliches Handeln zu einer persönlichen Haftung auch des nichtverwaltenden Ehegatten führt[246]. Einem gemeinschaftlich getätigten Geschäft stehen gleich Rechtsgeschäfte, die ein Ehegatte nach § 1357 im Rahmen der Schlüsselgewalt getätigt hat und durch die jeweils auch der andere Ehegatte mitverpflichtet wird[247]. Nur gemeinschaftliches Handeln oder Handeln aufgrund rechtsgeschäftlicher oder gesetzlicher Vertretungsmacht (§ 1357) kann im übrigen eine ansonsten nicht vorgesehene persönliche Haftung des nichtverwaltenden Ehegatten für die Verbindlichkeiten des Gesamtgutsverwalters begründen[248].

Auch bei Einzelverwaltung ist die Haftung des Gesamtgutes und des Gesamtgutsverwalters persönlich der Regelfall, so daß die **Beweislast** dafür, daß keine Gesamtgutsverbindlichkeit vorliegt, derjenige trägt, der sich hierauf beruft[249]. Der Gesamtgutsverwalter muß das Erlöschen seiner persönlichen Haftung für Schulden des anderen Ehegatten nach § 1437 Abs. 2 Satz 2 beweisen. Wird das Gesamtgut bzw. der Verwalter aus einem Rechtsgeschäft in Anspruch genommen, das der nichtverwaltende Ehegatte getätigt hat, muß derjenige, der eine Gesamtgutsverbindlichkeit behauptet, beweisen, daß das Rechtsgeschäft ohne Zustimmung des Gesamtgutsverwalters wirksam oder mit dessen Zustimmung vorgenommen worden ist, § 1438 Abs. 1[250].

---

[245] Vergl. z. B. BGB-RGRK-Finke, § 1437 Rz. 2.
[246] Soergel-Gaul, § 1437 Rz. 3; Palandt-Diederichsen, § 1437 Anm. 1.
[247] Soergel-Gaul, § 1437 Rz. 3; MünchKomm-Kanzleiter, § 1437 Rz. 6.
[248] Vergl. Staudinger-Thiele, § 1437 Rz. 15.
[249] Soergel-Gaul, § 1437 Rz. 4.
[250] Vergl. Staudinger-Thiele, § 1437 Rz. 16 und 10.

216 Für die **Vollstreckung** in das Gesamtgut ist grundsätzlich ein Titel gegen den Gesamtgutsverwalter notwendig und ausreichend, § 740 Abs. 1 ZPO, und zwar auch dann, wenn der Verwalter materiell-rechtlich auf die Zustimmung des anderen Ehegatten angewiesen war[251].

Ein Duldungstitel gegen den Gesamtgutsverwalter reicht nach herrschender Meinung nicht[252].

Eine Ausnahme macht § 741 ZPO für den Fall, daß der nichtverwaltende Ehegatte mit Zustimmung des Gesamtgutsverwalters ein selbständiges Erwerbsgeschäft betreibt. Sofern nicht bei Eintritt der Rechtshängigkeit ein Einspruch des verwaltenden Ehegatten gegen den Betrieb des Erwerbsgeschäftes oder der Widerruf seiner Einwilligung im Güterrechtsregister eingetragen war, ist die Zwangsvollstreckung in das Gesamtgut aus einem nur gegen den nichtverwaltenden, das Erwerbsgeschäft betreibenden Ehegatten gerichteten Titel ausreichend, auch wenn die Forderung nicht mit dem Betrieb des Erwerbsgeschäfts zusammenhängt[253].

Der Gesamtgutsverwalter kann allerdings nach § 774 ZPO eine **Drittwiderspruchsklage** (§ 771 ZPO) erheben, wenn das Gesamtgut materiell-rechtlich für die Forderung nicht haftet. In allen anderen Fällen muß zur Ermöglichung der Zwangsvollstreckung in das Gesamtgut (auch) ein Titel gegen den Gesamtgutsverwalter erwirkt werden. Dies gilt selbst dann, wenn der andere Ehegatte im Rahmen seines Notverwaltungsrechts nach § 1429 gehandelt hat und in eigenem Namen verklagt wurde oder es um einen Rechtsstreit betreffend das Vorbehalts- und Sondergut des nichtverwaltenden Ehegatten geht und die Kostenhaftung des Gesamtgutes nach § 1438 Abs. 2 realisiert werden soll[254]. Eine **Umschreibung** des Titels kommt nur in dem Sonderfall des § 742 ZPO in Betracht. Im übrigen gilt nach Beendigung der Gütergemeinschaft bis zu ihrer Auseinandersetzung § 743 ZPO. Die Vorschrift trägt der Tatsache Rechnung, daß ab Beendigung des Güterstandes die Eheleute gemeinsam zur Verwaltung des Gesamtgutes berechtigt sind, auch wenn zunächst Einzelverwaltung durch einen Ehegatten vereinbart war (dazu unten Rz. 246).

Vollstreckt ein Gläubiger aus einem Titel gegen den nichtverwaltenden Ehegatten in das Gesamtgut, obwohl die Voraussetzungen des Ausnahmetatbestandes des § 741 ZPO nicht erfüllt sind, kann der Gesamtgutsverwalter **Widerspruchsklage** nach § 771 ZPO erheben. Allein sein Allein- oder Mitbesitz steht allerdings der Durchführung der Zwangsvollstreckung nicht entgegen. Zur Begründung dieses unstreitigen Ergebnisses bedarf es nicht eines Rückgriffs auf §§ 739 ZPO, 1362, da sich die Zulässigkeit des Zugriffs auf das Gesamtgut schon aus § 740 Abs. 1 ZPO ergibt. Der Rückgriff auf §§ 1362, 739 ZPO ist erst möglich und notwendig, wenn die Vermutung des § 1416 zugunsten der Zugehörigkeit zum

---

[251] RGZ 69, 177, 181; BGHZ 48, 369 ff., 372; Soergel-Gaul, § 1437 Ziff. 7.
[252] BGB-RGRK-Finke, § 1437 Rz. 12; Erman-Heckelmann, § 1437 Rz. 4; Soergel-Gaul, § 1437 Rz. 7; Staudinger-Thiele, Rz. 13 vor §§ 1437 bis 1440; a.A. MünchKomm-Kanzleiter, § 1437 Rz. 13; wohl auch Palandt-Diederichsen, § 1437 Anm. 5.
[253] BayOLG FamRZ 83, 1129; Staudinger-Thiele, Vorbemerkung 16 vor §§ 1437 bis 1440.
[254] Z. B. Soergel-Gaul, § 1437 Rz. 7; Erman-Heckelmann, § 1437 Rz. 4; MünchKomm-Kanzleiter, § 1437 Rz. 12.

zum Gesamtgut widerlegt ist (siehe oben Rz. 170). Eine Drittwiderspruchsklage nach § 771 ZPO ist zulässig und erfolgreich, wenn der klagende Ehegatten den Nachweis führen kann, daß die gepfändete Sache zu seinem Vorbehalts- oder Sondergut gehört[255].

Der **Konkurs** eines Ehegatten läßt grundsätzlich die Gütergemeinschaft unberührt. Der andere hat ggf. das Recht zur Erhebung der Aufhebungsklage nach §§ 1447 Ziff. 3, 1448. Für die Auswirkungen eines Konkurses ist im übrigen danach zu unterscheiden, ob der Gesamtgutsverwalter oder der nichtverwaltende Ehegatte in Konkurs geht.

Im **Konkurs des Gesamtgutsverwalters** gehört das Gesamtgut zur Konkursmasse. Eine Auseinandersetzung des Gesamtgutes findet nicht statt, § 2 Abs. 1 Satz 1 KO. Der Konkursverwalter unterliegt nicht den Beschränkungen der §§ 1423 bis 1425[256].

Der **Konkurs des nichtverwaltenden Ehegatten** läßt das Gesamtgut grundsätzlich unberührt, § 2 Abs. 1 Satz 2 KO. Der Anteil des Gemeinschuldners an dem Gesamtgut ist nicht der Pfändung unterworfen und fällt nicht in die Konkursmasse, §§ 2 Abs. 1 Satz 2, 1 Abs. 1 KO i.V.m. 860 Abs. 1 ZPO. Der Gesamtgutsverwalter hat ein Aussonderungsrecht hinsichtlich der zum Gesamtgut gehörenden Gegenstände nach §§ 43 ff. KO. Die Gläubiger des Gemeinschuldner-Ehegatten sind nicht gehindert, ihre Ansprüche gegen den Gesamtgutsverwalter persönlich und das Gesamtgut aufgrund der Haftung nach § 1437 zu verfolgen[257].

bb) Notwendige, aber fehlende Mitwirkung des Gesamtgutsverwalters, § 1438

Entgegen der Grundregel des § 1437 tritt eine Haftung des Gesamtgutes nach **217** § 1438 für Verbindlichkeiten aus einem Rechtsgeschäft nicht ein, das der nichtverwaltende Ehegatte ohne Mitwirkung oder Einverständnis des Gesamtgutsverwalters vorgenommen hat, sofern nicht das Rechtsgeschäft ausnahmsweise auch ohne Zustimmung des Gesamtgutsverwalters für das Gesamtgut wirksam ist. Die Wirksamkeit kann sich aus einem Notverwaltungsrecht nach § 1429 (dazu oben Rz. 202), bei selbständigem Betrieb eines Erwerbsgeschäftes, § 1431 (dazu oben Rz. 203), oder aus der Fortsetzung eines bei Beginn der Gütergemeinschaft bereits anhängigen Rechtsstreites § 1433 (dazu oben Rz. 204), ergeben.

Liegt die Zustimmung des Gesamtgutsverwalters vor oder ist das Rechtsgeschäft ausnahmsweise auch ohne seine Zustimmung für das Gesamtgut wirksam, trifft den Gesamtgutsverwalter immer zugleich auch die persönliche Haftung nach § 1437 Abs. 2.

Die Zustimmung des Gesamtgutsverwalters kann formlos oder auch durch schlüssiges Verhalten erklärt werden. Ausgenommen ist allerdings der Grund-

---

[255] Siehe hierzu insbesondere MünchKomm-Kanzleiter, § 1437 Rz. 14; BGB-RGRK-Finke, § 1437 Rz. 13.
[256] Staudinger-Thiele, Vorbemerkung 22 vor §§ 1437 bis 1440; Erman-Heckelmann, § 1437 Rz. 5; Palandt-Diederichsen, § 1437 Anm. 6.
[257] Vergl. Baur, FamRZ 58, 252, 258.

buchverkehr (29 GBO). Bis zur Vornahme des Rechtsgeschäftes kann er seine Zustimmung widerrufen. Hat er die Zustimmung erklärt, entsteht eine Gesamtgutsverbindlichkeit mit der Folge seiner persönlichen Haftung auch dann, wenn sich das Rechtsgeschäft auf das Vorbehalts- oder Sondergut des anderen Ehegatten bezieht[258].

Unabhängig von der Mitwirkung oder Zustimmung des Gesamtgutsverwalters oder der Wirksamkeit von Rechtsgeschäften für das Gesamtgut aus anderen Gründen, haftet nach § 1438 Abs. 2 das Gesamtgut für die **Kosten** eines Rechtsstreits. Unerheblich ist, ob der Rechtsstreit bei Eintritt der Gütergemeinschaft bereits anhängig war oder nicht oder sich z.B. auf das Vorbehalts- oder Sondergut des nichtverwaltenden Ehegatten bezieht. Die Haftung tritt nur ein für Ansprüche Dritter aus solchen Prozessen. § 1438 Abs. 2 gilt nicht für die dem handelnden Ehegatten entstandenen Kosten, z.B. der Beauftragung eines Rechtsanwalts. Hierfür kann das Gesamtgut nur unter den allgemeinen Voraussetzungen des § 1438 Abs. 1 in Anspruch genommen werden. Für das interne Verhältnis der Ehegatten untereinander gilt § 1443 Abs. 1[259].

Anwendbar ist die Vorschrift für Kosten aller Art von Rechtsstreitigkeiten, also auch solche aus Verwaltungsverfahren, Schiedsgerichtsverfahren, Privatklagen und Nebenklagen in einem Strafverfahren[260].

cc) Verbindlichkeiten aus dem Erwerb einer Erbschaft oder eines Vermächtnisses durch den nichtverwaltenden Ehegatten, § 1439

218   Nach § 1439 ist die Haftung des Gesamtgutes ausgeschlossen für Verbindlichkeiten, die auf dem Erwerb einer Erbschaft oder eines Vermächtnisses durch den nichtverwaltenden Ehegatten beruhen, sofern dieser die Erbschaft oder das Vermächtnis während der Gütergemeinschaft zum Vorbehalts- oder Sondergut erwirbt. Da das aus einer Erbschaft oder einem Vermächtnis Erlangte grundsätzlich in das Gesamtgut fällt, sofern es nicht ausnahmsweise Sondergut wird (dazu oben Rz. 170, 175) setzt die Haftungsbegrenzung nach § 1439 voraus, daß der Erblasser den Anfall der Erbschaft oder des Vermächtnisses zum Vorbehaltsgut **letztwillig verfügt** hat, § 1418 Ziff. 2, oder der Erwerb zum Vorbehaltsgut **ehevertraglich vereinbart** worden ist, § 1418 Ziff. 1, oder die Nachlaß- bzw. Vermächtnisgegenstände nicht übertragbar sind und deswegen ausnahmsweise **Sondergut** werden, § 1417.

Die Regelung des § 1439 entspricht der des § 1461, so daß auf die Erläuterungen hierzu verwiesen werden kann (oben Rz. 212). Fällt der Erwerb aus der Erbschaft oder dem Vermächtnis mangels ehevertraglicher Vereinbarung oder einer Bestimmung des Erblassers in das Gesamtgut, bleibt es bei der Haftung des Gesamtgutes und der persönlichen Haftung des Gesamtgutsverwalters für die sich

---

[258] RG Recht 1925, S. 103; BGB-RGRK-Finke, § 1438 Rz. 3; siehe auch oben Rz. 215.
[259] OLG Kiel, OLGE 43, 355 f; Staudinger-Thiele, § 1438 Rz. 11; MünchKomm-Kanzleiter, § 1438 Rz. 6; a.A. KG OLGE 21, 223.
[260] Palandt-Diederichsen, § 1438 Anm. 2; Soergel-Gaul, § 1438 Rz. 5.

aus der Erbschaft bzw. dem Vermächtnis ergebenden Verbindlichkeiten des anderen Ehegatten.

Verbindlichkeiten im Sinne des § 1439 sind alle Erblasser- und Erbfallschulden einschließlich Pflichtteilslasten, Lasten aus Vermächtnissen oder Auflagen, einschließlich Beerdigungskosten, Erbschaftssteuerpflicht und des sogenannten Dreißigsten[261].

dd) Verbindlichkeiten aus Vorbehalts- oder Sondergut des nichtverwaltenden Ehegatten, § 1440

Nach § 1440 ist die Haftung des Gesamtgutes weiter ausgeschlossen für Verbindlichkeiten, die in der Person des nichtverwaltenden Ehegatten während der Gütergemeinschaft infolge eines zu seinem Vorbehalts- oder Sondergut gehörenden Rechtes oder des Besitzes einer dazugehörenden Sache entstehen. Hiervon gilt jedoch wiederum eine Ausnahme, wenn das Recht oder die Sache zu einem Erwerbsgeschäft gehören, das der Ehegatte mit Einwilligung des anderen selbständig betreibt oder wenn die Verbindlichkeiten zu den Lasten des Sondergutes gehören, die aus den Einkünften beglichen zu werden pflegen. **219**

Die Vorschrift entspricht dem § 1462 mit der ausschließlichen Abweichung, daß sie nur für den nichtverwaltenden Ehegatten gilt. Es kann deswegen auf die Erläuterungen zu § 1462 verwiesen werden (oben Rz. 214).

2. Haftung mit Vorbehalts- und Sondergut

Ob einem Gläubiger – ggf. neben dem Gesamtgut – das Vorbehalts- und (soweit pfändbar) das Sondergut eines Ehegatten haftet, hängt ausschließlich davon ab, ob ihm der Ehegatte, dem das Vorbehalts- und Sondergut gehört, **persönlich** haftet. Demgegenüber kommt es nicht darauf an, ob sich der die Haftung begründende Tatbestand auf Vermögensgegenstände bezieht, die zum Vorbehalts- oder Sondergut gehören. Für die Haftung des in Anspruch genommenen Ehegatten mit dem Vorbehalts- oder Sondergut ergibt sich deswegen folgendes: **220**

a) des Gesamtgutsverwalters bei Einzelverwaltung

Der Gesamtgutsverwalter bei Einzelverwaltung haftet nach §§ 1437 Abs. 1, 1437 Abs. 2 für **sämtliche Gesamtgutsverbindlichkeiten** einschließlich derjenigen des anderen Ehegatten **persönlich**. Für die Schulden des nichtverwaltenden Ehegatten haftet er nur dann nicht persönlich, wenn einer der Ausnahmetatbestände der §§ 1438 bis 1440 vorliegt (dazu oben Rz. 217 ff.). Soweit der Gesamtgutsverwalter persönlich haftet, haftet er mit dem Gesamtgut und mit seinem Vorbehalts- und Sondergut.

Mit seinem Vorbehalts- und Sondergut haftet er darüber hinaus für alle sonstigen in seiner Person entstandenen Schulden, unabhängig davon, wann und aus welchem Rechtsgrund sie entstanden sind.

---

[261] Siehe oben Rz. 213 und die Zusammenstellung bei MünchKomm-Kanzleiter, § 1439 Rz. 5.

b) des nichtverwaltenden Ehegatten bei Einzelverwaltung

221   Der nichtverwaltende Ehegatte haftet für Gesamtgutsverbindlichkeiten nach § 1437 grundsätzlich nicht persönlich, also nur mit seinem **Anteil an dem Gesamtgut** und nicht mit seinem Sonder- und Vorbehaltsgut. Eine persönliche Haftung für die Gesamtgutsverbindlichkeiten trifft ihn nur dann, wenn er sich selbst persönlich verpflichtet hat oder der verwaltende Ehegatte als sein Bevollmächtigter gehandelt hat (dazu oben Rz. 215). In diesem Fall haftet der nichtverwaltende Ehegatte auch für Gesamtgutsverbindlichkeiten mit seinem **Sonder- und Vorbehaltsgut.**

Diese Haftung trifft ihn daneben für alle Verbindlichkeiten, die in seiner Person entstanden sind, also insbesondere in den Fällen der §§ 1439, 1440 und für Verbindlichkeiten, die bereits bei Eintritt des Güterstandes bestanden. Für die persönlichen Schulden des Gesamtgutsverwalters und die in dessen Person entstandenen Gesamtgutsverbindlichkeiten haftet er demgegenüber nicht[262]. Eine Ausnahme gilt nur nach Beendigung des Güterstandes, wenn vor Befriedigung aller Gläubiger die Teilung des Gesamtgutes vorgenommen worden ist, § 1480 (dazu unten Rz. 270).

c) der Ehegatten bei gemeinschaftlicher Verwaltung

222   Bei gemeinschaftlicher Verwaltung haften beide Ehegatten für die Gesamtgutsverbindlichkeiten grundsätzlich persönlich, § 1459, also mit Vorbehalts- und Sondergut. Darüber hinaus haftet jeder Ehegatte seinen Gläubigern mit seinem Vorbehalts- und Sondergut für in seiner Person entstandene Verbindlichkeiten, sofern diese nicht Gesamtgutsverbindlichkeiten geworden sind.

3. Ausgleichsansprüche der Ehegatten untereinander

223   Für die Einzelverwaltung regeln die §§ 1441 bis 1446, für die gemeinschaftliche Verwaltung die §§ 1463 bis 1468 die Verteilung der Schulden unter den Eheleuten im Innenverhältnis.

Diese Regelungen stellen Ausnahmen von dem Grundsatz dar, daß die Eheleute im Güterstand der Gütergemeinschaft auch vermögensrechtlich „auf Gedeih und Verderb verbunden" sind und deswegen alle Gesamtgutsverbindlichkeiten grundsätzlich Gesamtgutslasten sind, die die Ehegatten wirtschaftlich letztlich je zur Hälfte zu tragen haben (siehe insbesondere § 1476 Abs. 1)[263].

Soweit sich aus den Ausnahmevorschriften ergibt, daß eine Verbindlichkeit im **Innenverhältnis** nur einem der Ehepartner zur Last fällt, führt dies zu einer **Ausgleichsverpflichtung**, also der Verpflichtung, Ersatz zum Gesamtgut zu leisten. Folge ist, daß im Rahmen der Auseinandersetzung der Ausgleichspflichtige insoweit nicht verlangen kann, daß die Verbindlichkeit aus dem Gesamtgut be-

---

[262] RGZ 89, 360, 365.
[263] Palandt-Diederichsen, § 1441 Anm. 1; MünchKomm-Kanzleiter, § 1441 Rz. 1.
[264] Soergel-Gaul, § 1446 Rz. 4; MünchKomm-Kanzleiter, § 1446 Rz. 4; OLG Hamburg OLGE 14, 228, m.w.N.

richtigt wird und daß sich der verpflichtete Ehegatte den geschuldeten Betrag auf seinen Anteil an dem Überschuß anrechnen lassen muß, sofern im Einzelfall die Ausgleichszahlung nicht schon vor der Beendigung des Güterstandes erfolgt ist, vergl. §§ 1446, 1468 Abs. 1, 1475 Abs .2, 1476 Abs. 2.

a) Fälligkeit des Ausgleichsanspruches, §§ 1446, 1468

Der Ausgleichsanspruch wird grundsätzlich erst **nach der Beendigung** der Gütergemeinschaft fällig, §§ 1446 Abs. 1, 1468. Anders ist dies für den nichtverwaltenden Ehegatten bei Einzelverwaltung und beide Ehegatten bei gemeinschaftlicher Verwaltung, sofern sie eine **Ersatzpflicht** zum Gesamtgut oder zum Vorbehalts- oder Sondergut des anderen Ehegatten aus ihrem Vorbehalts- oder Sondergut berichtigen können, §§ 1446 Abs. 2, 1468 2. HS. Die Leistungen zum Gesamtgut werden in diesem Fall schon während des Güterstandes, jeweils nach Entstehen der Ausgleichsverpflichtungen geschuldet. Reicht das Sonder- oder Vorbehaltsgut nicht aus, sind Teilleistungen zu erbringen; für das Vorhandensein hinreichenden Vermögens trägt der anspruchstellende Ehegatte die Beweislast, und zwar im Erkenntnisverfahren, nicht erst im Vollstreckungsverfahren[264].

224

Der Gesamtgutsverwalter bei Einzelverwaltung braucht in keinem Fall vor Beendigung der Gütergemeinschaft Ersatz zum Gesamtgut zu leisten, und zwar auch dann nicht, wenn ihm hinreichendes Vorbehalts- oder Sondergut zur Verfügung steht. Umgekehrt kann er vor Beendigung des Güterstandes auch keine Forderungen an das Gesamtgut stellen, auch nicht auf Ersatz dessen, was er aus seinem Vorbehalts- oder Sondergut in das Gesamtgut oder für das Gesamtgut verwendet hat[265].

Im übrigen haben die Fälligkeitsregelungen der §§ 1446 und 1468 eine unterschiedliche Reichweite:

§ 1446 Abs. 1 regelt für den **Gesamtgutsverwalter** ausdrücklich nur dessen Ansprüche und Verbindlichkeiten an das Gesamtgut. Schuldet er aus seinem Sondervermögen etwas zu dem Sondervermögen des anderen Ehegatten, gelten die allgemeinen Grundsätze. Solche Ansprüche sind schon während des Güterstandes fällig. Gleiches gilt mangels gesetzlicher Regelung für Ansprüche des nichtverwaltenden Ehegatten an das Gesamtgut. Sie können schon während des Bestehens der Gütergemeinschaft nach den allgemeinen Fälligkeitsregeln geltend gemacht werden[266].

Demgegenüber trifft § 1468 eine ausdrückliche Regelung für die Verbindlichkeiten beider Ehegatten zu dem Gesamtgut bzw. zum Vorbehalts- oder Sondergut des anderen Ehegatten. Hier gilt also für **beide Ehegatten** das, was bei Einzelverwaltung für den nichtverwaltenden Ehegatten gilt. Auch § 1468 enthält keine ausdrückliche Regelung zur Fälligkeit von Forderungen eines Ehegatten an das Gesamtgut. Diese können deswegen während des Güterstandes nach allgemeinen Vorschriften geltend gemacht werden.

---

[265] BGB-RGRK-Finke, § 1446 Rz. 4.
[266] Soergel-Gaul, § 1446 Rz. 5; Palandt-Diederichsen, § 1446 Anm. 2.

Demgegenüber ist die Fälligkeit gegenseitiger Verpflichtungen der Ehegatten aus ihrem Sondervermögen – anders als bei dem Gesamtgutsverwalter gegenüber dem nichtverwaltenden Ehegatten – ebenfalls bis zur Beendigung der Gütergemeinschaft hinausgeschoben, sofern kein ausreichendes Vorbehalts- oder Sondergut vorhanden ist[267].

Die Fälligkeitsregelungen der §§ 1446 und 1468 betreffen nur **schuldrechtliche Verbindlichkeiten** der Ehegatten, unabhängig von ihrem Entstehungsgrund. Nicht erfaßt sind **dingliche Ansprüche**, so daß insbesondere ein Anspruch auf Herausgabe von dem Gesamtgut entzogenen Sachen gegen den anderen Ehegatten während der Gütergemeinschaft geltend gemacht werden kann[268].

Soweit ein Anspruch nach den §§ 1446, 1468 noch nicht fällig ist, bleibt während des Güterstandes die Möglichkeit der Erhebung einer **Feststellungsklage**, einer Klage auf künftige Leistung oder die Möglichkeit der Sicherung durch Arrest oder einstweilige Verfügung unter den allgemeinen Voraussetzungen[269].

Die Verjährung eines Anspruches ist während des Bestehens der Ehe gehemmt, § 204.

b) Ausgleichsansprüche bei Einzelverwaltung, §§ 1441 bis 1445

225   Bei der Einzelverwaltung ergeben sich aus den §§ 1441 bis 1445 im einzelnen folgende Ausgleichsregelungen:

aa) Verbindlichkeiten aus unerlaubter Handlung und im Zusammenhang mit Vorbehalts- und Sondergut, §§ 1441, 1442

Nach § 1441 fallen im Innenverhältnis demjenigen Ehegatten zur Last, in dessen Person sie entstehen: Verbindlichkeiten, die auf einer nach Entstehen der Gütergemeinschaft begangenen unerlaubten Handlung bzw. einem Strafverfahren wegen einer solchen Handlung beruhen; Verbindlichkeiten, die sich auf sein Vorbehalts- oder Sondergut beziehen, und Kosten für Rechtsstreitigkeiten, die sich auf solche Verbindlichkeiten beziehen.

Unter den Begriff der **unerlaubten Handlung** im Sinne des § 1441 Ziff. 1 fallen objektiv widerrechtliche, nicht notwendig schuldhafte Eingriffe in den Rechtskreis Dritter, in erster Linie also unerlaubte Handlungen im Sinne der §§ 823 ff; aber auch alle Verbindlichkeiten aus Verstößen gegen vergleichbare andere, auch außerhalb des Bürgerlichen Gesetzbuches geregelte Handlungs- oder Unterlassungsverpflichtungen[270].

Hierunter fallen auch Verbindlichkeiten aus unerlaubten Handlungen eines Ehegatten gegen den anderen. Ob hieraus in erweiternder Auslegung tatsächlich ab-

---

[267] Vergl. z. B. BGB-RGRK-Finke, § 1468 Rz. 3 und 4.
[268] Palandt-Diederichsen, § 1468 Anm. 1; MünchKomm-Kanzleiter, § 1446 Rz. 2; Soergel-Gaul, § 1446 Rz. 5; OLG Hamburg, OLGE 21, 232.
[269] Z. B. Soergel, Gaul, § 1446 Rz. 6; Erman-Heckelmann, § 1446 Rz. 2; Staudinger-Thiele, § 1446 Rz. 3.
[270] Vergl. die Zusammenstellung bei Palandt-Thomas, Einführung 1 b vor § 823 und Staudinger-Thiele, § 1441 Rz. 6.

geleitet werden kann, daß Unterhaltsverpflichtungen gegenüber einem während des Bestehens der Gütergemeinschaft gezeugten nichtehelichen Kind nur zu Lasten des Erzeugers gehen können, erscheint fraglich[271].

Für vor Beginn des Güterstandes begangene unerlaubte Handlungen haftet auch im Verhältnis der Ehegatten zueinander das Gesamtgut und nicht der handelnde Ehegatte allein[272].

Der Ausgleichspflicht kann nicht entgegengehalten werden, daß der zugrunde liegende Tatbestand im Einzelfall zugleich eine Vertragspflichtverletzung beinhaltet[273]. Anfechtungshandlungen im Sinne des Anfechtungsgesetzes erfüllen nicht generell, ggf. aber im Einzelfall die Tatbestandsvoraussetzungen der §§ 823, 826 und begründen dann die Ausgleichspflicht nach § 1441 Ziff. 1[274].

Strafverfahren, die wegen einer unerlaubten Handlung gegen einen Ehegatten gerichtet sind, sind nicht nur Strafverfahren im engeren Sinne, sondern auch Ordnungswidrigkeitenverfahren, Steuerstrafverfahren und Privatklageverfahren. Zu den Verbindlichkeiten aus unerlaubter Handlung und deswegen durchgeführten Strafverfahren gehören alle Schadensersatzverpflichtungen, Verpflichtungen zur Zahlung einer Geldstrafe oder Buße, die Kostentragungspflicht einschließlich der Kosten der eigenen Verteidigung, sofern diese überhaupt Gesamtgutsverbindlichkeiten sind (hierzu oben Rz. 214, 219). Unerheblich ist, ob es sich um eine notwendige Verteidigung gehandelt hat[275].

Wird eine Ehegatte freigesprochen, ist auch für das Verhältnis der Ehegatten untereinander davon auszugehen, daß er die unerlaubte Handlung nicht begangen hat und dementsprechend § 1441 Ziff. 1 nicht anwendbar ist. Die durch das Strafverfahren entstandenen Kosten fallen auch im Innenverhältnis dem Gesamtgut zur Last[276].

Da Verbindlichkeiten aus vor Eintritt des Güterstandes begangenen unerlaubten Handlungen und Strafverfahren auch im Innenverhältnis der Ehegatten zueinander dem Gesamtgut zur Last fallen, kann bei mehreren selbständigen Handlungen, insbesondere Straftaten, eine **Aufteilung der Kosten** und sonstigen Verbindlichkeiten notwendig werden.

Sind Teilakte einer Fortsetzungstat sowohl vor als auch nach Beginn der Gütergemeinschaft verwirklicht worden, trifft den handelnden Ehegatten die volle Ausgleichspflicht. Umgekehrt bleibt es bei der Haftung des Gesamtgutes, wenn

---

[271] So Staudinger-Felgentraeger, 10./11. Aufl., § 1463 Rz. 3; nicht aufrechterhalten von Staudinger-Thiele, § 1441 Rz. 6; dagegen auch Gernhuber, Familienrecht, § 38 VII Fn. 44.
[272] Z. B. Staudinger-Thiele, § 1441 Rz. 5.
[273] RGZ 88, 433 ff.; 103, 263 ff.
[274] RGZ 74, 224.
[275] MünchKomm-Kanzleiter, § 1441 Rz. 3; BGB-RGRK-Finke, § 1441 Rz. 7; Staudinger-Thiele, § 1441 Rz. 9 gegen Felgentraeger in der Vorauflage Rz. 7.
[276] Herrschende Meinung z. B. Sorgel-Gaul, § 1441 Rz. 5; Staudinger-Thiele, § 1441 Rz. 10; Erman-Heckelmann, § 1441 Rz. 3; einschränkend für Haftkosten: BGB-RGRK-Finke, § 1441 Rz. 7; Palandt-Diederichsen, § 1441 Anm. 2; MünchKomm-Kanzleiter, § 1441 Rz. 3.

die unerlaubte Handlung vor Eintritt der Gütergemeinschaft begangen wurde, ein Urteil aber erst nach Eintritt der Gütergemeinschaft ergangen ist[277].

226 Die sich **auf sein Vorbehalts- oder Sondergut beziehenden Verbindlichkeiten** fallen einem Ehegatten nach § 1441 Ziff. 2 im Innenverhältnis immer alleine zur Last, und zwar unabhängig davon, ob sie vor oder nach Eintritt der Gütergemeinschaft entstanden sind. Voraussetzung ist allerdings, daß die Verbindlichkeiten Gesamtgutsverbindlichkeiten sind oder werden. Dies ist nicht der Fall, wenn einer der Ausnahmetatbestände der §§ 1438, 1439, 1440 vorliegt.

Zu den sich auf das Vorbehalts- oder Sondergut eines Ehegatten beziehenden Verbindlichkeiten gehören auch die gesetzlichen Unterhaltspflichten, die nach §§ 1437, 1438 Gesamtgutsverbindlichkeiten sind (dazu oben Rz. 210), wenn und soweit sie durch das Vorhandensein von Vorbehalts- oder Sondergut erweitert oder überhaupt erst begründet worden sind. Dies gilt also insbesondere, wenn sich Unterhaltsansprüche wegen der Zurechnung der Einkünfte eines Ehegatten aus seinem Vorbehaltsgut erhöhen[278].

Zu den **Kosten** eines Rechtsstreits über eine Verbindlichkeit gemäß § 1441 Ziff. 1 und 2, die nach Ziff. 3 ebenfalls der Ausgleichspflicht unterliegen, gehören die Kosten jedes Verfahrens vor den ordentlichen Gerichten, den Finanz-, Sozial- und Verwaltungsgerichten, Behörden und Schiedsgerichten, und zwar unabhängig davon, ob es sich um eine vermögensrechtliche oder nicht vermögensrechtliche Streitigkeit handelt. Zu den Kosten gehören auch die dem betroffenen Ehegatten selbst entstandenen Aufwendungen für die Prozeßführung, insbesondere Anwaltskosten. Voraussetzung ist nur, daß der Rechtsstreit einen der Tatbestände der Ziff. 1 und 2 betroffen hat, unabhängig davon, in welcher Parteirolle der betroffene Ehegatte gestanden hat[279].

Für die Kosten anderer Rechtsstreitigkeiten gilt für das Innenverhältnis § 1443 (dazu nachstehend Rz. 227).

Eine wichtige **Einschränkung** der Ausgleichspflicht für Verbindlichkeiten aus dem Vorbehalts- oder Sondergut bzw. für hierüber geführte Rechtsstreitigkeiten macht § 1442. Danach gelten die §§ 1441 Ziff. 2 und 3 nicht, wenn die Verbindlichkeiten zu den Lasten des Sondergutes gehören, die aus den Einkünften beglichen zu werden pflegen, oder wenn die Verbindlichkeiten durch den Betrieb eines für Rechnung des Gesamtgutes geführten Erwerbsgeschäftes oder infolge eines hierzu gehörenden Rechtes bzw. des Besitzes einer hierzu gehörenden Sache entstehen. Die Vorschrift trägt dem Umstand Rechnung, daß nach § 1417 Abs. 3 Satz 2 die Verwaltung des Sondergutes für Rechnung des Gesamtgutes erfolgt. § 1442 kann deswegen von seinem Sinn und Zweck her nicht anwendbar sein, wenn ehevertraglich in Abweichung von § 1417 Abs. 3 Satz 2 vereinbart worden ist, daß der Ehegatte das Sondergut für eigene Rechnung verwaltet[280]. Für Rechnung des Gesamtgutes wird auch ein Erwerbsgeschäft betrieben, das zum Son-

---

[277] Staudinger-Theile, § 1441 Rz. 11.
[278] MünchKomm-Kanzleiter, § 1441 Rz. 7; Palandt-Diederichsen, § 1441 Anm. 2, § 1604 Anm. 2.
[279] MünchKomm-Kanzleiter, § 1441 Rz. 9/10; BGB-RGRK-Finke, § 1441 Rz. 10.
[280] MünchKomm-Kanzleiter, § 1442 Rz. 2.

dergut eines Ehegatten gehört, § 1417 Abs. 3 Satz 2, wenn es sich also z.B. um eine nicht übertragbare Gesellschaftsbeteiligung handelt (dazu oben Rz. 175). Gehört ein Erwerbsgeschäft demgegenüber in das Vorbehaltsgut eines Ehegatten, verwaltet er es mangels abweichender ehevertraglicher Vereinbarung nach § 1418 Abs. 2 Satz 2 auf eigene Rechnung. In diesem Fall ist § 1442 nur anwendbar, wenn aufgrund entsprechender ehevertraglicher Vereinbarungen ausnahmsweise die Verwaltung des zum Vorbehaltsgut gehörenden Erwerbsgeschäftes für Rechnung des Gesamtgutes erfolgt[281].

bb) Kosten eines Rechtsstreits, § 1443

Nach § 1443 Abs. 1 fallen im Innenverhältnis die Kosten eines Rechtsstreits der **227** Ehegatten untereinander dem Ehegatten zur Last, der sie nach den **allgemeinen Vorschriften** zu tragen hat. Maßgeblich ist die Entscheidung des Gerichts oder eine Vereinbarung der Beteiligten im Rahmen eines Prozeßvergleichs, wobei der Begriff des Rechtsstreits wiederum weit zu fassen ist und die Kosten neben den Gerichtskosten und den gegnerischen Auslagen auch die eigenen Kosten umfassen[282].

§ 1443 Abs. 1 greift nur ein, wenn nicht die vorrangige Vorschrift des § 1441 Ziff. 3 Anwendung findet[283]. Für den Fall, daß der nichtverwaltende Ehegatte einen Rechtsstreit mit einem Dritten führt, fallen ihm im Innenverhältnis die Kosten dieses Rechtsstreits zur Last, § 1443 Abs. 2. Das Gesetz enthält keine Regelung für das Innenverhältnis für solche Rechtsstreitigkeiten, die der Gesamtgutsverwalter mit einem Dritten führt. Hier bleibt es also bei der Grundregel, daß Gesamtgutsverbindlichkeiten auch (endgültig) Gesamtgutslasten sein sollen, sofern nicht der Ausnahmetatbestand des § 1441 Ziff. 3 vorliegt.

Von dem Grundsatz, daß der nichtverwaltende Ehegatte die Kosten eines Rechtsstreits mit einem Dritten im Innenverhältnis allein zu tragen hat, werden drei **Ausnahmen** gemacht:

Es bleibt bei der hälftigen Mitverpflichtung beider Ehegatten, wenn das Urteil gegenüber dem Gesamtgut wirksam ist, wenn also der nichtverwaltende Ehegatte ausnahmsweise zur Führung eines Rechtsstreites nach den §§ 1428, 1429, 1431, 1433 berechtigt war oder er mit Zustimmung des Verwalters gehandelt hat. Gleiches gilt, wenn der Rechtsstreit eine persönliche Angelegenheit des nichtverwaltenden Ehegatten betroffen hat. Zu dem Begriff der persönlichen Angelegenheiten siehe oben Rz. 203. Das Gesetz geht davon aus, daß der nichtverwaltende Ehegatte, der häufig nicht über eigenes Vermögen verfügt, derartige Prozesse prinzipiell zu Lasten des Gesamtgutes durchführen können muß. Einschränkend wird aber vorausgesetzt, daß die Aufwendungen den Umständen nach geboten waren, so daß ein aussichtsloser oder mutwilliger Prozeß nicht auf Kosten des Gesamtgutes geführt bzw. weitergeführt werden darf.

---

[281] MünchKomm-Kanzleiter, § 1442 Rz. 3.
[282] Siehe oben Rz. 217 a.F. und z. B. Staudinger-Thiele, § 1443 Rz. 3 bis 5.
[283] Soergel-Gaul, § 1443 Rz. 2.

Schließlich gilt die Ausnahme von der Haftung des nichtverwaltenden Ehegatten, wenn es um eine ihn betreffende Gesamtgutsverbindlichkeit ging. Ein solcher Fall kann unabhängig von der Zustimmung des Gesamtgutsverwalters gegeben sein, wenn es sich um von den Ehegatten eingebrachte Gegenstände oder auf Gesetz beruhenden Verpflichtungen, wie Unterhaltsverpflichtungen oder Verpflichtungen unter dem Gesichtspunkt der Schlüsselgewalt des § 1357 handelt. In diesen Fällen sollen die Kosten zu Lasten des Gesamtgutes gehen, weil Gesamtgutsverbindlichkeiten betroffen sind[284].

Tatbestandsvoraussetzung ist wiederum, daß die Aufwendungen den Umständen nach geboten waren und nicht die Sonderregelung der §§ 1441 Ziff. 3, 1442 eingreift.

cc) Kosten der Ausstattung eines Kindes, § 1444

228   § 1444 regelt schließlich im Innenverhältnis der Ehegatten die Kostentragung für die Ausstattung eines Kindes.

Nach § 1444 Abs. 1 muß es der Gesamtgutsverwalter im Innenverhältnis alleine tragen, was er **gemeinschaftlichen Kindern** als Ausstattung verspricht, soweit die Ausstattung das Maß dessen übersteigt, was dem Gesamtgut entspricht. Sofern und soweit die versprochene Ausstattung unter Berücksichtigung des Umfanges des Gesamtgutes angemessen ist, bleibt es bei einer im Innenverhältnis letztlich zur Hälfte zu tragenden Gesamtgutsverbindlichkeit. Maßstab ist das Gesamtgut. Übersteigt die Ausstattung eines gemeinschaftlichen Kindes die Gesamt-Vermögensverhältnisse des gewährenden Elternteils unter Einschluß seines Vorbehalts- oder Sondergutes, handelt es sich in Höhe des überschießenden Betrages um eine Schenkung, die nach § 1425 Abs. 1 zur Wirksamkeit der Zustimmung des anderen Ehegatten bedarf (dazu oben Rz. 200). § 1444 Abs. 1 meint darüber hinausgehend den Fall, daß die Ausstattung das dem Gesamtgut und dem Sondervermögen des verwaltenden Ehegatten entsprechende Maß nicht, wohl aber das Maß übersteigt, das dem Gesamtgut alleine entspricht. In diesem Fall handelt der Gesamtgutsverwalter aufgrund seiner Verwaltungszuständigkeit wirksam, muß sich aber im Innenverhältnis den die Verhältnisse des Gesamtgutes übersteigenden Teil der Ausstattung allein zurechnen lassen. Die **Übermaßausstattung** für ein gemeinschaftliches Kind fällt aber dann beiden Ehegatten zur Last, wenn der nichtverwaltende Ehegatte der übermäßigen Ausstattung zugestimmt hat, sofern er dies nicht ausdrücklich nur unter Vorbehalt seines Ausgleichsanspruches getan hat[285].

Nach § 1444 Abs. 2 fällt die Ausstattung eines **nicht gemeinschaftlichen Kindes** im Innenverhältnis dem Vater oder der Mutter zur Last, wenn der Gesamtgutsverwalter die Ausstattung verspricht oder gewährt. Ist dieser selbst der Vater oder die Mutter des Kindes, trägt er also uneingeschränkt die Ausstattung im In-

---

[284] Vergl. BGB-RGRK-Finke, § 1443 Rz. 7 bis 10.
[285] MünchKomm-Kanzleiter, § 1444 Rz. 5; Palandt-Diederichsen, § 1444 Anm. 2 a; BGB-RGRK-Finke, § 1444 Rz. 4.

nenverhältnis allein. Hat der Gesamtgutsverwalter die Ausstattung allerdings dem Kind des nichtverwaltenden Ehegatten versprochen oder gewährt, fällt die Ausstattung diesem nur zur Last, wenn er zugestimmt hat oder die Ausstattung nicht das dem Gesamtgut entsprechende Maß übersteigt. Stimmt er nicht zu und wird eine **Übermaßausstattung** gewährt, fällt der überschießende Teil im Innenverhältnis dem Gesamtgutsverwalter zur Last. Dessen Erstattungspflicht zum Gesamtgut nach § 1435 Satz 3 ergibt sich im übrigen schon daraus, daß er hinsichtlich des überschießenden Betrages eine Schenkung vornimmt, die nach § 1425 Abs. 2 der Zustimmung des anderen Ehegatten bedarf[286].

Die Vorschrift ist analog auf den nicht ausdrücklich geregelten Fall anwendbar, **229** daß der nichtverwaltende Ehegatte mit Wirkung für und gegen das Gesamtgut eine Ausstattung gewährt, beispielsweise aufgrund seines Notverwaltungsrechtes oder einer Ermächtigung oder Zustimmung des Verwalters[287].

Verweigert der Gesamtgutsverwalter die Zustimmung zu einer von dem nichtverwaltenden Ehegatten gewünschten Ausstattung, kommt unter Umständen eine **Ersetzung der Zustimmung** durch das Vormundschaftsgericht in Betracht, weil es sich um eine persönliche Angelegenheit im Sinne des § 1430 handelt[288].

Ungeregelt ist, welche Rechtsfolgen eintreten, wenn die Ehegatten Ausstattungen aus ihrem Vorbehalts- oder Sondergut gewähren. Eine Ausgleichspflicht kommt in diesen Fällen nicht in Betracht, weil jeder Ehegatte selbständig handeln kann und muß[289].

Soweit der Gesamtgutsverwalter für gemeinschaftliche Kinder eine Ausstattung aus seinem Vorbehalts- oder Sondergut gewährt, die das Maß des Gesamtgutes nicht übersteigt, kann sich ein **Ersatzanspruch** aus § 1445 Abs. 2 ergeben. Umgekehrt kann der nichtverwaltende Ehegatte, der einem Kind des anderen Ehegatten aus seinem Vorbehalts- oder Sondergut eine Ausstattung gewährt, gegen den Gesamtgutsverwalter einen Ersatzanspruch aus Geschäftsführung ohne Auftrag oder ungerechtfertigter Bereicherung haben. In beiden Fällen entfällt der Ersatzanspruch, wenn der Ehegatte nicht die Absicht hatte, von dem anderen Ersatz zu verlangen, § 685 Abs. 1, oder die Leistungen Unterhaltscharakter haben und deswegen die Vermutungen der §§ 685 Abs. 2, 1360 b eingreifen[290].

dd) Verwendungsersatz, § 1445

Nach § 1445 trifft den Gesamtgutsverwalter eine Ersatzpflicht, soweit er Ge- **230** samtgut in das Vorbehalts- oder Sondergut verwandt hat. Umgekehrt kann er nach § 1445 Abs. 2 Ersatz aus dem Gesamtgut verlangen, soweit er Vorbehalts- oder Sondergut in das Gesamtgut verwandt hat. Die Vorschrift des § 1445 Abs. 1 erweitert den Schutz des nichtverwaltenden Ehegatten vor einem Mißbrauch der

---

[286] MünchKomm-Kanzleiter, § 1444 Rz. 7; Palandt-Diederichsen, § 1444 Anm. 2 b.
[287] MünchKomm-Kanzleiter, § 1444 Rz. 8.
[288] Dazu oben Rz. 205 und Soergel-Gaul, § 1444 Rz. 6; BGB-RGRK-Finke, § 1444 Rz. 6; Staudinger-Thiele, § 1444 Rz. 16; a.A. Erman-Heckelmann, § 1444 Rz. 2.
[289] BGB-RGRK-Finke, § 1444 Rz. 7.
[290] Vergl. BGB-RGRK-Finke, § 1444 Rz. 7 und MünchKomm-Kanzleiter, § 1445 Rz. 3.

Verwaltungsbefugnis. Die Ersatzverpflichtung nach § 1445 Abs. 1 ist **verschuldensunabhängig**, während die Schadensersatzverpflichtung nach § 1435 Abs. 3 Verschulden (oder rechtsgeschäftliches Handeln ohne die erforderliche Zustimmung des anderen Ehegatten) voraussetzt, wenn auch nur nach dem Verschuldensmaßstab des § 1359.

Eine **Verwendung** von Gesamtgut in Vorbehalts- oder Sondergut liegt vor, wenn der Verwalter Mittel des Gesamtgutes seinem Sondervermögen zuführt (z.b. einem zum Vorbehaltsgut gehörenden Gewerbebetrieb); oder wenn er eine ihm im Innenverhältnis nach dem Maßstab des § 1441 selbst zur Last fallende Gesamtgutsverbindlichkeit aus dem Gesamtgut tilgt[291].

Ob eine **Bereicherung** des Vorbehalts- oder Sondergutes bei Fälligkeit, § 1446 Abs. 1, noch besteht, ist unerheblich, weil es nach Wortlaut sowie Sinn und Zweck des § 1445 nur auf die Tatsache der Verwendung als solcher ohne Rücksicht auf Erforderlichkeit, Zweck und Erfolg ankommt. Dementsprechend ist der Wert des Verwendeten zur Zeit der Verwendung zu ersetzen, ungeachtet einer späteren Erhöhung oder Verringerung des Wertes [292]. Der Anspruch kann also seinem Umfang nach über den – zumeist zudem verschuldensabhängigen – Anspruch nach § 1435 Satz 3 hinausgehen.

§ 1445 begründet dabei eine, wenn auch erst mit Beendigung des Güterstandes fällige, **Zahlungspflicht**, nicht eine bloße Anrechnungspflicht[293].

Die nach § 1446 Abs. 1 verschobene Fälligkeit des Anspruches kann im Einzelfall zur Verwirklichung eines Gefährdungstatbestandes im Sinne des § 1447 Ziff. 1 und damit zur Berechtigung einer **Aufhebungsklage** (dazu unten Rz. 239 ff.) führen[294].

Einen Ersatzanspruch zum Gesamtgut hat der Gesamtgutsverwalter, wenn er Vorbehalts- und Sondergut in das Gesamtgut verwendet. Die Vorschrift ist eine Ausgestaltung des Rechtsgedankens und der Rechtsfolgen der Geschäftsführung ohne Auftrag, so daß auch § 685 Abs. 1 analog anwendbar ist. Der Ersatzanspruch entfällt, wenn der Gesamtgutsverwalter bei Vornahme der Verwendung nicht die Absicht hatte, Ersatz zu verlangen oder wenn er die Verwendung zum Familienunterhalt gemacht hat und die Vermutung des § 1360 b eingreift[295].

§ 1445 Abs. 2 ist **analog** anwendbar für den nichtverwaltenden Ehegatten, der aufgrund seines Notverwaltungsrechts nach § 1429 tätig wird oder im Rahmen der Schlüsselgewalt auch mit Wirkung für und gegen den Gesamtgutsverwalter handelt[296].

---

[291] Palandt-Diederichsen, § 1445 Anm. 1; BGB-RGRK-Finke, § 1445 Rz. 3.
[292] Staudinger-Thiele, § 1445 Rz. 6; Palandt-Diederichsen, § 1445 Anm. 1.
[293] Vergl. Soergel-Gaul, § 1445 Rz. 3.
[294] MünchKomm-Kanzleiter, § 1445 Rz. 2.
[295] BGHZ 50, 266, 269 = NJW 68, 1780 f.
[296] Staudinger-Thiele, § 1445 Rz. 13; BGB-RGRK-Finke, § 1445 Rz. 5; einschränkend bei § 1357 MünchKomm-Kanzleiter, § 1445 Rz. 4; für Anwendung der allgemeinen Vorschrift, 677 ff., 812 ff.: Erman-Heckelmann, § 1445 Rz. 4; Palandt-Diederichsen, § 1445 Anm. 1; Soergel-Gaul § 1445 Rz. 5.

Im übrigen richten sich von § 1445 nicht erfaßte Ansprüche des nichtverwaltenden Ehegatten oder Ansprüche gegen ihn nach den allgemeinen Vorschriften der §§ 677 ff. 812 ff., wiederum unter Berücksichtigung des § 1360 b[297].

c) Interne Haftungsregelung bei gemeinschaftlicher Verwaltung

Für die gemeinschaftliche Verwaltung des Gesamtgutes durch beide Ehegatten **231** gelten die internen Haftungsregelungen der §§ 1463 bis 1467.

aa) Verbindlichkeiten aus unerlaubter Handlung und in bezug auf Vorbehalts- oder Sondergut, §§ 1463, 1464

Die Vorschrift des § 1463 über die Haftung für Verbindlichkeiten aus einer unerlaubten Handlung, eines sich hierauf beziehenden Strafverfahrens sowie für Verbindlichkeiten, die sich auf Vorbehalts- oder Sondergut eines Ehegatten beziehen, entspricht der Regelung des § 1441. Auf die Erläuterungen hierzu kann verwiesen werden (oben Rz. 225 f.). Gleiches gilt für § 1464, der mit § 1462 identisch ist (dazu oben Rz. 226).

bb) Prozeßkosten, § 1465

§ 1465 Abs. 1 entspricht § 1443 Abs. 1 (Prozeßkosten; dazu oben Rz. 227). **232**

§ 1465 Abs. 2 modifiziert den § 1443 Abs. 2 dahingehend, daß die in § 1443 Abs. 2 Satz 1 für den nichtverwaltenden Ehegatten getroffene Regelung bei gemeinschaftlicher Verwaltung für beide Ehegatten gilt. Die Kosten eines Prozesses hat also grundsätzlich der den Rechtsstreit führende Ehegatte zu tragen. Sie treffen jedoch auch für das Innenverhältnis das Gesamtgut, wenn das Urteil diesem gegenüber (nach §§ 1452, 1454 bis 1456) wirksam ist oder wenn der Rechtsstreit eine persönliche Angelegenheit oder eine Gesamtgutsverbindlichkeit eines der Ehegatten betrifft. Mit dieser Maßgabe kann auf die Erläuterung des § 1443 Abs. 2 verwiesen werden (oben Rz. 227).

cc) Ausstattung von Kindern, § 1466

Hinsichtlich der Ausstattung **nicht gemeinschaftlicher** Kinder sieht § 1466 vor, **233** daß die Kosten dem Vater oder der Mutter im Innenverhältnis alleine zur Last fallen. Nicht geregelt ist hier die Ausstattung für **gemeinschaftliche** Kinder, weil die Ehegatten insoweit ohnehin gemeinsam handeln müssen, § 1450. Die Kosten für das nicht gemeinschaftliche Kind hat der jeweilige Elternteil auch dann zu tragen, wenn der andere Ehegatte der Ausstattung zugestimmt hat und die Ausstattung das dem Gesamtgut entsprechende Maß nicht übersteigt[298]. Ausnahmsweise kann aber bei gemeinschaftlicher Verwaltung eine Ersatzpflicht zum Gesamtgut nach § 1444 Abs. 1 analog begründet sein, wenn ein Ehegatte aufgrund

---

[297] BGB-RGRK-Finke, § 1445 Rz. 6; zu den Autoren, die generell nur diese Vorschriften für anwendbar halten siehe vorstehende Anm.
[298] Palandt-Diederichsen, § 1466 Anm. 1.

seines Notverwaltungsrechts nach § 1454 mit Wirkung für das Gesamtgut eine **übermäßige** Ausstattung gewährt hat[299].

Allerdings wird nur selten die Gewährung einer Ausstattung vom Notverwaltungsrecht erfaßt sein, weil mit deren Aufschub bis zum Ende der Verhinderung des anderen Ehegatten selten Gefahr verbunden sein wird[300].

dd) Verwendungsersatz

234   Nach § 1467 bestehen Ausgleichsverpflichtungen zwischen Vorbehalts-, Sonder- und Gesamtgut beider Ehegatten unter den Voraussetzungen, unter denen § 1445 Ansprüche oder Verpflichtungen für den Gesamtgutsverwalter vorsieht. Fällig sind die Ansprüche ebenfalls erst nach Beendigung der Gütergemeinschaft, § 1468, sofern nicht das Vorbehalts- oder Sondergut des Ausgleichsschuldners zur Berichtigung der Ausgleichsschuld ausreicht. Im übrigen kann auf die Ausführungen zu § 1445 verwiesen werden (oben Rz. 230).

Auch hier gelten die allgemeinen Vorschriften der §§ 677 ff., 812 ff. für den nicht geregelten Fall, daß ein Ehegatte Vorbehalts- oder Sondergut in das Vorbehalts- oder Sondergut des anderen Ehegatten oder ein Ehegatte Gesamtgut in das Vorbehalts- oder Sondergut des anderen Ehegatten verwendet hat [301].

VI. Beendigung des Güterstandes

235   Der Güterstand der Gütergemeinschaft wird ehevertraglich oder durch den Tod eines Ehegatten beendet, sofern nicht die Fortsetzung mit den Abkömmlingen vereinbart ist. Darüber hinaus endet der Güterstand mit Scheidung, Aufhebung oder Nichtigerklärung der Ehe sowie mit Rechtskraft eines Urteils, durch das die Gütergemeinschaft aufgehoben wird.

1. Aufhebung durch Ehevertrag

Die Aufhebung des Güterstandes durch Ehevertrag ist jederzeit möglich und bedarf der Form des § 1410 (dazu oben Rz. 38 f). Wird der Güterstand aufgehoben, ohne daß ausdrücklich eine Vereinbarung über den zukünftig geltenden Güterstand getroffen wird, tritt der Güterstand der Gütertrennung ein, § 1414 Satz 2[302].

Ohne erneuten Ehevertrag endet die Gütergemeinschaft, wenn – was grundsätzlich zulässig und wirksam ist[303] – eine auflösende Bedingung oder Befristung vereinbart war und die Bedingung eingetreten oder die Frist abgelaufen ist. Für den Beendigungszeitpunkt ist der Inhalt des Ehevertrags maßgebend.

Im Hinblick auf die Haftungsregelungen ist aber eine rückwirkende Aufhebung der Gütergemeinschaft nicht möglich.

---

[299] Soergel-Gaul, § 1466 Rz. 2.
[300] MünchKomm-Kanzleiter, § 1466 Rz. 2.
[301] MünchKomm-Kanzleiter, § 1467 Rz. 4.
[302] Vergl. hierzu insbesondere die Kritik bei MünchKomm-Kanzleiter, § 1414 Rz. 8.
[303] Z. B. MünchKomm-Kanzleiter, § 1447 Rz. 2.

2. Beendigung durch Tod eines Ehegatten

Der Güterstand endet mit dem Tod eines Ehegatten, sofern nicht ehevertraglich **236** vereinbart war, daß die Gütergemeinschaft nach dem Tod des Erstversterbenden zwischen dem überlebenden Ehegatten und den gemeinschaftlichen Abkömmlingen fortgesetzt wird (fortgesetzte Gütergemeinschaft, §§ 1483 ff. dazu unten Rz. 278 ff.). Nach § 1482 endet die Gütergemeinschaft mangels Vereinbarung der Fortsetzung mit den Abkömmlingen mit dem Tod eines Ehegatten. Der verstorbene Ehegatte wird nach den allgemeinen Vorschriften beerbt. Sein Anteil an dem Gesamtgut gehört zu seinem Nachlaß. Eine güterstandsbedingte Erhöhung des gesetzlichen Erbteils findet anders als bei dem gesetzlichen Güterstand, § 1371 Abs. 1 (dazu oben Rz. 65 ff.), nicht statt. Es ist vielmehr eine **Auseinandersetzung des Gesamtgutes** zwischen dem überlebenden Ehegatten und den Erben des verstorbenen Ehegatten nach den §§ 1471 ff. durchzuführen, sofern nicht der überlebende Ehegatte **Alleinerbe** wird[304].

Ist der überlebende Ehegatte nur **Vorerbe** geworden, ist streitig, inwieweit sich die einzelnen Beschränkungen des Vorerben bzw. die Rechte des Nacherben nach §§ 2113 ff. auswirken können, weil diese Vorschriften sich prinzipiell nur auf einzelne Gegenstände beziehen, während Nachlaßgegenstand bis zur Auseinandersetzung des Gesamtguts der Anteil des verstorbenen Ehegatten an dem Gesamtgut ist; auch bei Beendigung der Gütergemeinschaft durch Tod eines Ehegatten erlischt die Gütergemeinschaft erst nach Abschluß der Auseinandersetzung des Gesamtgutes[305].

Die Anwendbarkeit der §§ 2113 ff. wird überwiegend verneint[306]. Danach ist der überlebende Ehegatte nicht den Beschränkungen der §§ 2113 ff. unterworfen.

Wird der überlebende Ehegatte Miterbe, bestehen nebeneinander zwei Gesamthandsverhältnisse, nämlich die **Erbengemeinschaft** und die **Gesamtgutsgemeinschaft**. Für jede der Gesamthandsgemeinschaften gelten ihre eigenen Regeln[307].

Wird der überlebende Ehegatte nicht Erbe, erfolgt die Auseinandersetzung zwischen ihm und den Erben nach den allgemeinen Regeln der §§ 1471 ff. Ist dem überlebenden Ehegatten der Anteil des Verstorbenen an dem Gesamtgut als Vermächtnis oder Vorausvermächtnis zugewandt worden, vereinigen sich die Anteile beider Ehegatten nicht kraft Gesetzes in der Hand des Überlebenden; es ist vielmehr die Übertragung jedes einzelnen zum Gesamtgut gehörenden Gegenstandes durch die Erben notwendig[308].

[304] BGHZ 26, 378, 381 = NJW 58, 708.
[305] Schmidt, FamRZ 76, 683, 685 f.
[306] Vergl. insbesondere BGHZ 26, 378 ff.; NJW 76, 893 (unter Aufgabe der zwischenzeitlich in NJW 70, 943 vertretenen gegenteiligen Auffassung) und die Darstellung des Meinungsstandes bei Staudinger-Thiele, § 1482 Rz. 9 und MünchKomm-Kanzleiter, § 1482 Rz. 5.
[307] Soergel-Gaul, § 1482 Rz. 3; Staudinger-Thiele, § 1482 Rz. 8.
[308] MünchKomm-Kanzleiter, § 1482 Rz. 4.

3. Beendigung durch Ehescheidung, Eheaufhebung bzw. Ehenichtigerklärung

237 Die Gütergemeinschaft endet zu Lebzeiten der Ehegatten mit der Beendigung ihrer Ehe, also mit Rechtskraft eines Ehescheidungsurteils oder eines Urteils auf Aufhebung bzw. Nichtigerklärung der Ehe nach § 16 ff. EheG.

Die Ehegatten können für diese Fälle nicht durch Ehevertrag die Fortsetzung der Gütergemeinschaft durch einen der Ehegatten mit den gemeinsamen Abkömmlingen vorsehen, da §§ 1483 ff. die Fortsetzung der Gütergemeinschaft nur für die Beendigung durch den Tod eines Ehegatten vorsehen.

4. Beendigung durch ein die Gütergemeinschaft aufhebendes Urteil, §§ 1449, 1470

238 Die Gütergemeinschaft endet schließlich bei Bestehenbleiben der Ehe mit Rechtskraft eines Urteils, durch das die Gütergemeinschaft aufgehoben wird, §§ 1449, 1470. Mit der Rechtskraft des Urteils tritt nach § 1449 Abs. 1, 1470 Abs. 1 für die Zukunft Gütertrennung ein, sofern nicht, was möglich ist, die Ehegatten eheverträglich vereinbart haben, daß im Falle der Aufhebung des Güterstandes aufgrund einer Aufhebungsklage eines Ehegatten nicht Gütertrennung, sondern ein anderer Güterstand eintreten soll[309].

Unter welchen **Voraussetzungen** ein Ehegatte auf Aufhebung der Gütergemeinschaft klagen kann, ist in den §§ 1447, 1448 für die Einzelverwaltung des Gesamtgutes, in § 1469 für die gemeinschaftliche Verwaltung des Gesamtgutes geregelt. Nach ganz herrschender Meinung ist die Aufzählung der Klagegründe **enumerativ**, so daß eine Aufhebungsklage nicht etwa allgemein auf die Verletzung von Vertragspflichten oder den Fortfall der Geschäftsgrundlage gestützt werden kann. Ebensowenig ist es nach herrschender Meinung möglich, die durch die vertragliche Vereinbarung der Gütergemeinschaft eingegangene Bindung durch Rücktritt vom Vertrag oder Kündigung zu lösen. Selbst wenn der Ehevertrag mit einem Erbvertrag verbunden ist und ein wirksamer Rücktritt von einem Erbvertrag erklärt wird, ist dieser nicht zugleich wirksamer Rücktritt vom Ehevertrag[310].

Mit Rechtskraft eines Aufhebungsurteils ist die Gütergemeinschaft aufgehoben; für die Zukunft gilt Gütertrennung, §§ 1449 Abs. 1, 1470 Abs. 1, sofern nicht die Ehegatten in der Form des Ehevertrages etwas anderes vereinbaren oder vereinbart haben (dazu oben Rz. 162).

Dritten gegenüber ist die Aufhebung nur nach Maßgabe des § 1412 wirksam, d.h. nur im Falle der Eintragung in das Güterrechtsregister. Diese setzt wiederum

---

[309] Vergl. z. B. BGB-RGRK-Finke, § 1449 Rz. 6.
[310] Siehe insbesondere BGHZ 29, 129 ff., 135, 139 und unter Hinweis auf diese Entscheidung: Sorgel-Gaul, § 1447 Rz. 2; Palandt-Diederichsen, § 1447 Anm. 1; Staudinger-Thiele, § 1447 Rz. 11; BGB-RGRK-Finke, § 1447 Rz. 2; MünchKomm-Kanzleiter, § 1447 Rz. 3, der allerdings eine Erweiterung der Aufhebungsgründe durch Ehevertrag für zulässig hält, Rz. 21; Dölle, Familienrecht I S. 938, 941; im Ergebnis ebenso Erman-Heckelmann, § 1447 Rz. 2.

voraus, daß das Entstehen der Gütergemeinschaft eingetragen war (dazu oben Rz. 44 ff.).

Der Ehegatte, der das Aufhebungsurteil erwirkt hat, kann nach § 1479 verlangen, daß für die Auseinandersetzung der Zeitpunkt zugrunde gelegt wird, in dem die Aufhebungsklage rechtshängig war. Tut er dies nicht, ist der Zeitpunkt der Beendigung maßgebend, also der Eintritt der Rechtskraft des Aufhebungsurteils (vergl. hierzu auch unten Rz. 277).

a) Zur Frage des Klagerechts nach 3-jähriger Trennung

Die §§ 1447, 1448 und 1469 sehen entgegen § 1385 für den gesetzlichen Güterstand ein Klagerecht nicht wegen dreijähriger Trennung vor, obwohl die dreijährige Trennung – von der Härteklausel des § 1568 abgesehen – nach § 1566 Abs. 2 zur unwiderlegbaren Vermutung des Scheiterns der Ehe und damit zur Berechtigung eines Ehescheidungsantrages auch gegen den Willen des anderen Ehepartners führt. Die Einführung einer dem § 1385 n.F. entsprechenden Vorschrift für die Gütergemeinschaft ist bei der Neuregelung des Eherechts im Jahre 1977 offenbar versehentlich unterblieben. Da auch bei vereinbarter Gütergemeinschaft viel dafür spricht, getrenntlebenden Ehegatten zur Wahrung ihrer vermögensrechtlichen Interessen das Mittel der Klage auf Aufhebung des Güterstandes zur Vermeidung einer nichtgewollten Ehescheidung an die Hand zu geben, spricht viel dafür, **§ 1385 analog** im Recht der Gütergemeinschaft anzuwenden und eine Klage auf Aufhebung der Gütergemeinschaft nach dreijähriger Trennung zuzulassen[311].

b) Klagevoraussetzungen bei Einzelverwaltung, §§ 1447, 1448

aa) Klagerecht des nichtverwaltenden Ehegatten, § 1447

Das Klagerecht des nichtverwaltenden Ehegatten ist in § 1447 geregelt. Es knüpft **239** an **Fehlverhalten** oder **mangelnde Eignung** des Gesamtgutsverwalters an. Andere Schutzmöglichkeiten sieht das Gesetz nicht vor. Insbesondere besteht keine Rechtsgrundlage dafür, dem Gesamtgutsverwalter gegen seinen Willen die Verwaltung zu entziehen und sie dem anderen Ehegatten zu übertragen[312].

Nach § 1447 Ziff. 1 kann der nichtverwaltende Ehegatte auf Aufhebung klagen, wenn seine Rechte für die Zukunft dadurch gefährdet werden können, daß der andere Ehegatte zur Verwaltung des Gesamtgutes unfähig ist oder sein Verwaltungsrecht mißbraucht.

Unfähigkeit kann entweder auf Krankheits-, Alters- oder Abwesenheitsgründen, daneben aber auch auf eindeutiger geschäftlicher Untüchtigkeit beruhen. Die Unfähigkeit muß noch nicht über längere Zeit hinweg angedauert haben; es

---

[311] Vergl. hierzu eingehend Grasmann, FamRZ 84, 957 ff., der zutreffend darauf hinweist, daß der Bundesgerichtshof in der zitierten Entscheidung aus dem Jahre 1958 (BGHZ 29, 129 f.) schon wegen der damaligen anderen Fassung des § 1385 keine Veranlassung hatte, die analoge Anwendbarkeit auf das Recht der Gütergemeinschaft zu prüfen, S. 958.

[312] MünchKomm-Kanzleiter, § 1447 Rz. 1.

muß aber voraussehbar sein, daß sie für längere Zeit andauern wird und der sich hieraus ergebende Zustand für den klagenden Ehegatten trotz des Notverwaltungsrechtes nach § 1429 nicht zumutbar ist. Auf ein Verschulden des Gesamtgutsverwalter kommt es nicht an.

Mißbrauchshandlungen können sein:

Vornahme von Rechtsgeschäften ohne die erforderliche Zustimmung des klagenden Ehegatten nach §§ 1423 bis 1425; Umgehung der Zustimmungsbedürftigkeit; hartnäckige Verletzung der Unterrichtungs- bzw. Auskunftpflicht; Mißbrauch einer Generalvollmacht; Vernachlässigung der Gesamtgutsverwaltung oder speziell eines zum Gesamtgut gehörenden Betriebes; Verschwendung oder Verschleuderung von Gesamtgut; Verwendung des Gesamtgutes zur Finanzierung des Zusammenlebens mit einem anderen Partner; Finanzierung des Familienunterhaltes zu Lasten des Stammes des Gesamtgutes, obwohl die Möglichkeit zur Erzielung von Einkünften aus Erwerbstätigkeit besteht. Benachteiligungsabsicht ist nicht erforderlich. Mißbrauch der Verwaltungsbefugnis setzt jedoch Kenntnis oder jedenfalls bewußte Mißachtung der Rechte des anderen Ehegatten und der eigenen Verpflichtungen des Gesamtgutsverwalters voraus[313].

Es genügt die abstrakte Möglichkeit einer zukünftigen Gefährdung, so daß eine konkrete, schon bestehende Gefährdung nicht vorausgesetzt ist. Eine **künftige Gefährdung** wird immer bei Wiederholungsgefahr angenommen werden können; darüber hinaus aber auch schon aufgrund eines einzigen Pflichtverstoßes, wenn sich aus dem Verhalten des Gesamtgutsverwalters insgesamt die Gefahr künftiger vermögensschädigender Handlungen entnehmen läßt.

Zu berücksichtigen sind alle rechtlichen, insbesondere vermögensrechtlichen Interessen des klagenden Ehegatten, dessen Ansprüche bei der Auseinandersetzung, § 1476 Abs. 1, durch jede Verminderung des Gesamtgutes tangiert sind. Bei der Feststellung einer Gefährdung ist im übrigen zu berücksichtigen, ob und in welchem Umfange etwaige **Schadensersatz- oder Ersatzansprüche** zum Gesamtgut aufgrund der Vermögenssituation des Gesamtgutsverwalters, also insbesondere seines Vorbehalts- oder Sondergutes, realisierbar sind[314]. Bei der Entscheidung müssen alle Gesichtspunkte des Einzelfalles berücksichtigt werden, wobei die Tatbestandselemente Rechtsgefährdung auf der einen Seite und Unfähigkeit bzw. Mißbrauch auf der anderen Seite im Zusammenhang gesehen und gewürdigt werden müssen[315].

240 Nach § 1447 Ziff. 2 kann auf Aufhebung der Gütergemeinschaft geklagt werden, wenn der Gesamtgutsverwalter seine Verpflichtung verletzt hat, zum **Familienunterhalt** beizutragen und für die Zukunft eine erhebliche Gefährdung des Unterhaltes zu befürchten ist.

---

[313] Vergl. zu Vorstehendem die Zusammenstellung bei MünchKomm-Kanzleiter, § 1447 Rz. 5 bis 7; Staudinger-Thiele, § 1447 Rz. 13/14; BGB RGRK-Finke, §§ 1447 Rz. 6/7.
[314] Staudinger-Thiele, § 1447 Rz. 15/16; BGB-RGRK-Finke, § 1447 Rz. 8.
[315] BGHZ 48, 369 ff., 372 = NJW 68, 496; MünchKomm-Kanzleiter, § 1447 Rz. 10.

Zum Familienunterhalt gehört neben dem Unterhalt der Ehegatten der der gemeinschaftlichen, unterhaltsbedürftigen Kinder, § 1360 a Abs. 1.

Eine Verletzung der Unterhaltspflicht liegt vor, wenn der Gesamtgutsverwalter
nicht den unter Berücksichtigung der Lebensverhältnisse der Ehegatten einerseits
und dem Bedürfnis der unterhaltsberechtigten Personen andererseits notwendigen Unterhalt gewährt. Auf ein Verschulden kommt es nicht an. Auch hier bedarf es einer Gesamtwertung der Umstände des Einzelfalles. Für die Feststellung
einer erheblichen Gefährdung für die Zukunft reicht auch hier aus, daß nicht ausgeschlossen werden kann, daß der Gesamtgutsverwalter seine Unterhaltspflicht
auch in Zukunft in nicht nur unbedeutendem Umfange vernachlässigen wird[316].

Zum Familienunterhalt gehört nicht der Unterhalt von Personen, denen nur einer der Ehegatten unterhaltsverpflichtet ist. Verhindert allerdings der Gesamtgutsverwalter durch sein Verhalten, daß der nichtverwaltende Ehegatte, dem im
Hinblick auf seine eigenen Unterhaltsverpflichtungen nach § 1604 das Gesamtgut
zugerechnet wird, diesen Unterhaltsverpflichtungen nachkommen kann, kann
dies nicht wegen eines Verstoßes gegen die Unterhaltsverpflichtung, wohl aber
wegen nicht ordnungsgemäßer Verwaltung bzw. wegen Mißbrauchs der Verwaltungsbefugnis zur Aufhebungsklage berechtigten[317].

Nach § 1447 Ziff. 3 berechtigt die **Überschuldung** des Gesamtgutes zur Aufhebungsklage, wenn sie auf Verbindlichkeiten beruht, die in der Person des Gesamtgutsverwalters entstanden sind und wegen der Überschuldung ein späterer
Erwerb des nichtverwaltenden Ehegatten erheblich gefährdet wird. **241**

Tatbestandsvoraussetzung ist eine Überschuldung des Gesamtgutes, wozu bloße
Zahlungsunfähigkeit nicht ausreicht, auch dann nicht, wenn deswegen der Konkurs über das Vermögen des Gesamtgutsverwalters eröffnet worden ist. Umgekehrt reicht es für § 1447 Ziff. 3, wenn das Gesamtgut überschuldet ist; das Vorhandensein von Vorbehalts- und Sondergut des Gesamtgutsverwalters steht nicht
entgegen. Die Überschuldung muß bereits eingetreten sein. Sie liegt vor, wenn
die in der Person des Gesamtgutsverwalters entstandenen Verbindlichkeiten den
Wert der zum Gesamtgut gehörenden Gegenstände übersteigen. In der Person
des Gesamtgutsverwalters sind alle Verbindlichkeiten entstanden, für die er persönlich haftet, also auch gemeinschaftliche Verbindlichkeiten. Die bloße Mithaftung des Gesamtgutsverwalters für Verbindlichkeiten des nichtverwaltenden
Ehegatten nach § 1437 Abs. 2 genügt demgegenüber nicht[318]. Die Überschuldung
des Vorbehaltsgutes des Gesamtgutsverwalters reicht nicht aus. Allerdings sind
seine sich auf das Vorbehaltsgut beziehenden Schulden bei der Ermittlung einer
Überschuldung des Gesamtgutes zu berücksichtigen, weil das Gesamtgut auch
für diese Verbindlichkeiten haftet, § 1437 Abs. 1[319].

---

[316] Vergl. z. B. BGB-RGRK-Finke, § 1447 Rz. 10, 11, 13.
[317] Vergl. insbesondere MünchKomm-Kanzleiter, § 1447 Rz. 12; Soergel-Gaul, § 1447 Rz. 6.
[318] Soergel-Gaul, § 1447 Rz. 10; MünchKomm-Kanzleiter, § 1447 Rz. 14.
[319] Vergl. Dölle, Familienrecht I, S. 939; Soergel-Gaul, § 1447 Rz. 10; Erman-Heckelmann, § 1447
Rz. 5; a.A. Palandt-Diederichsen, § 1447 Anm. 3; BGB-RGRK-Finke, § 1447 Rz. 14 (Schulden des
Vorbehaltsguts nicht zu berücksichtigen).

Im Hinblick auf die Haftung des Gesamtgutes für die Überschuldung des Vorbehaltsgutes kann es keine Rolle spielen, ob im Innenverhältnis die Schulden dem Gesamtgutsverwalter alleine zur Last fallen, § 1441 Ziff. 2[320].

Im Einzelfall kann es gerechtfertigt sein, die Vorbehaltsschulden außer Betracht zu lassen, wenn keine Zweifel daran bestehen, daß sie aus dem Sondervermögen beglichen werden[321].

Die Frage der Überschuldung ist **objektiv**, unabhängig von einem etwaigen Verschulden des Gesamtgutsverwalters festzustellen[322]. Um die erhebliche Gefährdung späteren Erwerbs durch die Überschuldung des Gesamtgutes darzutun, muß der klagende Ehegatte nicht darlegen, daß ein solcher späterer Erwerb konkret in Aussicht steht[323]. Alleine die Tatsache, daß späterer Erwerb nach § 1416 grundsätzlich in das Gesamtgut fällt, begründet in aller Regel die Gefährdung späteren Erwerbs. Diese kann aber ausnahmsweise ausgeschlossen sein, wenn zu erwarten ist, daß die Überschuldung des Gesamtgutes durch eine Bürgschaft des Gesamtgutsverwalters oder dessen Vorbehalts- oder Sondergut aufgefangen wird[324].

242 Nach § 1447 Ziff. 4 kann eine Aufhebungsklage erhoben werden, wenn der Gesamtgutsverwalter rechtskräftig **entmündigt** ist. Dem nichtverwaltenden Ehegatten soll nicht zugemutet werden, mit seinem Vormund, § 1486, zusammenzuarbeiten.

Auch für den Fall der Entmündigung ist gesetzlich nicht vorgesehen, daß der nichtverwaltende Ehegatte die Übertragung der Gesamtgutsverwaltung auf sich selbst beantragen kann. Er kann aber selbst zum **Vormund** bestellt werden, § 1900, so daß er als Vormund in die Lage versetzt ist, das Gesamtgut zu verwalten, § 1436 Satz 2. Auch in diesem Fall bleibt es ihm aber unbenommen, auf Aufhebung der Gütergemeinschaft zu klagen.

Da eine **rechtskräftige Entmündigung** vorausgesetzt ist, ist die Anordnung einer Pflegschaft oder eine vorläufige Vormundschaft nicht ausreichend. Rechtskräftig abgeschlossen sein muß das Entmündigungsverfahren einschließlich der nach §§ 664 ff. 684 ZPO zulässigen Anfechtungsklage. Demgegenüber braucht nicht der Abschluß eines etwa eingeleiteten Verfahrens auf Wiederaufhebung der Entmündigung wegen Wegfalls der Voraussetzungen abgewartet zu werden. Der Klagegrund aus § 1447 Ziff. 4 entfällt aber, wenn die Entmündigung vor rechtskräftiger Aufhebung der Gütergemeinschaft wieder aufgehoben worden ist[325]. Denkbar bleibt in diesen Fällen eine auf § 1447 Ziff. 1 gestützte Aufhebungsklage.

[320] Soergel-Gaul, § 1447 Rz. 10; Palandt-Diederichsen, § 1447 Anm. 3.
[321] MünchKomm-Kanzleiter, § 1447 Rz. 14.
[322] OLG Hamburg OLGE 8, 337.
[323] OLG Hamburg OLGE 8, 337.
[324] BGB-RGRK-Finke, § 1447 Rz. 16.
[325] Staudinger-Thiele, § 1447 Rz. 28.

bb) Klagerecht des Gesamtgutsverwalters, § 1448

Der Gesamtgutsverwalter selbst kann nach § 1448 auf Aufhebung der Güterge-   **243**
meinschaft nur dann klagen, wenn das Gesamtgut infolge von Verbindlichkeiten
des anderen Ehegatten, die ihm im Innenverhältnis allein zur Last fallen, in solchem Maße überschuldet ist, daß ein späterer Erwerb erheblich gefährdet wird.

Klagegrund ist eine auf dem Verhalten des anderen Ehegatten beruhende **Ver-
mögensgefährdung**, die aber nur eintreten kann, wenn der andere Ehegatte Gesamtgutsverbindlichkeiten begründet hat, für die der Gesamtgutsverwalter nach
§ 1437 Abs. 2 persönlich, also auch mit seinem Vorbehalts- und Sondergut, haftet. Klagebegründend sind also nicht solche Verbindlichkeiten, für die die Haftung des Gesamtgutes nach §§ 1438 bis 1440 ausgeschlossen ist. Ebenso scheidet
die Klage aus wegen Schulden, für die nur das Vorbehalts- oder Sondergut des
nichtverwaltenden Ehegatten haftet. Auch bleiben Schulden unberücksichtigt,
die im Innenverhältnis nach §§ 1441 bis 1444 dem Gesamtgutsverwalter alleine
zur Last fallen (dazu oben Rz. 225 ff.). Der Gesamtgutsverwalter kann eine Aufhebungsklage nicht auf Umstände stützen, die letztlich ihren Grund in der von
ihm zu verantwortenden Verwaltung des Gesamtgutes haben.

Zur Klage berechtigten auch nicht solche Verbindlichkeiten, die bereits bei Eintritt der Gütergemeinschaft in der Person des anderen Ehegatten bestanden haben und die deswegen unabhängig von Ihrem Entstehungsgrund Gesamtgutsverbindlichkeiten geworden sind (dazu oben Rz. 210, 215).

Auch Verbindlichkeiten, die aus Rechtsgeschäften im Rahmen der Schlüsselgewalt nach § 1357 oder aufgrund eines Handelns des anderen Ehegatten als Notverwalter, § 1429, entstanden sind, fallen nicht unter § 1448. In Betracht kommen
nur Verbindlichkeiten, die im **Innenverhältnis** nach Maßgabe der §§ 1441 bis
1444 **dem nichtverwaltenden Ehegatten** zur Last fallen und von ihm verursacht
worden sind, also Verbindlichkeiten aus unerlaubten Handlungen, aus Angelegenheiten des Sondergutes bzw. eines selbständig betriebenen Erwerbsgeschäftes, aus Prozeßkosten oder ggf. Ausstattungslasten. Unschädlich ist, wenn das
Erwerbsgeschäft mit Billigung des Gesamtgutsverwalters betrieben wird oder
einzelne Verbindlichkeiten aus mit Billigung des Verwalters geführten Rechtsgeschäften entstanden sind [326].

Hinsichtlich der zusätzlich erforderlichen Gefährdung späteren Erwerbs kann
auf die Erläuterung zu § 1447 Ziff. 3 verwiesen werden (oben Rz. 239, 241).

c) Voraussetzungen der Aufhebungsklage bei gemeinschaftlicher Verwaltung,
§ 1469

Bei gemeinschaftlicher Verwaltung des Gesamtgutes durch die Ehegatten kann   **244**
jeder von ihnen eine Aufhebungsklage unter den in § 1469 Ziff. 1 bis 5 aufgeführten Voraussetzungen erheben.

---

[326] Vergl. im einzelnen Soergel-Gaul, § 1448 Rz. 4; MünchKomm-Kanzleiter, § 1448 Rz. 2.

Nach Ziff. 1 besteht das Klagerecht, wenn der andere Ehegatte **ohne Zustim-mung** des Klägers Verwaltungshandlungen vornimmt, die nur gemeinschaftlich vorgenommen werden dürfen, und hierdurch die Rechte des Klägers für die Zukunft erheblich gefährdet werden können. Da § 1469 Ziff. 1 keinen „Mißbrauch" der Verwaltungsbefugnis voraussetzt, ist im Gegensatz zu § 1447 Ziff. 1 Vorsatz oder bewußte Fahrlässigkeit nicht erforderlich. Es kann aber an einer Gefährdung des anderen Ehegatten für die Zukunft fehlen, wenn das beanstandete eigenmächtige Verhalten nicht vorsätzlich, sondern beispielsweise aufgrund eines Irrtums geschah[327].

Zur Gefährdung der Rechte des klagenden Ehegatten für die Zukunft siehe oben Rz. 239, 241 zu § 1447 Ziff. 1.

Nach § 1469 Ziff. 2 berechtigt die beharrliche **Weigerung zur Mitwirkung** an der ordnungsmäßigen Verwaltung des Gesamtgutes den anderen Ehepartner zur Erhebung der Aufhebungsklage.

Eine konkrete Gefährdung ist nicht gefordert; diese wird vermutet, da Verwaltungshandlungen bei gemeinschaftlicher Verwaltung grundsätzlich nur gemeinschaftlich vorgenommen werden können und dementsprechend die Mitwirkungsverweigerung für sich genommen eine erhebliche Gefahr für die Erhaltung und Mehrung des Gesamtgutes darstellt. Die Ersetzungsmöglichkeit nach § 1452 hindert die Erhebung der Aufhebungsklage nicht, zumal Ersetzungsanträge nur für einzelne konkrete Maßnahmen oder Rechtsgeschäfte gestellt werden können[328]; im Einzelfall kann aber eine Verweisung des klagenden Ehegatten auf ein Verfahren nach § 1452 in Betracht kommen, wenn es letztlich nur um einen streitigen Komplex oder eine begrenzte und überschaubare Zahl von Rechtsgeschäften geht. In diesem Fall wird es häufig schon an dem Erfordernis der beharrlichen Weigerung fehlen[329].

Ein Verweis auf das Ersetzungsverfahren nach § 1452 scheitert immer, wenn es um Verwaltungsmaßnahmen geht, da nach § 1452 nur die Ersetzung der Zustimmung zu Rechtsgeschäften oder der Führung von Rechtsstreitigkeiten beantragt werden kann (dazu oben Rz. 188). Verweigerung der Mitwirkung setzt voraus, daß dem beklagten Ehegatten die Notwendigkeit seiner Mitwirkung bekannt geworden ist und daß er hierzu (vergeblich) ernstlich aufgefordert worden ist. Beharrlich ist die Weigerung, wenn ein Ehegatte mehrfach über einen längeren Zeitraum hinweg sich in nicht nur unwesentlichen Punkten der Forderung nach Zusammenwirken entzieht und hierfür kein ausreichender Grund vorhanden ist. Ob ein Ehegatte einen ausreichenden Grund hat, ist nach den Gesamtumständen unter Einschluß der nicht vermögensrechtlichen Gesichtspunkte zu beurteilen. So können ehewidrige Beziehungen des anderen Ehegatten durchaus eine Rolle spielen[330].

---

[327] Vergl. Staudinger-Thiele, § 1469 Rz. 7; MünchKomm-Kanzleiter, § 1469 Rz. 5.
[328] MünchKomm-Kanzleiter, § 1469 Rz. 6.
[329] Vergl. Erman-Heckelmann, § 1469 Rz. 3; Soergel-Gaul, § 1469 Rz. 4.
[330] BGB-RGRK-Finke, § 1469 Rz. 8.

Im übrigen deckt sich der Begriff der Weigerung ohne ausreichenden Grund mit dem in § 1452 verwandten. Es kann deswegen auf die Erläuterung hierzu verwiesen werden (oben Rz. 188). Eine Mitwirkungsverweigerung liegt nicht vor, wenn der beklagte Ehegatte seine Zustimmung ausdrücklich oder stillschweigend erklärt hat und die Zustimmung lediglich nicht in der (z.b. nach § 29 GBO) notwendigen Form erteilt wird, weil die Zustimmung materiell auch ohne die Beachtung von Formvorschriften wirksam ist, § 182 Abs. 2. Ggf. muß auf Wiederholung der Zustimmungserklärung in der erforderlichen Form geklagt werden[331].

Nach § 1469 Ziff. 3 kann jeder Ehegatte auf Aufhebung der Gütergemeinschaft **245** klagen, wenn der andere Ehegatte seine Verpflichtung verletzt hat, zum **Familienunterhalt** beizutragen, und für die Zukunft eine erhebliche Gefährdung des Unterhaltes zu besorgen ist. Die Tatbestandsvoraussetzungen entsprechen denen des § 1447 Ziff. 2, so daß auf die Ausführungen hierzu verwiesen werden kann (oben Rz. 240).

Nach § 1469 Ziff. 4 kann auf Aufhebung geklagt werden, wenn das Gesamtgut durch **Verbindlichkeiten**, die in der Person des anderen Ehegatten entstanden sind und diesem im Innenverhältnis alleine zur Last fallen, in solchem Maße überschuldet ist, daß der spätere Erwerb des Klägers erheblich gefährdet wird. Die Vorschrift gibt beiden Ehegatten unter den Voraussetzungen ein Klagerecht, in denen bei Einzelverwaltung der nichtverwaltende Ehegatte, § 1447 Ziff. 3, bzw. der Gesamtgutsverwalter, § 1448, klageberechtigt ist.

Maßgebend ist, ob Gesamtgutsverbindlichkeiten in der Person des beklagten Ehegatten entstanden sind, die im Innenverhältnis von ihm alleine zu tragen sind, §§ 1463 bis 1468. Verbindlichkeiten, die sich lediglich auf das Vorbehalts- oder Sondergut des beklagten Ehegatten beziehen, geben kein Klagerecht.

Auf die Erläuterungen zu §§ 1447 Ziff. 3, 1448 kann verwiesen werden (oben Rz. 241 und 243).

Nach § 1469 Ziff. 5 besteht schließlich ein Klagerecht, wenn der andere Ehegatte rechtskräftig **entmündigt** ist. Die Vorschrift entspricht § 1447 Ziff. 4 mit Klagerecht für beide Ehegatten unter den genannten Voraussetzungen. Die Klagemöglichkeit besteht ungeachtet der Tatsache, daß nach § 1458 bei Entmündigung eines Ehegatten der andere Ehegatte zur (alleinigen) Verwaltung des Gesamtgutes berufen ist[332].

Im übrigen kann auf die Erläuterungen des § 1447 Ziff. 4 verwiesen werden (oben Rz. 242).

d) Prozessuale Fragen

Die Klage auf Aufhebung der Gütergemeinschaft ist **keine Ehesache** im Sinne des § 606 ZPO, aber **Familiensache** nach § 621 Abs. 1 Ziff. 8 ZPO. Das Aufhebungsverfahren wird nach den allgemeinen Vorschriften der ZPO durchgeführt,

---

[331] Staudinger-Thiele, § 1469 Rz. 9.
[332] BGB-RGRK-Finke, § 1469 Rz. 15; Staudinger-Thiele, § 1469 Rz. 24.

kann also beispielsweise durch Versäumnis- oder Anerkenntnisurteil bzw. durch Vergleich (bei beiderseitiger Anwesenheit, §§ 127 a, 1410) beendet werden[333].

Eine **Verbindung** mit anderen Klagen, z.B. einer Auskunftsklage nach § 1435, ist möglich, sofern es sich um eine Familiensache handelt[334]. Die Klage kann als Widerklage[335] erhoben werden. Mit ihr kann als Stufenklage die Klage auf Auseinandersetzung (dazu unten Rz. 276 f.) verbunden werden[336]. **Vorläufiger Rechtsschutz** ist während des Rechtsstreit nach den allgemeinen Vorschriften zulässig; wegen der Gestaltungswirkung des Hauptsacheurteils ist demgegenüber eine Aufhebung der Gütergemeinschaft im Wege einer einstweiligen Verfügung unzulässig[337].

Die Klage ist gegen den anderen Ehegatten, ggf. vertreten durch seinen Vormund, zu richten, und zwar auch dann, wenn er in Konkurs ist[338]. Soll Klage wegen der Entmündigung des Gesamtgutsverwalters nach § 1447 Ziff. 4 erhoben werden und ist der nichtverwaltende Ehegatte und Kläger zugleich Vormund des Gesamtgutsverwalters, muß für diesen ein Pfleger bestellt werden[339]. Der beklagte Ehegatte ist bis zur letzten mündlichen Verhandlung in der Lage, die Aufhebungsgründe zu beseitigen oder unter Anerkenntnis der Klage den Abschluß eines die Gütergemeinschaft aufhebenden Ehevertrages anzubieten, ggf. mit der Kostenfolge des § 93 ZPO[340]. Zur Erledigung des Verfahrens führt erst der Abschluß eines aufhebenden Ehevertrages oder die Aufhebung der Gütergemeinschaft aus anderen Gründen, beispielsweise durch Ehescheidung. Die ggf. schon vor Klageerhebung erklärte Bereitschaft des Beklagten zum Abschluß eines die Gütergemeinschaft aufhebenden Ehevertrages beseitigt das Rechtsschutzinteresse bzw. die Klagebefugnis auch bei Ernstlichkeit nicht. Der beklagte Ehegatte kann die Kostenfolge durch sofortiges Anerkenntnis abwenden. Eine Kostenentscheidung nach § 93 ZPO zu seinen Gunsten scheidet aber aus, wenn er nicht sofort in dem notwendigen Umfang bei dem Abschluß des aufhebenden Ehevertrages mitwirkt und z.B. in seiner Eigenschaft als Gesamtgutsverwalter den Beurkundungsauftrag erteilt bzw. der Beauftragung eines Notars zu Lasten des Gesamtgutes zustimmt[341]. Für das Verfahren besteht ab dem 1.4.1986 **Anwaltszwang**, unabhängig von der Höhe des Streitwertes, § 78 Abs. 2 Ziff. 2 ZPO n.F.[342].

---

[333] Staudinger-Thiele, § 1447 Rz. 3 und 8; Soergel-Gaul, § 1447 Rz. 17.
[334] BGH FamRZ 79, 215 f = NJW 79, 426 f; MünchKomm-Kanzleiter, § 1447 Rz. 18; Staudinger-Thiele, § 1447 Rz. 3; OLG Hamburg OLGE 30, 133.
[335] BGHZ 29, 129, 136 = NJW 59, 625.
[336] Staudinger-Thiele, § 1447 Rz. 3; Soergel-Gaul, Nachtrag zu § 1447 Rz. 16; BGHZ 84, 333, 336 f und OLG Karlsruhe, FamRZ 82, 286 ff., mit zustimmender Anm. Bölling, FamRZ 82, 289 ff., jeweils zum Verbund zwischen Ehescheidung und Auseinandersetzung des Gesamtgutes.
[337] So z. B. Staudinger-Thiele, § 1447 Rz. 9; MünchKomm-Kanzleiter, § 1447 Rz. 19.
[338] RGZ 15, 321 und Staudinger-Thiele, § 1447 Rz. 5.
[339] Staudinger-Thiele, § 1447 Rz. 5.
[340] Vergl. Palandt-Diederichsen, § 1447 Anm. 2.
[341] Vergl. MünchKomm-Kanzleiter, § 1447 Rz. 17; Soergel-Gaul, § 1447 Rz. 16 (Fehlen des Rechtsschutzinteresses nur im Einzelfall); a.A. (Klage unzulässig) Staudinger-Thiele, § 1447 Rz. 7; Erman-Heckelmann, § 1447 Rz. 7.
[342] Zu dem nach dem vermögensrechtlichen Interesse des Klägers, § 3 ZPO, festzusetzenden Streitwert vergl. BGH NJW 73, 50 (Hälfte des Aneils am Gesamtgut für Klage eines Abkömmlings nach § 1495); BGH NJW 73, 369 für § 1385 (1/4 des zu erwartenden Zugewinnausgleichs); Erman-Heckelmann, § 1447 Rz. 7 und die Kritik bei Staudinger-Thiele, § 1447 Rz. 6.

VII. Auseinandersetzung des Gesamtgutes

Nach der Beendigung des Güterstandes (oben Rz. 235 ff.) erfolgt die Auseinandersetzung des Gesamtgutes nach Maßgabe der §§ 1471 ff., sofern nicht – was ausdrücklich ehevertraglich vereinbart sein muß, § 1483 Abs. 1 – für den Fall der Auflösung der Ehe durch den Tod eines Ehegatten die Fortsetzung der Gütergemeinschaft mit den gemeinschaftlichen Abkömmlingen vorgesehen ist (dazu unten Rz. 278 ff.). Die Auseinandersetzungsvorschriften der §§ 1471 ff. enthalten **Verwaltungsregelungen** für die Zeit ab Beendigung des Güterstandes bis zur endgültigen Auseinandersetzung (§§ 1471 bis 1473) und die eigentlichen **Auseinandersetzungsvorschriften** der §§ 1475 ff., die nur gelten, wenn die Ehegatten nicht durch einen Auseinandersetzungsvertrag etwas anderes vereinbaren, § 1474.

246

1. Verwaltung des Gesamtgutes während der Auseinandersetzung

Für die Verwaltung des Gesamtgutes während der Auseinandersetzung nach Beendigung der Gütergemeinschaft, § 1471 Abs. 1, bestimmt § 1472 Abs. 1, daß die Ehegatten das Gesamtgut gemeinschaftlich verwalten. Dies gilt unabhängig davon, ob vorher bereits gemeinschaftliche Verwaltung, §§ 1421, 1450 ff., oder Verwaltung durch einen der Ehegatten, §§ 1422 ff., vereinbart war.

a) Grundfragen der Auseinandersetzungsverwaltung

§ 1472 enthält eine abschließende Regelung der gemeinschaftlichen Verwaltung nach Beendigung der Gütergemeinschaft, die dem geänderten Zweck als Liquidationsgemeinschaft Rechnung tragen soll. Dieser **geänderte Zweck** schließt es aus, die §§ 1450 ff. über die gemeinschaftliche Verwaltung während des Güterstandes anzuwenden. Im Einzelfall kommt aber eine analoge Anwendung in Betracht, falls der andersgelagerte Abwicklungszweck nicht entgegensteht[343]. Aus dem auf Liquidation gerichteten Zweck schließt die herrschende Meinung, daß die Ehegatten auch durch gemeinsames Handeln **keine Gesamtgutsverbindlichkeiten** mehr begründen können[344].

Die Ehegatten sind, sofern nicht ein Ausnahmetatbestand vorliegt (dazu unten Rz. 249, 252), grundsätzlich **nur gemeinschaftlich** zu Verfügungen mit Wirkungen für das Gesamtgut, zur Verwaltung und zur Führung von Rechtsstreitigkeiten berechtigt und verpflichtet. Sie müssen also grundsätzlich gemeinsam oder in Vollmacht bzw. mit Zustimmung des anderen Ehegatten handeln. Es ist an beide Ehegatten zu leisten, jeder Ehegatte kann nur Leistung an beide Ehegatten fordern. Einseitige Rechtsgeschäfte sind beiden Ehegatten gegenüber vorzunehmen; die Sonderregelung des § 1450 Abs. 2, wonach die Abgabe einer Willenserklärung gegenüber einem Ehegatten genügt, gilt nicht. Willenserklärungen müssen also gegenüber beiden Ehegatten abgegeben werden, sofern nicht im Einzelfall

---

[343] MünchKomm-Kanzleiter, § 1472 Rz. 2.
[344] BGB-RGRK-Finke, § 1472 Rz. 2; Staudinger-Thiele, § 1475 Rz. 3; Erman-Heckelmann, § 1472 Rz. 2; Soergel-Gaul, § 1472 Rz. 4; 1475 Rz. 2; a.A. MünchKomm-Kanzleiter, § 1472 Rz. 4.

die Ausnahmetatbestände der §§ 1472 Abs. 2 und 4 vorliegen (dazu unten Rz. 251 f.)[345].

247 Da die Begründung von Gesamtgutsverbindlichkeiten nicht mehr möglich ist, haftet jeder Ehegatte nach den allgemeinen Grundsätzen mit seinem Vorbehalts- und Sondergut für ihn persönlich treffende Verpflichtungen. Darüber hinaus haftet er mit seinem Anteil am Gesamtgut. Über diesen kann ein Ehegatte aber bis zur Auseinandersetzung nicht wirksam verfügen. Gleiches gilt für seinen Anteil an den einzelnen zum Gesamtgut gehörenden Gegenständen, § 1471 Abs. 2 i.V.m. § 1419.

Steht ein Ehegatte oder Erbe, mit dem die Gütergemeinschaft nicht fortgesetzt wird, unter Vormundschaft oder Pflegschaft, tritt an seine Stelle während der Auseinandersetzung sein gesetzlicher Vertreter, soweit nicht der Ehegatte oder Erbe im Einzelfall nach §§ 107, 114 selbst mit Zustimmung seines gesetzlichen Vertreters handeln kann. Die Vorschrift des § 1458 ist nicht anwendbar[346]. Als Ausfluß der gemeinschaftlichen Verwaltung hat jeder Ehegatte vom Beginn der Auseinandersetzung an das Recht, Mitbesitz an den zum Gesamtgut gehörenden Sachen zu beanspruchen, soweit er den Mitbesitz bisher nicht hatte (z.B. wegen § 1422 Abs. 1).

Das **Recht auf Mitbesitz** besteht vom Zeitpunkt der Beendigung bis zum Abschluß der Auseinandersetzung und endet nicht etwa, auch nicht teilweise, hinsichtlich der hiervon betroffenen Gesamtgutsgegenstände mit dem Zeitpunkt, in dem Übernahmeerklärungen nach § 1477 Abs. 2 (dazu unten Rz. 264 f.) abgegeben werden. Solche Übernahmeerklärungen legen zwar die Art und Weise der Auseinandersetzung fest, können diese aber nicht vorwegnehmen[347].

Das Verlangen auf Einräumung von Mitbesitz kann aber im Einzelfall im Hinblick auf wirksame Übernahmeerklärungen **rechtsmißbräuchlich** sein oder seine Schranken an dem übergeordneten objektiven Gebot ordnungsmäßiger Verwaltung finden. So kann wegen starker persönlicher Verfeindung der Eheleute die Einräumung von Mitbesitz eine ordnungsgemäße Verwaltung ausschließen oder unzumutbar erschweren. Ist aus solchen Gründen im Einzelfall der Anspruch auf Einräumung des Mitbesitzes rechtsmißbräuchlich, ist der andere Ehegatte auf sein Recht auf Auskunfterteilung und Rechenschaftslegung beschränkt[348].

Für den Besitz an Hausratsgegenständen gilt während eines Scheidungsverfahrens oder des Getrenntlebens die Sonderregelung der **Hausratsverordnung**[349].

248 Der bisherige Gesamtgutsverwalter ist dem nichtverwaltenden Ehegatten nach Beendigung des Güterstandes zur **Auskunft** über den Bestand des Gesamtgutes und zur Vorlage eines Bestandsverzeichnisses verpflichtet. Unter den Vorausset-

---

[345] BGB-RGRK-Finke, § 1472 Rz. 4; Staudinger-Thiele, § 1472 Rz. 6.
[346] Staudinger-Thiele, § 1472 Rz. 2.
[347] Soergel-Gaul, § 1477 Rz. 5.
[348] OLG Hamm FamRZ 79, 810, 811; im Anschluß an Böhmer, Anm. zu OLG Stuttgart, NJW 50, 70 ff.; Soergel-Gaul, § 1472 Rz. 3; Staudinger-Thiele, § 1472 Rz. 3.
[349] BGB-RGRK-Finke, § 1472 Rz. 6.

zungen des § 260 Abs. 2 kann darüber hinaus der bisher nichtverwaltende Ehegatte die Abgabe der eidesstattlichen Versicherung verlangen. Er kann schließlich Einsicht in die Unterlagen verlangen, die das Gesamtgut betreffen. Da nach herrschender Ansicht auch bei gemeinschaftlicher Verwaltung des Gesamtgutes in analoger Anwendung der Vorschrift des § 1435 Satz 2 ein Auskunftsanspruch gegeben sein kann, muß dies erst recht für die gemeinschaftliche Verwaltung des Gesamtgutes nach Beendigung des Güterstandes gelten. In diesem Stadium bestehen meist gegensätzliche Interessen der Ehegatten, die eine wechselseitige Auskunftsverpflichtung gegenüber dem Ehegatten begründen müssen, der selbst keine hinreichende Kenntnis über die Vermögensverhältnisse hat[350].

b) Mitwirkungsverpflichtung, § 1472 Abs. 3

Nach § 1472 Abs. 3 hat jeder Ehegatte gegen den anderen einen (klagbaren) Anspruch auf Mitwirkung an zur ordnungsmäßigen Verwaltung erforderlichen Maßnahmen. Es handelt sich dabei um eine interne Verpflichtung, auf die sich Dritte nicht berufen können[351]. Die Mitwirkungspflicht ist ähnlich geregelt wie bei der gemeinschaftlichen Verwaltung während der Gütergemeinschaft, § 1451, so daß auf die Erläuterungen hierzu verwiesen werden kann (oben Rz. 188). Bei der Bestimmung des Umfangs der Mitwirkungspflicht ist allerdings der **Liquidationszweck** besonders zu berücksichtigen, so daß im allgemeinen nicht die Mitwirkung bei Rechtsgeschäften verlangt werden kann, durch die neue Verpflichtungen begründet werden[352].

249

Da eine dem § 1452 entsprechende Vorschrift fehlt, kommt die Ersetzung der Zustimmung durch das Vormundschaftsgericht nicht in Betracht[353].

Bei Weigerung eines Ehegatten muß der andere ihn erforderlichenfalls auf Zustimmung zu der für erforderlich gehaltenen Maßnahme, ggf. auf Mitwirkung, verklagen. Ist die Klage auf Abgabe einer Zustimmungserklärung gerichtet, gilt die Zustimmung mit der Rechtskraft eines stattgebenden Urteils als erteilt, § 894 ZPO.

Eine zur ordnungsmäßigen Verwaltung des Gesamtgutes erforderliche Maßnahme kann auch die Gewährung von Unterhalt an einen Ehegatten[354] oder die Überlassung eines zum Gesamtgut gehörenden Hauses zur Nutzung[355] sein.

---

[350] Vergl. z. B. BGB-RGRK-Finke, § 1472 Rz. 10; MünchKomm-Kanzleiter, § 1472 Rz. 18; Staudinger-Thiele, § 1472 Rz. 4, jeweils m.w.N.

[351] BGH NJW 58, 2061 ff.

[352] BGB-RGRK-Finke, § 1472 Rz. 8.

[353] Herrschende Meinung, z. B. Staudinger-Thiele, § 1472 Rz. 9; Erman-Heckelmann, § 1472 Rz. 3.

[354] Palandt-Diederichsen, § 1472 Anm. 2; Erman-Heckelmann, § 1472 Rz. 3 unter Hinweis auf OLG Hamburg, Recht 1918, Nr. 726.

[355] Vergl. OLG Düsseldorf, FamRZ 84, 1098 f, wonach aber ein Anspruch auf Nutzungsentschädigung hierfür nicht isoliert, sondern nur in der Gesamtauseinandersetzung geltend gemacht werden kann. Wird allerdings als Verwaltungsmaßnahme die Zahlung von Unterhalt zu Lasten des Gesamtgutes verlangt, dürfte der Wert der Nutzung eines zum Gesamtgut gehörenden und einem Ehegatten überlassenen Haus bei der Ermittlung seines Unterhaltsbedarfs zu berücksichtigen sein.

[355a] Herrschende Meinung: vergl. z. B. Palandt-Diederichsen, § 1359, Anm. 1; MünchKomm-Wacke, § 1359 Rz. 8.

Aus der Mitwirkungspflicht kann sich schließlich eine Verpflichtung zur **Duldung der Zwangsvollstreckung** in das Gesamtgut ergeben[356], die aber wiederum nicht von außenstehenden Dritten geltend gemacht werden kann (zur Zwangsvollstreckung in das Gesamtgut während der Auseinandersetzung siehe unten Rz. 250).

Nach § 1472 Abs. 3 2. HS kann jeder Ehegatte die zur **Erhaltung** notwendigen Maßnahmen alleine treffen. Hierzu gehören insbesondere solche, die zur Feststellung oder Sicherung der Teilungsmasse geboten sind. Die Vorschrift entspricht in etwa dem § 1455 Ziff. 10, allerdings mit der Maßgabe, daß bei der Auseinandersetzungsverwaltung mit dem Aufschub der notwendigen Maßnahme keine Gefahr verbunden zu sein braucht[357]. Mit dieser Einschränkung kann auf die Erläuterung zu § 1455 Ziff. 10 verwiesen werden (oben Rz. 192).

Auch hier kommen als Erhaltungsmaßnahmen Handlungen tatsächlicher Art, Rechtsgeschäfte und Rechtsstreitigkeiten in Betracht. Ein Rechtsstreit kann von einem Ehegatten alleine geführt werden, wenn ansonsten die Verjährung einer Forderung droht. Er muß allerdings Leistung an beide Ehegatten verlangen.

Nach herrschender Meinung ist im übrigen bei der Auseinandersetzungsverwaltung – im Gegensatz zur gemeinschaftlichen Verwaltung während des Güterstandes im Hinblick auf die Sonderregelung der §§ 1452, 1454 ff. – § 2039 analog anwendbar, so daß jeder Ehegatte oder Miterbe eines verstorbenen Ehegatten allein eine Leistung an (oder Hinterlegung für) beide Ehegatten bzw. alle am Gesamtgut Beteiligten verlangen kann. Das Bedürfnis hierfür ergibt sich aus dem während der Auseinandersetzung häufig bestehenden Spannungszustand und dem Umstand, daß die Ersetzung der Zustimmung eines Beteiligten durch das Vormundschaftsgericht nicht möglich ist[358].

Auch im Rahmen des § 1472 Abs. 3 gilt, daß sich aus dem Recht zum alleinigen Handeln und der Pflicht zur Mitwirkung bei der Verwaltung die Verpflichtung ergeben kann, im Interesse des Gesamtgutes die zu dessen Erhaltung notwendigen Maßnahmen alleine zu treffen[359].

Aus einer Verletzung der sich aus § 1472 Ziff. 1 und 3 ergebenden wechselseitigen Verpflichtungen können sich **Schadensersatzansprüche** der Ehegatten gegeneinander ergeben. Auf die Haftungserleichterung des § 1359 können sie sich allerdings nicht mehr berufen, wenn die Auseinandersetzung nach rechtskräftiger Ehescheidung oder Eheauflösung erfolgt. In diesen Fällen gilt – wie auch für die Erben eines Ehegatten nach Beendigung des Güterstandes durch den Tod eines Ehegatten – der Haftungsmaßstab des § 276[360].

---

[356] Palandt-Diederichsen, § 1472 Anm. 2 und RGZ 118, 126, 131.
[357] Vergl. insbesondere BGB-RGRK-Finke, § 1472 Rz. 13.
[358] Z. B. RGZ 158, 40, 42; Soergel-Gaul, § 1472 Rz. 7; Staudinger-Thiele, § 1472 Rz. 7; BGB-RGRK-Finke, § 1472 Rz. 14; Palandt-Diederichsen, § 1472 Anm. 1.
[359] MünchKomm-Kanzleiter, § 1472 Rz. 11; siehe auch oben Rz. 188 und Rz. 190, 202.
[360] BGB-RGRK-Finke, § 1472 Rz. 20; ungenau hinsichtlich des Haftungsmaßstabes MünchKomm-Kanzleiter, § 1472 Rz. 13 (siehe aber MünchKomm-Wacke, § 1359 Rz. 8); a.A. für die Haftung der Ehegatten § 1359) Staudinger-Thiele, § 1472 Rz. 21 (siehe aber Staudinger-Hübner, 10./11. Aufl. § 1359 Rz. 10; Dölle, Familienrecht I S. 971; vergl. im übrigen aber auch Palandt-Diederichsen, § 1359 Anm. 1 und Erman-Heckelmann, § 1359 Rz. 2 (§ 1359 nicht bei Erfüllung der Verpflichtungen, die sich nach Auflösung der Ehe ergeben).

c) Zwangsvollstreckung in das Gesamtgut und Konkurs während der Auseinandersetzung

Für die Zwangsvollstreckung während der Auseinandersetzung ergibt sich zu- **250** nächst aus § 743 ZPO, daß die Vollstreckung in das Gesamtgut nur möglich ist, wenn ein **Titel gegen beide Ehegatten** oder gegen einen Ehegatten auf Leistung gegen den anderen auf Duldung der Zwangsvollstreckung vorliegt. Nach Beendigung des Güterstandes muß also der Gläubiger, der bis dahin nur den Gesamtgutsverwalter in Anspruch nimmt, seine Klage erweitern. Ist allerdings der Rechtsstreit gegen den Gesamtgutsverwalter vor Beendigung der Gütergemeinschaft rechtskräftig abgeschlossen worden, kann nach § 744 ZPO auch gegen den anderen Ehegatten eine vollstreckbare Ausfertigung des gegen den Gesamtgutsverwalter ergangenen Urteils erteilt werden.

Nach Beendigung der Auseinandersetzung ist § 743 ZPO nicht mehr anwendbar, weil dann kein Gesamtgut vorhanden ist, in das vollstreckt werden könnte. Der Gläubiger kann dann nur noch in das Vermögen des Ehegatten vollstrecken, der zur Leistung an ihn verurteilt ist, ggf. – getrennt – in das Vermögen beider Ehegatten[361].

Während ein selbständiger **Konkurs** des Gesamtgutes nach § 2 Abs. 2 KO für den Fall gemeinschaftlicher Verwaltung des Gesamtgutes zugelassen ist, fehlt eine entsprechende Vorschrift für die Behandlung des Gesamtgutes nach Beendigung der Gütergemeinschaft bis zur endgültigen Auseinandersetzung. Nach herrschender Meinung kommt eine analoge Anwendung des § 2 Abs. 2 KO nicht in Betracht, weil sich aus § 236 a Abs. 1 KO ergibt, daß ein selbständiger Konkurs über das Gesamtgut nur möglich ist, wenn die Ehegatten (noch) in Gütergemeinschaft leben und zudem nach Beendigung der Gütergemeinschaft bei der Eröffnung des Konkursverfahrens über das Vermögen eines oder beider Ehegatten deren Anteil am Gesamtgut zur Konkursmasse gehört, § 860 Abs. 2 ZPO i.V.m. § 1 Abs. 1 KO[362].

d) Gutglaubensschutz, § 1472 Abs. 2

Nach § 1472 Abs. 2 darf ein Ehegatte, der während der Gütergemeinschaft das **251** Gesamtgut allein oder zusammen mit dem anderen Ehegatten verwaltet hat, dies auch nach der Beendigung der Gütergemeinschaft in derselben Weise tun, bis er von der Beendigung **Kenntnis** erlangt hat oder von ihr Kenntnis haben muß.

Maßgeblich ist nicht die Kenntnis der Rechtsfolgen einer Beendigung des Güterstandes, also beispielsweise einer Scheidung, sondern die Kenntnis von den Tatsachen, aus denen sich die Beendigung der Gütergemeinschaft ergibt[363]. Der gute Glaube wird schon durch **leichte Fahrlässigkeit** zerstört, ohne daß sich der Ehe-

---

[361] BGB-RGRK-Finke, § 1472 Rz. 23).
[362] Vergl. z. B. Staudinger-Thiele, § 1472 Rz. 27; MünchKomm-Kanzleiter, § 1472 Rz. 21; § 1471 Rz. 8; Soergel-Gaul, § 1472 Rz. 9; BGB-RGRK-Finke, § 1472 Rz. 24; a.A. Mentzel/Kuhn/Uhlenbruck, § 2 KO Rz. 5; Schuler, NJW 58, 1609.
[363] Erman-Heckelmann, § 1472 Rz. 4; BGB-RGRK-Finke, § 1472 Rz. 16; OLG Augsburg, OLGE 40, 75, 76.

gatte auf den Verschuldensmaßstab des § 1359 berufen könnte. Dieser spielt keine Rolle für die Frage der maßgeblichen Kenntnis, wohl aber für die sich bei fehlender Gutgläubigkeit ergebende Haftung aus den §§ 177 ff., 677, sofern nicht die Auseinandersetzung im Hinblick auf die rechtskräftige Beendigung der Ehe erfolgt und die Haftungserleichterung deswegen nicht mehr gilt[363a].

Bei **Rechtsgeschäften mit Dritten** ist neben dem guten Glauben des Ehegatten auch der gute Glaube des Dritten erforderlich. Der Schutz des § 1472 Abs. 2 entfällt, wenn entweder der verwaltende Ehegatte oder der Dritte die für die Beendigung des Güterstandes maßgebenden Tatsachen kannte oder kennen mußte. Die Regelung ist vergleichbar der der §§ 674, 169. Die Wirksamkeit des Geschäfts hängt in diesem Fall von der Genehmigung des anderen Ehegatten ab, §§ 177 ff.[364].

Im übrigen bleiben die allgemeinen Vorschriften zum Schutz gutgläubiger Dritter, also insbesondere die §§ 892, 932 unberührt. Gegenüber der Regelung bei bestehendem Güterstand ergibt sich keine Änderung, so daß auf die Erläuterung zum Gutglaubensschutz bei gemeinschaftlicher Verwaltung verwiesen werden kann (siehe oben Rz. 186).

e) Pflicht zur Notverwaltung, § 1472 Abs. 4

252   Eine Verpflichtung zur alleinigen Notverwaltung des Gesamtgutes kann sich aus § 1472 Abs. 4 für den **überlebenden** Ehegatten ergeben, wenn die Gütergemeinschaft durch den Tod eines Ehegatten beendet und nicht mit den Erben fortgesetzt wird, § 1483. Die Verpflichtung trifft nur den Ehegatten, der bereits während des Güterstandes zur Verwaltung berechtigt und verpflichtet war. Sie kann also nicht den Ehegatten treffen, der bisher das Gesamtgut wegen einer Vereinbarung nach § 1421 zugunsten des anderen Ehegatten nicht verwaltet hat. Die Vorschrift gilt nicht einmal für einen Ehegatten, der zu Lebzeiten des Verstorbenen das Notverwaltungsrecht nach § 1429 ausgeübt hat[365]. Verwaltungsrecht und Verwaltungspflicht bestehen nur hinsichtlich der Geschäfte, die zur ordnungsmäßigen Verwaltung erforderlich sind und nicht ohne Gefahr aufgeschoben werden können, und auch nur solange, bis der Erbe „anderweit Fürsorge" treffen kann. Wegen des Begriffs der zur ordnungsmäßigen Verwaltung erforderlichen Maßnahme und der Gefahr im Verzuge kann auf die Ausführungen zu §§ 1429, 1451 verwiesen werden (siehe oben Rz. 190 und Rz. 202).

2. Kosten, Lasten, Nutzungen, Surrogate

a) Kosten und Lasten

253   Die §§ 1471 ff. enthalten für die Zeit nach Beendigung des Güterstandes keine Regelung der Frage, wie die Kosten der Erhaltung und Verwaltung des Gesamtgutes und die darauf ruhenden Lasten zwischen den Ehegatten zu verteilen sind.

---

[364] Vergl. z. B. BGB-RGRK-Finke, § 1472 Rz. 18; RGZ 136, 19, 23, wonach sich der gute Glaube gerade auf den Fortbestand der Gütergemeinschaft beziehen muß.
[365] BGB-RGRK-Finke, § 1472 Rz. 19; Staudinger-Thiele, § 1472 Rz. 14.

Nach allgemeiner Meinung sind deswegen die Vorschriften über die **Gemeinschaft**, insbesondere § 748, analog anwendbar, so daß bis zum Abschluß der Auseinandersetzung die Lasten des Gesamtgutes und die Kosten der Verwaltung, Nutzung und Erhaltung des Gesamtgutes von jedem Ehegatten bzw. dem überlebenden Ehegatten und den Erben des verstorbenen Ehegatten je zur Hälfte zu tragen sind[366].

Diese Regelung gilt jedoch nur im **Innenverhältnis**. Den Gläubigern gegenüber richtet sich die Haftung, z.B. für Versicherungsprämien, Grundsteuern und Hypothekenzinsen für ein zum Gesamtgut gehörendes Grundstück, nach Beendigung der Gütergemeinschaft nach den **allgemeinen Vorschriften**, nicht mehr nach den Vorschriften der §§ 1437, 1438; 1449, 1460. Die nach Beendigung der Gütergemeinschaft in der Person eines Ehegatten entstehenden Verbindlichkeiten werden nicht mehr Gesamtgutsverbindlichkeiten. Die Vorschriften der §§ 1417, 1418 gelten nicht mehr. Nach Beendigung des Güterstandes findet auch kein Erwerb neuen Vermögens zum Gesamtgut statt, sofern nicht ein Ausnahmefall nach § 1473 vorliegt. Selbst wenn die Ehegatten nach Beendigung des Güterstandes gemeinschaftliches Vermögen erwerben, entsteht hierdurch kein gesamthänderisch verbundenes Vermögen mehr, sondern eine Gemeinschaft nach Bruchteilen im Sinne der §§ 741 ff. mit einer gesamtschuldnerischen Haftung der gemeinsam handelnden Eheleute nach § 427[367].

b) Nutzungen, Surrogate

Nach § 1473 Abs. 1 findet allerdings noch Erwerb zum Gesamtgut statt, wenn einer der drei Erwerbstatbestände erfüllt ist. Dies sind Erwerb aufgrund eines zum Gesamtgut gehörenden Rechtes, Ersatz für Zerstörung, Beschädigung und Entziehung sowie Erwerb durch Rechtsgeschäft, das sich auf das Gesamtgut bezieht. **254**

Dem Gesamtgut fließen also insbesondere alle hieraus gezogenen Nutzungen, wie z.B. die Zinsen einer Gesamtgutsforderung, zu.

Ist eine Sache schon während des Bestehens der Gütergemeinschaft für das Gesamtgut gekauft und aus dessen Mitteln bezahlt worden, wird sie Gesamtgut mit der weiteren Folge der Surrogation während der Auseinandersetzung, auch wenn sie erst nach Beendigung der Gütergemeinschaft übergeben oder (bei Abzahlungskauf) erst während der Auseinandersetzung abgezahlt wird und deswegen der Eigentumserwerb erst in die Zeit der Auseinandersetzung fällt. Andererseits scheidet aber ein Surrogationserwerb nach § 1473 Abs. 1 aus, wenn die Ehegatten einen Gegenstand im Rahmen einer Teilauseinandersetzung aus dem Gesamtgut ausscheiden[368].

---

[366] BGB-RGRK-Finke, § 1472 Rz. 12; Staudinger-Thiele, § 1472 Rz. 20; Palandt-Diederichsen, § 1472 Anm. 1; Soergel-Gaul, § 1472 Rz. 3.
[367] Siehe oben Rz. 246 f und z. B. Erman-Heckelmann, § 1473 Rz. 2; BGB-RGRK-Finke, § 1473 Rz. 4; Staudinger-Thiele, § 1472 Rz. 20.
[368] BGB-RGRK-Finke, § 1473 Rz. 3.

Für den Erwerb zum Gesamtgut ist es, wenn dieser sich objektiv notwendig auf das Gesamtgut bezieht, unerheblich, ob der Ehegatte den Willen hatte, für das Gesamtgut zu erwerben[369].

Nach § 1473 Abs. 1 gilt während der Zeit der Auseinandersetzung für das Gesamtgut das, was nach § 1418 Abs. 2 Ziff. 3 während der Dauer der Gütergemeinschaft für das Vorbehaltsgut gilt[370].

Wegen der Einzelheiten und insbesondere wegen der Voraussetzungen des Surrogationserwerbs kann deswegen auf die Erläuterungen zu § 1418 verwiesen werden (oben Rz. 180).

Soweit Surrogate nach § 1473 in das Gesamtgut fallen, unterfallen sie ihrerseits der Gesamtgutsauseinandersetzung nach Maßgabe der §§ 1474 ff. Wie diese Nutzungen bis zur endgültigen Auseinandersetzung zu verteilen sind, bleibt letztlich der Vereinbarung der Ehegatten untereinander bzw. des überlebenden Ehegatten und der Erben des verstorbenen Ehegatten überlassen. Im Zweifel ist wiederum von hälftiger Beteiligung auszugehen, § 743 Abs. 1 analog[371].

Zum **Schutz gutgläubiger Dritter** bestimmt § 1473 Abs. 2, daß diese die Zugehörigkeit einer durch Rechtsgeschäft erworbenen Forderung zum Gesamtgut nach § 1473 Abs. 1 erst dann gegen sich gelten lassen müssen, wenn sie erfahren, daß die Forderung zum Gesamtgut gehört. Die Vorschriften der §§ 406 bis 408 sind analog anwendbar.

Ein besonderer Gutglaubensschutz nach Beendigung des Güterstandes ist notwendig, weil der während des Bestehens der Gütergemeinschaft durch § 1412 gewährleistete Schutz nach ihrer Beendigung und bei Erwerb zum Gesamtgut durch Surrogation versagt und im Gegenteil die – zulässige – Eintragung der Tatsache der Beendigung der Gütergemeinschaft und des Entstehens einer Liquidationsgemeinschaft dazu führen kann, daß der Schuldner davon ausgehen muß, daß eine von den Ehegatten erworbene Forderung nicht mehr Gesamtgut wird[372].

Unabhängig von der Eintragung im Güterrechtsregister schützt § 1473 Abs. 2 den Schuldner, der nicht positiv weiß, daß die Forderung Gesamtgut wurde. Auch grob fahrlässige Unkenntnis genügt für den Ausschluß des Gutglaubensschutzes nicht. Allerdings reicht auch hier, daß der Schuldner die tatsächlichen Umstände kennt, aus denen sich der Erwerb der Forderung durch das Gesamtgut ergibt, auch wenn er die Rechtslage falsch beurteilt[373].

Hat der Schuldner keine positive Kenntnis von der Gesamtgutseigenschaft, kann er davon ausgehen, daß die allgemeinen Vorschriften gelten, also z.B. bei gemeinschaftlichem Handeln beide Ehegatten als Gesamtschuldner haften. Aufgrund der

---

[369] BGH NJW 68, 1824 zu § 2041.
[370] Eine ähnliche Regelung beinhaltet im übrigen § 2041 für den Nachlaß.
[371] Vergl. insbesondere Staudinger-Thiele, § 1472 Rz. 20; Bedenken gegen die analoge Anwendbarkeit von § 743 Abs. 1 bei BGB-RGRK-Finke, § 1473 Rz. 3 unter Berufung auf RG Gruch B 49, 955, 958.
[372] MünchKomm-Kanzleiter, § 1473 Rz. 3 und § 1471 Rz. 10.

Anwendbarkeit des § 407 Abs. 1 kann der Schuldner mit befreiender Wirkung an einen der Ehegatten leisten, wenn dieser gehandelt hat oder der Schuldner nach den allgemeinen Vorschriften von dem Entstehen einer Gesamtgläubigerschaft ausgehen konnte.

3. Auseinandersetzungsvereinbarung, § 1474

Aus § 1474 ergibt sich der Vorrang einer Auseinandersetzungsvereinbarung der **255** Ehegatten gegenüber der gesetzlichen Auseinandersetzungsregelung der §§ 1475 ff. Ansonsten beschränkt sich die Vorschrift auf die Verweisung auf die §§ 1475 bis 1481 für den Fall, daß die Ehegatten sich nicht anderweitig einigen.

a) Inhalt

Für den Inhalt einer Auseinandersetzungsvereinbarung ergibt sich aus § 1474 zunächst, daß sämtliche Vorschriften der §§ 1475 bis 1481 **dispositiv** sind. Eine Ausnahme gilt allerdings für die **Gläubigerschutzvorschrift** des § 1480, die eine persönliche Haftung beider Ehegatten für den Fall begründet, daß die Teilung des Gesamtgutes vor Berichtigung einer Gesamtgutsverbindlichkeit erfolgt ist[374]. Im übrigen ergeben sich die Schranken lediglich aus den allgemeinen Vorschriften, also insbesondere den §§ 138, 242. Die Ehegatten können z.B. vorsehen, daß einer der Ehegatten das Gesamtgut insgesamt oder in seinen wesentlichen Bestandteilen übernimmt und an den anderen Ehegatten bzw. seine Erben eine Abfindungszahlung leistet. Ein **Gesamtrechtsübergang** ist allerdings gesetzlich nicht vorgesehen, so daß es zur Durchführung einer solchen Vereinbarung der Übertragung der einzelnen zum Gesamtgut gehörenden Gegenstände bedarf. Handelt es sich um eine Auseinandersetzung mit den Erben des verstorbenen Ehegatten und besteht dessen Nachlaß nur in seinem Anteil am Gesamtgut, können die Erben durch Übertragung ihrer Anteile am Nachlaß auf den überlebenden Ehegatten diesem den ganzen Nachlaß (in der Form des § 2033 Abs. 1) und damit den Anteil am Gesamtgut übertragen, ohne daß es einer besonderen Übertragung der einzelnen Gegenstände unter Wahrung der hierfür vorgeschriebenen Form (z.B. des § 313) bedürfte. Dies scheidet allerdings aus, wenn zum Nachlaß des verstorbenen Ehegatten neben dem Anteil am Gesamtgut anderes Vermögen, insbesondere Vorbehaltsgut, gehört. Der Anteil am Gesamtgut ist dann nur ein Nachlaßgegenstand, über den nach § 2033 Abs. 2 nicht alleine verfügt werden kann. In diesem Fall muß also zunächst das Gesamtgut auseinandergesetzt werden[375].
Der Auseinandersetzungsvertrag hat rein **schuldrechtlichen Charakter** und kann grundsätzlich auch schon vor Beendigung der Gütergemeinschaft (aufschiebend bedingt) geschlossen werden. Die **dingliche** Wirkung der Auseinandersetzung tritt erst mit Erfüllung der vertraglichen Verpflichtungen nach den hierfür geltenden allgemeinen Vorschriften ein. Erst danach ist die Auseinandersetzung

---

[373] Staudinger-Thiele, § 1473 Rz. 6.
[374] MünchKomm-Kanzleiter, § 1474 Rz. 2.
[375] Vergl. BGB-RGRK-Finke, § 1474 Rz. 4; RGZ 88, 116 ff.

vollzogen [376]. Streitigkeiten aus einem Auseinandersetzungsvertrag sind **Familiensachen**, auch wenn es um die Frage der Nichtigkeit oder des Wegfalls der Geschäftsgrundlage geht, §§ 23 Abs. 1 Ziff. 9 GVG, 621 Abs. 1 Ziff. 8 ZPO[377].

Eine Auseinandersetzungsvereinbarung, die unabhängig von einer unmittelbar bevorstehenden oder bereits eingetretenen Beendigung der Gütergemeinschaft getroffen wird, ist als allgemeine Regelung güterrechtlicher Verhältnisse ein (formbedürftiger) **Ehevertrag** im Sinne des § 1408[378].

b) Form des Auseinandersetzungsvertrages

256 Beinhaltet der Auseinandersetzungsvertrag zugleich eine güterrechtliche Regelung im Sinne des § 1408, bedarf er der **Form des § 1410**. Dies gilt insbesondere, wenn in einer Auseinandersetzungsvereinbarung güterrechtliche Regelungen für die Zukunft getroffen werden, also z.B. Gütertrennung vereinbart wird.

Im übrigen bedarf der Auseinandersetzungsvertrag als **rein schuldrechtlicher Vertrag** nicht einer besonderen Form. Allerdings können die Vollzugsgeschäfte formbedürftig sein, insbesondere nach § 313. Die Einhaltung der Formvorschrift des § 1313 und die dingliche Auflassung sind auch dann erforderlich, wenn zur Auseinandersetzung der Gesamthandsgemeinschaft Bruchteilseigentum der Ehegatten begründet werden soll[379].

c) Vermittlung der Auseinandersetzung durch das Amtsgericht

257 Auf Antrag eines der Beteiligten vermittelt das Amtsgericht die Auseinandersetzung. Es handelt sich um ein Verfahren der freiwilligen Gerichtsbarkeit, das sich nach den Vorschriften über die Vermittlung der Erbauseinandersetzung, §§ 86 bis 98 FGG, richtet, § 99 Abs. 1 FGG.

Für die Auseinandersetzung ist das Nachlaßgericht zuständig, sofern ein Anteil an dem Gesamtgut zu einem Nachlaß gehört, im übrigen das Vormundschaftsgericht, § 99 Abs. 21 i.V.m. § 45 FGG. In einigen Bundesländern sind diese Aufgaben entsprechend dem Gesetzesvorbehalt des § 193 FGG allerdings den Notaren konkurrierend oder ausschließlich übertragen worden.

Im Verfahren zur Vermittlung der Auseinandersetzung lädt das Amtsgericht zunächst die Beteiligten zu einem Verhandlungstermin, § 89 FGG. Das Amtsgericht kann Vereinbarungen über die Nachlaßteilung nach § 91 FGG beurkunden und bestätigen, kann einen Auseinandersetzungsplan anfertigen und bei Einverständnis der Beteiligten mit dem Inhalt des Planes diesen beurkunden und ggf. bestätigen, § 93 Abs. 1 FGG. Aus einem rechtskräftig bestätigten Auseinandersetzungsplan bzw. einer rechtskräftig bestätigten Auseinandersetzungsvereinbarung kann nach § 98 FGG i.V.m. §§ 795, 797 ZPO die Zwangsvollstreckung betrieben werden.

---

[376] OLG Hamm FamRZ 79, 811.
[377] BGH NJW 80, 193 und FamRZ 80, 989, über die ggf. im Verbund mit der Ehesache entschieden werden muß, § 623 Abs. 1 ZPO.
[378] Siehe oben Rz. 2 ff. (9) und Soergel-Gaul, § 1474 Rz. 2.
[379] Vergl. zu Vorstehendem MünchKomm-Kanzleiter, § 1474 Rz. 3 bis 5 und RGZ 57, 432 ff.

Nach § 95 FGG kann bei Auftreten von Streitpunkten eine Aussetzung des Verfahrens bis zur Erledigung der Streitpunkte erfolgen. Kommt es im Verfahren der freiwilligen Gerichtsbarkeit nicht zu einer Einigung, bleibt nur die streitige Auseinandersetzung nach Maßgabe der §§ 1475 ff., für die nicht das Amtsgericht, sondern das Familiengericht zuständig ist, das ggf. über die Auseinandersetzung im Verbund mit der Ehescheidung zu entscheiden hat, §§ 621 Abs. 1 Nr. 8, 623 Abs. 1 ZPO[380].

Auch streitige Auseinandersetzungen aus einer Auseinandersetzungsvereinbarung gehören als Familiensachen vor die Familiengerichte[381].

4. Streitige Auseinandersetzung, §§ 1475 ff.

Für die streitige Auseinandersetzung gehen die §§ 1475 ff. von dem Grundmodell aus, daß die Ehegatten zunächst die Gesamtgutsverbindlichkeiten zu berichtigen haben, §§ 1475 Abs. 1, 1480, daß zu diesem Zweck erforderlichenfalls Gegenstände des Gesamtgutes in Geld umzusetzen sind, § 1475 Abs. 3, und daß der Überschuß nach Berichtigung der Gesamtgutsverbindlichkeiten zwischen den Eheleuten zu teilen ist, § 1476 Abs. 1. Kompliziert wird diese Regelung dadurch, daß Ersatz- und Übernahmeansprüche zu berücksichtigen sind, §§ 1476 Abs. 2, 1477 Abs. 2, und für den praktisch häufigsten Fall der Auseinandersetzung nach Ehescheidung § 1478 jedem Ehegatten das Recht einräumt, Wertersatz hinsichtlich des in die Gütergemeinschaft Eingebrachten zu verlangen.

258

a) Berichtigung der Gesamtgutsverbindlichkeiten

Nach § 1475 Abs. 1 haben die Ehegatten zunächst die Gesamtgutsverbindlichkeiten zu berichtigen. Für noch nicht fällige oder streitige Verbindlichkeiten muß das zurückbehalten werden, was zur Berichtigung erforderlich ist, § 1475 Abs. 2 Satz 2.

259

Gesamtgutsverbindlichkeiten in diesem Sinne sind Schulden der Ehegatten oder eines Ehegatten, deretwegen der Gläubiger Befriedigung aus dem Gesamtgut verlangen kann, §§ 1437, 1459 (siehe oben Rz. 215 f. und Rz. 210 f.). Nicht zu den Gesamtgutsverbindlichkeiten gehören die Verbindlichkeiten, die nach Beendigung des Güterstandes entstanden sind, auch wenn aufgrund gemeinschaftlichen Handelns beide Ehegatten haften, und zwar auch nach Beendigung der Gütergemeinschaft mit ihrem pfändbaren Anteil an dem Gesamtgut, § 860 Abs. 2 ZPO[382].

Zu den vorweg zu berichtigenden Gesamtgutsverbindlichkeiten gehören auch etwaige Ansprüche eines der Ehegatten gegen das Gesamtgut. **Gesamtgutsgläubiger** ist beispielsweise der Ehegatte, der einen Ersatzanspruch nach § 1435 Satz 3

[380] OLG Karlsruhe, FamRZ 82, 286 ff.
[381] BGH FamRZ 80, 989; NJW 80, 193.
[382] Siehe oben Rz. 246 und BGH FamRZ 86, 40, 41; a.A. (nach Beendigung des Güterstandes Begründung von Gesamtgutsverbindlichkeiten möglich) MünchKomm-Kanzleiter, § 1472 Rz. 4.

hat (dazu oben Rz. 208) oder nach §§ 1445 Abs. 2, 1467 Abs. 2 Verwendungsersatzansprüche (dazu oben Rz. 230 und Rz. 234) hat. Diese Ansprüche werden mit Beendigung der Gütergemeinschaft fällig, §§ 1446, 1468. Sofern der anspruchsberechtigte Ehegatte zugleich etwas zum Gesamtgut schuldet, kann eine Aufrechnung nach Maßgabe der §§ 387 ff. in Betracht kommen[383].

Jeder Ehegatte kann von dem anderen verlangen, daß die Gesamtgutsverbindlichkeiten aus dem Gesamtgut berichtigt werden, sofern nicht der Ausnahmetatbestand des § 1475 Abs. 2 vorliegt, also eine Gesamtgutsverbindlichkeit im Innenverhältnis einem der Ehegatten zur Last fällt. Der wechselseitige Anspruch auf Berichtigung der auch im Innenverhältnis beiden Ehepartnern zur Last fallenden Verbindlichkeiten aus dem Gesamtgut ergibt sich aus § 1475 Abs. 1 und als Gegenschluß aus § 1475 Abs. 2. Jeder der Ehegatten hat ein berechtigtes Interesse hieran; einmal wegen einer möglicherweise bestehenden persönlichen Haftung (für den Gesamtgutsverwalter aus § 1437 Abs. 2, bei gemeinschaftlicher Verwaltung aus § 1459 Abs. 2), zum anderen wegen der sich aus § 1480 nach der Teilung ergebenden persönlichen Haftung der Ehegatten für bis zur Teilung nicht berichtigte Gesamtgutsverbindlichkeiten (dazu unten Rz. 270).

Allerdings haben nur die Ehegatten, nicht auch ihre Gläubiger einen Anspruch darauf, daß die Verbindlichkeiten vorab aus dem Gesamtgut berichtigt werden. Die Gläubiger sind hinreichend durch § 1480 geschützt[384]. Nach § 1475 Abs. 2 kann auch derjenige Ehegatte, den im Innenverhältnis eine Gesamtgutsverbindlichkeit alleine trifft, nicht verlangen, daß diese aus dem Gesamtgut berichtigt wird. Dies rechtfertigt sich daraus, daß er ansonsten verpflichtet wäre, das aus dem Gesamtgut Geleistete wieder zum Gesamtgut zu ersetzen. Allerdings kann der andere Ehegatte verlangen, daß diese Verbindlichkeit aus dem Gesamtgut befriedigt wird, wenn er die Haftung nach § 1480 vermeiden will. Der Ehegatte, dem die Verbindlichkeit im Innenverhältnis nicht zur Last fällt, hat also ein **Wahlrecht**. Entscheidet er sich zur Vermeidung der Haftung nach § 1480 für die Berichtigung aus dem Gesamtgut, ist der entsprechende Betrag zu Lasten des anderen Ehegatten nach § 1476 Abs. 2 bei der Teilung anzurechnen (dazu unten Rz. 262 ff.)[385]. Verlangt der andere Ehegatte nicht Berichtigung aus dem Gesamtgut, muß der im Innenverhältnis allein verpflichtete Ehegatte die Verbindlichkeit aus seinem sonstigen Vermögen berichtigen.

260   Nach § 1475 Abs. 3 ist das Gesamtgut **in Geld umzusetzen**, soweit dies notwendig ist, um die Gesamtgutsverbindlichkeiten zu berichtigen, insbesondere also, soweit vorhandenes Barvermögen bzw. Bankguthaben nicht ausreicht. In welcher Weise die Gesamtgutsverbindlichkeiten zu berichtigen sind, unterliegt in erster Linie der Vereinbarung der Ehegatten, die im übrigen an die Vereinbarungen mit den Gläubigern gebunden bleiben. Soweit die Vereinbarung mit den Gläubigern dies zuläßt, ist die Berichtigung einer Verbindlichkeit sowohl durch

---

[383] Z. B. Staudinger-Thiele, § 1475 Rz. 3; MünchKomm-Kanzleiter, § 1475 Rz. 2/3.
[384] Palandt-Diederichsen, § 1475 Anm. 1; Erman-Heckelmann, § 1475 Rz. 2.
[385] MünchKomm-Kanzleiter, § 1475 Rz. 6; Staudinger-Thiele, § 1475 Rz. 8.

Erfüllung, als auch durch die gesetzlich vorgesehenen Erfüllungssurrogate, §§ 362 ff.,[386] möglich.

Die Berichtigung kann auch in der Weise erfolgen, daß unter Mitwirkung des Gläubigers ein Ehegatte die **Schuld übernimmt** und der andere Ehegatte aus der Haftung entlassen wird[387]. Soweit notwendig ist das Gesamtgut in Geld umzusetzen. Auch hier ist es in erster Linie Sache der Vereinbarung der Ehegatten untereinander, welche Gegenstände in welcher Weise verwertet werden. Können sich die Ehegatten nicht einigen, kann jeder verlangen, daß nach den Grundsätzen über die Auseinandersetzung einer Gemeinschaft, §§ 753 ff., vorgegangen wird. Dementsprechend ist die Einleitung eines **Teilungsversteigerungsverfahrens** hinsichtlich der zum Gesamtgut gehörenden Grundstücke zulässig[388]. In welcher Reihenfolge in Betracht kommende Gegenstände des Gesamtgutes zu verwerten sind, kann im Streitfall nur unter Berücksichtigung der Umstände des Einzelfalles entschieden werden. Soweit ein Ehegatte einen Übernahmeanspruch nach § 1477 Abs. 2 ausgeübt hat und die sonstigen Gegenstände des Gesamtgutes (nach Versilberung) zur Berichtigung der Verbindlichkeiten ausreichen, kann der übernahmeberechtigte Ehegatte der Versilberung widersprechen[389].

Auch der Ehegatte, der Gesamtgutsgläubiger ist, kann Umsetzung von Gesamtgut in Geld verlangen, damit seine Ansprüche befriedigt werden. Er ist nicht verpflichtet, Gegenstände des Gesamtgutes zur Abfindung seines Anspruches zu übernehmen. Es ist eine Frage des Einzelfalles, ob und inwieweit einem Ehegatten (oder Erben eines Ehegatten) nach Treu und Glauben verwehrt ist, die sofortige Befriedigung zu verlangen, wenn diese eine unwirtschaftliche oder aus sonstigen Gründen unangemessene Verwertung von Gesamtgutsgegenständen notwendig machen würde.

Im übrigen geht das Recht eines Ehegatten, nach §§ 1475 Abs. 3, 753 die Versteigerung einer Sache zur Beschaffung der notwendigen Barmittel zu verlangen, dem Übernahmerecht des anderen Ehegatten nach § 1477 Abs. 2 vor, weil sich dieses Übernahmerecht nur auf den nach Berichtigung der Verbindlichkeiten verbleibenden Überschuß bezieht[390].   **261**

Reicht der sich aus der Umsetzung der Gesamtgutsgegenstände ergebende Geldbetrag zur Befriedigung aller Gläubiger nicht aus, sind die Ehegatten frei in der Entscheidung darüber, ob sie alle Gläubiger anteilig oder einzelne vorab befriedigen wollen, ohne sich deswegen der Haftung nach § 1480 auszusetzen. Analog § 366 können die Ehegatten allerdings untereinander verlangen, daß zunächst die

---

[386] Soergel-Gaul, § 1475 Rz. 3.

[387] OLG Karlsruhe, FamRZ 82, 286, 289; BGH FamRZ 85, 903, 905; FamRZ 86, 40, 41.

[388] BGH FamRZ 85, 903, 904, wonach allerdings der andere Ehegatte sich gegen die Teilungsversteigerung mit der Drittwiderspruchsklage zur Wehr setzen kann, wenn die Versilberung des Grundstückes nicht zur Gesamtgutsverbindlichkeit berücksichtigt wird und ihm ein Übernahmerecht nach § 1477 Abs. 2 zusteht (dazu unten Rz. 264 f).

[389] Vergl. BGH FamRZ 85, 904/905, Soergel-Gaul, § 1475 Rz. 6; MünchKomm-Kanzleiter, § 1475 Rz. 8.

[390] Vergl. insbesondere BGB-RGRK-Finke, § 1475 Rz. 4; MünchKomm-Kanzleiter, § 1475 Rz. 8; Staudinger-Thiele, § 1475 Rz. 11 und die bereits zitierte Entscheidung BGH FamRZ 85, 903, 904 f.

„lästigeren" Forderungen berichtigt werden, also insbesondere solche, für die bereits Vollstreckungstitel vorliegen[391].

Gläubiger können gegen eine solche Entscheidung nur unter den **Anfechtungsvoraussetzungen** des Anfechtungsgesetzes vorgehen[392]. Die Gläubiger können im übrigen nach Beendigung der Gütergemeinschaft nicht mehr den Konkurs über das Gesamtgut beantragen, sondern nur noch **Konkursantrag** über das Vermögen eines oder beider Ehegatten stellen[393].

Können sich die Beteiligten über die notwendige **Versilberung** nicht nach § 745 Abs. 1 Satz 2 mit Stimmenmehrheit einigen (was nur bei Auseinandersetzung zwischen einem Ehegatten und Miterben des anderen Ehegatten in Betracht kommt), muß das Familiengericht ggf. im streitigen Verfahren einen **Auseinandersetzungsplan** festlegen (dazu unten Rz. 276 ff.).

Die Bestimmung des § 1475 Abs. 1 Satz 2, wonach die Ehegatten zurückbehalten müssen, was zur Berichtigung noch nicht fälliger oder streitiger Verbindlichkeiten benötigt wird, kann zu erheblichen praktischen Schwierigkeiten schon deswegen führen, weil hinsichtlich des Zurückbehaltenen die Auseinandersetzung noch nicht abgeschlossen ist und die Gesamtgutseigenschaft mit der Folge der Weitergeltung der §§ 1472, 1471, 1419 fortbesteht. Insbesondere bei langfristigen Kreditverbindlichkeiten, z.B. im Zusammenhang mit der Finanzierung eines zum Gesamtgut gehörenden Hauses, kann dies die endgültige Auseinandersetzung auf unabsehbare Zeit hinauszögern. Läßt sich eine Berichtigung der Verbindlichkeiten nicht dadurch erreichen, daß ein Ehegatte – ggf. im Zusammenhang mit der Übernahme nach § 1477 Abs. 2 oder einem Ersatzanspruch nach § 1478 (dazu unten Rz. 263 ff.) – die Verbindlichkeiten übernimmt und der andere Ehegatte durch den Gläubiger aus der Haftung entlassen wird (dazu oben Rz. 260), kann die Berufung eines Ehegatten auf § 1475 Abs. 1 Satz 2 dazu führen, daß eine vorzeitige Ablösung der Forderung nicht in Betracht kommt und im Hinblick auf die Höhe des noch zu tilgenden Kredites praktisch alle verfügbaren Barmittel, ggf. erst nach Veräußerung der Gesamtgutsgegenstände nach § 1475 Abs. 3, zurückbehalten werden müssen.

Die betroffenen Gläubiger können dies nicht erzwingen, weil § 1475 Abs. 1 Satz 2 nur für das Innenverhältnis gilt. Die Gläubiger werden nach § 1480 geschützt[394].

Streitig im Sinne des § 1475 Abs. 1 Satz 2 ist eine Gesamtgutsverbindlichkeit nicht nur dann, wenn zwischen der Liquidationsgemeinschaft und dem Gläubiger Streit besteht, sondern auch dann, wenn im Innenverhältnis Streit darüber besteht, ob ein Ehegatte (oder seine Erben) eine Forderung an das Gesamtgut als Gesamtgutsverbindlichkeiten hat[395]. Streitigkeiten zwischen der Liquidationsge-

---

[391] Staudinger-Thiele, § 1475 Rz. 13.
[392] MünchKomm-Kanzleiter, § 1475 Rz. 4.
[393] Siehe oben Rz. 250 und BGB-RGRK-Finke, § 1475 Rz. 9.
[394] Staudinger-Thiele, § 1475 Rz. 6; MünchKomm-Kanzleiter, § 1475 Rz. 5, siehe auch oben Rz. 259.
[395] Palandt-Diederichsen, § 1475 Anm. 1.

meinschaft und den Gläubigern sind außerhalb der güterrechtlichen Auseinandersetzung, ggf. durch Klage vor den ordentlichen Gerichten, zu klären. Für Streitigkeiten der Ehegatten untereinander kommt eine isolierte Leistungs- oder Feststellungsklage (z.B. auf Feststellung, daß eine Gesamtgutsverbindlichkeit im Innenverhältnis von dem Beklagten alleine zu tragen ist) in Betracht; möglich ist aber auch die inzidente Klärung solcher Streitfragen im Rahmen einer gerichtlichen Auseinandersetzung aufgrund der Klage eines Ehegatten gegen den anderen auf Zustimmung zu einem bestimmten Auseinandersetzungsplan (zu Verfahrensfragen siehe unten Rz. 274 ff.).

b) Teilung des Überschusses, § 1476

Nach § 1476 Abs. 1 steht der nach Berichtigung der Gesamtgutsverbindlichkeiten verbleibende Überschuß beiden Ehegatten zu gleichen Teilen zu. Von dem Ausnahmetatbestand des § 1478 für den Fall der Scheidung abgesehen gilt dies auch dann, wenn ein Ehegatte wesentlich mehr in die Gütergemeinschaft eingebracht hat als der andere, die Ehe nur kurze Zeit bestanden hat oder das Gesamtgut im wesentlichen nur auf der Tätigkeit eines der Ehegatten beruht. Die hälftige Berechtigung der Ehegatten an dem Überschuß entspricht dem Wesen der Gütergemeinschaft, so daß das Verlangen auf hälftige Teilung auch in solchen Fällen nicht als sittenwidrig angesehen werden kann. Das Teilungsverlangen kann nur in extremen Ausnahmefällen wegen Sittenwidrigkeit ganz oder teilweise als ungerechtfertigt angesehen werden[396].

262

Es steht den Ehegatten aber selbstverständlich frei, besondere Umstände durch eine anderweitige Verteilung in einer Vereinbarung nach § 1474 zu berücksichtigen.

Teilungsmasse ist der Überschuß, der nach Berichtigung der Gesamtgutsverbindlichkeiten und nach Zurückbehaltung der zur Berichtigung noch nicht fälliger oder streitiger Verbindlichkeiten erforderlichen Beträge verbleibt. Dabei sind Forderungen des Gesamtgutes gegen einen der Ehegatten ebenso zu berücksichtigen wie Forderungen gegen Dritte[397].

Nach § 1476 Abs. 2 muß sich jeder Ehegatte auf seinen Hälfteanteil an dem Überschuß das **anrechnen** lassen, was er zum Gesamtgut zu ersetzen hat. Erst mit Beendigung der Gütergemeinschaft fällig werdende, § 1446, 1468, Zahlungsverpflichtungen können sich insbesondere aus §§ 1435 Satz 3, 1445, 1467 ergeben (dazu oben Rz. 208, Rz. 230 und Rz. 234). Der Wert dieser Verpflichtungen ist zunächst rechnerisch der **Teilungsmasse hinzuzurechnen**. Zuzurechnen ist auch der Wert einer Forderung, die zwar Gesamtgutsverbindlichkeit ist, im Innenverhältnis aber nur einem der Ehegatten zur Last fällt und aufgrund gemeinschaftlicher Bestimmung der Ehegatten im Rahmen des § 1475 Abs. 1 aus dem Gesamtgut berichtigt worden ist (dazu oben Rz. 259). Der so ermittelte Überschuß ist

---

[396] Vergl. BGB-RGRK-Finke, § 1476 Rz. 2; MünchKomm-Kanzleiter, § 1476 Rz. 3; Staudinger-Thiele, § 1476 Rz. 2.
[397] MünchKomm-Kanzleiter, § 1476 Rz. 2.

zu teilen. Von dem hälftigen Betrag muß sich der verpflichtete Ehegatte das abziehen lassen, was er zum Gesamtgut schuldet, wozu nach §§ 1444, 1466 auch eine Ausstattung gehören kann, die einem nicht gemeinschaftlichen Kind aus dem Gesamtgut gewährt worden ist.

Der verpflichtete Ehegatte muß sich die Anrechnung nicht nur nach § 1476 Abs. 2 gefallen lassen, sondern hat auch einen Anspruch darauf, daß seine Verpflichtung im **Verrechnungswege** berücksichtigt wird. Er kann deswegen vor der Teilung Zahlungen in das Gesamtgut verweigern, soweit sie nicht zur Berichtigung der Gesamtgutsverbindlichkeiten notwendig sind und die Teilungsmasse zur Deckung des dem oder den anderen Beteiligten zustehenden Anteils ausreicht[398]. Ist die Ersatzverpflichtung höher als der dem verpflichteten Ehegatten zustehende Anteil an dem Überschuß, bleibt er zur Zahlung verpflichtet. Insoweit enthält § 1476 Abs. 2 Satz 2 lediglich eine Klarstellung, daß es sich um eine Verpflichtung handelt, für die die allgemeinen Grundsätze gelten[399].

c) Durchführung der Teilung und Übernahmeansprüche, § 1477

263 Zur Durchführung der Teilung verweist § 1477 Abs. 1 auf die Vorschriften über die Auseinandersetzung der Gemeinschaft, §§ 753 ff.. Nicht anwendbar ist jedoch § 755 Abs. 1, der durch die Sondervorschrift des § 1475 ersetzt wird[400]. Die analoge Anwendbarkeit des § 755 kommt aber in Betracht, wenn es um Verbindlichkeiten geht, für die die Ehepartner gemeinschaftlich haften, die aber nach Beendigung der Gütergemeinschaft entstanden sind und deswegen nach herrschender Meinung nicht mehr Gesamtgutsverbindlichkeiten werden konnten[401]. In Betracht kommen hierfür insbesondere Verbindlichkeiten, für die die Ehegatten nach § 748 analog anteilig haften (Lasten und Kostentragung, dazu oben Rz. 253).

aa) Teilung nach Maßgabe der §§ 753 ff.

Aus der Anwendbarkeit der §§ 753 ff. ergibt sich, daß die Teilung in erster Linie in Natur, hilfsweise durch Verkauf nach den Regeln des Pfandverkaufs bzw. durch Versteigerung zu erfolgen hat.

Besteht die Auseinandersetzungsgemeinschaft zwischen dem überlebenden Ehegatten und den Erben des verstorbenen Ehegatten, genügt für die **Teilung in Natur** die Aufteilung in zwei gleichartige Teile. Die **Erbengemeinschaft** muß sich hinsichtlich des auf sie entfallenden Hälfteanteils ihrerseits nach erbrechtlichen Grundsätzen auseinandersetzen[402]. Sind die Mitglieder der Erbengemeinschaft identisch mit den Mitgliedern der Liquidationsgemeinschaft, kann ein Vorausvermächtnis der Versteigerung entgegenstehen[403].

---

[398] Vergl. hierzu und zum Berechnungsmodus BGB-RGRK-Finke, § 1476 Rz. 4/5; Staudinger-Thiele, § 1476 Rz. 5/6.
[399] MünchKomm-Kanzleiter, § 1476 Rz. 5; Staudinger-Thiele, § 1476 Rz. 7.
[400] Palandt-Diederichsen, § 1477 Anm. 1; Staudinger-Thiele, § 1477 Rz. 2; Erman-Heckelmann, § 1477 Rz. 2; Soergel-Gaul, § 1477 Rz. 2.
[401] MünchKomm-Kanzleiter, § 1477 Rz. 2, Fn. 1 und oben Rz. 246.
[402] Erman-Heckelmann, § 1477 Rz. 2; MünchKomm-Kanzleiter, § 1477 Rz. 3.
[403] BGH FamRZ 85, 278 f.

Forderungen sind gemäß § 754 einzuziehen oder, falls die Einziehung nicht möglich ist, zu verkaufen. So muß der künftig fällig werdende Anspruch eines Ehegatten aus seiner Beteiligung an einer oHG zum Zwecke der Teilung durch Verkauf realisiert werden[404].

Hat ein Ehegatte gegen den anderen oder dessen Erben eine Forderung, die nicht durch Verrechnung nach § 1476 Abs. 2 erloschen ist, kann er nach § 756 deren Befriedigung aus der auf den anderen Ehegatten oder seine Erben entfallenen Hälfte verlangen. Dies gilt auch für gegenseitige Ansprüche, die nach Beendigung der Gütergemeinschaft entstanden sind, etwa Ansprüche aus § 748[405].

Soweit im Rahmen der Teilung in Natur die **Zuteilung** von Gegenständen erfolgt, gilt die Gewährleistungsregelung des § 757. Der andere Ehegatte bzw. die Miterben haften nach den kaufrechtlichen Vorschriften für Sach- und Rechtsmängel, und zwar anteilig. Die Gewährleistung kann jedoch entfallen, wenn gleichartige gemeinschaftliche Gegenstände an beide Ehegatten bzw. alle an der Auseinandersetzung Beteiligten verteilt werden und alle Teile in gleicher Weise mangelhaft sind[406].

bb) Übernahmerecht nach § 1477 Abs. 2

Nach § 1477 Abs. 2 hat jeder Ehegatte bzw. Erbe des verstorbenen Ehegatten das **264** Recht (nicht die Pflicht), gegen Ersatz des Wertes bestimmte Gegenstände aus der zu verteilenden Vermögensmasse zu übernehmen. Das Recht ist nicht höchstpersönlich, sondern **vererblich, übertragbar** und auch durch einen Gläubiger auszuüben, der sich den Anteil des Schuldners am Gesamtgut hat pfänden und zur Einziehung überweisen lassen, § 860 Abs. 2 ZPO[407]. Die Übernahme ist ein **Gestaltungsrecht**, das durch einseitige empfangsbedürftige **Willenserklärung** gegenüber dem anderen Ehegatten bzw. dessen Erben ausgeübt wird. Die Erklärung ist selbst dann nicht formbedürftig, wenn der rechtsgeschäftliche Erwerb des zu übernehmenden Gegenstandes formbedürftig wäre. Die Erklärung selbst bewirkt aber noch nicht den Vollzug. Sie verpflichtet lediglich den Empfänger zur Übertragung des Gegenstandes aus dem Gesamtgut und den Erklärenden zum Wertersatz. Die **dingliche Rechtsänderung** muß durch gesonderten Übertragungsakt herbeigeführt werden und ist ggf. formbedürftig[408].

Die Ausübung des Übernahmerechts ist nicht termin- oder fristgebunden. Die Übernahmeerklärung ist möglich, solange sich der betreffende Gegenstand noch im Gesamtgut befindet und die Auseinandersetzung nicht abgeschlossen ist. Andererseits kann die Übernahme schon verlangt werden, wenn feststeht, daß der Gegenstand nicht zur Schuldendeckung benötigt und nach § 1475 Abs. 3 in Geld umgesetzt werden muß.

---

[404] RGZ 146, 282, 284.
[405] Staudinger-Thiele, § 1477 Rz. 7.
[406] BGB-RGRK-Finke, § 1477 Rz. 3.
[407] Staudinger-Thiele, § 1477 Rz. 14.
[408] Vergl. z. B. MünchKomm-Kanzleiter, § 1477 Rz. 9; Erman-Heckelmann, § 1477 Rz. 3.

Die Erklärung ist nach rechtswirksamer Abgabe und Zugang **nicht einseitig widerruflich.** Sie ist nicht bedingungsfeindlich und ausgeschlossen, wenn der gewünschte Gegenstand einem Gläubiger des Gesamtgutes herauszugeben ist oder nach § 1475 Abs. 3 zur Schuldendeckung veräußert werden muß. Bis zum Abschluß der Auseinandersetzung ist die Übernahmeerklärung auch nicht dadurch ausgeschlossen, daß der erklärende Ehegatte zuvor eine Auseinandersetzungsklage mit abweichendem Inhalt eingereicht hat[409]. Solange nicht eindeutig feststeht, daß der zu übernehmende Gegenstand nicht zur Schuldendeckung benötigt wird, ist die Übernahmeerklärung auch dann ausgeschlossen, wenn Sicherheit für die Verbindlichkeiten des Gesamtgutes geleistet oder angeboten wird[410].

Bestehen **Übernahmerechte für beide Ehegatten** bzw. ihre Erben, heben sich die Rechte gegenseitig auf, so daß sie für keinen Ehegatten durchsetzbar sind. Denkbar ist dies, wenn z.B. ein Ehegatte dem anderen geerbte Gegenstände zum persönlichen Gebrauch überlassen hat, oder hinsichtlich solcher Gegenstände, die den Ehegatten gemeinschaftlich geschenkt worden sind[411]. Erhebliche praktische Schwierigkeiten können auftreten, wenn hinsichtlich mehrerer Gegenstände Übernahmerechte vorliegen, auf der anderen Seite aber feststeht, daß einzelne, wenn auch nicht alle Gegenstände zur Deckung der Gesamtgutsverbindlichkeiten versilbert werden müssen. Ist eine Einigung nicht zu erzielen, wird das Gericht im Rahmen einer Entscheidung über eine **Klage auf Zustimmung zu einem bestimmten Teilungsplan** (dazu unten Rz. 276 ff.) nur nach billigem Ermessen unter Berücksichtigung aller Gesamtumstände entscheiden können. Besteht die Alternative darin, daß zur Berichtigung der Gesamtgutsverbindlichkeiten entweder ererbter Schmuck aus der Familie eines Ehegatten oder ein ererbtes Grundstück aus der Familie des anderen Ehegatten zu veräußern ist, läßt sich allein der Regelung des § 1477 kaum eine Entscheidungshilfe entnehmen.

265 **Gegenstand des Übernahmerechts** sind Sachen, die der Ehegatte in die Gütergemeinschaft eingebracht oder während des Güterstandes durch Erbfolge, Vermächtnis, mit Rücksicht auf sein künftiges Erbrecht, durch Schenkung oder als Ausstattung erworben hat, ferner solche Gegenstände, die ausschließlich zu seinem persönlichen Gebrauch bestimmt sind.

Der Begriff der zum persönlichen Gebrauch bestimmten Gegenstände entspricht dem in § 1362 verwandten. Es kommt in erster Linie auf die Zweckbestimmung für den ausschließlich persönlichen Gebrauch, nicht den tatsächlichen Gebrauch an. Im Zweifel hat derjenige, der das Übernahmerecht geltend macht, die Bestimmung zum persönlichen Gebrauch zu beweisen[412].

Hinsichtlich des Erwerbs durch Erbfolge, Vermächtnis, mit Rücksicht auf ein künftiges Erbrecht oder durch Schenkung bzw. Ausstattung kann auf die Erläuterungen zu § 1374 Abs. 2 verwiesen werden (oben Rz. 102 ff.).

---

[409] Vergl. zu allem Vorstehendem z. B. Palandt-Diederichsen, § 1477 Anm. 3; MünchKomm-Kanzleiter, § 1477 Rz. 9 und 10; Erman-Heckelmann, § 1477 Rz. 3; Staudinger-Thiele, § 1477 Rz. 15 bis 20.
[410] OLG Frankfurt, FamRZ 84, 170 f.
[411] Vergl. z. B. Staudinger-Thiele, § 1477 Rz. 21; Erman-Heckelmann, § 1477 Rz. 3.
[412] Vergl. im einzelnen MünchKomm-Kanzleiter, § 1477 Rz. 4; § 1362 Rz. 28 ff.; BGB-RGRK-Finke, § 1477 Rz. 9.

Das Übernahmerecht hinsichtlich eingebrachter Gegenstände bezieht sich nicht auf Surrogate und setzt voraus, daß ein Gegenstand **ganz und nicht nur teilweise** in die Gütergemeinschaft eingebracht und nicht erst während der Gütergemeinschaft ganz erworben worden ist. Das Übernahmerecht erstreckt sich also nicht auf ein Grundstück, das mit von einem Ehegatten eingebrachten Mitteln während der Gütergemeinschaft erworben worden ist[413], oder ein eingebrachtes Grundstück, das erst nach Begründung der Gütergemeinschaft mit einem Haus bebaut worden ist.

Zu den Gegenständen, die einem Ehegatten bei Eintritt der Gütergemeinschaft gehört haben, gehören neben körperlichen, beweglichen und unbeweglichen Sachen auch Vermögensrechte sowie Gegenstände, die unter Eigentumsvorbehalt erworben worden sind[414].

Auch unter einer aufschiebenden Bedingung erworbene Gegenstände fallen hierunter, selbst wenn die Bedingung erst nach Beginn der Gütergemeinschaft eintritt[415]. Streitig ist, ob ein Übernahmerecht nur hinsichtlich solcher Gegenstände besteht, die ein Ehegatte bei Begründung der Gütergemeinschaft eingebracht hat, oder ob es auch hinsichtlich solcher Gegenstände ausgeübt werden kann, die später aus dem Vorbehalts- oder Sondergut in das Gesamtgut überführt werden. Der eindeutige Gesetzeswortlaut spricht für die herrschende Meinung, wonach Voraussetzung die **Einbringung** des Gegenstandes **bei Beginn des Güterstandes** ist[416].

Dafür, daß es sich um eine bewußte Entscheidung des Gesetzgebers gehandelt hat, spricht insbesondere, daß das Problem der Gleichstellung des bei Güterstandsbeginn vorhandenen Vermögens mit solchem, das später erworben und aus bestimmten Gründen dem bei Beginn vorhandenen Vermögen gleichgestellt werden soll, für den gesetzlichen Güterstand hinsichtlich des Anfangsvermögens in § 1374 Abs. 2 gesehen (und anders entschieden) worden ist.

Die wirksame Übernahmeerklärung verpflichtet zum **Wertersatz**, und zwar zum Ersatz des Wertes zum Zeitpunkt der Übernahme, also dem Eintritt der dinglichen Rechtsänderung. Der Wert ist notfalls durch Sachverständige zu ermitteln und im streitigen Verfahren durch das Gericht festzusetzen (das ggf. den Wert zum Zeitpunkt der letzten mündlichen Verhandlung berücksichtigen muß)[417]. Zur Berücksichtigung des **inflationsbedingten Wertverlustes** siehe unten Rz. 268.

Trotz einer rechtswirksamen Übernahmeerklärung steht bis zum Abschluß der Auseinandersetzung beiden Ehegatten das Recht auf **Mitbesitz und Mitverwal-**

---

[413] Palandt-Diederichsen, § 1477 Anm. 2; Soergel-Gaul, § 1477 Rz. 9; vergl. auch BGH zu § 1478, FamRZ 87, 43 f.
[414] BGHZ 1, 294, 305; 35, 85, 89; BGB-RGRK-Finke, § 1478 Rz. 7.
[415] Z. B. Erman-Heckelmann, § 1478 Rz. 4; Palandt-Diederichsen, § 1478 Anm. 3.
[416] Vergl. Staudinger-Thiele, § 1477 Rz. 10; Soergel-Gaul, § 1477 Rz. 9; wohl auch Erman-Heckelmann, § 1477 Rz. 3; Palandt-Diederichsen, § 1477 Anm. 2; a.A. MünchKomm-Kanzleiter, § 1477 Rz. 5.
[417] Vergl. zuletzt BGH FamRZ 86, 40, 42.

tung zu, sofern das Verlangen auf Einräumung des Mitbesitzes und der Mitverwaltung nicht im Einzelfall rechtsmißbräuchlich ist[418].

Bezieht sich die Übernahmeerklärung auf ein Grundstück, das bereits Gegenstand eines Teilungsversteigerungsverfahrens ist, muß der Anspruch aus der Übernahmeerklärung und der Einwand, daß das Grundstück nicht zur Tilgung der Gesamtgutsverbindlichkeiten versilbert werden muß, analog § 771 ZPO durch **Widerspruchsklage** geltend gemacht werden[419].

d) Anspruch auf Wertersatz für Eingebrachtes, § 1478

266 Im Falle der Scheidung der Ehe vor Durchführung der Auseinandersetzung der Gütergemeinschaft kann jeder Ehegatte nach § 1478 Abs. 1 verlangen, daß ihm der Wert dessen zurückerstattet wird, was er in die Gütergemeinschaft eingebracht hat. Reicht das Gesamtgut zur Erfüllung der beiderseitigen Erstattungsansprüche nicht aus, ist der fehlende Betrag von den Ehegatten nach dem Verhältnis des Wertes des von ihnen Eingebrachten zu tragen. Für die Bewertung ist auf den Zeitpunkt der Einbringung abzustellen, § 1478 Abs. 3.

aa) Voraussetzungen

Die durch das Gleichberechtigungsgesetz eingeführte Vorschrift des § 1478 beinhaltet eine auf Billigkeitsüberlegungen beruhende **Ausnahme** von dem Grundsatz der hälftigen Teilung des § 1476 Abs. 1. Als maßgebliche Begründung ist angeführt worden, daß ein Ehegatte, der erheblich weniger als der andere in die Gütergemeinschaft eingebracht hat, im Falle der Scheidung hieraus nicht erhebliche Vorteile ziehen können solle, insbesondere wenn er selbst die Scheidung betrieben hat[420].

Voraussetzung für den Wertersatzanspruch ist nur, daß die Ehe geschieden ist, bevor die Auseinandersetzung des Gesamtgutes endgültig abgeschlosen ist. Es kommt also nicht darauf an, ob die Gütergemeinschaft erst durch Scheidung oder vorher bereits durch gerichtliches Urteil oder durch Ehevertrag aufgehoben worden ist. Entscheidend ist nur, daß die Auseinandersetzung noch andauert[421]. Der Wertersatzanspruch besteht auch für den Fall der Beendigung der Ehe durch Nichtigerklärung oder Aufhebung, da für beide Fälle die vermögensrechtlichen Folgen denen der Beendigung der Ehe durch Scheidung gleichstehen (§§ 26 Abs. 1, 37 Abs. 1 EheG)[422].

Der Anspruch auf Wertersatz kann **frühestens** nach Eintritt der Rechtskraft des Scheidungsurteils (bzw. des Urteils auf Aufhebung oder Nichtigerklärung der Ehe) geltend gemacht werden und ist ausgeschlossen, wenn die Auseinandersetzung beendet ist. **Beendet** ist eine Auseinandersetzung im Sinne des § 1478 nicht

---

[418] OLG Hamm, FamRZ 79, 810 ff.
[419] Vergl. BayOBLG Rechtspfl. 71, 430 ff. und BGH FamRZ 85, S. 903 ff.
[420] Vergl. Bundestagsdrucksache 7/650 S. 102, 103.
[421] Vergl. z. B. BGB-RGRK-Finke, § 1478 Rz. 2; Staudinger-Thiele, § 1478 Rz. 3; BGH FamRZ 82, 991 f.
[422] Z. B. Erman-Heckelmann, § 1478 Rz. 2.

nur, wenn sich die Ehegatten hinsichtlich aller zum Gesamtgut gehörenden Gegenstände endgültig auseinandergesetzt haben, sondern auch dann, wenn das Gesamtgut im wesentlichen auseinandergesetzt ist und nur noch einzelne, im Verhältnis zum auseinandergesetzten Teil unbedeutende Gegenstände ausgelassen worden sind[423].

Der Anspruch auf Wertersatz kann allerdings schon im Scheidungsverfahren als **Verbundklage** für den Fall der Scheidung geltend gemacht werden[424]. Streitig ist, ob der Anspruch auf Wertersatz auch den **Erben** des Ehegatten zusteht, der während des Scheidungsverfahrens vor Ausspruch der Scheidung stirbt[425]. Für die **analoge Anwendung** des § 1478 zugunsten des überlebenden Ehegatten und der Erben des verstorbenen Ehegatten spricht der fortbestehende **Schutzzweck**, da der Tod eines Ehegatten während des Scheidungsverfahrens zu ungerechtfertigten wirtschaftlichen Vor- und Nachteilen sowohl für dessen Erben als auch für den überlebenden Ehegatten führen kann[426].

Eine nicht zu vertretende Rechtsunsicherheit ist nicht zu befürchten, weil nach Einführung des Zerrüttungsprinzips die nachträgliche hypothetische Feststellung dazu relativ einfach ist, ob in dem Verfahren, das sich durch den Tod eines Ehegatten erledigt hat, die Ehescheidung ausgesprochen worden wäre [427].

Die Anknüpfung an das voraussichtliche Ergebnis eines Scheidungsverfahrens ist gerade für das Verhältnis der Ehegatten und ihrer Erben untereinander dem Gesetz nicht fremd. Auch nach § 1933 ist für das gesetzliche Erbrecht der Ehegatten eine entsprechende hypothetische Feststellung notwendig, wenn auch nicht zu verkennen ist, daß dort der durch die Einleitung des Scheidungsverfahrens oder die Zustimmung zu einem Scheidungsverfahren des anderen Ehegatten zum Ausdruck gebrachte (hypothetische) Wille des Erblassers im Vordergrund steht.

Der Anspruch auf Wertersatz entsteht nur „**auf Verlangen**". Jeder Ehegatte **267** kann also zwischen der hälftigen Teilung nach § 1476 oder der Auseinandersetzung nach § 1478 wählen. Das Gestaltungsrecht aus § 1478 ist durch einseitige empfangsbedürftige Willenserklärung gegenüber dem anderen Ehegatten auszuüben und ist vererblich[428] (siehe dazu auch unten Rz. 268). Was als eingebracht anzusehen ist, bestimmt § 1478 Abs. 2, der zum Teil § 1477 Abs. 2 entspricht (dazu oben Rz. 265).

Eingebracht sind danach zunächst Gegenstände, die einem Ehegatten bei Eintritt der Gütergemeinschaft gehört haben. Dabei kommt es auf die dingliche Rechtslage, nicht darauf an, aus welchen Mitteln der Erwerb erfolgt ist. Führt

[423] RGZ 89, 360, 366; MünchKomm-Kanzleiter, § 1478 Rz. 3.
[424] BGH FamRZ 82, 991, 992 mit Anm. Bölling; OLG Karlsruhe, FamRZ 82, 286, 288 mit Anm. Bölling.
[425] So MünchKomm-Kanzleiter, § 1478 Rz. 4; Soergel-Gaul, § 1478 Rz. 6; Staudinger-Thiele, § 1478 Rz. 5 gegen Felsentrager in der Vorauflage, Rz. 6 und 7; a.A. BGB-RGRK-Finke, § 1478 Rz. 5; Erman-Heckelmann, § 1478 Rz. 2.
[426] Staudinger-Thiele, § 1478 Rz. 5.
[427] MünchKomm-Kanzleiter, § 1478 Rz. 4.
[428] So insbesondere auch die Autoren, die § 1478 nicht für anwendbar halten, wenn ein Ehegatte vor Abschluß des Ehescheidungsverfahrens stirbt, oben Rz. 266 und Anm. 425 siehe BGB-RGRK-Finke, § 1478 Rz. 5; Erman-Heckelmann, § 1478 Rz. 2, vergl. auch Palandt-Diederichsen, § 1478 Anm. 2.

dies im Einzelfall zu unbilligen Ergebnissen, weil z.B. von einem Ehegatten eingebrachte Grundstücke vor der Vereinbarung der Gütergemeinschaft und unter
Geltung von Gütertrennung aus Mitteln des anderen Ehegatten bebaut worden
sind, kommt eine Einzelfallkorrektur nach § 242 in Betracht[429].

Eingebracht sind weiter Gegenstände, die ein Ehegatte von Todes wegen oder
mit Rücksicht auf ein künftiges Erbrecht, durch Schenkung oder als Ausstattung
erworben hat, es sei denn, daß der Erwerb den Umständen nach zu den Einkünften zu rechnen war. Der Erwerb braucht nicht unentgeltlich zu sein; etwaige Abfindungen an „weichende Erben" oder sonstige Gegenleistungen sind allerdings
bei der Bewertung zu berücksichtigen[430].

Unerheblich ist, ob die Gegenstände bei Beendigung des Güterstandes noch vorhanden sind oder ob sich der Wert während der Dauer der Gütergemeinschaft
vermindert oder erhöht hat[431]. Ist durch die Vereinbarung der Gütergemeinschaft
der gesetzliche Güterstand aufgehoben worden, ohne daß der Zugewinnausgleichsanspruch ehevertraglich ausgeschlossen wurde, ist dieser Ausgleichsanspruch eingebracht im Sinne des § 1478 Abs. 2. Der Wert des von dem anderen
Ehegatten Eingebrachten verringert sich um diese Verpflichtung[432].

Auch im Rahmen des Anwendungsbereichs des § 1478 tritt die Streitfrage auf, ob
zu den Gegenständen, die einem Ehegatten bei Eintritt der Gütergemeinschaft
gehört haben, auch solche gerechnet werden können, die ein Ehegatte während
der Gütergemeinschaft aus seinem Vorbehalts- oder Sondergut in das Gesamtgut
überführt hat[433].

Die Tatbestandsvoraussetzungen des § 1478 Abs. 2 Ziff. 2 (Erwerb von Todes
wegen, mit Rücksicht auf ein künftiges Erbrecht, durch Schenkung oder als Ausstattung) entsprechen denen des § 1374 Abs. 2. Es kann deswegen auf die Ausführungen hierzu verwiesen werden (oben Rz. 102 f.).

Zu den Rechten, die mit dem Tod eines Ehegatten erlöschen oder deren Erwerb
durch den Tod eines Ehegatten bedingt ist, § 1478 Abs. 2 Ziff. 3, gehören insbesondere Leibrenten, sonstige auf die Lebenszeit begrenzte Ansprüche, sofern sie
nicht wegen Nichtübertragbarkeit zum Sondergut gehören, § 1417 Abs. 2, und
Rechte aus einer Lebensversicherung, sofern das Bezugsrecht nicht durch die unwiderrufliche Begünstigung eines Dritten bereits dem Gesamtgut entzogen worden ist[434].

Soweit der Berücksichtigung von Rechten aus einer Lebensversicherung entgegengehalten wird, daß bei ihr nicht der personale Bezug, sondern der wirtschaft-

---

[429] BGH FamRZ 87, 43 f.
[430] BGH FamRZ 86, 883 f.
[431] BGB-RGRK-Finke, § 1478 Rz. 7.
[432] OLG Karlsruhe, FamRZ 82, 286, 288 f.
[433] Hierfür gegen die herrschende Meinung MünchKomm-Kanzleiter, § 1478 Rz. 7; § 1477 Rz. 5; siehe
auch oben Rz. 265.
[434] Vergl. insbesondere Staudinger-Thiele, § 1478 Rz. 17; BGB-RGRK-Finke, § 1478 Rz. 9; Palandt-
Diederichsen, § 1478 Anm. 3 MünchKomm-Kanzleiter, § 1478 Rz. 7, der entgegen der herrschenden
Meinung die Ansprüche aus einer Lebensversicherung nicht unter Ziff. 3 rechnet, weil bei ihr nicht
der personale Bezug, sondern der wirtschaftliche Aspekt überwiege.

liche Aspekt überwiege[435], ist dem entgegenzuhalten, daß der personale Bezug allenfalls als Motiv der gesetzlichen Regelung, nach dem eindeutigen Wortlaut der Bestimmung aber kaum als Bedingung für die Anwendbarkeit angesehen werden kann.

bb) Ausübung des Gestaltungsrechtes und Bewertungsfragen, Berücksichtigung des Kaufkraftschwundes

Unter den genannten Voraussetzungen hat jeder Ehegatte die (verzichtbare) Möglichkeit, Ersatz des Wertes der eingebrachten Gegenstände zu verlangen, und zwar des Wertes zum Zeitpunkt der Einbringung, § 1478 Abs. 3. Anzusetzen ist immer der **Verkehrswert**, und zwar auch bei landwirtschaftlichen Betrieben. § 1376 Abs. 4 ist nicht analog anwendbar[436].

Die Ausübung des Wahlrechtes ist ein **Gestaltungsrecht**, wie das Übernahmerecht nach § 1477 Abs. 2, so daß es ebenfalls durch einseitige, empfangsbedürftige Willenserklärung gegenüber dem anderen Ehegatten bzw. dessen Erben ausgeübt wird und nicht mehr widerruflich ist, wenn die Erklärung erst einmal wirksam abgegeben worden ist. Der Anspruch auf Wertersatz kann **neben dem Übernahmerecht** des § 1477 Abs. 2 ausgeübt werden. Eine solche „**Kombinationslösung**" führt im Ergebnis dazu, daß Wertersatz zum Gesamtgut nur hinsichtlich der Differenz zwischen in das Gesamtgut zu erstattendem Wert zum Zeitpunkt der Übernahme, § 1477 Abs. 2, und dem nach § 1478 Abs. 3 zu bestimmenden Wert zum Zeitpunkt der Einbringung zu leisten ist[437].

Unter Übernahme der zum gesetzlichen Güterstand entwickelten Rechtsprechung, wonach der Zugewinn als Differenz zwischen Anfangs- und Endvermögen rechnerisch um den sogenannten Inflationsgewinn zu kürzen ist (siehe oben Rz. 100) spricht sich die herrschende Meinung in Rechtsprechung und Literatur dafür aus, auch im Rahmen des § 1478 Abs. 3 den nominellen Wert zum Zeitpunkt der Einbringung um den **Kaufkraftverlust** zu bereinigen, und zwar unter Anwendung der Tabellen über die Entwicklung der Lebenshaltungskosten[438]. Dieser Lehre stehen kritisch gegenüber insbesondere Bölling[439] und Finke[440], wonach lediglich im Einzelfall eine Berücksichtigung von Wertveränderungen nach dem Grundsatz von Treu und Glauben in Betracht kommen soll[441]. Gegen die Übertragung der Rechtsprechung zum Zugewinnausgleich spricht in der Tat, daß es bei dem Zugewinnausgleich des gesetzlichen Güterstandes nicht um die

268

---

[435] MünchKomm-Kanzleiter, § 1478 Rz. 7.
[436] Staudinger-Thiele, § 1478 Rz. 9 und BGH FamRZ 86, 776.
[437] Vergl. insbesondere BGH FamRZ 82, 991 ff; OLG Karlsruhe, FamRZ 82, 286 ff.; jeweils mit Anm. Bölling; und Bölling, FamRZ 80, 754 ff., 755 m.w.N. zur Bewertung eines landwirtschaftlichen Betriebes im Rahmen der Auseinandersetzung des Gesamtgutes gem. der §§ 1477, 1478, vergl. Bölling FamRZ 80, 754 ff. und BGH FamRZ 86, 776 (keine Analogie zu § 1376 IV).
[438] Aus der Rechtsprechung: BGHZ 84, 333 ff. = FamRZ 82, 991 ff. OLG Karlsruhe, FamRZ 82, 286, 289; aus der Literatur: Palandt-Diederichsen, § 1478 Anm. 2; MünchKomm-Kanzleiter, § 1478 Rz. 8; Soergel-Gaul, § 1478 Rz. 7; Staudinger-Thiele, § 1478 Rz. 9; Gernhuber, Familienrecht § 38 X 9.
[439] FamRZ 82, 234 ff.
[440] BGB-RGRK-Finke, § 1478 Rz. 10.
[441] Vergl. auch Staudinger-Felgentraeger, 11. Aufl., § 1478 Rz. 14.

Berücksichtigung von Wertveränderungen einzelner Vermögensgegenstände geht, sondern lediglich darum, einen identischen Wertmesser für zwei Rechnungsgrößen – das Anfangs- und das Endvermögen – zu finden (siehe oben Rz. 76, 100). Demgegenüber kommt es für den Wertersatzanspruch nach § 1478 Abs. 3 jeweils nur auf den Wert einzelner konkreter Vermögensgegenstände und dessen Entwicklung während der Ehe an. Geht es aber nicht mehr um reine Rechnungsgrößen, sondern um einzelne Vermögensgegenstände, gewinnt das auch für den Zugewinnausgleichsanspruch gegen die Lehre des Bundesgerichtshofs von ihm selbst angeführte Argument an Gewicht, daß zuverlässige Wertmesser für die Entwicklung einzelner Vermögensgegenstände und für die Unterscheidung, ob es sich um reale oder nur nominelle Wertsteigerungen handelt, kaum verfügbar sind[442].

Da es im Bereich des § 1478 Abs. 3 immer nur um die Bewertung einzelner Vermögensgegenstände geht, ist evident, daß die Übertragung der Rechtsprechung zur Bereinigung des Anfangsvermögens um den Inflationsgewinn zu ungerechten Ergebnissen führen kann. Man denke nur daran, daß ein Ehegatte Grundbesitz, der andere Geld oder Gegenstände einbringt, deren Wert sich infolge zunehmenden Alters oder Benutzung verringert. Wird in beiden Fällen auf den nominellen Wert zum Zeitpunkt der Einbringung in das Gesamtgut der gleiche Lebenshaltungskostenindex verwandt, ist damit den realen Wertveränderungen während der Ehe nicht Rechnung getragen. Ein solches Ergebnis ist zwar im Einzelfall auch bei der Zugewinngemeinschaft denkbar, wenn das Anfangsvermögen nur in einzelnen Gegenständen oder Bargeld bestand. Dort ist dies aber von der Systematik her die Ausnahme, während § 1478 Abs. 3 immer nur die Bewertung einzelner Gegenstände erfordert. Auch die aus dem Prinzip des Nominalismus und des § 3 WährungsG gegenüber der Rechtsprechung des Bundesgerichtshofs zum Zugewinnausgleichsrecht vorgebrachten Bedenken gewinnen hier zusätzliches Gewicht, wenn man davon ausgeht, daß es bei der Umrechnung des Anfangsvermögens darum geht, für Anfangs- und Endvermögen einen korrekten Vergleichsmaßstab zu finden, während der Anspruch auf Wertersatz des Eingebrachten im Hinblick auf den Geldanspruch des § 1478 Abs. 3 durchaus als durch die Ehescheidung aufschiebend bedingter, jedenfalls bei Begründung des Güterstandes in seinem Kern angelegter Zahlungsanspruch angesehen werden kann[443].

Bezeichnenderweise hat auch der Bundesgerichtshof offensichtlich **Bedenken** gegen eine uneingeschränkte Übertragung seiner Rechtsprechung zur Umrechnung des Anfangsvermögens, weil er nämlich in der Grundsatzentscheidung die Frage offengelassen hat, ob auch bei eingebrachten Geldforderungen der Wertverlust der DM berücksichtigt werden muß[444], was für den Bereich des gesetzlichen Güterstandes eindeutig bejaht worden ist[445].

---

[442] Vergl. insbesondere BGHZ 61, 385, 391 = FamRZ 74, 83 f.
[443] Vergl. hierzu insbesondere Bölling, FamRZ 82, 234 f, 236, 239.
[444] BGHZ 84, 333 ff. = FamRZ 82, 991, 993.
[445] Z. B. BGH WM 75, 28; OLG Frankfurt, FamRZ 83, 395 und oben Rz. 100.

Stellt man trotz dieser Bedenken in den Vordergrund, daß auch für die Gütergemeinschaft und den Anspruch nach § 1478 dem Grundgedanken Geltung verschafft werden soll, daß im Falle der Scheidung der andere Ehegatte nur an der echten Wertsteigerung des Gesamtgutes, nicht an **inflationsbedingtem Scheingewinn** teilhaben soll[446], sollte jedenfalls im Einzelfall eine **Korrektur nach § 242** in Erwägung gezogen werden, wenn sich im Hinblick auf die Eigenart der eingebrachten Vermögenswerte der Wertmesser der Steigerung der Lebenshaltungskosten im Vergleich zu der Entwicklung der von dem anderen Ehegatten eingebrachten Vermögenswerte als unrichtig oder unangemessen erweist. Dies gilt umso mehr, als ein Ansatzpunkt für eine vom gesetzlichen Güterstand abweichende Betrachtungsweise darin gesehen werden kann, daß sich die Ehegatten immerhin durch den bewußten Akt des Abschlusses eines Ehevertrages dazu entschlossen haben, ihr eingebrachtes Vermögen gemeinschaftliches Vermögen werden zu lassen, so daß ihnen eher als den Ehegatten ohne Ehevertrag die sich hieraus ergebenden Konsequenzen bewußt sein dürften, und zwar unter Einschluß dessen, daß hinsichtlich des eingebrachten Vermögens nur unter den Voraussetzungen des § 1478 nach dem Berechnungszeitpunkt des § 1478 Abs. 3 ein Wertersatzanspruch besteht.

Ebenfalls mit Hilfe des **§ 242** will der Bundesgerichtshof umgekehrt die ehevertragliche Entscheidung der Ehepartner korrigieren, wenn ein Ehepartner nur deshalb erhebliches Vermögen eingebracht hat, weil vor Abschluß des die Gütergemeinschaft begründenden Ehevertrages bei Geltung von Gütertrennung mit Mitteln des anderen Ehepartners ihm allein gehörende Grundstücke bebaut worden sind[447].

e) Hausrat und Ehewohnung

Für ihren Anwendungsbereich stellen die Regelungen der **Hausratsverordnung** in der Fassung des 1. Eherechtsreformgesetzes **Sonderregelungen** dar, die denen der §§ 1471 ff. vorgehen. Bei Scheidung, Aufhebung oder Nichtigerklärung der Ehe hat also die Verteilung des Hausrates, der im allgemeinen in das Gesamtgut fallen wird, nach §§ 8 ff. der HausratsVO zu erfolgen. Für die Nutzung der Ehewohnung gelten die Vorschriften der §§ 3 ff. HausratsVO, §§ 1, 25 HausratsVO. Soweit ein Verfahren nach der Hausratsverordnung anhängig ist oder durchgeführt ist, ist der Anspruch auf Auseinandersetzung hinsichtlich der von diesem Verfahren erfaßten Gegenstände hinfällig. Das Verfahren nach der Hausratsverordnung ermöglicht auch eine vorläufige Aufteilung des Hausrates während des Getrenntlebens und während der Dauer des Ehescheidungsverfahrens (§§ 1361 a BGB, 18 a HausratsVO), während zu dieser Zeit die Voraussetzungen für eine Auseinandersetzung des Gesamtgutes noch nicht gegeben sind.

269

---

[446] So insbesondere BGH FamRZ 82, 991, 992.
[447] BGH FamRZ 87, 43 f (bei Geltung des gesetzlichen Güterstandes vor Begründung der Gütergemeinschaft wäre das ungerechte Ergebnis durch einen Zugewinnausgleichsanspruch des anderen Ehegatten aufgefangen worden, der als eingebracht anzusehen ist bzw. das eingebrachte Vermögen des anderen Ehegatten entsprechend mindert und während der Ehe nicht verjährt dazu oben Rz. 267).

Nicht anwendbar sind die Vorschriften der Hausratsverordnung, wenn die Gütergemeinschaft durch Tod eines Ehegatten oder durch Aufhebungsurteil nach §§ 1449, 1470 endet[448].

Nach § 8 Abs. 1 HausratsVO unterliegt der Hausratsteilung Hausrat, der beiden Ehegatten gemeinsam gehört, während gem. § 9 Abs. 1 Gegenstände, die im Alleineigentum eines Ehegatten stehen, nur ausnahmsweise dem anderen Ehegatten zugewiesen werden können. Für die Anwendbarkeit von § 8 Abs. 1 ist unerheblich, ob es sich um Miteigentum nach Bruchteilen oder Gesamthandseigentum handelt, das insbesondere durch die Vereinbarung der Gütergemeinschaft entsteht[449]. Das **Sonderrecht der Hausratsverordnung** gilt deswegen im Güterstand der Gütergemeinschaft auch **für den eingebrachten Hausrat**, der durch den Abschluß des Ehevertrages zum gesamthänderisch gebundenen Vermögen wird, während im gesetzlichen Güterstand von einem Ehegatten angeschaffte und in seinem Alleineigentum stehende Hausratsgegenstände nur dann der Hausratsteilung unterfallen, wenn sie vor der Ehe im Hinblick auf die Eheschließung angeschafft, aber erst nach der Eheschließung ganz oder teilweise bezahlt worden sind[450].

Nutzt ein Ehegatte nach Beendigung des Güterstandes die zum Gesamtgut gehörende frühere Ehewohnung alleine, kann der andere Ehegatte nicht ohne weiteres entsprechend der von der Rechtsprechung für den gesetzlichen Güterstand entwickelten Grundsätze eine Nutzungsentschädigung in Form einer Zahlung an ihn verlangen. Dies scheitert schon an der gemeinsamen Verwaltungszuständigkeit. In Betracht kommt allerdings die Verpflichtung eines Ehegatten zur Zustimmung zu einer Nutzungsregelung, die mit der Zahlung einer Nutzungsentschädigung in das Gesamtgut verbunden ist. Die Verpflichtung zur Zustimmung zu einer solchen Maßnahme kann sich nach § 1472 Abs. 3 ergeben, wenn es sich um eine zur ordnungsmäßigen Verwaltung erforderliche Maßnahme handelt. Maßstab hierfür kann sein, wie lange die Auseinandersetzung voraussichtlich dauert und ob ggf. der andere Ehegatte in der Form der Nutzung anderer zum Gesamtgut gehörender Gegenstände ein Äquivalent hat[451].

f) Haftung gegenüber Dritten nach der Teilung, § 1480

270   Vor der Teilung des Gesamtgutes sind nach § 1475 die Gesamtgutsverbindlichkeiten zu berichtigen. Diese Vorschrift begründet jedoch eine entsprechende Verpflichtung nur im Verhältnis der Ehegatten untereinander, nicht zugunsten der betroffenen Gläubiger (oben Rz. 259). Deren Schutz wird durch § 1480 bewirkt, wonach beide Ehegatten den Gläubigern nach der Teilung persönlich als Gesamtschuldner haften, und zwar auch dann, wenn vor der Teilung eine persönliche Haftung nicht bestanden hat. Auf diese Weise kann also eine **persönli-**

---

[448] Vergl. BGB-RGRK-Finke, § 1471 Rz. 8; MünchKomm-Kanzleiter, Vorbemerkung 2 vor § 1471.
[449] MünchKomm-Müller-Gindullis, § 8 Hausratsverordnung Rz. 4.
[450] Palandt-Diederichsen, § 8 Hausratsverordnung Anm. 2 c.
[451] Vergl. zur Problematik insbesondere OLG Düsseldorf, FamRZ 84, 1098 f, wo allerdings auf § 1454 verwiesen wird, der nach Beendigung der Gütergemeinschaft nicht mehr gilt und durch § 1472 ersetzt wird (siehe oben Rz. 246 ff., 249).

che Haftung z.B. des nicht verwaltenden Ehegatten für Gesamtgutsverbindlich-keiten begründet werden, die nicht in seiner Person entstanden sind, § 1437 Abs. 2 Satz 1, oder eine persönliche Haftung des Ehegatten aufleben, die mit Beendigung der Gütergemeinschaft nach § 1437 Abs. 2 Satz 2 bzw. § 1459 Abs. 2 Satz 2 endete (dazu oben Rz. 215, 210)[452].

Ob das Gesamtgut insgesamt geteilt ist, ist Tatfrage. Die **Teilung** vollzieht sich in der Weise, daß die zum Gesamtgut gehörigen Gegenstände in das Sondereigentum eines Ehegatten oder Miteigentum beider Ehegatten überführt werden. Es reicht jedoch aus, wenn ein Ehegatte alle Gesamtgutsgegenstände übernimmt[453].

Sind einzelne Gegenstände nicht in die Auseinandersetzung einbezogen worden, steht dies der Annahme der Teilung des Gesamtgutes und dementsprechend der persönlichen Haftung der Ehegatten nicht entgegen, wenn die Gegenstände im Verhältnis zum gesamten früheren Gesamtgut und zum Umfang der Verbindlichkeiten unbedeutend sind[454]. **Geteilt** ist das Gesamtgut, wenn die wesentlichen Gesamtgutsgegenstände aufgeteilt, hierdurch dem Zugriff des Gläubigers entzogen sind und die Gefahr besteht, daß der Gläubiger aus dem verbliebenen Rest keine vollständige Befriedigung erlangen wird. Dementsprechend kann das Gesamtgut solange nicht als geteilt angesehen werden, als das zur Befriedung eines Gläubigers Notwendige entsprechend § 1475 Abs. 1 Satz 2 zurückgehalten wird[455].

Haftungsvoraussetzung nach § 1480 ist weiter, daß der in Anspruch genommene Ehegatte aus der Teilung des Gesamtgutes überhaupt etwas erhalten hat. Die Haftung scheidet aus, wenn der andere Ehegatte das Gesamtgut vollständig übernommen hat oder keine auseinanderzusetzenden Gegenstände vorhanden waren.

Der klagende Gläubiger ist sowohl für die Übernahme von Gegenständen durch den in Anspruch genommenen Ehegatten als auch für die Tatsache der Auseinandersetzung des Gesamtgutes **beweispflichtig**[456]. Die Haftung ist **gegenständlich begrenzt** auf die dem in Anspruch genommenen Ehegatten aus der Teilung des Gesamtgutes zugeteilten Gegenstände mit der Möglichkeit der **Haftungsbeschränkung** nach §§ 1990, 1991 analog, § 1480 Satz 2. Der in Anspruch genommene Ehegatte kann also die Befriedigung des Gläubigers verweigern, soweit das aus dem Gesamtgut Erlangte nicht ausreicht. Er muß dann allerdings die früheren Gesamtgutsgegenstände herausgeben[457]. Er kann sich im Urteil die Beschränkung der Haftung vorbehalten lassen, um sie in der Zwangsvollstreckung geltend machen zu können. Diese Haftungsbeschränkung können auch die Erben des in Anspruch genommenen Ehegatten geltend machen, §§ 786, 780 ZPO. Hat der nach § 1480 in Anspruch genommene Ehegatte von dieser Möglichkeit keinen Gebrauch gemacht, muß er den Einwand der auf die übernommenen Gegenstän-

---

[452] MünchKomm-Kanzleiter, § 1480 Rz. 7.
[453] RGZ 75, 295 f.
[454] RGZ 89, 360, 366.
[455] MünchKomm-Kanzleiter, § 1480 Rz. 4.
[456] RGZ 75, 295, 297; Staudinger-Thiele, § 1480 Rz. 9 und 15.
[457] RGZ 137, 153, 155; MünchKomm-Kanzleiter, § 1480 Rz. 8.

de beschränkten Haftung in der Zwangsvollstreckung im Wege der Vollstreckungsgegenklage nach §§ 786, 781, 785, 767, 769 ZPO geltend machen[458].

Eine **Gläubigeranfechtung** nach Maßgabe des § 3 AnfG gegenüber Rechtshandlungen bei der Gesamtgutsauseinandersetzung wird durch die Möglichkeit der Inanspruchnahme eines bisher nicht persönlich haftenden Ehegatten nach § 1480 nicht ausgeschlossen[459].

Voraussetzung ist nach § 2 AnfG allerdings, daß das Vorgehen gegen den nach § 1480 haftenden Ehegatten erfolglos war oder voraussichtlich erfolglos ist[460].

g) Haftung der Ehegatten untereinander, § 1481

271 § 1481 regelt, zum Teil in Abweichung von § 426, den **Ausgleich** der Ehegatten untereinander bei Inanspruchnahme eines Ehegatten nach Teilung des Gesamtgutes ohne vorherige Berichtigung von Gesamtgutsverbindlichkeiten. Eine **analoge Anwendung** wegen Vergleichbarkeit der Interessenlage kann in Betracht kommen, wenn ein Ehegatte vor Teilung des Gesamtgutes aufgrund seiner persönlichen Haftung in Anspruch genommen wird und feststeht, daß sein Ersatzanspruch gegen das Gesamtgut mangels Masse nicht erfüllt wird. Gleiches gilt, wenn die Gläubiger mangels Vorhandenseins ausreichenden Gesamtgutes unmittelbar die Ehegatten aufgrund ihrer persönlichen Haftung in Anspruch nehmen oder schließlich eine Teilung des Gesamtgutes unterbleibt, weil nennenswerte Gesamtgutsgegenstände nicht vorhanden sind[461].

Nach § 1481 Abs. 1 hat der frühere Alleinverwalter dem anderen Ehegatten dafür einzustehen, daß dieser nicht über das aus dem Gesamtgut Erlangte hinaus und nicht höher als bis zur Hälfte der Verbindlichkeiten in Anspruch genommen wird. Wirtschaftlich bedeutet dies, daß der früher für das Gesamtgut allein verantwortliche Ehegatte dafür sorgen muß, daß der andere nicht für Verbindlichkeiten in Anspruch genommen werden wird, die nicht aus den Gegenständen des Gesamtgutes berichtigt werden können. Der nicht verwaltende Ehegatte braucht also nicht für einen am Gesamtgut entstandenen Verlust einzustehen, sofern ihm nicht im Innenverhältnis Verbindlichkeiten alleine zur Last fallen (§ 1481 Abs. 3).

Im Rahmen dessen, was der nicht verwaltende Ehegatte aus dem Gesamtgut erhalten hat, hat er allerdings auch den früheren Verwalter zur Hälfte freizustellen, der für eine Gesamtgutslast persönlich in Anspruch genommen wird[462]. Auch hier gilt die Einschränkung des § 1481 Abs. 3 für den Fall, daß im Innenverhältnis die Verbindlichkeiten dem früheren Gesamtgutsverwalter alleine zur Last fallen.

272 Nach § 1481 Abs. 2 können die Ehegatten bei früherer gemeinschaftlicher Verwaltung im Innenverhältnis **Freistellung zur Hälfte** verlangen, sofern nicht die

[458] Erman-Heckelmann, § 1480 Rz. 4.
[459] BGHZ 57, 123, 126; Palandt-Diederichsen, § 1480 Anm. 1; Erman-Heckelmann, § 1480 Rz. 5.
[460] MünchKomm-Kanzleiter, § 1480 Rz. 10.
[461] MünchKomm-Kanzleiter, § 1481 Rz. 3.
[462] Staudinger-Thiele, § 1481 Rz. 3; MünchKomm-Kanzleiter, § 1481 Rz. 5.

Verbindlichkeit nach § 1481 Abs. 3 im Innenverhältnis einem von ihnen alleine zur Last fällt.

Wird ein Ehegatte für eine solche im Innenverhältnis von dem anderen Ehegatten zu tragende Verbindlichkeit (z.b. nach den §§ 1441 bis 1444 bzw. 1443 bis 1466) in Anspruch genommen, hat er nach § 1481 Abs. 3 Anspruch auf **volle Freistellung** gegenüber dem anderen Ehegatten.

Da die Haftung des Ehegatten, der die Verbindlichkeiten im Innenverhältnis nicht zu tragen hat, grundsätzlich mit der Beendigung der Gütergemeinschaft endet, § 1437 Abs. 2 Satz 2, § 1459 Abs. 2 Satz 2, kommt die den Freistellungsanspruch auslösende Inanspruchnahme nur aufgrund einer entsprechenden Vereinbarung mit dem Gläubiger oder aufgrund § 1480 in Betracht.

Inhaltlich ist der Freistellungsanspruch des in Anspruch genommenen Ehegatten auf **Begleichung** in dem von dem anderen geschuldeten Umfang bzw. auf **Ersatz** gerichtet, wenn er aufgrund der persönlichen Inanspruchnahme bereits geleistet hat. In Abweichung von § 426 Abs. 2 ist ein gesetzlicher Forderungsübergang nicht vorgesehen. Ebensowenig besteht ein Anspruch auf Sicherheitsleistung der Ehegatten untereinander vor Fälligkeit, was aber vorläufige Sicherungsmaßnahmen wie Arrest und einstweilige Verfügung nach den allgemeinen Grundsätzen nicht ausschließt[463], zumal auch der Anspruch gegen den anderen Ehegatten, die Forderung zu begleichen, im Wege der Klage geltend gemacht werden kann. Die **Einrede der Vorausklage** steht dem in Anspruch genommenen, im Innenverhältnis aber nicht haftenden Ehegatten gegenüber dem Gläubiger nicht zu[464].

5. Abweichende Vereinbarungen

Da für die Auseinandersetzung der Ehegatten untereinander in erster Linie deren Vereinbarungen maßgebend sind, § 1474, können sie abweichende Vereinbarungen über die Verwaltung und die Auseinandersetzung des Gesamtgutes nach Beendigung der Gütergemeinschaft in weitem Umfange treffen, und zwar sowohl durch Ehevertrag als auch durch eine Vereinbarung, die erst im Zusammenhang mit bzw. aus Anlaß der Beendigung der Gütergemeinschaft getroffen worden ist[465].

273

Die Ehegatten können also Vereinbarungen darüber treffen, daß nach Beendigung der Gütergemeinschaft die Auseinandersetzung zeitlich hinauszuschieben, einzuschränken oder auszuschließen ist; sie können Vereinbarungen über eine von der gesetzlichen Regelung abweichende Art der Verwaltung, jegliche Art von Vereinbarung über die Auseinandersetzung des Gesamtgutes und die Verteilung des Überschusses treffen. Es können von der gesetzlichen Regelung abweichende Vereinbarungen über die Übernahme- und Wertersatzansprüche, §§ 1477, 1478, getroffen werden, schließlich auch abweichende Vereinbarungen über die interne Haftung der Ehegatten untereinander. Ausgeschlossen sind Ver-

[463] MünchKomm-Kanzleiter, § 1481 Rz. 2.
[464] Z. B. BGB-RGRK-Finke, § 1481 Rz. 2.
[465] Vergl. hierzu insbesondere Stumpp, Rechtspfl. 79, 441 ff.

einbarungen über die Verwaltung oder die Auseinandersetzung des Gesamtgutes, durch die der Gläubigerschutz beeinträchtigt wird. Insbesondere kann die Vorschrift des § 1480 nicht durch Vereinbarung der Ehegatten untereinander ausgeschlossen oder beschränkt werden. Im übrigen gelten die allgemeinen Schranken, also insbesondere §§ 138, 242[466].

Streitig ist, in welchem Umfang und unter welchen Voraussetzungen Vereinbarungen über die Auseinandersetzung und die Auseinandersetzungsverwaltung der Form des Ehevertrages bedürfen.

Unstreitig ist zunächst, daß eine nach Beendigung oder aus Anlaß der bevorstehenden Beendigung eines Güterstandes getroffene Auseinandersetzungsvereinbarung rein schuldrechtlichen Charakter hat und nicht der Form des Ehevertrages bedarf, sofern sich nicht die Formbedürftigkeit aus allgemeinen Vorschriften (§ 313) ergibt oder im Zusammenhang mit der Auseinandersetzungsvereinbarung neue güterrechtliche Vereinbarungen (§ 1410) getroffen werden[467].

Soweit aus dem schuldrechtlichen Charakter der Auseinandersetzungsvereinbarung der Schluß gezogen wird, daß eine solche Vereinbarung auch vor Beendigung der Gütergemeinschaft formlos wirksam ist, weil zum Zeitpunkt des Wirksamwerdens der Güterstand beendet sei[468], ist dem entgegenzuhalten, daß nach dem Schutzzweck des § 1410 eine solche abstrakte, noch nicht im Zusammenhang mit einer (bevorstehenden) Beendigung der Gütergemeinschaft stehende Regelung eine Regelung der güterrechtlichen Verhältnisse der Ehegatten beinhaltet, weil sie losgelöst von einer bestimmten und konkretisierbaren wirtschaftlichen Situation eine generelle Regelung trifft und auch für den Fall Geltung hat, daß zwar der Güterstand, aber nicht die Ehe beendet wird[469]. Eine formlose Vereinbarung ist also nur zulässig, sofern nicht die Ehe fortbesteht und in dem Vertrag zugleich eine neue güterrechtliche Regelung getroffen wird. Dies wird im allgemeinen der Fall sein, wenn die Auseinandersetzung für den Fall der Beendigung des Güterstandes, aber bei Fortbestehen der Ehe getroffen wird.

Für die Verwaltungsregelung des § 1472 wird entweder generell Formbedürftigkeit[470] oder generell formlose Abänderbarkeit[471] angenommen. Auch hier ist aber eine Unterscheidung danach notwendig, ob es sich um eine vor Beendigung des Güterstandes getroffene abstrakte, von einer (bevorstehenden) Auseinandersetzungssituation losgelöste Vereinbarung handelt oder ob es sich um eine Vereinbarung handelt, die aus Anlaß einer (bevorstehenden) Beendigung des Güterstandes getroffen worden ist. Im letzteren Fall ist ein besonderer Grund für die Formbedürftigkeit nicht gegeben. Sofern eine Vereinbarung erst nach Beendi-

[466] Vergl. zu Vorstehendem insbesondere BGB-RGRK-Finke, §§ 1471 Rz. 9, 1472 Rz. 26, 1473 Rz. 7, 1474 Rz. 9, 1478 Rz. 16, 1480 Rz. 9, 1481 Rz. 7.
[467] Vergl. z. B. MünchKomm-Kanzleiter, § 1474 Rz. 3 und 4 sowie RGZ 89, 292 ff.
[468] Vergl. Soergel-Gaul, § 1472 Rz. 2; BGB-RGRK-Finke, § 1472 Rz. 26.
[469] Im Ergebnis ebenso MünchKomm-Kanzleiter, § 1474 Rz. 4; ähnlich wohl auch BGB-RGRK-Finke, § 1474 Rz. 2.
[470] Staudinger-Thiele, § 1472 Rz. 18; MünchKomm-Kanzleiter, § 1472 Rz. 23.
[471] Soergel-Gaul, § 1472 Rz. 2; BGB-RGRK-Finke, § 1472 Rz. 26.

gung des Güterstandes und der Ehe erfolgt, ist schon begrifflich die Regelung güterrechtlicher Verhältnisse nicht mehr möglich (siehe dazu oben Rz. 43).

Die gleichen Grundsätze gelten für Vereinbarungen über Wertersatzforderungen, die nach der Neufassung des § 1478 allgemein für zulässig angesehen werden. Sie sind formlos als Einzelfallregelung zulässig, bzw. in der Form des Ehevertrag zu treffen, wenn sich die Vereinbarung nicht auf eine konkrete Auseinandersetzung bezieht[472].

6. Verfahrensfragen

a) Eintragung im Güterrechtsregister

Nach §§ 1470 Abs. 2, 1449 Abs. 2 i.V.m. § 1412 kann die Beendigung der Güter- **274**
gemeinschaft und das Entstehen der Liquidationsgemeinschaft durch ein Aufhebungsurteil im Güterrechtsregister eingetragen werden. Nur unter der Voraussetzung der Eintragung können sich die Ehegatten Dritten gegenüber auf die Beendigung der Gütergemeinschaft berufen.

Darüber hinaus ist mit den gleichen Konsequenzen jede andere Art der Beendigung der Gütergemeinschaft (dazu oben Rz. 235 ff.) eintragungsfähig (vergl. dazu auch oben Rz. 44 ff.). Der Eintritt der Auseinandersetzungsgemeinschaft wird im Grundbuch im Wege der Berichtigung eingetragen[473].

b) Vermittlung der Auseinandersetzung durch das Amtsgericht

Für die Auseinandersetzung ist in erster Linie die Vereinbarung der Ehegatten maßgebend, § 1474.

Ist eine Einigung nicht zu erzielen, können sich die Ehegatten bzw. der überle- **275**
bende Ehegatte und die Erben des verstorbenen Ehegatten an das Amtsgericht wenden und Vermittlung der Auseinandersetzung beantragen. Das Verfahren richtet sich nach § 99 FGG i.V.m. §§ 86 ff. FGG. Zuständig ist entweder das Amtsgericht als **Vormundschaftsgericht** oder das Amtsgericht als **Nachlaßgericht**. Wegen des Verfahrens im einzelnen wird auf die Ausführungen zu § 1474 verwiesen (oben Rz. 25 f.).

Tauchen während des Vermittlungsverfahrens in Einzelpunkten Streitigkeiten auf, besteht die Möglichkeit, das Verfahren bis zur Erledigung der Streitpunkte **auszusetzen** und über diese isolierte prozessuale Auseinandersetzungen zu führen. Dabei wird es sich im allgemeinen um Familiensachen im Sinne des § 621 Abs. 1 Ziff. 8 ZPO handeln. Denkbar sind aber auch Streitigkeiten, die ihren Ursprung nicht im Güterrecht haben und vor den ordentlichen Gerichten auszutragen sind.

---

[472] Vergl. insbesondere MünchKomm-Kanzleiter, § 1478 Rz. 12 bis 14; Soergel-Gaul, § 1478 Rz. 12; Staudinger-Thiele, § 1478 Rz. 23.
[473] Vergl. Palandt-Diederichsen, Vorbemerkung 1 vor §§ 1471 ff. und KGJ 50, 149 ff.

c) Auseinandersetzungsklage

276 Mangels anderweitiger Einigung der Ehegatten ist die Auseinandersetzung aufgrund der gesetzlichen Vorschriften der §§ 1475 ff. vorzunehmen.

Für eine Klage ist das **Familiengericht** zuständig, § 621 Abs. 1 Ziff. 8 ZPO, das im Verbund mit der Ehesache zu entscheiden hat, wenn ein Scheidungsverfahren anhängig ist, § 623 Abs. 1 ZPO[474]. Die Klage ist auf Zustimmung zu einem bestimmten **Auseinandersetzungsplan** zu richten, der insbesondere den Anforderungen des § 1475 einschließlich § 1475 Abs. 3 entsprechen und Ansprüche des Gesamtgutes nach § 1476 berücksichtigen muß. Sofern Übernahme- und Wertersatzansprüche nach §§ 1477 Abs. 2 und 1478 rechtswirksam geltend gemacht worden sind (dazu oben Rz. 264 f. und Rz. 266 ff.), müssen auch diese in dem Auseinandersetzungsplan berücksichtigt werden.

Eine Auseinandersetzungsklage kann je nach Umfang des Gesamtgutes und der Verbindlichkeiten eine komplexe Regelung enthalten müssen. Häufig wird sie auch Punkte enthalten, hinsichtlich derer einer Entscheidung nicht zwingend, aber denkbar ist. Dies gilt insbesondere, wenn es darum geht, welche Gegenstände des Gesamtgutes zur Berichtigung der Gesamtgutsverbindlichkeiten zu versilbern sind. Hierdurch kann das praktische Problem für die Gerichte entstehen, ob und inwieweit eine Klage insgesamt abgewiesen werden muß, weil der Plan wegen solcher Einzelpunkte nicht für begründet bzw. zwingend gehalten wird, oder inwieweit eine abweichende Regelung durch Urteil möglich ist. Anzuknüpfen ist an den Grundsatz, daß nicht über den Klageantrag hinausgegangen werden darf, § 308 Abs. 1 ZPO. Häufig wird aber die vom Gericht für angemessen gehaltene Regelung als Minus in dem Klageantrag enthalten sein. Meist wird auch der Antragsgegner seine Vorstellungen über eine andere Art der Auseinandersetzung durch eine Widerklage zur Geltung bringen, so daß das Gericht dann einen Auseinandersetzungsplan aufgrund von Klage- und Widerklage im Urteil festlegen kann. Für den Antragsteller wird sich häufig die Stellung von Haupt- und Hilfsanträgen empfehlen, wenn verschiedene Gestaltungsmöglichkeiten denkbar sind.

Eine **Aussetzung** des Verfahrens kommt in Betracht, wenn vorgreifliche Rechtsfragen, beispielsweise zu Eigentumsverhältnissen, vor den ordentlichen Gerichten geklärt werden müssen, § 148 ZPO. Soweit eine Auseinandersetzungsklage im Ehescheidungsverbund anhängig ist, kann eine Abtrennung nach § 628 Abs. 1 Ziff. 1 ZPO in Betracht kommen, weil eine Entscheidung vor Auflösung der Ehe nicht möglich ist, z.B. weil bis zur Rechtskraft des Scheidungsurteils noch Vermögensbewegungen stattfinden oder zu erwarten sind, die berücksichtigt werden müssen, oder die Ermittlung des zu verteilenden Überschusses erst möglich ist, wenn der Zeitpunkt der Rechtskraft des Scheidungsurteils feststeht.

Denkbar ist dies auch, wenn die Entscheidung über den Auseinandersetzungsplan von der Bewertung einzelner Vermögensgegenstände abhängt und es für die

---

[474] OLG Karlsruhe, FamRZ 82, 286 ff. und BGH FamRZ 82, 991 ff.

Bewertung auf Stichtage ankommt, die noch nach der Rechtskraft der Scheidung liegen können (z.B. auf den Tag der Eintragung des Übernehmens in das Grundbuch)[475].

Eine analoge Anwendung des § 1384 kommt nach der Rechtsprechung des Bundesgerichtshofs nicht in Betracht, weil es bei der Gütergemeinschaft im Gegensatz zum Zugewinnausgleichsanspruch nicht auf die bloße Berechnung eines Zahlungsanspruches ankommt, sondern die Auseinandersetzung der Gütergemeinschaft in der Weise zu erfolgen hat, daß die Gesamtgutsverbindlichkeiten getilgt werden, hierzu das Gesamtgut erforderlichenfalls versilbert wird und der danach verbleibende Überschuß unter Berücksichtigung geltend gemachter Übernahmerechte hälftig geteilt wird[476].

Ist zwischen Ehegatten ein Scheidungsverfahren anhängig, endet der Güterstand **277** der Gütergemeinschaft vorbehaltlich anderweitiger Vereinbarungen der Ehegatten erst mit Rechtskraft des Scheidungsurteils.

Ist die Auseinandersetzungsklage im Ehescheidungsverbund anhängig, hat das Familiengericht bei der Entscheidung über eine solche Verbundklage den Stand des Gesamtgutes zum Zeitpunkt der letzten mündlichen Verhandlung zugrunde zu legen[477].

In anderen Fällen ist für die Auseinandersetzung von dem Zeitpunkt der Beendigung des Güterstandes auszugehen. Eine Ausnahme hiervon macht § 1479. Danach kann der Ehegatte, der ein Aufhebungsurteil nach §§ 1447, 1448 oder 1469 erwirkt hat (zu den Voraussetzungen hierfür siehe oben Rz. 238 ff.) verlangen, daß die Auseinandersetzung so erfolgt, als sei der Anspruch auf Auseinandersetzung in dem Zeitpunkt rechtshängig geworden, in dem die Klage auf Aufhebung der Gütergemeinschaft erhoben ist.

Dieses **Wahlrecht** steht nur dem Ehegatten zu, der erfolgreich eine Aufhebungsklage erhoben hat, um zu dessen Gunsten Manipulationen durch Prozeßverschleppung zu verhindern[478]. Nach herrschender Meinung besteht dieses Wahlrecht auch dann, wenn die Gütergemeinschaft vor Rechtskraft des Aufhebungsurteils, aber nach Klageerhebung (durch Scheidung oder Tod) endet, sofern festgestellt werden kann, daß die Klage erfolgreich gewesen wäre[479].

Stellt der obsiegende Ehegatte das Verlangen nach § 1479, beeinflußt dies nur die Rechtsverhältnisse der Ehegatten untereinander, nicht diejenigen gegenüber Dritten. Selbst im **Innenverhältnis** zwischen den Ehegatten hat die Vorverlegung des Auseinandersetzungszeitpunktes keine dingliche Wirkung, so daß zwischenzeitlich vorgenommene Rechtshandlungen für das Gesamtgut nach den allgemeinen Rechtsgrundsätzen wirksam sind. Die Ausübung des Wahlrechtes nach

---

[475] Vergl. hierzu insbesondere BGH FamRZ 84, 254, 255 f m.w.N. zum maßgeblichen Zeitpunkt der Bewertung zuletzt BGH FamRZ 86, 41 f, 86, 776 ff.
[476] BGH FamRZ 84, 254, 256.
[477] OLG Karlsruhe FamRZ 82, 286, 288.
[478] vergl. Heckelmann, FamRZ 68, 59, 65.
[479] Heckelmann, a.a.O. S. 68, MünchKomm-Kanzleiter, § 1479 Rz. 3.

§ 1479 begründet nur die interne Verpflichtung der Ehegatten untereinander, die Auseinandersetzung unter Zugrundelegung des früheren Zeitpunktes durchzuführen[480].

Da es sich bei § 1479 um eine **Schutzvorschrift** zugunsten der Ehegatten handelt, ist die Vorschrift zwingend, so daß eine Einschränkung oder Aufhebung im voraus durch **Ehevertrag** nicht zulässig ist [481].

Zulässig ist allerdings nach allgemeiner Meinung ein Verzicht auf das bereits entstandene Wahlrecht[482].

Mit Rechtskraft eines Urteils, durch das der Antragsgegner/Beklagte zur Zustimmung zu einem bestimmten Teilungsplan verurteilt worden ist, gilt die Zustimmung als abgegeben, § 894 ZPO. Die Vollstreckung richtet sich nach den allgemeinen Vorschriften, also jeweils danach, ob Handlungs-, Zahlungs- oder Duldungspflichten vollstreckt werden müssen.

VIII. Fortgesetzte Gütergemeinschaft, §§ 1483 ff.

278   Der Eintritt der fortgesetzten Gütergemeinschaft setzt die **ehevertragliche** Vereinbarung der Ehegatten voraus, daß die Gütergemeinschaft nach dem Tode eines Ehegatten zwischen dem überlebenden Ehegatten und den gemeinschaftlichen Abkömmlingen fortgesetzt wird, § 1483 Abs. 1 Satz 1. Wird eine solche Vereinbarung nicht getroffen, wird der Güterstand durch den Tod eines Ehegatten beendet, mit der Folge, daß sein Anteil am Gesamtgut in seinen Nachlaß fällt und er im übrigen nach den allgemeinen Vorschriften beerbt wird, § 1482.

Bis zum Inkrafttreten des Gleichberechtigungsgesetzes am 1.7.1958 trat die fortgesetzte Gütergemeinschaft immer dann ein, wenn die Ehegatten nichts anderes vereinbart oder durch Verfügung von Todes wegen bestimmt hatten.

Nach den **Übergangsvorschriften** gilt die Fortsetzung der Gütergemeinschaft als vereinbart, falls der Ehevertrag vor dem 1.7.1958 abgeschlossen worden ist und die Fortsetzung der Gütergemeinschaft nicht im Ehevertrag ausgeschlossen worden ist.

Wird die Gütergemeinschaft nach diesen Vorschriften bzw. den ehevertraglichen Vereinbarungen fortgesetzt, sind die Vorschriften der §§ 1483 bis 1517 anwendbar und **zwingendes Recht**, ohne daß die Ehegatten die Möglichkeit hätten, durch Vertrag oder letztwillige Verfügung anderweitige Bestimmungen zu treffen, § 1518[483].

---

[480] Vergl. z. B. Palandt-Diederichsen, § 1479 Anm. 1; Soergel-Gaul, § 1479 Rz. 3; Münchner Kommentar-Kanzleiter, § 1479 Rz. 4.

[481] Herrschende Meinung z. B. Palandt-Diederichsen, § 1479 Anm. 1; BGB-RGRK-Finke, § 1479 Rz. 5; Staudinger-Thiele, § 1479 Rz. 7; Soergel-Gaul, § 1479 Rz. 6; a.A. Heckelmann, a.a.O. FamRZ 68, 59, 68 f und Erman-Heckelmann, § 1479 Rz. 3.

[482] Z. B. Palandt-Diederichsen, § 1479 Anm. 1; Soergel-Gaul, § 1479 Rz. 6; MünchKomm-Kanzleiter, § 1479 Rz. 6.

[483] Zur Frage der Zulässigkeit eines Teilungsversteigerungsantrages bei einer aufgelösten, aber noch nicht auseinandergesetzten Gütergemeinschaft trotz eines Auseinandersetzungsverbotes vergl. BGH FamRZ 85, 278 f.

Weil die Rechtsverhältnisse bei fortgesetzter Gütergemeinschaft noch komplizierter sind als bei Gütergemeinschaft zu Lebzeiten beider Ehegatten und sich die gesetzliche Regelung häufig im Verhältnis zwischen dem überlebenden Ehegatten und den Abkömmlingen als nicht mehr praktikabel erweist, ist der Eintritt fortgesetzter Gütergemeinschaft heute außerordentlich selten geworden, wenn auch die Vereinbarung in einzelnen sehr seltenen Fällen noch sinnvoll sein mag[484].

Da die fortgesetzte Gütergemeinschaft kaum noch praktische Bedeutung hat, soll sie nachstehend nur kurz in Grundzügen dargestellt werden.

Der Eintritt der fortgesetzten Gütergemeinschaft setzt voraus, daß ein Ehegatte **279**
überlebt und **gemeinsame Abkömmlinge** vorhanden oder erzeugt sind, § 1923 Abs. 2, die bei gesetzlicher Erbfolge als Erben berufen sind. Der Anteil des verstorbenen Ehegatten am Gesamtgut gehört in diesem Fall nicht zu seinem Nachlaß. Im übrigen wird er aber nach den allgemeinen Vorschrift beerbt. Die allgemeinen Regeln gelten also hinsichtlich seines Vorbehalts- und Sondergutes. Auch Pflichtteilsansprüche berechnen sich nur nach Vorbehalts- und Sondergut[485].

Auch einseitige Abkömmlinge des erstverstorbenen Ehegatten sollen in ihrer Rechtsstellung durch den Eintritt der fortgesetzten Gütergemeinschaft nicht berührt werden. Ihr Erbrecht und ihre Erbanteile sind so zu bestimmen, als wenn die fortgesetzte Gütergemeinschaft nicht eingetreten wäre, § 1483 Abs. 2. Ihre Pflichtteils- und Pflichtteilsergänzungsansprüche sind also unter Einbeziehung des Gesamtgutanteils und ggf. unter Berücksichtigung von Schenkungen aus dem Gesamtgut zu berechnen. Sehr umstritten ist die Frage, was gilt, wenn der einseitige Abkömmling Erbe des verstorbenen Ehegatten wird[486].

Der überlebende Ehegatte kann die Fortsetzung der Gütergemeinschaft **ablehnen**, § 1484 Abs. 1. Auf die Ablehnung finden die für die Ausschlagung einer Erbschaft geltenden Vorschriften entsprechende Anwendung. Macht der überlebende Ehegatte von dieser Möglichkeit Gebrauch, gilt § 1482. Die Gütergemeinschaft wird also durch den Tod aufgelöst. Der Anteil des verstorbenen Ehegatten am Gesamtgut gehört zu seinem Nachlaß, § 1484 Abs. 3.

Macht der überlebende Ehegatte von der Ablehnungsmöglichkeit keinen Gebrauch, oder läßt er die Ablehnungsfrist verstreichen, gelten die Vorschriften der §§ 1484 ff.. Sie enthalten Sonderbestimmungen zu dem Gesamtgut, § 1485 und zu Vorbehalts- und Sondergut des überlebenden Ehegatten, § 1486.

Für die **Verwaltung** wird dem überlebenden Ehegatten weitgehend die Rechts- **280**
stellung des Gesamtgutsverwalter bei Einzelverwaltung eingeräumt, § 1487. Der überlebende Ehegatte **haftet** nach § 1489 Abs. 1 für die Gesamtgutsverbindlichkeiten der fortgesetzten Gütergemeinschaft persönlich. Die Definition der Gesamtgutsverbindlichkeiten der fortgesetzten Gütergemeinschaft enthält § 1488.

---

[484] Vergl. hierzu insbesondere MünchKomm-Kanzleiter, Vorbemerkungen § 8 ff. vor § 1483.
[485] MünchKomm-Kanzleiter, § 1483 Rz. 11.
[486] Vergl. insbesondere die Darstellung bei MünchKomm-Kanzleiter, § 1483 Rz. 14.

Unter gewissen Voraussetzungen hat der überlebende Ehegatte die Möglichkeit, seine **Haftung** auf das Gesamtgut in dem Bestand zur Zeit des Eintrittes der fortgesetzten Gütergemeinschaft **zu beschränken**, § 1489 Abs. 2.

Die **Abkömmlinge** haften für Gesamtgutsverbindlichkeiten nicht persönlich, § 1489 Abs. 3, sofern nicht die persönliche Haftung nach den allgemeinen Vorschriften begründet wird, also die Abkömmlinge z.B. eigene Verpflichtungserklärungen abgeben. Stirbt ein Abkömmling, wird dessen Anteil nicht vererbt. Er geht vielmehr auf seine Abkömmlinge, hilfsweise auf die anderen bereits an der fortgesetzten Gütergemeinschaft beteiligten Abkömmlinge oder den überlebenden Ehegatten über, § 1490.

Jeder Abkömmling kann auf seinen Anteil an dem Gesamtgut verzichten. Der **Verzicht** hat die gleichen Folgen wie der Eintritt des Todes während der fortgesetzten Gütergemeinschaft, ohne daß Abkömmlinge vorhanden sind, § 1491 Abs. 4 i.V.m. § 1490.

Der Anteil wächst also den anderen Abkömmlingen oder dem überlebenden Ehegatten an.

Dem Recht zum Verzicht der Abkömmlinge entspricht das Recht des überlebenden Ehegatten, die fortgesetzte Gütergemeinschaft jederzeit aufzuheben, und zwar durch Erklärung gegenüber dem Nachlaßgericht, § 1492 Abs. 1, oder durch notariellen Vertrag mit den Abkömmlingen, § 1492 Abs. 2. Die **Aufhebung** bringt die Notwendigkeit der Auseinandersetzung nach Maßgabe der §§ 1497 ff. mit sich.

281 Nach § 1493 Abs. 1 endet die fortgesetzte Gütergemeinschaft mit der **Wiederverheiratung** des überlebenden Ehegatten. Dieser ist nach § 1493 Abs. 2 verpflichtet, die Absicht der Wiederverheiratung dem Vormundschaftsgericht anzuzeigen, ein Verzeichnis über das Gesamtgut einzureichen, die Gütergemeinschaft aufzuheben und die Auseinandersetzung herbeizuführen, wenn ein anteilsberechtigter Abkömmling noch minderjährig ist oder unter Vormundschaft steht, § 1493 Abs. 2. Auch der **Tod** oder Verschollenheit bzw. Todeserklärung des überlebenden Ehegatten führt zur Beendigung der fortgesetzten Gütergemeinschaft, § 1494. Schließlich kann die Beendigung der Gütergemeinschaft nach § 1495 durch erfolgreiche Aufhebungsklage eines Abkömmlings eintreten, wobei ein Aufhebungsurteil für alle Abkömmlinge wirkt, § 1496 Abs. 2.

Für die **Verwaltung bis zur Auseinandersetzung** und die **Auseinandersetzung** gelten die §§ 1497 ff.. Für die Verwaltung verweist § 1497 Abs. 2 auf die Regelung der §§ 1472, 1473, i.V.m. § 1419. Auch für die Auseinandersetzung wird weitgehend auf die Vorschriften der §§ 1475 ff. verwiesen, § 1498. Im übrigen gelten aber für die interne Auseinandersetzung einige recht komplizierte **Sonderbestimmungen**, die erbrechtliche Gesichtspunkte miteinbeziehen und bestimmen, in welcher Weise **Abfindungszahlungen** für den Verzicht auf den Anteil und sonstige Vorempfänge im Sinne der §§ 2050 ff. berücksichtigt werden müssen. Eine Anlehnung an die erb- und pflichtteilsrechtlichen Vorschriften findet sich auch in den Bestimmungen der §§ 1505, 1506, 1511 über **Ergänzung** des

Anteils, **Anteilsunwürdigkeit** und **Ausschließung** eines Abkömmlings durch letztwillige Verfügung. Parallelen zu erbrechtlichen Bestimmungen haben schließlich die §§ 1512 ff., nach denen die Ehegatten durch letztwillige Verfügung Bestimmungen über die Herabsetzung oder Entziehung des Anteils am Auseinandersetzungsguthaben, dessen Zuwendung an Dritte und Bestimmungen über Übernahmerechte der Abkömmlinge treffen können.

VIERTES KAPITEL

Steuerfragen

Das Steuerrecht knüpft grundsätzlich an die bürgerlich- oder handelsrechtliche **282** Gestaltung an. Für die steuerliche Behandlung ist es daher bedeutsam, in welchem Güterstand Eheleute leben oder gelebt haben. Je nach Güterstand können die ertrag- und substanzsteuerlichen Folgen zum Teil erheblich voneinander abweichen.

Nachstehend werden zunächst allgemeine Fragen der Einkommensbesteuerung bei Ehegatten und der Vollstreckung von Steuerbescheiden behandelt. Güterstandspezifische Probleme der Einkommensbesteuerung sowie Fragen im Zusammenhang mit anderen Steuerarten werden bei dem jeweiligen Güterstand erörtert.

A. ALLGEMEINES ZUR EINKOMMENSBESTEUERUNG BEI EHEGATTEN

I. Steuerpflicht

Gemäß § 1 EStG ist zwischen der unbeschränkten und der beschränkten Einkommensteuerpflicht zu unterscheiden[1]. **Unbeschränkt steuerpflichtig** sind natürliche Personen, die im Inland einen Wohnsitz oder ihren gewöhnlichen Aufenthalt haben, ferner unter gewissen Voraussetzungen deutsche Auslandsbeamte und ihre deutschen Angehörigen. Die unbeschränkte Steuerpflicht erstreckt sich auf alle steuerbaren Einkünften im Sinne des § 2 Abs. 1 EStG (Welteinkünfte), falls nicht im Einzelfall ein zwischenstaatliches Abkommen zur Vermeidung der Doppelbesteuerung (kurz: Doppelbesteuerungsabkommen/DBA) entgegensteht.

Die **beschränkte Steuerpflicht** erfaßt alle übrigen natürlichen Personen mit ihren inländischen Einkünften im Sinne des § 49 EStG. Die §§ 2 und 5 AStG erweitern diese Regelung in sachlicher Hinsicht. Danach können auch Deutsche, die ihren Wohnsitz und gewöhnlichen Aufenthalt nach mindestens fünfjähriger unbeschränkter Steuerpflicht aus dem Inland wegverlegt haben, 10 Jahre lang mit anderen als mit den in § 49 EStG aufgezählten, nach dem Wegzug im In- und Ausland erzielten Einkünften in der Bundesrepublik Deutschland steuerpflichtig sein. Voraussetzung dieser „erweiterten beschränkten Steuerpflicht" ist, daß diese Personen in einem niedrig besteuerten Land ansässig sind und wesentliche wirtschaftliche Interessen im Inland haben[2].

Da jeder Ehegatte selbständiges Steuerrechtssubjekt ist, kann im Einzelfall ein Ehegatte unbeschränkt, der andere beschränkt oder erweitert beschränkt steuerpflichtig sein. Die Entscheidung über die persönliche Steuerpflicht hat nicht nur

---

[1] Zur Steuerpflicht allgemein vergl. Schmidt/Heinicke, Erläuterungen zu § 1 EStG; Herrmann/Heuer/Raupach, Erläuterungen zu § 1 EStG.
[2] Vergl. BMF-Schreiben v. 11. 7. 1974, BStBl. 1974 I S. 442.

Bedeutung für die Ermittlung des Einkommens und die Art der Steuererhebung (§§ 49 – 50 a EStG), sondern auch die Veranlagungsart (§§ 26 – 26 b EStG)[3].

Kein Zusammenhang besteht zwischen persönlicher Steuerpflicht und Steuererklärungspflicht. Zur Abgabe einer Steuererklärung ist – über die Regelungen in den Einzelsteuergesetzen[4] hinaus – jeder verpflichtet, der vom Finanzamt dazu aufgefordert wird (§ 149 AO)[5].

II. Ermittlung der Einkünfte

283 Das Ermittlungsverfahren ist in den §§ 78 ff., 134 ff., 140 ff. AO geregelt. Für die **Zurechnung der Einkunftsquellen** sowie der Qualifizierung und Zurechnung der Einkünfte ergeben sich für Ehegatten keine Besonderheiten gegenüber anderen Steuerpflichtigen.

Einkunftsquellen (z.B. Gewerbebetriebe, Miethäuser, Wertpapiere, Darlehensforderungen usw.) sind grundsätzlich dem bürgerlich-rechtlichen Eigentümer oder Vollrechtsinhaber zuzurechnen, § 39 Abs. 1 AO. Ausnahmsweise kann jedoch auf das sogenannte wirtschaftliche Eigentum abzustellen sein. Das kommt dann in Betracht, wenn die bürgerlich-rechtliche Eigentümer- oder Inhaberposition zugunsten einer anderen Person – z.B. des Ehegatten - so entwertet ist, daß der andere wirtschaftlich wie ein Eigentümer oder Vollrechtsinhaber handeln kann und die Folgen seines Handelns in vollem Umfang ihm zugute kommen oder ihn belasten (vergl. § 39 Abs. 2 Nr. 1 Satz 1 AO)[6].

Die **Verwaltung** von Vermögensgegenständen eines Ehegatten durch den anderen läßt die steuerrechtliche Zuordnung unberührt. Dies gilt auch, wenn ein Ehegatte eine Rechtsstellung (insbesondere des Eigentümers) **treuhänderisch** für den anderen ausübt; die steuerlichen Folgen, z.B. die Zurechnung des Vermögensgegenstandes als Einkunftsquelle, treffen den Treugeber, § 39 Abs. 2 Nr. 1 Satz 2 AO (vergl. § 159 AO). Ist jedoch der Verwalter oder Treuhänder nach den oben dargestellten Grundsätzen steuerlich als **wirtschaftlicher Eigentümer** (Vollrechtsinhaber) anzusehen, so ist der Vermögensgegenstand ihm zuzurechnen[7].

Diese Zurechnungsfrage hat unmittelbare Auswirkungen für die **Substanzsteuern** (Vermögensteuer, ggf. Gewerbekapitalsteuer, Grundsteuer). Im Rahmen der Einkommensteuer taucht sie jedoch häufig als **Vorfrage** auf für die Entscheidung, wem die Einkünfte aus dieser Quelle zuzurechnen sind. Unter Umständen hat sie auch Einfluß auf die Höhe der steuerlich anzusetzenden Einkünfte und ihre Qualifizierung.

So hängt beispielsweise von der Zurechnung eines Miethauses die Frage ab, welchem Ehegatten die Mieteinnahmen zuzurechnen sind, wer Reparaturaufwand,

---

[3] S. dazu unter IV.
[4] Z. B. § 25 Abs. 3 EStG; §§ 56, 58, 59 EStDV; §§ 49 Abs. 1 und 181 Abs. 2 KStG; § 28 BewG; § 19 VStG; § 31 ErbStG; § 25 GewStDV; § 18 UStG.
[5] Vergl. Schmidt/Heinicke, § 1 EStG Anm. 1.
[6] Vergl. Tipke/Kruse, § 39 AO Rz. 11–13; Hübschmann/Hepp/Spitaler, § 39 AO, Rz. 18–40.
[7] S. o. Anm. 6 sowie Enders, MDR 1980 S. 992.

Abschreibungen und andere Werbungskosten geltend machen kann usw. Dabei brauchen Vermieter und (wirtschaftlicher) Eigentümer nicht identisch zu sein. Bei Zusammenveranlagung der Ehegatten (§§ 26, 26 b EStG) spielt diese Frage einkommensteuerlich keine Rolle. Scheidet eine Zusammenveranlagung jedoch aus, so kann sich eine abweichende Einkommensteuerbelastung ergeben[8].

Eine **Übertragung von Einkunftsquellen**, z.B. durch Kauf oder Schenkung, ist auch unter Ehegatten möglich. Bei Zusammenveranlagung zur Einkommen- und zur Vermögensteuer bringt dies keine steuerlichen Vorteile. Nützlich kann jedoch die Übertragung auf Kinder der Eheleute sein, weil diese in aller Regel einem niedrigeren Einkommensteuersatz unterliegen.

Erhebliche Auswirkungen kann die Zurechnung von Einkünften bei einer **Aufteilung für Vollstreckungszwecke** nach den §§ 268 ff. AO haben[9].

Unmittelbare einkommensteuerliche Folgen der Substanzzurechnung können sich auch außerhalb des Veranlagungs- und Vollstreckungsverfahrens ergeben, wenn personenbezogene Merkmale steuerlich relevant sind. Dies gilt beispielsweise im Bereich des steuerlich geförderten Wohneigentums[10]. **284**

Die Problematik der Zurechnung und Qualifizierung von Einkünften stellt sich häufig im Zusammenhang mit **Ehegatten-Arbeitsverhältnissen**[11]. Eine derartige Vereinbarung kann in mehrfacher Hinsicht steuerlich vorteilhaft sein. Ist ein Ehegatte im Gewerbebetrieb des anderen Ehegatten angestellt, so sind der Arbeitslohn und die vom Arbeitgeber zu tragenden Anteile an den Sozialabgaben als Betriebsausgaben abzugsfähig und unterliegen damit nicht der Gewerbesteuer. Bei der Einkommensteuer ist die Bedeutung des Ehegatten-Arbeitsverhältnisses zwar geringer, weil der Arbeitslohn wiederum als Einkünfte aus nichtselbständiger Arbeit angesetzt wird. Dennoch ergibt sich auch hier eine Steuerentlastung, weil dem Arbeitnehmer-Ehegatten verschiedene Pausch-und Freibeträge zu gewähren sind (§§ 9 a Nr. 1, 19 Abs. 3 und 4 EStG).

Ist der Arbeitnehmer-Ehegatte **teilzeitbeschäftigt**, so kann die Lohnsteuer unter den Voraussetzungen des § 40 a EStG pauschaliert werden. Dies führt – neben der o.a. Gewerbesteuerersparnis bei Gewerbetreibenden – zu einem endgültigen Einkommensteuervorteil, der auch von Freiberuflern, Land- und Forstwirten sowie bei Vermietung und Verpachtung genutzt werden kann. Bei Einhaltung bestimmter Grenzen hinsichtlich der Beschäftigungsdauer oder des Entgelts kommt Sozialversicherungsfreiheit hinzu.

Außerdem ist eine **betriebliche Altersversorgung** zugunsten mitarbeitender Ehegatten durch eine Pensionszusage (Direktzusage vergl. § 6 a EStG), über eine Pensions- oder eine Unterstützungskasse (vergl. § 1 Abs. 3 und 4 BetrAVG, § 4 d EStG) oder im Wege der Direktversicherung (vergl. § 1 Abs. 2 BetrAVG, §§ 4 b, 40 b EStG) möglich. Hier ergibt sich – neben etwaiger Gewerbesteuerersparnis –

[8] S. unter IV.
[9] S. unter V.
[10] S. unter III.
[11] Vergl. Gesamtdarstellung bei Schoor, RWP Einkommensteuer SG 5.2 S. 1273 ff.

ein endgültiger Einkommensteuervorteil u.a. daraus, daß der Begünstigte die Versorgungsleistungen erst nach seinem Ausscheiden aus dem Erwerbsleben erhält. Die Steuerbelastung der Leistungen zu diesem Zeitpunkt ist aber in aller Regel niedriger als der Steuervorteil, den das Unternehmen des Ehegatten durch Betriebsausgabenabzug, Rückstellungsbildung, Zuführung zur Unterstützungskasse usw. im Zusammenhang mit der Altersversorgung des Ehepartners erzielt.

Darüber hinaus bietet das jeweils geltende Vermögensbildungsgesetz sowohl dem Arbeitgeber als auch dem Arbeitnehmer-Ehegatten zusätzliche Steuervorteile.

285 Wegen der vorgenannten Möglichkeiten der Steuerersparnis und der grundsätzlichen Annahme gleichgerichteter Interessen stellen Finanzverwaltung und Finanzgerichtsbarkeit an die steuerliche Anerkennung von Ehegatten-Arbeitsverhältnissen besonders hohe Anforderungen[12].

Voraussetzung ist zunächst ein zivilrechtlich wirksamer **Arbeitsvertrag**, der – auch unter steuerlichen Gesichtspunkten – keiner Form bedarf, also auch mündlich vereinbart sein kann. Zu Beweiszwecken empfiehlt sich allerdings die Schriftform. Für die **steuerliche Anerkennung** ist erforderlich, daß

– ernsthafte und eindeutige Vereinbarungen vorliegen,
– das Arbeitsverhältnis tatsächlich durchgeführt wird,
– ein Arbeitslohn vereinbart und ausgezahlt wird sowie
– alle Folgerungen aus dem Arbeitsverhältnis gezogen
  werden.

Diese Grundsätze gelten nicht nur für das Arbeitsverhältnis mit dem Ehegatten eines Einzelunternehmers, sondern auch für den Arbeitsvertrag mit einer Personengesellschaft, die vom Ehegatten aufgrund seiner wirtschaftlichen Machtstellung beherrscht wird[13].

Liegt danach ein steuerlich wirksames Arbeitsverhältnis vor, so sind auch Versorgungszusagen und -leistungen an den Arbeitnehmer-Ehegatten in diesem Rahmen steuerlich grundsätzlich anzuerkennen. An die Ernsthaftigkeit und Angemessenheit solcher Zusagen werden jedoch besonders hohe Anforderungen gestellt. Wesentlich ist, ob einem familienfremden Arbeitnehmer mit vergleichbarer Tätigkeit eine entsprechende Versorgungsleistung eingeräumt oder ernsthaft angeboten wurde oder – bei Fehlen eines solchen Arbeitnehmers – mit hoher Wahrscheinlichkeit angeboten worden wäre[14].

286 Die **Höhe** der positiven oder negativen Einkünfte aus den einzelnen Einkunftsarten (§ 2 Abs. 1 Nr. 1 bis 7 EStG) ist für jeden Ehegatten, dem sie zuzurechnen sind, gesondert zu ermitteln. Dies gilt insbesondere für den Umfang der **Einnahmen** sowie der **Betriebsausgaben** oder **Werbungskosten**, bei denen teilweise Pauschbeträge vorgesehen sind (vergl. §§ 9 a, 20 Abs. 4 EStG), die Steuerfreiheit von Einnahmen (vergl. §§ 3, 3 a, 3 b EStG), für Freibeträge bei bestimmten Ein-

---

[12] Vergl. Abschnitt 174 a EStR mit zahlreichen Rechtsprechungshinweisen.
[13] BFH v. 12. 4. 1979, BStBl. 1979 II S. 622 und v. 24. 3. 1983, BStBl. 1983 II S. 770.
[14] BFH v. 28. 7. 1983, BStBl. 1984 II S. 60.

kunftsarten (vergl. §§ 13 Abs. 3, 16 Abs. 4, 17 Abs. 3, 18 Abs. 4, 19 Abs. 2, 3 und 4, 20 Abs. 4 EStG), Freigrenzen (vergl. §§ 22 Nr. 3, 23 Abs. 4 EStG), den Ausschluß eines Betriebsausgaben- oder Werbungskostenabzugs (vergl. § 3 c EStG) und Einschränkungen bei der Verlustverrechnung (vergl. §§ 2 a Abs. 1, 15 a Abs. 1, 22 Nr. 3, 23 Abs. 4 EStG).

Grundsätzlich können Pauschbeträge, Freibeträge und andere Vergünstigungen in diesem Bereich nur von demjenigen Ehegatten geltend gemacht werden, der die betreffenden Einkünfte erzielt, ggf. also von beiden in derselben Höhe. Eine Übertragung von Vergünstigungen der vorgenannten Art ist nicht möglich; andererseits bleiben auch die vorgenannten Nachteile auf den betreffenden Ehegatten beschränkt. Eine Ausnahme enthält § 9 a Abs. 1 Nr. 2 EStG, der für zusammenveranlagte Eheleute eine Verdoppelung des Werbungskosten-Pauschbetrages bei Einnahmen aus Kapitalvermögen auch dann vorsieht, wenn nur ein Ehegatte solche Einnahmen erzielt hat. Andererseits können nachgewiesene höhere Werbungskosten nur dann berücksichtigt werden, wenn sie 200,– DM übersteigen. Haben zusammenveranlagte Ehegatten jeweils Einnahmen aus Kapitalvermögen, so können nicht z.B. für einen Ehegatten ein Pauschbetrag in Höhe von 100,– DM und für den anderen Ehegatten die tatsächlich angefallenen Werbungskosten angesetzt werden[15]. Sind die Einkünfte jedes Ehegatten im Hinblick auf die §§ 18 Abs. 4, 24 a, 34 Abs. 4 oder 46 a EStG gesondert zu ermitteln, so dürfen die Ehegatten, wenn sie beide Einnahmen aus Kapitalvermögen haben, den Pauschbetrag beliebig unter sich aufteilen. Hierdurch darf sich aber kein Verlust bei den Einkünften aus Kapitalvermögen ergeben (§ 9 a Satz 2 EStG); bei Ansatz der tatsächlich angefallenen Werbungskosten scheidet eine Verteilung nach Belieben aus[16].

III. Förderung von Wohneigentum (§§ 7 b, 10 e EStG)

Die Anschaffung oder Herstellung von Ein- und Zweifamilienhäusern sowie von Eigentumswohnungen wurde bis zum **31.12.1986** – mit Übergangsregelung bis zum 31.12.1998 – durch eine **Sonderabschreibung** nach § 7 b EStG sowie einen **erweiterten Schuldzinsenabzug** unter den Voraussetzungen des § 21 a Abs. 4 EStG gefördert. Hinzu kam ein Steuerabzugsbetrag für das zweite und jedes weitere Kind des Steuerpflichtigen oder seines Ehegatten (§ 34 f. EStG). Ab dem **1.1.1987** ist nur noch **selbstgenutztes Wohneigentum** durch **Sonderausgabenabzug** gemäß § 10 e EStG sowie eine Ausdehnung des **Baukindergeldes** auch auf das erste Kind steuerlich begünstigt; die Besteuerung des Nutzungswerts des selbstgenutzten Wohneigentums (§ 21 a, § 21 Abs. 2 EStG a.F.) wurde abgeschafft[17].

287

---

[15] BFH v. 17. 1. 1969, BStBl. 1969 II S. 376; Schmidt/Drenseck, § 9 a Anm. 4; a.A. Zettel, DStR 1978 S. 518.
[16] Vergl. Schmidt/Drenseck, § 9 a EStG Anm. 4.
[17] Zu den Einzelheiten der Neuregelung vergl. Märkle/Wacker/Franz in: Beilage 8 zu BB 1986.

1. Förderung bis zum 31.12.1986

Bis zum 31. 12. 1986 ist die Selbstnutzung der eigenen Eigentumswohnung, des eigenen Einfamilienhauses oder einer Wohnung im eigenen Zweifamilienhaus einkommensteuerlich der **Fremdvermietung** grundsätzlich gleichgestellt. Die „Vermietung an sich selbst" erfolgt steuertechnisch durch Zurechnung einer fiktiven Miete, die sich bei der Eigentumswohnung und beim Einfamilienhaus auf jährlich 1,4 % des Einheitswerts (§ 21 a EStG, sogenannter Grundbetrag) beläuft, bei der selbstgenutzten Wohnung im eigenen Zweifamilienhaus wird die ortsübliche Miete angesetzt (§ 21 Abs. 2 EStG a.F.). Da somit steuerpflichtige (fiktive) Einnahmen vorliegen, kann dieses Wohneigentum als Einkunftsquelle auch durch den Abzug von Werbungskosten gefördert werden. Für die selbstgenutzte Eigentumswohnung oder das selbstgenutzte Einfamilienhaus gewährt § 21 a Abs. 4 EStG a.F. einen den Grundbetrag übersteigenden **Schuldzinsenabzug** von 3 x 10.000,– DM. Von besonderer Bedeutung ist die nicht von der Selbstnutzung des Objekts abhängige 8-jährige **Sonderabschreibung** gemäß § 7 b EStG. Hinzu kommt ein Steuerabzugsbetrag gemäß § 34 f EStG in Höhe von 600,– DM jährlich ab dem zweiten Kind. Liegen die Voraussetzungen für diese steuerliche Behandlung beim Steuerpflichtigen spätestens am 31.12.1986 vor, so fällt er erst ab dem 1.1.1999 unter das neue Recht[18], falls er nicht eine frühere Anwendung beantragt, § 52 Abs. 21 EStG.

In Einzelheiten problematisch ist die Sonderabschreibung nach § 7 b EStG a.F.[19]. Danach können unbeschränkt steuerpflichtige Ehegatten, die nicht dauernd getrennt leben, diese Vergünstigung für insgesamt zwei Objekte in Anspruch nehmen. Welchem der Ehegatten – ggf. in Miteigentum mit dem anderen – die Objekte gehören, spielt keine Rolle. Nur die Beteiligung eines Dritten führt zu einer anteiligen Kürzung der Bemessungsgrundlage, insbesondere der Höchstbeträge nach § 7 b Abs. 1 EStG a.F.

Grundsätzlich kann jeder Erwerber eines begünstigten Objekts die Sonderabschreibung geltend machen, selbst wenn schon mehrere Voreigentümer diese jeweils 8 Jahre lang angesetzt hatten. Dies gilt jedoch nicht bei unbeschränkt steuerpflichtigen Ehegatten, die nicht dauernd getrennt leben, wenn der Steuerpflichtige

– das Objekt (oder einen Anteil daran) von seinem Ehegatten erworben hat (§ 7 b Abs. 1 Nr. 1 EStG a.F.) oder

– ein solches Objekt anschafft und im zeitlichen Zusammenhang damit ein ebenfalls begünstigtes Objekt, das dem Steuerpflichtigen oder seinem Ehegatten gehört, an den Veräußerer veräußert wird (§ 7 b Abs. 1 Nr. 2 EStG a.F.) oder

– ein solches Objekt zurückerwirbt, das früher ihm selbst oder seinem Ehegatten gehört hat (§ 7 b Abs. 1 Nr. 3 EStG a.F.).

---

[18] S. unter 2.
[19] vergl. dazu Schmidt/Drenseck, § 7 b EStG Anm. 6 i–k.

2. Förderung ab dem 1.1.1987

Falls nicht im Einzelfall die Übergangsregelung eingreift[20], wird ab dem 1.1.1987 **288**
nur noch **selbstgenutztes** Wohneigentum in Form einer Eigentumswohnung
oder einer Wohnung im eigenen Ein-oder Mehrfamilienhaus gefördert. Die Nut-
zungswertbesteuerung[21] wurde abgeschafft, so daß auch die Möglichkeit einer
Förderung durch Sonderabschreibungen wegfiel. Nunmehr gewährt § 10 e EStG
eine 8-jährige **Grundförderung** durch Sonderausgabenabzug, ergänzt durch einen Steuerabzugsbetrag in Höhe von jährlich 600,– DM für jedes Kind des Steuerpflichtigen (§ 34 f EStG). Die Förderung ist auf ein Objekt pro Person beschränkt. Bei Ehegatten erstreckt sich die Förderung unter den Voraussetzungen
des § 26 Abs. 1 EStG auf zwei Objekte, jedoch nicht gleichzeitig auf zwei in
räumlichem Zusammenhang belegene Objekte (§ 10 e Abs. 4 EStG). Wie bei
§ 7 b EStG entfällt auch die Förderung von Objekten, die jemand von seinem
Ehegatten erworben hat.

IV. Veranlagung

Die Einkommensteuer ist eine **Veranlagungssteuer**, d.h. sie wird durch schriftli- **289**
chen Bescheid festgesetzt (§ 25 EStG, §§ 155 ff. AO). Die Veranlagung geschieht
nach Ablauf des Veranlagungszeitraums, d.h. des Kalenderjahres (vergl. § 25
EStG).

Das Gesetz unterscheidet bei Ehegatten zwischen **Zusammenveranlagung** und
getrennter Veranlagung (§§ 26 – 26 b EStG). Es enthält allerdings keine klare
Regelung der Frage, wem bei Zusammenveranlagung die Einkünfte der Ehegatten zuzurechnen sind und wer Steuerschuldner ist.

Nach § 26 EStG können Ehegatten, die beide unbeschränkt steuerpflichtig sind[22]
und nicht dauernd getrennt leben und bei denen diese Voraussetzungen zu Beginn des Veranlagungszeitraums vorgelegen haben oder im Verlauf des Veranlagungszeitraums eingetreten sind, zwischen getrennter Veranlagung (§ 26 a EStG)
und Zusammenveranlagung (§ 26 b EStG) wählen. Eine Ehe, die im Laufe des
Veranlagungszeitraums aufgelöst worden ist, bleibt hierfür unberücksichtigt,
wenn einer der Ehegatten in demselben Veranlagungszeitraum wieder geheiratet
hat und bei ihm und dem neuen Ehegatten die vorgenannten Voraussetzungen
ebenfalls vorliegen. Sind also bei allen Ehen die Voraussetzungen für eine Zusammenveranlagung und eine getrennte Veranlagung gegeben, so kann das Wahlrecht nur in bezug auf die jüngste Ehe ausgeübt werden.

Liegen die Voraussetzungen in bezug auf die jüngste Ehe nicht vor, so kann der
Steuerpflichtige Zusammenveranlagung mit dem jeweils vorausgegangenen Ehegatten nur wählen, wenn dieser in bezug auf einen neuen Ehegatten nicht zur
Wahl der Zusammenveranlagung für denselben Veranlagungszeitraum berechtigt
ist.

---

[20] S. oben 1.
[21] S. oben 1.

Ehegatten werden getrennt veranlagt, wenn einer der Ehegatten getrennte Veranlagung wählt. Ehegatten werden zusammenveranlagt, wenn beide Ehegatten die Zusammenveranlagung wählen. Jeder Ehegatte muß der Zusammenveranlagung zustimmen, wenn er dadurch selbst keine Nachteile hat[23].

War ein Ehegatte im Kalenderjahr zeitweise **beschränkt steuerpflichtig,** so sind die während dieses Zeitraums erzielten inländischen Einkünfte nicht in eine Veranlagung nach § 26 a oder § 26 b EStG einzubeziehen. Vielmehr ist eine Einzelveranlagung (§ 25 EStG) für die ausländischen und inländischen Einkünfte (§ 49 EStG), die während des Bestehens der beschränkten Steuerpflicht erzielt worden sind, durchzuführen (§ 50 Abs. 3 EStG), auch wenn die Ehegatten im übrigen Zusammenveranlagung wählen.

Ehegatten, die nicht unter § 26 Abs. 1 Satz 1 EStG fallen, werden wie Einzelpersonen (§ 25 EStG) nach dem Grundtarif und ohne die auch bei getrennter Veranlagung mögliche Aufteilung von Sonderausgaben und außergewöhnlichen Belastungen (vergl. § 26 a Abs. 2 EStG; § 57 Satz 2 und § 61 EStDV) veranlagt, sofern nicht der Splittingtarif im Billigkeitswege anzuwenden ist (vergl. Abschnitt 184 Abs. 2 EStR)[24].

Die Zusammenveranlagung ist für Ehegatten, die bereits zu Beginn des Veranlagungszeitraums verheiratet sind[25], die günstigste Veranlagungsform. Hierbei werden die von den Ehegatten erzielten Einkünfte zusammengerechnet, den Ehegatten gemeinsam zugerechnet und, soweit nichts anderes vorgeschrieben ist, die Ehegatten sodann gemeinsam als Steuerpflichtige behandelt, § 26 b EStG. Diese Vorschrift berührt weder die subjektive Steuerpflicht des einzelnen Ehegatten (§ 1 EStG) noch die Einkünfteerzielung durch den jeweiligen Ehegatten. Die Einkünfte jedes Ehegatten sind vor der Zusammenrechnung mit denen des anderen Ehegatten getrennt zu ermitteln. Der den Bereich der Einkünfteerzielung und -ermittlung betreffende Grundsatz der Individualbesteuerung wird von § 26 b EStG nicht berührt[26].

290 Erst nach der Zusammenrechnung der Einkünfte setzt die Behandlung der Ehegatten als **ein** Steuerpflichtiger gemäß § 26 b EStG ein. Es werden nur ein Gesamtbetrag der Einkünfte (§ 2 Abs. 3 EStG), nur ein Einkommen (§ 2 Abs. 4 EStG) und nur ein zu versteuerndes Einkommen (§ 2 Abs. 5 EStG) gebildet[27]. Diese sogenannte **Einheit des Einkommens** der Ehegatten hat zur Folge, daß

– Pausch-, Frei- und Höchstbeträge, die nicht mehr die Ermittlung der Einkünfte berühren, von den Ehegatten in Anspruch genommen werden können, wenn nur einer von ihnen die Voraussetzung dafür erfüllt und wenn nur einer (nicht notwendigerweise derselbe) von ihnen Einkünfte erzielt (z.B. §§ 32 Abs. 2 Nr. 1 oder § 33 b EStG)

---

[22] S. oben 1.
[23] BGH HFR 77, 297.
[24] Vergl. Abschnitt 184 Abs. 2 EStR.
[25] Für den Veranlagungszeitraum der Eheschließung gilt ergänzend § 26 c EStG; s. weiter unten.
[26] Vergl. Tipke, S. 320.
[27] BFH v. 12. 6. 1980, BStBl. 1980 II S. 645 und v. 6. 10. 1982, BStBl. 1983 II S. 34.

– die fraglichen Vergünstigungen nur einmal von beiden Ehegatten zusammen in Anspruch genommen werden können, wenn nicht das Gesetz ausdrücklich eine abweichende Regelung trifft (vergl. §§ 10 Abs. 3, 10 c Abs. 5, 32 Abs. 2 Nr. 3 EStG)

– der Progressionsvorbehalt (§ 32 b EStG) auch dann eingreift, wenn nur ein Ehegatte im Inland steuerpflichtige Einkünfte erzielt hat, während der andere Ehegatte im Inland zwar subjektiv steuerpflichtig ist, seine Einkünfte aber aufgrund eines DBA im Inland nicht der Besteuerung unterliegen

– negative Einkünfte (Verluste) des einen mit positiven Einkünften des anderen Ehegatten zusammengerechnet und dadurch ausgeglichen werden

– in den Verlustabzug (Rück- und Vortrag, § 10 d EStG) auch Verluste mit einbezogen werden können, die der andere Ehegatte erzielt hat, selbst wenn dies Veranlagungszeiträume betrifft, in denen die Ehegatten nach § 26 a EStG getrennt veranlagt worden sind (vergl. § 62 d Abs. 2 EStDV).

Die Höhe der Einkommensteuer wird bei zusammenveranlagten Ehegatten nach dem sogenannten **Splitting-Verfahren** gemäß § 32 a Abs. 5 EStG[28] ermittelt. Danach beträgt die tarifliche Einkommensteuer vorbehaltlich der §§ 32 b, 34 und 34 b EStG das Zweifache des Steuerbetrages, der sich für die Hälfte ihres gemeinsam zu versteuernden Einkommens ergibt. Jedem Ehegatten wird also die Hälfte des gemeinschaftlichen Einkommens zugerechnet. So wird der Gefahr begegnet, daß sich aus dem progressiven Verlauf des Einkommensteuertarifs nach der Eheschließung eine insgesamt höhere Steuerbelastung der Ehegatten ergibt als vorher. Sind die Einkommen beider Ehegatten gleich hoch, so ist die Gesamtbelastung vor und nach der Eheschließung identisch. Bei unterschiedlich hohen Einkommen der Ehegatten tritt regelmäßig eine Steuerentlastung ein, die umso größer ist, je weiter die Einkommen beider Ehegatten voneinander abweichen.

Verwitweten sowie bei **Wiederheirat** im Veranlagungszeitraum der Auflösung der Ehe gewährt § 32 a Abs. 6 EStG unter bestimmten Voraussetzungen ebenfalls den Splittingtarif.

Ab dem 1.1.1987 können Ehegatten (nur) für den **Veranlagungszeitraum der Eheschließung** auf Antrag so veranlagt werden, als seien sie unverheiratet (§ 26 c EStG). Dies kann im Hinblick auf bisher gewährte Haushaltsfreibeträge oder ein „Verwitweten-Splitting" gemäß § 32 a Abs. 6 EStG vorteilhaft sein.

Wählen Ehegatten die getrennte Veranlagung gemäß § 26 a EStG, so sind jedem Ehegatten die von ihm bezogenen Einkünfte zuzurechnen; für die Aufteilung von Sonderausgaben und außergewöhnlichen Belastungen gibt es Sonderregelungen. Das Einkommen jedes Ehegatten wird nach der Grundtabelle versteuert.

V. Vollstreckung

Die **Vollstreckung** von Steuerbescheiden richtet sich nach den §§ 249 ff. AO[29].   **291**
Die Finanzbehörden können solche Bescheide im Verwaltungsweg vollstrecken

---

[28] S. dazu (kritisch) Tipke, S. 320 f.
[29] Überblicke zum Vollstreckungsverfahren gegen Tipke/Kruse, Vor § 249 AO und Hübschmann/Hepp/Spitaler, Vor § 249 AO.

(§ 249 Abs. 1 AO), soweit nicht ihre Vollziehung ausgesetzt oder die Vollziehung durch Einlegung eines Rechtsbehelfs gehemmt ist; Bestandskraft (Unanfechtbarkeit) ist nicht erforderlich, § 251 Abs. 1 AO. Für Steuerforderungen im Konkurs- oder Vergleichsverfahren gelten Sonderregelungen, § 251 Abs. 2, 3 AO.

Nach § 254 Abs. 1 AO darf, soweit nichts anderes bestimmt ist, die Vollstreckung erst beginnen, wenn die Leistung fällig, der Vollstreckungsschuldner zur Leistung aufgefordert worden und seit der Aufforderung mindestens eine Woche verstrichen ist. Ferner soll der Vollstreckungsschuldner in der Regel vor Beginn der Vollstreckung mit einer Zahlungsfrist von einer Woche gemahnt werden, § 259 AO.

Diese Regeln wie auch u.a. die Vorschriften über Einwendungen gegen die Vollstreckung (§ 256 AO), Einstellung und Beschränkung der Vollstreckung (§§ 257, 258 AO) gelten unabhängig davon, ob Einzelpersonen oder Eheleute Vollstreckungsschuldner sind. Für die **Vollstreckung gegen Ehegatten** sind ergänzend die §§ 739, 740, 741, 743 und 745 ZPO entsprechend anzuwenden, § 263 AO. Besonderheiten gelten danach nur, soweit die **Eigentumsvermutung** des § 1362 BGB reicht und bei **Gütergemeinschaft**. In diesen besonderen Fällen wirkt der steuerliche Anspruch gegen den einen Ehegatten unmittelbar auch gegen den anderen. Eines Leistungsgebots bedarf es nur gegen den Ehegatten, der Steuerschuldner ist, nicht gegen den anderen. Der andere ist grundsätzlich unmittelbar aufgrund des Leistungsgebots zur Duldung der Vollstreckung verpflichtet. Aufgrund der Duldungspflicht kann aber auch ein gesondertes Leistungsgebot ergehen. Das kann Bedeutung erlangen, wenn der andere Ehegatte selbständiger Vollstreckungsschuldner werden soll, um ihn beispielsweise zur Abgabe einer eidesstattlichen Versicherung nach § 284 AO zu verpflichten oder wenn die Gütergemeinschaft beendet ist[30].

Liegen die Voraussetzungen der in § 263 AO genannten ZPO-Vorschriften für die Drittwirkung des Leistungsgebots nicht vor (z.B. bei Vollstreckung in das Vorbehaltsgut) oder kann die Vermutung des § 1362 BGB widerlegt werden, so kann der Ehegatte, der nicht Steuerschuldner ist, gegen die Vollstreckung bei ihm wie ein fremder Dritter gemäß § 262 AO, §§ 772 – 774, 769 und 770 ZPO vorgehen. Für Rechtsmittel ist der Weg zu den ordentlichen Gerichten eröffnet, § 262 Abs. 1, 3 AO.

Werden Bedingungen verletzt, welche die §§ 739 – 741, 743 und 745 ZPO an die Zulässigkeit von Vollstreckungsmaßnahmen gegen den nicht aus dem Steuerbescheid verpflichteten Ehegatten stellen (z.B. im Rahmen des § 740 ZPO nur Vollstreckung in das Gesamtgut), so ist gegen die Vollstreckungsmaßnahme die **Beschwerde** nach § 349 AO und der Finanzrechtsweg gegeben. Beide Wege sowie die Möglichkeiten des § 262 AO (insbesondere **Drittwiderspruchsklage**) können ggf. alternativ wahrgenommen werden.

---

[30] Vergl. Hübschmann/Hepp/Spitaler, Vor § 263 AO Anm. 2.

Die vorstehenden Regelungen gelten allerdings nur dann, wenn sich die Steuerforderung nur gegen einen Ehegatten richtet oder – bei Zusammenveranlagung – die Schuld nicht aufgeteilt worden ist. Im Rahmen der Einkommensteuer sind Eheleute **Gesamtschuldner**, wenn sie zusammenveranlagt (§ 26 b EStG) werden, § 44 AO. Dann kann grundsätzlich sowohl in das Vermögen jedes einzelnen als auch in das Gesamtgut vollstreckt werden. Voraussetzung ist nach § 254 AO nur, daß gegen beide Eheleute ein Leistungsgebot ergangen ist, ggf. in einem zusammengefaßten Steuerbescheid nach § 155 Abs. 1 AO. Entsprechendes gilt für die Vermögensteuer. Kinder, die mit ihren Eltern in Hausgemeinschaft leben, werden mit ihnen zusammenveranlagt (§ 14 VStG) und so in die Gesamtschuldnerschaft einbezogen.

Jeder Gesamtschuldner kann aber zwecks Beschränkung der Gesamtschuld **Aufteilung der Steuerschuld** (§§ 268 ff. AO) beantragen; die ursprüngliche Gesamtschuld wird danach wieder zu einer Teilschuld[31]. Rückständige Einkommensteuer ist auf Antrag (§ 269 AO) nach dem Verhältnis der Beträge aufzuteilen, die sich bei getrennter Veranlagung nach Maßgabe des § 26 a EStG (siehe oben IV.) ergeben würden. Es ist also eine fiktive getrennte Veranlagung durchzuführen, bei der insbesondere jedem Ehegatten die von ihm bezogenen Einkünfte zuzurechnen sind.

Für die **Vermögensteuer** trifft § 271 AO eine entsprechende Regelung, die auch die mit ihren Eltern zusammenveranlagten Kinder umfaßt. Gemäß § 274 AO kann die rückständige Einkommen- oder Vermögensteuer auch nach einem von den Gesamtschuldnern gemeinschaftlich vorgeschlagenen Maßstab aufgeteilt werden, wenn die Tilgung sichergestellt ist. Für Vorauszahlungen gelten die Aufteilungsmaßstäbe der §§ 272, 274 AO, für Steuernachforderungen diejenigen der §§ 273, 274 AO.

B. ZUGEWINNGEMEINSCHAFT
I. Zugewinngemeinschaft während der Ehe
1. Einkommensteuer

Der gesetzliche Güterstand der Zugewinngemeinschaft (§ 1364 BGB) beruht auf dem Prinzip der Gütertrennung. Ergänzend dazu wird lediglich bei Beendigung der Zugewinngemeinschaft durch Tod, Scheidung oder in sonstiger Weise eine zwischenzeitlich eingetretene Vermögensmehrung (Zugewinn) ausgeglichen. Insbesondere entsteht durch die Eheschließung kein gesamthänderisch gebundenes Vermögen wie bei der Gütergemeinschaft. Jeder Ehegatte ist bei bestehender Zugewinngemeinschaft Inhaber der von ihm eingebrachten oder während der Ehe erworbenen Vermögensgegenstände. **292**

Daraus folgt, daß die Eheleute im Zusammenhang mit diesen Vermögensgegenständen auch untereinander zivilrechtlich wirksame Rechtsgeschäfte abschließen

---

[31] BFH v. 5. 2. 1971, BStBl. 1971 II S. 331 (332).

können, die grundsätzlich auch steuerlich anerkannt werden[32]. Ein häufiger Anwendungsfall ist das Ehegatten-Arbeitsverhältnis, wenn ein Ehegatte Inhaber eines land- und forstwirtschaftlichen, gewerblichen oder freiberuflichen Unternehmens ist[33]. Denkbar sind aber auch andere Vereinbarungen, z.B. kauf-, miet-, pacht-, nießbrauch-, schenkungs-oder gesellschaftsrechtliche Verträge. Im übrigen wird auf die Ausführungen unter A verwiesen.

2. Vermögensteuer

293 **Steuerpflichtig** sind u.a. natürliche Personen (§ 1 Abs. 1 Nr. 1 VStG). **Steuerobjekt** ist das besteuerbare Vermögen. Bei bestehender Zugewinngemeinschaft ist zunächst isoliert auf das positive oder negative Vermögen jedes Ehegatten und ggf. jedes in Hausgemeinschaft lebenden Kindes abzustellen. **Bemessungsgrundlage** für Vermögensteuer ist gemäß § 4 Abs. 1 Nr. 1 VStG das Gesamtvermögen jedes Steuerpflichtigen im Sinne der §§ 114 – 120 BewG, abgerundet auf volle 1.000,– DM (§ 4 Abs. 2 VStG). Das Gesamtvermögen setzt sich zusammen aus den Vermögensarten (§ 18 BewG)

– land- und forstwirtschaftliches Vermögen (§§ 33 ff. BewG);

– Grundvermögen (§§ 68 ff. BewG),

– Betriebsvermögen (§§ 95 ff. BewG) und

– sonstiges Vermögen (§§ 110 ff. BewG).

Einzelne Vermögensarten werden nur mit einem Teil ihres Wertes erfaßt (vergl. §§ 110, 115 – 117 a BewG).

Vom Gesamtvermögen sind bei natürlichen Personen **persönliche Freibeträge** (§ 6 VStG) abzuziehen. Dadurch ergibt sich das steuerpflichtige Vermögen (§ 9 Nr. 1 a VStG). Diese Freibeträge belaufen sich beim Steuerpflichtigen selbst auf 70.000,– DM, bei zusammenveranlagten Ehegatten auf 140.000,– DM sowie bei jedem Kind, das mit einem Steuerpflichtigen oder mit den Ehegatten (Eltern) zusammenveranlagt wird, auf 70.000,– DM.

Die Vermögensteuer ist eine **Veranlagungssteuer.** Zusammenveranlagt werden nicht dauernd getrenntlebende Ehegatten sowie Eltern und Kinder, wenn diese in Hausgemeinschaft leben, § 14 VStG. Die Zusammenveranlagung führt dazu, daß die Vermögen der betreffenden Personen als Einheit zusammengerechnet werden (§ 119 BewG).

Der Vorteil liegt darin, daß hierbei negatives Vermögen mit positivem saldiert wird und daß die persönlichen Freibeträge in der Summe auch dann ungeschmälert zur Anwendung kommen, wenn bei einzelnen der zusammenveranlagten Steuerpflichten das Vermögen geringer ist als der persönliche Freibetrag[34].

Die Zusammenveranlagung der Einzelvermögen macht – im Unterschied zur Einkommensteuer – kein Splittingverfahren erforderlich, weil der Tarif propor-

---

[32] Vergl. Tipke, S. 35.
[33] Vergl. Gesamtdarstellung bei Schoor, RWP Einkommensteuer SG 5.2 S. 1273 ff. sowie unter A II.
[34] Rössler/Troll, § 14 VStG Rz. 2.

tional ist. Seit dem 1.1.1978 beträgt er für natürliche Personen 0,5 v.H. des zu versteuernden Vermögens, § 10 Nr. 1 VStG.

3. Gewerbesteuer

Steuerobjekte der Gewerbesteuer sind der stehende Gewerbebetrieb (§ 2 Abs. 1 **294** GewStG) und der Reisegewerbebetrieb (§ 35 a GewStG), soweit sie im Inland betrieben werden.

Die **Bemessungsgrundlage** für die Gewerbesteuer setzt sich zusammen aus dem Gewerbeertrag und dem Gewerbekapital. **Gewerbeertrag** ist der nach den Vorschriften des Einkommen- oder des Körperschaftsteuergesetzes zu ermittelnde Gewinn aus dem Gewerbebetrieb, vermehrt um Hinzurechnungen (§ 8 GewStG), vermindert um Kürzungen (§ 9 GewStG). Als **Gewerbekapital** gilt der Einheitswert des gewerblichen Betriebs im Sinne des Bewertungsgesetzes mit bestimmten gewerbesteuerlichen Hinzurechnungen und Kürzungen (§ 12 GewStG). Die Anwendung von Meßzahlen auf den Gewerbeertrag (5 v.H., § 11 GewStG) und das Gewerbekapital (2 v.T., § 13 GewStG) führt zu **Steuermeßbeträgen**, deren Summe den einheitlichen Meßbetrag gemäß § 14 GewStG ergibt. Die Höhe der Gewerbesteuer resultiert aus der Anwendung des örtlichen Hebesatzes der hebeberechtigten Gemeinde auf den einheitlichen Meßbetrag.

Steuersubjekt (Steuerschuldner) ist der Unternehmer, für dessen Rechnung das Gewerbe tatsächlich betrieben wird (§ 5 Abs. 1 Sätze 1 und 2 GewStG); auf wessen Namen der Betrieb angemeldet und/oder im Handelsregister eingetragen ist, spielt keine Rolle[35]. Personengesellschaften sind selbst Steuerschuldner, wenn sie ein Gewerbe betreiben (§ 5 Abs. 1 Satz 3 GewStG). Kapitalgesellschaften sind schon kraft ihrer Rechtsform gewerbesteuerpflichtig (§ 2 Abs. 2 Nr. 2 GewStG).

Daraus folgt, daß die güterrechtlichen Verhältnisse des Betriebsinhabers (Einzel- oder Mitunternehmers, Anteilseigeners) grundsätzlich keine gewerbesteuerlichen Auswirkungen haben. Dies gilt für die Begründung, den Bestand sowie die Beendigung des Güterstandes mit nachfolgender Vermögensauseinandersetzung. Ausnahmsweise können sich gewerbesteuerliche Folgen ergeben, wenn eine Gütergemeinschaft begründet wird und ein Ehegatte einen Gewerbebetrieb in das Gesamtgut einbringt[36].

Heirat und **Beendigung der Ehe** können insbesondere gewerbesteuerliche Folgen im Fall der sogenannten **Betriebsaufspaltung** haben. Am häufigsten anzutreffen ist die Betriebsaufspaltung in Form der Aufgliederung eines Unternehmens in ein Besitzpersonenunternehmen und eine Betriebskapitalgesellschaft, wobei die Beteiligungsverhältnisse bei beiden Unternehmen völlig oder weitgehend identisch sind[37].

Voraussetzung für eine Betriebsaufspaltung ist – neben der Überlassung wesentlicher Betriebsgrundlagen durch das Besitz- an das Betriebsunternehmen – das

---

[35] Vergl. Lenski/Steinberg, § 5 GewStG, Rz. 3.
[36] S. unter D III.
[37] Vergl. Knobbe-Keuk, S. 600 m.w.N. auch zu „unechten" Betriebsaufspaltung und den gesamten steuerlichen Folgen der Betriebsaufspaltung.

Vorliegen eines **einheitlichen** geschäftlichen **Betätigungswillens** der hinter den beiden Unternehmen stehenden Personen[38]. Dies ist dann gegeben, wenn die Person oder die Personen, die das Besitzunternehmen tatsächlich beherrschen, in der Lage sind, auch in der Betriebsgesellschaft ihren Willen durchzusetzen[39]. In der Vergangenheit faßten Rechtsprechung und Finanzverwaltung Ehegatten ohne weiteres als eine durch gleichgerichtete Interessen geschlossene Personengruppe auf und rechneten demgemäß die Anteile für die Frage des „einheitlichen geschäftlichen Betätigungswillens" zusammen. Verfügten Ehegatten – ggf. zusammen mit weiteren Personen, insbesondere ihren Kindern – in beiden Gesellschaften über die einfache Mehrheit, so wurde der einheitliche geschäftliche Betätigungswille unterstellt. Wegen dieser automatischen Zusammenrechnung konnte die Eheschließung zur Begründung, die Auflösung der Ehe zur Beendigung einer Betriebsaufspaltung führen.

Der Beschluß des Bundesverfassungsgerichts vom 12.3.1985[40] hat hier eine wesentliche Änderung gebracht. Danach ist es mit Art. 3 Abs. 1 i.V.m. Art. 6 Abs. 1 GG unvereinbar, wenn bei der Beurteilung der personellen Verflechtung der beiden Unternehmen von der – wenn auch widerlegbaren – Vermutung auszugehen ist, Ehegatten verfolgten gleichgerichtete wirtschaftliche Interessen. Allerdings sei es von Verfassungs wegen nicht geboten, bei der Feststellung der engen personellen Verflechtung die Tatsache der ehelichen Verbindung der Beteiligten völlig außer Betracht zu lassen. Eine Zusammenrechnung könne in Betracht kommen, wenn zusätzlich zur ehelichen Lebensgemeinschaft Beweisanzeichen vorlägen, die für die Annahme einer personellen Verflechtung durch gleichgerichtete wirtschaftliche Interessen sprächen. Da das Bundesverfassungsgericht keine konkreten Fallgestaltungen nennt, besteht hier im Detail bis zur Klärung durch höchstrichterliche Entscheidungen eine gewisse Rechtsunsicherheit.

4. Umsatzsteuer

Steuerbare Umsätze sind

295 – Lieferungen und sonstige Leistungen, die ein Unternehmer in der Bundesrepublik Deutschland gegen Entgelt im Rahmen seines Unternehmens ausführt (§ 1 Abs. 1 Nr. 1 UStG),

– der Eigenverbrauch in der Bundesrepublik Deutschland (§ 1 Abs. 1 Nr. 2 UStG) und

– die Einfuhr von Gegenständen in das Zollgebiet (§ 1 Abs. 1 Nr. 4 UStG).

Daraus ergibt sich, daß der (fortbestehende) Güterstand umsatzsteuerlich keine Rolle spielt. Allerdings können bei einer Vermögensauseinandersetzung anläßlich der Beendigung des Güterstandes umsatzsteuerliche Fragen auftauchen[41].

---

[38] BFH v. 8. 11. 1971, BStBl. 1972 II S. 63.
[39] BFH a.a.O. (Fn. 38).
[40] DB 1985 S. 1320.
[41] S. unter II. 4.

5. Grunderwerbsteuer

Der Erwerb von Grundstücken durch die Ehegatten des Veräußerers unterliegt   **296**
ungeachtet des Güterstandes nicht der Grunderwerbsteuer, § 3 Nr. 4 GrEStG.
Diese Befreiung gilt jedoch nicht für Erwerbsvorgänge nach § 1 Abs. 3 GrEStG,
bei denen es um die Übertragung von Anteilen an Gesellschaften mit inländischem Grundvermögen geht.

6. Erbschaft- und Schenkungsteuer

Gemäß § 1 Abs. 1 Nr. 2 ErbStG sind Schenkungen unter Lebenden steuerpflich-   **297**
tige Vorgänge; ob und ggf. in welchem Grade die Beteiligten verwandt oder ver-
schwägert sind oder ob es sich um Eheleute handelt, hat lediglich Einfluß auf die
Höhe der Steuerbefreiungen (§ 13 ErbStG) und der persönlichen Freibeträge
(§ 16 ErbStG).

Da jeder Ehegatte bei bestehender Zugewinngemeinschaft Inhaber (insbesondere
Eigentümer) der von ihm eingebrachten oder während der Ehe erworbenen Vermögensgegenstände ist, unterliegen auch **Schenkungen unter Eheleuten** der
Schenkungsteuer. Eine Schenkung setzt voraus, daß objektiv keine Gegenleistung erbracht wird und subjektiv Einigkeit über die Unentgeltlichkeit besteht.
Sogenannte unbenannte Zuwendungen unter Ehegatten sind im allgemeinen
nicht als Schenkungen im Sinne der §§ 516 ff. anzusehen. Dies gilt auch für die
steuerliche Behandlung[42].

Maßstab für die Besteuerung ist **Bereicherung des Erwerbers** (§ 10 Abs. 1
ErbStG). Die Bewertung richtet sich nach dem **Bewertungsgesetz**; Grundbesitz
ist nicht mit dem Verkehrswert, sondern dem Einheitswert anzusetzen (§ 12
ErbStG). Beim Erwerb durch Ehegatten bleiben insbesondere Hausrat, Kunstgegenstände und Sammlungen steuerfrei, soweit der Wert insgesamt 40.000,– DM
nicht übersteigt (§ 13 Abs. 1 Nr. 1 a ErbStG). Darüber hinaus haben Ehegatten
einen allgemeinen Freibetrag in Höhe von 250.000,– DM (§ 16 Abs. 1 Nr. 1
ErbStG) sowie einen besonderen Versorgungsfreibetrag in Höhe weiterer
250.000,– DM.

II. Beendigung der Zugewinngemeinschaft

Die Zugewinngemeinschaft kann enden durch Vereinbarung eines anderen Gü-   **298**
terstandes, durch Ehescheidung, Aufhebungsurteil oder den Tod eines Ehegatten. In diesen Fällen entsteht ein schuldrechtlicher Anspruch auf Ausgleich des
Zugewinns, § 1378 Abs. 1 und 3. Für den Todesfall gilt § 1371.

1. Einkommensteuer

Einkommensteuerlich relevant können die Fälle der Vereinbarung eines anderen
Güterstandes und der Ehescheidung sein. Hierbei ist zu unterscheiden, ob der

---

[42] BFH v. 28. 11. 1984, BStBl. 1985 II S. 159.

Anspruch auf Ausgleich des Zugewinns durch Barzahlung erfüllt wird oder ob andere Gestaltungen gewählt werden, z.B. die Übertragung von Vermögensgegenständen in Anrechnung auf die Ausgleichsforderung oder eine Verrentung der Forderung.

a) Abgeltung des Ausgleichsanspruchs aus Privatvermögen

aa) Barabfindung

Wird der Ausgleichsanspruch eines Ehegatten, wie gesetzlich vorgesehen, durch **Zahlung** der ermittelten Ausgleichsforderung beglichen, so hat dies einkommensteuerlich keine Konsequenzen. Der Ausgleich des Zugewinns liegt ausschließlich auf der privaten Vermögensebene und ist deshalb grundsätzlich **steuerlich unbeachtlich**[43]. Insbesondere stellt er für den Berechtigten keine nachträgliche Entlohnung dar[44]. Umgekehrt ist die Ausgleichszahlung auch dann nicht als Betriebsausgabe anzusetzen, wenn der während der Ehe erzielte Zugewinn durch selbständige oder gewerbliche Tätigkeit entstanden ist. Die Erfüllung der Ausgleichsschuld ist ferner keine außergewöhnliche Belastung im Sinne des § 33 EStG[45]. Zinsen, die für einen zur Erfüllung der Ausgleichsschuld aufgenommenen Kredit gezahlt werden müssen, können auch nicht als Sonderausgaben nach § 10 EStG abgezogen werden[46].

Jedem Kaufmann steht es aber frei, sein Privat- und Betriebsvermögen umzuschichten. Er kann also die gewinnmindernde Absetzung der Zinsen als Betriebsausgaben erreichen, wenn er beispielsweise zur Erfüllung der Ausgleichsforderung dem Betrieb Barmittel entnimmt und anfallende Betriebsausgaben durch Darlehen finanziert[47].

Da der Zugewinn lediglich die Vermögenssphäre betrifft und das Vermögen, das aus einkommensteuerlich schon früher erfaßten Einkünften gebildet wurde, nur Nettovermögen ist, hat auch der Zugewinnausgleich, der bei Beendigung der Ehe nach § 1387 Abs. 2 oder – bei Tod eines Ehegatten – durch **Erhöhung des gesetzlichen Erbteils** gemäß § 1371 erfolgt, keine einkommensteuerlichen Auswirkungen. Auch die rechnerische Berücksichtigung stiller Reserven eines Betriebs oder seines immateriellen Firmenwerts bei der Ermittlung des Ausgleichsanspruchs hat keine Auswirkungen auf die steuerliche Gewinn- und Einkommensermittlung. Selbst die dem Finanzamt bekannt gewordene Berechnung eines immateriellen Firmenwerts erlaubt nicht, diesen bei der Einheitsbewertung zu berücksichtigen, weil er nicht derivativ erworben wurde[48].

---

[43] Vergl. Schmidt/Heinicke, § 10 EStG Anm. 12.
[44] Vergl. Enders, MDR 1980, S. 993.
[45] Vergl. Schmidt/Drenseck, § 33 EStG Anm. 8; FG Nürnberg, EFG 1965 S. 585.
[46] Vergl. Enders, MDR 1980 S. 993.
[47] BFH v. 10 5. 1972, BStBl. 1972 II S. 620; v. 17. 4. 1985, BStBl. 1985 II S. 510; v. 5. 6. 1985, BStBl. 1985 II S. 619.
[48] BFH v. 13. 2. 1970, BStBl. 1970 II S. 371; zur Behandlung des Geschäfts- oder Firmenwerts s. auch Halaczinsky, BB 1986 S. 848 ff.

bb) Übertragung anderer Vermögensgegenstände

Werden zur Erfüllung der Ausgleichsforderung oder in Anrechnung hierauf andere Vermögensgegenstände aus dem Privatvermögen übertragen, so handelt es sich nicht um einen unentgeltlichen Vorgang, sondern steuerlich um einen **Kaufvertrag**. Steuerlich wird angenommen, daß der erwerbende Ehegatte den Vermögensgegenstand zu dem Preis anschafft, der dem Betrag der damit verrechneten Ausgleichsforderung entspricht. Wird ein Grundstück übertragen, so ist dessen vereinbarter Wert zugleich die Basis für die Abschreibung nach den §§ 7 ff. EStG[49]. **299**

Sofern es sich um einen Gegenstand des Privatvermögens handelt, hat die Übertragung weder für den übertragenden noch den erwerbenden Ehegatten weitere einkommensteuerliche Konsequenzen, sofern nicht die Voraussetzungen für ein Spekulationsgeschäft im Sinne des § 23 EStG vorliegen[50].

cc) Steuerlich gefördertes Wohneigentum

Nach der bis zum 31.12.1986 geltenden Regelung des § 7 b EStG[51] können Ehegatten, die unbeschränkt steuerpflichtig sind und nicht dauernd getrennt leben, die **erhöhten Absetzungen** für insgesamt zwei Objekte in Anspruch nehmen. Dies gilt auch, wenn ein Ehegatte Alleineigentümer von zwei begünstigten Objekten ist. Nach der Ehescheidung kann dieser Ehegatte jedoch die Sonderabschreibung nur für das erste Objekt in Anspruch nehmen und fortführen. Die höchstrichterliche Rechtsprechung gesteht dem betroffenen Ehegatten nicht das Wahlrecht zu, für das steuerlich günstigere Objekt zu optieren[52]. Allerdings kann der andere Ehegatte die Sonderabschreibung für ein anderes Objekt in Anspruch nehmen, soweit sie noch nicht während der vorangegangenen Ehe verbraucht wurde. **300**

Überträgt der bisherige Eigentümer von zwei Objekten ein Objekt an seinen Ehegatten, so kann dieser die Sonderabschreibung für den gesamten Begünstigungszeitraum von 8 Jahren in Anspruch nehmen, auch wenn der übertragende Ehegatte die Sonderabschreibung bereits 8 Jahre lang für dasselbe Objekt in Anspruch genommen hat. Dies setzt allerdings voraus, daß die Eheleute getrennt leben oder die Ehe geschieden worden ist. Vorher wird ihnen bei einer gegenseitigen Veräußerung die Abschreibung nach § 7 b EStG versagt (§ 7 b Abs. 1 Nr. 1 EStG)[53].

Steht ein Grundstück, für das die erhöhten Absetzungen nach § 7 b EStG in Anspruch genommen worden sind, im Miteigentum der Eheleute, stellt sich die Frage der **Übertragbarkeit der Steuerbegünstigung** für den Fall, in dem ein Ehegatte dem anderen seinen Hälfteanteil überträgt. Diese Frage ist in Rechtspre-

[50] BFH v. 15. 2. 1977, BStBl. 1977 II S. 389; Enders, MDR 1981 S. 107.
[51] S. oben A III. 1.
[52] Bestätigt durch BVerfG HFR 1985 S. 237; s. dazu auch Herden/Gmach, NJW 1986, S. 559 sowie Abschnitt 62 Abs. 4 EStR; a.A. Willemer, DB 1982 S. 614 m.w.N.
[53] Vergl. Abschnitt 61 EStR.

chung und Literatur sehr umstritten[54]. Die Rechtsprechung vertritt überwiegend die Auffassung, daß ein **Objektverbrauch** eingetreten sei. Steuerlich wird der Erwerb des Hälfteanteils durch einen Ehegatten so behandelt, als erwerbe dieser zu seinem Einfamilienhaus ein weiteres Objekt[55].

Der **Verlust der Sonderabschreibung** kann vermieden werden, wenn die Ehegatten vor Beginn der dauernden Trennung die Anteilsübertragungen vornehmen. In diesem Fall entsteht Alleineigentum des übernehmenden Ehegatten, so daß dieser unstreitig nach der Scheidung für das gesamte Objekte die Sonderabschreibung in Anspruch nehmen kann.

Seit dem **1. 1. 1987** wird selbstgenutztes Wohneigentum durch **Sonderausgabenabzug** nach § 10 e EStG gefördert[56]. Das Problem der Fortführung dieser Grundförderung ist gesetzlich nicht geregelt, auch nicht für den Fall des unentgeltlichen Erwerbs im Wege der Einzelrechtsnachfolge. Die Übertragung der zu § 7 b EStG entwickelten Grundsätze, die ihre Grundlage in der sogenannten **Fußstapfentheorie** des § 11 d EStDV hatten, scheitert daran, daß es sich nicht um eine Abschreibung handelt. Ob und inwieweit die Grundförderung bei Übertragung des Objekts im Wege der Einzelrechtsnachfolge möglich ist, hat in Rechtsprechung und Literatur noch keine Klärung erfahren. Gleiches gilt für die Frage, wie die Übertragung des Hälfteanteils auf einen Ehegatten bei bisherigem Miteigentum zu behandeln ist[57].

b) Übertragung von Vermögensgegenständen aus Betriebsvermögen

301 Wird dem **Betriebsvermögen** ein Vermögensgegenstand zur Erfüllung der Ausgleichsforderung entnommen, so handelt es sich steuerlich um eine **Privatentnahme**, die mit dem Teilwert, also regelmäßig dem Verkehrswert, zu bewerten ist. Dieser liegt häufig über dem Buchwert. In Höhe des Differenzbetrags ist steuerlich ein **Entnahme-(Veräußerungs-) Gewinn** gegeben, welcher der Einkommen- und bei Gewerbetreibenden auch der Gewerbesteuer unterliegt. Setzen sich Ehegatten, die während der Ehe einen Betrieb in Mitunternehmerschaft betrieben haben, anläßlich der Scheidung in der Weise auseinander, daß ein Ehegatte den Betrieb übernimmt und der andere Gegenstände des Privatvermögens erhält, scheidet letzterer aus der Mitunternehmerschaft entgeltlich aus. Er erzielt einen **Veräußerungsgewinn**, der steuerpflichtig ist, allerdings begünstigt nach den §§ 16 und 34 EStG. Der den Betrieb übernehmende Ehegatte schafft mit dem Wert seines Anteils an den hingegebenen Gegenständen des Privatvermögens den Anteil des ausscheidenden Ehegatten an. Hierbei tritt hinsichtlich des Anteils des Betriebsübernehmers keine Gewinnrealisierung ein[58]. Der Ausscheidende erzielt einen nach den §§ 16, 34 EStG begünstigten Veräußerungsgewinn[59].

---

[54] Vergl. Darstellung des Meinungsstandes bei Willemer, DB 1982 S. 614.
[55] BFH v. 22. 10. 1985, NJW 1987 S. 94.
[56] S. oben A III. 2.
[57] Vergl. zum Meinungsstand Märkle/Wacker/Franz in: Beilage 8 zu BB 1986 S. 6 f.
[58] Vergl. Streck, KÖSDI 1980, S. 3782 m.w.N. auch für die Gegenmeinung.
[59] Vergl. FG Rheinland-Pfalz, EFG 1976 S. 491; Thomma, DStR 1980 D. 279.

Entsprechendes gilt im Falle der **Realteilung** eines solchen Betriebs. Ein etwaiger Verlustabzug steht den Eheleuten entsprechend ihren Anteilen, regelmäßig also je zur Hälfte zu[60].

In Einzelfällen kann auch § 7 EStDV Anwendung finden, wenn nämlich ein Ehegatte seinen Anteil unentgeltlich auf den anderen überträgt und vereinbart wird, daß das Restvermögen geteilt wird. Liegt in diesem Falle hinsichtlich der Übertragung des Geschäftsanteils auch wirtschaftlich eine **Unentgeltlichkeit** vor, so kommt es nicht zur Gewinnrealisierung. Dies kann beispielsweise der Fall sein, wenn die Ehegatten wegen annähernder Ausgewogenheit von Betriebsvermögen und Betriebsschulden davon ausgehen, daß der zu übernehmende Geschäftsanteil keinen realisierbaren Verkehrswert hat. Gleiches gilt, wenn die Übertragung ohne Gegenleistung erfolgt, ohne daß damit ein (anteiliger) Anspruch auf Ausgleich des Zugewinns erfüllt wird[60].

Wird der ausscheidende Ehegatte (auch) mit Gegenständen des Betriebsvermögens abgefunden, so kann er nach zutreffender, jedoch bestrittener Auffassung bei Einbringung dieser Gegenstände in ein anderes Betriebsvermögen die **Buchwerte fortführen**[61]. Für zukünftige Steuerschulden im Zusammenhang mit der Erfüllung von Zugewinnausgleichsverpflichtungen können **Rückstellungen** nicht gebildet werden[62].

c) Verrentung

Die Erfüllung des Ausgleichsanspruchs kann beim Ausgleichsverpflichteten zu einer einkommensteuerlichen Entlastung führen, wenn der Anspruch verrentet wird. Steuerliche Abzugsmöglichkeiten ergeben sich jedoch nur dann, wenn die Abfindungsregelung zugleich einen **Teilverzicht** enthält[63]. Nach § 12 Nr. 2 EStG dürfen weder bei den einzelnen Einkommensarten noch vom Gesamtbetrag der Einkünfte **freiwillige Zuwendungen**, Zuwendungen aufgrund einer freiwillig begründeten Rechtspflicht und Zuwendungen an eine unterhaltsberechtigte Person abgezogen werden, auch wenn diese Zuwendungen auf einer besonderen Vereinbarung beruhen. Dieses **Abzugsverbot** greift immer dann ein, wenn es sich um eine freigiebige Zuwendung handelt, also Unentgeltlichkeit vorliegt. Dies ist dann gegeben, wenn die Gegenleistung weniger als die Hälfte des Rentenwertes darstellt. Soweit danach eine teilweise Unentgeltlichkeit vorliegt, kann der unentgeltliche Teil steuermindernd geltend gemacht werden[64]. Der Rentenwert selbst hängt vom Lebensalter bei Abschluß der Vereinbarung sowie der vereinbarten Dauer der Rentenzahlung ab und wird nach den Grundsätzen des Bewertungsgesetzes (§§ 13 und 14 BewG nebst Anlage 9) bewertet.

Ergibt sich daraus, daß der Rentenwert mehr als das Doppelte des Ausgleichsanspruchs beträgt, auf den verzichtet wird, greift das Abzugsverbot des § 12 Nr. 2

302

---

[60] Vergl. Streck, KÖSDI S. 3782.
[61] Vergl. Streck, a.a.O. (Fn. 60); Fichtelmann, DStR 1973 S. 204; Thoma DStR 1980 S. 279.
[62] Vergl. Hild, BB 1973 S. 1205.
[63] Vergl. BFH v. 30. 10. 1984, NJW 1986 S. 277.
[64] BFH v. 3. 6. 1986, JNW 1987 S. 95 f.; Enders, MDR 1981 S. 108.

EStG nicht ein[65]. In diesem Fall gelten die Grundsätze über private Veräußerungs- oder Versorgungsrenten, wobei zu unterscheiden ist, ob es sich um eine **Rente** (regelmäßig auf Lebenszeit des Empfängers, sogenannte Leibrente) oder eine **dauernde Last** handelt. Zu beiden Fällen muß die Leistung auf Lebenszeit des Berechtigten, mindestens jedoch 10 Jahre, zugesagt sein[66]. Die Unterscheidung wird im wesentlichen danach getroffen, ob es sich um regelmäßige Zahlungen (Rente) oder unregelmäßige Zahlungen (dauernde Last) handelt und ob die Möglichkeit der Anpassung an die wirtschaftlichen Verhältnisse (insbesondere nach § 323 ZPO) gegeben ist (dauernde Last) oder nicht (Rente). Die Abgrenzung kann allerdings im Einzelfall schwierig sein[67].

Bei einer **Leibrente** kann der Verpflichtete den sogenannten **Ertragsanteil** der Rente (§ 22 Nr. 1 a EStG) als **Sonderausgaben** nach § 10 Abs. 1 Nr. 1 a EStG absetzen. Der Empfänger muß diesen Ertragsanteil als sonstige Einkünfte nach § 22 Nr. 1 a EStG versteuern.

Handelt es sich demgegenüber um eine Zeitrente oder eine **dauernde Last**, kann der Verpflichtete seine Zahlungen steuerlich in vollem Umfang als **Sonderausgaben** abziehen, während der Empfänger sie in vollem Umfang versteuern muß.

d) Nießbrauch

303 Wird der Zugewinn durch die Bestellung eines Nießbrauchs an einem Grundstück oder Grundstücksteil abgegolten, dann handelt es sich im allgemeinen um einen **entgeltlichen Nießbrauch**. Die steuerliche Behandlung ist im sogenannten **Nießbrauchserlaß** des BMF vom 15.11.1984[68] geregelt. Soweit der Nießbraucher aufgrund des Nießbrauchs ein Haus oder eine Wohnung selbst nutzt, ist bei ihm kein Nutzungswert der Wohnung anzusetzen[69]. Ein **Mietwert** ist beim Nießbraucher auch insoweit nicht zu erfassen, als er das Gebäude einer unterhaltsberechtigten Person freiwillig oder aufgrund freiwillig begründeter Rechtspflicht oder einer anderen Person zur Nutzung unentgeltlich überläßt. Im Falle der Nutzung durch Vermietung kann der Nießbraucher auf das entgeltlich erworbene Nießbrauchrecht nach der Dauer des Nießbrauchs bemessene **AfA** nach § 7 Abs. 1 EStG vornehmen[70]. Aufwendungen, die er aufgrund vertraglicher Regelungen oder nach den gesetzlichen Bestimmungen (§§ 1041, 1045, 1047) getragen hat, sind als **Werbungskosten** abzugsfähig.

Nutzt der Nießbraucher das Gebäude für **eigene Wohnzwecke**, kann er keine Werbungskosten abziehen, weil er insoweit keine Einnahmen aus Vermietung und Verpachtung erzielt. AfA auf das entgeltlich erworbene Nießbrauchrecht kommen ebenfalls nicht in Betracht. Bewohnt der Nießbraucher in dem im übri-

---

[65] BFH v. 23. 1. 1964, BStBl. 1964 III S. 422; Schulze zur Wiesche, FR 1979, S. 472; Abschnitt 123 Abs. 3 EStR.
[66] Vergl. Jansen/Wrede, S. 38, 56; BFH v. 12. 3. 1965 HFR 1965 S. 504.
[67] Vergl. Abschnitte 165, 167 EStR.
[68] BStBl. 1984 I S. 561, 609.
[69] BFH v. 27. 6. 1978, BStBl. 1979 II S. 332.
[70] BFH v. 27. 1. 1978, BStBl. 1979 II S. 38.

gen vermieteten Mehrfamilienhaus eine Wohnung selbst, so kann er die auf diese Wohnung entfallenden Aufwendungen (einschließlich AfA auf das Nießbrauchrecht) nicht als Werbungskosten abziehen[71].

Beim Eigentümer ist das für die Bestellung des Nießbrauchs gezahlte Entgelt als Einnahme aus Vermietung und Verpachtung zu erfassen[72]. Als Entgelt ist hier die mit der Einräumung des Nießbrauchs erfüllt Ausgleichsschuld anzusehen. Der Eigentümer ist zur Vornahme von AfA und erhöhten Absetzungen berechtigt. Daneben kann er die von ihm getragenen Aufwendungen für das belastete Grundstück abziehen[73].

e) Verlustabzug

Ein nach § 10 d EStG rück- und vortragsfähiger Verlust kann nicht durch Übertragung eines Miteigentums- oder Mitunternehmeranteils auf den anderen Ehegatten übertragen werden. Er bleibt bei dem Veräußerer, falls nicht eine Realteilung des Unternehmens vorgenommen wird, bei dem die Eheleute Mitunternehmer waren. In diesem Fall steht ihnen der Verlustabzug entsprechend ihren Anteilen, in der Regel also je zur Hälfte, zu[74]. **304**

f) Öffentlich-rechtlicher Versorgungsausgleich[75] **305**

aa) Übertragung von Anwartschaften in einer gesetzlichen Rentenversicherung (sog. Rentensplitting) nach § 1587 b Abs. 1.

Die Übertragung wird dadurch vollzogen, daß dem Wertausgleich entsprechende Werteinheiten dem Versicherungskonto des verpflichteten Ehegatten belastet und dem bereits bestehenden oder noch einzurichtenden Versicherungskonto des Berechtigten gutgebracht werden.

Die Übertragung von Anwartschaften des verpflichteten Ehegatten in der gesetzlichen Rentenversicherung zugunsten des Ausgleichsberechtigten betrifft nur die Vermögenssphäre des geschiedenen Ehegatten und hat daher **keine einkommensteuerlichen Folgen.**

Im Bereich der Sozialversicherung (§ 1304 a Abs. 6 RVO, § 83 a Abs. 6 AVG, § 96 a Abs. 6 RKnappG) kann der Ausgleichsverpflichtete die Minderung seiner Rentenanwartschaft oder seiner bereits laufenden Rente durch Entrichtung von Beiträgen an den Versicherungsträger ausgleichen.

Die Beiträge können **nicht** als **Werbungskosten** abgezogen werden, weil Zahlungen an eine gesetzliche Rentenversicherung Aufwendungen zum Erwerb einer

---

[71] Vergl. BMF a.a.O. (Fn. 68) Tz. 27–30.
[72] BFH v. 27. 6. 1978, BStBl. 1979 II S. 332.
[73] Vergl. BMF a.a.O. (Fn. 68) Tz. 33.
[74] Vergl. Enders, MDR 1981, S. 108.
[75] Siehe dazu Schulze zur Wiesche, FR 1979 S. 472–474; Stuhrmann, RWP (B) Einkommensteuer S. 1085; Glockner, BB 1980 S. 1475 ff.; Glade, DB 1980 S. 946 ff.; BMF-Schreiben vom 20. 7. 1981, BStBl. 1981 I S. 567.

Einkommensquelle, und zwar des Rentenstammrechts sind. Die spätere Rückzahlung des Vermögens, aus dem das anteilig in den jeweiligen Rentenbeträgen
enthaltene Stammrecht gebildet wird, gehört als Kapitalrückzahlung nicht zu den
einkommensteuerlich relevanten Einnahmen. Besteuert werden lediglich die Erträge des Rentenrechts als Früchte, die aus dem Vermögen gezogen wurden.

Die Beiträge können jedoch im Rahmen der Höchstbeträge des § 10 Abs. 3 EStG
als **Sonderausgaben** abgezogen werden. Da regelmäßig die Höchstbeträge bereits durch die ungekürzt weiter zu entrichtenden Sozialversicherungsbeiträge
ausgeschöpft sein dürften, wirken sich die zusätzlich gezahlten Beiträge in aller
Regel steuerlich nicht aus. Außerdem verliert der Ausgleichsberechtigte durch
die Ehescheidung die Verdoppelung der Höchstbeträge nach § 10 Abs. 3 EStG,
falls er nicht eine neue Ehe eingeht.

Bei Eintritt des Versorgungsfalles sind die Leistungen aus der gesetzlichen Rentenversicherung, die dem früheren Ehegatten zufließen, mit dem **Ertragsanteil**
nach § 33 Ziff. 1 a EStG zu versteuern. Der Ertragsanteil bemißt sich nach dem
Lebensalter des jeweiligen Leistungsempfängers im Zeitpunkt der erstmaligen
Rentenzahlung[76].

bb) Begründung von Anwartschaften nach § 1587 b Abs. 2 (sog. Quasi-Renten-
splitting)

Bei der Scheidung eines Beamten oder Arbeitnehmers mit beamtenähnlichen
Versorgungsansprüchen (z.B. Versorgung durch Körperschaft des öffentlichen
Rechts, Religionsgemeinschaften) werden zugunsten des anderen Ehegatten Anwartschaften in einer gesetzlichen Rentenversicherung durch richterliche Entscheidung begründet. Versicherungsbeiträge sind nicht zu leisten; der Dienstherr
des Beamten oder entsprechenden Arbeitnehmers hat dem Versicherungsträger
spätere Rentenzahlungen an den Ausgleichsberechtigten zu erstatten. Die späteren Altersbezüge des ausgleichspflichtigen Ehegatten werden entsprechend gekürzt. Die Kürzung der Versorgungsbezüge tritt auch ein, wenn der Berechtigte
vor Bezug der Rentenleistung verstirbt. Bezieht der Ausgleichsverpflichtete im
Zeitpunkt der Scheidung bereits Ruhegehalt, so wird dieses erst gekürzt, wenn
auch der ausgleichsberechtigte Ehegatte eine Versorgungsrente erhält.

Ist der Ausgleichsverpflichtete Beamter, so kann er nach § 58 BeamtenVersG die
Pensionskürzung ganz oder teilweise durch Zahlung eines Kapitalbetrages an den
Dienstherrn abwenden (Abwendungsbetrag). Dies ist sowohl während der aktiven Tätigkeit als auch während der Zeit seiner Pensionierung möglich. Der Betrag einer Teilzahlung soll jedoch einen Monatsbetrag der aktiven Bezüge bzw.
des Ruhegehaltes des Verpflichteten nicht unterschreiten.

Diese Begründung von Anwartschaften, bei der Beiträge nicht tatsächlich ent-
richtet werden, ist **einkommensteuerlich** ohne Auswirkung. Sie führt zur Einrichtung einer Einkommensquelle zugunsten des ausgleichsberechtigten Ehegat-

[76] Vergl. Stuhrmann, RWP Einkommensteuer SG 5.1, S. 10 f.; BMF-Schreiben vom 20. 7. 1981 a.a.O.
(Anm. 75).

ten. Die dem Ausgleichsberechtigten bei Eintritt des Versorgungsfalles zufließenden Rentenzahlungen aus der gesetzlichen Rentenversicherung sind mit dem
Ertragsanteil nach § 22 Nr. 1 a EStG zu erfassen, obwohl die entsprechenden
Beiträge nur fiktiv, nicht aber tatsächlich geleistet worden sind. In der Erstattung
der Rentenzahlungen durch den Dienstherrn an den Sozialversicherungsträger
liegt keine lohnsteuerpflichtige Zuwendung an den Beamten, weil die Erstattung
ihre Ursache in der Auflösung der Ehe, nicht aber im Beamtenverhältnis hat. Das
dem Ausgleichsverpflichteten nach beamtenrechtlichen oder vergleichbaren
Grundsätzen gezahlte Ruhegehalt gehört zu den **nachträglichen Einkünften** aus
nichtselbständiger Arbeit (§ 19 Abs. 1 Nr. 2 EStG). Die Versorgungsleistungen
unterliegen nach Abzug des Versorgungsfreibetrages (§ 19 Abs. 2 EStG) in vollem Umfang der Einkommensteuer.

Leistet der Beamte an den Dienstherrn Zahlungen, um die **Kürzung** der Pen-
sionsbezüge ganz oder teilweise **abzuwenden,** so liegen darin Aufwendungen
zum Erwerb, zur Sicherung und Erhaltung von steuerlich zu erfassenden Einnahmen; sie sollen den ungeschmälerten Zufluß der nachträglichen Einnahmen
aus nichtselbständiger Arbeit sicherstellen. Es handelt sich somit um **abzugsfähige Werbungskosten**[77].

cc) Begründung von Anwartschaften in einer gesetzlichen Rentenversicherung nach § 1587 b Abs. 3

Diese Art des Versorgungsausgleichs kommt in Betracht, wenn sowohl das Rentensplitting nach § 1587 b Abs. 1 als auch die fiktive Nachversicherung nach
§ 1587 b Abs. 2 ausscheiden. Betroffen sind z.B. Anwartschaften auf eine unver-
fallbare betriebliche Altsversorgung, Ansprüche aus privaten Rentenversiche-
rungsverträgen sowie Ansprüche auf Altersversorgung der Bundestagsabgeord-
neten. Der ausgleichsverpflichtete Ehegatte hat zugunsten des Ausgleichsberechtigten einen **Kapitalbetrag** in die gesetzliche Rentenversicherung einzuzahlen.

Nach Auffassung der Finanzverwaltung[77a] kann der Ausgleichsverpflichtete diese
Beträge weder als Vorsorgeaufwendungen im Sinne des § 10 Abs. 1 Nr. 2 EStG,
als außergewöhnliche Belastungen nach § 33 Abs. 1 oder § 33 a Abs. 1 EStG, als
Werbungskosten gemäß § 9 EStG noch als Sonderausgaben nach § 10 Abs. 1
Nr. 1 a EStG steuerlich geltend machen. Demgegenüber wird im Schrifttum[77b]
überwiegend die Abziehbarkeit der Beitragsleistungen als dauernde Last (§ 10
Abs. 1 Nr. 1 a EStG) angenommen. Diese Auffassung hat allerdings zur Folge,
daß die Ratenzahlungen beim Ausgleichsberechtigten als Einkünfte aus wieder-
kehrenden Bezügen im Sinne des § 22 Nr. 1 EStG zu erfassen sind, während sie
auf der Basis der Verwaltungsmeinung steuerfrei bleiben.

Die späteren Rentenzahlungen aus der gesetzlichen Rentenversicherung an den
Ausgleichsberechtigten sind jedoch mit dem **Ertragsanteil** nach § 22 Nr. 1 a
EStG zu versteuern.

---

[77] Vergl. Stuhrmann a.a.O. (Anm. 76) S. 12 f.; BMF-Schreiben vom 20. 7. 1981 a.a.O. (Anm. 75).
[77a] Vergl. BMF-Schreiben vom 20. 7. 1981 a.a.O. (Anm. 75).
[77b] Vergl. Stuhrmann a.a.O. (Anm. 76) S. 13 m.w.N.

Der **Ausgleichsverpflichtete** hat die ihm später zufließenden Versorgungsleistungen je nach ihrer Art zu versteuern. Zahlungen aus Pensionszusagen des Arbeitgebers oder Leistungen aus Unterstützungskassen müssen mit dem vollen Betrag versteuert werden, Leistungen aus Pensionskassen mit dem Ertragsanteil nach § 22 Nr. 1 a EStG. Letzteres gilt auch für Rentenzahlungen aus einer vom Arbeitgeber zugunsten des ausgleichsverpflichteten Arbeitnehmers abgeschlossenen Lebensversicherung (Direktversicherung) oder einer vom Ausgleichsverpflichteten im eigenen Namen abgeschlossenen Lebensversicherung. Versorgungsbezüge aus einer ehemaligen Tätigkeit als Bundestagsabgeordneter sind nach Abzug des Versorgungsfreibetrages gemäß § 22 Nr. 4 EStG voll zu versteuern.

g) Schuldrechtlicher Versorgungsausgleich[77c]

aa) Zahlung einer Geldrente nach § 1587 g

Bei dieser am häufigsten anzutreffenden Form des schuldrechtlichen Versorgungsausgleichs kann der Ausgleichsverpflichtete die Geldrente in voller Höhe als **dauernde Last** nach § 10 Abs. 1 Nr. 1 a EStG abziehen. Dem Ausgleichsberechtigten sind die Rentenzahlungen als wiederkehrende Bezüge nach § 22 Nr. 1 EStG zuzurechnen.

bb) Abtretung von Versorgungsansprüchen an den Ausgleichsberechtigten nach § 1587 i

Anstelle der Rentenzahlung kann der ausgleichsberechtigte Ehegatte von dem Ausgleichsverpflichteten die Abtretung von Versorgungsansprüchen in Höhe der laufenden Ausgleichsrente verlangen. Die Abtretung hat keine einkommensteuerlichen Auswirkungen, weil hierdurch die Einkunftsquelle nicht auf den Ausgleichsberechtigten übertragen wird. Sie stellt vielmehr eine **unbeachtliche Verwendung** künftig zufließender Beträge dar. Sämtliche Versorgungsbezüge, die nach Eintritt des Versorgungsfalls an den Ausgleichsverpflichteten und den Ausgleichsberechtigten gezahlt werden, unterliegen beim Ausgleichsverpflichteten der Besteuerung, obwohl ihm der abgetretene Teil der Leistungen tatsächlich nicht zufließt. Die Art der Besteuerung richtet sich nach der Art der Altersversorgung. Hier gelten die Ausführungen unter f) cc) entsprechend. Der Ausgleichsverpflichtete kann den abgetretenen Teil der Versorgungsbezüge als dauernde Last nach § 10 Abs. 1 Nr. 1 a EStG abziehen, der Ausgleichsberechtigte hat sie als sonstige Einkünfte nach § 22 Nr. 1 EStG zu versteuern.

cc) Abfindung durch Zahlung in eine gesetzliche Renten- oder private Lebensversicherung nach § 1587 l

Statt der vorgenannten Möglichkeiten einer Geldrente oder Abtretung von Versorgungsansprüchen kann der Ausgleichsberechtigte eine Abfindung in Form

---

[77c] Siehe dazu: BMF-Schreiben vom 20. 7. 1981 a.a.O. (Anm. 75); Stuhrmann a.a.O. (Anm. 76); S. 14 ff.; Schulze zur Wiesche a.a.O. (Anm. 76) S. 474.

von Beiträgen zu einer gesetzlichen Rentenversicherung oder zu einer privaten, auf die Person des Berechtigten abgeschlossenen Lebens- oder Rentenversicherung verlangen, wenn der Ausgleichsverpflichtete hierdurch nicht unbillig belastet wird. Die steuerliche Behandlung entspricht derjenigen bei der oben unter f) cc) dargestellten Begründung von Anwartschaften nach § 1587 b Abs. 3 im Rahmen des öffentlich-rechtlichen Versorgungsausgleichs.

2. Vermögensteuer

Für die Zusammenveranlagung zur Vermögensteuer (§ 14 VStG)[78] spielt zwar **306** der Güterstand selbst und daher auch die Beendigung eines Güterstandes keine Rolle. Zu berücksichtigen ist jedoch, daß eine Zusammenveranlagung ausscheidet, wenn die Eheleute dauernd getrennt leben oder die Ehe nicht mehr besteht, § 14 Abs. 1 Nr. 1 VStG.

Bei den dann durchzuführenden Einzelveranlagungen gilt die Zugewinnausgleichsforderung als sonstiges Vermögen gemäß § 110 BewG; die Ausgleichslast ist beim Gesamtvermögen als Schuld abzugsfähig[79].

3. Gewerbesteuer

Soweit im Zusammenhang mit güterrechtlichen Auseinandersetzungen ein Be- **307** trieb, ein Teilbetrieb oder ein Anteil an einer Personengesellschaft als ganzes veräußert wird, unterliegt der nach den §§ 16 Abs. 4 und 34 EStG privilegierte Veräußerungsgewinn nicht der Gewerbesteuer[80]. Dies gilt jedoch nicht, wenn lediglich einzelne Gegenstände des Betriebsvermögens veräußert werden.

4. Umsatzsteuer

Die Entstehung und Befriedigung der Forderung auf Zugewinnausgleich löst **308** grundsätzlich keine Umsatzsteuerpflicht aus, weil keiner der in § 1 UStG genannten Tatbestände erfüllt ist. Werden allerdings zum Ausgleich des Zugewinns **Gegenstände des Betriebsvermögens** veräußert oder entnommen, so unterliegen diese Vorgänge der Umsatzsteuer nach den allgemeinen Vorschriften.

Die **Übertragung eines Betriebs** zur Abgeltung des Zugewinnausgleichs stellt eine Geschäftsveräußerung im Sinne des § 10 Abs. 3 UStG dar und unterliegt daher der Umsatzsteuer[81]. Zur Ermittlung der Bemessungsgrundlage vergl. Abschnitt 154 Abs. 4, 6 und 7 UStR. Unter den Voraussetzungen des § 15 UStG steht dem erwerbenden Ehegatten der Vorsteuerabzug zu.

Wird eine Personengesellschaft, bei der die Ehegatten Mitunternehmer sind, **real geteilt**, so fällt Umsatzsteuer an. Hier liegt ein Tausch von Gesellschaftsrechten vor; die Gegenleistung besteht in der Erfüllung des Ausgleichsanspruches. Über-

---

[78] S. unter B I. 2.
[79] Vergl. Enders, MDR 1981 S. 109.
[80] Vergl. Abschnitt 40 Abs. 1 Nr. 1 GewStR; Lenski/Steinberg, § 7 GewStG Anm. 117, 118–125.
[81] Sölch/Ringleb/List, § 10 UStG Rdz. 82; Rau/Dürrwächter/Flick/Geist, § 10 UStG Rz. 130.

läßt ein Ehepartner dem anderen seinen Gesellschaftsanteil und führt dieser den Betrieb fort (Anwachsung), so ist nur der Ausscheidende umsatzsteuerpflichtig[82].

5. Grunderwerbsteuer

309 Die Übertragung von Grundstücken oder Grundstücksteilen zur Erfüllung des Zugewinnausgleichsanspruchs ist von der Grunderwerbsteuer befreit, § 3 Nr. 5 GrEStG[83]. Dies gilt jedoch nicht, wenn zu diesem Zweck Anteile an Gesellschaften mit inländischem Grundvermögen übertragen werden, § 1 Nr. 3 GrEStG.

6. Erbschaft- und Schenkungsteuer

310 § 5 Abs. 1 ErbStG regelt den Fall, daß die Zugewinngemeinschaft durch den Tod eines Ehegatten beendet wird und nicht die sogenannte güterrechtliche Regelung des § 1371 Abs. 2 eingreift. Diese setzt voraus, daß der überlebende Ehegatte nicht Erbe wird und ihm auch kein Vermächtnis zusteht. In diesem Fall kann er Ausgleich des Zugewinns nach den §§ 1373 ff. verlangen. Gemeint sind also diejenigen Fälle, in denen die sogenannte **erbrechtliche Lösung** gemäß § 1371 Abs. 1 Platz greift (Erhöhung des gesetzlichen Erbteils um 1/4) oder der überlebende Ehegatte aufgrund eines Testamentes bedacht wird[84]. Für diese Fälle stellt § 5 Abs. 1 ErbStG klar, daß derjenige Teil des ererbten Vermögenszuwachses, mit dem rechnerisch ein (**fiktiver**) **Zugewinnausgleichsanspruch** des überlebenden Ehegatten erfüllt wird, **nicht** als **steuerpflichtiger Erwerb** gilt. Für die Berechnung des steuerpflichtigen Vermögenszuwachses ist also vorab fiktiv der güterrechtliche Zugewinnausgleichsanspruch nach § 1371 Abs. 2 i.V.m. §§ 1373 ff. zu berechnen, wobei auch solche Vermögensgegenstände in die Ermittlung einzubeziehen sind, die nach § 13 ErbStG ganz oder teilweise steuerfrei sind[85]. Der Erbschaftsteuer unterliegt grundsätzlich nur der nach Abzug der fiktiven Ausgleichsforderung verbleibende Wert des Nachlasses.

Hiervon macht § 5 Abs. 1 Satz 2 ErbStG eine Ausnahme für den Fall, daß bei der Ermittlung des als Ausgleichsforderung steuerfreien Betrages der Nachlaß insgesamt mit einem höheren Wert anzusetzen wäre als der Wert, der sich aus den steuerlichen Bewertungsgrundsätzen ergibt. Dann gilt höchstens der dem Steuerwert des Nachlasses entsprechende Betrag als nicht zu versteuernder Erwerb im Sinne des § 3 ErbStG. Damit soll sichergestellt werden, daß die abzugsfähige Ausgleichsforderung in der richtigen Relation zum Steuerwert des Nachlasses steht[86].

§ 5 Abs. 2 ErbStG regelt die Fälle, in denen die Zugewinngemeinschaft in anderer Weise als durch den Tod eines Ehegatten beendet wird, insbesondere also durch **Scheidung**. Für diesen Fall wird klargestellt, daß die Zugewinnausgleichs-

---

82 Vergl. Enders, MDR 1981 S. 108.
83 Vergl. Boruttau/Egly/Sigloch, § 3 GrEStG Rz. 380 (für Zugewinngemeinschaft), Rz. 382 (für Gütergemeinschaft).
84 Vergl. Meincke/Michel, § 5 ErbStG Anm. 5.
85 Vergl. Meincke/Michel, § 5 ErbStG Anm. 16.
86 Vergl. Meincke/Michel, § 5 ErbStG Anm. 16.

forderung nicht als steuerpflichtiger Erwerb im Sinne der §§ 3 und 7 ErbStG anzusehen ist. Dies trägt dem Umstand Rechnung, daß der Ausgleichsanspruch ein
obligatorischer Anspruch ist, der als Forderung zum Vermögen des Anspruchsberechtigten gehört.

Umstritten ist, ob § 5 Abs. 2 ErbStG auch auf solche Ausgleichsansprüche anzuwenden ist, die sich gegenüber der gesetzlichen Regelung in modifizierter Form
aus ehevertraglichen Vereinbarungen ergeben[87] oder ob die Steuerfreiheit nur für
den nach den gesetzlichen Vorschriften ermittelten Ausgleichsanspruch gilt.
Nach Ansicht der Finanzverwaltung [88] sind die Tatbestände des § 5 ErbStG strikt
auf die aus den gesetzlichen Berechnungsvorschriften resultierenden Ausgleichsansprüche zu beschränken.daher kann im Einzelfall in einer ehevertraglichen
Vereinbarung, die einen Teilverzicht auf derartige Ansprüche enthält, eine steuerlich relevante Schenkung gesehen werden. Entsprechende Regelungen müssen
deshalb sehr sorgfältig auf ihre steuerlichen Auswirkungen untersucht werden[89].

Problematisch kann hier aber nur ein **entschädigungsloser Verzicht** auf eine bestehende Ausgleichsforderung sein, bei dem neben einer objektiven Bereicherung
auch ein Bereicherungswille vorhanden sein muß[90]. Ein derartiger – grundsätzlich schenkungsteuerpflichtiger – Verzicht liegt jedoch nicht in einem Ausschluß
des Versorgungsausgleichs nach § 1408 Abs. 2. Diese Vereinbarung dient dazu,
Ausgleichsansprüche gar nicht erst entstehen zu lassen, so daß ein Verzicht schon
begrifflich ausscheidet. Eine Schenkung im Sinne des § 516 ist daher nicht gegeben[91].

Soweit der Verzicht gegen eine **Abfindung** erfolgt, ist er entgeltlich und somit
schenkungsteuerfrei. Gleiches gilt für Vereinbarungen, nach denen in Anrechnung auf die Ausgleichsforderung Sachwerte übertragen werden.

Sofern Schenkungsteuer festgesetzt wurde und bei nachfolgender Scheidung eine
Zuwendung nach § 1380 auf die Ausgleichsforderung anzurechnen ist, erlischt
die Steuer rückwirkend nach § 29 Abs. 1 Nr. 3 ErbStG; bereits gezahlte Beträge
sind zu erstatten.

C. GÜTERTRENNUNG

Die Vereinbarung eines von der gesetzlichen Regelung abweichenden Güterstan- **311**
des berührt nicht die Einkommens-, sondern nur die Vermögenssphäre. Aufwendungen für einen Ehevertrag und andere damit zusammenhängende Ausgaben
sind daher auch dann nicht als Werbungskosten oder Betriebsausgaben abzugsfähig, wenn die Vereinbarung der Erzielung oder Sicherung von Einkünften
dient[92].

---

[87] So Streck, KÖSDI 1980 S. 3781 m.w.N.
[88] Gleichlautender Ländererlaß v. 10. 3. 1976, StEK ErbStG 1974 Vor § 1 Nr. 3 Abschnitt 2.1.
[89] Vergl. insbesondere Streck, a.a.O. (Anm. 87).
[90] Vergl. Enders, MDR 1981 S. 109.
[91] Vergl. Schulze zur Wiesche, FR 1979 S. 475; Meincke, DStR 1977 S. 363.
[92] Vergl. Hild, BB 1973 S. 1205.

Bei bestehendem Güsterstand ist die Gütertrennung identisch mit der Zugewinngemeinschaft. Für diese Situation kann daher auf die Ausführungen zu B I. verwiesen werden.

Die Beendigung des Güterstandes ist steuerlich problemlos. Insbesondere tauchen die bei der Zugewinngemeinschaft entstehenden Fragen im Zusammenhang mit dem Ausgleich des Zugewinns hier nicht auf, weil dieser entfällt. Wegen der steuerlichen Fragen bei einem etwaigen Versorgungsausgleich wird auf die Ausführungen zu II. 1. f) verwiesen.

D. GÜTERGEMEINSCHAFT
I. Einkommensteuer
1. Während des bestehenden Güterstandes

a) Allgemeines

312 **Aufwendungen** im Zusammenhang mit der Vereinbarung dieses Güterstandes sind nicht als Werbungskosten oder Betriebsausgaben abzugsfähig [93].

Durch die Vereinbarung der Gütergemeinschaft geht das Vermögen der Ehegatten im Wege einer Gesamtrechtsnachfolge in das **gesamthänderisch gebundene** Gesamtgut beider Ehegatten über, sofern es nicht durch Vereinbarung zum Vorbehaltsgut oder mangels gesetzlicher Übertragbarkeit zum Sondergut eines Ehegatten wird. Somit können fünf selbständige Vermögensmassen entstehen. Außerdem unterscheidet das Gesetz danach, ob gemeinschaftliche Verwaltung beider Ehegatten gilt oder vereinbart wird, oder ob die Verwaltung des Gesamtgutes einem Ehegatten allein übertragen worden ist.

Für die ertragsteuerliche Behandlung entstehen hieraus häufig schwierige Fragen im Zusammenhang mit der Zurechnung der Einkünfte, obwohl sich der BFH bereits in einem Gutachten vom 18.2.1959[94] grundsätzlich zu den Fragen der einkommensteuerlichen Auswirkungen der Gütergemeinschaft geäußert hat. In aller Regel wählen die in Gütergemeinschaft lebenden Ehegatten die Zusammenveranlagung als die günstigste Veranlagungsform, so daß regelmäßig die Frage der Zurechnung der Einkünfte keine Rolle spielt[95]. Werden die Ehegatten jedoch nicht zusammenveranlagt, so kann die Frage Bedeutung gewinnen, welchem Ehegatten die Einkünfte – ggf. mit welchem Anteil – zuzurechnen sind.

b) Einkünfte aus Sonder- und Vorbehaltsgut

313 Einkünfte aus dem Sonder- oder Vorbehaltsgut sind demjenigen Ehepartner zuzurechnen, dem es gehört. Welcher Ehegatte das Gesamtgut verwaltet oder ob gemeinschaftliche Verwaltung des Gesamtgutes gilt, ist steuerlich unerheblich. Wie bei Gütertrennung oder Zugewinngemeinschaft kann die Verwaltungsbe-

---

[93] Wie bei Gütertrennung, s. oben C.
[94] BStBl. 1959 III S. 263 ff.
[95] S. oben A IV.

fugnis nur ausnahmsweise dann zur Zurechnung der Einkünfte zu dem verwaltenden Ehegatten führen, wenn dessen wirtschaftliche Stellung so stark ist, daß er den anderen Ehegatten völlig ausschließen kann und er daher bei wirtschaftlicher Betrachtungsweise als Eigentümer oder Vermögensinhaber anzusehen ist, vergl. § 39 Abs. 2 Nr. 1 AO[96].

c) Einkünfte im Rahmen des Gesamtguts

Für die Zurechnung von Einkünften, die in das Gesamtgut fallen, gelten folgende Kriterien[97]: **314**

aa) Einkünfte aus Land- und Forstwirtschaft (§§ 13, 14 EStG)

Solche Einkünfte werden im Regelfall **hälftig** zugerechnet, weil die Ehegatten durch den Einsatz des gütergemeinschaftlichen Betriebsvermögens und regelmäßig auch durch gleichwertige Arbeitsleistung zur Erzielung beitragen[98]. Wenn ausnahmsweise die Arbeitsleistung eines Ehegatten erheblich höher zu bewerten ist als die des anderen, kommt im **Schätzungswege** eine andere Verteilung in Betracht. Einkünfte aus der Veräußerung oder Aufgabe des Betriebes sind den Ehegatten stets je zur Hälfte zuzurechnen.

bb) Einkünfte aus gewerblicher Tätigkeit (§§ 15 – 17 EStG)

In der Praxis besonders schwierig sind die Zurechnungsfragen bei gewerblicher Tätigkeit eines oder beider Ehegatten[99]. Hierbei ist danach zu unterscheiden, ob steuerlich **Alleinunternehmerschaft** eines oder **Mitunternehmerschaft** beider Ehegatten vorliegt. Nach Auffassung des BFH ist Mitunternehmerschaft schon dann gegeben, wenn ein nicht nur unerheblicher Teil des Betriebskapitals zum Gesamtgut der Ehegatten gehört. Selbst wenn der Ehemann in einem solchen Fall handelsrechtlich das Gewerbe allein betreibt und er zugleich alleiniger Verwalter des Gesamtguts ist, ergibt sich eine **Mitunternehmerschaft** der Ehefrau aus den ihr nach den §§ 1423 ff. zustehenden **Mitwirkungsrechten**[100]. Es genügt, wenn diese Rechte im Rahmen untergeordneter Mitarbeit im Unternehmen tatsächlich ausgeübt werden[101]. **Alleinunternehmerschaft** des geschäftsführenden Ehegatten liegt also nur dann vor, wenn seine persönliche Arbeitsleistung entscheidend in den Vordergrund tritt und im Betrieb kein nennenswertes in das Gesamtgut fallendes Vermögen eingesetzt wird. Aber auch wenn in erheblichem Umfang zum Gesamtgut gehörendes Betriebskapital verwendet wird, kann Alleinunternehmerschaft zu bejahen sein, wenn der Einsatz des Betriebskapitals gegenüber der persönlichen Arbeitsleistung in den Hintergrund tritt, z.B. bei einem selbständigen Handelsvertreter[102].

---

[96] S. unter A II.
[97] Vergl. BFH-Gutachten v. 18. 2. 1959, BStBl. 1959 III S. 263; Enders, MDR 1981 S. 285–287.
[98] Vergl. BFH a.a.O. (Anm. 97) S. 265; Hild, BB 1973 S. 1206.
[99] S. dazu (allerdings ohne eingehende Differenzierung) BFH a.a.O. (Anm. 97) S. 265 ff.
[100] Vergl. BFH v. 22. 6. 1977, BStBl. 1977 II S. 836.
[101] Vergl. FG Baden-Württemberg, EFG 1976 S. 335 f.; Enders, MDR 1981 S. 286.
[102] Vergl. BFH v. 20. 3. 1980, FR 1980 S. 520; Enders, MDR 1981 S. 286.

Problematisch ist die Zuordnung von **Gewinnen** aus Anteilen an einer **Personengesellschaft**, an der nur einer der Ehegatten beteiligt ist. Da die Rechte der Gesellschafter aus dem Gesellschaftsverhältnis bei einer Gesellschaft des bürgerlichen Rechts nach § 717 Satz 1 nicht übertragbar sind, fällt ein solcher Anteil in das **Sondergut** des beteiligten Ehegatten (§ 1417 Abs. 2), falls nicht eine abweichende gesellschaftsrechtliche Vereinbarung getroffen wurde[103]. Gleiches gilt nach den §§ 105 Abs. 2 und 161 Abs. 2 HGB für die Anteile an einer offenen Handelsgesellschaft oder einer Kommanditgesellschaft.

Nach § 1417 Abs. 3 wird das Sondergut für Rechnung des Gesamtgutes verwaltet, so daß **Erträge** aus dem Sondergut in das **Gesamtgut** der Ehegatten fallen. Außerdem ist der Gewinnanspruch auch bei den vorgenannten Gesellschaften übertragbar (vergl. § 717 Satz 2) und fällt deshalb nicht in das Sondergut. Fraglich ist daher, ob der Gewinn aus solchen Beteiligungen beiden Ehegatten anteilig zuzurechnen ist, weil er in das Gesamtgut fällt, oder ob er allein dem gesellschaftsrechtlich beteiligten Ehegatten zuzurechnen ist. Der BFH hat zunächst in seiner Entscheidung vom 7.3.1961[104] die Auffassung vertreten, der Gewinn aus einer Personengesellschaft werde nicht durch den Einsatz von Vermögen beider Ehegatten erzielt, weil der Anteil an der Gesellschaft zum Sondergut des beteiligten Ehegatten gehöre. Daher könne eine Beteiligung des anderen Ehegatten an den Einkünften aufgrund der Gütergemeinschaft nicht angenommen werden. Die Zurechnung komme deshalb nur bei dem an der Personengesellschaft beteiligten Ehegatten in Betracht. Die Kapitalbeteiligung müsse einheitlich beurteilt werden. Dies gelte auch, wenn die Beteiligung teilweise auf Gewinnen beruhe, die während der Ehe erzielt und ggf. dem Kapitalanteil deswegen zugerechnet worden sind, weil von dem Anspruch auf Auszahlung des Gewinns kein Gebrauch gemacht worden ist. Die Mehrung des Kapitals durch stehengelassene Gewinne müsse also unberücksichtigt bleiben[105]. Von dieser starren Haltung ist der BFH jedoch in seinem Urteil vom 15.5.1962[106] abgewichen. Danach kann eine Treuhänderschaft des beteiligten Ehegatten für das Gesamtgut anzunehmen sein, falls die im Sondergut befindlichen Gesellschaftsanteile fast ausschließlich mit Mitteln des Gesamtguts angesammelt wurden, also letztlich auf stehengelassenen Gewinnen beruhen, die in das Gesamtgut fallen.

Veräußerungsgewinne im Sinne des § 16 EStG sind den Ehegatten in gleicher Weise zuzurechnen wie laufende Einkünfte aus Gewerbebetrieb. Einkünfte aus der Veräußerung von Anteilen an Kapitalgesellschaften gehören unter den Voraussetzungen des § 17 EStG ebenfalls zu den Einkünften aus Gewerbebetrieb. Hierbei wird ein Vermögenszuwachs besteuert, der in der Privatsphäre liegt und nicht auf der Tätigkeit eines Ehegatten beruht. Daher ist jedem Ehegatten die Hälfte des Veräußerungsgewinns steuerlich zuzurechnen[107].

---

[103] Vergl. Hild, BB 1973 S. 1207.
[104] BStBl. 1961 III S. 253.
[105] BFH v. 7. 3. 1961, BStBl. 1961 III S. 253.
[106] BStBl. 1962 III S. 346.
[107] Vergl. Herrmann/Heuer/Raupach § 26 a EStG Anm. 8.

cc) Einkünfte aus selbständiger Arbeit (§ 18 EStG)

Für die Zurechnung dieser Einkünfte ist entscheidend, ob die persönliche Ar- **316** beitsleistung des ausübenden Ehegatten im Vordergrund steht. Beispielsweise sind die Einkünfte nur einem Ehegatten zuzurechnen, wenn er **Freiberufler** ist und nur er die notwendigen **Berufsvoraussetzungen** hat. Ist dies bei beiden Ehegatten der Fall, so kommt eine Zurechnung je zur Hälfte in Betracht. Bei nicht gleichwertiger Mitarbeit scheidet eine Gewinnaufteilung aus. Hier besteht jedoch die Möglichkeit, Zahlungen an den untergeordnet mitarbeitenden Ehegatten als Betriebsausgaben abzuziehen. Nutzt der berufsausübende Ehegatte erhebliche Vermögenswerte aus dem Gesamtgut zu beruflichen Zwecken, so kommt ein Gesellschaftsverhältnis zwischen den Eheleuten in Betracht. Steuerlich werden dann bei dem ausübenden Ehegatten Einkünfte aus selbständiger Tätigkeit, bei dem anderen Einkünfte aus Gewerbebetrieb angesetzt. Für die Verteilung ist das Verhältnis von Kapital und Arbeit maßgebend, über das im Verfahren der einheitlichen und gesonderten Feststellung zu entscheiden ist [108].

dd) Einkünfte aus nichtselbständiger Arbeit (§ 19 EStG)

Solche Einkünfte sind nur demjenigen Ehegatten zuzurechnen, der sie durch sei- **317** ne persönliche Arbeitsleistung erzielt hat[109]. Nur ihm stehen auch die jeweiligen Freibeträge, Pauschalen usw. zu[110].

ee) Einkünfte aus Kapitalvermögen (§ 20 EStG) sowie Vermietung und Verpachtung (§ 21 EStG)

Soweit Erträge im wesentlichen auf dem Einsatz von Vermögen be ruhen, sind **318** sie in der Regel beiden Ehegatten je zur Hälfte zuzurechnen[111]. Hierbei steht im Vordergrund, daß das im Gesamtgut befindliche Vermögen Erträge bringt und dementsprechend beide Ehegatten in gleichem Umfang an dem Ertrag beteiligt sind, während die verwaltende Tätigkeit nur eine untergeordnete Rolle spielt.

ff) Sonstige Einkünfte (§§ 22, 23 EStG)

Auch diese Einkünfte sind den Ehegatten je zur Hälfte zuzurechnen, wenn das **319** Stammrecht oder der betreffende Vermögensgegenstand zum Gesamtgut gehört. Soweit der BFH davon ausgeht, daß auch bei Leibrenten aus der Sozialversicherung das Stammrecht zum Gesamtgut gehöre und die Erträge demnach grundsätzlich den Ehegatten je zur Hälfte zuzurechnen seien[112], ist dies problematisch; Rentenstammrechte dürften wegen ihrer Unübertragbarkeit zum Sondervermögen gehören[113].

---

[108] Vergl. BFH a.a.O. (Anm. 105) S. 266; Hild, BB 1973 S. 1208.
[109] Vergl. BFH a.a.O. (Anm. 105) S. 266; Hild, BB 1973, S. 1208.
[110] S. oben A II.
[111] Vergl. BFH a,a.O. (Anm. 105) S. 265; Hild, BB 1973 S. 1205.
[112] BFH a.a.O. (Anm. 105) S. 266.
[113] Vergl. Enders, MDR 1981 S. 287.

2. Nach Beendigung des Güterstandes und während der Auseinandersetzung des Gesamtguts

320   Nach der Beendigung des Güterstandes (durch Ehescheidung[114], Aufhebungsurteil, Ehevertrag oder Tod eines Ehegatten, sofern nicht fortgesetzte Gütergemeinschaft eintritt) bleiben die im **Vorbehalts- und Sondergut** eines Ehegatten befindliche Gegenstände in dessen Eigentum, so daß sich insoweit keine steuerlich relevanten Änderungen ergeben. Die Ehegatten haben sich allerdings über das Gesamtgut auseinanderzusetzen (§ 1471 Abs. 1 BGB). Bis dahin verwalten sie unabhängig von früheren Vereinbarungen das Gesamtgut gemeinschaftlich (§§ 1472, 1473). Können sich die Ehegatten über die Auseinandersetzung nicht einigen, so richtet sich diese nach den §§ 1475 ff.[115]. Die (Rechtstatsache der) Beendigung des Güterstandes der Gütergemeinschaft selbst ist ein Vorgang in der Privatsphäre ohne unmittelbare einkommensteuerliche Auswirkungen.

Steuerliche Folgen können jedoch einzelne **Auseinandersetzungsmaßnahmen** über das Gesamtgut haben. Hierbei kommt es darauf an, in welcher Weise die Ehegatten sich über einzelne Vermögensgegenstände auseinandersetzen und ob diese zur privaten oder beruflichen/betrieblichen Sphäre gehören.

a) Auseinandersetzung durch Realteilung[116]

321   Die Teilung des Gesamtguts bzw. des nach der Berichtigung der Gesamtgutsverbindlichkeiten verbleibenden Restes hat nach § 1477 Abs. 1 i.V.m. § 752 in erster Linie durch **Realteilung** zu erfolgen. Soweit dies geschieht, werden rechtlich die einzelnen im Gesamtgut befindlichen Gegenständen aus ihrer gesamthänderischen Bindung in das Alleineigentum des übernehmenden Ehegatten überführt. Handelt es sich um Gegenstände des Privatvermögens, so ist nur die Vermögensebene betroffen, die einkommensteuerlich grundsätzlich bedeutungslos ist. Eine **Steuerpflicht** kommt allerdings unter den Voraussetzungen der §§ 17 und 23 EStG (Veräußerung von Anteilen an Kapitalgesellschaften bei wesentlicher Beteiligung bzw. Spekulationsgeschäften) in Betracht[117].

Etwas anders kann sich ergeben, wenn das Gesamtgut durch Realteilung von **Betriebsvermögen** auseinandergesetzt wird.

Gehört zum Gesamtgut ein Einzelunternehmen, so werden die Ehegatten nach den oben dargestellten Grundsätzen steuerlich in aller Regel als **Mitunternehmer** des Betriebs behandelt, sofern die Einkünfte nicht ausnahmsweise allein durch den Arbeitseinsatz eines Ehegatten ohne nennenswerten Kapitaleinsatz aus dem Gesamtgut erzielt werden. Sind die Ehegatten nach diesen Grundsätzen Mitunternehmer, so kommt bei beiden Ehegatten zur Auseinandersetzung des Gesamtguts eine Entnahme von Wirtschaftsgütern des Betriebsvermögens in Betracht. Überführt ein Ehegatte entnommene Wirtschaftsgüter in sein Privatver-

---

[114] Zum Versorgungsausgleich s. oben B II. 1. f.
[115] S. oben . . .
[116] Vergl. Gesamtdarstellung bei Herrmann/Heuer/Raupach, § 16 EStG Anm. 375 ff.
[117] Vergl. Krüger, S. 98.

mögen, so sind sie mit dem Teilwert zu bewerten (§ 6 Abs. 1 Nr. 4 EStG); der Buchgewinn ist steuerpflichtig.

Werden solche Wirtschaftsgüter in ein **Betriebsvermögen** überführt, so unterbleibt eine sofortige **Gewinnrealisierung.** Der **Buchwert** kann fortgeführt werden, soweit die Erfassung der stillen Reserven sichergestellt ist[118]. Verfügen also (auch nach der Auseinandersetzung des Gesamtgutes) beide Ehegatten über eigenes Betriebsvermögen, so kann durch die Überführung von bisher gemeinschaftlichem Betriebsvermögen in das jeweilige Betriebsvermögen eine einkommensteuerliche Belastung durch Gewinnrealisierung vermieden werden.

Sind die Ehegatten ausnahmsweise **nicht Mitunternehmer,** stellt die Übertragung eines zum Betriebsvermögen gehörenden Wirtschaftsgutes an den anderen Ehegatten eine **Entnahme** durch den Betriebsinhaber dar, die mit dem Teilwert (regelmäßig dem Verkehrswert) zu bewerten ist, weil die Auseinandersetzung anläßlich der Aufhebung des Güterstandes nicht betrieblich veranlaßt ist[119]. Ein hierbei entstehender **Entnahmegewinn** ist den Ehegatten **je zur Hälfte** zuzurechnen. Da die Gesamthandsgemeinschaft bis zur Beendigung der Auseinandersetzung nach § 1471 Abs. 2 fortbesteht, sind die bereits im Gesamtgut befindlichen Gegenstände den übernehmenden Ehegatten steuerlich je zur Hälfte zuzurechnen.

322

Besonderheiten gelten, wenn es sich bei dem zum Gesamtgut gehörenden Betrieb um eine **Personengesellschaft** handelt. Nach dem BFH-Urteil vom 28.1.1976[120] soll bei der Veräußerung eines Wirtschaftsgutes an bzw. der Übernahme von Betriebsteilen oder des gesamten Betriebes durch einen Ehegatten sowohl bei der Ermittlung des Veräußerungsgewinns der Gesellschaft als auch der Ermittlung der Anschaffungskosten des übernehmenden Gesellschafters das volle Entgelt zugrunde zu legen sein. Die Personengesellschaft sei als Gemeinschaft zur gesamten Hand mit eigener Rechtszuständigkeit ausgestattet, so daß sich zivilrechtlich Veräußerungen zwischen der Gesellschaft und den Gesellschaftern als ein Wechsel der Rechtszuständigkeit darstellten. Solche Veräußerungen seien wie Veräußerungen zwischen Fremden zu behandeln, so daß eine volle Gewinnrealisierung stattzufinden habe. Danach sollen in diesen Fällen Veräußerungsgewinne den Ehegatten im Hinblick auf den Fortbestand der Gesamthandsgemeinschaft bis zur Beendigung der Auseinandersetzung je zur Hälfte zuzurechnen sein[121]. Der Anteil eines Ehegatten aus einer Personengesellschaft kann aber nur dann zum Gesamtgut gehören, wenn die Satzung der Gesellschaft ausdrücklich die Übertragbarkeit des Anteils vorsieht. Andernfalls fällt der Gesellschaftsanteil mangels Übertragbarkeit in das Sondergut des jeweiligen Ehegatten.

Die Unterscheidung des BFH wird von der Finanzverwaltung nicht nachvollzogen; im BMF-Schreiben vom 20.12.1977[122] wird lediglich danach differenziert,

---

[118] Vergl. Herrmann/Heuer/Raupach, § 16 EStG Anm. 376; BFH v. 19. 1. 1982, FR 1982 S. 279.
[119] Vergl. Herrmann/Heuer/Raupach, § 26 a EStG Anm. 4 f.
[120] BStBl. 1976 II S. 774.
[121] Vergl. auch Krüger, S. 99.
[122] BStBl. 1978 I S. 8 ff. Tz. 21 ff.

ob ein Wirtschaftsgut in das Sonderbetriebsvermögen oder das Privatvermögen eines Ehegatten überführt wird und ob eine entgeltliche oder unentgeltliche Übertragung vorliegt.

Besteht die Personengesellschaft nur aus den beiden Ehegatten, so ist die Auflösung der Gütergemeinschaft und die Fortführung des Betriebs durch einen Ehegatten steuerlich wie das Ausscheiden eines Gesellschafters aus einer zweigliedrigen Personengesellschaft zu behandeln[123].

b) Auseinandersetzung durch Veräußerung an einen Ehegatten

323   Wenn ein Ehegatte einen zum Gesamtgut gehörenden Betrieb oder Teilbetrieb übernimmt und der andere Ehegatte hierfür abgefunden wird oder Gegenstände des Privatvermögens zu Alleineigentum erhält, finden die oben dargestellten Grundsätze der **Realteilung** keine Anwendung. Diese greifen nur dann ein, wenn die Ehegatten als Mitunternehmer anzusehen sind und das gemeinsame Betriebsvermögen so aufgeteilt wird, daß jeder Ehegatte mit den ihm zugeteilten Wirtschaftsgütern das Gewerbe in einem neuen Einzelbetrieb fortführen kann. Dasselbe gilt, wenn jeder Ehegatte nur einzelne Gegenstände des zum Gesamtgut gehörenden Betriebsvermögen erhält und diese in einen anderen Betrieb überführt[124].

Dementsprechend läßt sich auch eine zum Gesamtgut gehörende Personengesellschaft nur nach den Grundsätzen der Realteilung gewinneutral zwischen den Ehegatten aufteilen, wenn zu der Gesellschaft mindestens zwei Teilbetriebe gehören und **jeder der Ehegatte** einen **Teilbetrieb** erhält und fortführt oder wenn jeder Ehegatte Betriebsvermögen hat, in das er die bei der Aufteilung der Personengesellschaft ihm zufallenden Wirtschaftsgüter überführen kann, ohne daß ein Barausgleich erfolgt[125].

Erfolgt die Auseinandersetzung in der Weise, daß ein Ehegatte den im Gesamtgut befindlichen Betrieb allein fortführt und der andere hierfür Gegenstände des Privatvermögens oder eine Barabfindung erhält, ist der **Veräußerungsgewinn** zu versteuern. Hierbei erhält jeder Ehegatte einen anteiligen Freibetrag nach § 16 EStG, der ermäßigte Steuersatz gemäß § 34 Abs. 1 i.V.m. Abs. 2 Nr. 1 EStG kommt zur Anwendung. Der Veräußerungsgewinn bemißt sich nach dem Entgelt für die **Übertragung** des Betriebsvermögens, das in der Übertragung von Gegenständen des Privatvermögens bzw. einer entsprechenden Barabfindung zu sehen ist. Die als Abfindung übertragenen Werte stellen für den übernehmenden Ehegatten die **Anschaffungskosten** für den Erwerb des Anteils des ausgeschiedenen Ehegatten dar. Der Veräußerungsgewinn des übertragenden Ehegatten ist beiden Ehegatten je zur Hälfte zuzurechnen.

Die (volle) Gewinnrealisierung läßt sich nur dann vermeiden, wenn eine **unentgeltliche Übertragung** eines Mitunternehmeranteils im Sinne des § 7 Abs. 1

---

[123] So z. B. Thoma, DStR 1980 S. 279.
[124] Vergl. BFH v. 10. 2. 1972, BStBl. 1972 II S. 419.
[125] Vergl. Herrmann/Heuer/Raupach, § 16 EStG Anm. 387, 365 f. und § 26 a EStG Anm. 4 f.

EStDV vorliegt. Dann können die **Buchwerte** fortgeführt werden mit der Folge, daß die stillen Reserven der übertragenen Wirtschaftsgüter nicht aufgedeckt zu werden brauchen[126]. Um Beweisschwierigkeiten gegenüber der Finanzverwaltung hinsichtlich der Unentgeltlichkeit der Übertragung vorzubeugen, empfiehlt es sich, eine entsprechende Klausel bereits in den Ehevertrag aufzunehmen, wenn einkommensteuerliche Belastungen durch Gewinnrealisierung vermieden werden sollen.

c) Auseinandersetzung durch Veräußerung an Dritte

Werden zur Auseinandersetzung des Gesamtgutes hierzu gehörende Gegenstände an einen außenstehenden Dritten veräußert, gelten die allgemeinen Regeln. Ein etwaiger Gewinn aus der Veräußerung von Privatvermögen ist also steuerfrei, falls nicht die Voraussetzungen des § 23 EStG (Spekulationsgewinn) vorliegen. Soweit **Betriebsvermögen** veräußert wird, ist ein etwa entstehender **Veräußerungsgewinn** steuerpflichtig. Wird ein Betrieb oder ein Teilbetrieb als ganzes veräußert, kommen die Vergünstigungen der §§ 16 und 34 Abs. 1 EStG zur Anwendung; die Veräußerung einzelner Wirtschaftsgüter des Betriebsvermögens ist steuerlich nicht begünstigt. Der Veräußerungsgewinn ist den Ehegatten im Hinblick auf die bis zur endgültigen Auseinandersetzung fortbestehende Gesamthandsgemeinschaft je zur Hälfte zuzurechnen.

324

d) Ausübung gesetzlicher Übernahmerechte

Jeder Ehegatte kann gemäß § 1477 Abs. 2 gegen Wertersatz diejenigen Gegenstände übernehmen, die ausschließlich zu seinem persönlichen Gebrauch bestimmt sind, die er eingebracht oder während der Gütergemeinschaft durch Erbfolge oder in ähnlicher Weise erworben hat. Was er dann als Wertersatz zu leisten hat, muß er sich auf seinen Anteil am Gesamtgut anrechnen lassen (§ 1476 Abs. 2).

325

Hier ist **streitig**, ob es sich um eine **Veräußerung** oder nur um eine **Teilungsmaßnahme** handelt. Im Hinblick auf die Tatbestandsvoraussetzungen des § 1477 Abs. 2 dürfte der Streit kaum praktisch werden, weil in aller Regel Gegenstände des Privatvermögens gegen Wertersatz übernommen werden. Soweit im Einzelfall allerdings ein Gegenstand des Betriebsvermögens betroffen ist und dieser nicht in ein anderes Betriebsvermögen, sondern in Privatvermögen überführt wird, dürfte eine gewinnrealisierende Entnahme vorliegen[127].

II. Vermögensteuer

Für die Vermögensteuer ergibt sich die Besonderheit, daß die zum Gesamtgut gehörenden Wirtschaftsgüter als wirtschaftliche Einheit bewertet werden können, so daß eine Feststellung des Gesamtgutes als ganzes in Betracht kommt. Der

326

---

[126] Vergl. Herrmann/Heuer/Raupach, § 16 EStG Anm. 500 (Gütergemeinschaft).
[127] Vergl. Herrmann/Heuer/Raupach, § 26 a EStG Anm. 4 f m.w.N.

ermittelte Wert ist dann auf die Ehegatten je zur Hälfte aufzuteilen (§§ 2 und 3 Satz 2 BewG)[128].

III. Gewerbesteuer

327 Die Begründung des Güterstands der Gütergemeinschaft kann gewerbesteuerliche Auswirkungen haben. Bringt einer der Ehegatten in die Gütergemeinschaft einen Betrieb ein, der in das Gesamtgut fällt, so entsteht regelmäßig eine **Mitunternehmerschaft** des anderen Ehegatten. Dies gilt jedenfalls dann, wenn der Betriebsertrag nicht ausnahmsweise ausschließlich oder ganz überwiegend auf den persönlichen Einsatz des einbringenden Ehegatten und nicht auf Kapitaleinsatz aus dem Gesamtgut beruht. Die Vereinbarung der Gütergemeinschaft kann also dazu führen, daß auch der andere Ehegatte als Mitinhaber des Betriebs gewerbesteuerpflichtig wird (§ 5 Abs. 1 GewStG).

Soweit im Zusammenhang mit güterrechtlichen Auseinandersetzungen ein Betrieb oder Teilbetrieb als ganzes oder ein Anteil an einer Personengesellschaft veräußert wird, unterliegt der nach den §§ 16 Abs. 4 und 34 EStG **privilegierte Veräußerungsgewinn** nicht der Gewerbesteuer. Wird jedoch nicht ein Betrieb oder Teilbetrieb veräußert, sondern lediglich einzelne Gegenstände des Betriebsvermögens, so entfällt Gewerbesteuer auf den Veräußerungsgewinn[129].

IV. Umsatzsteuer

328 Umsatzsteuerfragen können auftreten, wenn die Ehegatten Mitunternehmer oder Mitinhaber von Betriebsvermögen sind, unabhängig davon, ob dies durch die Gründung eines Betriebs, die Beteiligung eines Ehegatten an einem bestehenden Betrieb oder dadurch geschehen ist, daß Gütergemeinschaft vereinbart worden ist und ein Ehegatte einen nicht zum Vorbehaltsgut erklärten Betrieb eingebracht hat.

Wird eine **Personengesellschaft**, bei der die Eheleute Mitunternehmer sind, real **geteilt**, so fällt **Umsatzsteuer** an. Hier ist ein Tausch von Gesellschaftsrechten anzunehmen, bei dem die Gegenleistung in der Befriedigung des Ausgleichsanspruchs besteht[130].

Überträgt ein Ehepartner dem anderen seinen Gesellschaftsanteil und führt der andere den Betrieb allein fort, fällt die Umsatzsteuer nur in der Person des ausscheidenden Ehegatten an[131].

Hinsichtlich der umsatzsteuerlichen Folgen der Gütergemeinschaft während des Bestehens der Ehe weicht der BFH[132] ohne erkennbaren Grund von dem für das Einkommensteuerrecht aufgestellten Grundsatz ab, daß die Ehegatten Mitunternehmer hinsichtlich eines zum Gesamtgut gehörenden Betriebes[133] sind. Auch

---

[128] Vergl. Rössler/Troll, § 3 BewG Rz. 3.
[129] Vergl. Abschnitt 40 Abs. 1 Nr. 1 GewStR; Lenski/Steinberg, § 7 GewStR Anm. 117, 118–125.
[130] Vergl. Enders, MDR 1981 S. 108, 635.
[131] Vergl. Enders a.a.O. (Anm. 130).
[132] V. 9. 3. 1972, BStBl. 1972 II S. 511.
[133] V. 22. 6. 1977, BStBl. 1977 I S. 836; s. oben I 1. c) bb).

für die umsatzsteuerliche Behandlung müßte dies konsequenterweise jedenfalls dann gelten, wenn der Betriebsertrag nicht ausnahmsweise ausschließlich auf dem persönlichen Arbeitseinsatz nur eines Ehegatten beruht[134].

V. Grunderwerbsteuer

Weder bei der Begründung des Güterstandes der Gütergemeinschaft noch bei seiner Auflösung ergeben sich grunderwerbsteuerliche Besonderheiten. Insbesondere greifen hier die für Ehegatten geltenden Befreiungsvorschriften des § 3 Nr. 4 und 5 GrEStG ein[135].

329

VI. Erbschaft- und Schenkungsteuer

Nach § 7 Abs. 1 Nr. 4 ErbStG gilt als steuerpflichtige Schenkung unter Lebenden die Bereicherung, die ein Ehegatte bei Vereinbarung der Gütergemeinschaft erfährt. Mit Wirksamwerden des entsprechenden Ehevertrages wird das Vermögen in das gesamthänderisch gebundene Gesamtgut überführt, soweit es sich nicht um Sondergut handelt oder vorhandenes Vermögen zum Vorbehaltsgut erklärt wird. Soweit danach Betriebsvermögen in das Gesamtgut eingebracht wird, kann es sich um eine gewinnrealisierende Entnahme handeln[136].

330

Besteuert wird nur die **Bereicherung**, die sich als **unmittelbare Folge** aus der Vereinbarung der Gütergemeinschaft ergibt. Dies wird durch den Hinweis auf § 1415 ausdrücklich klargestellt. Änderungen der Vermögensverteilung unter den Ehegatten während bestehender Gütergemeinschaft durch Überführung von Vorbehaltsgut eines Ehegatten in das gemeinschaftliche Gesamtgut können zwar eine Bereicherung eines Partners bewirken, sind aber nicht nach § 7 Abs. 1 Nr. 3 ErbStG, sondern allenfalls nach § 7 Abs. 1 Nr. 1 ErbStG unter den dort genannten Voraussetzungen steuerpflichtig[137]. Auch die **Bereicherung**, die sich für einen Ehegatten dadurch ergibt, daß das **Gesamtgut** durch einen Erwerb des anderen Ehegatten während der Ehe an Wert gewinnt, unterliegt nicht der Besteuerung nach § 7 Abs. 1 Nr. 4 ErbStG[138].

Für die Feststellung, ob ein Ehegatte objektiv durch die **Einbringung des Vermögens** des anderen Ehegatten in das Gesamtgut bereichert ist, sind die beiderseits eingebrachten Vermögenswerte zu vergleichen. Die Bewertung richtet sich nach dem Bewertungsgesetz (§ 12 ErbStG); insbesondere sind die steuerlichen Einheitswerte zugrunde zu legen. Zugunsten des bereicherten Ehegatten greift nach § 16 Abs. 1 Nr. 1 ErbStG ein Freibetrag in Höhe von 250.000,– DM ein, der nach § 14 ErbStG alle 10 Jahre in Anspruch genommen werden kann.

Wird die Gütergemeinschaft erst im Verlaufe der Ehe vereinbart, so ist bei der Ermittlung des Wertes der Bereicherung **mindernd** zu berücksichtigen, daß der

---

[134] Vergl. Enders, MDR 1981 S. 465.
[135] Vergl. Boruttau/Egly/Sigloch, § 3 GrEStG Rz. 364, 381.
[136] FG Düsseldorf EFG 1986 S. 11.
[137] Vergl. Meincke/Michel, § 7 ErbStG Anm. 48.
[138] Vergl. Meincke/Michel a.a.O. (Anm. 137).

Ehegatte möglicherweise einen **Zugewinnausgleichsanspruch** nach Maßgabe der §§ 1373 ff. hat. Ein solcher Anspruch stellt einen Vermögenswert dar, den der ausgleichsberechtigte Ehegatte in das Gesamtgut einbringt und der vom ausgleichsverpflichteten Ehegatten bei der Berechnung seines eingebrachten Vermögens als Verbindlichkeit abgezogen werden kann[139].

Erhält ein Ehegatte durch Schenkung oder Erbfall Vermögen, das mangels gegenteiliger Vereinbarung im Ehevertrag zum Gesamtgut der Ehegatten nach der Vereinbarung der Gütergemeinschaft wird (§§ 1416 Abs. 1 Satz 2, 1418 Abs. 2 Nr. 1 und 2 BGB), kann sich die ursprüngliche Bereicherung eines Ehegatten erhöhen oder vermindern. Durch solchen **nachträglichen Erwerb** kann auch eine Bereicherung des anderen Ehegatten eintreten, die als nachträgliche Bereicherung nach § 9 Abs. 1 Nr. 1 a ErbStG i.V.m. § 4 BewG steuerpflichtig ist. Hierbei sind die Bereicherungstatbestände der letzten 10 Jahre einzubeziehen (§ 14 ErbStG). Bei der Verminderung der Bereicherung kann innerhalb eines Jahres gemäß § 5 Abs. 2 BewG Berichtigung der Steuerfestsetzung mit dem Ziel der Erstattung überzahlter Schenkungsteuer beantragt werden.

E. FORTGESETZTE GÜTERGEMEINSCHAFT

I. Allgemeines

331   Die Eheleute können im Ehevertrag die Fortsetzung der Gütergemeinschaft zwischen dem überlebenden Partner und gemeinsamen Kindern vereinbaren. Im Todesfall gelten dann grundsätzlich die gleichen Regeln wie bei der ehelichen Gütergemeinschaft. Die Verwaltung des Gesamtgutes obliegt dann jedoch allein dem überlebenden Ehegatten. Dieser kann die fortgesetzte Gütergemeinschaft jederzeit aufheben. Im übrigen endet sie durch den Tod oder seine Wiederverheiratung. Bei Beendigung der fortgesetzten Gütergemeinschaft wird das Gesamtgut im wesentlichen in derselben Weise aufgeteilt wie bei der ehelichen Gütergemeinschaft; es entfällt je zur Hälfte auf den Ehegatten und die Kinder. Der überlebende Ehegatte ist nicht Erbe des Gesamtgut-Anteils des Verstorbenen.

II. Einkommen- und Gewerbesteuer

332   Nach § 28 EStG werden die Einkünfte, die in das Gesamtgut fallen, allein dem überlebenden Ehegatten zugerechnet, wenn dieser unbeschränkt steuerpflichtig ist[140]. Die Beteiligten können jedoch auch mit steuerlicher Wirkung eine andere Vereinbarung treffen. Da grundsätzlich auch das zum Gesamtgut gehörige Vermögen allein dem überlebenden Ehepartner zugerechnet wird, schuldet er allein die Gewerbesteuer, wenn zum Gesamtgut ein Gewerbebetrieb gehört[141].

---

[139] Vergl. Kapp, § 7 ErbStG Rz. 109; BFH v. 8. 2. 1984, BStBl. 1984 II S. 438.
[140] S. dazu oben A I.
[141] Vergl. Enders, MDR 1981 S. 813.

III. Vermögensteuer

Das Gesamtgut wird voll dem Vermögen des überlebenden Ehegatten zugerech- **333**
net, wenn er unbeschränkt steuerpflichtig ist, § 120 BewG. Die Frage der Verwaltungsbefugnis und der Verfügungsmacht spielt keine Rolle. Gleichgültig ist
hier auch, ob die an der Gütergemeinschaft beteiligten Kinder die Voraussetzungen der Zusammenveranlagung mit dem überlebenden Ehegatten (§ 14 VStG) erfüllen. Ferner kommt es nicht darauf an, daß die Kinder unbeschränkt vermö-
gensteuerpflichtig sind. Ihr Anteil am Gesamtgut wird bei beschränkter Steuerpflicht auch insoweit dem überlebenden Ehegatten zugerechnet, als es aus Vermögensgegenständen besteht, die nicht zum Inlandsvermögen gehören. Kinder
über 18 Jahren werden jedoch mit ihrem Vermögen, das sie außerhalb ihres Anteils am Gesamtgut besitzen, selbständig zur Vermögensteuer veranlagt, beschränkt Steuerpflichtige also nur mit ihrem Inlandsvermögen.

Ist das Gesamtgut dem überlebenden Ehegatten zuzurechnen, so wird die Zusammenrechnung mehrerer Vermögensgegenstände zu einer wirtschaftlichen
Einheit nicht dadurch ausgeschlossen, daß diese teilweise zum Gesamtgut, teilweise zum Vermögen dieses Ehegatten außerhalb des Gesamtguts gehören, § 26
Nr. 2 BewG.

Steuerlich **nachteilige Auswirkungen** können sich aus der Zusammenrechnung
ergeben, wenn das einzelne Kind kein oder nicht genügend eigenes Vermögen
außerhalb seines Gesamtgutanteils hat, so daß sich weder Freibeträge noch Freigrenzen für seine Person auswirken können[142]. Ähnlich ist es, wenn das einzelne
Kind Schulden hat, deren Abzug mangels eigenen Vermögens sich bei ihm nicht
auswirkt, die aber auch beim überlebenden Ehegatten nicht abgezogen werden
können[143].

IV. Grunderwerbsteuer

Bei fortgesetzter Gütergemeinschaft tritt keine Grunderwerbsteuerpflicht ein. **334**
Wird Grundbesitz real geteilt, besteht Steuerfreiheit, soweit Angehörige der Gütergemeinschaft beteiligt sind.

V. Erbschaft- und Schenkungsteuer

Wird die Gütergemeinschaft nach dem Tode eines Ehegatten mit den gemeinsa- **335**
men Kindern beider Ehegatten fortgestzt, so gilt der Anteil des Verstorbenen am
Gesamtgut ausschließlich als den Kindern zugefallen (§ 4 Abs. 1 ErbStG), obwohl er zivilrechtlich (§ 1483) nicht zum Nachlaß gehört. Die hohen Freibeträge
von je 90.000,– DM mildern aber die Steuerlast. Die Kinder sind nur im Verhältnis der auf die entfallenden Anteile Steuerschuldner. Der überlebende Ehegatte
ist jedoch Steuerschuldner für die gesamte Steuer aller Kinder (§ 20 Abs. 2
ErbStG). Das Finanzamt kann daher die Steuererklärung auch allein von dem

[142] S. dazu oben B I. 2.
[143] Vergl. Enders, MDR 1981 S. 814.

überlebenden Ehegatten verlangen, § 31 Abs. 3 ErbStG. Bei Tod eines anteilsbe-
rechtigten Kindes gehört dessen Anteil am Gesamtgut zu seinem Nachlaß, § 4
Abs. 2 ErbStG.

Die fortgesetzte Gütergemeinschaft erweist sich somit erbschaftsteuerlich für
den überlebenden Ehegatten als günstig, weil der Anteil des Verstorbenen am
Gesamtgut sofort auf die Kinder übergeht. Dem überlebenden Ehegatten verbleibt also nur sein Anteil am Gesamtgut; er ist nicht Erbe am Gesamtgutanteil
des Verstorbenen. Sonder- und Vorbehaltsgut werden jedoch als Nachlaß des
Verstorbenen behandelt[144]

---

[144] Vergl. Enders, a.a.O. (Anm. 143).

Sachregister

Abbo Junker

Computerrecht

Gewerblicher Rechtsschutz, Mängelhaftung, Arbeitsrecht

Die elektronische Datenverarbeitung ist auf dem Weg, alle Bereiche unseres Lebens zu durchdringen. Gleich einer zweiten industriellen Revolution verändert der Computer Wirtschaft und Gesellschaft. Auch das Recht wird von dieser Herausforderung ergriffen. Das vorliegende Buch handelt von den zentralen zivilrechtlichen Fragen der Computer-technik: dem gewerblichen Rechtsschutz für Computer und Programme, der Mängelhaftung und ausgewählten Fragen des Arbeitsrechts. Es ist inerster Linie für den Juristen bestimmt. Der Praktiker soll eine erste Orientierung finden können; der Wissenschaftler, der sich einer der zahlreichen ungelösten Fragen zuwenden will, soll den Stoff aus der Vogelperspektive geboten bekommen. Das Buch ist aber nicht nur für Juristen geschrieben. Es versucht, das Computerrecht so darzubieten, daß sich auch der juristisch interessierte Kaufmann und Techniker über den rechtlichen Rahmen seiner Tätigkeit orientieren kann. Der vorliegende Band soll damit zugleich dem Bemühen dienen, den Dialog von Recht und Technik zu fördern.

1988, 267 S., brosch., 45,- DM, ISBN 3-7890-1622-5
(Recht und Praxis)

NOMOS VERLAGSGESELLSCHAFT
Postfach 610 · 7570 Baden-Baden

Kurt Stöber
Vereinsrecht
Mit steuerlichen Hinweisen
5. Auflage

Der Autor will mit dem vorliegenden Grundriß sowohl den im Vereinsleben stehenden juristischen Laien als auch der Rechtspraxis eine zuverlässige Orientierung über die zahlreichen Rechtsfragen bieten, die der Alltag des Vereinslebens stellt. Für die Anwendung und Gestaltung des Vereinsrechts in der Praxis bringt der Band zahlreiche Beispiele, Anregungen und Formularmuster. Daneben wurde auch das Steuerrecht für Vereine in seinen Grundlinien von der Körperschaftssteuer bis zum steuerlichen Spendenabzug erfaßt. Insbesondere sind die für eine Vielzahl von Steuerarten geltenden Gemeinnützigkeitsvorschriften und die vielfach bedeutsamen steuerlichen Freigrenzen behandelt.

Für die Neuauflage wurde das Handbuch in wesentlichen Teilen überarbeitet und erweitert. Die Ausgabe stellt den Stand der Gesetzgebung vom 01.11.1987 dar. Rechtsprechung und Schriftum sind bis August 1987 ausgewertet.

Der Band ist ein unentbehrliches Arbeitsmittel für jeden, der sich mit dem Vereinsrecht befaßt.

1988, 401 S., brosch., 48,- DM, ISBN 3-7890-1476-1
(Schriftenreihe Recht und Praxis)

NOMOS VERLAGSGESELLSCHAFT
Postfach 610 · 7570 Baden-Baden

Wolfgang Lipps

Außensteuerrecht

2. Auflage

Für den internationalen Wirtschaftsverkehr gewinnt das »Internationale Steuerrecht« zunehmend an Bedeutung. Es umfaßt nationale und internationale Steuernormen mit grenzüberschreitenden Bezügen. Eines der Kerngebiete ist das Außensteuerrecht. Hierbei handelt es sich um innerstaatliches Recht der Bundesrepublik für Ausländer mit Inlands- sowie für Inländer mit Auslandsbeziehungen. Das Gebiet ist in allgemeinen Steuer- (EStG, KStG, VStG, ErbschStG) und in Sondergesetzen (AIG, AuslinvestmG, EntwLStG) sowie in Doppelbesteuerungsabkommen geregelt.

Das Werk behandelt das Recht der Inländer mit Auslandsbeziehungen. Die Doppelbesteuerungsabkommen werden insoweit behandelt, als sie unmittelbare Wirkung auf die übrigen deutschen Regelungen entfalten. Geschildert wird zunächst der Standort des Außensteuerrechts im engeren Sinne. Sodann sind die Rechtsquellen erläutert. Das Hauptgewicht liegt auf der Standortbestimmung, Darlegung und Kommentierung des Außensteuergesetzes. Diese Materie wird für wirtschaftliche Entscheidungen in internationalen Wirtschaftssachverhalten immer mehr an Bedeutung gewinnen.

1987, 322 S., brosch., 49,– DM, ISBN 3-7890-1408-7
(Schriftenreihe Recht und Praxis)

NOMOS VERLAGSGESELLSCHAFT
Postfach 610 · 7570 Baden-Baden